Premier League

Historia taktyki w najlepszej piłkarskiej lidze świata

MICHAEL COX

Premier League

Historia taktyki w najlepszej piłkarskiej lidze świata

tłumaczenie: Krzysztof Cieślik, Grzegorz Krzymianowski

Kraków 2018

The Mixer. The Story of Premier League Tactics, from Route One to False Nines

Redakcja – Krzysztof Cieślik, Grzegorz Krzymianowski
Korekta – Piotr Królak
Projekt typograficzny i skład – Joanna Pelc
Adaptacja okładki – Paweł Szczepanik / BookOne.pl

Wydanie I, Kraków 2018
ISBN: 978-83-8129-219-1

wsqn.pl www
WydawnictwoSQN
wydawnictwosqn
SQNPublishing
WydawnictwoSQN
Sprzedaż internetowa labotiga.pl
E-booki
Zrównoważona gospodarka leśna
Sic dilabitur aetas 372

WPROWADZENIE

Gramy na aferę!

Te trzy słowa opisują najprostszą taktykę piłkarską: wrzucić piłkę w pole karne, wykorzystać zamieszanie na przedpolu bramki i liczyć, że coś się wciśnie.

W dzisiejszych czasach drwi się z takich metod, lecz zaledwie w latach 80. była to najpopularniejsza strategia w angielskim futbolu. W tym okresie na poglądy dotyczące taktyki potężny wpływ wywarł Charles Hughes, szef Wydziału Szkolenia w Angielskim Związku Piłki Nożnej, który nieporadnie wykorzystywał statystyki, by za ich pomocą zilustrować wartość szybkiego przerzucania piłki na drugi koniec boiska. W gruncie rzeczy stworzył narodowy program szkolenia angielskich trenerów, a jego współpracownikami byli selekcjonerzy, zarówno sceptyczny wobec jego metod Bobby Robson, jak i znacznie im przychylniejszy Graham Taylor.

Hughes miał hopla na punkcie zagrywania piłki w tak zwaną strefę największej szansy (*position of maximum opportunity*, POMO) – w pole karne, na wysokości dalszego słupka – tak często, jak to tylko możliwe. Miał też inne, bardziej wyrafinowane pomysły, ale jego obsesyjne przywiązanie do POMO zdominowało angielski futbol (i wyrządziło mu krzywdę), ponieważ przyczyniło się do powstania zespołów grających przewidywalną, nazbyt uproszczoną piłkę, w których występowali jednowymiarowi, bezmózdzy zawodnicy. Dlatego też gdy w 1992 roku tworzono Premier League, uważano, że w angielskim futbolu chodzi tylko o długie piłki, lagę do przodu, POMO i grę na aferę.

Ale były to mroczne czasy z jeszcze ważniejszego powodu – ze względu na przemożny problem z chuliganami z angielskiej piłki nożnej szydzono zarówno w mediach krajowych, jak i na całym kontynencie. Brytyjski futbol sięgnął dna w 1985 roku, przy okazji rozgrywanego na belgijskim stadionie Heysel finału Pucharu Europy, kiedy to kibice Liverpoolu zaatakowali fanów Juventusu, w wyniku czego zawalił się mur i zginęło 39 osób. Angielskie kluby zostały wykluczone z europejskich pucharów na pięć lat, a w konsekwencji wyspiarski futbol, który tradycyjnie bardzo powoli przyjmował taktyczne nowinki z zagranicy, stał się jeszcze bardziej zaściankowy.

Nie była to jedyna taka tragedia. Dwa tygodnie przed katastrofą na Heysel 56 ludzi zginęło w płomieniach, które w ciągu kilku minut ogarnęły całą trybunę na Valley Parade, stadionie Bradford City. Cztery lata później poważne błędy policji na stadionie Hillsborough zakończyły się śmiercią 96 ludzi, a za tragedię – konsekwentnie i błędnie – winiono kibiców.

Po pożarze na stadionie Bradfordu w artykule wstępnym na łamach „Sunday Times" nazwano piłkę nożną „dziadowskim sportem uprawianym na dziadowskich stadionach, coraz częściej oglądanym przez zdziadziałych ludzi". Był to wprost niebywale obrzydliwy opis, ale warto mu się przyjrzeć, by z właściwej perspektywy ocenić późniejszy rozwój angielskiego futbolu. Zdziadziali ludzie? W następnych latach problem stadionowego chuligaństwa został w dużej mierze przezwyciężony. Dziadowskie stadiony? Raport Taylora zalecał, by na stadionach znajdowały się tylko miejsca siedzące, i pierwsze lata Premier League zdominowały nowo powstające lub gruntownie odnawiane obiekty. Dziadowski sport? W erze Premier League angielska piłka zmieniła się w ogromnym stopniu, a jej popularność ogromnie wzrosła, najpierw w samej Anglii, później zaś na całym świecie.

Mimo że Premier League niczym nie różniła się od swojej poprzedniczki, starej First Division, jeśli chodzi o zasadniczą strukturę sportową, to biorąc pod uwagę wyżej wspomniane problemy, najwyższa angielska klasa rozgrywkowa zyskała na czymś, co można by nazwać zmianą marki, a początek ery nowoczesnego futbolu, jak to pokażę w pierwszym rozdziale, nie całkiem przypadkowo wolno datować właśnie na 1992 rok.

Powstanie Premier League umożliwiło klubom z najwyższej klasy rozgrywkowej uniezależnienie się od Angielskiego Związku Piłki Nożnej i Football League, a także negocjowanie lukratywnych kontraktów telewizyjnych i umów sponsorskich. Kwestia transmisji telewizyjnych okazała się najistotniejsza; doszło do ostrej licytacji między ITV a Sky, ten drugi nadawca zapewnił sobie prawa do pokazywania meczów. Za sprawą tego posunięcia usługa płatnej telewizji satelitarnej, wcześniej przynosząca Sky straty, uległa całkowitej przemianie. Nawiasem mówiąc, Alex Ferguson, menedżer Manchesteru United, był jednym z najbardziej zawziętych krytyków Premier League; kpił z tego pomysłu, twierdząc, że to „absurd", który posłuży do nabijania kibiców w butelkę. Ale to właśnie Ferguson stał się symbolem Premier League w stopniu większym niż ktokolwiek inny, wygrywając te rozgrywki 13 razy w ciągu pierwszych 21 sezonów, zanim przeszedł na emeryturę w 2013 roku.

To nie sprawozdanie z tego, jak pod względem biznesowym rozwijała się Premier League, ale nie da się zignorować nadzwyczajnego przypływu dochodów z transmisji telewizyjnych. Między 1992 a 1997 rokiem liga otrzymywała za prawa do pokazywania meczów 51 milionów funtów za sezon, co wówczas uważano za ogromną sumę. Kwoty rosły wykładniczo w ciągu dwóch kolejnych dekad, w 2016 roku osiągając sumę 2,75 miliarda funtów za sezon, czyli 50 razy więcej niż w 1992 roku. W praktyce Sky płaci ponad 11 milionów funtów za transmisję na żywo każdego meczu – szokująca suma, jeśli wziąć pod uwagę, że ostatni sezon starej First Division kosztował nadawcę mniej niż 15 milionów funtów. Liga stworzona zasadniczo po to, by dostarczać telewizyjnej rozrywki, odniosła sukces, o którym nikomu się nie śniło.

Warto pamiętać, że te kwoty nie wzięły się z powietrza. Nadawcy mogą usprawiedliwić te gigantyczne sumy ogromnym zapotrzebowaniem ze strony fanów, które rosło, ponieważ Premier League stała się tak fantastycznym widowiskiem, najbardziej porywającą ligą na świecie. Jeśli zestawi się te fakty z mrocznymi latami 80., był to niewiarygodny zwrot akcji. W jaki sposób futbol – „produkt", jak powiedzieliby marketingowcy – stał się tak dobry?

W tej książce szukam odpowiedzi na to pytanie. Choć 25 latom istnienia Premier League odpowiada 25 rozdziałów, są one ułożone raczej tematycznie niż w chronologiczną relację sezon po sezonie. Skupiam się na rewolucjonistach: wprowadzających innowacje menedżerach, zmieniających piłkę zawodnikach, inspirujących zespołach, pomysłach taktycznych, pozaboiskowych wydarzeniach, które wpłynęły na style gry. Opowiadam o tym, jak Premier League stała się światowa, i to na dwa różne sposoby.

Po pierwsze, stała się światowa pod względem taktycznym. Na początku lat 90. przed piłkarzami występującymi na każdej pozycji stawiano bardzo konkretne wymogi – obrońcy po prostu bronili, a napastnicy po prostu atakowali. Stopniowo jednak gracze stawali się coraz bardziej uniwersalni; od zawodników defensywnych zaczęto oczekiwać gry do przodu, ofensywnych zaś zachęcano, by jako pierwsi wywierali presję na rywalu. Piłkarze coraz częściej byli wszechstronni niż wyspecjalizowani.

Po drugie, Premier League stała się ligą światową pod względem geograficznym, angielskie kluby poszerzyły bowiem horyzonty i zaczęły być coraz bardziej uzależnione od graczy i menedżerów z zagranicy. Co zadziwiające, w sierpniu 1992 roku, w czasie pierwszego weekendu rozgrywek Premier League w historii, w 22 zespołach wystąpiło od pierwszego gwizdka łącznie zaledwie 11 zagranicznych piłkarzy, a w żadnym klubie nie było obcego menedżera. W 25. sezonie rozgrywek większość zawodników i menedżerów pochodzi z zagranicy, a w rozgrywkach występują przedstawiciele niemal wszystkich ważnych nacji futbolowych z całego świata. W sezonie 2016/17 spośród 25 krajów otwierających ranking FIFA tylko Meksyk nie miał swojego reprezentanta w Premier League.

Połączenie tych dwóch czynników sprawiło, że angielskie kluby z najwyższej klasy rozgrywkowej porzuciły brzydki, prosty, bezpośredni futbol na rzecz światłego, technicznego stylu z kontynentu. Oto historia niezwykłej ewolucji taktycznej, jaka dokonała się w Premier League – od puddingu do paelli, od lagi do przodu po fałszywe dziewiątki.

CZĘŚĆ I

POCZĄTKI

1
ZUPEŁNIE NOWY FUTBOL

Zakaz łapania przez bramkarza podanej piłki to najlepsza zmiana w historii futbolu – całkowicie odmieniła piłkę nożną.*

Peter Schmeichel

W odpowiedzi na narrację koncentrującą się na Premier League ciągle przypomina się nam, że „futbol nie powstał w 1992 roku", ale w praktyce to ów rok wyznacza początek współczesnej piłki nożnej. Właśnie wtedy rozpoczęła się nowa, ekscytująca, bardziej rozrywkowa era futbolu; był to punkt zwrotny, który wywołał gruntowne zmiany – w efekcie narodziła się zdecydowanie szybsza, zaawansowana pod względem technicznym dyscyplina sportu.

Niemniej nie miało to nic wspólnego z powstaniem Premier League.

Wprowadzenie w 1992 roku zakazu łapania przez bramkarza piłki zagrywanej przez zawodników z pola całkiem zmieniło piłkę nożną. Od 1925 roku – kiedy to zweryfikowano przepis o spalonym, dzięki czemu w momencie podania przed zawodnikiem, do którego adresowana była piłka, musiało znajdować się nie trzech, jak wcześniej, lecz dwóch zawodników – żadna zmiana piłkarskich zasad nie zwiększyła do tego stopnia atrakcyjności najpopularniejszego sportu na świecie. W trakcie ery Premier League w Przepisach gry w piłkę nożną (ang. Laws of the

---

* W przepisie tym (ang. *back-pass law*) chodzi o zakaz łapania przez bramkarza piłki celowo podanej przez partnera z zespołu (z wyjątkiem zagrań głową), ale w tłumaczeniu przyjęliśmy formę uproszczoną tego terminu (wszystkie przypisy pochodzą od tłumaczy).

Game) wprowadzano pomniejsze korekty – zaczęto inaczej interpretować spalonego, wprowadzono ostrzejsze kary za niebezpieczne wślizgi czy zmieniono reguły rozpoczęcia meczu – ale rok 1992 oznaczał dosłownie rewolucję.

To była prosta zmiana przepisów. Wcześniej bramkarze mogli złapać w ręce piłkę celowo zagraną im przez kolegę z drużyny. A teraz im to uniemożliwiono. Wciąż dozwolone było używanie rąk, jeśli gracz z tego samego zespołu zagrał głową, piersią czy nawet kolanem, a do 1997 roku golkiper mógł złapać futbolówkę rzuconą z autu, bramkarze zostali jednak zmuszeni do używania nóg znacznie częściej niż kiedykolwiek wcześniej, a w praktyce zaczęli brać udział w rozegraniu akcji.

Istniał naprawdę zasadny powód, by zmienić ten przepis. Dotychczas zespół będący na prowadzeniu mógł w niezwykle irytujący sposób kraść czas; bramkarz turlał piłkę po ziemi do obrońców, ci trzymali ją, dopóki nie zaatakował ich przeciwnik, a następnie z powrotem zagrywali do golkipera, który łapał futbolówkę. A potem wszystko zaczynało się od nowa. Często było to bardzo nużące i z perspektywy czasu wydaje się niewiarygodne, że jakikolwiek zespół znajdował sposób, by wypuścić prowadzenie z rąk. Skrajnym przykładem były ostatnie sekundy starcia Rangersów z Dynamem Kijów w pierwszej rundzie Pucharu Europy w 1987 roku. Szkoci prowadzili w dwumeczu 2:1 i wyprowadzający atak Graeme Souness zaraz po przyjęciu piłki głęboko na połowie przeciwnika odwrócił się w stronę własnej bramki, by zagrać prawie 70-metrowe podanie do swojego bramkarza Chrisa Woodsa. Nawiasem mówiąc, Souness ucierpiał później z powodu wspomnianej zmiany w przepisach jak mało kto.

Przykłady gry na utrzymanie wyniku rzucały się szczególnie w oczy podczas mistrzostw świata w 1990 roku; cały turniej charakteryzował tak okropny futbol na „nie", że FIFA poczuła się zmuszona, by zareagować. Nowy przepis wszedł w życie dwa lata później, w czasie gdy startował też pierwszy sezon Premier League.

Choć niektórzy menedżerowie, jak na przykład prowadzący Luton Town David Pleat, opowiadali się za tą zmianą, to jednak większość szkoleniowców z najwyższej klasy rozgrywkowej w Anglii, włączając w to trenerów zespołów, które zdobyły dwa ostatnie mistrzostwa kraju, mocno się jej sprzeciwiała. „Nie sądzę, by w jakikolwiek sposób wpłynęło to pozytywnie na futbol" – narzekał George Graham, menedżer Arsenalu, a Howard Wilkinson, który w sezonie 1991/92 zdobył z Leeds United ostatni tytuł mistrzowski przed erą Premier League, sugerował, że nowe reguły będą po prostu sprzyjały stylowi polegającemu na zagrywaniu długich piłek. „Jeśli ta nowa zasada to pomysł władz na propagowanie dobrej piłki, to ów eksperyment przyniesie skutki odwrotne od zamierzonych. Nowe reguły będą manną z nieba dla trenerów, którzy powadzą drużyny bazujące na długich podaniach".

Wilkinson przewidywał, że zespoły zaczną koncentrować się na biciu długich piłek za linię obrony przeciwnika i używać „zawodnika blokującego bramkarza", wałęsającego się na spalonym, by przechwycić ewentualne podanie obrońcy do golkipera, co zmusi defensorów do wywalania piłki na aut. „FIFA nieumyślnie zachęciła do grania długą piłką – utrzymywał. – To nie szalony naukowy koszmar, to rzeczywistość nakreślona przez suwerenów światowej piłki". Punkt widzenia Wilkinsona podzielało wielu jego kolegów po fachu.

Zakaz łapania przez bramkarza podanej przez partnera futbolówki spełnił jednak swą pierwotną funkcję, bo zespoły nie były już w stanie tak ewidentnie grać na czas. Zaraz po zmianie tego przepisu okazało się też, że prognozy Wilkinsona dotyczące gry długą piłką nie są całkowicie nietrafne (podczas rozgrywanego przed sezonem turnieju towarzyskiego w meczach Leeds ze Stuttgartem i Sampdorią zwracało uwagę to, że przeciwnicy wielokrotnie zagrywali piłki za linię obrony United, licząc na błędy rywala), lecz nie przewidział on, że bramkarze oraz obrońcy przystosują się do tej korekty i stopniowo zaczną czuć się komfortowo z piłką przy nodze, co zaowocuje futbolem bardziej zaawansowanym pod względem technicznym.

Wywołało to efekt domina. Drużyny miały większą motywację, by wyżej naciskać rywali, zmuszając tym samym obrońców do popełniania błędów, a menedżerowie zaczęli przejawiać mniejszą skłonność do używania agresywnej linii obrony, ponieważ gra z tyłu wiązała się teraz z rozgrywaniem piłki. W efekcie pole gry się poszerzyło, co stwarzało więcej miejsca dla pomocników. Prawdopodobnie najpoważniejsza zmiana dotyczyła tempa rozgrywania meczów – wcześniej piłkarze byli przyzwyczajeni, że gdy bramkarz łapie piłkę, następuje przerwa w grze. Teraz jednak akcja nie ustawała nawet na moment.

Te zmiany, konsekwencja jednej małej korekty w przepisach, były bardzo na rękę Premier League, lidze skrojonej specjalnie pod telewizyjną rozrywkę. Stacja Sky Sports wprowadziła wiele innowacji, między innymi wpadła na prosty pomysł, który przyjął się na całym świecie – w lewym górnym rogu ekranu umieściła zegar i wynik meczu. Inne sztuczki tego nadawcy odniosły mniejszy sukces: z pokazów sztucznych ogni przed meczami wycofano się po tym, jak fajerwerk wystrzelił poza The Dell, stadion Southampton, i trafił w pobliską stację benzynową; na równie krótko w Premier League pojawiły się też występy cheerleaderek, prawdopodobnie z powodu obaw komentatorów, czy dziewczyny rozumieją, o co chodzi ze spalonym. Żadna z tych nowinek nie przyczyniła się w takim stopniu do przemiany Premier League w fantastyczny show, jak zakaz łapania przez bramkarza podanej piłki, a telewizja Sky miała niezwykłe szczęście, że piłka nożna wykonała gigantyczny krok naprzód akurat przed sezonem 1992/93. Gdyby nie fakt, że mecze stały się zdecydowanie bardziej widowiskowe, Premier League nie rozwinęłaby się w wart wiele miliardów funtów produkt.

Kibice szybko zrozumieli korzyści płynące z zakazu łapania przez bramkarza podanej piłki, ale obnażyło to braki wielu piłkarzy. Efekt zmiany przepisów po raz pierwszy można było zauważyć jeszcze przed rozpoczęciem sezonu; Andy Dibble, bramkarz Manchesteru City, w towarzyskim starciu z reprezentacją ligi irlandzkiej złamał nogę, kiedy po spokojnym zagraniu piłki w jego kierunku nie potrafił podjąć decyzji i w końcu spróbował zaatakować napastnika rywala wślizgiem. „Nie byłem pewien, czy wybić piłkę, czy ją złapać" – narzekał Dibble, nazywając się „pierwszą ofiarą" nowych przepisów. Niemniej znacznie większe problemy niż bramkarze mieli obrońcy i 15 sierpnia 1992 roku, dzień, w którym wystartowała Premier League, okazał się komedią pomyłek.

W 14. minucie meczu Leeds – Wimbledon (2:1) Roger Joseph, prawy obrońca gości, spanikował w swoim polu karnym, bijąc się z myślami, czy podawać do bramkarza Hansa Segersa, czy po prostu wybić piłkę. Ostatecznie nie zrobił ani tego, ani tego, jedynie dziabnął lekko futbolówkę, co pozwoliło przejąć ją Lee Chapmanowi – i prawdopodobnie postawiło Wilkinsona, menedżera Leeds, przed dylematem, czy powinien się cieszyć, czy smętnie zwiesić głowę, rozmyślając nad „rzeczywistością nakreśloną przez suwerenów światowej piłki". Na Highbury tymczasem Norwich, przegrywając z Arsenalem już 0:2, wygrało 4:2, zapewniając sobie zwycięstwo dzięki klasycznemu przykładowi zamieszania wywołanego zmianą wspomnianej zasady. Gracz Norwich posłał wysoką piłkę, zmuszając w ten sposób Tony'ego Adamsa, by poradził sobie z kozłującą futbolówką. Obrońca Arsenalu spojrzał nerwowo na bramkarza i zobaczył, że David Seaman nie chce otrzymać podania, spróbował więc zagrać w poprzek boiska do Steve'a Boulda, swego partnera ze środka defensywy. Ale nie trafił w piłkę i się potknął, dzięki czemu przejął ją Mark Robins i przelobował Seamana, zdobywając bramkę, która zapewniła Norwich pozycję pierwszego lidera w historii Premier League.

Oba gole w zakończonym remisem 1:1 spotkaniu Chelsea z Oldham na Stamford Bridge wiązały się ze zmianą w przepisach. Ian Marshall, środkowy obrońca gości, który znalazł się w kłopotach, ponieważ nie mógł wycofać piłki do golkipera, stracił równowagę przy próbie opanowania długiego zagrania i umożliwił Mickowi Harfordowi otworzenie wyniku meczu. Następnie jednak Dave Beasant, bramkarz Chelsea, ruszył do piłki wybitej przez defensora gości i kopnął ją nieczysto, wskutek czego Nick Henry wyrównał. Nowe zasady wywoływały chaos.

Dzięki zakazowi gry do bramkarza padł jednak także gol zwiastujący nadejście nowego. Brian Deane z Sheffield United w meczu przeciwko Manchesterowi United strzelił głową pierwszego gola w historii Premier League i dołożył jeszcze jednego, wykonując jedenastkę. To drugie trafienie Szable (jak nazywa się drużynę gości) zawdzięczały temu, że przymierzający się do zagrania do tyłu pomocnik John Gannon zobaczył, że przeciwnik rusza, by przejąć jego ewentualne podanie (choć gracz United nie był tak do końca „zawodnikiem blokującym bramkarza"), więc unikając zagrożenia, zagrał lewą nogą w uliczkę do napastnika Alana Corka, który ruszył do przodu i został powalony w polu karnym przez Gary'ego Pallistera, a rzut karny wykorzystał Brian Deane. Od chwili, gdy Gannon zmienił kierunek biegu, do podyktowania jedenastki minęło siedem sekund – gdyby nie nowa reguła, piłka wciąż byłaby w tym czasie w rękach bramkarza po przeciwnej stronie boiska.

Osoby kompilujące na kasetach VHS „futbolowe jaja" musiały być zachwycone. Najbardziej komiczny błąd zdarzył się na początku września na stadionie Tottenhamu i spowodował, że z boiska wyleciał Simon Tracey, bramkarz Sheffield United. Miał już na koncie żółtą kartkę za rękę poza polem karnym i zmuszony zmierzyć się z podaniem od obrońcy w drugiej połowie, spanikował, gdy błyskawicznie podbiegł do niego Paul Allen ze Spurs; bramkarz wdał się w drybling, ruszył z piłką na lewo, ku linii autowej, i wyszedł z futbolówką za boisko. Tracey próbował przytrzymać piłkę przy bandach reklamowych, by uniemożliwić piłkarzom Tottenhamu wyrzut z autu, ale łebski chłopiec do podawania piłek wyrwał ją i rzucił do rezerwowego Kogutów Andy'ego Graya, co skłoniło golkipera do powalenia przeciwnika na ziemię w stylu znanym z meczów rugby. Trudno uznać, by Dave Bassett, menedżer Szabel, był pod wrażeniem: „Zachował się jak bezmózg. I to mu właśnie powiedziałem".

Nie było to zjawisko, które dało się zaobserwować tylko w Anglii, podobne problemy pojawiały się w całej Europie. Na północy Rangers rozpoczęli strzelanie w październikowym finale Pucharu Ligi Szkockiej, gdy bramkarz Aberdeen Theo Snelders w zadziwiający sposób zagrał piłkę piersią po przypadkowym wybiciu wślizgiem kolegi z zespołu, a futbolówka spadła pod nogi wdzięcznego Stuarta McCalla. Nie było to celowe zagranie i złapanie piłki w tej sytuacji nie zostałoby ukarane, ale Snelders wyraźnie nie rozumiał przepisów i zaczął krzyczeć do obrońców, że nie mógł użyć rąk w tej sytuacji. Największy wpływ na rozgrywki zmiana przepisów miała we Włoszech. Serie A tradycyjnie była najbardziej defensywną ligą w Europie i w ciągu czterech lat poprzedzających sezon 1992/93 średnia goli na mecz wynosiła tam odpowiednio: 2,11, 2,24, 2,29 i 2,27. Nagle jednak nastąpił bezprecedensowy wzrost liczby zdobywanych bramek i ich średnia skoczyła do 2,80 na spotkanie. W Premier League nie oglądano takiego skoku – liczba goli wzrosła z 2,52 na mecz w ostatnim sezonie starej First Division do 2,65 w otwierającej nową erę kampanii – lecz zakaz zagrywania do bramkarza w oczywisty sposób wpłynął na charakter rywalizacji, a niektóre zespoły z powodu zmiany przepisów borykały się ze szczególnymi trudnościami.

Najsłynniejszą ofiarą nowych zasad był Liverpool. To, że The Reds po okresie dominacji w latach 70. i 80. nie potrafili zdobyć tytułu mistrzowskiego w erze Premier League, często łączono właśnie z wprowadzeniem zakazu łapania przez bramkarza podań od partnerów. W rzeczywistości zarówno ostatni sezon First Division, jak i pierwszą batalię w Premier League zespół z Anfield skończył na szóstym miejscu. Piłkarze Liverpoolu przyznawali jednak, że zmiana nie wyszła im na dobre. Obrońca Nick Tanner wspominał: „Ciągle siedziało ci w głowie, że nie możesz zagrywać do tyłu. Wcześniej Liverpool po prostu zabiłby mecz. Prowadząc 1:0, wycofywalibyśmy piłkę do Bruce'a Grobbelaara, ten poodbijałby ją trochę od murawy, Phil Neal odbiegłby od linii obrony, a Bruce poturlałby mu futbolówkę. To wszystko się skończyło". Na stanowisku menedżera Liverpoolu pracował w tym czasie

Souness, człowiek odpowiedzialny za podanie do tyłu, które położyło kres wszystkim takim zagraniom.

Arsenal także ucierpiał. Kanonierzy byli faworytem bukmacherów do tytułu, strzelili najwięcej goli w sezonie 1991/92, ale z mozołem budowali akcje od tyłu i w kolejnych rozgrywkach zdobyli najmniej bramek w całej stawce, co podkreśla tylko wagę zmiany przepisu dotyczącego podań do bramkarza. Niemniej podopieczni Grahama świetnie przystosowali się do tej korekty, jeśli chodzi o grę w defensywie, i wciąż znakomicie radzili sobie w pucharach, wygrywając w Pucharze Ligi oraz w Pucharze Anglii – w obu przypadkach, tak się złożyło, dzięki dwóm zwycięstwom 2:1 w meczach przeciwko Sheffield Wednesday.

Lecz zdecydowanie największym przegranym w tej sytuacji okazała się drużyna preferująca bardzo bezpośredni futbol – Leeds Wilkinsona. Rok wcześniej zespół ten zdobył mistrzostwo Anglii, lecz w pierwszym sezonie funkcjonowania Premier League zaliczył niepokojący zjazd i zakończył go na 17. miejscu w tabeli, ani razu nie wygrywając na wyjeździe. Zabawne, że to właśnie gracze Wilkinsona – który przewidywał, że dzięki nowym regulacjom świetnie będzie się miał futbol bazujący na ladze do przodu – ucierpieli na zmianach, bo nie mogli już grać w ten sposób. John Lukic z Leeds został zresztą pierwszym bramkarzem w historii Premier League, który dał przeciwnikom rzut wolny pośredni, łapiąc piłkę po podaniu od środkowego obrońcy Chrisa Whyte'a. Ten ostatni został uznany przez Wilkinsona za najlepszego środkowego obrońcę ligi poprzedniego sezonu, ale nowoczesny futbol sprawiał mu poważne trudności. Pomocnik Gary Speed przyznał później: „Zakaz podawania do bramkarza dotknął nas w szczególnym stopniu. Środkowi obrońcy byli przyzwyczajeni do zagrywania piłki do golkipera, a John Lukic ekspediował ją do mnie i Lee Chapmana. Nagle jednak zabroniono nam grać w ten sposób".

Steve Hodge, kolega Speeda, zgodził się z nim: „Wcześniej John Lukic trzymał piłkę i wywalał ją daleko w pole w naszym kierunku. Teraz jednak Lukic musiał zagrywać ją z ziemi i piłka nie leciała wystarczająco daleko. Stwarzaliśmy mniejsze zagrożenie, bo futbolówka nie lądowała na skraju pola karnego przeciwnika, tylko gdzieś w środku pola. Przeciwnicy mogli więc teraz cisnąć Lukicia, zmuszając go do szybkiego wykopywania piłki". Warto zauważyć, jak bardzo Hodge podkreśla pewną prostą kwestię: to, jak daleko bramkarz był w stanie kopnąć, co pokazuje ogólnie przyjętą w tym czasie metodę wyprowadzania piłki.

Nottingham Forest również zapłacił srogą cenę za wprowadzenie nowych przepisów, kończąc rozgrywki na samym dnie tabeli. Legendarny menedżer Brian Clough zmagał się w tamtym okresie z innymi problemami, zwłaszcza z alkoholizmem, który – jak później przyznał – poważnie mącił mu władze sądzenia. Ale styl prowadzonych przez niego drużyn nie pasował do nowoczesnej piłki, co w ogólnym zarysie opisał Gary Bannister: „Cierpieliśmy, gdy mieliśmy piłkę. Graliśmy ją do tyłu do Marka Crossleya, a on ją wykopywał. W większości przypadków piłka wracała na naszą połowę i znowu znajdowaliśmy się pod presją przeciwnika. Gdy Mark posyłał balona daleko w pole, wcale nam to nie pomagało. Sezon wcześniej dzięki podaniu do tyłu utrzymywalibyśmy się przy piłce, a Stuart Pearce, Brian Laws czy Gary Charles odebraliby podanie od bramkarza i od nowa zaczęlibyśmy atak".

Pearce, nieco nieoczekiwany wykonawca stałych fragmentów gry, wyglądał na szczególnie zdenerwowanego, gdy musiał rozgrywać, i to on był w tym czasie autorem najbardziej nieudanego podania do tyłu. W ósmej sekundzie rozgrywanego w listopadzie 1993 roku meczu eliminacji mistrzostw świata, w którym Anglia zmierzyła się z płotkami z San Marino, kopnął za słabo w kierunku Davida Seamana, co pozwoliło Davide Gualtieriemu strzelić gola, dzięki któremu jego zespół wyszedł na szokujące prowadzenie 1:0; Anglia mimo to wygrała mecz 7:1. Spotkanie to było też ostatnim występem w narodowym zespole dawnego partnera Pearce'a w Nottingham Forest, Desa Walkera. W ciągu pięciu lat dobił do 59 gier w reprezentacji, a rok wcześniej „Guardian" określił go mianem „tego gracza z pola, na którego stratę selekcjoner Graham Taylor nie może sobie pozwolić". Walker jednak odkrył, że jego talent nie pasuje do wymagań nowoczesnej piłki, i skończył reprezentacyjną karierę w wieku 27 lat. Jak to powiedział później Harry Redknapp: „Kiedy w 1992 roku położono kres podaniom do bramkarza, bardzo odbiło się to na występach Desa. Wykorzystywał swą szybkość, by naciskać napastnika, sprzątnąć mu piłkę i zagrać do bramkarza, który ją łapał... Nagle jednak zaczęto od niego wymagać, by na własną rękę rozwiązywał takie problemy, a to było zupełnie nie w jego stylu".

Faktycznie, jednym z wartych uwagi rysów pierwszych sezonów Premier League – co zgadzało się z przewidywaniami Wilkinsona – był częsty widok obrońców, którzy goniąc za długą piłką posłaną w kierunku ich bramki, po prostu wywalali ją na aut. Menedżer Coventry Bobby Gould powiedział: „Mówiłem graczom: »Jeśli masz kłopoty, wybijaj na aut. Nie baw się, tylko wywal w trybuny«". To nie przypadek, że pierwszym graczem roku w erze Premier League został Paul McGrath, środkowy obrońca Aston Villi, któremu nie sprawiało kłopotów operowanie piłką obiema nogami. Żaden inny defensor nie przystosował się tak imponująco do nowych reguł i gdy menedżerowie coraz częściej zaczęli potrzebować raczej obrońców grających piłką niż drewniaków w dawnym stylu, to właśnie Irlandczyk stał się wzorcowym przykładem nowoczesnego środkowego obrońcy. Gdyby nie zmiana przepisów, ktoś taki jak na przykład Rio Ferdinand grałby raczej w pomocy niż na środku defensywy.

* * *

Jak można było przewidzieć, doprowadziło to do gigantycznej zmiany roli bramkarza. Zawodnik występujący na tej pozycji musiał dostosować się do nowych regulacji pierwszy raz od 1912 roku, kiedy wprowadzono zasadę, że golkiper może łapać piłkę wyłącznie w polu karnym, a nie jak wcześniej – na całej swojej połowie. Bramkarze, nie bez przyczyny znani z tego, że marudzą, byli oburzeni. „Nowe przepisy to żart z mojej profesji – narzekał Alan Hodgkinson, eksreprezentant Anglii, który zyskał sławę jako pierwszy trener specjalizujący się w szkoleniu bramkarzy. – Wiem, że ludzie uznają, że jestem stronniczy, ale nie widzę nic dobrego w tym, że wrabia się golkiperów, by wyszli na głupków. Żaden się nie wywinie. Czy to dobre dla futbolu? Trzeba pamiętać, że bramkarze przez 20 lat uczą się łapać piłkę i wchodzi im to w krew. Niełatwo się dostosować". A to pech. Przepisy zostały i golkiperzy spędzali na treningach długie godziny, ćwicząc nową umiejętność – kopanie toczącej się piłki. Bramkarz, najbardziej wyspecjalizowany zawodnik w piłce nożnej, musiał stać się bardziej wszechstronny.

Jednym z najważniejszych osiągnięć Hodgkinsona było polecenie Petera Schmeichela Aleksowi Fergusonowi, menedżerowi Manchesteru United, zanim sam Hodgkinson został trenerem Duńczyka. Schmeichel stał się wzorcem bramkarza w tamtym okresie i był ówcześnie najlepszym na swej pozycji na świecie graczem w Premier League. Robił wrażenie warunkami fizycznymi, fantastycznie zachowywał się na linii i osiągnął mistrzostwo w bronieniu dobitek – błyskawicznie zrywał się z ziemi, psując szyki rywalom. Nie zachowywał się może w podręcznikowy sposób, nie ustawiał się też tak bezbłędnie jak David Seaman, jego rywal w walce o miano najlepszego bramkarza lat 90. Cichy, powściągliwy i solidny golkiper Arsenalu był przeciwieństwem głośnego, zuchwałego oraz nieprzewidywalnego Duńczyka. Schmeichel jako pierwszy w angielskiej piłce robił „pajacyki" – w sytuacjach sam na sam wyskakiwał z szeroko rozcapierzonymi ramionami; zapożyczył tę technikę z piłki ręcznej, w którą grał jako nastolatek. „Bramkarz to nie futbolista, bramkarz to piłkarz ręczny" – stwierdził w latach 60. Malcolm Allison, niegdysiejszy menedżer Manchesteru City. Schmeichel traktował to zdanie dosłownie.

Duńczyk niezwykle zyskał na zmianie przepisów dotyczących podawania do bramkarza. Zaczął swą przygodę z Premier League, znajdując się niespodziewanie na samym szczycie – właśnie wygrał mistrzostwa Europy w 1992 roku z reprezentacją Danii, która początkowo nawet nie zakwalifikowała się na turniej i w ostatniej chwili otrzymała możliwość udziału w zawodach, gdy w Jugosławii wybuchła wojna domowa. W ostatnim wielkim turnieju rozegranym przed korektą zasad Dania zademonstrowała, dlaczego tak desperacko potrzebne są zmiany; Lars Olsen raz po raz wycofywał piłkę do Schmeichela, ten zaś ją łapał, a metodę tę stopniowo zaczęli stosować i inni Duńczycy. Druga połowa wygranego z Niemcami 2:0 finału była szczególnie irytującym pokazem gry na czas. Pięć minut przed końcem spotkania duński napastnik Flemming Povlsen odebrał podanie na środku własnej połowy, ruszył z determinacją w stronę przeciwnej bramki, ale osaczony przy linii środkowej, zatrzymał się, zreflektował, a następnie zrobił w tył zwrot i zagrał 50-metrowe podanie do Schmeichela. „Ilekroć któryś z naszych dostawał się na połowę Niemców i zauważał, że nie ma do kogo zagrać, odwracał się, podawał do mnie, a ja łapałem piłkę. Jak można wygrać mecz w taki sposób?" – wspominał później z pewnym zażenowaniem duński bramkarz.

Nowe przepisy zmusiły bramkarzy do lepszej gry nogami, a duński golkiper włożył wiele wysiłku we własny rozwój. Po przybyciu do Manchesteru latem, tuż przed wprowadzeniem nowych zasad, Schmeichel upierał się, że bramkarze powinni być bardziej zaangażowani w treningi całej drużyny. Zamiast osobnych ćwiczeń z dala od głównej grupy piłkarzy chciał uczestniczyć w zajęciach, na których zawodnicy z pola ćwiczyli podania – to istotna zmiana, zarówno pod względem taktycznym, jak i psychologicznym. Później wprawiał przeciwników w zdumienie, ruszając przy rzutach rożnych – niekiedy ze znakomitym skutkiem dla drużyny – w pole karne przeciwnika w doliczonym czasie gry, gdy United przegrywali. Takie zachowanie bramkarzy stało się obecnie czymś zwyczajnym, ale to właśnie Schmeichel zaznajomił angielskich kibiców z tym pomysłem, po raz pierwszy prezentując swe ofensywne umiejętności w 1994 roku w Boxing Day, kiedy Czerwone Diabły przegrywały 0:1 w meczu u siebie z Blackburn Rovers. Gdy do końca pozostały trzy minuty, Duńczyk popędził w pole karne rywala, czym zdezorientował trzech zaskoczonych przeciwników, a dzięki temu

Gary Pallister znalazł sobie odpowiednio dużo miejsca, by dojść do główki, po której Paul Ince wyrównał.

Schmeichel już wcześniej zdobył kilka bramek w Danii, a i potem trafił do siatki, po potężnym uderzeniu głową strzelając dla United gola pocieszenia w rozgrywanym w ramach Pucharu UEFA w 1995 roku meczu z Rotorem Wołgograd. Strzelił też nieuznanego gola przewrotką w spotkaniu z Wimbledonem (z pewnością został pierwszym w historii bramkarzem złapanym na ofsajdzie), a także jako pierwszy golkiper w erze Premier League zdobył bramkę, gdy rozgrywał swój jedyny sezon w barwach Aston Villi. Był prawdziwym rewolucjonistą, który przekonał innych golkiperów, że nie tylko strzegą po prostu bramki przed atakami przeciwników, ale też mogą wyprowadzać – a nawet kończyć – ataki swojej drużyny.

Schmeichel nie był jednak niezawodny, jeśli chodzi o grę nogami w miejscu będącym tradycyjnym obszarem działania bramkarza. W drugim w historii meczu Manchesteru United w Premier League, przegranym 0:3 starciu z Evertonem, wspaniały Duńczyk jako pierwszy bramkarz w epoce po zmianie przepisów zrobił błąd przy przyjęciu piłki, wskutek czego Mo Johnston mu ją odebrał i podkręconym strzałem umieścił futbolówkę w siatce. Większość błędów w swoim fachu Duńczyk popełnił z piłką przy nodze albo gdy wybiegał poza pole karne. W lutym 1994 roku zagrał wprost pod nogi Matthew Holmesa, pozwalając w ten sposób skrzydłowemu West Hamu dośrodkować do Trevora Morleya, który strzelił gola. Trzy miesiące później zrobił prezent Chrisowi Kiwomyi – gracz Ipswich otworzył wynik meczu po tym, jak Duńczyk machnął się poza szesnastką. Schmeichel został też wyrzucony z boiska w meczu z Charltonem w ćwierćfinale Pucharu Anglii, gdy zagrał ręką 15 metrów przed swoim polem karnym.

Także inni, mniej znani bramkarze, dobrze przystosowali się do nowych zasad; należał do nich Bryan Gunn z Norwich City, który miał udział w znakomitym rozgrywaniu piłki przez swój zespół. Seaman również świetnie sobie radził, po części dlatego, że był przyzwyczajony do grającej na spalonego linii obrony, z której słynął Arsenal, a George Graham zachęcał go do czyszczenia przedpola bramki. Choć jeszcze przed wprowadzeniem nowych przepisów menedżer Kanonierów ćwiczył ze swoim bramkarzem kopanie piłki słabszą nogą, co było wówczas niezwykłą rzadkością w przypadku bramkarzy, to zmiana zasad i tak sprawiła Seamanowi problemy. „Gdy wprowadzono nowy przepis, szukałeś przede wszystkim najbezpieczniejszych rozwiązań – przyznał Seaman. – Jeśli ktoś wycofywał do ciebie piłkę, po prostu kopałeś ją do przodu, upewniając się, że dobrze w nią trafiłeś. Rozwijałeś się jednak i kiedy zaczynałeś czuć się z futbolówką przy nodze nieco pewniej, starałeś się ją kontrolować. [...] Im częściej to robisz, tym jesteś lepszy, uczysz się, komu podać, jak znajdować zawodnika do gry". Ponieważ bramkarze coraz częściej podawali piłkę zamiast ją wykopać, zachowywali się jak 11. gracz z pola, wskutek czego drużyny zaczęły rozgrywać akcje od tyłu.

Tymczasem Schmeichelowi zdarzyła się kiedyś poważna awantura z Fergusonem na temat jego wykopów. W styczniu 1994 roku Manchester United wygrywał na Anfield już 3:0, ale znalazł sposób, by wypuścić prowadzenie z rąk i ostatecznie zremisować 3:3. Ferguson, co zrozumiałe, był wściekły; co jednak zaskakujące, za cel obrał sobie Duńczyka, który ciągle posyłał piłki na środek boiska, gdzie główki wygrywał Neil Ruddock, dzięki czemu Liverpool mógł wciąż wywierać presję na przeciwniku. Schmeichel nie przyjął dobrze krytyki, a gdy Ferguson prawie rzucił w niego filiżanką herbaty, bramkarz odpowiedział gradem przekleństw. Później zadzwonił do agenta i zażądał transferu, a następnego dnia menedżer Czerwonych Diabłów wezwał Duńczyka do swojego biura i zapowiedział, że wyrzuci go z klubu. Ferguson zmienił decyzję, dopiero gdy Schmeichel przeprosił zarówno jego, jak i kolegów z drużyny, dzięki czemu Duńczyk spędził na Old Trafford pięć lat. Zakończył ten nadzwyczajny okres, unosząc Puchar Europy w 1999 roku jako kapitan zespołu.

Schmeichel jednak nigdy nie rozwiązał na dobre swych kłopotów z wybiciami; w Pucharze Anglii w 1998 roku popełnił dwa potworne błędy w rywalizacji z walczącym o utrzymanie Barnsley, i to zarówno w meczu u siebie, jak i na wyjeździe, co pozwoliło przeciwnikom wygrać w powtórzonym spotkaniu. Biorąc pod uwagę, w jaki sposób Duńczyk odniósł sukces z reprezentacją oraz jakie miał później problemy z wykopami, robi wrażenie fakt, że był w stanie odsunąć na bok własne upodobania, by stwierdzić, że „zakaz łapania przez bramkarza podanej piłki to najlepsza zmiana przepisów w historii – odmieniła futbol".

Niemniej to właśnie Schmeichel miał znaczący wkład w rozpowszechnienie myśli, że bramkarz może grać jako rozgrywający – choć raczej używając nóg niż rąk. Przed nim w angielskim futbolu nie zdarzały się w zasadzie tak niewiarygodnie długie wyrzuty, które stały się zasadniczym elementem arsenału ofensywnego Manchesteru United. W owym czasie drużyna Fergusona grała przede wszystkim z kontrataku, bazując w dużym stopniu na skrzydłowych, Ryanie Giggsie i Andrieju Kanczelskisie lub Lee Sharpie, którzy często dostawali piłki na dobieg, bo duński golkiper był w stanie cisnąć futbolówkę przez pół boiska. Schmeichel wyjaśniał: „Gdy łapię piłkę, staram się stworzyć okazję do kontrataku. Nie zawsze się to udaje, ale taka taktyka zmusza rywala, by się odwrócił i ruszył w stronę własnej bramki, co zarówno go męczy, jak i zniechęca". Schmeichelowi udało się nawet zanotować asystę dzięki podaniu ręką. W rozegranym w lutym 1994 roku wyjazdowym spotkaniu z QPR wyrzucił futbolówkę bezpośrednio na środek boiska, gdzie przejął ją szybki Kanczelskis, który ruszył do przodu i otworzył wynik pojedynku wygranego przez Manchester 3:2. Dwa lata później, gdy Czerwone Diabły sprawiały cięgi Sunderland, wygrywając 5:0 – mecz ten lepiej zapamiętano zresztą dzięki legendarnemu lobowi Cantony, którego uderzenie wylądowało w okienku – Schmeichel wybronił słabą główkę, a następnie, znajdując się trzy metry od linii bramkowej, bezzwłocznie rzucił piłkę na połowę rywala do Ole

Gunnara Solskjæra, który pozbawiony opieki obrońców ruszył do przodu i spokojnie wykończył akcję.

Dopóki w 2005 roku do Liverpoolu nie dołączył Pepe Reina, w Premier League nie widziano bramkarza tak biegłego, jeśli chodzi o tego typu natychmiastowe, dokładne, długie wyrzuty, które uruchamiały kontrę. W tym czasie golkiperzy na ogół czuli się już z piłką przy nodze bardzo swobodnie, zdecydowana większość z nich dorastała przyzwyczajona do nowoczesnych przepisów. Reina, który został zdobywcą Złotych Rękawic trzy razy z rzędu, mówił: „Miałem dziesięć lat, gdy zabroniono podań do bramkarzy. Na szczęście byłem wciąż wystarczająco młody. Dla mnie stało się to w najlepszym momencie, gdy dopiero zaczynałem rozwijać umiejętności bramkarskie". Nawet w tym okresie jednak, czyli w połowie pierwszej dekady XXI wieku, to, w jaki sposób kopał piłkę Reina, przyciągało mniejszą uwagę niż jego wyrzuty, co pokazywało, w jakim stopniu Schmeichel stał się wzorcem bramkarza z Premier League. „Długie wyrzuty Schmeichela były tak silne, a do tego umożliwiały partnerom z drużyny stwarzanie zagrożenia na drugim krańcu boiska. [...] Wyprzedzał swoje czasy" – powiedział weteran Serie A Samir Handanović. Nigeryjczyk Vincent Enyeama podsumował przemyślenia całego pokolenia bramkarzy: „Nawet jeśli Edwin van der Sar był dla mnie wzorem, to właśnie Schmeichel wprowadził nowy styl bronienia". Duńczyk był pierwszym graczem z Premier League, który zainspirował cały świat.

Van der Sar, który brylował w Manchesterze United mniej więcej w tym samym czasie co Reina w Liverpoolu, słynął z umiejętności gry piłką, głównie dlatego, że dorastał w Ajaksie, gdzie wizjoner Johan Cruyff na długo przed zmianą przepisów o podaniu do bramkarza upierał się, by golkipera traktować jako 11. gracza z pola. Van der Sar stał się zwyczajowym wzorem do naśladowania; gdy Thibaut Courtois i Manuel Neuer mówią o swoich inspiracjach, wspominają o Holendrze, ponieważ tak dobrze operował piłką. Kopanie futbolówki stało się zasadniczą częścią fachu nowoczesnego bramkarza, a ci golkiperzy, którzy źle grali nogami, zostali zepchnięci na margines.

Schmeichel tymczasem pomógł całkowicie zrewolucjonizować Premier League pod jeszcze innym względem. Wśród 242 graczy, którzy rozpoczęli spotkania w pierwszej kolejce zreorganizowanej ligi, było tylko 11 zagranicznych piłkarzy. Z racji czystego prawdopodobieństwa można by się spodziewać, że jeden z nich będzie bramkarzem. Lecz było ich czterech: Schmeichel, a do tego występujący w Wimbledonie Holender Hans Segers, reprezentant Kanady Craig Forrest z Ipswich i Czech Jan Stejskal z QPR. Rok później, choć zawodnicy z pola spoza Wysp Brytyjskich wciąż stanowili rzadkość, w lidze między słupkami stało kolejnych sześciu bramkarzy zagranicznych: Australijczyk Mark Bosnich w Aston Villi, Rosjanin Dmitrij Charin w Chelsea, Norweg Erik Thorstvedt w Tottenhamie, pochodzący z Zimbabwe Bruce Grobbelaar, który odzyskał miejsce w Liverpoolu, i dwóch nowych Czechów, Luděk Mikloško w West Hamie i Pavel Srníček w Newcastle. Jim Barron, wówczas trener bramkarzy w Aston Villi, zauważył, o ile bardziej od swoich angielskich kolegów po fachu angażowali się w grę golkiperzy z zagranicy – lepiej dyrygowali w polu karnym i pierwszorzędnie rozgrywali piłkę. Anglia zawsze szczyciła się swoimi bramkarzami, ale zawodnicy importowani przyczynili się do rozwoju tej pozycji.

W pierwszych sezonach Premier League bramkarze odcisnęli zatem piętno na tych rozgrywkach z dwóch powodów. Po pierwsze, zmiana przepisów oznaczała, że poszerzyli zakres swych umiejętności i ze specjalistów stali się graczami wszechstronnymi (ten sam kierunek rozwoju odnotowano później w przypadku piłkarzy grających na innych pozycjach). Po drugie, doszło do poważnego przesunięcia: kosztem utalentowanych Anglików zaczęli dominować golkiperzy z zagranicy; proces ten miał się później powtórzyć na całym boisku. Bramkarzy zawsze uważano za autsajderów, teraz jednak byli w awangardzie nowoczesnego futbolu.

2
CANTONA I KONTRY

Być Francuzem oznacza dla mnie przede wszystkim być rewolucjonistą.

Éric Cantona

Przed 1992 rokiem piłkarze Manchesteru United przez ćwierć wieku nie wygrali ligi, co tym bardziej podkreśla, jak bardzo zdominowali rozgrywki Premier League w początkowych latach. Zespół Aleksa Fergusona wygrał je w czterech z pięciu pierwszych sezonów.

Ta seria zbiegła się w czasie z trwającym połowę dekady panowaniem Érica Cantony, a jedyne niepowodzenie w tym okresie – gdy United zakończyli ligę na drugim miejscu w rozgrywkach 1994/95 – zdarzyło się Czerwonym Diabłom wtedy, gdy fantastyczny francuski napastnik został zawieszony na pół sezonu. Miał niewiarygodny wpływ na tę drużynę, niemal z dnia na dzień zmieniając ją z ekipy spoza czołówki w etatowego mistrza. Nikt też nie odcisnął takiego piętna na Premier League jak Cantona – bo nikt tak jak on nie spopularyzował futbolu technicznego.

W czasie gdy Francuz z włoskim i hiszpańskim rodowodem przechadzał się z podniesionym kołnierzykiem po angielskich stadionach, jakby do niego należały, piłkarze z zagranicy nadal byli w Anglii rzadkością. Cantona nie przypominał niczego, z czym na Wyspach się wcześniej spotkano: gdy mówił o swoich inspiracjach, wspominał o Diego Maradonie i Johanie Cruyffie, ale wymieniał także Pablo Picasso, Jima

Morrisona oraz Wolfganga Amadeusza Mozarta. A kiedy odwoływał się do francuskiego poety Rimbauda, dziennikarze – to paradne! – błędnie uważali, że mówi o Rambo, bohaterze filmu akcji z lat 80. Cantona był postacią niemal satyryczną, francuskim filozofem zamkniętym w angielskiej szatni piłkarskiej, gdzie obcinanie ubrań kumplom z zespołu było uznawane za szczyt dowcipu – i zdecydowanie wczuł się w rolę. Koledzy z drużyny twierdzili, że dobrze mówi po angielsku, ale kiedy nagabywali go dziennikarze z tabloidów, zdolności językowe nagle go zawodziły, dzięki czemu zachowywał status speszonego autsajdera. Gdy gracze Manchesteru szli się napić po meczu, standardowa kolejka oznaczała 17 lagerów i kieliszek szampana.

W przypadku Cantony nie chodziło jednak wyłącznie o to, że był z zagranicy. Zyskał sobie podobną reputację już we Francji, gdzie przeskakiwał z klubu do klubu Ligue 1 z niepokojącą regularnością, zwykle po serii problemów dyscyplinarnych. W pouczającej biografii francuskiego napastnika Philippe Auclair zauważa, że pod koniec lat 80. Cantona został „pierwszym piłkarzem celebrytą w historii swego kraju", znanym bardziej ze specyficznych odwołań do kultury niż z czysto piłkarskich umiejętności. Osiągnął wysoką pozycję w kraju po występach w reprezentacji do lat 21 i zyskał sporą sławę dzięki sportowym transmisjom Canal+, nowej, innowacyjnej telewizji na kartę. Piłkarz był doskonałym bohaterem dla modnego kanału i faktycznie – okazał się jakby skrojony pod stację Sky i Premier League.

Najbardziej haniebny moment w czasie swej przygody z angielską piłką Cantona przeżył w styczniu 1995 roku. Zaraz po tym, jak wyleciał z boiska po kopnięciu obrońcy Crystal Palace Richarda Shawa, Francuz, obrażany przez fana gospodarzy Matthew Simmonsa, przeskoczył przez bandy reklamowe na Selhurst Park i wykonał ekstrawaganckie kopnięcie w stylu kung-fu. Incydent ten poskutkował ośmiomiesięcznym wykluczeniem Cantony z wszelkich rozgrywek i w praktyce zakończył jego reprezentacyjną karierę. Zachowanie Francuza było haniebne, niemniej wydarzenie to okazało się doniosłe dla

Premier League; pojawiło się w mnóstwie serwisów informacyjnych w tak odległych miejscach, jak Australia czy Nowa Zelandia. Tak naprawdę to właśnie wtedy nowa angielska klasa rozgrywkowa po raz pierwszy znalazła się na ustach całego świata.

Biorąc pod uwagę problemy lat 80., prawdopodobnie nieuchronne było, że liga z początku ściągnie na siebie uwagę nie z tych powodów, co powinna, ale gdy w relacjach tłumaczono, co stało za zachowaniem Cantony, zaprezentowano jedną z najbardziej intrygujących postaci w angielskim futbolu, kogoś, kto łamie stereotypy. Brytyjskie gazety wzięły byka za rogi: „The Sun" dwa razy poświęcił incydentowi okładkę, za drugim razem opatrując ją podpisem: „Wstyd Cantony: więcej na stronach 2, 3, 4, 5, 6, 22, 43, 44, 45, 46, 47 i 48". Premier League pojawiała się na początku wiadomości. Po tym, jak Cantona złożył zwieńczoną powodzeniem apelację od wyroku dwóch tygodni więzienia za atak na kibica, niechętnie zwołał konferencję prasową, na której powoli, w zamyśleniu oświadczył zgromadzonym dziennikarzom: „Mewy podążają za kutrem, bo myślą, że sardynki zostaną wrzucone z powrotem do morza. Dziękuję bardzo". Następnie podniósł się, uścisnął dłoń swojemu prawnikowi i szybko wyszedł, co wzbudziło pełen zdumienia śmiech.

Niemniej kluczowym elementem image'u Cantony nie było po prostu to, że tak różnił się pod względem osobowościowym od wszystkich innych graczy Premier League; różnił się od nich także, jeśli chodzi o sposób gry w piłkę. Odniesienia do filozofów i artystów działały właśnie dlatego, że Francuz był piłkarskim geniuszem, który mógł się poszczycić przebiegłością, kreatywnością oraz nieprzewidywalnością. Doskonale odnajdywał się między liniami przeciwnika i był w takim samym stopniu reżyserem gry, co strzelcem, odnotowując największą przeciętną asyst na mecz w Premier League. Uwielbiał lobować bramkarzy, od niechcenia strzelał karne i wielokrotnie uderzał zewnętrzną częścią stopy oraz wykonywał w ten sposób wycyzelowane, przeszywające linię obrony podcinki do partnerów z drużyny.

Cantona był także niebywały pod względem fizycznym, przygotowany na twardość i chaos najwyższej angielskiej klasy rozgrywkowej. Gdy napastnik ostatecznie spalił za sobą wszystkie mosty w ojczyźnie, asystent selekcjonera tamtejszej reprezentacji, Gérard Houllier – ze względu na kadrę narodową chcący znaleźć Cantonie klub z najwyższej półki – szczególnie polecał zawodnikowi właśnie Anglię, ponieważ był wystarczająco silny i na tyle dobry w pojedynkach powietrznych, żeby tam sobie poradzić. Cantona miał 188 centymetrów wzrostu i w jego posturze największą uwagę zwracała wiecznie napompowana, wypięta klatka piersiowa. Doskonale potrafił utrzymać się przy piłce, nic sobie nie robiąc z rywali, a zaskakująco wiele goli i asyst zanotował po zagraniach głową. Był też szybszy, niż można by się spodziewać, o czym często wspominał Ryan Giggs, znany z prędkości kolega z drużyny Cantony.

Cantona nie przybył jednak do Manchesteru bezpośrednio z Francji, a jego początki w angielskiej piłce nie wróżyły sukcesu. Przez tydzień przebywał w Sheffield Wednesday, choć dokładny cel tego przedsięwzięcia był, jak się zdaje, niejasny; Cantona wierzył, że przyjechał podpisać kontrakt, dziennikarze zakładali, że chodzi o testy, a tymczasem menedżer Trevor Francis utrzymuje, że wyświadczał tylko Francuzowi przyjacielską przysługę, pozwalając mu trenować z drużyną. Jakkolwiek wyglądała prawda, Cantona wystąpił w barwach Sheffield Wednesday tylko raz – i co naprawdę dziwaczne, był to towarzyski mecz sześcioosobowych zespołów z amerykańską drużyną Baltimore Blast, która specjalizowała się w grze na hali; zakończone porażką 3:8 spotkanie rozegrano w Sheffield Arena, gdzie kilka dni wcześniej Francis był na koncercie Simply Red.

Cantona wylądował 50 kilometrów dalej na północ, podpisując kontrakt z Leeds w połowie sezonu 1991/92, w którym drużyna sięgnęła po mistrzostwo. Mimo że zdobył zaledwie trzy bramki w 15 występach, a żadna z nich nie przyniosła bezpośrednio punktów zespołowi, dla kibiców stał się kultową postacią, a pewnego razu zaintonowali dyskusyjną wersję *Marsylianki* na cześć swojej gwiazdy ze środka ataku. Ale Leeds nie pasowało Cantonie. Menedżer Howard Wilkinson nie ufał pełnym polotu graczom i stwierdził bez ogródek, że żaden zagraniczny napastnik nigdy nie odniósł sukcesu w angielskim futbolu, uwypuklając fakt, że Cantona idzie pod prąd. „Czy Éric może się dostosować do Leeds albo czy my możemy się dostosować do Cantony? Mam prosić go, żeby się zmienił, czy prosić drużynę, by zaczęła grać po francusku? – rozważał menedżer, by w końcu zadeklarować: – Nie będzie żadnej francuskiej rewolucji, ponieważ, po piłkarsku mówiąc, nieuchronnie poniosłaby ona klęskę". Jako że Leeds raz po raz grało długimi piłkami, podania często omijały Cantonę, mimo to sezon 1992/93 rozpoczął fantastycznie, zostając jedynym strzelcem trzech goli w meczu o Tarczę Dobroczynności, a następnie zaliczając pierwszego hat-tricka w historii Premier League. Mimo to jego stosunki z Wilkinsonem i ciągłe bunty przeciwko autorytarnym menedżerom oznaczały, że na Elland Road nie ma przed nim długiej przyszłości. Do akcji wkroczyli Ferguson i Manchester United.

Historia transferu Cantony jest znana – Wilkinson zadzwonił do siedziby Manchester United, by zasięgnąć informacji, czy dałoby się kupić bocznego obrońcę Denisa Irwina, a Ferguson wykorzystał tę sposobność, by podpytać o Cantonę. Nie był to jednak po prostu szczęśliwy zbieg okoliczności – menedżer Czerwonych Diabłów już wcześniej zainteresował się Francuzem i po tym, jak Leeds odwiedziło Old Trafford, poprosił Gary'ego Pallistera i Steve'a Bruce'a o opinię na temat Cantony. Obaj stwierdzili, że był trudnym przeciwnikiem, ponieważ nie trzymał się własnej pozycji; Cantona zanotował też w tym spotkaniu obronioną przez Petera Schmeichela spektakularną przewrotkę, po której przez trybuny Old Trafford poniosły się – co za rzadkie zjawisko – brawa dla gracza gości.

Jak ujawnił Auclair w biografii Francuza, decydująca była wizyta Fergusona na meczu Ligi Mistrzów, w którym Leeds grało z Glasgow

Rangers. Po tym, jak Cantona zareagował gniewem na zmianę, Houllier wydawał się zmartwiony i gorzko zauważył, że będzie musiał znaleźć napastnikowi nowy klub. Menedżer Manchesteru natychmiast się tym zainteresował, ale uderzył dopiero wtedy, gdy młody Dion Dublin, napastnik o wiele bardziej tradycyjny, złamał nogę. Ferguson węszył wokół innych zawodników: zarówno kreatywnych ofensywnych graczy, takich jak Matt Le Tissier i Peter Beardsley, jak i typowych strzelców w rodzaju Davida Hirsta i Briana Deane'a. Zachowywał otwarty umysł, jeśli chodzi o to, jakiego napastnika potrzebuje, bo Mark Hughes, podstawowy gracz na tej pozycji w United, nie był klasycznym łowcą bramek i pojawiało się wiele głosów, że powinien mieć u boku bezwzględnego egzekutora. Skłoniło to Fergusona, by zainteresować się Alanem Shearerem, zanim ten podpisał tego lata kontrakt z Blackburn. Ale Cantona, w przeciwieństwie do innych, był na sprzedaż za śmiesznie małe pieniądze, 1,2 miliona funtów – niewiarygodne, zważywszy, że Ferguson bezskutecznie oferował trzy miliony za Hirsta.

Zakup gracza w typie Cantony z dnia na dzień zrewolucjonizował taktykę United. Choć z racji sukcesów klubu w tym okresie Ferguson bezsprzecznie zasługiwał na ogromny kredyt zaufania, do ściągnięcia Francuza jego zespołowi brakowało wyraźnego stylu. Menedżer Czerwonych Diabłów, w zgodzie z klubową tradycją, preferował ofensywny futbol oparty na grze skrzydłami, ale pod polem karnym przeciwnika obowiązywała prosta, schematyczna gra. Świetnie uwypukla to sytuacja, gdy po kolejnym treningu dośrodkowań sfrustrowany Andriej Kanczelskis opuścił nagle boisko treningowe, mamrocząc pod nosem, że „angielski futbol to gówno" – i nie był to w owym czasie nieuzasadniony komentarz. Fergusona postrzegano wówczas raczej jako menedżera potrafiącego zarządzać ludźmi niż piłkarskiego filozofa lub przebiegłego taktyka. Schmeichel, który dzielił pokój z Cantoną podczas wyjazdów, krótko podsumował pierwszy trening Francuza: „Od tego dnia styl Manchesteru United się zmienił. Przybycie Cantony sprawiło, że nagle sztab szkoleniowy uświadomił sobie, jak zespół powinien grać, by osiągać sukcesy". Cantona był katalizatorem rewolucji w United, a sukcesy klubu nadały ton rozwojowi taktycznemu rywali z Premier League, który początkowo przyśpieszył raczej za sprawą wpływu inspirujących graczy z zagranicy niż menedżerskich koncepcji.

Cantona potrafił grać zarówno jako tradycyjny środkowy napastnik, jak i rozgrywający, pełniąc obie te funkcje na różnych etapach kariery. W United zasadniczo występował jako dziesiątka za tradycyjnym egzekutorem, dzięki czemu ustawienie zespołu przeszło z 4-4-2 na 4-4-1-1. W Premier League grało bardzo niewielu napastników w tym typie; Teddy Sheringham, który zastąpił później Cantonę w United, zyskał sławę jako „cofnięty napastnik", ale w owym czasie grał raczej na szpicy; po trzech kolejkach sezonu 1992/93 przeniósł się z Nottingham Forest do Tottenhamu i zdobył w całych rozgrywkach 22 bramki, zostając pierwszym królem strzelców Premier League. Matt Le Tissier z Southampton przypominał Cantonę, ale cierpiał pod menedżerem Ianem Branfootem, który chciał, by obrońcy zagrywali długie piłki pod pole karne przeciwnika. Ani Sheringham, ani Le Tissier nie dostawali jeszcze wtedy powołań do reprezentacji Anglii. Inny cel Fergusona, Peter Beardsley, był najbardziej podobnym do Francuza typem napastnika, chociaż często lądował w Evertonie na ławce. Ponadto brakowało mu ekstrawagancji Cantony i nie był materiałem na supergwiazdę – należał do najcichszych i najskromniejszych zawodników w najwyższej klasie rozgrywkowej, podczas gdy Francuz z pewnością był najbardziej aroganckim graczem, aczkolwiek miało to pewne uzasadnienie.

Angielski futbol był tradycyjnie podejrzliwy wobec cofniętych napastników, mimo że tacy gracze, jak Diego Maradona i Ferenc Puskás, okazali się dla reprezentacji Albionu źródłem tylu cierpień. Pozycję tę uważano za cudzoziemski wymysł, a ekstrawagancja w angielskiej piłce zarezerwowana była głównie dla sprytnych skrzydłowych, wśród których najbardziej czczono Toma Finneya, Stanleya Matthewsa i George'a Besta. Nawet Paul Gascoigne, najbardziej utalentowany zawodnik z Wysp owej ery, był raczej ósemką niż dziesiątką, pomocnikiem, który ruszał naprzód z głębi pola. Tak się nieszczęśliwie złożyło, że Gascoigne najlepsze lata spędził poza Premier League – grał przez sześć sezonów w Lazio, a później w Glasgow Rangers i wrócił do Anglii po trzydziestce, by występować jeszcze w Middlesbrough i Evertonie. Nawiasem mówiąc, Ferguson twierdzi, że niewielu rzeczy żałuje w karierze bardziej niż tego, że w 1988 roku Koguty przelicytowały United w wyścigu o Gascoigne'a, który miał dzwonić do menedżera Czerwonych Diabłów latem 1995 roku (kiedy to Cantona odsiadywał swoje ośmiomiesięczne zawieszenie i zamierzał opuścić Anglię), błagając o transfer do Manchesteru. Ferguson jednak skoncentrował się na przekonaniu Francuza, by został w klubie.

W ciągu pięciu lat występów Cantony na Old Trafford Szkot nawiązał ze swym napastnikiem bliskie relacje. Francuz każdego dnia przed treningiem mógł napić się z menedżerem herbaty, co było rzadkim przywilejem, zważywszy na to, że Ferguson traktował większość piłkarzy z pozycji nauczyciela. I choć trudno sobie wyobrazić, że ktoś mógłby w 100 procentach zrozumieć Cantonę, to właśnie Ferguson był tego najbliżej. Szkoleniowcy często powtarzają, że najtrudniejszą częścią ich pracy jest dylemat, jak w szczególny sposób traktować gwiazdy, nie wzbudzając niesnasek w drużynie, a Ferguson szybko pojął, że musi być wyrozumiały wobec Cantony i oszczędzać mu „suszarki", jak zawodnicy Manchesteru United nazywali zwyczaj menedżera, by wrzeszczeć im prosto w twarz po nieudanych meczach.

Skrzydłowy Lee Sharpe opowiada zabawną, pouczającą anegdotę o przyjęciu w manchesterskim ratuszu, po tym jak zespół zdobył pierwszy tytuł. Cała drużyna miała na sobie eleganckie czarne garnitury, jedynie Sharpe pojawił się tam w oliwkowym stroju i w zielonym krawacie. Ferguson oczywiście ruszył, by zmyć mu głowę, a wtedy do pomieszczenia spacerowym krokiem wszedł Cantona – w garniturze, ale bez krawata i w czerwonych tenisówkach Nike. Szkot zawył z frustracji i wypadł z pokoju jak burza. Podobna sytuacja zdarzyła się, gdy menedżer United chciał skrytykować Sharpe'a za ścięcie się na pałę podczas przedsezonowego tournée; ponieważ jednak nagle zauważył, że Francuz ma taką samą fryzurę, ugryzł się w język. „To aż śmiechu warte, jak odmiennie traktowany był czasem Éric – skarżył się Sharpe. – Istniał zbiór zasad dla niego i zbiór zasad dla takich jak ja". Po niesławnym kopie kung-fu Cantony na Selhurst Park Ferguson w pierwszym odruchu zaczął narzekać w szatni na byle jakie zachowanie obrony przy wyrównującym trafieniu Crystal Palace.

Zasadniczo piłkarze akceptują, że folguje się gwiazdom, a na boisku Cantona miał w gruncie rzeczy całkowicie wolną rękę; mógł wałęsać się po murawie, gdzie tylko chciał. W niewielkim stopniu angażował się w grę obronną, o czym wspominał później Roy Keane: „Opierdalaliśmy go często za to, że nie wraca. Z pewnością robiliśmy coś więcej niż tylko bieganie za niego. A później, gdy dopadała nas irytacja, której dawaliśmy wyraz, Éric wyczarowywał coś, co zmieniało bieg meczu". Angielski futbol nauczył się, że graczy w typie Cantony warto brać, jakimi są, warto uwolnić ich od obowiązków defensywnych. Trzeba było także przemyśleć na nowo zasady piłkarskiej kultury, w której ponad wszystko ceniono ciężką pracę i zaangażowanie. Gdy Eric Harrison, trener juniorów w United, po raz pierwszy zobaczył Cantonę na treningu, powiedział: „Chciałem go porwać i przez tydzień gadać z nim o piłce".

Rywale nie byli przygotowani pod względem taktycznym, by powstrzymać Francuza. Zazwyczaj środkowi obrońcy walczyli ze środkowymi napastnikami, a środkowi pomocnicy toczyli pojedynki biegowe z ich odpowiednikami w przeciwnej drużynie. Tacy gracze jak Cantona, schodzący między linie obrony i pomocy, mieli mnóstwo czasu, by cieszyć się piłką. „Éric, niezależnie od tempa i zamętu podczas meczów w Premier League – mówił Ferguson – potrafi zagrać jedno z tych swoich podań. Samo to jest właściwie cudem". Miało to jednak wiele wspólnego z wyjściową pozycją Cantony na boisku i umiejętnością odpierania ataków obrońców. Wcześniej gra United koncentrowała się na natarciach skrzydłami albo rzucaniu długich podań do grającego na środku ataku Hughesa, który znakomicie potrafił ściągnąć piłkę do ziemi i odegrać ją partnerom. Ale Cantona w cudowny sposób reżyserował ataki Czerwonych Diabłów i jak najlepsze dziesiątki w dziejach – szczególnie Maradona, lecz także, jeśli chodzi o Premier League, Dennis Bergkamp i Gianfranco Zola – był bezinteresownym graczem, który rozumiał, że indywidualną wolność na boisku należy spożytkować dla dobra drużyny.

Cantona miał nie tylko swój wkład w grę United podczas meczów, był także wspaniałym przykładem dla swych kolegów z drużyny na treningach. Nalegał na to, by mieć pewną swobodę – na przykład sam się rozgrzewał, zanim dołączył do reszty graczy – ale zawodnicy Czerwonych Diabłów zgadzają się, że wyraźnie podniósł standardy treningowe. Inspirował dopiero wchodzących w dorosłą piłkę graczy, także tych, których nazwano później „klasą '92": Giggsa, Davida Beckhama, Nicky Butta, Paula Scholesa oraz Gary'ego i Phila Neville'ów – była to zdecydowanie najlepsza grupa piłkarzy, która wyszła kiedykolwiek z angielskiej akademii młodzieżowej.

Ferguson napisał w autobiografii: „W czasie, który spędziłem w Manchesterze United, miałem szczęście do ludzi, którzy poświęcali niezliczone dodatkowe godziny, by się doskonalić. Gary Neville dzięki swej etyce pracy z przeciętnego piłkarza własnymi siłami zrobił z siebie wspaniałego gracza, podobnie jak David Beckham. Pamiętam pierwszy dzień Érica w klubie. Po skończonym treningu poprosił o bramkarza, dwóch przebywających tam wciąż zawodników z drużyny juniorów i kilka piłek. Spytałem, po co mu to, a on odrzekł, że chce poćwiczyć. Kiedy wieść o tym dotarła do innych piłkarzy, jeden czy dwóch zdecydowało się na dodatkowe ćwiczenia następnego dnia, ich liczba zaś z czasem rosła. A to wszystko dzięki etyce pracy Cantony i wpływowi, jaki miał na innych zawodników". Phil Neville widzi to trochę inaczej, a zważywszy, że istnieje wiele opowieści o tym, z jakim poświęceniem trenowali Neville'owie czy Beckham jeszcze przed przyjściem Cantony, wydaje się, że to bardziej przekonująca interpretacja: obrońca twierdzi, że Cantona nie zachęcił najmłodszych piłkarzy do ciężkiej pracy – bo już ciężko trenowali – ale sprawił, że stało się to „dopuszczalne" i doświadczeni członkowie zespołu przestali spoglądać na młodszych piłkarzy jak na „pupilków trenera".

Tam gdzie należało, czyli na murawie, Cantona z miejsca robił różnicę. Czasem pomija się, jak niewiarygodny i natychmiastowy wpływ wywarł na drużynę: przybył na Old Trafford pod koniec listopada 1992 roku, gdy United zajmowali ósme miejsce w tabeli, tracąc dziewięć punktów do niespodziewanego lidera, zespołu Norwich City, z żałosnymi 17 trafieniami w 16 meczach na koncie. Trudno było w ogóle pomyśleć o walce o tytuł. Ale po przyjściu Cantony Czerwone Diabły zaczęły strzelać dwa razy więcej goli i wspięły się na szczyt tabeli po pierwszym styczniowym meczu.

Najsłynniejszą wygraną Manchesteru w ich drodze po mistrzowski tytuł było bez wątpienia zwycięstwo 2:1 z Sheffield Wednesday na Old Trafford. Pięć minut przed końcem United przegrywali 0:1, gdy niespodziewanie środkowy obrońca Steve Bruce dwoma główkami odwrócił losy meczu. Jego drugie trafienie, już pod koniec doliczonego czasu gry (mecz zresztą niezwykle się wydłużył ze względu na konieczność zastąpienia kontuzjowanego sędziego), było początkiem nowego zwyczaju Czerwonych Diabłów – strzelania w erze Premier League decydujących goli w ostatnich minutach – i przyczyniło się do powstania określenia *Fergie time* (czas Fergiego). Ferguson i jego asystent Brian Kidd rzucili się na murawę, świętując wygraną, dzięki której United znaleźli się na szczycie tabeli. Do końca sezonu nie oddali już tego miejsca. Niemniej najistotniejsze pod względem taktycznym zwycięstwo drużyna Fergusona odniosła pięć dni wcześniej, w wyjazdowym meczu z Norwich. To spotkanie na kolejne lata zdefiniowało podejście Czerwonych Diabłów Fergusona do wielkich meczów i jest zarazem występem, który wpłynął na Premier League najbardziej w całej historii tych rozgrywek.

Przez znaczną część sezonu 1992/93 drużyna Norwich była faworytem do zdobycia mistrzostwa. Po zaskakującej wygranej 4:2 nad

Arsenalem, która wydawała się niczym więcej niż kuriozalnym wynikiem na otwarcie sezonu, Kanarki zostały pierwszym liderem Premier League. W poprzednich rozgrywkach zespół ten uratował się przed degradacją w ostatnim meczu, a teraz, po sprzedaży do Chelsea swojej gwiazdy, napastnika Roberta Flecka, był powszechnie skazywany na spadek. W rzeczywistości jednak człowiekiem odgrywającym w klubie kluczową rolę był Mike Walker, sympatyczny, spokojny siwowłosy Walijczyk, jeden z najbardziej obiecujących menedżerów na Wyspach. W czasie gdy wciąż jeszcze dominowała laga do przodu, gra podaniami piłkarzy Norwich, ich zwyczaj zdobywania spektakularnych bramek i fakt, że byli skazywani na pożarcie, zapewniły im przychylność neutralnych kibiców. Inni menedżerowie pracujący w Premier League zarządzali piłkarzami i stawiali na dyscyplinę, ale Walker uwielbiał dyskutować o taktyce i zaproponował drużynie jasną, nakierunkowaną na atak filozofię futbolu. Z poprzedniej pracy, w Colchester, został zwolniony, ponieważ prezes klubu uważał, że preferowany przez Walkera futbol oparty na krótkich podaniach jest „zbyt miękki" jak na wymogi niższych lig, mimo że drużyna miała tylko punkt straty do pierwszego miejsca w czwartej lidze*. Walker mówił, że „byłby szczęśliwy, gdyby wygrywał wszystkie mecze 4:3", choć w istocie Norwich doznało kilku srogich porażek. Co osobliwe, Kanarki zajęły w lidze trzecie miejsce, tracąc o cztery gole więcej, niż strzelając.

Podstawową taktyką Norwich było 4-4-2, tyle że traktowane elastycznie, godne uwagi głównie ze względu na wysuniętych bocznych obrońców, Marka Bowena i Iana Culverhouse'a. Występujący na prawej stronie Ruel Fox należał do najszybszych skrzydłowych w lidze, środkowy pomocnik Ian Crook imponował świetnymi podaniami, a Mark Robins walił gola za golem w napadzie. Kanarki były pierwszą dobrą piłkarsko drużyną w Premier League, a kiedy w grudniu pokonały 2:1 Wimbledon, po 18 meczach miały nad drugą drużyną w tabeli niesamowitą przewagę ośmiu punktów.

---

* Mowa o Division Four, która po reformie stała się League Two.

Później jednak Norwich nie strzeliło gola w pięciu kolejnych spotkaniach, nieomal dowodząc prawdziwości starej brytyjskiej prawdy, że gdy nadchodzi zima, a boiska zamieniają się w bagna, kontynentalna piłka przestaje się sprawdzać. Kanarkom udało się powrócić do walki o tytuł i kwiecień zaczęły ponownie na szczycie tabeli, z przewagą jednego punktu nad Aston Villą i Manchesterem United. W następnej kolejce Norwich miało się zmierzyć u siebie z United i choć nie można było ignorować Aston Villi, mecz traktowano jako pojedynek, który zdecyduje o mistrzostwie. Wydawało się, że Czerwone Diabły są w kryzysie – nie wygrały od czterech spotkań, a w ich szeregach nie mógł wystąpić zawieszony środkowy napastnik Mark Hughes. Powszechnie przewidywano, że Ferguson postawi w środku pola na weterana Bryana Robsona, a Brian McClair wróci do ataku, czyli tam, gdzie występował przed przybyciem Cantony do Manchesteru.

Zamiast tego jednak McClair zagrał jak zwykle u boku Paula Ince'a w środku pomocy, a Ferguson wystawił na Carrow Road trzech nominalnych skrzydłowych: Kanczelskisa, Sharpe'a i Giggsa, który zasadniczo zagrał jako środkowy napastnik ustawiony przed Cantoną. W efekcie United w pierwszej fazie meczu grało zadziwiający futbol oparty na szybkich atakach; Norwich wprawdzie utrzymywało się dłużej przy piłce, ale to ich rywale w pierwszych 21 minutach zdobyli z kontry trzy bramki.

Gole wpadały po niewiarygodnie prostych akcjach. Przy pierwszym trafieniu Schmeichel w klasyczny dla siebie sposób cisnął piłkę na 40 metrów do stojącego na lewym skrzydle Sharpe'a, który zewnętrzną częścią lewej stopy posłał podanie do Cantony, czekającego między pomocnikami a obrońcami przeciwnika. Francuz opanował futbolówkę, przystopował na chwilę, dopóki nie nadbiegli pomocnicy, a później mógł zagrać w uliczkę do jednego z trzech zawodników United – Sharpe'a, Ince'a albo Giggsa – którzy jednocześnie uniknęli zastawionej przez graczy Norwich pułapki ofsajdowej. Piłkę przejął Giggs, objechał bramkarza Bryana Gunna i mógł podawać, ale sam wtoczył futbolówkę do siatki. Od momentu wyrzutu Schmeichela do chwili, gdy padła bramka, minęło 12 sekund, a zawodnicy United dotknęli piłki osiem razy.

Druga akcja bramkowa została rozegrana nawet lepiej. Schmeichel chciał przejąć piłkę w polu karnym, ale Steve Bruce uprzedził go i wywalił ją pod prawą linię, gdzie stał Kanczelskis, który z woleja odegrał do stojącego w kole środkowym Ince'a, a ten również z powietrza podał futbolówkę do Giggsa. Walijczyk wycofał ją do McClaira, ten zaś z pierwszej piłki uruchomił biegnącego na bramkę rywala Kanczelskisa. Wspomagał go Cantona, ale rosyjski skrzydłowy minął Gunna i trafił do siatki. Od podania z pola karnego United do gola minęło tym razem 14 sekund, a gracze w czerwonych koszulkach dotknęli piłki dziewięć razy.

Zaledwie minutę później Ince – zawodnik, który miał być rzekomo ostoją linii pomocy, grając za pięcioma graczami ofensywnymi – przejął bezpańską piłkę w środku pola i zaraz potem minął trzech atakujących go rywali, ruszył wściekle w stronę Gunna, a następnie posłał piłkę na prawo do Cantony, który zasadził do pustej bramki. Tym razem akcja zaczęła się na połowie Manchesteru przed kołem środkowym, trwała dziewięć sekund i składała się z sześciu dotknięć piłki.

Gra z kontry wyglądała tak prosto – piłkarze United zwyczajnie czekali, aż przeciwnik naciśnie, następnie ruszali z zatrważającą prędkością, wykorzystując wolną przestrzeń na boisku. Za każdym razem wdzierali się za linię obrony kilkoma zawodnikami i za każdym razem przed strzałem do pustej bramki wyciągali z niej Gunna. „Dobrze radziliśmy sobie w grze z kontry, ale nasz występ w tym meczu przekroczył nawet nasze oczekiwania – zachwycał się Bruce. – Tempo i precyzja naszych akcji, jakość podań były z najwyższej półki i Norwich nie mogło sobie z tym poradzić".

Ferguson ledwie był w stanie powściągnąć entuzjazm: „Niektóre nasze akcje zapierały dech w piersiach, to było coś niewiarygodnego". Najlepiej występ United podsumował jednak Cantona: „To punkt zwrotny. Zagraliśmy mecz doskonały. Zagraliśmy doskonałą piłkę".

Czerwone Diabły ruszyły po tytuł, a to spotkanie wyznaczyło drogę do triumfu w Premier League. Gdyby Norwich wygrało to starcie i samo sięgnęło po mistrzostwo, niewiarygodny sukces zespołu skazanego na pożarcie mógłby sprawić, że w Anglii rozpowszechniłby się futbol bazujący na posiadaniu piłki. Ale to prędkość United stała się inspiracją dla innych drużyn.

Manchester zdobył pierwsze mistrzostwo w Premier League, gdy wszystko wskoczyło na swoje miejsce niejako przypadkiem, lecz w sezonie 1993/94 Czerwone Diabły osiągnęły całkiem nowy poziom. Piłkarze często zwracają uwagę, jak trudno jest obronić tytuł – zespół ma mniejszą motywację, by odnieść sukces, a przeciwnicy bardziej spinają się na mecze z mistrzami – ale Ferguson, który w połowie lat 80. wywalczył dwa razy z rzędu tytuł mistrza Szkocji, w przebiegły sposób dopilnował, by jego zawodnicy wciąż pragnęli zwyciężać. Przed startem sezonu ogłosił w szatni United, że w szufladzie biurka w jego gabinecie leży zalakowana koperta, a w niej znajduje się lista zawodników, którzy jego zdaniem nie czują głodu zdobycia następnego tytułu. Sztuczka okazała się bardzo skuteczna, bo piłkarze chcieli udowodnić menedżerowi, że się myli.

Ferguson, co było dla niego typowe w tym okresie, pytał swoich graczy o opinie na temat zawodników, których chciał ściągnąć do klubu, i po tym, jak ci zgodzili się, że Roy Keane z Nottingham Forest to absolutny top wśród pomocników, menedżer Czerwonych Diabłów przeprowadził jedną ze swoich najważniejszych transakcji, bijąc przy tym brytyjski rekord transferowy. W United zmienił się tym samym układ sił – McClair wylądował na ławie, a Keane stworzył z Ince'em wspaniały, agresywny i waleczny środek pola. Wpływ Cantony na drużynę był jednak naturalnie większy, bo grał w Manchesterze dłużej. Giggs stanowił dla przeciwników ciągłe zagrożenie na lewej stronie, a Kanczelskis, w poprzednim sezonie zawodnik drugiego szeregu, okazał się niewiarygodny na prawym skrzydle. Rolę walecznych pomocników i dynamicznych skrzydłowych podkreślano tak bardzo, że niektórzy dziennikarze przedstawiali ustawienie United jako 4-2-4, choć w rzeczywistości zespół grał taktyką 4-4-1-1, nie bardzo różniącą się od 4-2-3-1, którą dekadę później znała cała Premier League.

Manchester United całkowicie dominował w sezonie 1993/94. W ciągu dwóch pierwszych tygodni Czerwone Diabły pokonały na wyjeździe Norwich i Aston Villę, dwóch rywali, z którymi w poprzednich rozgrywkach walczyły o mistrzostwo, a pod koniec sierpnia usadowiły się na pozycji lidera, której nie oddały do końca ligi. Do końca marca United przegrali tylko dwukrotnie, w obu przypadkach z Chelsea – mimo to pokonali The Blues 4:0 w finale Pucharu Anglii, co zdecydowało o zdobyciu przez klub z Manchesteru pierwszej podwójnej korony w historii. Piłkarze tworzący podstawową jedenastkę Fergusona zagrali ze sobą 13 razy i tyle samo razy zwyciężyli.

Kolejne drużyny United będą coraz bardziej wyrafinowane, zwłaszcza gdy rozwiną się Paul Scholes i David Beckham, wnosząc do gry zespołu lepsze rozegranie z linii pomocy, co pozwoli drużynie zrobić też postęp w europejskich pucharach. Ale biorąc pod uwagę wymogi Premier League, pierwsza jedenastka z sezonu 1993/94 doskonale pasowała do wciąż bazującej na piłce siłowej i ostrych wślizgach ligi, w której tydzień po tygodniu trzeba było rozgrywać na kiepskich boiskach 42 mecze – o cztery więcej niż od rozgrywek 1995/96, kiedy zredukowano liczbę zespołów z 22 do 20. Tamta drużyna składała się z „naprawdę twardych sukinsynów", jak określił to sam Ferguson; menedżer sugerował później, że ten skład był równie dobry co zespół, który pięć lat później sięgnął po potrójną koronę.

Ustawienie United 4-4-1-1, z walecznym środkiem pola i sprinterami na bokach, stało się w gruncie rzeczy standardową taktyką w ciągu pierwszej dekady istnienia Premier League. Drużyny, które żywiły nadzieję, że podążą śladami United, miały jednak pewien oczywisty problem – musiały znaleźć swojego Cantonę.

3
SAS I ZABAWIACZE

Powiem wam szczerze, jeśli ich pokonamy, będę wniebowzięty. Po prostu wniebowzięty.

Kevin Keegan

Mówiąc o swej misji w Manchesterze United, Alex Ferguson wypowiedział słynne słowa: że jego największym wyzwaniem jest „strącenie Liverpoolu z ich pieprzonej grzędy". Szkot zrobił z Czerwonych Diabłów drużynę, która zdominowała angielską piłkę i ostatecznie wyprzedziła The Reds, jeśli chodzi o liczbę zdobytych tytułów mistrzowskich. Ale w połowie lat 90. najwspanialsze boje o tytuł United stoczyli nie z Liverpoolem, lecz z dwoma klubami, których menedżerami byli dawni napastnicy drużyny z Anfield: Blackburn prowadzonym przez Kenny'ego Dalglisha w sezonie 1994/95 oraz z Newcastle United Kevina Keegana w rozgrywkach 1995/96.

Pod przywództwem tych menedżerów w Blackburn i Newcastle działo się dokładnie to samo, tyle że w odstępie roku. Dalglish objął stery w Blackburn w 1991 roku, gdy klub grał na drugim poziomie rozgrywkowym, i awansował z Championship w 1992 roku. Keegan zaczął prowadzić drugoligowe Newcastle w 1992 roku i uzyskał promocję do wyższej ligi w 1993 roku. Blackburn nie zdobyło mistrzostwa od 1928 roku, Newcastle od 1927 roku. Podobieństwa występowały także między Keeganem a Dalglishem – obaj urodzili się w 1951 roku, był między nimi miesiąc różnicy, a kiedy Keegan w 1977 roku opuszczał

Liverpool, by dołączyć do HSV Hamburg, w ataku The Reds zastąpił go właśnie Dalglish.

Jeśli chodzi o taktykę, oba zespoły grały w ustawieniu 4-4-2, a ich styl bazował na grze skrzydłami i dośrodkowaniach do wysokiej dziewiątki. Łączyło je jeszcze coś – w obu drużynach występował defensywny pomocnik David Batty, który miał swój udział w końcówkach sezonów Blackburn (1994/95) i Newcastle (1995/96). Oba kluby zaliczyły też znaczącą zniżkę formy pod koniec rozgrywek, w których walczyły o mistrzostwo. Może to zabrzmi osobliwie, zważywszy, że Blackburn wygrało ligę w sezonie 1994/95, a Newcastle zapamiętano jako „partaczy", którzy roztrwonili w następnym roku 12-punktową przewagę w tabeli, lecz zapaść tych pierwszych była równie spektakularna. Udało im się przegrać trzy z pięciu ostatnich spotkań w mistrzowskim sezonie, w tym mecz w dramatycznej ostatniej kolejce, gdy ulegli na Anfield, gdzie nawet kibice Liverpoolu życzyli gościom zwycięstwa, by Manchester United nie zdobył kolejnego tytułu i by mogli zobaczyć na własne oczy, jak Dalglish, legenda The Reds, wznosi trofeum.

Lewy obrońca Graeme Le Saux nieco później pobieżnie opisał, jak w ostatnich tygodniach sezonu w klubie robiło się coraz bardziej nerwowo – przyznał, że piłkarze mieli obsesję na punkcie Manchesteru United, a Dalglish nie wiedział, jak zapanować nad sytuacją. W przerwie ostatniego meczu sezonu na Anfield skrzydłowy Stuart Ripley usiadł w szatni i stwierdził, że jest tak zdenerwowany, że nogi odmawiają mu posłuszeństwa. Blackburn uniknęło katastrofy, bo United nie zdołali wygrać na wyjeździe z West Hamem. Jeśli jednak chodzi o „partactwo", różnica między Blackburn z sezonu 1994/95 a Newcastle z sezonu 1995/96 była minimalna – nie licząc może faktu, że o ile Dalglish zdołał przekonać obserwatorów, że ma wszystko pod kontrolą, o tyle Keegan posypał się na wizji i podczas programu na żywo wygłosił słynną tyradę ze słowami: „Jeśli ich pokonamy, będę wniebowzięty".

Dalglish i Keegan nade wszystko byli raczej menedżerami, którzy potrafili kierować zespołem i motywować piłkarzy, niż taktykami czy szkoleniowcami, którzy uwielbiają boisko treningowe: jako legendy przykuwali uwagę graczy i zostawiali piłkarzy, na boisku samym sobie. Największą różnicę robił w ich przypadku dobór asystentów. Dalglish na stanowisku menedżera pracował wcześniej tylko w Liverpoolu, gdzie trzymał się stylu wprowadzonego przez poprzedników – podać i wyjść na pozycję. W Blackburn jednak zaczynał od zera i z zawodnikami posiadającymi znacznie więcej ograniczeń, więc jego styl był znacznie prostszy. Uznał, że nie obejmie sterów w Blackburn bez Raya Harforda, powszechnie uważanego za jednego z najbardziej inteligentnych i pomysłowych trenerów angielskich swego pokolenia.

Harford mógł się poszczycić doświadczeniem w prowadzeniu zespołu: awansował w Fulham z posady asystenta na stanowisko menedżera, prowadził Luton (z którym zdobył Puchar Ligi) i Wimbledon; później zresztą zajął miejsce Dalglisha w Blackburn. Luton i Wimbledon pod jego wodzą słynęły z bezpośredniej gry, miał on także fachową wiedzę, której brakowało Dalglishowi – jak stworzyć zespół prezentujący prosty, lecz efektywny styl bazujący na dośrodkowaniach. Dalglish twierdził, że „wiedza szkoleniowa, organizacja gry, głęboka znajomość futbolu" Harforda czynią zeń idealnego asystenta i to ten ostatni prowadził, właściwie bez wyjątków, treningi w Blackburn, zdecydowanie koncentrując się na schematach rozegrania, które poprawiły grę podaniami i wyjścia na pozycję podopiecznych Dalglisha.

Keegan natomiast zatrudnił w roli asystenta Terry'ego McDermotta, swego dawnego kolegę z Liverpoolu, który nie dość, że – podobnie jak jego nowy szef – nie posiadał absolutnie żadnego doświadczenia w roli trenera, to nie miał ponadto licencji trenerskiej, nie zamierzał być trenerem, a niewiele wcześniej widziano go na torze wyścigowym, jak serwował burgery z food trucka. „Jego jedynym obowiązkiem jest dbać o atmosferę w klubie" – powiedział Keegan, który osobiście płacił kumplowi z boiska, przeznaczając na to część własnej pensji. McDermott po treningach brał piłkarzy na bok i pracował z nimi nad poprawą konkretnych aspektów technicznych. W Blackburn pracował asystent menedżera, który prowadził każdy trening i skupiał się na całym zespole, podczas gdy w Newcastle człowiek na tym stanowisku nie uczestniczył w żadnych zajęciach i koncentrował się na poszczególnych graczach. W ostatecznym rozrachunku tak wyglądało podejście do piłki w obu tych klubach w miniaturze.

Blackburn było nowicjuszem w Premier League. Przed jej powstaniem Rovers nie grali w najwyższej klasie rozgrywkowej, od kiedy Anglia została mistrzem świata, a w latach 70. spadli nawet do trzeciej ligi. Swój nagły wzlot zawdzięczali w ogromnym stopniu bogactwu Jacka Walkera, miejscowego milionera, który odziedziczył od ojca Walkersteel, firmę z branży stalowej, i uczynił ją największym udziałowcem rynku w całej Wielkiej Brytanii. Jego hojność wyjaśnia, w jaki sposób drugoligowy klub zdołał ściągnąć Dalglisha, mającego już na koncie wiele tytułów zdobytych z Liverpoolem, zarówno w charakterze gracza, jak i szkoleniowca, i jak, uzyskawszy awans w samą porę, by zagrać w pierwszym sezonie Premier League, natychmiast zajęli w lidze najpierw czwarte, potem drugie, a w końcu pierwsze miejsce. Dalglish upiera się – co w pewnej mierze uzasadnione – że mistrzostwo nie było wyłącznie kwestią milionów Walkera, chociaż ściągnięcie dwóch środkowych napastników, Alana Shearera i Chrisa Suttona, w obu przypadkach oznaczało pobicie rekordów transferowych w angielskim futbolu. Obaj byli dziewiątkami w starym stylu; żyli z dośrodkowań, pasując do prostego stylu gry Blackburn, a z powodu swej bezwzględności pod bramką przeciwnika szybko dorobili się przydomka SAS. Ich wspólny wkład w mistrzowski tytuł Rovers wynosił 49 goli i pozostają prawdopodobnie najsłynniejszym duetem napastników w całej historii Premier League. Niemniej ich stosunki poza boiskiem nie układały się tak dobrze.

Po tym, jak Shearer podpisał kontrakt z Blackburn w 1992 roku, na przedsezonowym tournée w Szkocji zaprzyjaźnił się z Mikiem Newellem, swoim nowym partnerem z ataku, a oczekując na przeprowadzkę żony do Lancashire, spędzał mnóstwo czasu w domu Newellów. Była to klasyczna piłkarska przyjaźń: obaj grali ze sobą w golfa, jeździli wspólnie na treningi, na wyjazdach z drużyną dzielili pokój i równie dobrze dogadywali się na boisku. Newell był wcześniej klasycznym łowcą bramek, lecz gdy Blackburn ściągnęło do siebie największy talent snajperski w kraju, przystosował się i zaczął grać nieco głębiej i wspomagać Shearera, który mówił o nim tak: „Był idealnym partnerem w ataku, bezinteresownym i harującym na całym boisku. Czasem wydawało się, że woli wystawić mi piłkę niż strzelić samemu. [...] Jako cofnięty napastnik wyciągał za sobą obrońców rywala, dzięki czemu miałem więcej miejsca dla siebie. W olbrzymim stopniu przyczynił się do moich sukcesów". Shearer zdobył koronę króla strzelców w trzech z pierwszych czterech sezonów Premier League, a bilans całej jego kariery to 260 goli strzelonych w lidze.

Przybycie Suttona, który w Norwich dopiero niedawno zaczął na stałe występować w ataku, a wcześniej grywał często w defensywie, zmieniło sytuację. I to w dwóch kwestiach. Co najbardziej oczywiste, główną ofiarą transferu nowego napastnika został Newell – w sezonie, gdy Blackburn sięgało po tytuł, wyszedł w pierwszej jedenastce tylko dwa razy. A do tego Sutton odebrał Shearerowi tytuł najdroższego gracza w Wielkiej Brytanii. Został także szybko najlepiej opłacanym zawodnikiem Rovers, choć klub natychmiast dał Shearerowi podwyżkę, która odzwierciedlała jego nadrzędną pozycję w zespole. Le Saux powiedział: „Nagle zażądano od Alana, by grał z gościem, który chciał strzelać tak samo dużo goli. Wtedy zobaczyłem tę stronę jego osobowości, która nie bardzo przypadła mi do gustu. Alan wiedział, że przy Mike'u to on jest w centrum, i obaj nie znieśli tego dobrze, gdy Chris władował się między nich".

Sutton jako napastnik budził przerażenie, ale był wrażliwym człowiekiem, któremu czasem brakowało pewności siebie; w późniejszych czasach wspominał o „braku ciepła" ze strony Shearera, winiąc za to przyjaźń tego ostatniego z Newellem. Gdy w trzeciej kolejce ustrzelił hat-tricka w wygranym 4:0 meczu u siebie z Coventry, przygnębiło go, że Shearer nie cieszył się z tych trafień wraz z nim. Publicznie Dalglish upierał się, że między jego dwoma gwiazdami nie ma żadnych problemów, ale Shearer nie był najszczęśliwszy, że gra ofensywna zespołu nie kręci się już tylko wokół niego.

Pomimo to stworzyli razem oszałamiająco skuteczny duet. Pierwsza bramka, którą Blackburn zdobyło w mistrzowskim sezonie – na wyjeździe w meczu z Southampton – zapowiadała, co będzie się działo później. Tim Sherwood, kapitan zespołu, zagrał długą, wysoką piłkę w pole karne, Sutton ściągnął futbolówkę do ziemi, a Shearer umieścił ją w siatce. Proste, ale skuteczne. Blackburn przy każdej okazji miało teraz dwóch napastników w polu karnym, a bez pełniącego rolę łącznika między atakiem a pomocą Newella drużyna skupiała się na zagraniach na skrzydła i ciągłych dośrodkowaniach.

Na styl Blackburn w równie dużym stopniu co gra duetu SAS wpłynęło dwóch skrzydłowych: grający na prawej stronie Stuart Ripley i występujący po lewej Jason Wilcox byli klasycznymi, przyklejonymi do linii bocznych dryblerami, którzy na pełnym gazie biegli pod linię końcową i dośrodkowywali w pole karne. Wedle słów Dalglisha „byli prawdziwymi skrzydłowymi, a nie bocznymi pomocnikami". Nie byli jednak takimi strzelcami jak para z Manchesteru United, Ryan Giggs i Andriej Kanczelskis, którzy potrafili w trakcie sezonu zanotować dwucyfrową liczbę bramek, lecz raczej zawodnikami, którzy dostarczają piłkę, asystentami, a do tego – co rzadkie w przypadku skrzydłowych – niesamowicie harowali bez piłki. Środkowi pomocnicy Rovers, Sherwood i Mark Atkins (który rozegrał większość sezonu, zanim na ostatnie pięć meczów zastąpił go w pierwszym składzie powracający po kontuzji Batty), naprzemiennie ruszali do przodu i asekurowali tyły. Sherwood był lepszy z piłką przy nodze, Atkins znakomicie radził sobie pod bramką przeciwnika – zdaniem Dalglisha był najlepszym egzekutorem w zespole – ale rzadko grali prostopadłe podania, zamiast tego spokojnie rozrzucając piłki na skrzydła. Jak to określił Shearer, „była to taktyka stworzona pod środkowych napastników".

Krytycy uważali, że sposób gry Blackburn jest zbyt przewidywalny, ale rywale mieli problemy, by sobie z nim poradzić, po części ze względu na zgranie, które drużyna zawdzięczała treningom pod okiem Harforda. Ulubione powiedzenie tego ostatniego brzmiało: „Nie naprawia się czegoś, co się nie zepsuło". Nawiasem mówiąc, Blackburn miało zdumiewająco skromną bazę treningową, na którą składał się kawałek ziemi upstrzony psimi kupami, i to bez szatni. Zawodnicy przebierali się najpierw na Ewood Park, a następnie jechali na trening. Najwięcej problemów stwarzał jednak fakt, że boisko treningowe sąsiadowało z cmentarzem, więc ze względu na szacunek do zmarłych często przerywano treningi, gdy karawan powoli toczył się drogą. Treningi Harforda, na których powtarzano „schematy rozegrania", wymagały ustawienia drużyny na boisku treningowym w formacji 4-4-2 i ćwiczenia rozgrywania akcji. Podania i ruchy zawodników na murawie były bardzo ściśle określone i zawsze kończyły się wypracowaniem okazji do dośrodkowania.

Drużyna miała trzy podstawowe schematy rozegrania akcji. Gdy tylko pojawiała się taka szansa, zawodnicy stosowali najbardziej oczywistą metodę dostania się pod bramkę przeciwnika – grali na skrzydłowego, który mógł ruszyć z piłką do przodu. Jeśli było to niemożliwe, skrzydłowi mieli wyciągać wyżej bocznych obrońców rywala, tak by Shearer albo Sutton mogli zejść na skrzydło. Shearer ubłagał Suttona, by z nich dwóch to nowy piłkarz Blackburn biegał więcej, dzięki czemu mógł zostawać w polu karnym, ale w praktyce sam też znakomicie dośrodkowywał i na koniec sezonu był nie tylko najlepszym strzelcem Blackburn, ale też zanotował najwięcej asyst w zespole. Ostatecznie Dalglish i Harford zauważyli, że gdy spotykają się dwie drużyny grające w ustawieniu 4-4-2 – co w owym czasie było w zasadzie nieuniknione – to najczęściej przy piłce są boczni obrońcy. Henning Berg był przesuniętym na bok obrony stoperem, więc większy nacisk kładziono na to, by grający po lewej stronie defensywy Le Saux zapuszczał się do przodu; ten ostatni dobrze rozumiał się na boisku z Wilcoxem i Shearerem i odnotował wiele kluczowych asyst, w tym tę najważniejszą – po wrzutce do Shearera, który umieścił głową piłkę w siatce w przedostatnim meczu sezonu, wygranym u siebie 1:0 spotkaniu z Newcastle.

Co bardzo ważne, Harford wymagał, by piłkarze dośrodkowywali z miejsca, które nazywał „magicznym pudełkiem", czyli z przestrzeni rozciągającej się na wysokości pola karnego. Shearer nie zgadzał się z tym pomysłem i był przekonany, że potrafiłby zamieniać na bramki wrzutki z głębi pola – takie piłki dogrywał mu później w reprezentacji David Beckham – lecz Harford uważał, że dośrodkowania spod pola karnego stwarzają większe zagrożenie i na nich w przytłaczającej mierze opierała się gra Wilcoxa i Ripleya. Podczas jednego z treningów w połowie mistrzowskiego sezonu Dalglish poprosił Ripleya na bok, by spróbować obmyślić plan B. Ostatecznie uznał, że boczni obrońcy rywala w końcu rozczytają sposób gry Blackburn i będą ściągać Ripleya i Wilcoxa do środka pola. Menedżer zapytał Ripleya, gdzie zdaniem piłkarza powinni ustawiać się czekający na dośrodkowania napastnicy, jeśli dojdzie do sytuacji, w której skrzydłowy będzie ponad 30 metrów od bramki, bliżej środka pola, zmuszony używać słabszej nogi. Zawodnik spojrzał tępo na szkoleniowca i przyznał, że nie ma pojęcia. Coś takiego nigdy nie przyszło mu na myśl – skrzydłowi Blackburn znali dosłownie jeden sposób gry w piłkę.

Naiwność taktyczną Rovers obnażyły europejskie puchary. W swoim debiucie w rozgrywkach europejskich Blackburn wylosowało w Pucharze UEFA na poły amatorski szwedzki Trelleborg, klasyczną płotkę – w zespole tym występował tylko jeden zawodnik na zawodowym kontrakcie, który miał za partnerów stolarza, sklepikarza i sprzedawcę ubezpieczeń. Szwedzi właśnie przegrali w krajowym pucharze z rywalem z trzeciej ligi, a wcześniej w rundzie kwalifikacyjnej odnieśli niezbyt imponujące zwycięstwo nad mistrzami Wysp Owczych. Gdy przybyli na Ewood Park, odkryli, że ich stroje przypominają koszulki gospodarzy, dlatego byli zmuszeni pożyczyć od Rovers czerwone trykoty przeznaczone na wyjazdy. Dziennikarze sprawdzali najwyższe zwycięstwa Blackburn w historii, podejrzewając, że rekord może zostać pobity, a sami Szwedzi mówili później, że porażkę 0:2 potraktowaliby jako przyzwoity wynik. A mimo to Frederik Sandell zdobył jedyną bramkę meczu po zgraniu piłki głową przez jego partnera z ataku Joachima Karlssona. Trelleborg bronił się głębiej niż jakakolwiek inna drużyna, z którą Rovers spotkali się w Premier League, a piłkarze gości skupiali się na dublowaniu krycia skrzydłowych gospodarzy. Jonas Brorsson, kapitan Szwedów, powiedział: „Przy dobrej organizacji gry można ich powstrzymać".

Później Ripley wspominał ten mecz w taki oto sposób: „Graliśmy trochę naiwnie. Miażdżyliśmy przeciwników w Anglii i chyba próbowaliśmy zastosować tę samą metodę, ale oni wyszli na boisko ustawieni defensywnie i sprzątnęli nam zwycięstwo sprzed nosa". Le Saux tymczasem przyznał, że styl Blackburn nie pasował do zmagań w Europie. Rewanż zakończył się wynikiem 2:2 – duet SAS strzelił po jednym golu, trafiając z bliska do siatki po stałych fragmentach gry – a kończący spotkanie w dziesiątkę gospodarze wygrali dwumecz 3:2. Wczesne odpadnięcie Blackburn z rozgrywek podkreśliło taktyczną nieudolność angielskich klubów, pozwalając jednak Rovers skoncentrować się na krajowych zmaganiach.

Blackburn podczas mistrzowskiego sezonu nie odniosło jakiegoś niezapomnianego zwycięstwa – Rovers przegrali oba mecze z Manchesterem United, ich najważniejszym rywalem, w trakcie drogi po tytuł niejednokrotnie notowali też potknięcia, ale ich prosta gra wystarczyła, by regularnie zwyciężać z przeciętniakami z Premier League. Blackburn nie robiło nic nowego, po prostu grało niezwykle równo, lecz miało znakomitych zawodników. Sześciu piłkarzy z wyjściowej jedenastki mistrza (bramkarz Tim Flowers, dyrygujący środkiem obrony Colin Hendry, a także Le Saux, Sherwood, Sutton i Shearer) znalazło się w zespole roku, którego skład został ogłoszony jeszcze przed tym, jak Rovers przypieczętowali zdobycie mistrzostwa.

Pierwsze dwa tytuły w Premier League Manchester United zdobył w zasadzie bez żadnych emocji, bo jego rywale zaliczali potknięcia, ale 14 maja 1995 roku był naprawdę niezapomnianym dniem, podczas którego po raz pierwszy w historii Premier League o mistrzostwie decydowała ostatnia kolejka. Blackburn wyszło na prowadzenie 1:0 po tym, jak Shearer w klasyczny dla siebie sposób zamienił dośrodkowanie Ripleya z prawego skrzydła na gola, i gdyby taki wynik się utrzymał, Rovers zostaliby mistrzami niezależnie od rezultatu United. Liverpool jednak wbrew wszelkiemu prawdopodobieństwu odwrócił losy spotkania, a Jamie Redknapp zapewnił The Reds zwycięstwo 2:1 wspaniałym uderzeniem z wolnego pod koniec meczu. Dalglish dużą część drugiej połowy spędził przy telewizorze ustawionym blisko ławki rezerwowych, oglądając zmagania Manchesteru United na Upton Park. Decyzja sir Aleksa Fergusona, by grać osamotnionym napastnikiem, obróciła się przeciwko niemu, a Luděk Miklośko, bramkarz West Hamu, zanotował jeden z najlepszych występów między słupkami w całej historii Premier League. United tylko zremisowali 1:1, co sprawiło, że porażka Blackburn okazała się nieistotna – Rovers zostali mistrzami. Sztab szkoleniowy Liverpoolu gratulował swemu niegdysiejszemu koledze Dalglishowi, Shearer i Sutton obściskiwali się czule, a Sherwood wzniósł trofeum.

Jeśli jednak chodzi o dramaturgię związaną z walką o mistrzostwo, bardziej znacząca była wcześniejsza wizyta Blackburn w Merseyside. W prima aprilis Rovers ruszyli jak burza na Everton, wcześnie wychodząc na prowadzenie 2:0. Pierwsza bramka padła już w 13. sekundzie (było to najszybsze trafienie w historii Premier League), po tym jak Long rzucił długą piłkę do Suttona, ten zagrał ją głową do Shearera, Shearer odegrał, a jego partner z ataku strzelił gola. Drugie trafienie zanotował Shearer; po rzucie wolnym piłka trafiła do Suttona, ale ten się potknął, co umożliwiło umieszczenie futbolówki w siatce koledze z drużyny. Klasyczne Blackburn. Później jednak, gdy Graham Stuart pozwolił Evertonowi wrócić do gry po niesamowitej podcince, Blackburn dało ewidentny pokaz cynicznego futbolu, skupiając się na przerywaniu gry i kradnięciu czasu. To był niezwykle zażarty, szalony bój, a jego punktem kulminacyjnym było niewiarygodne zamieszanie na przedpolu bramki Tima Flowersa, w którym brało udział co najmniej 14 stłoczonych na niewielkiej przestrzeni graczy. Apogeum tej walki była chwila, gdy Shearer wywalił piłkę tak mocno, że ta prawie opuściła Goodison Park. Po końcowym gwizdku fani gospodarzy wybuczeli piłkarzy Blackburn, Dalglish jednak miał w nosie, czy kibice przeciwnika doceniają sposób gry jego zespołu. Dla niego liczyły się trzy punkty i fakt, że robota została wykonana.

W odróżnieniu od Dalglisha Kevin Keegan, zapytany o ulubione wspomnienie z sezonu 1995/96, gdy Newcastle niemal zdobyło mistrzostwo, opowiadał o fanach Leeds i Nottingham Forest, którzy oklaskiwali jego piłkarzy podczas meczów wyjazdowych w ostatnich kolejkach rozgrywek. Co prawda Dalglish nazywał swoje Blackburn „mistrzem ludu", wykorzystując fakt, że Rovers skazywano na pożarcie, ale tak naprawdę to Newcastle było prawdziwym ulubieńcem neutralnych kibiców, bo grało urzekający, zorientowany na atak futbol. W tym czasie Keegan odcisnął niewiarygodne piętno na drużynie, robiąc z zespołu z drugiej połowy tabeli Championship czołową ekipę Premier League, co zelektryzowało całe miasto. Na koszulkach Newcastle znajdowała się niebieska gwiazda z logo piwa Newcastle Brown Ale, bluza bramkarska w sezonie 1995/96 przedstawiała miejski krajobraz, a o tym, jak ważną rolę kulturową odgrywa klub w mieście, Keegan mówił w taki sposób, że przywodziło to na myśl Barcelonę. Jego gracze chwilami prezentowali porównywalną piłkę i nazywano ich po prostu Zabawiaczami.

Newcastle zdobyło ten przydomek kilka sezonów wcześniej, po zwycięstwie 4:2 z Sheffield Wednesday, ale w sezonie 1995/96 jego zawodnicy wspięli się na nowy poziom i ich zmagania o tytuł w pewien sposób pasowały do ówczesnej popkultury brytyjskiej. W 1996 roku Anglia była gospodarzem mistrzostw Europy i reprezentacji Albionu groziło zwycięstwo, a oficjalną piosenką turnieju został utwór *Three Lions* w wykonaniu Baddiela i Skinnera. W 1996 roku wciąż królował britpop. W 1996 roku wystartował *TFI Friday* Chrisa Evansa, program, który był czystym wariactwem, i zadebiutowały głośne, ekstrawertyczne Spice Girls. W 1996 roku w kinach pojawił się *Trainspotting*, film o grupie heroinistów, któremu udało się zostać opowieścią podnoszącą na duchu. Jakoś tak się stało, że rok 1997 był zupełnie odmienny, zdominowany przez film *Titanic*, album Radiohead *OK Computer* i śmierć księżnej Diany, ale w 1996 roku panował ekstatyczny brak umiaru i doskonale wpasowywało się w to Newcastle Keegana, Zabawiacze, którzy parli do przodu bez oglądania się na konsekwencje.

Newcastle zaczęło sezon tak samo jak rok wcześniej Blackburn – ich taktyka bazowała na dośrodkowaniach. Sprowadzony z Paris Saint-Germain lewoskrzydłowy David Ginola ogłupiał prawych obrońców przeciwnika dzięki swej szybkości i wyjątkowej inteligencji; był w stanie przyjąć piłkę tyłem do bramki, zanim odwrócił się z nią w jedną bądź drugą stronę, schodząc do środka pola albo ruszając wzdłuż linii bocznej. Natychmiast został graczem miesiąca. Na przeciwległej flance występował Keith Gillespie, charakterystyczny dla owej epoki skrzydłowy, który zawsze biegł do linii końcowej. Keegan przydzielił skrzydłowym proste zadanie – w drużynie mieli Lesa Ferdinanda, najlepszego odgrywającego napastnika na świecie, i dlatego należało nieustannie do niego dośrodkowywać. Sam Ferdinand wspominał: „Nasz zespół, z Ginolą na lewej stronie i Gillespiem na prawej, grał w idealny sposób dla takiego napastnika jak ja. Zarówno David, jak i Keith zasypywali pole karne wrzutkami z każdego sektora boiska".

Zaskakujące, że tak niebezpieczny w pojedynkach powietrznych zawodnik jak Ferdinand miał zaledwie 180 centymetrów wzrostu; był jednak obdarzony fantastycznym wyskokiem. Do połowy lutego strzelił 21 goli, a Keegan – którego irytował poprzednik Ferdinanda, grający wyraźnie pod siebie Andy Cole – zachęcał swojego napastnika, by rozwijał swój styl i włączał do gry kolegów. Podczas gdy Blackburn grało na dwóch środkowych napastników, Keegan stawiał na Petera Beardsleya w roli głęboko cofniętego atakującego, który spajał wszystkie natarcia drużyny. Jeśli dodamy do tego Roba Lee, który wyrywał naprzód ze środka pomocy, był to najbardziej kompletny pod względem ofensywy zespół w dotychczasowej historii Premier League. Newcastle narzucało od początku meczu niewiarygodne tempo, próbując wygrać spotkanie już w pierwszych dwóch kwadransach, i w ciągu całego sezonu ani razu nie odnotowało bezbramkowego remisu. Przydomek Zabawiaczy podkreślał jednak także słabość drużyny w defensywie. Keegan otwarcie głosił swoją filozofię: „Jeśli strzelicie nam dwa gole, my strzelimy wam trzy", ale meczem, który przesądził o losach Newcastle w tamtym sezonie – a także najbardziej pamiętnym spotkaniem Srok w epoce Premier League – była kwietniowa porażka z Liverpoolem, w której zastosowanie znalazła zasada: „Jeśli strzelimy wam trzy gole, wy strzelicie nam cztery". Wielu ludzi przypisywało niepowodzenie Newcastle w walce o tytuł właśnie nieszczelnej obronie, lecz prawda jest bardziej skomplikowana.

Keegan nie krył się ze swym nastawieniem na atak. Chciał za wszelką cenę zaspokoić głód ofensywnej piłki, który czuli Geordies, czyli mieszkańcy Newcastle, i uważał, że jest jednym z tych, którym przyświeca chęć zrobienia z futbolu bardziej ekscytującej dyscypliny; w tym czasie menedżerowie często podkreślali fakt, że skoro Sky transmituje ich mecze na żywo, ich drużyny „stawiają na show". Keegan mówił: „Menedżerami zostało wielu napastników. Spójrzcie na Briana Little'a, Glenna Hoddle'a, na mnie. Wszyscy jesteśmy napastnikami, którzy za mało wiedzą o obronie, by uczyć jej drużyny". Niezbyt przekonujący argument. George Graham, szef Arsenalu, był napastnikiem, a następnie ofensywnym pomocnikiem, i to tak ospałym, że dorobił się ksywki Spacerowicz, lecz zmontował najbardziej zdyscyplinowaną formację defensywną w angielskiej piłce.

Obrona Keegana składała się jednak z byłych pomocników i napastników. To normalne, że piłkarze się rozwijają i zmieniają pozycje, na których występują, ale sytuacja w Newcastle była dość niezwykła, zwłaszcza jeśli chodzi o trzech podstawowych środkowych obrońców. Darren Peacock grał w młodzieżówce Bristol Rovers jako środkowy napastnik. Steve Howey pokonywał kolejne szczeble kariery w Srokach jako ofensywny pomocnik, od wielkiego dzwonu wystawiany na treningach na obronie, ale gdy Keegan przybył do klubu, powiedział piłkarzowi, że albo będzie grał na środku obrony, albo musi odejść. Belg Philippe Albert natomiast rozpoczął karierę jako pomocnik i został ściągnięty przez Newcastle po świetnych występach na mistrzostwach świata w 1994 roku, gdzie bez przerwy odpowiadał za wyprowadzanie piłki ze strefy obrony. Keegan, który pracował podczas tego turnieju jako ekspert telewizyjny, widział, jak Albert strzela gole Holendrom oraz Niemcom, i skwapliwie go zakontraktował.

Keegan zachęcał też Warrena Bartona i Johna Beresforda, podstawowych bocznych obrońców Newcastle, by w tym samym czasie ruszali do przodu; pod koniec sezonu obu zastąpili wychowankowie klubu, Steve Watson i Robbie Elliott, którzy dojrzewali w szeregach Srok jako napastnicy. Inny miejscowy, defensywny pomocnik Lee Clark, w poprzednim sezonie grał jako ofensywny pomocnik – stąd numer 10 na jego koszulce. Newcastle w większym lub mniejszym stopniu było drużyną ofensywnych piłkarzy, jak przyznał Keegan w godnym podziwu ze względu na szczerość fragmencie autobiografii: „Czy moi boczni obrońcy grali zbyt śmiało? Tak! Czy moi stoperzy byli zbyt dobrzy technicznie i chętniej ruszali do przodu, niż się cofali? Tak! Ale właśnie taki zespół zbudowaliśmy". Tak to właśnie było, a Keegan nie zamierzał niczego zmieniać. Pod koniec sezonu czterech jego obrońców – Watson, Howey, Peacock i Beresford – przyszło do niego i zasugerowało, że rywale nad nimi dominują i zespół powinien grać ostrożniej, lecz odpowiedź menedżera na krytykę była prosta: „Chcecie zagrać w sobotę?".

Keegan w niesamowitym stopniu ignorował grę obronną. Przed daleką podróżą w sierpniu do Southampton drużyna miała jeden z nielicznych treningów, które skupiały się na defensywie, ale Sroki przegrały ten mecz 0:1 i ich menedżer już nigdy potem nie zawracał sobie głowy ćwiczeniem gry w tyłach. Gdy Newcastle nie udało się wygrać Premier League, Keegan zatrudnił jako speca od defensywy Marka Lawrensona, byłego obrońcę Liverpoolu i eksperta BBC. Ten jednak, po tym jak spędził trochę czasu na oglądaniu treningów bez możliwości poprowadzenia choćby jednych zajęć osobiście, wyznał w pewnym momencie przełożonemu, że nie wie, za co dostaje pieniądze. Keegan ściągnął go do klubu bardziej po to, by dać odpór krytyce, niż naprawdę spróbować rozwiązać problem.

Co zdumiewające, defensywa Newcastle w sezonie 1995/96 nie dopuściła do straty jakiejś wielkiej liczby bramek i słynna porażka 3:4 na Anfield wyolbrzymiła słabość Srok w tyłach. Zespół pozwolił strzelić sobie 37 goli w 38 meczach, zaledwie dwa więcej niż Manchester United, a drużyny, które sięgały po tytuł w czterech następnych edycjach rozgrywek, dały sobie wbić odpowiednio 44, 33, 37 i 45 bramek. To nie bilans defensywy stanowił przeszkodę, by Newcastle osiągnęło sukces. Problem Srok polegał na tym, że nie trafiały wystarczająco często do siatki rywala – podopieczni Keegana zdołali zdobyć tylko 66 bramek, mniej niż jakakolwiek drużyna, która sięgnęła po mistrzostwo. Miano Zabawiaczy nie było do końca zgodne z prawdą i mimo wszystkich tych doskonałych piłkarzy Newcastle nie tworzyło drużyny. Nie chodziło po prostu o to, że nie ćwiczyli gry obronnej na treningach, a bardziej o fakt, że na zajęciach nie poświęcali też w ogóle czasu przygotowaniu taktycznemu. Piłkarze nie pracowali nad ustawieniem, konstruowaniem akcji czy stałymi fragmentami gry – nie robili niczego, co sprawia, że grupa zawodników staje się zespołem.

Treningi były niewiarygodnie proste i piłkarze je uwielbiali, podobnie jak kibice. Newcastle wykorzystywało obiekty na Durham University, co znaczyło, że zajęcia odbywały się w gruncie rzeczy publicznie i podczas wyścigu o tytuł często obserwowało je tysiące ludzi. Piłkarze pojawiali się wcześniej i grali w siatkonogę, a jedną z par, które budziły największy strach, tworzyli Keegan i McDermott. Następnie organizowano bardzo intensywne małe gierki w meczowym tempie, a drużyny często dobierano jak na podwórku. Sesje kończyły się ćwiczeniami z piłką i treningiem strzeleckim, a niektórzy zawodnicy zostawali jeszcze, by indywidualnie popracować nad jakimiś aspektami technicznymi. Nigdy jednak nie omawiano ustawienia zespołu.

Podejście Keegana do przeciwników było równie beztroskie. Alex Ferguson coraz częściej dopracowywał drobiazgi, by w ten sposób odpowiedzieć na atuty oponentów, i dostarczał drużynie konkretnych informacji o ich słabych stronach. Menedżer Srok nie wspominał jednak na treningach o najbliższych rywalach i w szatni tuż przed rozgrzewką po prostu odczytywał skład przeciwnej drużyny. No i obrzucał jeszcze rywali błotem. „Żaden by u nas nie pograł" – mówił, a jeśli niedawno podpisał kontrakt z ich zawodnikiem, stwierdzał: „Mam już tego, którego chciałem". Chodziło wyłącznie o indywidualności. Ignorowanie rywali okazało się szczególnie bolesne w meczach wyjazdowych, w których Newcastle prezentowało się zaledwie w połowie – i to dosłownie – tak dobrze, jak na St James' Park – Sroki zdobyły 52 punkty u siebie, a tylko 26 na pozostałych stadionach.

W przedmeczowych pogadankach Keegan rzadko zawracał sobie głowę wskazówkami, jak walczyć z rywalem, lecz zdarzył się jeden godny uwagi wyjątek. Przed rozgrywanym w połowie kwietnia meczem z Aston Villą menedżer Srok zauważył, że Brian Little wystawia zwykle trzech środkowych napastników, Dwighta Yorke'a, Savo Miloševicia i Tommy'ego Johnsona, więc poinstruował lewego obrońcę Beresforda, by schodził do środka i wspomagał dwóch stoperów. Beresford jednak narzekał, że szkoleniowiec nie zwraca uwagi na efekt uboczny – Gary Charles, prawy obrońca Aston Villi, będzie mógł wbiegać w strefę, gdzie zabraknie obrońcy Newcastle, bo Ginola się za nim nie cofnie. Keegan jednak go zignorował. Kiedy to, co nieuniknione – Charles miał mnóstwo miejsca na prawej stronie – zaczęło zdarzać się w meczu raz po raz, menedżer Newcastle miał uwagi nie do Ginoli, lecz Beresforda, co tego ostatniego doprowadziło do pasji. Obrońca i Keegan zaczęli awanturować się przy linii, a wszystko zakończyło się natychmiastową zmianą, gdy zawodnik powiedział szkoleniowcowi, by „spierdalał". Po wszystkim Keegan stwierdził: „Graczom nie wolno mówić tego, co usłyszałem". Do tego momentu Beresford wystąpił w pierwszej jedenastce 32 razy w 34 spotkaniach, ale po incydencie został całkowicie odstawiony od składu na ostatnie cztery mecze sezonu.

Załamanie formy Newcastle miało jednak związek z dwoma noworocznymi nabytkami. Nieprzewidywalny kolumbijski napastnik Faustino Asprilla podpisał kontrakt ze Srokami w pewien śnieżny lutowy piątek, dzień przed krótką podróżą drużyny do Middlesbrough. W dniu meczu Keegan zapewnił Asprillę, że nie będzie grał, i w czasie lunchu nalał zawodnikowi kieliszek wina. Niewiarygodne, ale kilka godzin później Kolumbijczyk wszedł na boisko w drugiej połowie meczu jako rezerwowy. Niemal natychmiast asystował przy wyrównującym golu Watsona, tuż przed dośrodkowaniem za pomocą cudownego zwodu Cruyffa wkręcając w ziemię środkowego obrońcę rywali, Steve'a Vickersa. Świętując bramkę, Watson wskazał na Asprillę i koledzy z drużyny instynktownie ruszyli z gratulacjami do tego, kto dograł piłkę, a nie do strzelca. Dzięki Kolumbijczykowi gra Newcastle nabrała polotu.

Choć ściągnięcie go do zespołu uważa się czasem za przyczynę załamania formy Srok, w drugiej części sezonu Asprilla był ich najlepszym graczem. Zagrał znakomicie w nieszczęśliwie przegranym – i mającym fatalne konsekwencje – meczu z Manchester United, kiedy za sprawą parad Petera Schmeichela i wykończenia Érica Cantony przyszli mistrzowie odnieśli ledwie zasłużone zwycięstwo 1:0. Kolumbijczyk odegrał decydującą rolę w wygranej 3:0 z West Hamem i był najlepszym piłkarzem Newcastle podczas przegranego 3:4 spotkania z Liverpoolem, gdy zaliczył gola i asystę. Problem w tym, że jego przyjście do drużyny całkowicie zmieniło jej ustawienie – a Keegan nie wyjaśnił graczom, jak mają się do tego dostosować. Asprilla bardzo różnił się stylem gry od Beardsleya, który zaczął pełnić obcą mu funkcję prawego pomocnika. Kolumbijczyk z miejsca stał się centralną postacią zespołu, co wprawiło Ferdinanda w osłupienie. „Nie kupiłem Asprilli, żeby grał z tobą, kupiłem go, żebyś ty grał z nim" – powiedział mu Keegan bez ogródek. Menedżer nawet nie próbował zadbać na treningach, by obaj nadawali na tych samych falach, i stwierdził, że Ferdinand musi po prostu „oczekiwać od Asprilli nieoczekiwanego". Było to rozsądne podsumowanie stylu Kolumbijczyka, trudno jednak uznać je za użyteczną wskazówkę. Angielski napastnik, który wcześniej strzelał mniej więcej gola na mecz, zaczął trafiać do siatki raz na trzy spotkania.

Pełnowymiarowy debiut Kolumbijczyka zbiegł się z zaskakującą decyzją Keegana, by odejść od tradycyjnego dla Newcastle 4-4-2 na rzecz bardziej elastycznego ustawienia przypominającego często 3-5-2, co zaowocowało porażką 0:2 z West Hamem i niezwykle widowiskowym remisem 3:3 z Manchesterem City. Na zmianie najbardziej skorzystał Albert; wąsaty belgijski środkowy obrońca zaczął być wykorzystywany jako stoper i mógł zapuszczać się do przodu. W spotkaniu z City zdobył dwie bramki i wypracował gola Asprilli, wszystko to z akcji, czym wspaniale pokazał, jak bardzo wyprzedził swój czas jako środkowy defensor. Asprilla był najgroźniejszą ofensywną bronią Newcastle w obu tych meczach, udało mu się przy tym wywinąć za uderzenie łokciem i głową Keitha Curle'a, środkowego obrońcy Obywateli, zawieszono go bowiem tylko na jeden mecz. „Jest z Ameryki Łacińskiej, oni już tacy są" – tłumaczył Keegan. Wydarzenie to zdominowało gazetowe nagłówki, ale znacznie ważniejszy był fakt, że nigdy wcześniej wady ustawienia Srok nie były tak oczywiste. Newcastle wygrało 43 procent meczów z Asprillą w składzie, w porównaniu do 75 procent zwycięstw w spotkaniach bez niego.

Na następny, przegrany 0:1 pojedynek z Manchesterem United Newcastle wróciło do swojego 4-4-2, ale mogło się pochwalić innym nowym graczem, Davidem Battym, który przybył do klubu w osobliwych okolicznościach. Sir John Hall, prezes Newcastle, chciał ściągnąć do zespołu środkowego obrońcę, by wzmocnić defensywę. Keegan jednak się na to nie zgodził, więc obaj osiągnęli kompromis i kupili defensywnego pomocnika, co nie wydaje się szczególnie logicznym podejściem do polityki transferowej. Nawet sam Batty był zaskoczony. „Znajdowali się na szczycie tabeli i nie miałem pojęcia, po co chcą coś zmieniać" – przyznał. Batty, typowy defensywny pomocnik, zajął w składzie miejsce ofensywnie usposobionego Clarka, a Newcastle ponownie próbowało grać w podobny jak wcześniej sposób, tyle że z graczem o całkowicie innej charakterystyce na kluczowej pozycji. Problemem, co oczywiste, była raczej taktyka niż poszczególni zawodnicy. Batty sprawił, że Sroki przestały tak szybko grać piłką, a do tego nie prezentował się nadzwyczajnie jako defensywny pomocnik; na przykład w zremisowanym 1:1 meczu z Nottingham Forest pod koniec sezonu Ian Woan minął go z łatwością, a następnie uderzył w górny róg bramki z ponad 20 metrów. Keegan twierdził jednak, że transfer Batty'ego to doskonałe posunięcie, choć menedżer Srok – co dla niego typowe – uważał, że przyszłość nowego nabytku kryje się w grze na pozycji usposobionego ofensywnie środkowego obrońcy, który będzie wyprowadzał piłkę z głębi pola. Sądził bowiem, że pozwoli mu to wystawić jeszcze jednego ofensywnego gracza w pomocy. Po prostu nigdy nie miał dość.

Przykładem ofensywnego entuzjazmu Newcastle była poniesiona na Anfield w kwietniu 1996 roku porażka 3:4 z Liverpoolem, w spotkaniu powszechnie uważanym za najwspanialsze w historii Premier League. Był to prawdziwy thriller, pełen akcji przenoszących się z jednej bramki pod drugą; piłka trafiła do siatki po raz pierwszy w drugiej minucie, po raz ostatni zaś w 92. Newcastle prowadziło przez większość tego pojedynku, 2:1 i 3:2, ale jakimś sposobem pozwoliło Stanowi Collymore'owi na zwycięski strzał w samej końcówce, co sprawiło, że Keegan osunął się bezwładnie na bandy reklamowe.

Newcastle przystępowało do tego meczu, będąc w katastrofalnej formie – Sroki zdobyły ledwie siedem punktów w sześciu poprzednich spotkaniach. Keegan dokonał jednej zmiany w składzie – Watson zastąpił Bartona na prawej obronie, co miało prawdopodobnie związek z tym, że ten pierwszy strzelił już w tym sezonie dwa zwycięskie gole w starciach z Liverpoolem, w pierwszym meczu ligowym tych drużyn i w pojedynku w Pucharze Ligi.

Dobrym podsumowaniem niedorzecznie otwartego charakteru tego pojedynku było boiskowe ustawienie Ginoli. Newcastle grało w systemie 4-4-2, podczas gdy Liverpool Roya Evansa wystąpił w formacji 3-5-2, co w nieunikniony sposób prowokowało pytanie, czy Francuz będzie wracał za Jasonem McAteerem, prawym wahadłowym The Reds. Odpowiedź okazała się prosta – nie wracał. Miało to zarówno pozytywne, jak i negatywne skutki. Po tym, jak Robbie Fowler otworzył wynik spotkania, a Les Ferdinand wyrównał, wysokie ustawienie za plecami McAteera pozwoliło urwać się Ginoli. Środkowi obrońcy Liverpoolu grali bardzo blisko siebie, więc skrzydłowy Srok miał całą lewą flankę wyłącznie do swojej dyspozycji, spokojnie wykańczając kontrę.

W drugiej połowie jednak gracze Liverpoolu wykorzystali przestrzeń za Ginolą. Pod boczną linię nieustannie schodził zwłaszcza Steve McManaman, który dośrodkowywał przy wyrównującej bramce Fowlera, a potem zanotował jeszcze jedną niebezpieczną wrzutkę, którą obrońca Newcastle Steve Howey przeciął tak, że piłka ledwie minęła dalszy słupek. Newcastle ruszyło w drugą stronę i za sprawą Asprilli Sroki znów trafiły do siatki, po części dlatego, że John Scales, środkowy obrońca The Reds, który grał tam, gdzie operował Kolumbijczyk, cofnął się zbyt głęboko pod własną bramkę, próbując pokryć bardzo wysuniętego Ginolę. Liverpool ponownie wyrównał po dośrodkowaniu z prawego skrzydła – Ginola poszedł na grzyby, a doskonale podkręconą piłkę zagrał McAteer. Było 3:3, a dwa gole dla każdej ze stron padły dzięki ustawieniu francuskiego skrzydłowego. Ostatnie pięć minut meczu było zaś chyba jeszcze bardziej otwarte, po tym jak Evans wprowadził bardzo doświadczonego Iana Rusha za lewego wahadłowego Roba Jonesa, na którego pozycji zaczął grać Collymore. Po rozegraniu w środku pola między Rushem a Johnem Barnesem piłka została zagrana na bok do Collymore'a, który zdobył zwycięską bramkę. Liverpool wygrał mecz, stawiając wszystko na jedną kartę, co tak uwielbiał Keegan. Menedżer Newcastle miał wielką satysfakcję, że przyczynił się do stworzenia tego legendarnego, arcyofensywnego widowiska. Wspominał później: „Po meczu odwróciłem się do Terry'ego Maca i powiedziałem: »Wiem, że powinienem być rozczarowany, ale jestem dumny«".

Gracze Newcastle tłumaczyli zjazd formy zespołu różnymi kwestiami taktycznymi. Ferdinand czuł się sfrustrowany, że atak kręci się wokół Asprilli. Gillespie uważał, że przez jego brak w jedenastce Sroki nie potrafiły odpowiednio rozciągnąć gry, z czym zgadzał się Lee, ponieważ Beardsley źle się czuł na prawej stronie pomocy. Bramkarz Pavel Srníček sugerował, że Batty zaburzył rytm gry zespołu, i zgadzał się, że w drugiej części sezonu lepsze zespoły po prostu obnażyły braki Newcastle. Tymczasem eksperyment z Albertem jako stoperem w topornie zestawionym 3-5-2 potrwał dwa mecze, kosztował Sroki pięć punktów i został natychmiast zarzucony. Równie wyraźny okazał się też spadek formy Ginoli w drugiej połówce rozgrywek; krytykowano go za ospałość w defensywie, ale nie byłby to kłopot, gdyby tylko ofiarowywał zespołowi w zamian taką skuteczność jak we wcześniejszej fazie sezonu.

Największym problemem Newcastle był ogólny brak zgrania, co z pewnością brało się z tego, że menedżer odpuszczał na treningach pracę z zespołem. Keegan po prostu wstawiał utalentowanych piłkarzy i pozwalał im grać, jak chcieli, co w dużej mierze działało przy prostym, staromodnym ustawieniu 4-4-2, w którym wszyscy wiedzieli, o co chodzi. Ale gdy szkoleniowiec Srok nagle zmienił formację, ściągając na środek ataku napastnika innego rodzaju i grającego odmiennym stylem defensywnego pomocnika, ta wolna amerykanka wywołała kłopoty. Newcastle nie miało zwyczajnie żadnej taktyki, występy tego zespołu zależały od tego, których graczy Keegan wstawił danego dnia do jedenastki.

Choć Newcastle ostatecznie nie udało się wygrać Premier League, niewątpliwie była to wspaniała porażka; ówczesnych członków drużyny wciąż traktuje się tam jak bohaterów, nadal też tamten zespół Srok budzi zachwyt w całej Anglii. Nie można nie docenić osiągnięć Keegana, który wyciągnął zespół z drugiej ligi i prawie zrobił z niego mistrza kraju. I choć naiwność kosztowała Newcastle mistrzostwo, w kontekście tej książki najistotniejsze jest to, że byli tak blisko tytułu, grając w tak niewyrafinowany sposób, co tylko podkreśla, jak prymitywnie prezentowała się większość drużyn z Premier League w tamtym okresie.

Mistrzowską paterę wręczono na północnym wschodzie, tyle że w Middlesbrough, gdzie Manchester United zakończył sezon zwycięstwem 3:0. W obliczu porażki Keegan zachował się wspaniałomyślnie; natychmiast pogratulował Czerwonym Diabłom i przewidywał, że w następnym sezonie „będą wspaniale reprezentować Premier League w Lidze Mistrzów". Przypominało to trochę sposób, w jaki mówił o Asprilli, gdy ten przychodził do Newcastle, jako o „naprawdę cennym nabytku dla Premier League – i Newcastle United, mam nadzieję". Może były to tylko słowa, ale trudno sobie wyobrazić, żeby Ferguson, który wyznawał zasadę oblężonej twierdzy, troszczył się o korzyści dla ligi jako takiej.

Sroki zareagowały na poniesioną porażkę w gwałtowny sposób, bijąc światowy rekord transferowy i ściągając z Blackburn urodzonego w Newcastle Shearera. Keegan wytrzymał w drużynie zaledwie pół następnego sezonu, kiedy to nagle podał się do dymisji. Zastąpił go, jak można przewidzieć, Dalglish. Było jasne, że z Battym, Shearerem i Dalglishem Newcastle będzie starało się grać jak Blackburn – lecz pod względem taktycznym Premier League zmierzała już w innym kierunku.

CZĘŚĆ II

POSTĘP TECHNICZNY

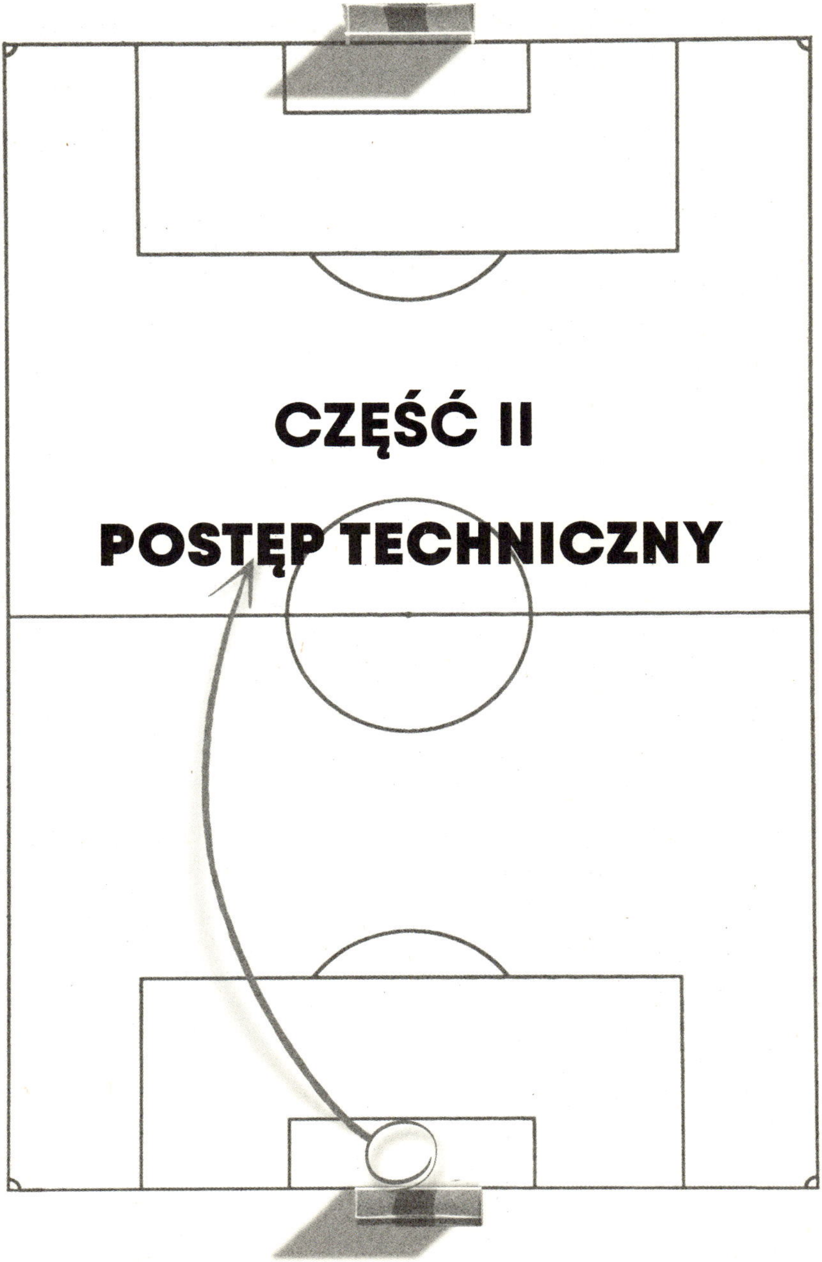

4

MIĘDZY FORMACJAMI

Kibice, tak samo jak media, kochali Cantonę. Był gościem z zagranicy, kimś innym. Każdy chciał mieć kogoś takiego jak on, ale to nie znaczy, że tacy piłkarze rosną jak grzyby po deszczu.

Roy Evans

Gdy dzięki wpływowi Érica Cantony Manchester United zaczął dominować w Premier League, inne kluby zabrały się do rozpaczliwych poszukiwań odpowiedników Francuza. W połowie lat 90. do zespołów z najwyższej angielskiej klasy rozgrywkowej trafiła fala utalentowanych, nieprzewidywalnych, lecz często grających nierówno dziesiątek. Z różnym skutkiem. W Anglii nie wychowywano graczy tego rodzaju, więc kluby rozglądały się za granicą, nierzadko w krajach o stosunkowo niewielkich tradycjach piłkarskich. Ci, którzy wspierali grające bez błysku zespoły ze środka tabeli, mogli się teraz ekscytować egzotycznymi, tajemniczymi cofniętymi napastnikami, których ściągano, by drużyny grały w przyjemniejszy dla oka sposób.

Na przykład Ipswich Town miało w składzie Bułgara Bonczo Genczewa, który otworzył swoje konto bramkowe w lidze angielskiej cudowną przewrotką w meczu z Blackburn. Ustawiał się między formacjami, by zachęcić partnerów do gry krótkimi podaniami, lecz tylko z rzadka udawało mu się wpływać na obraz gry w spotkaniach Premier League. Po krótkim okresie gry w ojczyźnie zakończył karierę w występującym w niższych ligach Hendon, gdzie czarował jeszcze od czasu do czasu, robiąc sobie przerwy, by prowadzić w Kensington bułgarską kawiarnię o nazwie Strikers, która też nie przetrwała zbyt długo. Genczew nie był oczywiście tak naprawdę napastnikiem, choć prawdopodobnie czuł się dobrze w roli kogoś, kto podaje.

Southampton znalazło sobie Ejala Berkowica, mikrego, obdarzonego niezwykłym talentem Izraelczyka, który odegrał decydującą rolę w swoim drugim występie w lidze angielskiej, słynnym meczu z 1996 roku, w którym Święci pokonali 6:3 Manchester United. Berkowic zaliczył udaną karierę w Premier League, mimo że największy rozgłos zdobył dzięki temu, że podczas treningu West Hamu dostał z buta w głowę od kolegi z zespołu, Johna Hartsona.

Derby County podpisało kontrakt z Aljošą Asanoviciem, cudownym lewonożnym rozgrywającym, który był ważną postacią w reprezentacji Chorwacji, gdy ta dotarła do ćwierćfinału Euro 96 oraz do półfinału mistrzostw świata w 1998 roku, i który był prawdopodobnie najbardziej niedocenianym graczem w całej Premier League. Nic dziwnego, że nalegał, by grać z dziesiątką na koszulce. Coventry City natomiast ściągnęło Marokańczyka Mustaphę Hadjiego, niezmordowanego dryblera z dobrym podaniem, który też nosił numer 10. Harry Redknapp sprowadził do West Hamu dwóch pierwszych Portugalczyków w Premier League – najpierw Daniego, a później Paulo Futre. Ten drugi był oburzony, że nie dostał koszulki z dziesiątką.

Przed pierwszym meczem Futre, z Arsenalem, Eddie Gillam, który opiekował się w West Hamie sprzętem, wręczył Portugalczykowi koszulkę z numerem 16, którą ten od razu odrzucił w jego stronę. Nie rozumiejąc, że Premier League zmieniła przepisy i każdy stały członek zespołu miał przypisany mu numer, którego nie można było zmienić w trakcie sezonu (a w Młotach dziesiątkę przydzielono już Johnowi Moncurowi), Futre zaczął wrzeszczeć w stronę Redknappa: „Futre dziesiątka, nie szesnastka! Eusébio dziesiątka! Maradona dziesiątka! Pelé dziesiątka! Futre dziesiątka! Nie pieprzona szesnastka!". Menedżer powiedział Portugalczykowi, że albo bierze szesnastkę, albo może iść do domu. Piłkarz poszedł więc do domu. Później upierał się, że kontrakt gwarantował mu dziesiątkę, więc Redknapp udawał, że klubowy sklep West Hamu sprzedał tak dużo koszulek z nazwiskiem Futre i szesnastką, że po prostu nie można tego zmienić, Futre zaś zaproponował, że zwróci zawiedzionym fanom nawet do 100 tysięcy funtów. Ostatecznie West Ham postarał się, by władze Premier League zgodziły się na zmianę numeru Moncura, dzięki czemu Portugalczyk mógł dostać dziesiątkę. Futre odwdzięczył się koledze z zespołu, pozwalając mu spędzić dwa tygodnie w swej wakacyjnej willi w Algarve. Dziwne, że coś podobnego nie wydarzyło się kilka lat później w Sheffield Wednesday – dwóch cudownych włoskich graczy, Benito Carbone i Paolo Di Canio, zgłaszało poważne roszczenia do numeru 10, lecz zmuszono ich, by grali odpowiednio z ósemką i jedenastką, a ich ulubiony numer przypadł nieco mniej spektakularnemu graczowi – Andy'emu Boothowi.

W owym okresie stosunkowo niewiele meczów było transmitowanych na żywo przez telewizję, a program *Match of the Day* pokazywał rozszerzone skróty z zaledwie dwóch najważniejszych spotkań, w przypadku innych prezentując po prostu gole i najistotniejsze momenty. Dla przeważającej części kibiców nie było oczywiste, że wspomniani gracze mają stały, choć subtelny wpływ na przebieg meczów, zawodnicy musieli więc zwięźle podsumowywać swe umiejętności nadzwyczajnymi indywidualnymi popisami.

Między listopadem 1996 roku a sierpniem roku 1997 nagrodę BBC za bramkę miesiąca zdobywali Dennis Bergkamp, Éric Cantona, Trevor Sinclair, Gianfranco Zola, Juninho, ponownie Zola, ponownie Juninho, później jeszcze raz Bergkamp, którego trafienia – co aż absurdalne – w owym miesiącu zajęły całe podium. Nie licząc słynnej przewrotki Sinclaira, najwspanialszych chwil w Premier League prawie wyłącznie dostarczało czterech zagranicznych magików: Cantona, Bergkamp, Zola i Juninho. Ci gracze zasadniczo zmienili styl gry ich zespołów, ale wymagało to, by cała drużyna kręciła się wokół nich. Okazało się to kłopotliwe. Uzależnienie od napływu graczy z innych krajów było dla angielskich klubów ryzykowne, zwłaszcza w sytuacji, gdy import był relatywnie świeżym zjawiskiem, a kluby robiły krańcowo niewiele, by pomóc tym graczom zadomowić się na Wyspach.

Jeśli Cantona przecierał szlaki, to Bergkamp i Zola podążali tuż za nim. Nie dołączyli jednak do ekip walczących o mistrzostwo; chwilę przed ściągnięciem Holendra latem 1995 roku Kanonierzy skończyli sezon w dolnej połowie tabeli, podobnie było z Chelsea w rozgrywkach poprzedzających kupno Zoli. Tak jak w przypadku Cantony, obaj natychmiast wywarli pozytywny wpływ na swe nowe drużyny, a fakt, że Manchester United, Arsenal i Chelsea to najbardziej utytułowane kluby w erze Premier League, można po części wyjaśnić przybyciem tych trzech doskonałych cofniętych napastników.

Bergkamp i Zola byli bezsprzecznie piłkarzami z samego topu. W 1993 roku Bergkamp zajął drugie miejsce w plebiscycie Złotej Piłki, wyprzedzając Cantonę i mając przed sobą tylko Roberto Baggio, najwspanialszą dziesiątkę swojego pokolenia, Zola zaś w tym samym plebiscycie był szósty w roku 1995. W całej Europie poważano ich ze względu na ich kreatywność, bezinteresowność i wyczucie boiskowej przestrzeni, które pozwalało im świetnie radzić sobie między formacjami przeciwnika. Obaj gracze przybyli z Włoch, a Bergkamp – którego wpływ na Arsenal stanie się wyraźny trochę później – wyjaśnił krótko, dlaczego Premier League mu odpowiada: „Angielskie kluby zawsze grały w defensywie czwórką graczy ustawionych w jednej linii, co oznaczało, że musieli oni bronić przestrzeni za plecami. We Włoszech wystawiało się libero (stopera, który ubezpieczał kolegów z obrony), w Anglii jednak dwóch środkowych obrońców grało na dwóch napastników, więc defensorzy nie mogli się tak naprawdę nawzajem asekurować. Jako napastnikowi bardzo mi to odpowiadało, ponieważ dzięki temu mogłem grać między formacjami; obrońcy nie mogli opuścić swoich pozycji, więc to wykorzystywałem".

Zola również odkrył coś podobnego: „Na początku naprawdę pomogło mi to, że gdy przyszedłem z Serie A, w której kryje się ściślej, w Anglii grano w tak otwarty sposób". Piłkarz tylko dlatego przybył do Anglii, że jego poprzedni klub, Parmę, prowadził bardzo nieelastyczny szkoleniowiec, który nie chciał odejść od ustawienia 4-4-2. Co zaskakujące, trenerem tym był Carlo Ancelotti, w późniejszym czasie menedżer, do którego zgłaszali się europejscy giganci ze składami naszpikowanymi wielkimi gwiazdami (w tym Chelsea) właśnie dlatego, że był wystarczająco elastyczny, by zbudować zespół wokół indywidualności. Wtedy jednak Ancelotti – który pełnił funkcję asystenta w reprezentacji Włoch prowadzonej przez legendarnego Arrigo Sacchiego, człowieka, który spopularyzował oparte na pressingu ustawienie 4-4-2 – po prostu nie miał miejsca w zespole dla dziesiątki; z podobnych powodów odpalił Baggio i usiłował ustawiać Zolę na skrzydle. „Będę mógł grać na odpowiedniej dla siebie pozycji" – stwierdził Włoch po przyjeździe do Londynu.

Zola terminował w Napoli i nie mógł mieć lepszego mentora. Sam przyznaje: „Wszystkiego nauczyłem się od Diego Maradony". Sławny z racji swojego wielkiego ego Maradona słynął też z tego, że nie szczędził pochwał partnerom z drużyny, a Zolę uwielbiał do tego stopnia, że przed meczem z AC Pisą w ramach Pucharu Włoch przekazał Sardyńczykowi koszulkę ze swoim sławnym numerem 10, a sam założył dziewiątkę. W Chelsea Zola musiał zadowolić się numerem 25 (bo jego ulubioną dychę nosił Mark Hughes), ale sprawił, że ten numer przeszedł do legendy. Choć The Blues nie wycofali oficjalnie dwudziestki piątki, to po odejściu Zoli z klubu w 2003 roku nikt nie odważył się założyć koszulki z tym numerem na plecach.

Zola miał nadzwyczajną technikę. Pierwszego gola w Chelsea strzelił po cudownym uderzeniu z wolnego w zakończonym remisem 2:2 meczu z Evertonem, a tylko David Beckham zdobył więcej bramek z rzutów wolnych w Premier League. Zola potwierdził swój status specjalisty od uderzeń ze stojącej piłki podczas rywalizacji z Dennisem Wise'em w ośrodku treningowym Chelsea. Przywiązali getrę do poprzeczki – obaj mierzyli po 168 centymetrów, więc prawdopodobnie jeden musiał wskoczyć na ramiona drugiemu – a później ustawili się za polem karnym i próbowali tak podkręcić piłkę, by ta trafiła w skarpetę. Zola wygrał tę rywalizację 10:1 i sprawa rzutów wolnych została rozstrzygnięta. Skonsternowany brakami sprzętowymi w starym ośrodku treningowym The Blues, który znajdował się w pobliżu lotniska Heathrow, włoski piłkarz kupił sobie własny sztuczny murek i godzinami ćwiczył strzały.

Podczas gdy Cantona był wysoki i imponował warunkami fizycznymi, Zola należał do piłkarzy małych i drobnych i nosił buty o rozmiarze 38. Ale jak na swoje warunki był silny i potrafił znakomicie grać ciałem. Graeme Le Saux, kolega Włocha z londyńskiego klubu, uważał, że obok Kenny'ego Dalglisha Zola to najlepszy napastnik, jeśli chodzi o zastawianie piłki przed obrońcami, jakiego kiedykolwiek widział. Lecz bardziej niż ktokolwiek inny w tamtym okresie Zola rozwijał skrzydła, gdy miał trochę miejsca; klasycznym przykładem był jego zwycięski gol w spotkaniu z Wimbledonem w półfinale Pucharu Anglii w 1997 roku. Początkowo ustawiony wysoko, przy obrońcach przeciwnika, dostrzegł, że partner z drużyny, Roberto Di Matteo, przesuwa się między formacje rywala, wyciągając za sobą Chrisa Perry'ego, który grał po prawej stronie środka defensywy. Zola ruszył więc sprintem w pozostawione przez przeciwnika miejsce, przez co swoją pozycję musiał opuścić występujący po lewej stronie środka obrony Wimbledonu Dean Blackwell. Di Matteo podał Zoli piłkę do nogi, a piłkarz z numerem 25 na koszulce Chelsea natychmiast zagrał futbolówkę piętą w miejsce, gdzie zabrakło Blackwella, zmienił kierunek biegu, przejął piłkę i huknął do bramki. W ciągu kilku sekund dostrzegł wolną przestrzeń, wykorzystał ją, stworzył więcej miejsca, które też wykorzystał, i strzelił gola. Idealne trafienie dla gracza w typie Włocha.

Co decydujące, Zola cieszył się całkowitą swobodą, grając za środkowym napastnikiem, a ustawienie Chelsea zostało specjalnie zmienione, by wydobyć jego walory. Środkowy obrońca Steve Clarke pamięta odprawę przedmeczową, w czasie której padło proste zalecenie:

„Podawajcie Zoli". A Wise określił Włocha mianem „cyrkowego konia", sobie samemu przyczepiając etykietę „wołu roboczego". Wół miał po prostu wykonać ciężką robotę i podać do cyrkowego konia. Po zawieszeniu butów na kołku Zola powiedział: „W przeszłości [angielskie zespoły] ustawiano z dwoma silnymi napastnikami, dwoma pomocnikami zabezpieczającymi tyły i dwoma skrzydłowymi. Nigdy nie grało się przez środek. Po prostu zagrywało się wzdłuż linii i wrzucało do wysokiego gracza". Zola, podobnie jak Cantona i Bergkamp, pomógł zmienić ten stan rzeczy.

„Jest małym sprytnym draniem... lepszym piłkarzem, niż sądziłem – przyznał dwa miesiące wcześniej Alex Ferguson, po tym jak Włoch zaraz po rozpoczęciu meczu strzelił gola Czerwonym Diabłom, wykiwawszy po prawej stronie pola karnego obrońców i wykończywszy akcję uderzeniem z lewej nogi. – Myślałem, że mogę ustawić bocznych obrońców wyżej, ale był wystarczająco przebiegły, by zejść do linii i grać szeroko. Ma łeb na karku". Nieco później Ryan Giggs stwierdził, że Zola miał taką umiejętność znajdowania sobie wolnej przestrzeni, że był jedynym graczem występującym w Premier League, którego United kryli indywidualnie, choć i to często nie przynosiło efektu. W meczu, w którym Chelsea spuściło lanie Manchesterowi, wygrywając 5:0, Ferguson nie mógł wystawić Giggsa i w miejsce Walijczyka zagrał Phil Neville, ale menedżer poinstruował tego ostatniego, by przede wszystkim krył indywidualnie włoskiego napastnika. Piłkarzom United udało się w dużej mierze zneutralizować Zolę, ale wskutek tego na ich lewej stronie pojawiła się ziejąca dziura. Wykorzystali ją Albert Ferrer i Dan Petrescu, tandem obrońców, którzy tworzyli prawą flankę Chelsea, asystując przy dwóch pierwszych bramkach The Blues po dośrodkowaniach z głębi pola.

Ludzie obserwujący Premier League zachwycali się wspaniałymi dziesiątkami z zagranicy, które zmieniały oblicze angielskiej piłki, lecz nie dostrzegano przy tym, że na Wyspy przybywało tak wielu graczy w tym typie, ponieważ gdzie indziej mieli ograniczone możliwości. Cantona w gruncie rzeczy został wypędzony z Francji, Bergkamp miał straszne problemy we włoskim Interze Mediolan, a Zola niedawno skończył trzydziestkę, wiek uważany wówczas za początek końca dla napastnika, i przyznał później, że sądził, iż będzie grał jeszcze tylko dwa lata. Czuło się, że Premier League ściąga topowych graczy, kiedy szczyt formy mają już za sobą. Dlatego pod tym względem najbardziej znaczącym transferem na Wyspy w owym czasie było przybycie innej dziesiątki z zagranicy – Juninho. Pozyskanie przez Middlesbrough, które właśnie awansowało do najwyższej klasy rozgrywkowej, filigranowego Brazylijczyka w 1995 roku było naprawdę dużym wyczynem, ponieważ bez wątpienia piłkarz ten znajdował się na fali wznoszącej.

Juninho zrobił wrażenie na brytyjskiej ziemi, gdy Brazylia rywalizowała z Anglią, Szwecją i Japonią w Umbro Cup, turnieju zorganizowanym w ramach przygotowań do mających odbyć się następnego lata mistrzostw Europy. Juninho w reprezentacji nosił numer 10 – najbardziej ikoniczną koszulkę w historii światowego futbolu – a gra Brazylii, ustawionej w systemie 4-3-1-2, kręciła się wokół niego. To on też natchnął swój zespół do zwycięstwa 3:1 w meczu z Anglią; otworzył wynik spotkania po spadającym liściu (w Brazylii tradycyjnie nazywanym *folha seca*) z rzutu wolnego, nadając piłce górną rotację, a bramkarz Tim Flowers dał się zaskoczyć, gdy futbolówka z nagła zanurkowała. Już to, że w kolejce do wykonywania rzutów wolnych wyprzedził Roberto Carlosa, było osiągnięciem samym w sobie. Drugi gol Brazylijczyków okazał się natomiast pokazem umiejętności rozegrania piłki przez Juninho; przyjął futbolówkę, znajdując się między obroną a pomocą rywali, podniósł wzrok i wewnętrznym podbiciem zagrał między defensorów piłkę na dojście do innego obiecującego młodzika, który grał z dziewiątką i pewnie zakończył akcję, objeżdżając Flowersa i trafiając do pustej bramki. Właśnie w ten sposób angielskiej publice przedstawił się Ronaldo, a mimo to wszyscy mówili później o Juninho.

Tego słonecznego popołudnia na Wembley na ławce trenerskiej siedział Bryan Robson, nieco później pełniący równocześnie funkcje asystenta selekcjonera Anglików, Terry'ego Venablesa, oraz grającego menedżera Middlesbrough. Zahipnotyzowany występem brazylijskiej dziesiątki Robson przekonał szefostwo Middlesbrough, by kupić Juninho, a The Boro ubiegli w staraniach o podpis gracza takie kluby, jak Arsenal, Inter czy Porto. Keith Lamb, dyrektor wykonawczy Middlesbrough, nazwał nowy nabytek „najbardziej rozchwytywanym piłkarzem na świecie". Z pewnością była to przesada, nieco podkopana faktem, że Juninho kosztował mniej niż Nick Barmby, inny bardzo ważny piłkarz sprowadzony tego lata przez klub, ale był to transfer o przełomowym znaczeniu – zawodnik na fali wznoszącej dołączał do klubu na fali wznoszącej, który grał w lidze na fali wznoszącej.

Jego prezentacja była w Middlesbrough wielkim wydarzeniem. Fani powitali go na lotnisku brazylijskimi flagami, inni wiwatowali na jego cześć, gdy w scenerii przypominającej wizytę papieża jechał na nowy Riverside Stadium, a na trybunach sześć tysięcy ludzi oglądało, jak żongluje piłkę z Robsonem. Na pierwszej konferencji prasowej Brazylijczyka nie mogło zabraknąć pytania, które zadał jeden z dziennikarzy: „Czy wie, jak zimno jest w Middlesbrough w styczniu?". Juninho za pośrednictwem tłumacza upierał się, że nie może być tak źle, chociaż później eksperci często krytykowali go za granie w rękawiczkach; podczas pierwszej zimy w Anglii wyściełał też buty gazetami, próbując w ten sposób ogrzać sobie stopy. Robson w odpowiedzi określił Brazylijczyka jako „twardziela" – jest to zresztą norma w przypadku najlepszych ofensywnych graczy z kraju kawy. Według stereotypu w Brazylii gra się bez ustanku futbol w rytmie samby, a na boiskach występują sami technicy, którzy opanowali swój fach na plażach Copacabany. Patrząc realistycznie, piłka nożna w tamtejszej najwyższej klasie rozgrywkowej jest w najwyższym stopniu agresywna; nie chodzi po prostu o to, że obrońcy zajadle atakują napastników, ale że arbitrzy na to pozwalają.

I dlatego przejście Juninho z rodzimej ligi do Premier League sprawiło mu mniej trudności, niż to przewidywało wiele osób.

Robson od razu dał mu wolną rękę, a Juninho w pełni to wykorzystał w swoim debiucie przeciwko Leeds, zaczynając na prawym skrzydle, by szybko przenieść się na lewą flankę. W pierwszej połowie zagrał dwa razy zabójcze prostopadłe podania, wypracowując Janowi Ågemu Fjørtoftowi sytuację, po której Norweg strzelił pierwszego gola w meczu. Piłkarze Leeds, co było nieuniknione, odpowiedzieli Brazylijczykowi kopniakami, a Carlton Palmer i John Pemberton za faule na nim dostali po żółtej kartce. W pomeczowej relacji w „The Independent" odnotowano jego „zaskakującą odwagę", a na koniec przyznawano, że „być może jest twardszy, niż ktokolwiek myślał". Faktycznie, ostatnim zagraniem Brazylijczyka, zanim został zmieniony, był piekielny wślizg w Tony'ego Yeboaha, legendarnego obijacza poprzeczek i jednego z najsilniejszych graczy w Premier League, po którym Juninho zarobił kartkę. Zostało to dobrze przyjęte przez fanów, bo ci chcieli dowodu, że będzie się przykładał do roboty.

Po drobnym kreatorze gry z dziecięcą twarzą, którego imię znaczyło „juniorek", nie spodziewano się, że rozkwitnie w angielskich warunkach, lecz Juninho uwielbiał północny wschód kraju i brytyjski futbol. Klub znalazł mu dom na wielkim osiedlu Ingleby Barwick i Brazylijczyk wprowadził się tam z całą rodziną, co pomogło mu się zaaklimatyzować. Dom piłkarza stał się czymś w rodzaju miejscowego punktu orientacyjnego – dzieciaki stały na zewnątrz w kolejce po autograf, mama zawodnika robiła dla nich ciasteczka, a sam Juninho nie miał nic przeciwko, by sporadycznie pokopać na ulicy.

Juninho z piłką u nogi był sprytny, lecz grał bezpośrednio i przedkładał efektywność nad popisy. Zawojował Anglię z miejsca – swoją klasą bezsprzecznie dorównywał wcześniej wspomnianym dziesiątkom – a później odegrał znaczącą rolę podczas mistrzostw świata w 2002 roku, kiedy Brazylia wygrała turniej. W drugim sezonie Juninho na Wyspach Alex Ferguson nazwał go najlepszym zawodnikiem w Premier League i zastanawiał się nad ściągnięciem Brazylijczyka do siebie. W czasie tych rozgrywek Juninho odnotował też najlepszy występ na angielskich boiskach – stało się to w wygranym 1:0 marcowym meczu z Chelsea. Przyćmił w nim Zolę i stwarzał kolegom sytuację za sytuacją (marnowali je Craig Hignett i Mikkel Beck). W końcu sam rozstrzygnął sprawę. Otrzymawszy piłkę na lewej flance tuż przy linii, minął slalomem Wise'a oraz Di Matteo i uniknął desperackiego wślizgu Craiga Burleya, trzeciego środkowego pomocnika The Blues, zanim wypuścił piłkę na dobieg Beckowi. Duński napastnik przystanął, a potem wrzucił w pole karne, gdzie perfekcyjnym szczupakiem popisał się nie kto inny jak mierzący 168 centymetrów wzrostu Juninho. Brazylijski magik nie tylko spełnił zadanie, którego oczekiwano od brazylijskiej dziesiątki, czyli przechytrzył wszystkich pomocników przeciwnika, lecz wcielił się w angielską dziewiątkę, ubiegając środkowych obrońców Chelsea i strzelając gola głową. Po wszystkim Robson powiedział: „Nie wiem, na jakim paliwie chodzi w tej chwili Juninho. Nie wygląda na zmęczonego, nadąża za tempem gry – i odpowiada wślizgiem na wślizg!". To również cechy angielskiej czwórki.

Po tym, jak w pierwszym sezonie w Anglii grający z numerem 25 Juninho został wybrany najlepszym zawodnikiem Premier League (Premier League's Player of the Season), w swojej drugiej kampanii otrzymał w Middlesbrough koszulkę z dziesiątką na plecach. Co prawda nie była to tak prestiżowa nagroda jak tytuł gracza roku Stowarzyszenia Dziennikarzy Piłkarskich (FWA, Football Writers' Association) albo tytuł gracza roku Stowarzyszenia Piłkarzy Zawodowych (PFA, Professional Footballers' Association), mimo to stanowiła ona wyraz uznania dla tego, jaki wpływ wywarł Brazylijczyk na całą ligę. A jednak, co niewiarygodne w przypadku jednego z najbardziej cenionych graczy, Juninho zakończył drugi sezon, szlochając na boisku po tym, jak Middlesbrough zostało zdegradowane.

Ustawienie zespołu tak, by kręcił się wokół Juninho, nie zaprocentowało. Gdy Brazylijczyk debiutował w Middlesbrough w listopadzie

1995 roku, jego drużyna była szósta w tabeli, przegrywając do tamtej pory wyłącznie z dwoma zespołami walczącymi o mistrzostwo, Manchesterem United i Newcastle. Mimo wpływu, jaki miał na drużynę Juninho, zespół zaliczył dramatyczny spadek formy. W drugiej połowie rozgrywek grał potwornie, zwyciężając zaledwie w dwóch z 19 meczów. Ostatecznie Middlesbrough skończyło ligę na 12. pozycji, ale jeśli chodzi o zdobycz punktową, bliżej mu było do spadku niż do drużyny, która zajęła 11. miejsce.

To, że Middlesbrough spadło w sezonie 1996/97, było zadziwiające. Zespół Juninho awansował zarówno do finału Pucharu Ligi, jak i Pucharu Anglii, w których przegrał odpowiednio z Leicester City i Chelsea. Był to druzgocący podwójny cios dla drużyny, która nigdy nie zdobyła żadnego poważnego trofeum (choć siedem lat później, podczas swego trzeciego podejścia w Teeside, Juninho, który po prostu nie mógł trzymać się z dala od tego klubu, pomógł mu zatriumfować w Pucharze Ligi). Nawet zakładając, że Middlesbrough spadło po części dlatego, że klubowi odjęto trzy punkty za nierozegranie grudniowego meczu z Blackburn, kiedy to pół składu padło ofiarą grypy, nie da się zignorować faktu, że miało też najgorszą defensywę w lidze. Poważne problemy pojawiały się także w szatni, w czym prym wiódł gwiazdor drużyny, napastnik Fabrizio Ravanelli, który miał wpływ na powstanie podziałów w zespole. Zakłócił pewnego razu zebranie drużyny, wygłaszając po włosku rozwlekłą tyradę poświęconą temu, że chce odejść z klubu, i pobił się z Neilem Coxem przed finałem Pucharu Anglii, po tym jak prawy obrońca zasugerował, że Ravanelli nie jest gotowy pod względem fizycznym, by zagrać w pierwszym składzie. „Połowa zespołu go nienawidziła, a połowa kochała – powiedział Hignett. – Był jednym z najlepszych egzekutorów, jakich widziałem w życiu, ale drażnił ludzi. Zawsze zachowywał się egoistycznie".

Tymczasem Juninho, choć błyszczał indywidualnie, a koledzy bardzo go lubili, stał się przyczyną problemów Middlesbrough. Podobnie jak Cantona, Bergkamp i Zola rozkwitał, grając między formacjami przeciwnika, był jednak całkowicie innym typem piłkarza. Grał raczej jako wysunięty pomocnik niż cofnięty napastnik i wracał głęboko po piłkę. Dlatego też nie pasował do tej roli w ustawieniu 4-4-1-1 jak wyżej wspomniani zawodnicy, więc Robson nieustannie zmieniał taktykę, usiłując oprzeć grę zespołu na Juninho i Barmbym i wykorzystując w pierwszym sezonie 4-3-2-1 albo 3-4-2-1. Niezbyt działało to w przypadku gry defensywnej zespołu i trudno było wydobyć to, co najlepsze, z dwóch graczy ustawionych między liniami rywala. Zarówno Juninho, jak i Barmby lepiej rozumieli się z niedocenianym Hignettem, a ten drugi po 18 miesiącach przeniósł się do Evertonu. Brazylijczyk został w ten sposób jedynym rozgrywającym w drużynie, co wyszło na dobre jego formie – lanie 6:1, jakie Middlesbrough sprawiło Derby, pokazywało potencjał zespołu. „Gram obecnie tak dobrze jak za najlepszych czasów w Brazylii, a to, jak sądzę, dlatego, że w końcu znalazłem najbardziej odpowiednią dla siebie pozycję na boisku" – stwierdził piłkarz. Innymi słowy, gra całej drużyny kręciła się wokół niego.

W swym drugim sezonie w Anglii Juninho był przemęczony – nie pomogło mu to, że klub dotarł do finałów obu krajowych pucharów, ani podróże na mecze reprezentacji do Ameryki Południowej – problem, z którym zespoły z Premier League się wówczas nie spotykały. Najwięcej trudności sprawiało mu jednak indywidualne krycie, a Middlesbrough nie miało planu awaryjnego, gdy rywalom udało się zneutralizować Brazylijczyka. Najlepszym przykładem była porażka w finale Pucharu Ligi z Leicester w 1997 roku. Dwa tygodnie wcześniej Juninho zrobił z Lisów miazgę w spotkaniu zakończonym zwycięstwem jego zespołu 3:1, więc w meczu na Wembley szkoleniowiec Leicester Martin O'Neill oddelegował Pontusa Kåmarka, by podążał za Brazylijczykiem krok w krok na całym boisku. W wywiadzie udzielonym w 2011 roku, omawiając niemalże 25 lat, które spędził w roli menedżera, O'Neill powiedział, że nigdy nie wysyłał na boisko zespołu z innym zamiarem niż gra o zwycięstwo – poza tym finałem; wiedział bowiem, że musi skupić się na powstrzymaniu Juninho: „Jeśli widziało się go dwa tygodnie wcześniej, jak szaleje przy Filbert Street, tylko głupek nie wystawiłby przeciw niemu plastra". Wielu menedżerów rozumowało tak samo: jeśli zatrzymasz Juninho, zatrzymasz też Middlesbrough. Ostatecznie zakończyło się to degradacją The Boro.

Był to dobrze znany schemat w zespołach z dolnej połówki tabeli – wspaniałe indywidualności niekoniecznie dawały sukces w Premier League. Bolton wydał rekordowe w historii klubu 1,5 miliona funtów na serbskiego rozgrywającego Sašę Ćurčicia, który w sezonie 1995/96 strzelił jednego z goli w meczu z Chelsea, po tym jak uniknął wcześniej pięciu wślizgów i wymienił piłkę z klepki z Alanem Thompsonem. Bolton zakończył ligę na ostatnim miejscu. Ćurčić wspominał to tak: „Porywałem tłumy, fani wszędzie mnie kochali. Ale nie był to najlepszy zespół dla mnie, bo nie byłem graczem drużynowym".

Innym kreatywnym rozgrywającym, który w tamtym sezonie zdobył niezapomnianą bramkę po solowej akcji, był występujący w Manchesterze City Giorgi Kinkladze, uosobienie frustrującego geniusza. Ten przykład pokazuje, jakie niebezpieczeństwa kryją się za budową zespołu wokół zawodnika z numerem 10. Tak jak Juninho Kinkladze został ściągnięty na Wyspy po nadzwyczajnym występie w meczu przeciwko jednej z brytyjskich reprezentacji, w czasach gdy skauci z Premier League rzadko spoglądali za granicę, szukając nowych graczy. Gruzin natchnął swą reprezentację w meczu, w którym ta potężnie sprała Walijczyków 5:0, w listopadzie 1994 roku. Zaledwie trzy lata wcześniej Gruzja odzyskała niepodległość i było to pierwsze zwycięstwo kadry tego kraju w meczu o punkty. Ustawiony w taktyce 4-3-1-2 za Temurim Kecbaią oraz Szotą Arweladze, Kinkladze rządził na boisku i strzelił swego pierwszego gola w reprezentacji. Neville Southall, walijski bramkarz, wspominał później: „Wykończyli nas. Kinkladze wyglądał jak gracz z innej półki, był zdecydowanie najlepszy na placu". W spotkaniu rewanżowym następnego lata – rozgrywanym cztery dni przed pojedynkiem na Wembley, w czasie którego Juninho przykuł uwagę Middlesbrough – Gruzin znowu był nie do zatrzymania. Tym razem zdobył jedyną bramkę, po niewiarygodnej podcince nad Southallem z 25 metrów.

Kinkladze obserwowały też inne kluby, pojawił się bowiem, bez powodzenia, na testach w Realu i Atlético Madryt. Co intrygujące, spędził też miesiąc na wypożyczeniu w Boca Juniors, w którym czci się zawodników z numerem 10 bardziej niż w jakimkolwiek innym klubie na świecie. Kinkladze spotkał się tam ze swym idolem – Maradoną. Żaden z tych zespołów nie zdecydował się jednak na podpisanie z Gruzinem kontraktu i ten dołączył do Manchesteru City, gdzie został pierwszym graczem ściągniętym tam przez Alana Balla. Ball i Kinkladze zanotowali katastrofalny start w Obywatelach, którzy w pierwszych 11 meczach zdobyli dwa punkty, strzelając tylko trzy gole. Sam Kinkladze się szamotał: tęsknił za domem, nie mówił po angielsku i przez pierwsze trzy miesiące mieszkał samotnie w hotelu. Juninho czuł się w Middlesbrough szczęśliwy po części dlatego, że przeprowadził się do Anglii z rodzicami, a lepsze występy Kinkladze zbiegły się w czasie z przyjazdem na Wyspy jego dwóch gruzińskich przyjaciół i matki, Khatuny, która przywiozła ze sobą trochę domowych specjałów na pociechę: gruziński koniak, orzechy i przyprawy, by przyrządzać synowi jego ulubione dania.

Kinkladze swego pierwszego gola strzelił w listopadzie – trafił do siatki pod koniec wygranego 1:0 meczu z Aston Villą na Maine Road. „Na początku był zdezorientowany – powiedział potem Ball. – Prawie nie mówił po angielsku, obce były mu wślizgi, ostre starcia i walka, z których znane są angielskie boiska. Ale chłopak ma olbrzymi talent". Jego przygodę z Premier League pamięta się głównie dzięki kilku naprawdę wspaniałym golom. Pierwszym z nich otworzył wynik rozgrywanego w grudniu 1995 roku spotkania z Middlesbrough; dostał piłkę przy prawej bocznej linii, pobiegł z nią w lewo, potem nagle ściął do środka, wkręcił w ziemię Phila Stampa i uderzył wewnętrznym podbiciem, pewnie umieszczając piłkę w bramce strzałem po długim rogu.

Middlesbrough ostatecznie i tak wygrało 4:1, a strzelanie w tym pojedynku zakończył Juninho.

Innego znakomitego gola, uznanego za bramkę miesiąca w marcu, Kinkladze zdobył w starciu z Southampton (wcześniej w tym samym spotkaniu trafił już do siatki po uderzeniu z bliska i obił poprzeczkę po strzale zza pola karnego). Przyjął piłkę na prawej stronie, zbiegł do środka, ruszając prosto na bramkę i unikając przy tym coraz bardziej desperackich ataków czterech przeciwników, zmylił bramkarza Dave'a Beasanta i posadził go na ziemi, a następnie skierował nad nim futbolówkę do siatki. „Nigdy nie widziałem bramki bardziej przypominającej trafienie Maradony z Anglią – uniósł się z zachwytem Ball, zanim wyjaśnił cokolwiek zbytecznie: – Nie tej ręką, tylko tej, kiedy ograł wszystkich i wbił gola. Ludzie pytają, czemu ściągamy tego typu graczy do tego kraju. Jeśli to nie wystarczy za odpowiedź, to jej nie ma".

Kibice City byli już zmęczeni dominacją United i kultowym statusem Cantony, dlatego bezkrytycznie czcili Kinkladze, najlepszego George'a w Manchesterze od czasów Besta. Gruzin odwzajemniał tę miłość: po początkowym okresie wypełnionym samotnością Kinkladze zapuścił korzenie w mieście i poślubił jego mieszkankę. „Gdyby grał w zespole odnoszącym sukcesy – powiedział wówczas napastnik Niall Quinn – zostałby piłkarzem roku, bo to, co robił w angielskim futbolu, wprost zapierało dech w piersiach. Jest też po prostu cudownym gościem, przynajmniej tak mi się wydaje, bo nie mówi słowa po angielsku. W każdym razie wydaje się miły".

Britpop był u szczytu popularności i Kinkladze został wynagrodzony za wysoką formę kibicowską pieśnią na melodię *Wonderwall* Oasis. Leciała ona tak: „Gdy z piłką Kinky gna, to olśniewa, / Jedzie mocarnie, kończy genialnie. / A w końcu też Alan Ball tu jest". Noel Gallagher, twórca oryginalnej piosenki i fan City, również cudownie podsumował występy Gruzina: „Nigdy nie widziałem czegoś równie przerażającego albo równie dobrego", przewidując, że Kinkladze doprowadzi Obywateli do Pucharu Europy bądź strąci ich do czwartej ligi. Był bliski prawdy: Gruzin opuścił City w 1998 roku, gdy zespół grał na trzecim poziomie rozgrywkowym.

City spadło z ligi, bo Ball zbudował cały zespół wokół Kinkladze, jak zresztą pokrótce opisał to skrzydłowy Nicky Summerbee: „Bally go uwielbiał. Giorgi był dla niego bezbłędny... Byłem z nim w bardzo dobrych stosunkach i nikt nie czuł zazdrości, bo łatwo było zauważyć, jak jest utalentowany. Ale niektórzy nie znosili Alana Balla za to, co robił... Poza Giorgim, ponieważ kochał pochwały. [...] Problem polegał na tym, że z nim w składzie nie dało się stosować ustawienia 4-4-2, ponieważ żeby wydobyć z niego to, co najlepsze, nie można było chcieć, by występował jako klasyczny środkowy pomocnik, który wciąż biega. A jeśli dwóch zawodników grało szeroko, to w pomocy zostawał jeden człowiek. Ball ciągle zmieniał ustawienie, oczywisty sygnał, że nie wiedział, co robi".

Keith Curle, kapitan City, wspominał, na jak wiele swobody Ball pozwalał Kinkladze. „Pamiętam, jak w tamtym sezonie przegraliśmy wyjazdowy mecz z Arsenalem; jednego z goli straciliśmy, bo Giorgi nie wrócił za biegnącym rywalem. Chłopaki nie były zadowolone i po meczu ktoś powiedział o tym menedżerowi. W odpowiedzi piłkarze usłyszeli, że gdyby byli tak utalentowani jak Giorgi, też nie musieliby wracać".

Po spadku Ball utrzymał posadę ledwie trzy mecze i został zastąpiony przez Franka Clarka, który miał podobne podejście. „Chciałem zbudować zespół wokół niego, bo to najlepszy sposób, by wydobyć z niego to, co najlepsze. To niewiarygodny talent, lecz z pewnością nie lubi biegać, jeśli nie ma piłki przy nodze, i sądziłem, że część zespołu czuje do niego niechęć". Jak poprzednik Clark w końcu zmienił ustawienie drużyny, by Kinkladze mógł grać w innej roli. Na początku City grało taktyką 4-4-2 z Gruzinem jako cofniętym napastnikiem, następnie Clark postawił na 4-3-1-2, ustawiając go za duetem napastników. „Łamaliśmy sobie głowy, starając się dostosować do Kinkladze – kontynuował Clark. – To ustawienie [4-3-1-2] idealnie mu odpowiadało, ponieważ miał w nim mnóstwo swobody, lecz nie pasowało do innych graczy i dlatego nie zadziałało". Notabene Gruzin po spadku City zmienił swój wcześniejszy numer 7 na dziesiątkę.

Clarka zastąpił Joe Royle, który miał w sobie mniej z piłkarskiego romantyka; gdy pierwszy raz rozmawiał na temat kwestii futbolowych z szefostwem klubu, stwierdził po prostu: „Musimy sprzedać Kinkladze". Gruzinowi przestano pobłażać. „Kinkladze nie był graczem drużynowym i miał niepokojący zwyczaj znikania na długie minuty – powiedział Royle. – Fani przez cały ten czas widzieli w nim jedynego pozytywnego bohatera. Dla mnie był jednak czarnym charakterem". City sprzedało go do Ajaksu, europejskiej potęgi, klubu, w którym kochano technicznych piłkarzy, lecz grającego w ustawieniu 4-3-3, więc menedżer Jan Wouters nie miał w zespole miejsca dla dziesiątki. Gruzin narzekał: „Nawet gdybym był Maradoną, to [trener] nie zmieniłby ustawienia, żeby znaleźć dla mnie miejsce". Do tamtego momentu menedżerowie zmęczyli się ustawianiem drużyny pod Kinkladze, który potrzebował takiego szkoleniowca jak Ball.

Pamiętany przede wszystkim z powodu wysokiego głosu, rudych włosów, kaszkietu i tego, że wyróżniał się podczas finału mistrzostw świata w 1966 roku, Ball był także pierwszy graczem w Anglii, który występował w białych butach (najlepsza oznaka piłkarza wyróżniającego się polotem w grze) i wyraźnie chciał mieć w składzie podobnie myślących zawodników. Jeszcze przed czasami Kinkladze Ball ubóstwiał najprawdziwszą angielską dziesiątkę w tym okresie – Matta Le Tissiera z Southampton.

Le Tissier uniknął nienawiści związanej z grą w klubie walczącym o tytuł i był najbardziej popularnym piłkarzem w kraju, regularnie wygrywał też w konkursie na najładniejszą bramkę miesiąca. Miał na koncie całą gamę niewiarygodnych trafień: w spotkaniu z Wimbledonem strzelił gola po tym, jak przy rzucie wolnym kolega zagrał mu do tyłu, a on podbił sobie piłkę i uderzył z woleja, przeciwko Newcastle zaś zdobył legendarną bramkę, podbijając sobie piętą futbolówkę nad głową, zanim przerzucił ją nad dwoma rywalami z rzędu i umieścił w siatce kopnięciem z powietrza. Przelobował Tima Flowersa z Blackburn z 35 metrów i pokonał Petera Schmeichela z Manchesteru United po podcince z 25 metrów. Miał wystarczający wrodzony talent, by grać regularnie w reprezentacji, lecz stosownie dla kogoś urodzonego na Guernsey był zdecydowanie nieangielski. Do tego w jego nazwisku pobrzmiewały obce nuty i gdy Le Tissier był jeszcze bardzo młody, Gérard Houllier, wówczas asystent reprezentacji Francji i wielki fan graczy w typie Cantony, skontaktował się z ojcem piłkarza, bezskutecznie dopytując, czy aby nie ma on francuskich krewnych.

Ball zadeklarował, że uwielbia Le Tissiera, zaraz po tym, jak pojawił się w Southampton; klub z południowego wybrzeża wlókł się w ogonie tabeli. Podczas pierwszych zajęć menedżer i jego asystent Lawrie McMenemy wysłali na boisko treningowe dziesięciu piłkarzy i ustawili ich w formacji defensywnej, więc Le Tissier zaczął się zastanawiać, czy został pominięty w składzie, jak to się często zdarzało pod wodzą poprzedniego szkoleniowca, Iana Branfoota. Zamiast tego jednak Ball zaciągnął piłkarza między innych zawodników i ogłosił: „To najlepszy gracz w tej drużynie. Podawajcie mu tak często, jak tylko możecie, a wygra wam niejeden mecz". Skromny Le Tissier czuł się nieco niekomfortowo z tym nowym dla siebie statusem, ale jeśli chodzi o pewność siebie, dało mu to niesamowitego kopa, bo w czterech pierwszych spotkaniach z Ballem w roli menedżera strzelił sześć goli.

Podobnie jak w przypadku Cantony, któremu Ferguson dał całkowicie wolną rękę poza boiskiem, swoboda Le Tissiera dotyczyła też życia towarzyskiego. W pewien wolny dzień w połowie przedsezonowego obozu w Irlandii Północnej piłkarze Southampton zaplanowali partyjkę golfa, ale Ball zasugerował, żeby zamiast tego pójść do miejscowego pubu. Cóż, to był błąd. Gdy menedżer udał się na spoczynek do hotelu, wypad zamienił się w całodniową pijatykę, zwieńczoną wizytą piłkarzy w nocnym klubie. Wrócili o drugiej w nocy, nawaleni jak szpadle, a w perspektywie mieli poranny trening. Ball był wściekły, nawrzeszczał na Beasanta, Iaina Dowiego i Jima Magiltona, a potem wysłał ich do łóżek. A następnie wziął Le Tissiera na stronę i powiedział mu: „Słuchaj, doświadczeni piłkarze dają zły przykład, ale biorąc pod uwagę, jak grasz, możesz robić, co ci się podoba!". Nawiasem mówiąc, koledzy z drużyny na ogół nabijali się z Le Tissiera z powodu jego zwyczajów alkoholowych. Nie pił piwa, wolał malibu z colą, choć nie z powodu rewolucyjnej, dalekowzrocznej diety – przyznawał, że przed treningami je hamburgery, a wieczorem przed meczem rybę z frytkami. Nie był najbardziej sprawnym fizycznie ani najpracowitszym piłkarzem, co przypomina o pewnej sytuacji na późniejszym etapie jego kariery, gdy Gordon Strachan, który został menedżerem Southampton, krzyknął ze strefy technicznej do szczególnie ospałego Le Tissiera, który człapał z powrotem po akcji ofensywnej: „Matt! Ożyw się, zaraz schodzisz!".

„Osiemnaście miesięcy Balla w klubie to był mój najlepszy okres w karierze – wspominał piłkarz. – Ball zbudował zespół wokół mnie zamiast próbować wpasować mnie do zespołu". Pod tym menedżerem Le Tissier w 64 spotkaniach strzelił 45 goli (wiele z nich było naprawdę spektakularnych) we wszystkich rozgrywkach, mimo że grał raczej jako ofensywny pomocnik niż napastnik. Southampton uniknął spadku w pierwszym sezonie pod wodzą Balla, a rok później zakończył rozgrywki w górnej połowie tabeli.

Niestety, selekcjonerzy reprezentacji Anglii nie podzielali entuzjazmu Balla wobec Le Tissiera. Wciąż panowała podejrzliwość w stosunku do dziesiątek w jego typie, nawet wśród takich menedżerów, jak Terry Venables czy Glenn Hoddle, którzy potrafili docenić utalentowanych graczy. W angielskim futbolu wielbiono dziesiątki z zagranicy, ale nie ufano własnym piłkarzom grającym na tej pozycji, i narzekania Le Tissiera są typowe dla rodzimych dziesiątek z lat 90.: „Myślę, że angielscy selekcjonerzy nie mieli wystarczająco dużo odwagi, by zmienić ustawienie i zmieścić mnie w składzie". Niemniej Hoddle, idol Le Tissiera z młodości, w 1997 roku ustawił go i Steve'a McManamana z Liverpoolu za Alanem Shearerem w płynnym 3-4-2-1 podczas zakończonego wynikiem 0:1 meczu z Włochami – była to pierwsza porażka reprezentacji w spotkaniu eliminacji mistrzostw świata rozgrywanym na Wembley. To był zagadkowy Le Tissier w pigułce; wciąż spóźniał się do bezpańskich piłek, tracił ciągle futbolówkę, a jego brak energii kontrastował z nieustanną ruchliwością doskonałego Zoli, który odgrywał tę samą rolę w reprezentacji Włoch i strzelił jedynego gola w meczu, uprzedzając w drodze do piłki partnera z ataku. A i tak to Le Tissier był najbliżej zdobycia bramki dla Anglików.

„To żadne ryzyko [wystawić Le Tissiera], jeśli czujesz, że mecz będzie wyrównany i trzeba będzie wymyślić coś ekstra – powiedział po wszystkim Hoddle. – Dzięki swemu talentowi Le Tissier mógłby to zrobić". Niemniej selekcjoner stracił zaufanie do swego najbardziej kreatywnego gracza – przypuszczalnie uzdrowicielka Eileen Drewery nie była w stanie mu w tym przypadku pomóc – i nie włączył Le Tissiera do szerokiej, 30-osobowej kadry na mistrzostwa świata. Jak przyznaje sam piłkarz, był to cios, po którym się już nie podniósł. Uosabiający Premier League lat 90. gracz dowiedział się o tej druzgocącej decyzji w sposób cudownie przystający do tej dekady – przez telegazetę.

Angielski futbol nauczył się doceniać umiejętności zawodników grających z dziesiątką na plecach, lecz wciąż w dużej mierze miał obsesję na punkcie różnych wariantów ustawienia 4-4-2. Dlatego też, choć definicja dziesiątki mówi, że to ktoś, kto nie jest ani napastnikiem, ani pomocnikiem, a kimś pomiędzy, w rzeczywistości prawie każdy zawodnik na tej pozycji to albo napastnik, albo pomocnik. I podczas gdy cofnięci napastnicy – Cantona, Bergkamp i Zola – cofali się głęboko, przez co ich zespoły przechodziły na ustawienie 4-4-1-1, ofensywni pomocnicy, tacy jak Juninho, Kinkladze i Le Tissier, sprawiali drużynom kłopoty, bo zasadniczo wymagali bardziej niecodziennej taktyki, do której ich angielscy koledzy po prostu nie byli przyzwyczajeni. Premier League ewoluowała pod względem kadrowym, lecz jeszcze nie pod względem taktycznym.

5
ARSÈNAL

Wenger nie ma pojęcia o angielskiej piłce. Jest nowicjuszem w wielkim klubie – cóż, przynajmniej kiedyś Arsenal był takim klubem – i powinien ograniczyć się do uwag o japońskim futbolu.

Alex Ferguson

Prawdziwą skalę rewolucji, do której doszło w pierwszych latach funkcjonowania Premier League, najlepiej podsumowuje przypadek Arsenalu. Kiedy powołano te rozgrywki do życia, Kanonierzy byli najbardziej konserwatywnym, pielęgnującym tradycję klubem w całej Anglii; funkcję prezesa pełnił tam absolwent Eton College, pochodzący z rodziny o krykietowych tradycjach, a przepiękne, wyłożone starym marmurem korytarze na Highbury podkreślały staroświecki, brytyjski i bezspornie dostojny charakter organizacji. Jeśli chodzi o samą piłkę nożną, gracze Arsenalu też byli staroświeccy i brytyjscy, a zespół słynął przede wszystkim z zastawiania pułapek ofsajdowych i zwycięstw po 1:0. „Ten przenudny Arsenal" to była standardowa drwina fanów, którzy kibicowali innym zespołom.

Ale zaledwie po sześciu latach funkcjonowania Premier League Arsenal stał się wzorem futbolu przyszłości. Kanonierzy grali najbardziej atrakcyjną piłkę w lidze, klub okazał się także dalekowzroczny, jeśli chodzi o podejście do odnowy biologicznej, ściągał zawodników z nieeksploatowanych wcześniej lig całej Europy, a do tego jako pierwszy zespół w historii najwyższej klasy rozgrywkowej w Anglii zdobył tytuł, mając na ławce menedżera z zagranicy. W tej rewolucji nie chodziło jednak wyłącznie o Arsène'a Wengera.

Arsenal mógł się cieszyć z fantastycznych sukcesów w ciągu ośmiu sezonów pod wodzą George'a Grahama, który zdobył dla klubu sześć ważnych trofeów, w tym dwa tytuły mistrzowskie i Puchar Zdobywców Pucharów. Gdy zwolniono go nagle w połowie sezonu 1994/95 za nielegalne przyjmowanie pieniędzy od agentów, David Dein, wiceprezes Kanonierów, chciał zatrudnić Wengera, byłego szkoleniowca Monaco, z którym spotkał się przez przypadek sześć lat wcześniej na Highbury. Dein zrozumiał, że trzeba przeprowadzić rewolucję. Większość szefów w angielskich klubach otaczała się myślącymi podobnie ludźmi i żyła zamknięta w swoim światku, wiceprezes Arsenalu odgrywał jednak istotną rolę w angielskiej federacji, co oznaczało, że regularnie wyjeżdżał za granicę i obracał się w międzynarodowych kręgach, dzięki czemu odkrył, jak przestarzały stał się angielski futbol. Wtedy jeszcze Wenger nie trafił do Arsenalu; Francuz wyjechał do Japonii – w tamtych czasach kompletnej piłkarskiej prowincji, kraju, który nigdy dotąd nie zakwalifikował się do mistrzostw świata – by objąć zespół Nagoya Grampus Eight. W Japonii opracowano właśnie niezwykły plan 100-letniego rozwoju piłki nożnej, który zakładał, że w 2092 roku drużyna z Kraju Wiśni zdobędzie mistrzostwo świata. Wengera będzie się zresztą później łączyć z tego rodzaju długofalowym myśleniem.

Zamiast Francuza Arsenal zatrudnił więc Bruce'a Riocha, który był znacznie bezpieczniejszym wyborem i w jakiś sposób przypominał Grahama – obaj grali w reprezentacji Szkocji w pomocy i byli zwolennikami ścisłej dyscypliny. Kadencja Riocha była wypełniona trudnościami, bo odsunął od zespołu najbardziej doświadczonych graczy, ale swój jedyny sezon w roli menedżera Kanonierów, 1995/96, zakończył na przyzwoitym piątym miejscu. A co zdecydowanie ważniejsze – zapoczątkował Wengerowską rewolucję, wprowadzając grę podaniami, co zdecydowanie różniło się od bezpośredniego stylu preferowanego do samego końca przez Grahama. Rioch miał dwa główne cele: zachęcić piłkarzy do wyprowadzania akcji podaniami spod własnej bramki i zapewnić drużynie większą niezależność od goli Iana Wrighta. David Seaman mówił: „Bruce zachęcał nas do częstszego grania piłki przez linię pomocy. Jestem pewien, że gdyby został dłużej, stopniowo całkowicie zmieniłby sposób, w jaki graliśmy, tak jak to się później stało w przypadku Arsène'a Wengera".

Kapitan angielskiej reprezentacji David Platt, który przyszedł do Arsenalu niedługo po Bergkampie i grał w Serie A pod wodzą bardzo cenionych trenerów, Giovanniego Trapattoniego i Svena-Görana Erikssona, stwierdził: „[Rioch] wywarł na mnie głębokie wrażenie swoją wizją tego, jak powinno się grać". Martin Keown podkreślał różnice między Grahamem a Riochem: „George kładł nacisk na odbiór piłki, drużynowy pressing, ograniczenie rywalowi wolnej przestrzeni i grę na spalonego. [...] Bruce zaczął od wprowadzenia gry podaniami. Pracowaliśmy nad utrzymaniem się przy piłce, podczas gdy z George'em trenowaliśmy odbiory". Rioch uwielbiał piłkarzy z polotem, a szefostwo klubu sprowadziło mu gracza, który odmienił oblicze drużyny, kogoś, kogo Arsenal rozpaczliwie potrzebował – Dennisa Bergkampa.

Bardziej niż Bergkamp na styl gry w Premier League wpłynął tylko Cantona. W odrobinę innych okolicznościach obaj mogli skończyć w klubie tego drugiego; Alex Ferguson badał możliwość ściągnięcia Holendra, zanim w końcu podpisał kontrakt z Francuzem, który po opuszczeniu Leeds podobno chciał dołączyć do Manchesteru United, Liverpoolu bądź Arsenalu. Kiedy Cantona zajął w 1993 roku trzecie miejsce w plebiscycie Złotej Piłki, nie omieszkał złożyć hołdu występującemu w Ajaksie Bergkampowi, który w tym samym konkursie zajął drugie miejsce za Roberto Baggio. Francuz rozpoznał pokrewną duszę.

Tamtego roku Bergkamp przeniósł się z Ajaksu do Interu; został ściągnięty przez mediolańczyków głównie dlatego, że Inter chciał za wszelką cenę zmienić defensywny, grający nieatrakcyjnie zespół w bardziej przyjemną pod względem estetycznym ekipę; zarząd klubu miał dosyć uznania spływającego na derbowego rywala, AC Milan, najbardziej opiewaną drużynę w Europie – a to dzięki rewolucyjnemu podejściu Arrigo Sacchiego do prowadzenia zespołu oraz staraniom trzech wspaniałych Holendrów: Marco van Bastena, Franka Rijkaarda i Ruuda Gullita. Inter rzucił lokalnemu rywalowi wyzwanie, wystawiając zespół z trzema Niemcami: Jürgenem Klinsmannem, Andreasem Brehme i Lotharem Matthäusem. Ale różnica w odbiorze trzech Holendrów (inteligentni, kreatywni, dynamiczni) i trzech Niemców (wydajni, bezwzględni, nudnawi) była gigantyczna, więc Inter usiłował nadać swej grze więcej stylu, podpisując kontrakty z dwoma własnymi Holendrami: Bergkampem i jego kolegą z Ajaksu, Wimem Jonkiem.

Do rewolucji w Interze jednak nigdy nie doszło. Po słabym starcie wyrzucono szkoleniowca i zespół zaczął grać bardziej defensywnie, a w drużynie nastawionej raczej na długie podania Bergkamp nie był w stanie odgrywać roli kogoś, kto wiąże ataki. W dwóch sezonach w Serie A strzelił tylko 11 goli. Dlatego też fascynujący jest fakt, że Holender zdołał odsunąć na bok to frustrujące doświadczenie i zdecydował się na transfer do innego klubu potrzebującego piłkarza, który przestawi zespół na futbol techniczny. Po zakończeniu kariery Bergkamp podkreślał, że za wszelką cenę chciał być piłkarskim rewolucjonistą: „Tak jak wtedy, gdy wybrałem Inter zamiast Milanu czy Barcelony, pomyślałem: »W Arsenalu jeszcze nie widziano tego typu piłkarza, więc mogę pokazać ludziom mój własny styl«".

W Arsenalu zasadniczo niechętnie płacono krocie za transfery i dlatego w ciągu pierwszych trzech lat istnienia Premier League Kanonierzy przegapili największe talenty w lidze; w przypadku Bergkampa jednak pobili trzykrotnie rekord transferowy klubu i natychmiast przekazali dziesiątkę Paula Mersona nowemu liderowi. Nagłówek w „Independent" brzmiał „Rioch kupuje Bergkampa, obwieszczając nadejście nowej ery". Miało okazać się to nadzwyczaj trafną przepowiednią, lecz słychać było też sceptyków – reprezentacyjny lewy obrońca Stuart Pearce powiedział, że to „potężne ryzyko", eksperci zaczęli podważać wartość Holendra, bo potrzebował aż siedmiu spotkań, by strzelić pierwszego gola, a Alan Sugar, prezes Tottenhamu, porównał przyjście Bergkampa do „operacji plastycznej". Ale bardziej przypominało to przeszczep mózgu. Ray Parlour powiedział: „To on zmienił całe nasze nastawienie do treningu. Wystarczyło popatrzeć, jak się prowadzi, by otworzyły ci się oczy. Myślałeś wtedy: »Zaraz, zaraz, muszę dać z siebie więcej«".

Holendrowi fantastyczne wsparcie okazywał zwłaszcza Rioch, broniąc Bergkampa zażarcie, gdy na początku spłynęła na niego fala krytyki, i zachęcając jego kolegów z drużyny do zagrywania mu piłki między formacje rywali, mimo że w tej strefie boiska często przebywało wielu zawodników Arsenalu, bo David Platt i Paul Merson odgrywali w zespole z grubsza podobną rolę. Była to godna uwagi zmiana, zważywszy, że wcześniej Kanonierzy nieustannie posyłali długie piłki na grającego pod bramką przeciwnika Wrighta. W pierwszym sezonie Bergkamp grał w kratkę – na Highbury miał zresztą więcej sezonów, gdy niespecjalnie się wyróżniał, niż wskazywałaby na to jego reputacja – ale z całą pewnością okazał się zawodnikiem, który zmienił oblicze Arsenalu, kimś, kto wydobywał z innych graczy to, co najlepsze. Holender był trzy razy królem strzelców Eredivisie, ale trzeba powiedzieć, że po przyjściu do Premier League jego rola na boisku się zmieniła, został raczej kimś, kto dogrywa piłki niż egzekutorem, co pokazuje fakt, że w lidze angielskiej zanotował 93 asysty i 87 goli. Wymowne, że wśród piłkarzy, który zdobyli w Premier League powyżej 50 bramek i zaliczyli więcej asyst niż Bergkamp, byli sami pomocnicy: Ryan Giggs, David Beckham, Damien Duff, Gareth Barry i Danny Murphy.

Między Holendrem a Cantoną było wiele podobieństw: Bergkamp także należał do perfekcjonistów, niestrudzenie pracował nad swoim rozwojem po treningach, wielokrotnie wykonując na pozór łatwe podania, i wyznaczał standardy, jeśli chodzi o umiejętności techniczne i profesjonalizm. Kibice natychmiast poznali się na jego umiejętnościach, ale koledzy z drużyny zachwycali się rzeczami, które trudno było w pełni docenić z trybun: zagraniami na centymetry, rotacją, jaką nadawał piłce. Tak jak w przypadku Cantony często nie zwracano uwagi na jego szybkość. Przed sezonem 2003/04 33-letni Bergkamp odnotował trzeci najlepszy czas w drużynie w sprincie na 60 metrów; był wolniejszy niż Thierry Henry i Jermaine Pennant, ale okazał się szybszy od Ashleya Cole'a, Roberta Pirèsa, Gaëla Clichy'ego i Sylvaina Wiltorda. I tak jak to było z Cantoną i Zolą, przeciwnicy, dając mu możliwość rywalizacji z ostro grającymi środkowymi obrońcami, często wspominali o zaskakującej sile tego przede wszystkim kreatywnego gracza. „Nie sądzono, że Dennis jest aż tak mocny – opowiadał Sol Campbell, który w przyszłości miał zagrać z Holendrem w jednej drużynie – ale możecie mi wierzyć: był jednym z najsilniejszych piłkarzy, z którymi grałem i z którymi się mierzyłem". Na początku sezonu 1997/98 strzelił Southampton cudownego gola po uderzeniu z daleka, wcześniej przestawiając lewego obrońcę Francisa Benalego, uważanego za najbrutalniejszego defensora w Premier League. Przy wszystkich swoich technicznych umiejętnościach Bergkamp bywał kapryśny. W ciągu przygody z Arsenalem cztery razy wylatywał z boiska, za każdym razem po pokazanej bezpośrednio czerwonej kartce – za uderzenie łokciem, pchnięcie przeciwnika, a dwa razy wskutek brutalnych wślizgów – więc jego ksywka, Iceman, odwołująca się do chłodnej głowy, zawsze wydawała się dziwnie nieodpowiednia. Poza tym, jeśli chodzi o przydomki, trudno przebić Nielatającego Holendra, co nawiązywało do słynnego faktu, że Bergkamp odmawiał latania samolotami.

Biorąc pod uwagę wrażenia estetyczne, Bergkamp należał do najwspanialszych graczy Premier League i w ciągu 11 lat występów w Arsenalu strzelił kilka cudownych goli. Jego klasyczne uderzenie polegało na przyjęciu piłki tuż przed polem karnym, po lewej stronie, odchyleniu się i podkręceniu piłki po dalszym słupku; takie trafienie zanotował w ciągu 18 miesięcy cztery razy, w meczach przeciwko Sunderlandowi, Leicester i w dwóch spotkaniach sezonu 1997/98 z Barnsley, zarówno u siebie, jak i na wyjeździe. Bergkamp jest też autorem dwóch spośród najsłynniejszych goli w historii Premier League. Pierwszego z nich strzelił w 1997 roku Leicester, kiedy to cudownie zgasił piłkę po długim podaniu, skręcił do środka i spokojnie wykończył całą akcję – była to bramka, która zapowiadała jego zwycięskiego gola w pojedynku z Argentyną podczas rozgrywanych w następne lato mistrzostw świata. No i było jeszcze zadziwiające, wprost niewiarygodne trafienie na 1:0 w meczu z Newcastle w 2002 roku, gdy odwrócony tyłem do Nikosa Dabizasa, wewnętrzną częścią lewej stopy zagrał piłkę obok przeciwnika, następnie zrobił zwrot w drugą stronę, minął obrońcę, przyjął futbolówkę i umieścił ją w siatce prawą nogą. Przez lata dyskutowano, czy Holender zrobił to celowo, a kiedy Arsenal zamówił pomnik Bergkampa, który miał stanąć przed Emirates Stadium, rzeźbiarz skarżył się, że po prostu nie sposób przedstawić tego gola.

Bergkamp tylko rok grał pod wodzą menedżera, który ściągnął go do Arsenalu, a okoliczności odejścia Riocha były dość szczególne. Został zwolniony krótko po rozpoczęciu sezonu 1996/97, dwa tygodnie po tym, jak podpisał nowy kontrakt. Tym razem wszystko poszło wedle życzenia Deina i zatrudniony został Wenger. Ale jak przyznał Peter Hill-Wood, prezes Kanonierów, on i Dein byli w ciągłym kontakcie z francuskim szkoleniowcem, który później przypadkowo zdradził, że konsultowano z nim przyjście Bergkampa do klubu. Wydaje się, że Rioch niechcący został menedżerem tymczasowym, prowizorycznym rozwiązaniem na czas między dwoma tak bardzo rożnymi erami w historii Arsenalu, z pewnością jednak zasługuje na wielkie słowa uznania za rozpoczęcie rewolucji.

W 1996 roku zatrudnienie szkoleniowca z zagranicy uważano za skrajnie niebezpieczne. W Premier League był jeszcze jeden taki przypadek – grającym menedżerem Chelsea został właśnie Ruud Gullit, lecz Holender był piłkarzem znanym na całym świecie i występował wcześniej w lidze angielskiej. O Wengerze na Wyspach nikt nie słyszał, czemu trudno się dziwić, bo w tych czasach, jeszcze przed rozpowszechnieniem się internetu, w Anglii, nie licząc programu *Football Italia* na Channel 4, media w minimalnym stopniu interesowały się zagraniczną piłką. Sześć lat wcześniej Aston Villa zatrudniła pierwszego trenera z kontynentu w całej historii najwyższej klasy rozgrywkowej – zagadkowego doktora Jozefa Vengloša. Eksperyment zakończył się katastrofą. Drużyna, która rok wcześniej zdobyła wicemistrzostwo, pod wodzą Słowaka (wówczas uważano go za Czechosłowaka) zakończyła rozgrywki dwa miejsca nad strefą spadkową. Wydawało się, że Vengloš nie pasuje do angielskiego podejścia, lecz ten człowiek z doktoratem z wychowania fizycznego w gruncie rzeczy zapowiadał przyjście Wengera, i to nie tylko dlatego, że był cudzoziemcem, ale ze względu na to, że usiłował wprowadzić profesjonalizm do angielskiej piłki nożnej. „Nigdy sobie nie wyobrażałem, że człowiek może pić tak dużo piwa" – wzdychał ciężko wkrótce po przybyciu na Wyspy. Lata później przedstawił bardziej przemyślany punkt widzenia: „Kilka rzeczy wyglądało wówczas w Anglii inaczej, niż robiliśmy to w Europie Środkowej: metody treningowe, analiza odżywiania, rekonwalescencja, regeneracja i podejście do fizjologii organizmu". Premier League desperacko potrzebowała zagranicznego trenera takiego jak Wenger, by wdrożyć nowoczesne metody. Dein powiedział: „Arsène wespół z Dennisem odmienili Arsenal".

Wenger nie przypominał nikogo innego w Premier League, często opisywano go jako kogoś bardziej podobnego do nauczyciela niż do menedżera piłkarskiego: znał pięć języków, miał dyplom z ekonomii i krótko studiował medycynę. Przede wszystkim zaś wydawał się nadzwyczajnie spokojny – choć w ostatnich latach od czasu do czasu się zapominał. Menedżerów piłkarskich uważano za ludzi napuszonych, wiecznie wściekłych i wygłaszających ciągłe tyrady. Alex Ferguson słynął z serwowania piłkarzom swoich „suszarek". Rok przed zatrudnieniem Wengera przez Arsenal Channel 4 pokazał dokument, którego bohaterem był John Sitton, menedżer Leyton Orient, grożący swoim graczom bójką podczas słynnego, cudacznego wybuchu, jaki zdarzył mu się w szatni. „Kiedy mówię wam, że macie coś zrobić, róbcie to, a jeśli chcecie mi się odciąć, to zaraz to, kurwa, załatwimy – wrzeszczał na dwóch piłkarzy. – Jasne? A jak chcecie, możecie dobrać się w parę i do tego wziąć sobie kogoś do pomocy, i przynieść sobie, kurwa, obiad, bo kiedy z wami skończę, będziecie tego, kurwa, potrzebować". Tak wyglądał menedżer z lat 90. Wenger był całkowitym przeciwieństwem kogoś takiego, oszołomił swoich piłkarzy, gdy w przerwie zażądał chwili całkowitej ciszy. Co ważniejsze, bez wątpienia nie prosił graczy, by wzięli ze sobą obiad.

Największy wpływ na angielski futbol Wenger wywarł poprzez zrewolucjonizowanie piłkarskiej diety. Przed przybyciem Francuza gracze Arsenalu – tak jak większość zespołów z Premier League – mieli kulinarne upodobania godne drużyny z ligi niedzielnej. Czas przed treningiem umilali sobie pełnym angielskim śniadaniem, a ich przedmeczowe menu uwzględniało rybę z frytkami, steki, jajecznicę i fasolę z tostami. Po meczu bywało nawet gorzej. Na przykład podczas długiego powrotu autokarem z Newcastle niektórzy piłkarze urządzili sobie zawody w jedzeniu i nikt nie był w stanie pójść w szranki ze środkowym obrońcą Steve'em Bouldem. Przyszły asystent Wengera pożarł imponujące dziewięć porcji. Kiedy policja udzieliła upomnienia Tony'emu Adamsowi i Rayowi Parlourowi, którzy potraktowali zawartością gaśnicy napastliwych kibiców Tottenhamu, niewiarygodne było nie to, że incydent ten wydarzył się w Pizza Hut, lecz fakt, że gdy funkcjonariusze zatrzymali się później wieczorem obok domu Adamsa, obaj piłkarze właśnie odbierali dostawę chińszczyzny na wynos.

Tymczasem Wenger był pod wrażeniem, jak zdrowa okazała się japońska kuchnia, i odnotował niewielki poziom otyłości w tym kraju. Szybko dokonał przeglądu menu w ośrodku treningowym Arsenalu, zakazując słodyczy, czekolady i coca-coli, zachęcając za to graczy, by jedli gotowane ryby i kurczaka, makarony oraz dużo warzyw. Ilekroć Kanonierzy zatrzymywali się przed meczem w hotelu, Wenger zabraniał zawodnikom zamawiać czegokolwiek do pokojów i nalegał, by przed przyjazdem drużyny opróżniano barki. Co istotne, ściągnął dietetyków, którzy robili piłkarzom wykłady ze zdrowego odżywiania, a także bardzo skupiał się na pożytkach z powolnego przeżuwania jedzenia, co umożliwiało właściwe trawienie. Wenger wiedział, że wywoła to ostry sprzeciw zawodników, więc inteligentnie dopilnował, by w pierwszych tygodniach serwowano im posiłki bez smaku i zapachu; a później, gdy gracze zaczęli się na to skarżyć, szkoleniowiec poszedł na ustępstwa – pozwolił im na przykład używać keczupu – więc nowe ustalenia sprawiały wrażenie kompromisu. Sam dawał zresztą przykład, zawsze jedząc to samo co piłkarze.

Wcześniej innowatorem pod względem żywienia był występujący w Liverpoolu w latach 80. Australijczyk Craig Johnston, jeden z najinteligentniejszych i najbardziej nowatorskich zawodników, który po zawieszeniu butów na kołku zaprojektował obuwie Adidas Predator. Zainspirowała go książka kucharska Roberta Haasa pod tytułem *Eat to Win* (Dieta zwycięzcy), dzięki której zrezygnował ze steków na rzecz ryżu, wegańskiego bekonu i jajek, początkowo wzbudzając drwiny kolegów z zespołu. Kiedy ci jednak przekonali się, jak fantastyczną wydolność ma Johnston, stopniowo przerzucili się na jego dietę. Co intrygujące, Adams mówi, że on i kilku jego kumpli z Arsenalu przeczytali tę samą książkę w 1987 roku, niemal dekadę przed tym, jak w klubie pojawił się Wenger, ale jeśli nawet lektura ta skłoniła ich do jedzenia jakichś zdrowych rzeczy, wszelkie pożytki obrócili w niwecz, sięgając też po pizzę i chińszczyznę na wynos.

Nie chodziło jednak wyłącznie o jedzenie. Wenger zachęcał też graczy do brania suplementów, co było niekonwencjonalnym pomysłem w owym czasie. Tabletki z witaminami kładziono na talerzach przed treningami i wielu piłkarzy zaczęło brać kreatynę, by zbudować masę mięśniową i wytrzymałość. Ponownie wszystko zostało zawodnikom wyjaśnione przez fachowców i podczas gdy nowa dieta była obowiązkowa, suplementy piłkarze brali z własnej woli. Bergkamp był sceptyczny wobec nich i nigdy niczego nie zażywał, bramkarz David Seaman natomiast na początku nie stosował suplementów, ale zmienił zdanie, kiedy się przekonał, jak jego koledzy zyskali na tym pod względem fizycznym. Ray Parlour przyznawał natomiast, że po prostu brał bez namysłu wszystko, co mu podsunięto. Było oczywiste, że Kanonierzy bardzo zyskali pod względem przygotowania fizycznego, więc podczas meczów kadry koledzy z reprezentacji pytali grupę z Arsenalu, z jakich środków korzystają, a następnie szybko zaczęli ich naśladować, co zezłościło francuskiego menedżera, który, co zrozumiałe, za wszelką cenę chciał utrzymać w tajemnicy coś, co dawało jego zespołowi przewagę. Niechcąco Wenger zrewolucjonizował nie tylko swój klub, lecz całą Premier League.

Przybycie Francuza, który dorastał w prowadzonym przez rodziców pubie niedaleko Strasbourga, zbiegło się w czasie z końcem pijackich tradycji w Arsenalu. Regularne popijawy były szeroko rozpowszechnione w klubach z Premier League, ale szczególnie często zdarzały się właśnie w Arsenalu. Kapitan drużyny, Tony Adams, odgrywał rolę herszta słynnego „klubu wtorkowego", kiedy po ciężkim treningu piłkarze ruszali w ciężki ochlaj, z poczuciem bezpieczeństwa wynikającym ze świadomości, że mają wolną środę. Nawet wtedy jednak picie przed treningiem było powszechne i koledzy z zespołu nie patrzyli niechętnie na piłkarza, który pojawił się na kacu, jeśli tylko odpowiednio sobie radził na zajęciach. Podczas pierwszego obozu przedsezonowego Bergkampa w Arsenalu, w Szwecji, Holender był przerażony, gdy w trakcie wieczornego spaceru z żoną odkrył, że reszta zespołu pije w miejscowym pubie.

Wszystko jednak zmieniło się dwa tygodnie przed przybyciem do klubu Wengera. Wtedy to Adams zaszokował kolegów z zespołu, ogłaszając, że jest alkoholikiem. Dwóch z nich natychmiast zaczęło się zastanawiać, czy i oni nie mają problemu z piciem, skoro ich kapitan jest uzależniony. Było to korzystne dla Wengera, który napotkałby poważne problemy, gdyby sam chciał poradzić sobie z pijatykami w klubie. Kiedy Ferguson usiłował rozwiązać ten sam problem w Manchesterze, musiał sprzedać dwóch głównych winowajców, Paula McGratha i Normana Whiteside'a, którzy należeli do gwiazd United oraz ulubieńców kibiców, i na początku sir Alex musiał brać pod uwagę poważne konsekwencje tej decyzji. Szczęśliwie dla Wengera kapitan zespołu wykonał za niego tę robotę, a Parlour przyznał, że rzucenie picia przez Adamsa było najlepszą rzeczą, jaka mogła mu się zdarzyć w jego piłkarskiej karierze, już nie wspominając o karierze samego Adamsa.

Dla Wengera złożyło się równie szczęśliwie, że poprzedniego lata, tuż przed tym, jak do klubu przybył Bergkamp, Arsenal ściągnął Platta. Ten pomocnik spędził wcześniejsze cztery sezony we Włoszech i wprowadził do szatni Kanonierów nowe zwyczaje: korzystał na przykład z masaży. Znowu to samo – graczom łatwiej było zaakceptować cudzoziemskie pomysły, jeśli przynosił je Platt, który 19 razy był kapitanem reprezentacji Anglii, niż gdyby próbował forsować je nieznany Francuz mający za sobą pracę w Japonii. Profesjonalizm Bergkampa, nowy styl życia Adamsa i włoskie innowacje podsunięte przez Platta były szczęśliwymi zbiegami okoliczności, które przygotowały grunt pod rządy Wengera. Ale nawet Platt nienawidził pewnego konceptu francuskiego menedżera – sesji rozciągania. Przed pierwszym meczem, wyjazdowym spotkaniem z Blackburn, Wenger zwołał wcześnie rano spotkanie drużyny w hotelowej sali balowej i nakazał piłkarzom gimnastykę, łączącą elementy jogi i pilatesu. W końcu jednak zawodnicy zaakceptowali rozciąganie jako stały element treningu – choć nie w dniu meczu – a dzięki ćwiczeniom doświadczeni obrońcy Arsenalu przedłużyli sobie kariery.

Te wszystkie nowinki dotyczące przygotowania fizycznego okazały się kluczowe z punktu widzenia taktyki, bo choć Arsenal Wengera w późniejszych czasach zyskał renomę ze względu na techniczną piłkę, to podopieczni Francuza, którzy sięgnęli po dublet w sezonie 1997/98, słynęli raczej z siły fizycznej, zwłaszcza w środku pola. Obrona i atak z czasów Riocha się nie zmieniły, ale Wenger przeprowadził remont kapitalny w pomocy, ściągając dwóch francuskich defensywnych pomocników, Emmanuela Petita i Patricka Vieirę, oraz Marca Overmarsa, lewoskrzydłowego z Ajaksu, podczas gdy Parlour poprawił swą grę i występował na prawej stronie. Ten kwartet uosabiał w owym czasie

Arsenal Wengera; zespół szczycił się umiejętnościami technicznymi, ale nie było w nim typowego rozgrywającego – rola kreatora gry przypadła Bergkampowi. Vieira i Petit słynęli z nieustępliwości, Overmars z przyśpieszenia, Parlour z energii – ten zespół to była siła, szybkość i wytrzymałość.

Vieira, który do Arsenalu przybył na życzenie Wengera, odbębniającego okres wymówienia w Japonii, podkreślał później tę różnicę, kiedy opowiadał o zdobywcach tytułu z 1998 roku: „Zespół nie bazował na technice ani ofensywnej taktyce. Jakość dawali mu pojedynczy gracze, tacy jak Bergkamp, a czasem Overmars". Ależ kontrast z jego opisem mistrzowskiej drużyny Arsenalu z sezonu 2001/02: „Drugi dublet zdobyliśmy w zupełnie innym stylu niż w 1998 roku. [...] W miejsce długich piłek przyszła szybka gra dokładnymi podaniami do nogi". Francuski pomocnik przesadza – drużyna Kanonierów z rozgrywek 1997/98, w porównaniu z innymi zespołami w owym czasie, wyraźnie dobrze czuła się, grając po ziemi. Lecz trochę potrwało, nim Arsenal zasłynął jako zespół prezentujący naprawdę piękny futbol.

Na przykład Kanonierzy na początku ery Wengera byli bardzo krytykowani z powodu potwornych kłopotów z boiskową dyscypliną, bo Vieira i Petit regularnie podpadali sędziom. W sezonie 1997/98 tylko trzy kluby zebrały więcej kartek, a w gazetach zaczęto regularnie podawać liczbę czerwonych kartoników dla zespołu francuskiego menedżera. W istocie zmianę, która zaszła w stylu Arsenalu – od futbolu przede wszystkim siłowego do piłki opartej głównie na technice – najlepiej podsumowuje stosunek Wengera do sędziów; na początku narzekał, że arbitrzy są zbyt surowi, później zaś, że zbyt pobłażliwi. Wielu byłych graczy, takich jak Parlour i Lee Dixon, a także Gary Neville i Ryan Giggs, ich stali rywale z Manchesteru United, obstaje przy tym, że zespół Kanonierów z sezonu 1997/98 był najlepszą wersją Arsenalu Wengera, ponieważ nie brakowało w nim fizycznej siły i drużyna ta nie pozwalała się zastraszać rywalom.

Wenger nigdy nie był szczególnie zapalonym taktykiem i rzadko usiłował zmienić losy meczu poprzez zaskakujące zestawienie składu bądź zmianę formacji. Na początku preferował taktykę 4-4-2, ale zezłościł piłkarzy Arsenalu, ingerując w strategię zespołu, zanim jeszcze oficjalnie zaczął sprawować swą funkcję. Tydzień przed tym, jak przejął drużynę, francuski szkoleniowiec pojechał z drużyną na mecz w Pucharze Europy z Borussią Mönchengladbach, zakładano jednak, że będzie tam zaledwie obserwatorem. Niemniej w połowie meczu, przy wyniku 1:1, Wenger zdecydował się wziąć w szatni stery w swoje ręce i nakazał Kanonierom przejść z 3-5-2, którym grali od czterech lat, na 4-4-2. Przyniosło to odwrotny skutek do zamierzonego – Arsenal przegrał 2:3, a Adams był wściekły z powodu nagłej interwencji menedżera. Przekonał Wengera, że defensywa Kanonierów dobrze się czuje, grając trójką z tyłu, i zespół został przy takim ustawieniu przez większość sezonu 1996/97.

Arsenalowi świetnie pasował system z trójką w obronie, bo w drużynie grało trzech najwyższej klasy środkowych defensorów, Adamsowi towarzyszyli bowiem Bould i Martin Keown. W połowie lat 90. ustawienie 3-5-2 stało się bardzo popularne i regularnie, choć z różnym skutkiem, używały go takie zespoły, jak Liverpool, Newcastle, Tottenham, Aston Villa, Leicester i Coventry. Zasadniczo 3-5-2 było skuteczne przeciwko rywalom grającym w formacji 4-4-2, która wciąż pozostawała najpopularniejszą taktyką, bo trzech obrońców grało przeciw dwóm napastnikom, a dzięki dodatkowemu pomocnikowi zyskiwało się przewagę w środku pola. Wahadłowi byli zmuszeni operować na olbrzymiej przestrzeni, wyprowadzając ataki na skrzydłach i cofając się, by ustawić pięcioosobowy blok obronny. Chociaż dawało to bocznym obrońcom rywala dużo swobody, w połowie lat 90., gdy większość z nich nie grała jeszcze ofensywnie, nie stanowiło to znaczącego problemu.

Ale zmagania między dwoma zespołami ustawionymi w 3-5-2 były często beznadziejnie nudne – obie drużyny miały dodatkowego zawodnika w obronie, w pomocy panował tłok, a wahadłowi po prostu ganiali za sobą w tę i z powrotem wzdłuż linii bocznych. Na przykład podczas dwóch następujących po sobie bezbramkowych remisów Arsenalu w lutym 1997 roku, w meczach z Leeds i Tottenhamem, rywale także rozmieszczeni byli na boisku w formacji 3-5-2. „Jak na ironię – stwierdził Wenger – gdy cała reszta Europy przeszła na ustawioną w linii czwórkę w defensywie, coraz więcej angielskich drużyn przyswajało sobie stary kontynentalny styl z wykorzystaniem libero i wahadłowych". Anglia jak zwykle nie nadążała za taktycznymi zmianami i Arsenal zmienił się w drużynę zdobywającą tytuły, po tym jak francuski menedżer przeszedł w sezonie 1997/98 na 4-4-2.

Na początku sezonu wymagał od graczy wysokiego pressingu, co nie okazało się szczególnie skuteczne. Interesujące, że kluczowa zmiana taktyczna nastąpiła na żądanie raczej piłkarzy niż samego szkoleniowca. W pierwszej połowie sezonu Arsenal bronił nędznie, w każdym razie biorąc pod uwagę nadzwyczaj wysokie standardy tej drużyny, i po porażce 0:1 u siebie z Liverpoolem zwołano zebranie zespołu. Wenger sugerował, że piłkarzom brakuje chęci i nie pracują wystarczająco ciężko. Lecz Adams, Bould i Platt wtrącili się i wystąpili z bardziej konkretną sugestią – twierdzili, że Petit i Vieira muszą grać bliżej własnej bramki, by odpowiednio asekurować obrońców. Nie od razu zaczęło to działać – Arsenalowi zdarzyła się porażka u siebie z Blackburn 1:3, dzięki której Wenger przekonał się, że Adams musi odpocząć sześć tygodni, żeby wyleczyć kontuzjowany staw skokowy – ale w drugiej połowie rozgrywek defensywa Kanonierów prezentowała się znakomicie; w pewnym momencie zanotowała 13 godzin gry bez straty bramki, na co składała się następująca seria: 1:0, 0:0, 1:0, 1:0, 1:0, 1:0. „Jeden do zera dla Arsenalu" wciąż obowiązywało, acz w następnych trzech meczach drużyna strzeliła 12 goli, zachęcając fanów z Highbury do ironicznego przejęcia przyśpiewki kibiców rywali o „przenudnym Arsenalu". Kanonierzy jako pierwsza drużyna w Premier League wygrali 10 meczów z rzędu.

W drugiej części sezonu 1997/98, który przyniósł Arsenalowi tytuł mistrzowski, Vieira i Petit prezentowali się nadzwyczajnie; grali blisko siebie i skupiali się na odbiorach piłki, choć ten pierwszy ruszał z rzadka do przodu, a drugi potrafił doskonale podać lewą nogą. Jako że Bergkamp i Wright bywali w tej fazie rozgrywek często kontuzjowani, sukces Arsenalu w decydującej mierze zależał od postawy młodych rezerwowych napastników, Christophera Wreha i Nicolasa Anelki, który odegrał później znaczącą rolę w ewolucji taktycznej w Premier League. Ale najważniejszym zawodnikiem napadu w trakcie mistrzowskiej batalii był Overmars. Choć Kanonierzy grali w ustawieniu 4-4-2, Holender dostał dużą swobodę, jeśli chodzi o ataki lewym skrzydłem, Parlour natomiast występował bliżej środka, kursując na prawej stronie. Później taką taktykę będzie określać się jako 4-2-3-1, acz w owym czasie postrzegano ją jako asymetryczne 4-3-3 (w fazie ataku), z nieco przesuniętym Petitem, by Francuz mógł zabezpieczać tyły, oraz Parlourem schodzącym do środka. Overmars operował swobodnie obiema nogami, ale był prawonożny i lepiej sprawdzał się jako strzelec niż ktoś, kto stwarza okazje innym.

Ofensywne ustawienie Overmarsa pomogło mu zaprezentować się wspaniale w połowie marca podczas wygranego 1:0 meczu z Manchesterem United, dzięki któremu Kanonierzy zyskali przewagę w walce o tytuł. Prawie wszystkie ataki Arsenalu przechodziły przez Holendra, który zgotował tak trudne popołudnie prawemu obrońcy Johnowi Curtisowi, wówczas obiecującemu młodzikowi, że kariera tego ostatniego w zasadzie już nigdy nie wróciła na właściwe tory. Już na początku Overmars odebrał podanie od Bergkampa, obiegł Petera Schmeichela i przestrzelił minimalnie z ostrego kąta. Wkrótce potem znowu wybiegł za plecy obrońców i Curtis bez wątpienia go przewrócił – zdumiewające, że w tej sytuacji sędzia nie podyktował karnego. Następnie Overmars walnął w boczną siatkę, minąwszy uprzednio Curtisa i Gary'ego Neville'a, który zaczął mecz jako prawy środkowy obrońca. Wreszcie dziesięć minut przed końcem spotkania najpierw Bergkamp przedłużył, potem Anelka zgrał piłkę głową po długim podaniu od obrońcy, a holenderski skrzydłowy wygrał wyścig z defensorami i wcisnął futbolówkę do bramki między nogami Schmeichela.

Biorąc pod uwagę, że był to decydujący mecz w trakcie marszu Arsenalu po mistrzowski tytuł, *one-man show* Overmarsa trzeba zaliczyć do najlepszych indywidualnych występów w historii Premier League. Podobnie znakomicie zagrał w rozstrzygającym o tytule wygranym 4:0 meczu z Evertonem na Highbury, strzelając dwa cudowne gole po solowych akcjach, a później zdobył pierwszą bramkę w finałowym spotkaniu Pucharu Anglii, kiedy to Kanonierzy pokonali Newcastle 2:0, sięgając po dublet w pierwszym pełnym sezonie Wengera w klubie. Zwycięstwo na Wembley pokazało także, że Wenger w najmniejszym stopniu nie jest menedżerem, który zwracałby uwagę na grę przeciwnika – przed meczem ani razu nie zająknął się o rywalu i postawę tę prezentował przez większość swej przygody z Premier League.

Taktyczna naiwność wiele kosztowała Arsenal w europejskich pucharach – Kanonierzy nie awansowali z grupy podczas swych dwóch pierwszych podejść do Ligi Mistrzów – a drużyna Wengera w późniejszych czasach miała szamotać się w Premier League w meczach z bardziej przebiegłymi pod względem taktycznym przeciwnikami. Jak wielu innych rewolucjonistów w lidze angielskiej, francuski menedżer miał paść ofiarą własnego sukcesu. Inni szkoleniowcy wkrótce zaczęli powielać jego podejście, zwłaszcza na trzech polach, na których Wenger znacząco zmienił angielski futbol: jeśli chodzi o lepsze przygotowanie fizyczne, ściąganie graczy z zagranicy i większy nacisk na piłkę techniczną. Stopniowo wyjątkowość Wengera zmalała, ale jego początkowy wpływ na futbol na Wyspach był ogromny. Sam zresztą podsumował to najlepiej: „Czułem, że otwieram drzwi na świat. To był początek procesu, który sprawił, że Premier League stała się najbardziej międzynarodową ligą na świecie".

6
SZYBKOŚĆ

Owen robił rzeczy, które sprawiały, że zaczynałem się zastanawiać: „Zaraz, zaraz, a gdyby ten i ten był na jego miejscu, to czy zrobiłby coś takiego?". I odpowiadałem sobie: „Nie, zabrakłoby mu szybkości".

Glenn Hoddle

W pierwszych latach funkcjonowania Premier League istniało stereotypowe wyobrażenie piłkarza grającego na pozycji numer dziewięć: miał być wysokim, silnym napastnikiem, który ustawiał się w polu karnym i żył z dośrodkowań. Klasycznymi przykładami takich graczy byli Dion Dublin, Duncan Ferguson i Chris Sutton – mogli przepchnąć i przeskoczyć środkowych obrońców rywala, ale defensorom rzadko groziło, że tacy napastnicy będą też szybsi.

Świeżo odkryta miłość Premier League do technicznej piłki i nowy rodzaj ofensywnych graczy – kreatywnych i bardziej cofniętych – wymagała innego gatunku napastnika. Coraz częściej menedżerowie chcieli mieć w składzie atakujących, którzy mogli wybiec za plecy obrońców, by dojść do sprytnego podania w uliczkę. Stopniowo najbardziej cenioną cechą zawodnika grającego na szpicy stała się szybkość zamiast siły w powietrzu.

Dwie najbardziej pamiętne bramki w Premier League w 1997 roku padły po przedryblowaniu przez szybkich napastników obrony Manchesteru United; Paulo Wanchope z Derby County strzelił tak gola w kwietniu, a Darren Huckerby z Coventry w grudniu. W obu przypadkach skazani na pożarcie rywale odnotowali zaskakującą wygraną 3:2 nad mistrzami Anglii. Oba trafienia uosabiały zmianę, do jakiej doszło na środku ataku, ale największej rewolucji dokonali dwaj młodociani geniusze: grający w Arsenalu Nicolas Anelka i Michael Owen z Liverpoolu.

Podobieństwa między nimi były uderzające. Obaj urodzili się w 1979 roku, obaj zadebiutowali w drugiej połowie sezonu 1996/97 i obaj wywarli bardzo poważny wpływ na rozgrywki 1997/98. Wtedy właśnie Anelka zdobył mistrzowski tytuł z Kanonierami, Owen zaś został królem strzelców Premier League i zdobył nagrodę dla najlepszego młodego gracza roku Stowarzyszenia Piłkarzy Zawodowych (PFA). Rok później Owen obronił koronę króla strzelców, a Anelka zdobył zaledwie jedną bramkę mniej od piłkarza The Reds i zgarnął laur dla najlepszego młodego zawodnika sezonu – choć wywołał kontrowersje, wybierając rajd po nocnych klubach zamiast ceremonii wręczenia nagrody.

Obaj napastnicy zamienili Premier League na Real Madryt – Anelka zrobił to w 1999 roku, Owen pięć lat później – ale wytrzymali w stolicy Hiszpanii tylko rok i większość swoich karier spędzili na Wyspach. Pierwszy ostatecznie strzelił w Premier League 125 goli, drugi zaś zanotował 150 trafień. Obaj byli raczej powściągliwi i trzymali się na dystans, a mimo swych osiągnięć ani jeden, ani drugi nie został zapamiętany jako legenda w żadnym klubie. W największym stopniu łączyła ich po prostu jedna rzecz – byli zdumiewająco szybcy. Szybkość to zawsze groźna broń w przypadku napastnika. Tacy gracze jak Andy Cole i Ian Wright (zdobyli odpowiednio 187 i 113 goli w najwyższej klasie rozgrywkowej w Anglii) okazali się niezwykle skuteczni w pierwszych pięciu latach funkcjonowania Premier League i z pewnością nie byli klasycznymi lisami pola karnego. Niemniej pełnili w pierwszym rzędzie funkcje egzekutorów, którzy potrafili w odpowiedniej chwili przyspieszyć. Anelka i Owen natomiast byli w gruncie rzeczy sprinterami, którzy potrafili też coś strzelić, i w erze, gdy środkowi obrońcy mieli przede wszystkim toczyć walkę w powietrzu, z łatwością zdobywali bramki, wykorzystując ociężałość defensorów.

Anelka miał niewiarygodny talent, mógł się poszczycić rewelacyjnym połączeniem prędkości, przebiegłości i opanowania w sytuacjach jeden na jednego z bramkarzem. W Premier League Francuz zapowiadał nadejście swego rodaka, Thierry'ego Henry'ego, piłkarza, który doczekał się większej sławy i zainspirował takich graczy, jak Theo Walcott, Daniel Sturridge, Danny Welbeck i Anthony Martial. Rozpowszechnienie się tego rodzaju atletycznie zbudowanego, szybkiego jak błyskawica napastnika zaczęło się w gruncie rzeczy od Anelki i tego, jaki wpływ wywarł na Arsenal na początku swej przygody z klubem.

W swoim pierwszym pełnym sezonie, czyli rozgrywkach 1997/98, Anelka na początku znajdował się w hierarchii Wengera na drugim miejscu za Wrightem, ale odegrał kluczową rolę w zdobyciu przez Kanonierów podwójnej korony. Debiutanckiego gola dla Arsenalu strzelił w listopadzie 1997 roku, zdobywając pierwszą bramkę w wygranym 3:2 meczu z Manchesterem United, bezpośrednim rywalem do tytułu mistrzowskiego, a zwieńczył sezon, trafiając do siatki na 2:0 w zakończonym takim wynikiem finałowym spotkaniu Pucharu Anglii z Newcastle. Charakterystyczną dla siebie bramkę zanotował w poniedziałek wielkanocny w wygranym 4:1 wyjazdowym pojedynku z Blackburn Rovers, kiedy to przyjął długie zagranie od Nigela Winterburna, urwał się bez trudu obrońcom, następnie zwodem położył na ziemi bramkarza Alana Fettisa i objechał go, by strzelić do siatki nad interweniującym rozpaczliwym wślizgiem obrońcą. Było to trafienie na 4:0 do przerwy – klasyczny przykład zdolności Arsenalu do zmiażdżenia przeciwnika szybkością w początkowej fazie meczu – które sprawiło, że zahipnotyzowani fani Blackburn zgotowali Francuzowi owację.

Ściągnięty za zaledwie 500 tysięcy funtów z Paris Saint-Germain, bo Wenger wykorzystał lukę w prawie dotyczącym kontraktów z juniorami, Anelka robił wrażenie na boisku, ale miał trudności ze zdobywaniem przyjaciół. Mimo że dysponował zadziwiającą szybkością, w tych wczesnych latach biegał w dziwny sposób: z pochyloną głową, niezgrabnie przygarbiony, jakby ledwie świadomy, co się wokół niego dzieje. Było to odzwierciedlenie jego introwertycznej natury i nieumiejętności nawiązywania kontaktu z kolegami z drużyny, którzy mieli kłopoty ze zrozumieniem Francuza. Nie porywał tłumów i sugerowano, że czułby się szczęśliwy, mogąc grać przy pustych trybunach. Kiedyś powiedział: „Nudzę się w Londynie; nie znam tu nikogo i nikogo nie chcę poznać". Anelka nigdy się nie uśmiechał, nawet po strzeleniu gola czy wznosząc trofeum, i wytrzymał w Arsenalu zaledwie dwa pełne sezony, po czym został sprzedany za 23 miliony funtów, co było niesamowitym zwrotem z inwestycji Wengera sprzed dwóch lat.

Arsenal z powodzeniem wykorzystał przychody ze sprzedaży Anelki, wydając je na kupno Henry'ego – i ośrodek treningowy. Transfer tego pierwszego zwieńczył trwającą całe lato historię, która nadała ton długotrwałym sagom transferowym w późniejszych latach; w różnych momentach Francuz ślubował wierność Lazio, Juventusowi i Realowi Madryt. Niekiedy robiło się aż śmiesznie: jeden z braci piłkarza, występujący jako jego agent, oświadczył przy jakiejś okazji, że Anelka przeniesie się do Lazio, bo barwy tej drużyny to doskonałe połączenie bieli, w której gra Real Madryt – upragniony cel zawodnika – i niebieskiego reprezentacji Francji. Tak czy siak, Anelka ostatecznie skończył w Realu, gdy prowadzone przez Svena-Görana Erikssona Lazio bez powodzenia skierowało uwagę na Owena, co pokazuje, że dwóch robiących furorę nastolatków postrzegano bardzo podobnie.

Tymczasem bracia Anelki zostali czarnymi charakterami rodem z farsy z powodu determinacji, z jaką objeżdżali całą Europę, zbierając przy tej okazji bonusy za podpisanie kontraktu przez Nicolasa. Ostatecznie Francuz był bohaterem 12 transferów, w swojej karierze globtrotera zwiedził ojczyznę, Hiszpanię, Włochy, Turcję, Chiny i Indie. Mimo swej początkowej niechęci do Anglii wracał tu, przywdziewając kolejno barwy Liverpoolu, Manchesteru City, Boltonu, Chelsea i West Bromwich

Albion. Ostatniego gola w Premier League strzelił 16 lat po swoim pierwszym trafieniu i była to najbardziej niesławna z jego bramek – świętował ją gestem, który fachowcy określili jako „odwrócony nazistowski salut". Federacja piłkarska zawiesiła go na pięć meczów, Anelka niezwłocznie zadeklarował, że opuszcza West Brom, a sam klub ogłosił, że tak czy siak wywala piłkarza. Było to stosowne zwieńczenie niewiarygodnie dziwnej przygody piłkarza z Premier League.

Na początku kariery jednym z najbardziej imponujących występów Anelki był mecz w barwach reprezentacji w marcu 1999 roku, kiedy to Francja pokonała na Wembley Anglię 2:0. Strzelił oba gole, a po jeszcze jednym jego uderzeniu piłka odbiła się od poprzeczki i przekroczyła linię bramkową, czego nie zauważył sędzia liniowy. Co zadziwiające, francuski napastnik w trakcie rozgrywanego w przejmująco zimny lutowy wieczór spotkania nosił bramkarskie rękawice; świetnie sobie radził, grając przed Zinédine'em Zidane'em i wbiegając za plecy obrońców do podań od gracza uznanego wtedy piłkarzem roku na świecie. Znaczące było też to, że Anelka ograł angielską defensywę, w której przed bramkarzem Davidem Seamanem grali Lee Dixon, Tony Adams i Martin Keown; jedynym piłkarzem niewystępującym na co dzień w Arsenalu był w tej formacji Graeme Le Saux z Chelsea. Nawet jeśli rywale doskonale wiedzieli, jak gra Francuz, nie potrafili go powstrzymać. „Mamy swojego Ronaldo" – powiedział Didier Deschamps, kapitan Francuzów. Znaczące słowa. Rok wcześniej Francja zdobyła mistrzostwo świata, choć nie miała w składzie typowego egzekutora, a reszta świata ubolewała nad zapaścią Ronaldo przed finałem, co ewidentnie wpłynęło na całą drużynę Brazylii. Anelka był jednak tak dobry, że dzięki niemu mistrzowie świata grali jeszcze lepiej.

W klubie Anelka okazał się idealnym partnerem dla Dennisa Bergkampa. Choć Holender miał dobre relacje zarówno z Wrightem, poprzednikiem Anelki, oraz jego następcą, Henrym, uważał, że młody Francuz pasuje idealnie do jego stylu. „Jeśli chodzi o boiskowe zrozumienie, Nicolas był prawdopodobnie moim najlepszym partnerem na Highbury – powiedział Bergkamp, nawet mimo że występował już wtedy u boku Henry'ego. – Styl gry Nicolasa pasował mi idealnie, bo zawsze szukał okazji, by ruszyć prosto na bramkę, co sprawiało, że łatwo było mi przewidzieć, co zamierza, i wiedziałem instynktownie, gdzie będzie na boisku. Jego bezpośrednia gra była dla mnie w sam raz. Henry chce dostawać piłkę do nogi i schodzi częściej na boki. Nicolas koncentrował się na bramce i strzelaniu. Uwielbiał piłki na dobieg i sytuacje sam na sam z bramkarzem".

Najlepszym przykładem ich kombinacyjnej gry było zwycięstwo 5:0 z Leicester City w lutym 1999 roku, kiedy to Anelka zanotował hat-tricka jeszcze przed przerwą. Defensywa przeciwników – a szczególnie Matt Elliott, strzelisty środkowy obrońca w starym stylu – kompletnie nie radziła sobie z jego szybkością. Martin O'Neill w przerwie meczu przesunął Elliotta na środek ataku, uwypuklając w ten sposób zarówno to, jak bardzo jego podopieczny męczył się z tyłu, jak i fakt, że wiele zespołów z Premier League wciąż w grze ofensywnej bazowało na wysokim, dobrym w powietrzu napastniku. Tego dnia Bergkamp zanotował cztery asysty: dwa razy dogrywał piłkę Anelce, a dwa podawał rozpędzonemu Rayowi Parlourowi. Pierwszy gol w meczu, autorstwa Anelki, pokazał, z jaką łatwością Holender i Francuz rozciągali defensywę rywala. Bergkamp przyjął kozłującą piłkę na połowie swojego zespołu, spojrzał przez ramię, żeby sprawdzić, czy Anelka ruszył na prawej stronie, by wyjść do zagrania w uliczkę, a potem jakby od niechcenia rzucił 40-metrowe podanie nad obrońcami w kierunku Francuza. Anelka przemknął obok defensorów, przyjął piłkę na pierś i strzałem prawą nogą po długim rogu umieścił piłkę w siatce.

Wyglądało to tak prosto. W owym czasie gra wielu formacji obronnych wciąż koncentrowała się na odepchnięciu napastników z dala od pola karnego, co było logiczne, jeśli miało się do czynienia z zagrożeniem w powietrzu. W późniejszych latach defensorzy nauczyli się bronić głębiej przeciwko szybkim napastnikom, a bramkarze byli aktywni na przedpolu, przechwytując podania za plecy obrońców, gdy ci ustawiali się dalej od bramki. Tamtego dnia jednak Arsenal miał po prostu mnóstwo miejsca za linią defensywy Leicester – sytuacja jak marzenie dla Anelki. Jego drugie trafienie było podobne, aczkolwiek tym razem strzelił po eleganckim podaniu Bergkampa, który zagrał z czuba w uliczkę. Anelka świętował, instynktownie wyciągając rękę, by wskazać Holendra i docenić tym samym jego asystę, ale nie celebrował już w taki sam sposób podania Marca Overmarsa przy trzeciej bramce. Uścisnęli się bez wielkiego entuzjazmu, razem z Bergkampem, który stosownie odegrał rolę łącznika w tej ceremonii. Overmars i Anelka nie byli w dobrych stosunkach. We wcześniejszej fazie sezonu Francuz narzekał, że koledzy z drużyny mu nie podają, i był przekonany, że Overmars szuka na boisku wyłącznie swojego krajana Bergkampa. „Za rzadko dostaję piłkę – mamrotał do francuskich dziennikarzy. – Zamierzam pójść wkrótce do menedżera, bo Overmars gra zbyt egoistycznie". Wenger zakończył tę dyskusję w fantastycznie pomysłowy sposób, wzywając obu graczy do swego biura na rozstrzygającą rozmowę. Była jednak mała przeszkoda – Anelka ledwie dukał po angielsku, a Overmars nie rozumiał francuskiego, więc Wenger był nie tylko mediatorem, ale też tłumaczem, i wspaniale rozegrał całą sytuację. Poprosił zawodników, by powiedzieli, jaki mają problem; Anelka powtórzył skargi w rodzimym języku, podczas gdy Overmars stwierdził po angielsku, że zawsze wypatruje sytuacji, gdy francuski napastnik wybiega na pozycję, i nie rozumie, w czym problem. Zamiast przekładać dokładnie słowa piłkarzy, Wenger po prostu powiedział Holendrowi, że Anelka nie widzi już żadnego problemu, a swemu rodakowi przekazał, że Overmars obiecał częściej mu podawać. Menedżer okłamał obu, ale dzięki temu na jakiś czas problem został rozwiązany.

Lecz Anelka miał większy kłopot z taktyką Arsenalu, choć w owym czasie nie był on jeszcze oczywisty – tak naprawdę Francuz nie lubił grać na szpicy. „Występowałem jako środkowy napastnik w Arsenalu i strzeliłem wiele goli, więc ludzie myślą, że to moja optymalna pozycja, ale tak nie jest – skarżył się na późniejszym etapie kariery. – Czuję się bardziej komfortowo, gdy gram nieco głębiej, jak Bergkamp". Uznał decyzję selekcjonera reprezentacji Francji Raymonda Domenecha, by wystawiać go jako wysuniętego napastnika, za „błąd przy wyborze składu", a przy innej okazji podkreślił, co na ten temat sądzi, w bardziej bezceremonialny sposób: „Moim głównym celem jest dobra gra, czym różnię się od prawdziwych napastników". Prawdopodobnie Anelka za „prawdziwych napastników" uważał piłkarzy, którzy skupiali się jedynie na strzelaniu goli, zawodników w typie Cole'a i Wrighta.

Tak jak Anelka nie uważał siebie samego za „prawdziwego napastnika", tak Glenn Hoddle, ówczesny selekcjoner reprezentacji Anglii, określił pewnego razu Owena mianem „piłkarza, który wcale nie jest urodzonym łowcą bramek"; w całym kraju przywitano tę uwagę ze zdumieniem. Tymczasem Hoddle we właściwym dla siebie niezręcznym stylu w zasadzie komplementował gracza Liverpoolu. Selekcjoner zadzwonił do Owena, żeby wyjaśnić ten komentarz, i wytłumaczył zawodnikowi, że według niego „urodzony łowca bramek" to ktoś, kto po prostu stoi w polu karnym i czeka na piłkę. Tymczasem napastnik The Reds atakował z głębi pola, zwykle wybiegając zza obrońców do prostopadłych piłek. To prawda – Owen był przede wszystkim sprinterem, a dopiero potem egzekutorem.

Gdy na początku maja 1997 roku Tony Blair wkraczał do gabinetu na Downing Street pod numerem 10, gdzie mieści się siedziba brytyjskiego rządu, w powietrzu czuć było nadchodzącą rewolucję. Trzy dni później angielscy kibice po raz pierwszy mogli zobaczyć przyszłą reprezentacyjną dziesiątkę – Owen zadebiutował w profesjonalnym futbolu, zdobywając honorową bramkę w przegranym przez Liverpool 1:2 meczu z Wimbledonem.

Było to typowe dla niego trafienie. Stig Inge Bjørnebye zagrał piłkę w uliczkę po lewej stronie pola karnego, Owen do niej ruszył, odchylił się i strzelił po długim rogu. W nadchodzących sezonach regularnie mieliśmy być świadkami takich sprintów – i goli. „Uciekał przeciwnikom, wybiegał zza obrońców" – powiedział Roy Evans, menedżer Liverpoolu, który z powodu zawieszenia Fowlera za kartki zaczął mecz z Patrikiem Bergerem za plecami Stana Collymore'a. Co zadziwiające, zaledwie 18 miesięcy po swym profesjonalnym debiucie Owen zajął czwarte miejsce w plebiscycie na gracza roku na świecie; przed nim znaleźli się tylko Zinédine Zidane, Davor Šuker i Ronaldo. Anglik zawdzięczał to w dużej mierze swemu słynnemu trafieniu w meczu z Argentyną na mistrzostwach świata w 1998 roku, kiedy to śmignął obok dwóch zagapionych obrońców, a następnie strzałem po długim rogu umieścił piłkę pod poprzeczką. W tamtych czasach, gdy telewizje na całym świecie stosunkowo rzadko pokazywały zagraniczny futbol, jedna znakomita akcja na wielkim turnieju mogła w znaczący sposób podnieść notowania piłkarza.

W pierwszych występach Owena w Liverpoolu widać było młodzieńczy entuzjazm, ponieważ zasadniczo grał w meczach Premier League, jakby to były spotkania zespołów do lat 11. Tak wspominał swoje szkolne lata: „Wszystkie gole, które wtedy strzelałem, wyglądały praktycznie tak samo: piłka na dobieg, sprint i wykończenie. Byłem w tamtym czasie najszybszy ze wszystkich, więc zawsze kończyło się to sytuacją sam na sam. W rywalizacji 11-latków nie ma wielu wrzutek czy uderzeń szczupakiem, cały czas biegasz do prostopadłych piłek". Gdy Owen dostał się do pierwszej drużyny The Reds, niewiele się pod tym względem zmieniło. Najlepszym przykładem jego przerażającej prędkości była bramka na 1:1 na Old Trafford w sezonie 1997/98, gdy pomknął do obiecującego zgrania głową, by następnie dziabnąć piłkę nad Peterem Schmeichelem. W pewnym momencie wydawało się, że do futbolówki bliżej mają dwaj zawodnicy United, Schmeichel i środkowy obrońca Gary Pallister (którego Alex Ferguson przy jakiejś okazji nazwał najszybszym graczem, z którym kiedykolwiek pracował w Manchesterze), ale Owen był jak błyskawica. Wkrótce potem został jednak wykluczony z gry po okropnym wślizgu na Ronnym Johnsenie; często zapomina się, że na wczesnym etapie kariery miał poważne problemy z boiskową dyscypliną. Miał już wtedy na swoim koncie czerwoną kartkę w meczu reprezentacji do lat 18, po tym jak zdzielił z główki jugosłowiańskiego obrońcę.

W swoim pierwszym pełnym sezonie, 1997/98, Owen w inauguracyjnej kolejce wykorzystał karnego, a ostatecznie, strzeliwszy 18 goli, wespół z Dionem Dublinem i Chrisem Suttonem, zdobył koronę króla strzelców. Napastnik The Reds nie mógłby się bardziej różnić od tych dwóch. Zanim Dublin i Sutton zaczęli występować jako środkowi napastnicy, na początku kariery – przypadkiem obaj reprezentowali wtedy barwy Norwich – grali jako środkowi obrońcy; mogli występować na obu pozycjach ze względu na umiejętność gry w powietrzu. Owen bazował jednak przede wszystkim na szybkości i połowa bramek, które zdobył z gry w sezonie 1997/98, wzięła się stąd, że urwał się obrońcom. W tamtym momencie zawodnik Liverpoolu był nieco surowy pod względem technicznym, czemu trudno się dziwić w przypadku 17-latka. We fragmencie autobiografii poświęconym rywalizacji Czerwonych Diabłów z The Reds sir Alex Ferguson zauważył, że konieczność rozgrywania tylu meczów w tak młodym wieku odbiła się nie tylko na zdrowiu Owena, ale zaszkodziła także rozwojowi jego techniki. „Nie było okazji, by popracować z nim na boku nad kwestiami technicznymi" – twierdzi menedżer United.

W sezonie 1997/98 Owen tylko raz trafił do siatki po uderzeniu lewą nogą (w spotkaniu z Coventry, robiąc wślizg na długim słupku, by dobić piłkę do pustej bramki) i raz strzelił gola głową (w meczu z Southampton), z dwóch metrów. Szesnaście z 18 bramek zdobył zaś prawą nogą. Da się zauważyć, że operując piłką, Owen zasadniczo starał się używać lepszej nogi, nawet jeśli przez to utrudniał sobie zadanie, strzelał nią także, kiedy musiał zejść na lewą stronę. Gdy w walentynki w roku 1998 w meczu z Sheffield Wednesday zaliczył swojego pierwszego hat-tricka, dwa gole strzelił dość niekonwencjonalnie – po uderzeniach wewnętrzną częścią prawej stopy. Stopniowo obrońcy doszli do tego, jakie ograniczenia ma zawodnik The Reds – Jaap Stam z Manchesteru United otwarcie przyznawał, że nade wszystko próbuje zmusić Owena do schodzenia na lewą stronę – więc napastnik musiał stać się bardziej wszechstronny.

Przez kilka następnych lat Owen spędzał długie godziny, pracując nad lepszym wykończeniem akcji lewą nogą i głową. Zrobił olbrzymie postępy. W sezonie 2000/01 Owen był już wszechstronnym egzekutorem, co pragnął pokazać wszystkim przy świętowaniu bramek. W zremisowanym 3:3 sierpniowym meczu z Southampton strzelił dwa gole lewą nogą, a celebrując drugie trafienie, wyciągnął dwa palce jednej dłoni, drugą ręką zaś wskazał na lewą nogę. Miesiąc później, w pojedynku z Sunderlandem, po mocnym dośrodkowaniu lewonożnego Christiana Ziegego, ubiegł mierzącego ponad 190 centymetrów Nialla Quinna i potężną główką trafił do siatki. Tym razem, ciesząc się, pukał się w głowę. Niemal w pojedynkę zdobył dla Liverpoolu Puchar Anglii, strzelając w końcówce meczu dwa gole Arsenalowi, po tym jak Kanonierzy wyszli wcześniej na prowadzenie; przy zwycięskim trafieniu najpierw pokazał zdumiewającą szybkość, a potem po raz kolejny strzelił lewą nogą i umieścił piłkę w siatce po długim rogu.

W tamtym sezonie Liverpool zdobył też Puchar Ligi i Puchar UEFA, na początku rozgrywek 2001/02 zaś piłkarze The Reds wznieśli Tarczę Wspólnoty i trofeum za Superpuchar Europy. Wspomniane sukcesy plus hat-trick zanotowany w słynnym zwycięstwie 5:1 z Niemcami tamtej jesieni pomogły mu zdobyć Złotą Piłkę; Owen to jeden z dwóch laureatów tej nagrody z Premier League – drugim był Cristiano Ronaldo w 2008 roku. Niemniej angielski napastnik twierdzi, że lepiej grał w kilku wcześniejszych sezonach.

Osobliwe, że Owen podczas swej przygody w Liverpoolu i reprezentacji Anglii nosił numer 10, mimo że tak naprawdę był dziewiątką, choć gdy zastanowić się nad tym, z kim grał w ataku, staje się to oczywiste. Wdarł się do zespołu The Reds w czasach, gdy brylował w nim Fowler, który był idolem Owena, gdy ten pokonywał kolejne szczeble w klubie. Obaj jednak grali zbyt podobnie, by funkcjonować dobrze w jednej drużynie. Nieco później Owen narzekał w stylu Anelki, że Steve McManaman, główny kreator gry Liverpoolu, zawsze szuka podania do swego najlepszego kumpla Fowlera. W kadrze kapitanem, dziewiątką i najważniejszym zawodnikiem był natomiast Alan Shearer. Grając z tym ostatnim w Blackburn Rovers, Sutton odkrył, że Shearer nie przepada za występami u boku innego egzekutora i woli grać przed partnerem, który jest łącznikiem między atakiem a pomocą. Shearer świetnie rozumiał się z Teddym Sheringhamem, co po części tłumaczy, dlaczego początkowo Hoddle stawiał w mistrzostwach świata 1998 roku na wypróbowany duet kosztem Owena.

Kevin Keegan, następca Hoddle'a, także był wielkim fanem Shearera; ściągnął go do Newcastle, bijąc przy tym światowy rekord transferowy, a Owena poprosił, by grał trochę głębiej niż Shearer, który deptał po piętach ostatniemu obrońcy. Napastnikowi Liverpoolu to nie pasowało i później stwierdził, że w czasie ery Keegana „po raz pierwszy ogarnęły go wątpliwości co do własnego talentu piłkarskiego". Owen zaczął grać również w reprezentacji po roku 2000, kiedy Shearer zrezygnował z występów w kadrze, a Keegan odszedł ze stanowiska menedżera i został zastąpiony przez Svena-Görana Erikssona.

W tym właśnie roku Liverpool pozyskał Emile'a Heskeya, który został najsłynniejszym partnerem Owena w ataku; we dwóch – jeden wielki, drugi mały – tworzyli klasyczny duet napastników. „Kiedy Emile jest w gazie, gra wyjątkowo, a kiedy odpalaliśmy razem, tworzyliśmy naprawdę skuteczny duet – powiedział kiedyś Owen. – Ale Emile miał górki i dołki, jeśli chodzi o formę, a ja niekiedy łapałem kontuzje, nie nazwałbym więc nas wyjątkowym ani niezawodnym duetem". Co intrygujące, Owen mówi, że wolał grać obok prawdziwego napastnika niż fałszywej dziewiątki czy cofniętego napastnika. To zaskakująca uwaga, bo jeśli porównamy to z sytuacją Anelki w Arsenalu, w Liverpoolu z pewnością brakowało mu luksusu gry przed genialnym cofniętym napastnikiem w rodzaju Bergkampa. I faktycznie, jego kolegów z Liverpoolu frustrował brak dziesiątki w składzie.

Fowler, poprzednik Owena w Liverpoolu, narzekał, że nigdy nie grał z kreatywnym napastnikiem, opowiadał też o swym rozczarowaniu tym, że klub z Anfield nie naciskał na transfer Sheringhama pod koniec lat 90. albo nie zaoferował lepszych warunków Jariemu Litmanenowi z Ajaksu, przez co wspaniały Fin – choć dorastał jako fan The Reds – trafił do Barcelony. W końcu jednak Litmanen został piłkarzem Liverpoolu w 2001 roku. „Jari był typem zawodnika, jakiego potrzebowaliśmy, ustawionym za bardziej wysuniętym napastnikiem – powiedział obrońca The Reds, Jamie Carragher. – Wszystkie wspaniałe zespoły miały takich graczy. United zaczęli zdobywać trofea, gdy kupili Cantonę, Arsenal miał Dennisa Bergkampa. Każdego lata liczyłem, że Liverpool pójdzie na zakupy i ściągnie podobnego napastnika". W tym okresie jednak problemy Litmanena z kontuzjami oznaczały, że nie był w stanie wywrzeć na zespół podobnego wpływu, jak stało się to w przypadku wspomnianych zawodników. Gdyby dołączył do The Reds cztery lata wcześniej, wszystko mogłoby wyglądać całkiem inaczej.

Najlepsze partnerstwo Owen zawiązał ze Stevenem Gerrardem, który potrafił zagrywać precyzyjne piłki w uliczkę. Ostatni gol Owena dla Liverpoolu, strzelony w finałowej kolejce sezonu 2003/04 drużynie Newcastle, poprzedziło wspaniałe podkręcone podanie Gerrarda; ciesząc się z trafienia, zdobywca bramki natychmiast zresztą podziękował pomocnikowi. W owym czasie Gerrard grał jednak w głębi pola i nie mógł stworzyć prawdziwego duetu z Owenem; jeszcze przez dwa lata nie przesunięto go zresztą wyżej za napastnika. Gdyby Owen został w Liverpoolu albo Gerrard wcześniej zaczął grać bliżej pierwszej linii, mogliby razem stworzyć znakomity duet. Owen przez krótki czas nawiązał owocną współpracę z Wayne'em Rooneyem w reprezentacji, aczkolwiek działo się to w czasach, gdy ten drugi stanowił większe zagrożenie dla bramki przeciwnika wskutek swego bezpośredniego stylu gry.

Ale najbardziej intrygującym partnerem Owena w ataku Liverpoolu był napastnik, którego najmniej można by się spodziewać w tej roli – Anelka. Choć obaj objawili się w tym samym momencie i pozornie pełnili na boisku tę samą funkcję, wspomniana wcześniej niechęć Francuza do gry na szpicy oznaczała, że czuł się szczęśliwszy, występując nieco bardziej w głębi pola w trakcie swego krótkiego, trwającego pół sezonu wypożyczenia do Liverpoolu w rozgrywkach 2001/02. „W Liverpoolu grałem najlepszą piłkę, ponieważ występowałem tam na najdogodniejszej dla siebie pozycji – powiedział Anelka. – To Owen był głównym strzelcem drużyny i wiedziało się, że tak czy inaczej coś trafi. Dzięki niemu mogłem pokazać się z najlepszej strony".

Również i Owen wspomina Anelkę z czułością: „Nie strzelił dla nas zbyt wielu goli [...], ale dało się zauważyć, że to klasowy gracz o wspaniałych umiejętnościach; podczas treningów prezentował cudowne podania, potrafił się cofnąć i łączyć grę pomocy i ataku, był też szybki". Anelka byłby wniebowzięty, że Owen przedłożył jego grę między formacjami nad szybkość. Nie podpisano jednak z Francuzem kontraktu na dłużej i Gérard Houllier zastąpił go El-Hadjim Dioufem, graczem posiadającym wszystkie złe nawyki Anelki i bardzo niewiele jego zalet. To samo dałoby się powiedzieć o zawodniku, który przyszedł do Liverpoolu w 2004 roku w miejsce Owena – Djibril Cissé był nade wszystko sprinterem.

Zanim Owen przeszedł do Realu, osiągnął już szczyt swoich możliwości. Dużą część kariery spędził jednak poza boiskiem, borykając się z problemami zdrowotnymi, ciągnącymi się za nim od czasów poważnej kontuzji ścięgna mięśnia podkolanowego, którą odniósł w kwietniu 1999 roku w wieku zaledwie 19 lat – oczywiście podczas sprintu do prostopadłej piłki rzuconej za plecy obrońców Leeds. Wrócił do gry zbyt szybko, po części ze względu na nalegania Houlliera, a wbrew zdaniu Marka Leathera, fizjoterapeuty The Reds. Gdy w 2013 roku Owen ogłaszał zakończenie kariery, jego słowa brzmiały wyjątkowo smutno: „Wciąż żywa jest we mnie myśl, co by było, gdyby kontuzje nie pozbawiły mnie mojej najbardziej zabójczej broni – szybkości. Wiele najlepszych momentów na boisku przeżyłem na wczesnym etapie kariery i mogę się tylko zastanawiać, co jeszcze bym osiągnął, gdyby mój organizm wytrzymał próby, na jakie go wystawiałem. Byłem niemal zbyt szybki. Moje ścięgna puściły na Leeds, gdy miałem 19 lat, i odtąd moja kariera zawodowego piłkarza była wciąż zagrożona. [...] Nie mam wątpliwości, że gdyby nie kontuzje, które pozbawiły mnie szybkości, siedziałbym tu z mnóstwem nagród i długą listą rekordów".

W późniejszym czasie Owen dostosował się do tego, że stał się mniej ruchliwy, i zaczął grać jako cofnięty napastnik; w sezonie 2007/08 imponował, występując za Markiem Viduką oraz Obafemim Martinsem w Newcastle, które ponownie prowadził Keegan, a ten, jak wiemy, nigdy nie bał się ustawiać napastników nieco głębiej. Niemniej Owen nie zdołał już wejść ponownie na szczyt osiągnięty w młodości. Gdy opuścił Sroki i został wolnym zawodnikiem, jego agencja menedżerska rozesłała do potencjalnie zainteresowanych piłkarzem klubów 34-stronicową broszurę, w której podkreślano zalety napastnika i użyto statystyk mających zaprzeczyć, jakoby był podatny na kontuzje, a jeden rozdział poświęcono na obalanie tabloidowych mitów dotyczących zawodnika. Nie wiadomo, czy to dzięki broszurze, ale ostatecznie Owen uzyskał transfer do Manchesteru United, ówczesnego mistrza kraju, gdzie założył słynny numer 7 po Cristiano Ronaldo. W końcu wygrał ligę w sezonie 2010/11, ale ze względu na swój minimalny udział w tym osiągnięciu mówił, że towarzyszyło temu uczucie „pewnej pustki". Potem spędził pojedynczy sezon w Stoke, w którym przez całe rozgrywki ani razu nie wyszedł w pierwszym składzie ani nie wygrał meczu i strzelił zaledwie jednego gola – było to honorowe trafienie po uderzeniu głową w 91. minucie przegranego 1:3 spotkania ze Swansea. Trudno sobie wyobrazić ostatniego gola w karierze, który byłby mniej na miejscu.

Nie chodziło po prostu o to, że Owen stał się wolniejszy; rzecz w tym, że przeciwnicy, zwłaszcza mniej znaczące drużyny, które walczyły o utrzymanie, broniły głębiej. W latach 90. obrońcy mieli w zwyczaju grać wyżej, żeby w ten sposób trzymać z dala od pola karnego wygrywających pojedynki w powietrzu napastników. Szybkość stawała się jednak coraz bardziej decydującą bronią graczy ofensywnych i na początku XXI wieku nie było niczym niezwykłym, że najlepsze zespoły grały dwoma sprinterami na szpicy: Henry z Sylvainem Wiltordem występowali w Arsenalu, a Owen z Dioufem w Liverpoolu. Coś takiego wydawałoby się niezwykłe zarówno wcześniej, gdy kluczowe były pojedynki powietrzne, jak i później, kiedy obrońcy cofnęli się pod własną bramkę. Defensorzy, którzy nadal grali wysoką linią obrony, byli natomiast niezwykle szybcy, co dla Owena oznaczało katastrofę. „Szybkość to klucz do moich bojów z najlepszymi obrońcami – powiedział piłkarz. – Najtrudniej grało mi się z szybkimi. Ich postura mi nie przeszkadza, ponieważ moją główną bronią jest prędkość; dlatego najlepiej moje naturalne atuty niwelowali szybcy defensorzy".

Ale obrońcy stawali się coraz szybsi właśnie ze względu na takich graczy jak Owen, co dużo później podkreślił Arsène Wenger: „Futbol cały czas się rozwija. Napastnicy stawiają nowe wyzwania, na które odpowiadają obrońcy. W ciągu ostatnich dziesięciu lat napastnicy robili się coraz szybsi. Co z tego wynikło? To, że coraz szybsi gracze zaczęli pojawiać się w obronie". Pod tym względem Owen padł ofiarą własnego sukcesu.

CZĘŚĆ III

EKSPANSJA

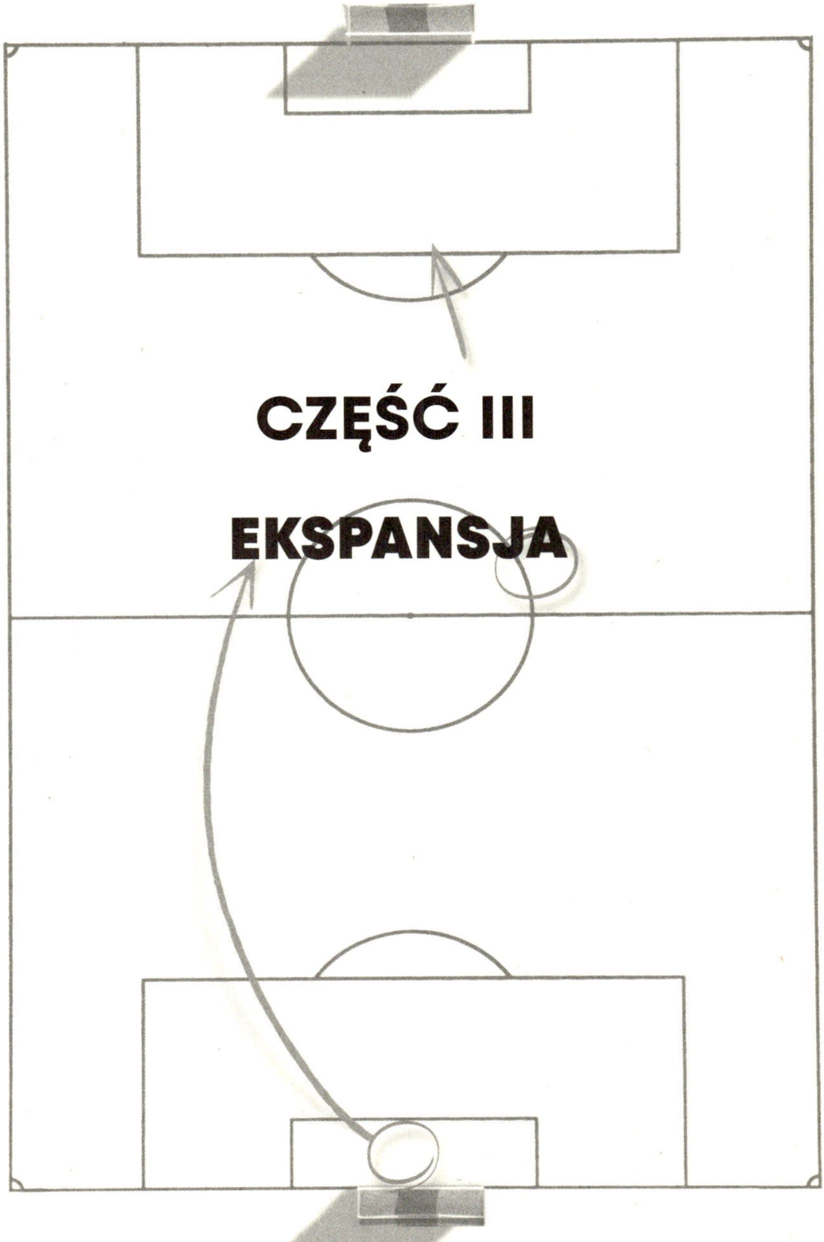

7
PUCHAROWE POSTĘPY I ROTACJA SKŁADU

Z biegiem lat jego odprawy przedmeczowe robią się coraz dłuższe. A przed spotkaniami w europejskich pucharach zawsze zagłębia się w materiały na temat przeciwnika.

Andy Cole

Żaden angielski zespół nie miał wspanialszego sezonu niż Manchester United w rozgrywkach 1998/99, żaden nie zdobył wcześniej potrójnej korony; Czerwone Diabły przypieczętowały triumf w lidze, Pucharze Anglii i Lidze Mistrzów w trzech kolejnych meczach, zapewniając sobie w ten sposób trwałe miejsce w historii futbolu. Po niespełna miesiącu Alex Ferguson został sir Aleksem Fergusonem.

United odnieśli triumf w zadziwiających, trudnych do pomyślenia okolicznościach. W ostatniej kolejce, przegrywając 0:1 z Tottenhamem, odrobili straty. Dzięki legendarnemu trafieniu Ryana Giggsa zwyciężyli z Arsenalem w półfinale wszech czasów w Pucharze Anglii (który bardziej wydawał się finałem tych rozgrywek), mimo że grali w dziesiątkę. Najbardziej pamiętny był jednak finał Ligi Mistrzów, kiedy to doprowadzili do jednego z najbardziej niewiarygodnych zwrotów akcji w dziejach piłki nożnej; jeszcze w doliczonym czasie gry przegrywali 0:1, ale wyszarpali zwycięstwo, strzelając dwa gole w ostatniej chwili i wprawiając przeciwników w osłupienie. Eksperci słusznie wychwalali United za to, że nigdy się nie poddają, ale Ferguson ewoluował także taktycznie i stał się o wiele bardziej wyrafinowany pod tym względem niż jego rywale z Premier League.

Zwycięstwo w Lidze Mistrzów było szczególnie ważne, bo wyznaczało moment, w którym liga angielska stała się istotną siłą w Europie. W latach 90. angielskie kluby wiele razy zaliczały żenujące występy w pucharach: United zostali swego czasu wyeliminowani przez Rotor Wołgograd, Blackburn przez Trelleborg, Arsenal przez PAOK Saloniki. Ale w sezonie 1998/99 Czerwone Diabły stoczyły boje z Bayernem Monachium, Barceloną, Interem, Milanem, Juventusem i ponownie z Bayernem, by w końcu wznieść trofeum. „Europejskie puchary stały się moją osobistą krucjatą – powiedział później Ferguson. – Wiedziałem, że nie zostanę uznany za wielkiego menedżera, jeśli nie wygram Pucharu Mistrzów". Jego przygody w latach 90. były w gruncie rzeczy długą, stopniową nauką.

Jeśli chodzi o standardową taktykę United, zmieniło się niewiele. Ferguson wciąż stosował ustawienie 4-4-2 i to prawdopodobnie jeszcze bardziej klasyczne niż wtedy, gdy w zespole pierwsze skrzypce grał Éric Cantona, który sprawiał, że Czerwone Diabły występowały raczej w formacji 4-4-1-1. Cantona skończył karierę w 1997 roku, a ponieważ Teddy Sheringham nie od razu zachwycał, na początku rozgrywek, które przyniosły klubowi potrójną koronę, do Manchesteru ściągnięto Dwighta Yorke'a. Dodając do tego Sheringhama, Andy'ego Cole'a i Ole Gunnara Solskjæra, United mieli teraz czterech napastników z naprawdę najwyższej półki, a fachowcy zastanawiali się, jak Ferguson zaspokoi ambicje ich wszystkich. Solskjær był najlepszym strzelcem Czerwonych Diabłów w sezonie 1996/97, Cole'owi przypadł ten zaszczyt w sezonie 1997/98, Sheringham okazał się najskuteczniejszy w Tottenhamie cztery razy, Yorke zaś w Aston Villi trzy razy. Nie byli to piłkarze przyzwyczajeni do roli rezerwowych.

Choć Yorke zaczął grać głębiej, między liniami pomocy i ataku, był znaczniej bardziej tradycyjnym napastnikiem niż Cantona, a co najważniejsze – stworzył znakomity duet z Andym Cole'em. Była to niespodzianka, bo wiele osób przewidywało, że Cole ucierpi na przyjściu Yorke'a, dlatego mocno łączono go z transferem do Aston Villi, z której przyszedł ten drugi. Ferguson przyznał, że gdy ściągał Yorke'a, nie robił tego z myślą o duecie z Cole'em, a ich pierwszy wspólny mecz – zakończona wynikiem 0:0 potyczka w drugiej kolejce z West Hamem – okazał się bezowocny. Obaj napastnicy bardzo się jednak zaprzyjaźnili po tym, jak Cole zaprosił piłkarza, za którego Czerwone Diabły wyłożyły rekordową w dziejach klubu sumę, na domową kolację i pomógł nowemu nabytkowi przystosować się do życia w Manchesterze. Stali się nierozłączni, kupili sobie nawet identyczne fioletowe mercedesy z bardzo podobnymi tablicami rejestracyjnymi. „Pamiętałem własne osamotnienie, życie odludka – powiedział Cole. – Nie chciałem, by ktoś cierpiał tak samo. Dotarło do mnie, że mógłbym mu pomóc się zadomowić".

Napastnicy niekoniecznie muszą się przyjaźnić, żeby stworzyć wspaniały duet na boisku, co doskonale widać było na przykładzie Alana Shearera i Chrisa Suttona; sam Cole dość dobrze współpracował na murawie z Sheringhamem, mimo że gardzili sobą nawzajem i nie rozmawiali przez lata. Ale przyjaźń Yorke'a z Cole'em odzwierciedlała taktyczny rozwój Manchesteru United; Cole był wcześniej uważany za trudny charakter – humorzastego i cichego samotnika – co korespondowało z obawami o jego ograniczenia jako napastnika. Kevin Keegan sprzedał go, uważając, że Cole to ledwie egzekutor, piłkarz niezdolny do włączania innych graczy do akcji, ale pogodny Yorke nie tylko nawiązał z nim przyjacielskie stosunki poza boiskiem, ale też doskonale wiązał grę pomocy i ataku, sprawiając, że Cole zaczął brać w niej większy udział. Yorke i Cole upierają się, że nigdy jakoś specjalnie nie pracowali nad tym, żeby dobrze rozumieć się na boisku, ale często łapali jakby telepatyczny kontakt. Nie da się zapomnieć legendarnego gola, którego Cole strzelił na Camp Nou; Yorke wyszedł do piłki, przepuścił ją między nogami, by dopilnować, że dotrze do Cole'a, który natychmiast zagrał na jeden kontakt z partnerem z ataku, co skołowało obrońców Barcelony, a później sprytnym uderzeniem posłał piłkę do siatki. Trudno o lepszy przykład znakomitej współpracy napastników, a sposób, w jaki obaj się rozumieli, był typowy dla United w sezonie 1998/99. W 4-4-2 chodzi przede wszystkim o duety, a w Manchesterze mogli się poszczycić pięcioma wyważonymi, niezawodnymi parami, które grały przed Peterem Schmeichelem.

Z tyłu grali Jaap Stam i Ronny Johnsen. Początkowo Stam borykał się z problemami związanymi z tempem, w jakim grano w Anglii, ale potem obaj stworzyli świetny duet środkowych obrońców, z Holendrem jako twardzielem i Norwegiem jako spokojniejszym, bardziej opanowanym i inteligentnym dyrygentem (czasem ich współpracę przerywały problemy Johnsena z kontuzjami). Obaj byli bardzo szybcy, a Fergusonowi ogromnie zależało na tym, by mieć defensorów dobrze czujących się w pojedynkach jeden na jednego.

David Beckham i Gary Neville się przyjaźnili – ten drugi był drużbą na ślubie Becksa – i wspaniale współpracowali ze sobą na prawym skrzydle. Beckham był raczej bocznym pomocnikiem niż szybkim skrzydłowym w typie swego poprzednika Andrieja Kanczelskisa; fakt, że grał bliżej własnej bramki, sprawiał, że doskonale asekurował Neville'a, a to, że ustawiony był nieco bliżej środka pola, oznaczało, że prawy obrońca United mógł grać na obieg, wchodząc w strefę, z której dośrodkowywał. Ale to Beckham był gwiazdą – gra żadnego innego gracza w Premier League nie bazowała w takiej mierze na dośrodkowaniach – i zanotował najwięcej asyst w lidze w sezonie 1998/99, rozgrywkach, które rozpoczęły się zaraz po tym, jak pomocnika United uznano w Anglii za czarny charakter wskutek czerwonej kartki, którą dostał na mistrzostwach świata w 1998 roku w meczu z Argentyną.

Na drugim skrzydle występowali Ryan Giggs i Denis Irwin, tworzący duet, który latami sprawdzał się znakomicie. Giggs dryblował zdecydowanie częściej niż Beckham, więc Irwin szedł na obieg znacznie rzadziej niż Neville, poza tym był prawonożny, więc przejawiał mniejszą skłonność do biegania po lewej flance, a do tego miał już 33 lata i był szczęśliwy, że może odgrywać bardziej defensywną rolę.

No a w pomocy występowali Roy Keane i Paul Scholes. Ten pierwszy grał teraz bliżej własnego pola karnego i miał bardziej defensywne zadania, dzięki czemu Scholes mógł ruszyć do przodu, rozrzucić piłkę do Giggsa albo Beckhama, a potem wpaść w pole karne, by zagrozić bramce przeciwnika. W rzeczy samej, należałoby raczej mówić nie o duecie pomocników, lecz o wspaniale wyważonym kwartecie, który tworzyli Beckham, Keane, Scholes i Giggs. Zawodnik od wrzutek, zawodnik od wślizgów, zawodnik od podań i drybler.

Keane i Giggs wybijali się już bardzo w pierwszym wielkim zespole United, który zbudował Ferguson, czyli drużynie z sezonu 1993/94, Beckham i Scholes mieli stać się zawodnikami pierwszego składu później. Różnili się od szablonowych graczy tworzących zwykle czteroosobową linię pomocy, oferując drużynie więcej sprytu. Scholes był raczej piłkarzem kreującym grę niż kimś, kto odbiera piłki (jednym z jego głównych mankamentów były wślizgi), a Beckham lepiej czuł się z futbolówką przy nodze niż jako sprinter. Okazało się to kluczowe w europejskich pucharach, gdzie posiadanie było ważniejsze niż w Premier League, a to po prostu dlatego – jak regularnie wyjaśniał Ferguson w połowie lat 90. – że gdy straciło się piłkę w meczu z drużynami z kontynentu, nie odzyskiwało się jej tak szybko. Co więcej, choć „rocznik '92" inspirował się profesjonalizmem Cantony, to Scholes i Beckham zyskali najwięcej na jego odejściu. Ten pierwszy rozwinął się jako cofnięty napastnik „w stylu Cantony" (by użyć słów Fergusona) i menedżer United wyraźnie powiedział, że widział w Scholesie piłkarza pierwszego składu od chwili, gdy tylko Francuz opuścił Manchester. Beckham tymczasem przejął koszulkę Cantony ze słynnym numerem 7, został najlepszym asystentem w United i – aczkolwiek na inny sposób niż Francuz – był piłkarzem, który przyciągał najwięcej uwagi. Poza tym Cantona miał zawsze kłopoty, by wywrzeć wpływ na przebieg meczów w Lidze Mistrzów, po części dlatego, że rywale z kontynentu byli bardziej przyzwyczajeni do radzenia sobie z cofniętymi napastnikami. „Nie mogę przypomnieć sobie choćby jednego ważnego meczu w europejskich pucharach, który przechyliłby na naszą korzyść" – stwierdził bez ogródek Keane.

W połowie sezonu, w którym United zdobyli potrójną koronę, doszło również do znaczącej zmiany, kiedy to Brian Kidd, asystent Fergusona, odszedł z klubu, by przejąć stery w Blackburn. Zastąpił go Steve McClaren, który w Derby County zdobył sobie reputację najbardziej obiecującego młodego trenera w Anglii. Podobnie jak Kidd, McClaren prowadził większość treningów z drużyną i zawodnicy byli pod wielkim wrażeniem jego innowacyjnych metod szkoleniowych oraz zajmujących zajęć. Zaczął używać laptopa – wtedy coś niemal nieobecnego w szatni – by korzystać z ProZone, ściągać materiały wideo z meczów i osobiście przygotowywać fragmenty z konkretnymi sytuacjami. Keane, Beckham oraz Giggs mówili na temat McClarena dokładnie to samo: był innowatorem, zawsze chętnym, by spróbować czegoś nowego. Jeśli chodzi o przygotowania przedmeczowe, pomógł wprowadzić United w nową erę.

Pod względem taktycznym Czerwone Diabły stały się najbardziej inteligentnym zespołem w Premier League, głównie dzięki doświadczeniom zebranym w europejskich pucharach. Nawet przy napływie młodych zagranicznych talentów angielski futbol pozostawał w tym okresie odseparowany od reszty Europy – telewizja rzadko pokazywała piłkę nożną z kontynentu, w lidze pracowało tylko kilku zagranicznych trenerów i stosunkowo niewiele klubów rywalizowało w europejskich rozgrywkach. Gdy w 1999 roku piłkarze United podnosili Puchar Europy, był to ich piąty start w Lidze Mistrzów; żadna inna drużyna z Premier League nie miała tej przyjemności więcej niż raz. Topowe europejskie drużyny znajdowały się pod względem taktycznym na kompletnie innym poziomie niż zespoły z Anglii, co pozwoliło Fergusonowi osiągnąć znaczącą przewagę nad rywalami. „Fascynowało mnie obserwowanie tych wszystkich systemów gry" – powiedział menedżer Czerwonych

Diabłów na temat doświadczeń z europejskich pucharów w połowie lat 90., zdumiewając się użyciem przez Ajax stopera, niewielkimi odległościami między liniami w Milanie i umiejętnością utrzymywania się przy piłce Barcelony. Regularnie podróżował za granicę, by obserwować najbliższych rywali.

W pierwszej połowie lat 90. fani Manchesteru nadali Fergusonowi ksywę Dzwoneczek z powodu jego skłonności do niekoniecznych, jak się wydawało, zmian w wyjściowej jedenastce w kluczowych momentach – kibiców szczególnie sfrustrowała decyzja Szkota, by użyć ustawienia 4-5-1 podczas fatalnej ostatniej kolejki sezonu 1994/95, kiedy to United zremisowali z West Hamem – ale to mieszanie okazało się konieczne w meczach przeciwko lepszym i bardziej zaawansowanym taktycznie rywalom w Lidze Mistrzów. Ferguson zawsze odrabiał europejskie lekcje. Po demolce 0:4 w meczu z Barceloną na Camp Nou w 1994 roku pojął, że Czerwone Diabły muszą nadrobić zaległości. „Gdy przewyższają cię pod względem taktycznym, spuszczasz tylko głowę – powiedział. – Problem w tym, że w Anglii nie gramy taktycznie. [...] W United wielu graczy ma własny styl i chce grać na swój sposób. Jak odkryliśmy, to nie działa w Europie. Musi być większa dyscyplina taktyczna, [piłkarze] nie mogą grać po swojemu".

To właśnie wtedy w Premier League zaczęto „łapać" taktykę; angielski futbol odkrył, że kluczową sprawą jest dostosowanie swojego stylu gry do konkretnych wyzwań, jakie stawia przed drużyną przeciwnik. Do porażki z Barceloną doszło zaledwie cztery dni po tym, jak United na Old Trafford pokonali 2:0 Newcastle, zespół, który Ferguson uważał za głównego rywala do tytułu. Czerwone Diabły świetnie się zaprezentowały, lecz kontrast między tymi dwoma meczami tylko uwydatnił różnicę między angielską i kontynentalną piłką. Spotkanie ze Srokami było skrajnie otwarte z obu stron, klasyczny pojedynek toczący się od pola karnego do pola karnego. Ale Fergusona uderzyło to, jak łatwo jego gracze tracili piłkę w meczu przeciwko Barcelonie, a później nie byli w stanie jej odzyskać, ponieważ przeciwnicy tak skutecznie się przy niej utrzymywali. Od tego momentu Czerwone Diabły koncentrowały się na poprawie gry pozycyjnej.

„W Europie pomocnicy sobie podają. – Ferguson opowiadał o tym prostym pomyśle jak o jakimś objawieniu. – Grają w trójkątach i utrzymują się przy piłce, grają na jeden kontakt, podczas gdy u nas pomocnicy obsługują skrzydłowych, bocznych obrońców oraz napastników". Brzmi to bardzo prosto, ale była to kluczowa sprawa. Przez dwie następne dekady w piłce z kontynentu dominować będzie walka o posiadanie w pomocy, a tymczasem w Premier League środek pola to było pole bitwy, gdzie chodziło tylko o odbiór za pomocą wślizgów, a następnie szybkie zagranie w jakikolwiek inny rejon boiska. Kreatywność w pomocy w owym czasie wydawała się całkowicie obca angielskiemu futbolowi.

Ferguson zrozumiał również wartość wszechstronnych obrońców; zachwycał się tym, że w zespołach z kontynentu pojawia się zawodnik pełniący funkcję wolnego elektronu. W sezonie 1996/97 szkocki menedżer wykorzystywał czasem mecze w Premier League, by przygotować drużynę do pojedynków w Lidze Mistrzów – w spotkaniu z Derby County podjął rzadką decyzję, by wystawić trzech obrońców, bo zamierzał zagrać w takim ustawieniu z Juventusem. United nie wypadli jednak na Baseball Ground zbyt dobrze, remisując 1:1, i Ferguson zrezygnował z tego pomysłu. Ale pokazuje to, że Szkot eksperymentował, a po wyjazdowej porażce z Juve 0:1, gdy Manchester zagrał czwórką z tyłu, menedżer angielskiej drużyny znów skupił się na kwestiach taktycznych, narzekając, że „piłkarze muszą być świadomi konsekwencji, jakie niesie za sobą dana taktyka". Czerwone Diabły wciąż się jednak rozwijały. Ferguson zyskał przekonanie, że trzeba kryć indywidualnie dziesiątkę w zespole rywali. W Premier League taktyka ta zasadniczo zarezerwowana była dla Gianfranco Zoli, Juninho oraz Steve'a McManamana, w Lidze Mistrzów jednak prawie każdy przeciwnik miał gracza tego typu w składzie. Warty odnotowania jest fakt, że w sezonie 1996/97 Keane świetnie spisał się, grając przeciwko występującemu na dziesiątce w Rapidzie Wiedeń Dietmarowi Kühbauerowi, a Ronny Johnsen został wystawiony w pomocy w meczu z Fenerbahçe, mając za zadanie powstrzymać Jay-Jaya Okochę.

Aby wzmocnić pomoc, Ferguson zaczął grać tylko jednym napastnikiem, z różnym skutkiem. Ustawienie z trzema obrońcami też rzadko sprawdzało się w United; kiepski występ w styczniu 1997 roku przeciwko Tottenhamowi (choć Manchester wygrał ten mecz 2:1) ponownie odwiódł menedżera Czerwonych Diabłów od użycia tego rozwiązania w europejskich pucharach. Znacznie przyjemniejsze było lanie 4:0, które United sprawili Porto dwa miesiące później w pierwszym ćwierćfinałowym meczu Ligi Mistrzów; był to rzadki przypadek, gdy Ferguson ustawił pomocników w diament, z Ryanem Giggsem wciśniętym do środka pola, co skończyło się, jak twierdził sam Walijczyk, jednym z jego najlepszych występów w karierze. Taktyka United stała się bardziej elastyczna i choć w półfinale przegrali w dwumeczu 0:2 z Borussią Dortmund, późniejszym triumfatorem rozgrywek, dominowali w obu spotkaniach i stworzyli więcej szans niż przeciwnicy.

W sezonie 1997/98 Manchester wypadł w europejskich pucharach przeciętnie – został wyeliminowany przez Monaco w ćwierćfinale, ale zrobił bardzo dobre wrażenie w rozgrywkach grupowych, wygrywając 3:2 z mistrzem Włoch Juventusem. Był to naprawdę znaczący rezultat; w poprzedniej edycji Ligi Mistrzów drużyna Fergusona nie potrafiła pokonać Barcelony, Juve i Borussii Dortmund, tym razem jednak United po raz pierwszy wygrali z prawdziwym gigantem europejskiego futbolu. Ze wszystkich kontynentalnych zespołów to właśnie Stara Dama Marcello Lippiego cieszyła się w Manchesterze najwyższym poważaniem i najbardziej przypominała zespół Czerwonych Diabłów; Juventus nie mógł pochwalić się urokiem czy stylem, tak jak Ajax, Milan bądź Barça, lecz zespół z Turynu był maksymalnie skuteczny, profesjonalny i elastyczny taktycznie. „W połowie lat 90., gdy rozwijaliśmy się jako drużyna i uczyliśmy się, jak osiągnąć sukces w Lidze Mistrzów, Juventus był dla nas punktem odniesienia – wspominał Gary Neville. – Stara

Dama miała wszystko, co pragnąłbym mieć w zespole". Ferguson uważał tak samo. „Nabrałem olbrzymiego szacunku dla Juventusu, to klasowy zespół, poczynając od bramki, a na ataku kończąc – mówił z zachwytem. – Lippi to kawał imponującego gościa".

Pod względem taktycznym Juventus robił w owym czasie największe wrażenie w Europie, po części dlatego, że turyńczycy zawsze mogli polegać na kilku uniwersalnych, zdyscyplinowanych i świadomych taktycznie wołach roboczych do konkretnych zadań. W sezonie 1997/98 Stara Dama miała w składzie czterech graczy – Moreno Torricellego, Angelo Di Livio, Gianlucę Pessotto i Alessandro Birindellego – którzy mogli grać na obu skrzydłach, zarówno w obronie, jak i w pomocy, a Antonio Conte (w przyszłości zostanie menedżerem Chelsea) był kolejnym niezwykle elastycznym piłkarzem. Można było zatem znać skład zespołu, ale nadal nie miało się pojęcia, jak zostanie ustawiony. „Nie chodziło po prostu o takich graczy, jak Zidane czy Del Piero, którzy działają wszystkim na wyobraźnię – powiedział później Keane – lecz o twardych, przebiegłych obrońców, gości, o których nikt nigdy nie słyszał i którzy nie zostawiali ci miejsca, mieli za to opanowane do perfekcji wślizgi, instynktownie ustawiali się w odpowiednich strefach boiska i świetnie czytali grę". W Juve występowali nieskończenie użyteczni piłkarze, ograniczeni pod względem technicznym, ale idealni, kiedy Lippi potrzebował w określonych meczach gracza, który „zrobi robotę". To określenie jest szczególnie trafne, gdy spojrzeć na włoskich piłkarzy w tym okresie. W książce Gianluki Viallego *The Italian Job* (Włoska robota) – skądinąd tytuł został dobrany doskonale – poświęconej różnicom między włoskim i angielskim futbolem, jeden z najważniejszych wniosków autora brzmi następująco: „Dla włoskich zawodników piłka nożna to robota, dla angielskich natomiast futbol to gra". Ferguson z pewnością darzył w tym okresie Włochów czcią, zwracając uwagę na ich „większy szacunek do zawodu" (użycie słowa „zawód", a nie „gra" wskazywało na stanowisko Szkota). Aby dopaść Juventus, Ferguson potrzebował na boisku więcej zdyscyplinowanych graczy, którzy w najważniejszych meczach odgrywali poniekąd niezbyt przyjemne, czysto taktyczne role.

Doskonałym tego przykładem było zwycięstwo 3:2 z Juve w 1997 roku. Ferguson wystawił Johnsena, którego naturalną pozycją była obrona, ale który mógł grać też jako defensywny pomocnik, a Norweg znakomicie wypadł jako plaster dla Zinédine'a Zidane'a, jednego z najbardziej czczonych rozgrywających w Europie. Taktyczna dyscyplina Johnsena uosabiała zespół Manchesteru United w tym okresie i Ferguson coraz częściej sprowadzał do drużyny zadaniowców – uniwersalnych, zdyscyplinowanych, ciężko pracujących i taktycznie świadomych zawodników, którym można było powierzyć „zrobienie roboty". Gdy United przegrywali kluczowe mecze w trakcie ery Cantony, Ferguson często żałował, że nie wystawił Briana McClaira, niedocenianego i elastycznego „zawodnika z głową na karku" (jak określał go sam szkocki menedżer), który mógł grać na każdej pozycji w pomocy i w ataku. Na przykład w ligowym meczu z Liverpoolem we wczesnej fazie sezonu 1994/95 Ferguson wahał się, czy postawić na Marka Hughesa, czy McClaira, który potrafił zagrać w bardziej zdyscyplinowany sposób i dzięki temu powstrzymać najgroźniejszego piłkarza The Reds, Johna Barnesa. Szkoleniowiec ManU ostatecznie wybrał Hughesa, na czym ucierpiało ustawienie zespołu, bo Barnes mógł swobodnie rządzić na boisku, a Czerwone Diabły znalazły się w odwrocie. Kiedy niedługo po rozpoczęciu drugiej połowy Ferguson wstawił na boisko McClaira, ten pomógł powstrzymać Barnesa, a do tego kilka razy groźnie ruszył do przodu, co zmusiło Roya Evansa, menedżera Liverpoolu, do zmienienia nieruchawego Jana Mølby'ego. Koniec końców, United wygrali 2:0, a McClair strzelił drugiego gola. Jeśli chodzi o taktykę, jednocześnie pomógł drużynie zniwelować mocne strony rywala i wyeksponować jego słabości.

Później Paul Ince doprowadzał Fergusona do furii swą nieumiejętnością podporządkowywania się wskazówkom taktycznym, a menedżer Manchesteru wściekł się jeszcze bardziej, gdy Gary Pallister i Paul

Parker zignorowali polecenie, by ten drugi w meczu z Barceloną zajął się indywidualnie Romário, a zamiast tego kryli jak zwykle strefą. Ferguson uwielbiał za to młodego Roya Keane'a, bo mógł powierzać Irlandczykowi różne taktyczne role na boisku. „Potrafi zrobić wszystko, o co się go poprosi, ponieważ jest tak zdyscyplinowany. Mówisz mu: »Masz kryć X-a« i on to zrobi. »Grasz jako środkowy obrońca« – nie ma sprawy". Lecz Keane stał się zbyt cenny w „maszynowni" United, żeby regularnie rzucać go po całym boisku, i od 1999 roku Ferguson miał już innych graczy do „robienia roboty". Phil Neville potrafił zagrać zarówno na boku obrony, jak i w pomocy, Johnsen mógł występować na środku obrony i w środku pola, Nicky'ego Butta dało się ustawić jako przecinaka w pomocy, podczas gdy Jesper Blomqvist i Jordi Cruyff mogli występować w drugiej linii w rolach, które nie przystawały do klasycznego 4-4-2.

Szczególnie interesujący był grudniowy remis 2:2 z Tottenhamem. United wyszli szybko na prowadzenie po dwóch uderzeniach Solskjæra, ale tuż przed przerwą Gary Neville został wyrzucony z boiska za szarpnięcie od tyłu lewoskrzydłowego Spurs Davida Ginoli, którego później PFA wybrało na piłkarza roku, jako jedynego zawodnika spoza kadry United na krótkiej, sześcioosobowej liście nominowanych do nagrody. Francuz zdecydowanie wyolbrzymiał przewinienia rywali w tym meczu, by przyciągnąć uwagę arbitra, a United skończyli mecz z ośmioma żółtymi kartkami, wliczając w to dwie dla Neville'a. Żeby uchronić zespół przed grą w dziewiątkę, Ferguson zmieniał co jakiś czas zawodników wyznaczonych do krycia Ginoli, wykorzystując w tym celu Keane'a, Johnsona, Berga, a w końcu Phila Neville'a. W trakcie 90 minut Francuza kryło pięciu zawodników Czerwonych Diabłów – który jeszcze klub znalazłby w swoich szeregach tak wielu zdyscyplinowanych graczy? Ginola był ciągle zaganiany w takie rejony boiska, gdzie nie stwarzał zagrożenia, choć dwa trafienia Sola Campbella oznaczały dla United stratę dwóch punktów. Niemniej na tym właśnie polegała największa różnica między Arsenalem a Manchesterem United w czasie, gdy te zespoły zażarcie ze sobą rywalizowały. Kanonierzy zwykle mogli wystawić graczy porównywalnych do gwiazd Czerwonych Diabłów: Dennis Bergkamp był na poziomie Cantony, David Seaman – Schmeichela, Patrick Vieira – Keane'a, Tony Adams – Stama, a Marc Overmars – Giggsa. Ale United dysponowali grupą niezawodnych rezerwowych, którym można było zawierzyć i wygrać mecz dzięki taktyce, podczas gdy w Arsenalu koncentrowano się na podstawowym sposobie gry, a rezerwowi Kanonierów pod względem charakterystyki przypominali graczy pierwszego składu. I nie było tam nikogo, kto zrobiłby robotę.

W drodze po triumf w Lidze Mistrzów Ferguson pokazał zmysł taktyczny, zwłaszcza pokonując w dwumeczach Inter i Juventus. Inter prowadzony przez Mirceę Lucescu zagrał na Old Trafford w ustawieniu 3-4-2-1, z Roberto Baggio i Yourim Djorkaeffem biegającymi za plecami Ivána Zamorano. To trudna taktyka dla drużyny grającej 4-4-2: dwóch zawodników przemieszcza się bowiem między liniami, a do tego często panuje tłok w środku pola. Ferguson powierzył więc swoim piłkarzom złożone zadania. „Musieliśmy bronić się w środku pola, a jednocześnie sami dośrodkowywać w pole karne – wyjaśnił. – Oglądaliśmy ich kilka razy i byłem pewny, że możemy im coś strzelić po centrach". Menedżer ManU w podziwu godny sposób dostosował grę drużyny do sytuacji. Boczni obrońcy Manchesteru, Neville i Irwin, byli ustawieni maksymalnie wąsko, by powstrzymywać dwie dziesiątki Interu, a Czerwone Diabły bezwzględnie wykorzystywały przestrzeń po bokach defensywnej trójki przeciwników, bo Beckham wbiegał w wolne miejsca między lewym wahadłowym Aronem Winterem a Francesco Colonnese, środkowym obrońcą grającym najbardziej po lewej stronie formacji obronnej Interu. Upór Fergusona, by atakować włoskiego rywala wrzutkami, okazał się kluczowy – po asystach Beckhama ze skrzydeł Yorke dwukrotnie trafił do siatki, a powinien zdobyć jeszcze jedną bramkę po podobnym zagraniu.

W spotkaniu rewanżowym Lucescu nie zaskoczył – zmienił obu defensywnych zawodników po lewej stronie i wystawił z przodu powracającego po kontuzji Ronaldo. Mimo że ustawienie Interu przypominało to z pierwszego meczu, Ferguson podszedł do zadania w odmienny sposób, chciał bowiem skupić się raczej na grze obronnej niż ataku. W środku pomocy kosztem Scholesa wystawił więc Johnsena obok Keane'a, a partnerem Stama został Henning Berg. Johnsen i Keane koncentrowali się na powstrzymywaniu dziesiątek Interu, podczas gdy boczni obrońcy United – ustawieni bardzo wąsko w pierwszym pojedynku – mogli tym razem ruszać naprzód wzdłuż linii. Ferguson powiedział później: „Pod względem taktycznym kluczowe było to, by zagrywać piłkę do naszych bocznych obrońców; w ten sposób Gary Neville i Denis Irwin mogli kontrolować mecz". Ponieważ napastnicy Interu nie byli specjalnie zainteresowani zadaniami defensywnymi, boczni obrońcy United byli bardzo często przy piłce, a po tym, co zdarzyło się na Old Trafford, wahadłowi gospodarzy obawiali się ruszać do przodu i zwalniać swoje pozycje. Manchester pokrzyżował plany Interu, a spotkanie zakończyło się wynikiem 1:1, po tym jak Scholes, który wszedł na boisko z ławki, zdobył wyrównującą bramkę. Czerwone Diabły wspaniale kontrolowały tempo spotkania, a ich menedżer uznał, że ten zwycięski dwumecz „to największy krok drużyny naprzód pod moją wodzą".

W pierwszym meczu półfinałowym Juventus wyraźnie obnażył słabości United w pomocy. Beckham i Giggs atakowali wzdłuż linii, co sprawiało, że w środku pola Keane i Scholes musieli mierzyć się z większą liczbą przeciwników, Juve zagrało bowiem diamentem, z cofniętym Didierem Deschampsem, Conte i Edgarem Davidsem kursującymi tam i z powrotem po bokach pomocy oraz Zidane'em w roli dziesiątki. Ten ostatni, co było nieuniknione, wyciągał Keane'a i Scholesa z ich pozycji, dzięki czemu powstawało miejsce dla Conte oraz Davidsa i drugi wystawił piłkę temu pierwszemu przy golu otwierającym wynik spotkania. Ferguson dokonał jednak w przerwie przetasowań w składzie, nakazując Beckhamowi zejście do środka pola, co w praktyce oznaczało, że grał jako trzeci środkowy pomocnik, a tymczasem Neville ruszał do przodu, dzięki czemu United mieli zawodnika na prawym skrzydle. Czerwone Diabły wróciły do gry, wywarły presję na przeciwniku, a Giggs – doskonały po przerwie, gdy zaczął grać bardziej z przodu – pod koniec meczu strzelił kluczowego dla awansu gola wyrównującego. Walijczyk świętował jednak bardzo wstrzemięźliwie; wskazał po prostu na piłkę i gestem dał kolegom znać, by wrócili na własną połowę i sięgnęli po zwycięstwo. Taka postawa okazała się później szczególnie ważna w drodze do triumfu w Lidze Mistrzów.

W meczu wyjazdowym United próbowali zacząć ostrożnie, z wąsko ustawionymi Beckhamem i Blomqvistem, który zastąpił kontuzjowanego Giggsa. W zasadzie od początku Czerwone Diabły miały przewagę w posiadaniu piłki, lecz przegrywały już 0:2 po dwóch trafieniach Pippo Inzaghiego, charakterystycznych dla tego zawodnika; najpierw jak klasyczny łowca bramek trafił do siatki z dwóch metrów, a drugiego gola strzelił po niedorzecznie szczęśliwym rykoszecie. Od tego momentu jednak Manchester zaczął grać fantastycznie, skutecznie powracając do stylu, jaki prezentował w Premier League, i zaliczając, według słów Fergusona, „najlepszy występ tego zespołu pod moją wodzą". Keane wspaniale prowadził United do ataków, mimo że miał już na koncie żółtą kartkę, co eliminowało go z udziału w finale. Dzięki jego główce United wrócili do gry, a Irlandczykowi pomogło to, że Ferguson ponownie nie wstawił do składu Scholesa, w miejsce którego pojawił się bardziej zdyscyplinowany Butt, co pozwoliło Keane'owi być ciągle pod grą. Po główce Yorke'a zrobił się remis, a Cole zaliczył zwycięskie trafienie. Wydawało się, że tym razem to Manchester narzucił swój sposób gry rywalowi.

Tak po prawdzie to w finale Bayern poniewierał Czerwonymi Diabłami. Ferguson obrał wątpliwą taktykę; pod nieobecność Scholesa i Keane'a wystawił w środku pola Beckhama, który dobrze sobie radził, jeśli chodzi o dyktowanie tempa gry, lecz zespołowi desperacko brakowało wrzutek angielskiego skrzydłowego. Bayern szczególnie obawiał się boków Manchesteru i niemiecki klub zdołał przekonać UEFA do zwężenia wielkiego boiska na Camp Nou o prawie cztery metry. Giggs zagrał na prawej stronie, gdzie borykał się z Michaelem Tarnatem, tymczasem Blomqvist na lewej flance nie potrafił wywrzeć wpływu na przebieg spotkania. Monachijczycy szybko wyszli na prowadzenie 1:0, dwa razy uderzali w obramowanie bramki i powinni zamknąć mecz na długo przed nadzwyczajnym comebackiem Manchesteru. United zaczęli grać, gdy Beckham wrócił na prawą stronę. Dzięki jego współpracy z Neville'em Czerwone Diabły przesunęły grę na połowę rywala. Ale to, że gole strzelili rezerwowi, wydawało się w jakiś sposób stosowne: Sheringham skierował piłkę do siatki po kiksie Giggsa, a Solskjær zamienił na bramkę zgranie Sheringhama po podkręconej wrzutce Beckhama z rzutu rożnego. Rewolucyjne podejście Fergusona, by zebrać w zespole czterech środkowych napastników z najwyższej półki, ostatecznie się opłaciło. I to był klasyczny Manchester United z sezonu 1998/99 – piłkarze, którzy uznawani byli za niewystarczająco dobrych, by grać w pierwszym składzie, mieli kluczowy udział w sukcesach.

Solskjær zyskał renomę raczej jako superrezerwowy niż piłkarz pierwszego składu i wcześniej w tym samym sezonie zaliczył cztery trafienia, wchodząc z ławki w spotkaniu z Nottingham Forest. Norweg w zasadzie nie lubił swojej reputacji superrezerwowego, lecz jako inteligentny i skrupulatny zawodnik analizował zza linii bocznej grę przeciwnika, zanim w drugiej połowie wykorzystywał jego słabości. W rzeczy samej, w niemal wszystkich najważniejszych zwycięstwach Czerwonych Diabłów w owym sezonie udział mieli piłkarze wchodzący z ławki lub używani przy rotacji składu. W słynnym powtórzonym półfinale Pucharu Anglii, który Czerwone Diabły wygrały 2:1, Ferguson podjął szokującą decyzję i pozwolił odpocząć Yorke'owi oraz Cole'owi, za których na boisku pojawili się Solskjær i Sheringham. Także Giggs znalazł się poza pierwszą jedenastką i Ferguson wprowadził go na zmianę, kiedy spostrzegł, że podstarzali obrońcy Kanonierów są zmęczeni. Energia Walijczyka okazała się decydująca i skrzydłowy ManU zdobył wówczas jedną z najpiękniejszych bramek w karierze.

W zwycięskim meczu z Tottenhamem w ostatniej kolejce szkocki menedżer wystawił od początku Sheringhama, którego w przerwie zastąpił jednak Cole. Ferguson polecił temu ostatniemu, by wykorzystał swą szybkość i obrał sobie za cel Johna Scalesa, dopiero co wracającego do gry po kontuzji i dlatego niezbyt pewnego w swych poczynaniach. Manchester przegrywał 0:1, ale najpierw Beckham zdobył cudowną bramkę wyrównującą, a później Cole dał swojemu zespołowi zwycięstwo.

W finale Pucharu Anglii plan United na mecz posypał się dość wcześnie z powodu zejścia z boiska kontuzjowanego Keane'a. Ferguson podjął zaskakującą decyzję, by w jego miejsce wprowadzić Teddy'ego Sheringhama, ale było to logiczne posunięcie. Wiedział, że w rozgrywanym za cztery dni finale Ligi Mistrzów nie będą mogli wystąpić Keane i Scholes, dlatego nie chciał zbyt długo wykorzystywać na Wembley Butta – w tej chwili pewniaka do pierwszego składu w meczu z Bayernem. Zamiast tego Szkot wprowadził więc Sheringhama, cofnął Solskjæra ze środka ataku na prawą pomoc, a Beckham zszedł do środka. Sheringham strzelił gola przy pierwszym kontakcie z piłką i wypracował Scholesowi drugą bramkę. Była to kolejna kluczowa zmiana.

W ramach przygotowań do finału Ligi Mistrzów Ferguson dał również odpocząć na Wembley Stamowi i Yorke'owi – swemu najlepszemu obrońcy i najlepszemu napastnikowi – wpuszczając ich na boisko ledwie na chwilę, by zachowali rytm meczowy. „Dyrektorzy w klubie już dawno odpuścili sobie próby zrozumienia moich wyborów personalnych – potwierdził Szkot. – Na ich twarzach wypisane jest pytanie: »Co on, do diabła, wyrabia?«". Pomysł, by pozwolić odpocząć dwóm kluczowym graczom w najważniejszym meczu w krajowym kalendarzu wydawał się niewiarygodny, ale Ferguson zawsze był o krok przed innymi. Kilka lat wcześniej jako pierwszy menedżer uznał, że Puchar Ligi to okazja, by dać czołowym graczom chwilę oddechu i pozwolić powąchać murawę młodym piłkarzom, co później stało się przyjętą praktyką w największych zespołach.

Rotowanie składem zasadniczo kojarzono ze szkoleniowcami z zagranicy, takimi jak pracujący w Chelsea Claudio Ranieri czy Rafael Benítez z Liverpoolu. W angielskim futbolu wciąż żywa była wiara, że menedżerowie powinni „grać stałym składem", a przede wszystkim „nie zmieniać zwycięskiego zespołu" – Aston Villa zdobyła tytuł w sezonie 1980/81, wykorzystując zaledwie 14 graczy, a siedmiu piłkarzy występowało przez cały czas. Ale w rozgrywkach 1998/99 Ferguson jako jedyny szkoleniowiec nie zagrał dwóch spotkań z rzędu tym samym składem, wiecznie wprowadzając do jedenastki świeżych zawodników, by w ten sposób pozwolić podstawowym graczom na chwilę odpoczynku i utrzymywać rezerwowych w dobrej dyspozycji. Podczas gdy inni kandydaci do tytułu opadali z sił w ostatnim miesiącu rozgrywek, Manchester United z sezonu 1998/99 parł na przód. Powszechnie uważano, że ta drużyna ma „jaja" – w angielskiej piłce był to zwykle najbardziej ceniony atrybut – ale chodziło też o kondycję piłkarzy. Zawodnicy United dzielili się obowiązkami, a szkocki menedżer miał w zespole rezerwowych, którzy jakością nie ustępowali specjalnie graczom pierwszego składu. „Nie można oczekiwać, że ci sami zawodnicy będą grali w tylu spotkaniach – powiedział Ferguson. – A przynajmniej nie można tego robić, jeśli chce się, by wciąż wygrywali".

Nacisk na rotację składu symbolizuje gigantyczną przemianę, jaką Manchester United przeszedł od czasu, gdy sześć lat wcześniej zdobył pierwszy tytuł mistrzowski w erze Premier League. W sezonie 1992/93 ośmiu graczy zaczęło w podstawowym składzie przynajmniej 40 z 42 meczów Czerwonych Diabłów w Premier League. W rozgrywkach 1998/99, w których drużyny rozgrywały 38 spotkań, żaden zawodnik nie wybiegł w pierwszej jedenastce więcej niż 34 razy. Ferguson w fantastyczny sposób wykorzystywał kadrę zespołu: Phila Neville'a, Butta i Blomqvista nie uważano za graczy pierwszego składu, ale cała trójka rozpoczęła ponad połowę rozegranych przez United ligowych pojedynków. Ze środkowego obrońcy Davida Maya, który wystąpił w pierwszej jedenastce ledwie siedem razy, często nabijano się, że przesadnie świętował triumf w Lidze Mistrzów, zważywszy na jego pozycję w drużynie. Ale właśnie taki był w pigułce zespół United, który zdobył potrójną koronę – rezerwowi zawsze odgrywali ważną rolę.

Powoli i inne czołowe ekipy z Premier League zaczęły stosować rotację. Rzucało się to w oczy szczególnie w ataku, bo rywale United do tytułu starali się naśladować Manchester, który miał do wyboru czterech napastników. Kiedy Arsenal zdobywał dublet w sezonie 1997/98, rezerwowymi w napadzie Kanonierów byli stosunkowo nieznani Nicolas Anelka i Christopher Wreh, lecz zaraz po tym, jak Czerwone Diabły zdobyły potrójną koronę, u Kanonierów jako opcja rezerwowa dla Thierry'ego Henry'ego i Dennisa Bergkampa znaleźli się Nwankwo Kanu oraz Davor Šuker, doświadczeni reprezentanci swoich krajów. Gdy następnym razem londyńczycy zdobywali mistrzostwo – na Old Trafford w sezonie 2001/02 – Wenger rozpoczął mecz z dwoma rezerwowymi napastnikami w składzie: dwukrotny najlepszy piłkarz Afryki Kanu grał obok Sylvaina Wiltorda, który strzelił gola w finale mistrzostw Europy w 2000 roku, a w spotkaniu z Manchesterem zdobył zwycięską bramkę. Wielkie kluby zaczęły gromadzić piłkarzy z topu, co zwiększyło przepaść między nimi a drużynami z drugiego szeregu. Zasadniczo jednak zawodnicy o ugruntowanej pozycji w pierwszej jedenastce nie przepadali za rotacją w składzie – Bergkamp określił ten pomysł jako „bzdurę".

Co najważniejsze jednak, Ferguson nie rotował składem dla samego rotowania, jak często sugerowali krytyczni wobec niego fachowcy. Szkocki menedżer wystawiał nieraz w składzie konkretnych graczy, którzy mieli konkretne zadania w meczach z konkretnymi przeciwnikami, a taktyczny rozwój zespołu i jego postępy w europejskich pucharach przekonały graczy United do tej koncepcji. Ferguson z powodzeniem wprowadził rotację po części dlatego, że udanie wykorzystywał taktykę.

8
REWOLUCJA Z ZAGRANICY

Dziewięćdziesiąt dziewięć procent innowacji w Premier League pochodzi z zagranicy.

Michael Owen

W pierwszej kolejce rozegranej w erze Premier League – 15 sierpnia 1992 roku – we wszystkich zespołach w podstawowym składzie wyszło tylko 11 obcokrajowców. Zaledwie siedem lat później, w drugi dzień świąt Bożego Narodzenia w 1999 roku, 11 obcokrajowców wybiegło w podstawowym składzie jednej drużyny.

Chris Sutton i Dennis Wise byli kontuzjowani, więc wyjściowa jedenastka Chelsea w wygranym 2:1 meczu z Southampton wyglądała następująco: Ed de Goey (Holandia), Albert Ferrer (Hiszpania), Frank Lebœuf (Francja), Emerson Thome (Brazylia), Celestine Babayaro (Nigeria), Dan Petrescu (Rumunia), Didier Deschamps (Francja), Roberto Di Matteo (Włochy), Gabriele Ambrosetti (Włochy), Gus Poyet (Urugwaj) i Tore André Flo (Norwegia). Ten ostatni zdobył obie bramki. Menedżerem The Blues był natomiast Włoch Gianluca Vialli – w sezonie 1992/93 nie było w Anglii żadnych zagranicznych szkoleniowców.

Dla Viallego i jego graczy było to całkiem naturalne. Nikt w drużynie nie widział nic niezwykłego w wyborze jedenastki na to spotkanie, lecz gdy wynurzyli się z szatni i stanęli oko w oko z nadzwyczajną liczbą fotografów, wszystko stało się jasne. Po meczu Vialli powiedział: „Nie zastanawiałem się nad tym. Dopóki mówimy tym samym językiem na boisku, nie robi to żadnej różnicy. Kilku graczy nie mogło zagrać – pechowo byli to po części Anglicy – ale narodowość nie jest dla mnie istotna".

Dla brytyjskiej prasy jednak była to sprawa wielkiej wagi i uznano to zdarzenie za na tyle znaczące, że ze stron sportowych awansowało do najważniejszych działów gazet. Wstępniak w „Guardianie" omawiał kulturową wagę tego wydarzenia, co w sposób nieunikniony prowadziło do próby wyciągnięcia ogólniejszych wniosków. W tekście można było przeczytać: „Całkiem niedawno Chelsea była jednym z najbardziej ksenofobicznych klubów piłkarskich, a jej kibice buczeli na obcokrajowców, którzy wybiegali na boisko, nawet jeśli grali w ich drużynie. To zadziwiające, że Brytyjczycy, tak niechętni, by mieć wspólną walutę z resztą Europy, serdecznie przyjęli piłkarzy ze Starego Kontynentu i spoza niego".

Gdy trzy miesiące później w przegranym 1:2 spotkaniu z Lazio Chelsea ponownie wystawiła skład bez zawodnika z Wielkiej Brytanii, „Independent" opatrzył fotografię wyjściowej jedenastki następującym podpisem: „Zdjęcie, które upokarza angielski futbol". Jeśli zakrawa to na skrajną przesadę, warto przypomnieć, że ledwie kilka lat wcześniej na wystawienie czterech piłkarzy z zagranicy nie patrzyłoby się krzywo – byłoby to po prostu wbrew przepisom.

Głęboko zakorzeniona podejrzliwość angielskiego futbolu wobec taktyki z zagranicy jest powszechnie znana, choć często nie zwraca się uwagi na to, jak bardzo ignorował on przez cały XX wiek samych obcokrajowców. Po tym, jak w 1930 roku prowadzony przez Herberta Chapmana Arsenal podpisał kontrakt z holenderskim bramkarzem Gerritem Keizerem, angielski związek piłkarski wprowadził „zasadę zamieszkania", wedle której piłkarze z zagranicy musieli mieszkać na Wyspach co najmniej dwa lata, by móc grać w miejscowych zespołach. Skutecznie uniemożliwiło to angielskim klubom ściąganie obcych piłkarzy. Reguła ta przetrwała do lat 70., kiedy to Wielka Brytania dołączyła do Europejskiej Wspólnoty Gospodarczej, co oznaczało, że nie można było stosować podobnych zakazów. Angielski Związek Piłki Nożnej zaakceptował ten fakt w 1976 roku, chociaż władze Football League nie chciały ustąpić. Sekretarz ligi Alan Hardaker stwierdził: „Nie mogę powstrzymać menedżera od podpisywania kontraktów z zagranicznym piłkarzem, ale mogę zabronić zawodnikowi grać w naszych rozgrywkach". Europejska Wspólnota Gospodarcza uregulowała szczegółowo tę kwestię dwa lata później, wyjaśniając, że dyskryminacja pracowników z innych państw EWG stanowi naruszenie traktatów rzymskich, choć niespodziewanie poszczególne ligi mogły zachować prawo do ograniczenia liczby zawodników z zagranicy w wyjściowej jedenastce i sytuacja ta trwała przez niemal dwie dekady. W pierwszych latach ery Premier League kluby mogły zatrudniać tylu obcokrajowców, ilu tylko chciały, ale na boisku mogło jednocześnie występować tylko trzech z nich.

Pojawiły się też inne problemy wynikające ze skomplikowanego statusu Anglii i Wielkiej Brytanii, zarówno jeśli chodzi o futbol, jak i politykę. Występujący w Premier League Walijczycy, Szkoci i gracze z Irlandii Północnej nie byli traktowani przez związek piłkarski jako obcokrajowcy, ponieważ wszyscy oni byli obywatelami Wielkiej Brytanii, za cudzoziemców nie uważano także Irlandczyków z południa ze względu na funkcjonujące od dawna porozumienie z Wielką Brytanią dotyczące swobody przemieszczania się (i to właśnie dlatego, gdy chodzi o brytyjski futbol, słowo „obcokrajowiec" odnosi się zasadniczo do zawodników spoza Wielkiej Brytanii i Irlandii, nawet jeśli Republika Irlandii to odrębne państwo).

Odmienne zasady miała UEFA. Z jej punktu widzenia Anglia, Walia, Szkocja, Irlandia Północna oraz Irlandia były osobnymi państwami, ponieważ miały własne reprezentacje i wystawiały własnych przedstawicieli w rozgrywkach klubowych organizowanych przez UEFA. W europejskich pucharach tymczasem kluby mogły mieć w składzie na mecz trzech „obcokrajowców" plus dwóch graczy „zasymilowanych" (którzy zyskali prawo stałego pobytu w danym kraju), co w pierwszych latach przygody z Ligą Mistrzów stanowiło szczególny problem dla Manchesteru United. W 1994 roku Ferguson nie zabrał do Barcelony Petera Schmeichela, bo menedżerowi Czerwonych Diabłów wydawało się, że musi wykorzystać limit obcokrajowców, włączając do składu walijskich i irlandzkich graczy z pola, a rezerwowy bramkarz Gary Walsh wpuścił na Camp Nou cztery gole.

Co zaskakujące, w owym czasie angielska federacja piłkarska poważnie rozważała dostosowanie się do wymogów UEFA przez zachowanie reguły trzech obcokrajowców w składzie na mecz, przy czym zamierzano uznawać za obcokrajowców wszystkich zawodników, którzy nie są Anglikami. Potwierdził to Graham Kelly, dyrektor wykonawczy FA: „Trzeba przeanalizować obecne regulacje, by ustalić, czy są korzystne dla angielskiej piłki, a także dla wychowywania i rozwoju naszych piłkarzy, i zastosować podobne kryteria jak w Europie". Co łatwe do przewidzenia, Ferguson się wściekał: „W praktyce zamknęłoby to drogę utalentowanym graczom. Gdzie byłby ten sport, gdyby nie tacy piłkarze, jak George Best, Danny Blanchflower czy Denis Law?".

Nie musiał się jednak zamartwiać, bo ograniczenia dotyczące zawodników zagranicznych, i to zarówno na krajowym, jak i europejskim podwórku, zostały wycofane w 1995 roku, kiedy to belgijski obieżyświat Jean-Marc Bosman wystrzelił cały system w kosmos. Bosman był występującym w pierwszoligowym RFC Liège pomocnikiem, który po tym, jak w 1990 roku skończył mu się kontrakt z klubem, chciał przejść do francuskiego klubu USL Dunkerque. W owym czasie jednak piłkarze nie mogli swobodnie zmieniać zespołu po wygaśnięciu umowy z poprzednią drużyną. USL Dunkerque odmówił zapłacenia wygórowanej sumy transferowej, której żądał poprzedni klub Bosmana, więc RFC Liège nie pozwoliło odejść zawodnikowi. W całej Europie funkcjonowały wówczas różne zasady i gdyby Bosman chciał na przykład przejść z jednego angielskiego klubu do drugiego, kwotę transferu ustaliłby powołany do tego trybunał. Ale belgijskie zespoły uniemożliwiały przechodzenie swoim graczom za granicę, o ile wcześniej nie uzgodniono sumy odstępnego, więc w gruncie rzeczy Bosman znalazł się w pułapce, a jego pobory w RFC Liège zmalały, bo nie był już graczem pierwszego zespołu.

Nie zaskakuje więc, że Europejski Trybunał Sprawiedliwości uznał, że narusza to prawo do swobodnego przepływu pracowników między krajami należącymi do Unii Europejskiej. Była to sprawa o przełomowym znaczeniu, która miała dwie wstrząsające całym systemem konsekwencje. Po pierwsze, piłkarze mogli zmieniać za darmo kluby po wygaśnięciu kontraktu, a po drugie – władze poszczególnych lig nie były w stanie narzucać klubom maksymalnej liczby zagranicznych piłkarzy będących obywatelami innych krajów Unii Europejskiej (aczkolwiek wciąż mogły utrzymywać ograniczenia dotyczące zawodników spoza Unii). Wierchuszka angielskiego futbolu nie była tym zachwycona i nieuchronnie zaczęto rozmawiać o takiej sytuacji, do jakiej w końcu doszło cztery lata później w Chelsea. „Musimy poczekać i zobaczyć, czy nadejdzie dzień, w którym w jednym zespole zagra 11 piłkarzy spoza Wielkiej Brytanii" – powiedział zrezygnowany Kelly. Nawiasem mówiąc, zespół prawników reprezentujących Bosmana bagatelizował sugestie, że coś takiego może się zdarzyć, utrzymując, że kluby będą musiały wystawiać krajowych graczy, by nie odwrócili się od nich fani. Ależ pomyłka.

Z perspektywy czasu wydaje się wręcz zdumiewające, że rewizja jawnie niesprawiedliwego systemu zajęła tak dużo czasu; związki piłkarskie twierdziły, że znajdują się ponad prawem, choć nie bardzo potrafiły to uzasadnić. W futbolu zaszły gruntowne zmiany i niebezpieczeństwo groziło na pozór całemu rynkowi transferowemu. Czołówki gazet ogłaszały zgodnie, że piłka nożna „wpadła w kryzys", a szczególnie martwiono się o to, czy kluby z niższych lig zdołają przetrwać, skoro ich byt był uzależniony od sprzedaży czołowych graczy zespołom z wyższych poziomów rozgrywkowych. Czy zawodnicy będą jeszcze sprzedawani w trakcie obowiązywania kontraktów, czy po prostu poczekają, aż skończy się im umowa, i zaczną przechodzić z klubu do klubu za darmo, wiedząc, że ich nowy zespół, oszczędziwszy na kwotach transferowych, ma większe środki na pensje? Stosunek sił w relacjach zawodnicy – kluby zmienił się dramatycznie na korzyść piłkarzy.

Prawo Bosmana największy wpływ wywarło jednak nie na same kontrakty, lecz na swobodę zmieniania barw klubowych – zespoły mogły mieć teraz na boisku dowolną liczbę obcokrajowców. Wyrok Europejskiego Trybunału Sprawiedliwości zapadł w grudniu i zaczął obowiązywać natychmiast, co oznaczało, że władze lig zostały zmuszone do zmian zasad w trakcie sezonu. Co nieuniknione, pojawiły się kontrowersje. Kluby niemieckiej Bundesligi zawarły dżentelmeńskie porozumienie, by do końca rozgrywek nie przekraczać poprzedniego limitu trzech obcokrajowców w składzie, lecz w Anglii sytuacja zmieniła się w jednej chwili.

Niecałe dwa tygodnie po wyroku trybunału Manchester City został pierwszym angielskim klubem, który wystawił w pierwszym składzie czterech obcokrajowców: Gruzina Giorgiego Kinkladze, Duńczyka Ronniego Ekelunda oraz dwóch Niemców – bramkarza Eike Immela i napastnika Uwe Röslera. Zdarzyło się to 26 grudnia w przegranym 0:2 meczu z mistrzowskim Blackburn Rovers. W istocie drugi dzień świąt Bożego Narodzenia okazał się znaczącym dniem w historii cudzoziemców w Premier League – od dnia, kiedy w 1995 roku w składzie angielskiej drużyny zagrało czterech zawodników z zagranicy, minęły dokładnie cztery lata do dnia, gdy po raz pierwszy w dziejach ligi wystąpił zespół złożony z 11 obcokrajowców – jak gdyby skłonność Anglików do opychania się faszerowanym indykiem w święta oznaczała większe prawdopodobieństwo, że opuszczą mecz następnego dnia.

Nie wszyscy całkowicie przystosowali się do nowej sytuacji. Frank Clark, były menedżer Nottingham Forest, przywołuje pewną scenę sprzed spotkania z Lyonem w Pucharze UEFA, gdy kapitan Stuart Pearce zagrzewał zespół do walki. Psychol jak zwykle wymachiwał pięściami w powietrzu, gdy wrzeszczał do kumpli z zespołu: „Wygramy, bo jesteśmy Anglikami!". „Do Stuarta nie dotarło chyba, jak nieadekwatny do sytuacji był to okrzyk – mówi Clark. – Nie jestem pewien, czy przyszło to do głowy Norwegowi, Holendrowi, Włochowi, Szkotowi, Walijczykowi i Irlandczykowi z drużyny, ale nawet jeśli tak było, żaden z nich nie spieszył się, żeby zwrócić Pearce'owi uwagę na ów błąd".

Nic tak nie zmieniło angielskiej piłki jak nagłe pojawienie się graczy z zagranicy. Szczególnie przyjście w latach 90. Włochów, Francuzów i Holendrów pozwoliło zaadaptować na Wyspach odmienne boiskowe role, pozycje i style gry, zachęcając menedżerów, by wyszli mentalnie poza 4-4-2. Wprowadzenie do taktyki kontynentalnej dziesiątki dodało tutejszemu futbolowi więcej ofensywnego polotu, teraz jednak drużyny ewoluowały pod względem taktycznym na całym boisku.

W niektórych krajach po prostu wychowywano na konkretnych pozycjach graczy, którzy grali całkiem inaczej niż Anglicy. Na przykład Brazylia słynęła ze swych zorientowanych na ofensywę bocznych obrońców i w Arsenalu doszło do drastycznej zmiany, gdy staroświeckiego Nigela Winterburna, znanego z ostrych wślizgów lewego obrońcę, zastąpił dynamiczny, grający na obieg Sylvinho, który przez krótki czas wyglądał naprawdę wspaniale i zanim odszedł w niesławie z powodu podejrzeń o sfałszowany paszport, został wybrany do jedenastki sezonu Premier League. Udowodnił jednak swą wartość w Hiszpanii, gdzie z sukcesami grał w Barcelonie.

Najbardziej eleganccy środkowi obrońcy w latach 90. także byli obcokrajowcami. Zaliczał się do nich Belg Philippe Albert, który występował w walczącym w sezonie 1995/96 o tytuł mistrzowski Newcastle i podczas słynnego zwycięstwa 5:0 nad Manchesterem United w 1996 roku zamknął wynik niezwykłą podcinką nad Schmeichelem. Innym tego typu graczem był Gheorghe Popescu, który zaliczył jeden sezon w Tottenhamie. Występował na środku obrony, ale mógł też grać w pomocy i kiedy zachodziła taka konieczność, ruszał do przodu, jak w derbach północnego Londynu z Arsenalem, kiedy to pojawił się na środku ataku i zdobył zwycięską bramkę. Strzelił też ładnego gola w meczu z Newcastle, prezentując przy tym zadziwiające opanowanie z futbolówką u nogi (uniknął wślizgu i rozegrał klepkę z partnerem), zanim skierował ją do siatki. Spędził w Anglii zaledwie rok, ale był kolejnym zawodnikiem, który przeniósł się z Wysp do Barcelony.

Jednym z pierwszych prawdziwych cofniętych rozgrywających był Emerson, Brazylijczyk, który występował w Middlesbrough w tym samym czasie co Juninho. Był bardzo utalentowany, mógł się poszczycić doskonałym panowaniem nad futbolówką i potrafił długimi krzyżowymi podaniami rozrzucać piłki na skrzydła. Przeżywał na Wyspach trudny czas, głównie dlatego, że jego żona poleciała do Brazylii i odmówiła powrotu do północno-wschodniej Anglii, co doprowadziło do dziwacznego impasu, gdy zawodnik pozostał w Rio de Janeiro podczas przerwy międzysezonowej, twierdząc, że z przyjemnością zakończy karierę, byle tylko być z żoną. W końcu jednak wrócił do klubu i został kolejnym piłkarzem z Premier League, którym zainteresowała się Barcelona (ówczesny szkoleniowiec tej drużyny pracował z Emersonem w Porto), choć Brazylijczyk dołączył ostatecznie do CD Tenerife, a następnie do mistrza Hiszpanii Deportivo La Coruña. Zagrał w Anglii tylko 41 meczów i nie wywarł większego wpływu na wyspiarską piłkę, lecz w owym czasie nikt nie podawał tak jak on.

Ale najlepszym przykładem importowanego gracza, który proponował coś całkowicie nowego, był Holender Ruud Gullit. Niewątpliwie należał do najlepszych piłkarzy swego pokolenia, zdobywając w 1987 roku Złotą Piłkę i pełniąc funkcję kapitana w reprezentacji, która rok później zwyciężyła w mistrzostwach Europy. Kiedy przechodził do Chelsea w 1995 roku, był dopiero drugą gwiazdą światowego formatu, która zdecydowała się na grę w Premier League (sezon wcześniej barw Tottenhamu bronił Jürgen Klinsmann). Gullit był niewiarygodnie wszechstronnym piłkarzem, komfortowo czuł się zarówno w defensywie, jak i pomocy oraz ataku. Choć nie wydawało się to czymś całkiem niezwykłym w przypadku Holendra, biorąc pod uwagę miłość tej nacji do futbolu totalnego, który zredefiniował obowiązki taktyczne zawodników, niewielu piłkarzy grało po mistrzowsku na każdej pozycji, tak jak Gullit.

W trakcie swych lat młodzieńczych Gullit występował w obronie w zespole DWS, małym klubie w zachodnim Amsterdamie. Zyskał rozgłos dzięki swemu podejściu do roli libero: odbierał piłkę na tyłach i ruszał do przodu z indywidualną akcją, żwawo przechodząc z obrony do ataku, co stało w sprzeczności z zasadą gry krótkimi podaniami, która wskutek dominacji Ajaksu przeważała w młodzieżowych drużynach z Amsterdamu. Gullit faktycznie był jednak zawsze trochę autsajderem, nie tylko dlatego, że jako amsterdamczyk nigdy nie przywdział barw Ajaksu. Wysoki piłkarz z dredami, którego rodzina wywodziła się z Surinamu, przez całą karierę znosił rasistowskie uwagi, a gdy odbierał Złotą Piłkę, zadedykował tę nagrodę więzionemu Nelsonowi Mandeli.

Zawodowym piłkarzem został w 1979 roku i w swym pierwszym klubie, HFC Haarlem, grał początkowo jako środkowy obrońca, by w drugim sezonie przenieść się do ataku. W 1982 roku zmienił klub na Feyenoord, gdzie zasadniczo był prawoskrzydłowym. Krótko występował w jednym zespole z Johanem Cruyffem, który – choć oficjalnie nie był szkoleniowcem – decydował o taktyce drużyny i trenował swych kolegów z zespołu. Podczas pewnego wyjazdu Gullit i Cruyff, w drodze do pokoju hotelowego, zaczęli rozmawiać w windzie o piłce nożnej i kontynuowali dyskusję do późnej nocy. Cruyff (którego siostrzenicę poślubił Gullit) doradził swemu wychowankowi, że gdy opuści Feyenoord – co nieuniknione – i przejdzie do większego klubu, musi grać w zespole pierwsze skrzypce i dopilnować, by drużyna była budowana wokół niego, aby pasowała do jego wielkiego, unikalnego talentu. „Dzięki temu, że mnie trenował, i dzięki sposobowi, w jaki mówił o piłce, spojrzałem na taktykę w nowy sposób" – powiedział Gullit.

Po dołączeniu do PSV w 1985 roku Gullit stał się tam kimś na podobieństwo Cruyffa. Osobiście przekonał władze klubu do zmiany strojów drużyny, twierdząc, że czerwone koszulki w zestawie z czarnymi spodenkami i czerwonymi getrami nie wyglądają zbyt zachwycająco, i upierając się przy białych spodenkach oraz getrach. Gdy się zorientował, że nie ma chemii między prawym obrońcom Erikiem Geretsem i prawoskrzydłowym René van der Gijpem, sam, niezależnie od szkoleniowca drużyny, skupił się na tym, by poprawić ich współpracę na boisku. Poza wszystkim jednak czuł, że najlepiej gra jako zorientowany na ofensywę libero, który sieje spustoszenie wśród rywali, podczas gdy doświadczony pomocnik Willy van de Kerkhof cofa się, by go asekurować. „Jako środkowy obrońca mogłem przechodzić do pomocy, by stamtąd ruszać do ataku" – wyjaśnił. PSV wygrywało ligę w obu sezonach, gdy Gullit reprezentował barwy tego klubu, i choć czasem pełnił bardziej ofensywne funkcje, 46 goli strzelonych w lidze w ciągu dwóch lat to nadzwyczajna zdobycz dla gracza zasadniczo wykorzystywanego w defensywie.

Swoje najlepsze lata, między 25. a 33. rokiem życia, Gullit spędził w Serie A, przede wszystkim w Milanie, z którym zdobył trzy tytuły mistrzowskie i dwa Puchary Mistrzów. Arrigo Sacchi stworzył najlepszą defensywę w dziejach – złożoną z Mauro Tassottiego, Franco Baresiego, Alessandro Costacurty i Paolo Maldiniego – więc nie było w niej już miejsca dla Gullita. Holender został zatem światowej sławy ofensywnym pomocnikiem lub napastnikiem i tę samą funkcję spełniał w reprezentacji kraju. Zawsze jednak chciał zagrać ponownie na starej pozycji – jako libero.

W 1995 roku zgłosił się do niego Glenn Hoddle. W poprzednich dwóch sezonach był grającym menedżerem w Chelsea i często ustawiał samego siebie na pozycji libero, ale zrozumiał, że jego kariera piłkarska się kończy, i chciał skoncentrować się na szkoleniu. Hoddle był nowoczesnym menedżerem, który szukał nowinek poza Anglią, a przypomniawszy sobie, że na wczesnym etapie kariery Gullit występował w defensywie PSV, przekonał Holendra, by przeszedł do Premier League i jeszcze raz wcielił się w swą starą rolę. Nic innego nie mogło Gullita przekonać do podpisania kontraktu z The Blues bardziej niż ta perspektywa. „Na pozycji libero lepiej widać moje umiejętności" – powiedział

Holender na swej prezentacji, czym zdumiał angielskich dziennikarzy, którzy oglądali go, gdy brylował w europejskim futbolu jako ofensywny pomocnik, i nawykli do zwyczajnych środkowych obrońców, ograniczających się do destrukcji. W oficjalnym albumie z naklejkami, który wypuściła Premier League w tamtym sezonie, wszyscy zawodnicy z ligi mieli przyporządkowane pozycje: bramkarz, obrońca, pomocnik, napastnik. Wszyscy poza Gullitem, którego określono mianem „libero". Uważano, że jest wyjątkowy.

Gullit zaczął grać w Chelsea jako libero, ale jego koledzy, ograniczeni tak pod względem technicznym, jak i taktycznym, mieli trudności, by pojąć jego ofensywne zapędy. Pamięta, że gdy przyjął na pierś i zgasił lecącą w pole karne piłkę, żeby potem zagrać ją do boku do Michaela Duberry'ego, usłyszał dwa dźwięki: najpierw zduszony okrzyk zdziwienia fanów Chelsea, a następnie, po tym jak Duberry wywalił już futbolówkę w trybuny, wrzask tego ostatniego: „Co ty, kurwa, wyczyniasz?". W całym tym chaosie Holender okazał się objawieniem – był jednym z najwspanialej wyszkolonych technicznie graczy na świecie, więc na pozycji, na której wcześniej występowali przede wszystkim brutale, z piłką przy nodze przerastał o głowę wszystkich obrońców z Premier League. Gullit przyjmował futbolówkę na tyłach, wyprowadzał ją naprzód, grał na jeden kontakt z obrońcami i wchodził między formacje przeciwników niczym klasyczna dziesiątka. „Wyglądało to tak, jakby 18-latek grał z 12-latkami" – zachwycał się Hoddle. Obrońcy po prostu nie byli przyzwyczajeni, by uważać defensorów rywali za zagrożenie, i Holender zawsze spędzał sporo czasu przy piłce, a jego miejsce z tyłu zajmował jeden z pomocników, najczęściej Nigel Spackman, który cofał się, grając jak niegdyś van de Kerkhof.

Relacja meczowa z debiutu Gullita w Chelsea – w bezbramkowym spotkaniu z Evertonem – pokazuje, jak wielkim był objawieniem. „Ruud Gullit wniósł do Premiership, gdzie podania na dojście wciąż nie wyparły lagi do przodu, umiejętności uważane za oczywistość w Holandii i Włoszech – stwierdził David Lacey w entuzjastycznej relacji zamieszczonej w »Guardianie«. – Były momenty, gdy Gullit zagrywał swoim partnerom takie piłki, jakich ci wcześniej nigdy nie widzieli. [...] Przyszedł do Anglii jako libero, ale najwyraźniej nie o to chodzi w jego grze".

Frank McGhee w relacji dla „Observera" przeanalizował ustawienie Gullita nieco dogłębniej: „Zdusił w zarodku wszelkie wyobrażenia publiczności na temat tego, jak gra libero. W angielskiej piłce zbyt często robotę w klubach dostają zaprawieni w bojach obrońcy, którzy potrafią trochę wchodzić wślizgami i wywalać piłkę. Gullit udowodnił, że w tej roli trzeba obsadzać najlepiej wyszkolonego zawodnika w zespole".

Tak naprawdę sezon 1995/96 nie był jakoś specjalnie udany dla Chelsea. The Blues skończyli ligę na 11. miejscu i dotarli do półfinału Pucharu Anglii. Z powodu kontuzji Gullit zagrał we wszystkich rozgrywkach 21 meczów i po trzech miesiącach zaczął być zazwyczaj ustawiany w pomocy, po części dlatego, że jego partnerzy po prostu nie rozumieli stylu gry Holendra. „Przyjmowałem trudną piłkę, opanowywałem ją, znajdowałem sobie trochę miejsca, by dobrze podać prawemu obrońcy na dobieg – wspominał później Holender. – Tyle że obrońca nie chciał, żeby mu podawać. I w końcu Glenn mi powiedział: »Ruud, byłoby lepiej, gdybyś robił takie rzeczy, grając w pomocy«".

Hoddle opuścił Stamford Bridge po mistrzostwach Europy w 1996 roku, by przejąć kadrę Anglii, a prezes Ken Bates zdecydował, że menedżera Chelsea powinien zastąpić Gullit, który przez kilka miesięcy, dopóki na Wyspy nie przybył Arsène Wenger, był jedynym zagranicznym szkoleniowcem w Premier League. Holender poszedł w ślady Hoddle'a i został w The Blues grającym menedżerem. Jednym z pierwszych ściągniętych przez niego piłkarzy był dobry technicznie francuski obrońca Frank Lebœuf, który właśnie został wybrany przez „La Gazzetta dello Sport" libero roku (co za cudownie niszowa i wspaniale włoska nagroda); w ten sposób Holender nadal kładł nacisk na budowę drużyny od tyłu. Przez 18 miesięcy na stanowisku szefa Chelsea Gullit poprowadził drużynę do Pucharu Anglii w 1997 roku, zostając pierwszym zagranicznym i pierwszym czarnym menedżerem, który wygrał ważne trofeum w Anglii. Przenikliwość taktyczna Holendra w drodze po puchar robiła czasem olbrzymie wrażenie. W czwartej rundzie do przerwy Chelsea przegrywała już z Liverpoolem 0:2. Gullit jednak za lewego obrońcę Scotta Minto wprowadził napastnika Marka Hughesa, zmienił ustawienie drużyny na radykalne 3-3-1-3 i The Blues wygrali 4:2. Imponująca była też taktyka zespołu w półfinale z Wimbledonem, kiedy to Chelsea zagrała skrajnie wysoko, by łapać przeciwnika na spalone, co przeszkodziło rywalom w grze długimi piłkami.

Gullit został zwolniony ze stanowiska następnego lutego w dość niejasnych okolicznościach, prawdopodobnie wskutek osobistego konfliktu z Batesem, a nie ze względu na niepowodzenia na boisku, drużyna bowiem zajmowała wówczas w lidze drugie miejsce i nie odpadła jeszcze z Pucharu Anglii ani z Pucharu Zdobywców Pucharów. Chelsea zdobyła ostatecznie oba te trofea pod wodzą następcy Gullita w roli grającego menedżera – Gianluki Viallego, człowieka, który później jako pierwszy wystawił do gry drużynę składającą się całkowicie z obcokrajowców. Vialli był jednym z trzech kluczowych włoskich zawodników sprowadzonych do klubu przez Holendra, który – jak łatwo przewidzieć – mógł się poszczycić ogromną wiedzą na temat Serie A. Pozostałymi Włochami byli Gianfranco Zola, gracz, który odegrał najważniejszą rolę w przemianie Chelsea w drużynę grającą techniczny futbol, oraz Roberto Di Matteo, który nie tylko trafiał do siatki w dwóch zwycięskich finałach Pucharu Anglii, w 1997 i 2000 roku, ale podobnie jak Vialli został później menedżerem The Blues i poprowadził ich do triumfu w Pucharze Anglii oraz w Lidze Mistrzów w 2012 roku.

Żaden menedżer nie reagował szybciej niż Gullit na rosnącą liczbę graczy z zagranicy. Z 14 piłkarzy, których ściągnął do drużyny, tylko dwóch było Brytyjczykami, a gdy następnie został szefem w Newcastle (nie był to dla niego szczęśliwy okres), podpisał kontrakty z 23 zawodnikami, w tym zaledwie z pięcioma z Wysp. W niektórych kręgach mocno go za to krytykowano, ale otwarcie stawiał czoło atakującym go ludziom, nieomal wprowadzając nową definicję dla tego zjawiska. „Widzę, że w Anglii wciąż nie myśli się w europejski sposób – narzekał. – Tymczasem ktoś z Francji to już nie cudzoziemiec. Musicie na Wyspach do tego przywyknąć". Odważna wypowiedź. Faktycznie, Gullit w takim samym stopniu co Vialli przyczynił się do tego, że Chelsea pewnego dnia wyszła na mecz jedenastką składającą się z samych obcokrajowców. Holender ściągnął sześciu, a Vialli tylko czterech zawodników z podstawowego składu tamtego dnia. Jedynym ocalałym z ery Hoddle'a okazał się Dan Petrescu.

Mimo rosnącego umiędzynarodowienia Chelsea Gullit – w podobnym stopniu jak Wenger – był anglofilem. Uwielbiał zróżnicowanie Premier League; samemu propagował futbol oparty na krótkich podaniach, lecz zachwycał się też skutecznością Wimbledonu, którego styl bazował na długich zagraniach – Holender uważał to za typowo angielski sposób gry. „Anglicy za nic nie mogą grać tak, jak gra się na kontynencie – powiedział. – Ale czuję, że coś się zmieniło, zarówno w Chelsea, jak i w całej angielskiej piłce".

Gullit zachwycał się zwłaszcza Dennisem Wise'em, zawodnikiem w dawnym stylu, piłkarzem, który po okresie niepewności przyjął rządy Holendra, akcentując jednocześnie potrzebę zachowania „angielskiej" mentalności. Gdy do drużyny przychodzili nowi zawodnicy, Wise wręczał im słownik slangu rymowanego w cockneyu. „W szatni wciąż panowała bardzo angielska atmosfera, głównie dzięki Dennisowi, który był tak angielski, jak tylko można – powiedział później Di Matteo. – Był niekwestionowanym liderem drużyny i uczył innych, co to znaczy grać w Premier League". Ale w tym czasie szatnia drużyny w ośrodku treningowym klubu była szczególna i składała się z oddzielnych pomieszczeń, w których szafki miało po sześciu piłkarzy. Dlatego istniała szatnia Anglików, szatnia Włochów, szatnia Francuzów i szatnia „reszty świata". Zawodnicy zgadzali się potem, że okazało się to zabójcze dla atmosfery w zespole.

Co interesujące, w późniejszych czasach zarówno Gullit, jak i Wenger – dwaj pierwsi menedżerowie z zagranicy, którzy zdobywali w Anglii trofea, i szkoleniowcy, którzy zrobili najwięcej, by wprowadzić graczy spoza Wysp do Premier League – stali się bardziej sceptyczni, jeśli chodzi o rosnące umiędzynarodowienie piłki nożnej. „[Przed prawem Bosmana] tylko najlepszych graczy ściągano do innych krajów – powiedział Holender. – Od tego czasu jednak każdy może pójść dokądkolwiek, a w efekcie mamy nadmiar przeciętnych graczy. [...] Nie można jednak wycofać prawa Bosmana, a gdyby nawet tak było, trzeba by zupełnie od nowa napisać europejskie ustawodawstwo".

Wenger – który na krótko przed objęciem Arsenalu pytał szefostwo klubu, czy fani zaakceptowaliby dwóch piłkarzy z zagranicy w jednym zespole – miał podobne wrażenie. W 2001 roku zaskoczył wszystkich i podpisał kontrakty z Francisem Jeffersem, napastnikiem Evertonu, bramkarzem Richardem Wrightem oraz Solem Campbellem z Tottenhamu (ten ostatni łup wywołał zresztą trzęsienie ziemi). Campbell należał do najlepszych środkowych obrońców w Europie, ale ani Jeffers, ani Wright nie prezentowali wymaganej jakości i w barwach Kanonierów wyszli w pierwszym składzie łącznie zaledwie 16 razy. Dlaczego mistrz wynajdowania w mało znanych ligach nieziemsko utalentowanych piłkarzy wziął na celownik niespełniających jego norm zawodników? Sam Wenger mówił o „reanglicyzacji" Arsenalu, „tak by angielski pozostał pierwszym – i jedynym – językiem używanym w szatni". Nawet zagraniczni menedżerowie martwili się o to, że Premier League traci swą angielską tożsamość.

9

BIG SAM I DŁUGIE PIŁKI

Pamiętam, że w latach 80. oglądałem Wimbledon w telewizji, nie mogę więc powiedzieć, że ten styl gry mnie zaskoczył. Widziałem, że w Anglii często rzuca się długie piłki.

Rafael Benítez

W dekadzie poprzedzającej powstanie Premier League angielski futbol specjalizował się w grze długimi podaniami. Podczas gdy Liverpool, zespół odnoszący w latach 80. największe sukcesy, rozwinął styl polegający na krótkich podaniach, który podziwiano w całej Europie, angielskie drużyny stopniowo wyrzekły się tej filozofii i skoncentrowały na graniu lagi do przodu. Bramkarze i obrońcy mieli wywalać futbolówkę na połowę rywala, w stronę wielkiego środkowego napastnika, który specjalizował się w pojedynkach powietrznych, a jego partner z ataku oraz pomocnicy polowali na przebitki, próbując zgarniać drugie piłki. Uważano, że cierpliwe budowanie akcji to strata czasu.

Miłość Anglików do gry długą piłką najlepiej podsumowywały przekonania Charlesa Hughesa, przez dużą część lat 80. dyrektora do spraw szkolenia w federacji piłkarskiej. Hughes pracował także z Charlesem Reepem, dawnym podpułkownikiem RAF-u, który zdobył sławę jako pierwszy analityk piłkarskich statystyk. Ten ostatni za pomocą danych liczbowych, które zasadniczo były mylące, czasem nielogiczne, a niekiedy dobrane całkiem wybiórczo, próbował udowodnić, że najlepszą metodą przeprowadzania ataków jest futbol bezpośredni i rzucanie długich piłek. W swoim najsłynniejszym podręczniku dla szkoleniowców pod tytułem *The Winning Formula* (Przepis na zwycięstwo) Hughes odnosił się lekceważąco do posiadania piłki, stwierdzając, że 85 procent bramek pada po pięciu lub mniejszej liczbie podań, był więc orędownikiem natychmiastowego wstrzeliwania futbolówki w rejony boiska, które nazywał „strefą największej szansy".

Niewielu menedżerów pragnie być łączonych z Hughesem, znacznie więcej stanowczo się od niego dystansuje. Lecz w latach 80. gra długą piłką była powszechna w całej Anglii, a wśród słabszych drużyn zdarzały się i takie, które dzięki futbolowi bezpośredniemu odniosły niewiarygodne sukcesy. Wimbledon i Watford w ciągu pięciu sezonów awansowały z czwartego poziomu rozgrywkowego do pierwszej ligi, przy czym Wimbledon zdobył Puchar Anglii, a Watford dotarł do finału tych rozgrywek i zajął drugie miejsce w Premiership. Oba te zespoły zdobyły sławę jako drużyny niestrudzenie grające długimi podaniami. Menedżerem Watfordu był Graham Taylor, który został później selekcjonerem reprezentacji Anglii i pełnił tę funkcję w czasie, gdy powstawała Premier League.

W pierwszych latach ery Premier League byliśmy jednak świadkami wyraźnego schyłku popularności gry lagą. Dzięki zmianom w przepisach wymiana podań zaczęła się bardziej opłacać – oczywiście przyczynił się do tego zakaz łapania przez bramkarza podanej piłki, ale też surowsze przepisy dotyczące wejść wślizgami: całkowicie zabroniono ataków od tyłu, wskutek czego napastnicy mogli otrzymywać futbolówkę do nogi bez ustawicznego skrobania po achillesach. Nie można też lekceważyć znaczącej poprawy jakości boisk – trudno bowiem podawać na kartoflisku, zdecydowanie łatwiej natomiast na polu golfowym.

Drużyną uosabiającą grę lagą w latach 90. był wciąż Wimbledon. Szalony Gang zdobył sławę z powodu maczystowskiego zachowania i nieco amatorskiego podejścia; pod wodzą rzeczowego Joego Kinneara i dzięki bezustannym długim piłkom grali lepiej, niż potrafili. Kontynuowali to podejście, zatrudniając Egila Olsena, który preferował szczególnie bezpośrednią piłkę i doprowadził reprezentację Norwegii na drugie miejsce w rankingu FIFA. Olsen zaprzyjaźnił się też bardzo z Reepem, który mimo 95 lat na karku zaproponował, że zostanie analitykiem statystyk w Wimbledonie – nie był to nowoczesny, postępowy futbol. Wydawało się, że spadek Wimbledonu w 2001 roku – przez zbieg okoliczności ten sam los spotkał wtedy Watford, który po raz drugi prowadził Taylor – oznacza śmierć piłki bazującej na długich podaniach na najwyższym poziomie rozgrywkowym. Aż tu nagle zjawił się Sam Allardyce i jego Bolton Wanderers.

Gdy Bolton zawitał do Premier League, niemal go zignorowano. Awansował wraz z dwoma wywołującymi większe emocje klubami: Blackburn, byłym mistrzem, który wrócił do najwyższej klasy rozgrywkowej po dwóch sezonach nieobecności, i Fulham, który budził zaintrygowanie ze względu na fakt, że prezes Mohamed Al-Fayed zainwestował w klub wielkie pieniądze i obiecywał budowę „Manchesteru United z południa". Bolton natomiast w czasie swych dwóch poprzednich przygód z Premier League zlatywał z ligi po jednym sezonie i był głównym kandydatem do spadku. Lecz to trio miało przejść do historii – po raz pierwszy w erze Premier League wszystkie trzy zespoły, które do niej awansowały, uniknęły spadku, przy czym to Wanderers wywarli największy i natychmiastowy wpływ na rozgrywki.

W pierwszej kolejce sezonu 2001/02 Bolton grał mecz wyjazdowy z Leicester City. Był to zdumiewający początek rozgrywek – już do przerwy goście prowadzili 4:0, by ostatecznie wygrać 5:0. Następnie dołożyli do tego szokującego triumfu dwa inne zwycięstwa – z Middlesbrough i Liverpoolem – i po trzech spotkaniach po raz pierwszy od 1891 roku znaleźli się na czele tabeli w najwyższej klasie rozgrywkowej. Nie zaskakuje, że drużyna nie była w stanie utrzymać tak wspaniałej formy, lecz w ciągu sześciu kolejnych lat Bolton wyrobił sobie pozycję najbardziej imponującego małego klubu w Premier League, walcząc o Ligę Mistrzów, regularnie pozostawiając w pokonanym polu większe zespoły i pokazując, że gra długimi podaniami wciąż może przynosić sukcesy w Premier League.

Wśród coraz bardziej skrupulatnych menedżerów zagranicznych pracujących w lidze angielskiej Allardyce był zdecydowanie staromodnym osobnikiem. W trakcie kariery piłkarskiej przeszedł przez całą drabinkę drużyn młodzieżowych Boltonu i spędził w tym klubie dziewięć lat jako grający fizycznie, jednonożny środkowy obrońca. Występował do 39. roku życia we wszystkich czterech ligach zawodowych i zyskał sławę dzięki doskonałej grze w powietrzu. Dwie dekady ciągłego główkowania sprawiły, że u schyłku kariery brał przed meczem dwie aspiryny, a od kiedy zawiesił buty na kołku, cierpiał na problemy z szyją.

Od wczesnych lat było oczywiste, że ma cechy przywódcze. Co zadziwiające, już w wieku 28 lat dostał propozycję pracy w charakterze menedżera Millwall, ale nie skorzystał z tej oferty, bo uznał, że jest za młody. Zamiast niego zatrudniono na tym stanowisku George'a Grahama i choć stosunki między nimi szybko się popsuły, Allardyce nauczył się od Szkota dyscypliny w defensywie. Intrygujące, że na początku swojej kariery szkoleniowej, w Preston, Allardyce pracował pod wodzą Johna Becka, prawdopodobnie najbardziej oddanego wyznawcy metod Hughesa; Beck sprowadził statystyków, by ci nauczyli graczy, jak niewielu podań potrzeba do strzelenia gola, i polecił osobie odpowiedzialnej za stan murawy, by nie strzyc trawy w pobliżu narożnych chorągiewek, żeby zagrywane na skrzydła długie piłki utrzymywały się w boisku. Zawodnicy nie znosili jego niewiarygodnie ścisłych instrukcji, by kopać piłkę w konkretne strefy, lecz Beck odnotował wspaniałe sukcesy z Cambridge, w ciągu trzech sezonów wyciągając tę drużynę z czwartej ligi do baraży o Premiership i niemal powtarzając osiągnięcia Watfordu i Wimbledonu. W Preston odnosił jednak mniejsze sukcesy, a Allardyce nienawidził z nim pracować, krytykując „bezmyślną" piłkę preferowaną przez tego szkoleniowca.

Od samego początku Allardyce wybrał sobie w Premier League rolę autsajdera, odmawiając podążania za wzorcami przyniesionymi przez rywali z kontynentu. „Nigdy nie dostałem propozycji pracy w czołowym klubie Premiership z prostego powodu: nie mam wystarczająco głośnego nazwiska i nie mówię z obcym akcentem" – narzekał jeszcze w 2000 roku, sezon przed awansem Boltonu do najwyższej ligi. Stało się to tradycyjnym motywem jego wypowiedzi, choć wydawało się trochę niedojrzałe, biorąc pod uwagę, że w owym czasie tylko w czterech zespołach Premier League – w tym, co prawda, w trzech klubach z czołowej piątki – zatrudniano jako menedżerów obcokrajowców. Allardyce celowo drażnił szkoleniowców z górnej półki, prawie jak groteskowy czarny charakter, ale z pewnością czuł się sfrustrowany z powodu swego wizerunku w mediach. „W pracy chodzi dziś w dużej mierze o pozę i autoprezentację, o to, jak ludzie cię oceniają, a nie o to, jaki jesteś – miał później narzekać. – Niestety, nic nie poradzę na to, gdzie się urodziłem i jak wyglądam". Allardyce cierpi na potworną dysleksję, przyznaje, że ma kłopoty z pisaniem i czyta bardzo powoli, ale uważa, że nadrabia to wspaniałą umiejętnością słuchania i doskonałą pamięcią słuchową.

Za obcesową osobowością krył się jednak naprawdę nowatorski menedżer; w pierwszej dekadzie Premier League jedynie Arsène Wenger zrobił więcej dla rozwoju tej ligi. Francuz był tak postępowy, bo spędził trochę czasu w Japonii, co w kategoriach czysto piłkarskich było latami wyrwanymi z życiorysu, ale wyprzedził dzięki temu swój czas pod względem przygotowania fizycznego. Podobnie było z Allardyce'em; jego postępowe podejście miało mało prawdopodobne źródło – futbol amerykański.

Latem 1983 roku Allardyce miał krótką przygodę z drużyną z North American Soccer League: 11-krotnie zagrał w barwach Tampa Bay Rowdies. Choć sam poziom piłkarski okazał się stosunkowo niski, to przygotowanie fizyczne drużyny o lata świetlne wyprzedzało to, czego można było wtedy doświadczyć w Anglii, ponieważ drużyna dzieliła obiekty treningowe i część sztabu szkoleniowego z zespołem futbolu amerykańskiego Tampa Bay Buccaneers. Piłkarze przebywali w tym samym kompleksie z graczami z NFL, używali tego samego boiska treningowego oraz stadionu i byli doskonale obznajomieni z wymaganiami i procedurami stosowanymi w sporcie bardziej zaawansowanym pod względem fizjologii organizmu. „To, w jaki sposób futboliści przygotowywali się w tygodniu do meczu, otworzyło mi oczy i było jednym z tych doświadczeń, które zmieniły moje życie – powiedział Allardyce. – Nauczyłem się tam, że przygotowanie fizyczne jest o wiele bardziej złożoną sprawą niż to, za co uważamy je w Anglii. Amerykanie w przypadku każdego gracza niewiarygodnie dużo uwagi poświęcali wszystkim szczegółom".

Allardyce'a zdumiewało używanie przenośnych ultrasonografów, by w ten sposób natychmiast badać kontuzjowanych graczy, podobnie jak obecność masażystów, dietetyków i psychologów, a także wielki nacisk, jaki kładziono na pracę statystyków i analityków. Wszystko to było całkowicie obce angielskiej piłce i choć działo się kilka lat przed tym, jak Allardyce został menedżerem, amerykańskie doświadczenia były w jego przypadku kluczowe – gdy pod koniec lat 90. przejął wodze w Notts County, za najważniejsze uznał sprowadzenie do klubu fizjoterapeuty. Co jednak najistotniejsze, pobyt za oceanem poszerzył mu horyzonty i zachęcił go, by szukać nowinek, śledząc rozwój innych sportów. W Boltonie Allardyce zatrudnił Dave'a Alreda, trenera, który zrobił z rugbisty Jonny'ego Wilkinsona niesamowicie kopiącego łącznika ataku, po czym ten niemal na własną rękę (albo raczej obiema nogami, zważywszy na to, że dzięki metodom Alreda Wilkinson stał się graczem obunożnym, co jest niezwykle rzadkie w tej dyscyplinie) zdobył dla Anglii Puchar Świata w 2003 roku. W późniejszych czasach Allardyce spotkał Billy'ego Beane'a, który zrewolucjonizował baseball dzięki swojemu statystycznemu podejściu nazwanemu *moneyball*, i Dave'a Brailsforda, który dokonał przemiany brytyjskiego kolarstwa za pomocą teorii *marginal gains*, czyli minimalnych zysków.

W Boltonie, gdzie Allardyce otrzymał dziesięcioletni kontrakt, co miało sprzyjać dalekowzrocznemu myśleniu, do tego stopnia rozbudował sztab szkoleniowy, że w klubie znalazło się więcej trenerów niż piłkarzy, co w owym okresie było całkowicie niezwykłe, zwłaszcza w przypadku tak skromnych organizacji jak Bolton. Gdy przyznano mu tytuł doktora honoris causa na miejscowym uniwersytecie – co za moment satysfakcji dla zapalonego ucznia, który z powodu dysleksji miał problemy z nauką – wspomniał o swej dumie „z tego, co osiągnęliśmy w Boltonie, i z pracy, którą wykonałem, by stworzyć »zespół w zespole«".

Rozwój dotyczył też diety i fizjologii piłkarzy; w Boltonie zwiększono stosowanie napojów energetycznych i elektrolitów, korzystano również z pomocy dietetyków i fizjologów. Allardyce szczególną wagę przykładał do danych dotyczących odpoczynku piłkarzy. W drugi dzień świąt Bożego Narodzenia w 2003 roku Bolton grał wyjazdowy mecz z Liverpoolem. Po 47 minutach goście przegrywali 0:2, a ich menedżer, świadomy, że za dwa dni zespół czeka pojedynek z Leicester, natychmiast zdjął z boiska swoich trzech najlepszych graczy: Youriego Djorkaeffa, Jay-Jaya Okochę i Ivána Campo. Wiedział, że dwa mecze w pełnym wymiarze czasowym w tak krótkim okresie to za dużo dla zawodników w ich wieku, więc w praktyce odpuścił spotkanie na Anfield i skupił się na meczu, który można było wygrać – choć Bolton z Lisami miał tylko zremisować 2:2.

O ile jednak Wenger był prawdziwym rewolucjonistą, wprowadzającym metody naukowe do angielskiej piłki, to Allardyce wniósł tam więcej czysto piłkarskich nowinek. Niemal dosłownie widział futbol z odmiennej perspektywy: zamiast stać w strefie technicznej i wywrzaskiwać polecenia dla piłkarzy, co jest przyjętym zwyczajem, Allardyce siadał wysoko na trybunach, by zapewnić sobie jak najlepszy widok na taktyczny pojedynek, a decyzje o wszelkich zmianach przekazywał przez krótkofalówkę asystentom na ławce rezerwowych. Dziwne, że więcej menedżerów nie zaczęło go naśladować, choć Big Sam wrócił potem na ławkę, czując, że jego obecność przy linii bocznej – i w zasięgu słuchu sędziego technicznego – ma swoją wartość.

Kiedy sir Alex Ferguson odwiedził Allardyce'a w jego biurze na Reebok Stadium, by wypić z menedżerem Boltonu zwyczajową lampkę wina po meczu, osłupiał, odkrywszy, ilu „jajogłowych" siedzi przy komputerach, ślęcząc nad statystykami. Dane były dla Allardyce'a kluczowe; przed sezonem zaznajamiał graczy z celami, jakie różne piony sztabu wyznaczyły im, jeśli chodzi o liczbę straconych i strzelonych bramek, był także jednym z pierwszych zwolenników ProZone, zaawansowanego narzędzia do analizy statystyk, które umożliwiało mu dogłębną obserwację występów piłkarzy i meczów. W przerwie spotkań Big Sam puszczał w szatni fragmenty wideo z pierwszej połowy, by zilustrować w ten sposób swe polecenia.

Zespół analityków stworzył statystyczne profile wszystkich boiskowych pozycji, dokładnie przedstawiając, czego będzie się wymagać od zawodnika grającego na przykład na prawej obronie. Allardyce wykorzystywał następnie te informacje, by zmieniać piłkarzom role na murawie, wiedział bowiem, że zawodnicy są w stanie zapewnić drużynie określone statystyki na danej pozycji. Stało się to czymś w rodzaju jego specjalności: z napastników Henrika Pedersena i Kevina Daviesa zrobił odpowiednio lewego obrońcę i prawego pomocnika, przesunął Ricardo Gardnera z lewego skrzydła na lewą obronę, a Ivána Campo i Fernando Hierro, dwóch klasycznych środkowych obrońców, przekwalifikował na grających piłką pomocników. Allardyce badał statystyki pod kątem stałych fragmentów gry, obmyślając bardzo dokładnie, gdzie powinni ustawiać się przy nich jego zawodnicy. Nadał nowe znaczenie staremu komunałowi o „futbolu opartym na prawdopodobieństwie sukcesu".

Czasem Allardyce robił jednak coś wbrew statystykom – zakup Campo nie cieszył się popularnością wśród analityków, ale okazał się sukcesem, a pod koniec sezonu 2003/04 spontaniczna decyzja, by po każdym zwycięstwie dawać piłkarzom cztery dni wolnego, doprowadziła wprawdzie do furii zespół jego naukowców, pomogła jednak

Boltonowi wygrać pięć meczów z rzędu. Big Sam studiował statystyki, lecz nie był ich niewolnikiem.

Najbardziej fascynujące w obsesji Allardyce'a na punkcie statystyk było wybudowanie na obiektach treningowych Boltonu tak zwanego Pokoju Wojny. W środku menedżera i jego powierników otaczały plazmowe ekrany, na których wyświetlano diagramy dotyczące kondycji piłkarzy, statystyk celnych podań, przebieganych przez zawodników kilometrów, liczby sprintów, wślizgów i przechwytów. Były to fundamentalne dane w przypadku przygotowania taktycznego i fizycznego graczy, a Allardyce doskonale wiedział, kiedy dać odpocząć piłkarzom, zanim ci nabawią się poważnej kontuzji. I choć inne drużyny z Premier League stosowały podobne metody, Big Sam wierzył, że pod tym względem Bolton jest najbardziej zaawansowanym klubem w Europie. Najwięcej zasług miał w tym przypadku dyrektor zarządzający Mike Forde, który zyskał taką renomę, że podebrała go Chelsea, później zaś pracował jako doradca w kolarstwie, NBA i co najbardziej znaczące – w NFL. NFL zainspirowała Allardyce'a – a teraz zespół futbolu amerykańskiego szukał inspiracji u dawnego dyrektora zarządzającego Boltonu.

Niemniej wszystko to odbywało się za kulisami. Kibice nie widzieli Pokoju Wojny i modeli statystycznych Allardyce'a, obserwowali po prostu to, co dzieje się na boisku; a choć Big Sam był niewątpliwie pod pewnymi względami innowatorem, jego przepis na piłkę nożną okazał się zdecydowanie staromodny. Pomysł, by grać piłką od tyłu, był Boltonowi obcy; bramkarz Jussi Jääskeläinen wybijał futbolówkę daleko w stronę napastników, a każdy rzut wolny oznaczał wstrzelenie jej w pole karne przeciwnika. Drużyna często stosowała też długie wyrzuty z autu, a menedżer Boltonu nakazał zmniejszyć boisko do minimalnych wymaganych przepisami rozmiarów, co utrudniało rywalom grę podaniami i sprawiało, że auty stwarzały większe zagrożenie.

Piłkarzem uosabiającym w owym czasie drużynę Boltonu był Kevin Nolan, początkowo przeciętny środkowy obrońca z klubowej akademii, co do którego Allardyce nie miał przekonania, że może zostać zawodowym graczem, bo „nie umiał ani główkować, ani robić wślizgów". Przekwalifikował Nolana na pomocnika, który stał się niezłym strzelcem wyłącznie ze względu na swą niesamowitą umiejętność zgarniania drugich piłek, dopadania do nich i walenia z całej siły z bliskiej odległości. I właśnie o to chodziło w grze Boltonu – w pierwszych kilku sezonach w Premier League zespół doskonale wykorzystywał prosty, przeniesiony wprost z niedzielnej ligi pomysł zbierania drugich piłek.

Po śpiewającym początku w debiutanckim sezonie w Premier League Bolton zaczął borykać się z problemami, igrając ze spadkiem i unikając go tylko dzięki nagłej zwyżce formy na wiosnę. Kluczowe okazało się ściągnięcie dwóch zagranicznych napastników, którzy występowali w reprezentacjach swoich krajów; Niemiec Fredi Bobic został wypożyczony i zanotował hat-tricka w kwietniowym meczu z Ipswich, lecz ważniejsze było podpisanie umowy z Yourim Djorkaeffem – Allardyce uważa, że nigdy nie przeprowadził lepszego transferu. Znakomity kreatywny napastnik, który poważnie przyczynił się do zdobycia przez Francję mistrzostwa świata i mistrzostwa Europy, miał problemy dyscyplinarne w poprzednim klubie, Kaiserslautern, lecz Big Sam nie zwracał na nie uwagi. „Nie martwi mnie charakter Youriego i jego reputacja z czasów gry w Niemczech – powiedział po podpisaniu kontraktu z Francuzem. – Zawsze z przyjemnością ściągałem piłkarzy ze złą reputacją albo takich, którzy sprawiali problemy gdzie indziej, bo to dla mnie wyzwanie. Umiem ocenić charakter piłkarza". Był to pierwszy z szeregu podobnych piłkarzy sprowadzonych do Boltonu – zagranicznych, dobrych pod względem technicznym, doświadczonych i stwarzających ryzyko dla atmosfery w szatni.

Allardyce w intrygujący sposób tłumaczył, dlaczego preferuje doświadczonych zawodników, podsumowując, że mógł przeanalizować obejmujące szereg lat dane z bazy ProZone, więc wie, jak będzie grał dany gracz, gdy go wystawi. Doświadczenie często rozpatruje się w odniesieniu do wiedzy gracza, lecz menedżer Boltonu rozpatrywał je w odniesieniu do własnej wiedzy o graczu. W żartach wspominał o Djorkaeffie jako „ambasadorze klubu na świat", ponieważ jego przyjście do Boltonu sprawiło, że klub zaistniał na piłkarskiej mapie, później zaś Kłusaki cieszyły się sztuczkami Okochy, najbardziej utalentowanego rozgrywającego z Afryki w swoim pokoleniu, a do tego prawdziwego showmana, podobnie jak boiskową przebiegłością Hierro i Campo, którzy na kilka lat przed tym, zanim świat zaczął tak wysoce cenić hiszpańską jakość podań, wprowadzili ją do gry Boltonu. Allardyce zaryzykował z szeroko grającym napastnikiem El-Hadjim Dioufem, bardzo nielubianym w Liverpoolu, i został za to wynagrodzony kilkoma dobrymi występami Senegalczyka. Big Sam znakomicie radził sobie z zarządzaniem ludźmi; Diouf nazywał Allardyce'a „tatą" ze względu na zaufanie, jakim został obdarzony, a w późniejszym czasie menedżer wyratował też z Turcji Nicolasa Anelkę, piłkarza o równie trudnym charakterze, którego karierę wskrzesił i na którym zarobił dwa razy więcej, niż wydał, gdy zawodnik został sprzedany do Chelsea, gdzie zdobył koronę króla strzelców.

Zdarzały mu się jednak i wpadki. Zdumiewająco skuteczny w Portugalii Mário Jardel nie potrafił się odnaleźć na Wyspach i odszedł z klubu, a Hidetoshi Nakata, pierwszy japoński piłkarz, który został gwiazdą, narobił w Boltonie więcej szumu, niż grał, i zakończył karierę w wieku 29 lat, po bezbarwnym sezonie na Reebok Stadium. Ale Big Sam zasadniczo ściągał tych graczy za darmo i podpisywał z nimi krótkie umowy, notując przy tym więcej trafień niż pudeł. Główną zasadą Allardyce'a przy kontraktowaniu piłkarza było po prostu skupienie się na jego mocnych stronach i dopilnowanie, by miał okazję pokazać je na boisku. Brzmi to może prosto, lecz w czasach, gdy postępowi menedżerowie zachęcali obrońców do atakowania (a napastników do bronienia), tradycyjne podejście Allardyce'a cieszyło się popularnością wśród weteranów, sfrustrowanych osobliwymi boiskowymi obowiązkami, jakie przydzielano im w wielkich klubach.

W dwóch pierwszych sezonach w Premier League Bolton zrealizował swój podstawowy cel – uniknięcie degradacji – i zakończył ligę najpierw na 16., a później na 17. pozycji. Ale w kolejnych rozgrywkach klub z Reebok Stadium finiszował na ósmym, szóstym, ósmym i siódmym miejscu, będąc jedyną drużyną spoza „wielkiej czwórki", czyli Arsenalu, Chelsea, Liverpoolu i Manchesteru United, która przez cztery sezony lądowała w górnej połówce tabeli, co należy uznać za godne szacunku osiągnięcie. W sezonie 2004/05 Bolton zdobył tyle samo punktów co Liverpool, zwycięzca Ligi Mistrzów, po raz pierwszy w swej historii kwalifikując się do europejskich pucharów. Dwa lata później, w rozgrywkach 2006/07, na przełomie roku drużyna zajmowała trzecią pozycję w lidze i wydawało się, że stanie do walki o miejsce zapewniające grę w Lidze Mistrzów.

Bolton zrobił postępy nie tylko ze względu na rosnącą liczbę grających technicznie piłkarzy w składzie, lecz także dzięki udoskonalaniu ich bezpośredniego stylu gry. Po części brało się to z przejścia na ustawienie 4-5-1 (już wcześniej od czasu do czasu stosowanego przez Allardyce'a jako alternatywa dla 4-4-2), które od początku sezonu 2003/04 stało się wyjściową taktyką drużyny. Big Sam często wyłamywał z szyku drugiego napastnika i ustawiał go szeroko przy linii, co było znakiem rozpoznawczym ustawienia z dwoma piłkarzami, którzy mieli walczyć o górne piłki, podobnie jak przewaga liczebna w środku pomocy w czasach, gdy jeszcze niewiele drużyn przestawiło się na grę jednym napastnikiem. Dziwne, że zespół tak bezwstydnie niezainteresowany walką o piłkę w formacji pomocy tak wcześnie zaadaptował ustawienie 4-5-1.

Mimo skłonności do gry lagą Allardyce nie mógł liczyć na odpowiedniego odgrywającego napastnika w dwóch pierwszych sezonach Bolton w Premier League, kiedy jego drużyna broniła się przed spadkiem. Obdarzany wymaganymi na tej pozycji warunkami fizycznymi Michael Ricketts miał olbrzymi wpływ na grę zespołu w pierwszej połowie sezonu, lecz wolał grać za plecami środkowego napastnika, a do tego irytował Big Sama brakiem profesjonalizmu. Henrik Pedersen natomiast ciężko pracował na boisku, ale nie był szczególnie skuteczny w walce w powietrzu. W 2003 roku Allardyce ściągnął więc za darmo Kevina Daviesa i o ile wcześniej graczem uosabiającym grę Boltonu był Nolan, a to ze względu na swą umiejętność wygrywania drugich piłek, o tyle Davies został główną postacią drużyny z powodu umiejętności wygrywania piłek skierowanych bezpośrednio do niego. Był to transfer w klasycznym stylu Allardyce'a – utalentowany napastnik, dla którego swego czasu Blackburn pobiło klubowy rekord transferowy i który po kilku słabych latach pozornie wylądował na bocznym torze, w ostatnim swym sezonie w Southampton wychodząc tylko raz w pierwszej jedenastce.

Davies pojawił się na przedsezonowym obozie treningowym Boltonu z potężną nadwagą i natychmiast wdrożono mu restrykcyjny reżim treningowy, w tym dietę Atkinsa. Jak wspominał później sam piłkarz, pewnego wieczora zatroskany Allardyce wezwał Daviesa do swego pokoju hotelowego i powiedział mu, że ma reputację kogoś, kto o siebie nie dba, i że przezywają go „królem Budweisera"; błagając piłkarza, by zmienił swe podejście, menedżer Boltonu siedział w szlafroku na łóżku, z cygarem i kieliszkiem czerwonego wina. Nazwał Daviesa i innych graczy bez kondycji Klubem Grubasów i wysyłał na 70-kilometrowe rowerowe przejażdżki po górach, a kiedy piłkarze wracali, zastawali go pałaszującego pełne angielskie śniadanie. Kontrast między Big Samem a Wengerem, który jadł to samo co piłkarze, by dać im dobry przykład, podsumowuje pełną sprzeczności naturę Allardyce'a.

Niemniej reżim treningowy z pewnością zadziałał. W pierwszym roku w Boltonie Davies zaczął od początku wszystkie 38 meczów – czasem jako środkowy napastnik, czasem na prawym skrzydle – a ostatecznie spędził w tym klubie dziesięć lat. Nigdy nie był zbyt skuteczny, strzelał przeciętnie osiem goli na sezon, ale znakomicie radził sobie w walce o górne piłki, mimo że miał zaledwie 183 cm wzrostu, stosunkowo mało jak na odgrywającego napastnika z Premier League. Davies regularnie kończył rozgrywki jako gracz najczęściej faulowany i najczęściej popełniający faule – przy czym niemal zawsze zdarzało się to podczas walki w powietrzu. W gruncie rzeczy sprawiał, że mecze były ciągle przerywane i kręciły się wokół stałych fragmentów gry, co doskonale pasowało Boltonowi. Allardyce w niewielkim stopniu martwił się posiadaniem piłki, a znacznie bardziej tym, gdzie piłka się znajduje. Podstawowym zagraniem drużyny była piłka do Daviesa, lecz ten zgrywał ją do jednych z najbardziej ekscytujących piłkarzy w Premier League, najpierw do Djorkaeffa i Okochy, później zaś do Dioufa i Anelki. Z niezawodnym doświadczonym pomocnikiem Garym Speedem i mistrzem Europy Steliosem Giannakopoulosem, który znakomicie potrafił znaleźć się w sytuacji bramkowej bez opieki, Bolton był idealną mieszanką potrafiących coś wyczarować piłkarzy technicznych oraz grających prosty futbol zawodników, dzięki którym zespół mógł grać bezpośrednio i od czasu do czasu pobić jakiś większy klub.

Allardyce zawsze próbował osiągnąć przewagę nad przeciwnikiem. W sezonie 2003/04, po tym jak nieco zmieniono przepisy dotyczące spalonego – gracze, którzy znajdowali się na pozycji spalonej, lecz nie brali udziału w akcji, mogli od tej pory włączyć się do gry, gdy zeszli z ofsajdu – Bolton zaczął inaczej wykonywać rzuty wolne. Big Sam polecił dwóm piłkarzom stawać na spalonym i nie walczyć o wrzuconą futbolówkę, lecz cofnąć się, by dopaść do drugiej piłki w zamieszaniu podbramkowym. Allardyce chciał, by ci zawodnicy ruszali z pozycji, gdzie obrońcy nie będą w stanie ich kryć. Najlepiej udało się Boltonowi wdrożyć tę taktykę w meczu z Leicester; Nolan – oczywiście jeden z piłkarzy znajdujących się na „pasywnym spalonym" – trafił do siatki, zbierając drugą piłkę, a później drużyna Allardyce'a wyrównała, gdy znajdujący się na ofsajdzie Nolan zdekoncentrował stojącego na linii bramkowej bramkarza Lisów Iana Walkera, który przepuścił piłkę uderzoną przez Daviesa. Allardyce był jednak ostrym przeciwnikiem nowej wykładni spalonego. „Myślę, że popełniono błąd. Nie mogę zrobić nic poza tym, żeby spróbować wyzyskać to na swoją korzyść – powiedział. – Nie podoba mi się to, nie sądzę, by wnosiło to cokolwiek do gry. [...] Zmiana wywołała zamieszanie i dzięki niej mieliśmy trochę okazji". Równie lekceważąco potraktował ją Micky Adams, menedżer Leicester: „Jak można powiedzieć, że piłkarze nie uczestniczą w grze, jeśli biegają bramkarzowi przed oczami?".

Allardyce posunął się dalej. Gdy zorientował się, że nic nie może powstrzymać graczy znajdujących się na „pasywnym spalonym" przed celowym zasłanianiem widoku bramkarzowi przeciwnika przy rzutach wolnych, w sezonie 2005/06 podszedł do sprawy jeszcze zuchwalej. W pierwszym meczu Boltonu u siebie – przegranym 0:1 z Evertonem – Big Sam ustawił Nolana przed golkiperem gości Nigelem Martynem, dosłownie oko w oko. Gdy Martyn się przesuwał, by lepiej widzieć, Nolan robił to samo. Reakcja Allardyce'a brzmiała znajomo. „Nie podoba mi się to, co robię – przyznał. – Nie sądzę, by był to dobry przepis; to błędna wykładnia i robiąc to, co zrobiłem, pokazałem, że jest błędna, nawet jeśli staraliśmy się wyciągnąć z tego korzyść dla siebie. Skoro takie są przepisy, będziemy próbowali je wykorzystać".

To właśnie Allardyce – zawsze starał się ubiec przeciwników. A miał ich niemało. Długotrwały konflikt z menedżerem Liverpoolu Rafaelem Benítezem był wyjątkowo małoduszny. „To wzór dla szkoleniowców na całym świecie. Ich styl gry i jego zachowanie – powiedział pewnego razu sarkastycznie Benítez – to idealny wzór dla dzieci i sądzę, że przypadnie on do gustu rodzicom i zaczną zachęcać potomstwo, by go naśladowało. Myślę, że Barcelona zastanawia się nad skopiowaniem tego stylu gry".

Największe problemy z Boltonem miał Arsenal, drużyna symbolizująca w Premier League techniczną biegłość. O ile między Allardyce'em a Wengerem były podobieństwa, jeśli chodzi o wprowadzanie nowinek dotyczących przygotowania fizycznego, to preferowany przez nich styl nie mógłby się bardziej różnić i bezpośrednie pojedynki tych drużyn rozsławiły Bolton jako drużynę grającą najbardziej bezpośredni futbol w całej lidze. Pierwsze spotkanie drużyn prowadzonych przez obu menedżerów nastąpiło w kwietniu 2003 roku na Reebok Stadium; Arsenal wyszedł na prowadzenie 2:0, ale posypał się w ostatnich 20 minutach, nie będąc w stanie przeciwstawić się umiejętnościom Okochy i powietrznemu ostrzałowi gospodarzy, co stanowiło idealną ilustrację hybrydowego zagrożenia, które stwarzali.

Między styczniem 2005 a listopadem 2006 roku – w okresie gdy Arsenal zdobył Puchar Anglii i awansował do finału Ligi Mistrzów – Bolton grał z Kanonierami na Reebok Stadium cztery razy i wygrał wszystkie te mecze, za każdym razem otwierając wynik spotkania po strzale głową. Za pierwszym razem Manuel Almunia został poddany niekończącej się kanonadzie z powietrza, na co wydawał się kompletnie nieprzygotowany, tak że Wenger, co do niego niepodobne, po meczu skrytykował decyzje podejmowane przez swojego golkipera. Bolton zdobył bramkę po długim wybiciu Jääskeläinena i zgarnięciu drugiej piłki przez Dioufa, który dośrodkował na głowę Giannakopoulosa. Gospodarze nie tylko stwarzali zagrożenie z przodu, ale też zabezpieczyli tyły. „Rozpracowaliśmy ich i zmusiliśmy do popełniania najprostszych błędów" – przechwalał się Allardyce.

Choć po następnych spotkaniach z Boltonem Wenger narzekał na bardzo siłową grę drużyny Allardyce'a, to po tym pierwszym meczu przyznał, że jego piłkarze zostali przechytrzeni pod względem taktycznym. „Pozwoliliśmy gospodarzom grać tak, jak im pasowało; stworzyliśmy dla nich idealne warunki i dopuściliśmy, by Bolton robił swoje – stwierdził. – Wciągnęli nas i grali długą piłką, ale właśnie w ten sposób grają". Kanonierzy wydawali się całkowicie skołowani postawą zespołu używającego staromodnej taktyki.

Wygrana z Arsenalem 2:0 w grudniu 2005 roku, kiedy Allardyce kazał grać na nieprzekonującego Pascala Cygana, który wystąpił na niezwyczajnej dla siebie pozycji lewego obrońcy, sprawiła, że Wenger ponownie musiał przyznać, iż Kanonierom nie leży styl Boltonu. „Graliśmy niepewnie i miękko. Pokonali nas swoim stylem; Boltonowi należy się uznanie, wynika to jednak z naszych słabości. [...] Pokazali, jak trzeba zagrać, by nas pokonać" – przyznał Wenger, narzekając przy tym na siłowy futbol Boltonu. „Kopali nas tak samo jak my ich – odpowiedział na to pomocnik Kevin Nolan. – Ale skoro na to narzekają, to chyba każdy już teraz wie, jak pokonać Arsenal, no nie?"

Tak, ale mało która drużyna wiedziała to lepiej niż Bolton. Podczas wygranego miesiąc później 1:0 spotkania w Pucharze Anglii Kłusaki znowu wzięły na cel środkowego obrońcę ustawionego na lewej obronie – tym razem był to Philippe Senderos – co skończyło się dośrodkowaniem z tej strefy i zwycięskim golem po uderzeniu głową Giannakopoulosa. Podczas odniesionego w listopadzie 2006 roku zwycięstwa 3:1 Bolton miał trochę więcej szczęścia, bo Kanonierzy trzykrotnie obijali obramowanie bramki. Ale była to czwarta z rzędu porażka Arsenalu na Reebok Stadium, a Allardyce bezwzględnie obnażył fizyczną słabość zespołu Wengera, choć wcześniej nie uważano tego za jakiś szczególny problem Kanonierów.

„Wydaje się, że Wenger chciałby takich przepisów, które pozwoliłyby im robić z piłką, co im się żywnie podoba, a nam zabraniałyby wślizgów – powiedział Allardyce. – [Media] nie doceniają faktu, że przez cały tydzień analizowaliśmy, jak zneutralizować ich świetnych technicznie graczy i nie dać im ani chwili spokoju przy piłce. Znalezienie słabości Arsenalu i wykorzystanie ich to prawdziwa umiejętność". W przypadku taktyki Allardyce'a to kluczowa sprawa; zanim opracuje własną strategię, analizuje przeciwnika, uważnie go obserwuje. I dlatego należy do najlepiej reagujących na stawiane przez rywala wyzwania taktyków w całej historii Premier League. Uwielbia grać zwłaszcza przeciwko menedżerom hołdującym określonej, sztywnej filozofii gry – po prostu dlatego, że to ułatwia mu dobranie taktyki, o czym opowiadał pokrótce w wywiadzie udzielonym w 2014 roku.

„Istnieją dwa rodzaje szkoleniowców. Tacy jak ja, którzy oceniają rywala i chcą, by ich zespół dostosował się do przeciwnika. Podobnie robił Fergie. I José [Mourinho]. No i jest Arsène, który nie będzie się dostosowywał. I Brendan [Rodgers], on też wygląda na takiego, który nie będzie się dostosowywał. Tak samo jak Manuel Pellegrini. [...] Ich filozofia gry polega raczej na założeniu, że »zawsze gramy w ten sposób« i tego nie zmieniają, wciąż robią to samo. I właśnie dlatego można ich pokonać".

Allardyce był mistrzem znajdowania równowagi – między futbolem siłowym a polotem, między swoją staroświecką naturą a innowacyjnymi metodami, między konsekwentnym podejściem a taktyką biorącą pod uwagę zwyczaje rywala. Nieliczni neutralni kibice zachwycali się Boltonem z powodów estetycznych, lecz w drużynie Big Sama zawsze grali porywający piłkarze; wprowadził on także taktyczną różnorodność, stawiając wielkie kluby przed całkowicie nowym wyzwaniem. Wieczny autsajder Allardyce ponownie wprowadził tradycyjny angielski futbol do coraz bardziej kontynentalnej Premier League.

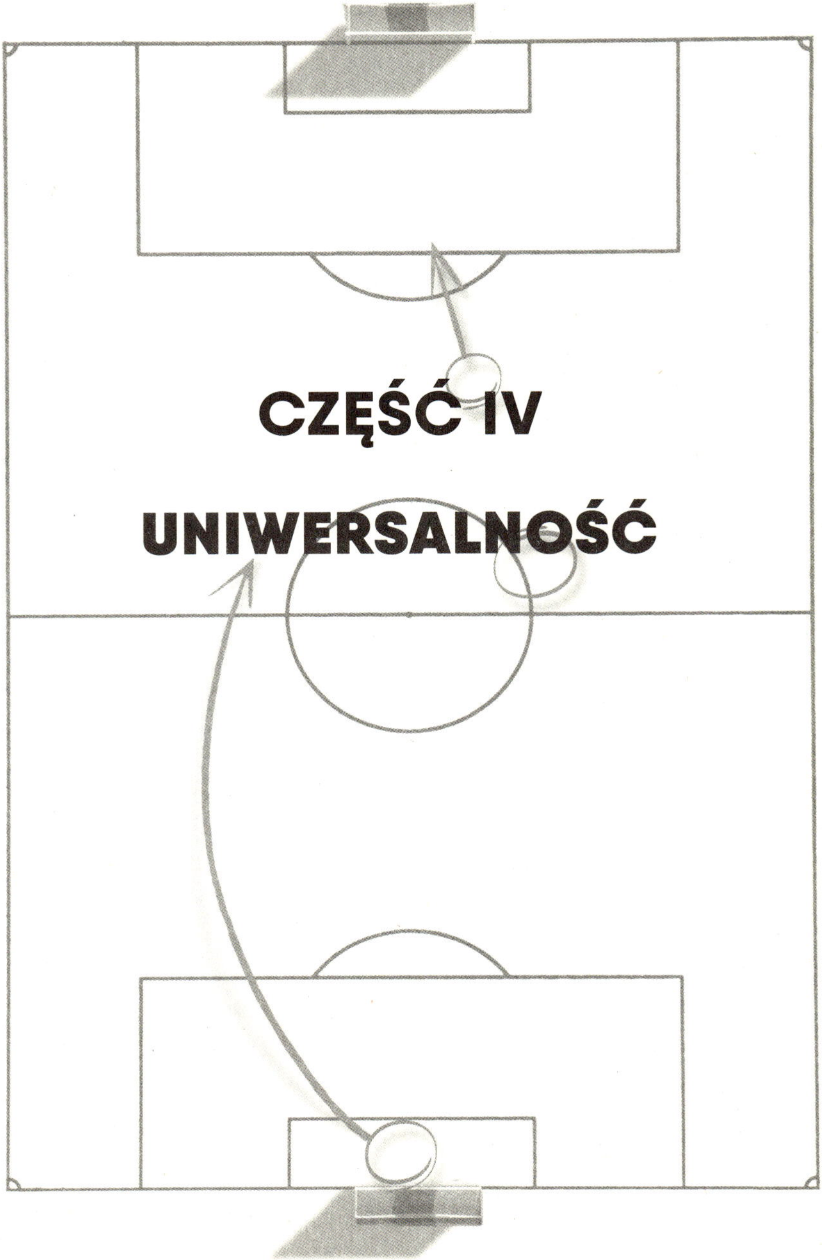

CZĘŚĆ IV

UNIWERSALNOŚĆ

10
JEDEN Z PRZODU

Widzisz Thierry'ego Henry'ego, i to coś pięknego. Widzisz mnie – to nie to co kiedyś.

Ruud van Nistelrooy

W pierwszych latach Premier League do zmian w ustawieniu dochodziło przede wszystkim ze względu na piłkarzy, co oznaczało zwykle przejście na formację 4-4-2 w odpowiedzi na niekonwencjonalny styl gry i nietypową pozycję boiskową nabytków z zagranicy. Początek XXI wieku zdominowało jednak odejście od systemów z dwoma napastnikami na rzecz ustawienia z jednym napastnikiem. Znamienne, że sir Alex Ferguson, prekursor tej zmiany, postanowił najpierw zmienić taktykę, a dopiero później dobrał piłkarzy pasujących do nowego systemu. Zwrot Szkota, który bardziej niż na piłkarzach zaczął koncentrować się na systemie gry, podkreślał coraz większy nacisk kładziony na taktykę.

Zmysł taktyczny Fergusona rozwijał się przez całe lata 90., a do zmiany zainspirowały go europejskie puchary. Porażkę United 2:3 z Realem Madryt w ćwierćfinale Ligi Mistrzów w 2000 roku uważa się czasem za moment, w którym Ferguson postanowił odejść od ustawienia 4-4-2. Gra Manchesteru w tym dwumeczu robiła jednak duże wrażenie. Podopieczni szkockiego menedżera stwarzali wiele okazji, ale ich ataki odpierał młody bramkarz Realu Iker Casillas. Poza tym porażka z przyszłymi zwycięzcami rozgrywek nie przynosiła wstydu. Dla zmiany podejścia Fergusona bardziej kluczowe okazały się dwie porażki w kolejnym sezonie tych rozgrywek: z PSV i Anderlechtem. Drużyna z Eindhoven ograła United 3:1 tradycyjną wersją klasycznego holenderskiego ustawienia 4-3-3, mistrzowie Belgii natomiast wykorzystali elastyczne ustawienie diamentem, zwyciężając 2:1.

W obu spotkaniach Czerwone Diabły miały problemy z utrzymywaniem się przez dłuższy czas przy piłce, nie radziły sobie z kontratakami, a jedyne bramki zdobyły z rzutów karnych. „Sponiewierali nas – wspominał później te dwie porażki Ferguson. – Graliśmy w tradycyjnym stylu United, w ustawieniu 4-4-2, i zostaliśmy rozbici. Powiedziałem piłkarzom i członkom sztabu, że jeśli nie będziemy w stanie utrzymywać się dłużej przy piłce i przeciwstawić się w pomocy, poniesiemy więcej takich porażek, ponieważ rywale nas rozgryźli. Przeszliśmy więc na grę trójką w środku pola". A ponieważ na obu flankach występowali skrzydłowi, w drużynie zostało miejsce tylko dla jednego środkowego napastnika. W połowie sezonu 2000/01 Ferguson eksperymentował z ustawieniem 4-5-1 głównie z powodu kontuzji, ale na początku następnej edycji rozgrywek stało się ono wyjściową taktyką drużyny.

Było to bardzo przemyślane posunięcie – Ferguson poświęcał siłę ofensywną, pragnąc dopilnować, by Manchester zyskał przewagę w pomocy, co pomogłoby zespołowi dominować na boisku. Dla fanów zmiana okazała się kontrowersyjna, wielu z nich bowiem uważało ustawienie 4-4-2 za część klubowej tradycji. Grając w ten sposób, klub bez trudu sięgnął po krajowy tytuł w sezonach 1999/2000 i 2000/01, a dzięki rotacji w kadrze zespołu nadal pozostawali czterej napastnicy, którzy sięgnęli po potrójną koronę: Dwight Yorke, Andy Cole, Teddy Sheringham i Ole Gunnar Solskjær.

Wtedy czołowym graczem United stał się Sheringham, który zdobył dla Czerwonych Diabłów najwięcej bramek w sezonie 2000/01 i został wybrany graczem roku zarówno przez Stowarzyszenie Piłkarzy Zawodowych, jak i Stowarzyszenie Dziennikarzy Piłkarskich. Co zaskakujące, od razu po zakończeniu rozgrywek Ferguson pozwolił wrócić

Sheringhamowi do jego byłego klubu, Tottenhamu. Oficjalnie dlatego, że Manchester oferował napastnikowi roczny kontrakt, a 35-latek chciał dwuletniej umowy. Wydawało się jednak dziwne, że United traci najlepszego gracza Premier League wyłącznie z powodu długości kontraktu, zwłaszcza że Sheringham był klasycznym przykładem piłkarza, który nigdy nie polegał na szybkości, więc mógł z powodzeniem grać grubo po trzydziestce. Do jego odejścia bez wątpienia przyczyniło się to, że Ferguson zamierzał zmienić ustawienie na 4-5-1. Taki system nie odpowiadałby drugiemu napastnikowi pokroju Sheringhama.

Formacja 4-5-1 wymagała innego typu piłkarzy niż 4-4-2, dlatego też Ferguson dokonał dwóch istotnych wzmocnień. Pobił brytyjski rekord transferowy, sprowadzając z PSV środkowego napastnika Ruuda van Nistelrooya, a chwilę potem pobił go jeszcze raz, kupując z Lazio argentyńskiego pomocnika Juana Sebastiána Veróna. „Nigdy nie sądziłem, że wydam tyle pieniędzy na piłkarza – powiedział o drugim z tych transferów Ferguson. – Ale była to dla United konieczność". Zamiary Szkota wydawały się oczywiste: van Nistelrooy należał do napastników, którzy mogli grać z przodu w pojedynkę, a Verón miał być trzecim klasowym środkowym pomocnikiem u boku Roya Keane'a i Paula Scholesa. Ferguson przypadkiem ogłosił też, że za rok – po sezonie 2001/02 – zamierza zakończyć menedżerską karierę. Finał Ligi Mistrzów odbywał się w tym sezonie w jego rodzinnym Glasgow – uznał więc, że sukces na Hampden Park będzie idealnym pożegnaniem, a 4-5-1 to najlepszy system, by po raz drugi zwyciężyć w tych rozgrywkach.

Początki z ustawieniem 4-5-1 nie były jednak dla United łatwe. Z różnych przyczyn – na pewno nie pomogło zaskakujące odejście Jaapa Stama po kłótni z Fergusonem i to, że następca Holendra, Laurent Blanc, nie radził sobie najlepiej; Ferguson przyznał też później, że popełnił wielki błąd, zapowiadając, że odejdzie po sezonie, bo piłkarze przestali się starać. Ale ponieważ United wyraźnie wolniej konstruowało akcje, nową taktykę, co nieuniknione, często krytykowano. Kozłem ofiarnym został Verón. Było to trochę niesprawiedliwe, zważywszy, że Argentyńczyk przystosowywał się do gry w innej lidze. Poza tym zmiana systemu spowodowała także, że jego koledzy z drużyny, którzy mogli się pochwalić znacznie większym doświadczeniem w Premier League, również zaczęli grać gorzej.

Przede wszystkim trudno było określić, jaka rola na boisku jest dla Veróna optymalna, nie był bowiem ani klasyczną argentyńską dziesiątką, ani cofniętym rozgrywającym, a przy tym okazał się zbyt powolny, żeby dało się go uznać za piłkarza operującego od pola karnego do pola karnego. „Grałem z nim i nie mógłbym stwierdzić, na jakiej pozycji czuł się najlepiej" – przyznał Ryan Giggs. Verón snuł się po boisku, popisując się sporadycznie wspaniałymi długimi podaniami, ale rzadko odgrywał decydującą rolę. Koledzy z drużyny mówili o umiejętnościach, którymi błyszczał na treningach, a Ferguson nazwał go „kurewsko znakomitym piłkarzem" i podczas tyrady na konferencji prasowej złajał krytykujących Argentyńczyka dziennikarzy – „pieprzonych idiotów" – za to, że nie doceniają jego talentu. Koniec końców, Verón nie spełnił jednak nadziei, zważywszy, że był wówczas najdroższym i najlepiej opłacanym piłkarzem Premier League. Można próbować udowodnić, że Argentyńczyk trafił na Wyspy kilka lat za wcześnie, gdy w angielskiej piłce nie przyjęli się jeszcze imponujący elegancją w grze pomocnicy i trzyosobowe bloki w środku pola, ale z drugiej strony inni utalentowani piłkarze z zagranicy, jak Éric Cantona, szli pod prąd i skutecznie reedukowali kibiców. Verón nie był w stanie wywrzeć podobnego wpływu i lepiej czuł się we Włoszech i Argentynie, gdzie grano w wolniejszym tempie.

Na początku grudnia 2001 roku Manchester znajdował się ledwie na dziewiątym miejscu w lidze, później jednak gra Czerwonych Diabłów uległa gwałtownej poprawie, co zaowocowało 14 zwycięstwami w 16 następnych kolejkach i awansem na sam szczyt tabeli. Ferguson zdążył do tego czasu odwołać decyzję o zakończeniu kariery. Godne uwagi, że choć w europejskich pucharach Szkot stosował ustawienie 4-5-1, w Premier League powrócił do formacji 4-4-2, która odpowiadała naturalnemu stylowi gry United i zaowocowała nagłą poprawą wyników. W marcu jednakże Manchester uległ na własnym boisku 0:1 Middlesbrough trenowanemu przez Steve'a McClarena, byłego asystenta Fergusona. Alen Bokšić zdobył jedyną bramkę w spotkaniu po niepotrzebnej stracie piłki Veróna przed linią obrony. Po tej kolejce na pierwsze miejsce w lidze wysunął się Arsenal, który nie oddał go już w drodze po tytuł mistrzowski.

Ale bardziej istotne od wpadek Veróna były występy van Nistelrooya, w Premier League próbowano bowiem rozgryźć, czego dokładnie wymaga się od osamotnionego środkowego napastnika. Wcześniej grę jednym napastnikiem uważano za posunięcie defensywne, wykorzystywane głównie przez mniejsze kluby na wyjazdach. Obecnie stała się ona realną strategią ofensywną.

Van Nistelrooy, co może trochę zaskakiwać, pokonał kolejne szczeble kariery w drugoligowym holenderskim Den Bosch jako ofensywny pomocnik. Dopiero później, w Eredivisie, trener Heerenveen Foppe de Haan zrobił z niego środkowego napastnika. Kiedy jego dawny podopieczny przeniósł się do Manchesteru, de Haan wspominał, że młody van Nistelrooy „tak naprawdę nie zachowywał się zespołowo i nie miał pojęcia, co to znaczy grać technicznie – chciał dostawać każdą piłkę, a mając ją przy nodze, był świetny, ale grał pod siebie". De Haan rozpoznał ograniczenia van Nistelrooya, przesunął go więc do przodu, polecając raczej czekać na futbolówkę niż za nią biegać. Tym samym stworzył najbardziej klasycznego lisa pola karnego, jakiego oglądała Premier League.

Ferguson prawie kupił Holendra latem 2000 roku, ale napastnik nie przeszedł testów medycznych, wykryto bowiem, że ma problem z więzadłem krzyżowym. PSV twierdziło, że to nic poważnego, i van Nistelrooy wrócił trenować do Eindhoven. Klub postanowił nagrać trening, by przedstawić dowód na jego sprawność fizyczną. Ale w trakcie ćwiczeń napastnik nagle runął z krzykiem na ziemię, ściskając z bólu kolano. Zerwał więzadło, co usprawiedliwiło obawy United. Ferguson odwiedził van Nistelrooya, by zapewnić go, że transfer dojdzie do skutku następnego lata, jeśli ten wróci tylko do pełni zdrowia, i słowa dotrzymał.

Wiara Fergusona była uzasadniona – van Nistelrooy z miejsca okazał się strzałem w dziesiątkę. W debiucie w barwach United na własnym boisku dwukrotnie pokonał bramkarza Fulham, a pierwszy sezon w Premier League zakończył z 23 trafieniami i tytułem piłkarza roku PFA. W ciągu pięciu lat spędzonych na Wyspach Holender imponował skutecznością, strzelając dosłownie zawsze i wszędzie: z 95 bramek ligowych 48 zdobył na Old Trafford, a 47 na wyjazdach, 48 w pierwszych połowach, 47 w drugich. Większość napastników trafia częściej na własnym boisku, gdy ich drużyna przeważa, i zwykle robi to w drugiej połowie, gdy gra się rozciąga. Ale dla van Nistelrooya nie miało to znaczenia, ładował gola za golem, czemu nieodmiennie towarzyszył potężny ryk fanów United, wrzeszczących: „Ruuuud".

Rolę van Nistelrooya w Manchesterze United uświadamia inna statystyka – z jego 95 ligowych goli tylko jeden padł po uderzeniu zza pola karnego (w wyjazdowym meczu z Charltonem w ostatnim sezonie Holendra w barwach klubu). Co więcej, jeśli powiększymy próbę do 150 bramek, które van Nistelrooy zdobył ogółem we wszystkich rozgrywkach dla United, wspomniana statystyka nie ulegnie zmianie. Nawet jak na piłkarza tak bezwstydnie czekającego na piłki jak van Nistelrooy to nadzwyczajny wyczyn, jeśli weźmiemy pod uwagę, że więcej goli zza pola karnego strzelali klasyczni napastnicy pokroju Emile'a Heskeya (11 ze 111 trafień w Premier League), Chrisa Suttona (9 z 83) czy Kevina Daviesa (7 z 83).

Kiedy Wayne Rooney zadebiutował w Manchesterze w meczu Ligi Mistrzów z Fenerbahçe w 2004 roku, strzelił hat-tricka, na którego złożyły się trzy gole spoza szesnastki. Trzy w ciągu 54 minut; van Nistelrooy trafił w ten sposób raz przez pięć sezonów. Ale Holender był fantastycznym łowcą bramek, uwielbiał dośrodkowania, przewidywał, gdzie spadnie piłka, wyczuwał, że bramkarz wyjdzie i można go ominąć. Choć zdobywał bramki wyłącznie z bliska, część z nich była spektakularna, zwłaszcza gdy dostawał trudne do opanowania piłki na dużej wysokości. Pokazywał wówczas niewiarygodne umiejętności, gasząc je, a potem obracając się i trafiając do bramki. Ostatecznym celem w piłce nożnej jest umieszczenie piłki w siatce i z tysięcy zawodników, którzy grali w Premier League, nikt nie wykonywał tego prostego zadania lepiej od van Nistelrooya.

Ale van Nistelrooy oznaczał także problemy. Przed jego przyjściem Manchester sięgnął po trzy tytuły ligowe z rzędu. Za czasów jego pobytu na Old Trafford Czerwone Diabły triumfowały tylko raz w ciągu pięciu sezonów. Kiedy Holender w 2006 roku odszedł z klubu, United znów zdobyli trzy tytuły z kolei. Nie należy oczywiście winić samego van Nistelrooya – za ten stan rzeczy odpowiadają w równym stopniu nagłe wzbogacenie się Chelsea, postępy Arsenalu i wątpliwe nabytki Fergusona – ale napastnik ten zachwycał raczej indywidualnie niż jako gracz drużynowy.

Choć koledzy z zespołu na ogół określali van Nistelrooya mianem najlepiej wykańczającego akcje piłkarza, u którego boku grali, jego jednowymiarowość była oczywista. „Jeśli wygraliśmy 3:0, a on zmarnował dobrą okazję, to po meczu siedział w opłakanym stanie w kącie szatni" – wyznał Ryan Giggs. Walijczyk pamięta pewien epizod z wyjazdowej wygranej z Boltonem (4:0) w pierwszym sezonie Holendra w Anglii, gdy Solskjær przyćmił go, zdobywając hat-tricka i rozstrzygając losy spotkania. Kilka minut przed końcem, gdy było już po meczu, Giggs wystawił van Nistelrooyowi piłkę tak, że ten tylko przyłożył nogę. Walijczyk był zaskoczony, gdy strzelec ruszył do niego, wrzeszcząc: „Dziękuję! Dziękuję!", ponieważ tak bardzo się cieszył, że nie skończy meczu bez gola.

Współpraca Holendra z Solskjærem okazała się owocna, ale zasadniczo nie był on specjalistą od gry kombinacyjnej i styl Holendra frustrował zwłaszcza występującego z nim w duecie napastnika.

W reprezentacji van Nistelrooy i Kluivert żywili do siebie osobistą niechęć i ich współpraca rzadko przynosiła efekty, z kolei jego dominacja w United tłumaczy po części, dlaczego w Anglii trudno było odnaleźć się przyszłemu zdobywcy Złotego Buta Diego Forlánowi, który pierwszego gola zdobył dopiero po 27 meczach (w wielu był tylko zmiennikiem). „Ruud nie rejestruje go po prostu na swoim radarze" – przyznał Ferguson.

Najbardziej jednak krytykował Holendra Louis Saha, który trafił do Manchesteru w 2004 roku. Spytany o różnice między van Nistelrooyem a jego kolegą z reprezentacji Thierrym Henrym, jasno dał do zrozumienia, że woli grać u boku rodaka. „Ruud nigdy nie strzela spoza szesnastki i nigdy nie wykonuje rzutów wolnych – stwierdził, a potem dorzucił w bardziej potępiającym tonie: – Ruud nie bierze za bardzo udziału w grze zespołu. Jego styl bazuje wyłącznie na wykończeniu". Następnie Saha powiedział, że z Henrym gra się tak, „jakby porywał cię za sobą zawodnik w żółtej koszulce lidera" – tą piękną analogią mógł się posłużyć tylko jeden Francuz mówiący o drugim.

Henry był zresztą największym problemem van Nistelrooya. W latach 90. nikt nie wspomniałby o względnym braku ogólnych umiejętności piłkarskich Holendra, ale zawodnika United porównywano do drugiego ligowego łowcy bramek z najwyższej półki, który wskazywał inny kierunek rozwoju gry na pozycji środkowego napastnika. Ich oczywista rywalizacja zdominowała w tym okresie dyskusje prawie jak angielska wersja debaty o wyższości któregoś z dwójki Cristiano Ronaldo – Lionel Messi. Henry trafiał do siatki częściej od van Nistelrooya, a przy tym potrafił zrobić na boisku o wiele więcej. Henry był odpowiednikiem Messiego, a van Nistelrooy Ronaldo – co o tyle stosowne, że obaj mieli później grać u boku swoich „następców".

Paul Scholes potwierdza, że Holender nazbyt przejmował się rywalizacją z Francuzem. „Jeśli nie strzelił gola, siedział skwaszony na tyłach autokaru, nawet gdy wygraliśmy mecz – opowiadał. – W dodatku gdy podczas sprawdzania innych wyników okazywało się, że Henry strzelił,

Ruud wściekał się jeszcze bardziej. Widział w nim osobistego rywala i stanowczo obstawał przy tym, że na pewno zdobędzie więcej bramek".

W trakcie pięciu sezonów van Nistelrooya w Premier League tylko on i Henry sięgali po koronę króla strzelców, ale ostateczny wynik brzmiał 4:1 na korzyść Francuza (24:23, 24:25, 30:20, 25:6, 27:21). Tylko w sezonie 2002/03 van Nistelrooy zwyciężył i zdobył Złotego Buta – a mimo to Henry i tak zdołał go przyćmić, zostając piłkarzem roku według PFA i FWA.

W ostatniej kolejce tamtych rozgrywek, gdy United miało już zapewniony tytuł, uwaga skupiła się na rywalizacji Henry'ego z van Nistelrooyem o koronę króla strzelców. Francuz strzelił gola w siódmej minucie wyjazdowego spotkania z Sunderlandem, wyrównując stan rywalizacji na 24:24, a pod koniec spotkania z Evertonem w Liverpoolu 25. bramkę zdobył Holender, który przyznał potem, że przed wykonaniem rzutu karnego myślał tylko o wyprzedzeniu Henry'ego. Warto jednak zauważyć, że napastnika Arsenalu powiększenie dorobku interesowało w niewielkim stopniu: w drugiej połowie Francuz zaliczył aż trzy asysty, wszystkie przy golach Freddiego Ljungberga (to jeden z trzech hat-tricków asystencko-strzeleckich w historii Premier League). Henry był w równym stopniu kreatorem, co łowcą bramek, i zakończył sezon z 20 asystami, co do dziś pozostaje rekordem. „Bez pracy, którą wykonuje ostatni podający, napastnik jest nikim – powiedział pewnego razu podopieczny Wengera. – Poza tym nie należę do piłkarzy, którzy cierpią, gdy nie strzelają".

Jeden przykład tego rodzaju zawodników był oczywisty. Warto przy tym zwrócić uwagę na to, że podczas gdy van Nistelrooy niezwykle żywiołowo świętował gole, przy których tylko dołożył nogę, Henry reagował na bramki z nonszalancją, którą przyswoił sobie od jednego ze swych idoli, legendy koszykówki Michaela Jordana. Zasugerował nawet, że gole strzelone przez niego w przegranych przez Arsenal meczach nie powinny być wliczane do jego osiągnięć – wydawały mu się bezwartościowe. Francuz był jednak prawdziwym graczem zespołowym;

gdy któryś z kolegów za mocno podał w jego stronę, chętnie nagradzał brawami sam pomysł. W pewnym okresie – w okolicach sezonu Niezwyciężonych (2003/04) – gdy zdarzało mu się z rzadka tracić piłkę, z determinacją za nią gonił, w pojedynkę ograniczając możliwość rozegrania dwóm lub trzem rywalom. Był to efektowny, niezwykły widok – najbardziej wysportowany piłkarz Premier League pruł przez boisko, by rozpocząć pressing, dając w ten sposób przykład kolegom, bo skoro Henry może ciężko pracować, to dlaczego oni by nie mieli?

Henry nie zdominował po prostu klasyfikacji strzelców, lecz zdefiniował całą epokę w angielskim futbolu. Jego styl stanowił rzadkie połączenie artyzmu z atletyzmem, a przy tym Francuz, w przeciwieństwie do van Nistelrooya, był także zabawiaczem, kimś, kto chce dogodzić kibicom, showmanem, jak to ujął nieżyjący już George Best. Kompilacje z jego „najpiękniejszymi bramkami" zadziwiają już samą różnorodnością trafień – od huknięć z dystansu, przez nieuchwytne dryblingi, po ostatnie sztychy podczas zespołowych akcji Arsenalu. Henry bywał bezczelny: strzelał gole piętką, a karne podcinką, wykorzystywał rzuty wolne, gdy bramkarz wciąż ustawiał mur.

Nikt nie cieszył się w Premier League tak powszechnym uznaniem. W 2004 roku Arsenal na wyjeździe w Pucharze Anglii z Portsmouth zaprezentował prawdziwy pokaz błyskotliwej gry i zwyciężył 5:1. Atmosfera na Fratton Park była jednak wspaniała – ściana dźwięku nie ustępowała ani na chwilę mimo klęski gospodarzy, których kibice hojnie oklaskiwali ofensywną grę Kanonierów. „W życiu czegoś takiego nie widziałem" – powiedział Henry. Zachwycony był również Arsène Wenger: „To wspaniały wynik. Ale doping ze strony fanów rywali daje jeszcze więcej frajdy". Gdy w tym samym sezonie Arsenal wrócił na Fratton Park na spotkanie ligowe, mając już zapewniony tytuł, fani Portsmouth przez dużą część drugiej połowy skandowali nazwisko Henry'ego. Francuz wymienił koszulkę z przeciwnikiem, a następnie odbył minirundę honorową w trykocie Portsmouth, by zejść z boiska żegnany oklaskami miejscowych fanów. Miało się poczucie, że Henry należy do całej Premier League, nie tylko do Arsenalu.

Jeśli van Nistelrooy był najbardziej klasycznym napastnikiem, jakiego można sobie wyobrazić, to Henry nie był nim ani trochę. Wielką wagę przywiązywano do decyzji Wengera, by przenieść Henry'ego ze skrzydła na środek ataku, choć patrząc realistycznie, było to oczywiste posunięcie, zważywszy duże przywiązanie francuskiego menedżera do systemu 4-4-2 i fakt, że w czasach juniorskich Henry grał jako napastnik. Zakłopotanie wynika stąd, że angielscy obserwatorzy nie doceniali niuansów ustawień innych niż 4-4-2.

Wenger dał zadebiutować Henry'emu w drużynie seniorów Monaco w sierpniu 1994 roku, ale miesiąc później stracił posadę i napastnik oswoił się z grą na flance w formacji 4-3-3. Henry występował na skrzydle podczas zwycięskich dla Francuzów mistrzostw świata w 1998 roku na własnych boiskach; była to naturalna pozycja dla obdarzonego ogromną szybkością piłkarza, który nie żyje z dośrodkowań. Jego krótka, trwająca pół sezonu przygoda z Juventusem była dziwna – turyńczycy nie grali w ustawieniu ze skrzydłowymi, czasem zaś korzystali z taktyki 3-5-2. Henry dostawał szanse z przodu, ale zdarzało się, że musiał pełnić obowiązki wahadłowego, co w praktyce oznaczało grę na boku obrony, gdy drużyna nie znajdowała się przy piłce. Było to bez wątpienia całkowite marnotrawstwo jego talentu, choć sam zainteresowany wzdryga się na sugestię, że w Serie A poniósł porażkę, upierając się – niebezpodstawnie – że grał zupełnie dobrze, ale po prostu uznał, że przenosiny do Arsenalu będą najlepsze dla rozwoju jego kariery.

W systemie 4-4-2 Henry mógł pełnić dwie funkcje: lewego pomocnika lub napastnika, i nierzadko zapomina się, że początkowo częściej występował na tej pierwszej pozycji. W pierwszych 15 meczach sezonu 1999/2000 pięć razy zagrał na lewej flance, w ataku tylko trzykrotnie, a siedem razy nie wybiegł w pierwszej jedenastce. W rzeczywistości był wówczas dla Wengera czwartym środkowym napastnikiem – w pierwszym składzie wychodzili Dennis Bergkamp (12 razy), Nwankwo Kanu

(10) i Davor Šuker (5). Henry musiał zaczekać na właściwy moment i choć nie ma wątpliwości, że Wenger miał wobec rodaka wysokie oczekiwania, jeszcze nie przystosował się do roli środkowego napastnika. Gdy Marc Overmars doszedł do pełni zdrowia i zajął z powrotem miejsce na lewym skrzydle, Henry przeniósł się do pierwszej linii i wszystkie elementy układanki wskoczyły na swoje miejsce. Henry, co istotne, jest wdzięczny Wengerowi raczej za to, że ten „pozwolił mi uwierzyć, że mogę występować tam, gdzie dawniej zawsze grałem", niż za przeniesienie na zupełnie nową pozycję.

Henry zdobył pierwszą bramkę w Premier League we wrześniu 1999 roku, strzelając po wejściu z ławki jedynego gola w meczu z Southampton, ale dopiero pod koniec listopada, gdy dwukrotnie trafił do siatki po asystach Overmarsa w spotkaniu z Derby (dzięki czemu Arsenal wyciągnął wynik 0:1 na 2:1), pokazał swój potencjał strzelecki, dzięki któremu miał ostatecznie stać się najlepszym snajperem w dziejach Arsenalu. Od tamtego meczu jego forma poszybowała w górę: w pierwszych ośmiu występach zdobył tylko jedną bramkę, ale w kolejnych 19 trafiał 16 razy. W tym czasie tylko raz rozpoczynał spotkanie na skrzydle i nawet wówczas grał tam jedynie 45 minut, by po przerwie przenieść się do pierwszej linii. Henry stał się napastnikiem.

Był przy tym jednak napastnikiem nietypowym. Przez lata gry w Arsenalu było oczywiste, że miał doświadczenie w grze na skrzydle, ponieważ ciągle ustawiał się bliżej linii niż prawy obrońca rywala, by następnie zejść do środka i prawą nogą wkręcić piłkę w długi róg. Stało się to znakiem rozpoznawczym Henry'ego i wynikało w dużej mierze z pracy na boisku treningowym. Gdy Francuz był nastolatkiem, raz po raz powtarzał to samo ćwiczenie: przyjmował piłkę przy linii, ścinał do środka obok manekina i uderzał przy dalszym słupku. Kiedy zdobył w ten sposób bramkę w meczu eliminacyjnym do mistrzostw świata w 2006 roku, zadedykował ją swojemu trenerowi z czasów juniorskich w Monaco, Claude'owi Puelowi (który po latach został menedżerem Southampton), ponieważ to Puel zachęcał go, by codziennie po treningu pracował nad takim wykończeniem akcji. „Nie miałem smykałki do goli od urodzenia – mówił Henry pod koniec kariery. – Byłem szybki. Musiałem mieć dziesięć okazji, żeby zdobyć z tego jedną bramkę, ale zarazem ciągle te okazje stwarzałem. Później powiedziałem sobie: »Nie będziesz miał ich tyle przez cały czas. Musisz je wykorzystywać«".

Ustawienie Henry'ego utrudniało życie przeciwnikom. Ferguson przyznał, że gdy Manchester grał z Arsenalem, polecał swojemu prawemu obrońcy – zwykle Gary'emu Neville'owi – by stale trzymał się pozycji. Henry inspirował się grą trzech piłkarzy: początkowo George'a Weaha, który również pracował z Wengerem w Monaco, lecz także Romário i Ronaldo. Ta trójka, powiedział Francuz, „wymyśliła środkowego napastnika na nowo, byli to pierwsi zawodnicy, którzy cofali się po piłkę do środka boiska, przemieszczali się na skrzydło, wyciągali i dezorientowali środkowych obrońców wychodzeniem na pozycję, sprintami, dryblingiem".

Trzej wspomniani piłkarze byli zawodnikami niewątpliwie ruchliwymi, ale zasadniczo grali jako dziewiątki. Henry posunął się natomiast dalej. W ogóle nie czuł się napastnikiem i cofał się tam, gdzie zwykle operował także Bergkamp, czyli między linie, a środkowi obrońcy rywala orientowali się, że nie mają kogo kryć. Gra z fałszywą dziewiątką z przodu stała się modna kilka lat później, lecz Arsenal już wówczas występował w praktyce bez napastników, wystawiając jedynie dziesiątkę i lewoskrzydłowego. A zatem podczas gdy Ferguson z rozmysłem zrezygnował ze zwykłego systemu 4-4-2 na rzecz gry jednym napastnikiem, Arsenal subtelnie przeszedł na grę bez napastników w r a m a c h zwykłego 4-4-2.

Choć Henry potrafił strzelać więcej goli niż van Nistelrooy, Arsenal zdobywał bramki dzięki różnym piłkarzom. W zwycięskim sezonie 2001/02 Freddie Ljungberg trafił 12 razy w ledwie 25 występach, a grający na drugim skrzydle Robert Pirès – który zresztą sięgnął w tamtym sezonie po tytuł gracza roku FWA, mimo że stracił ostatnie dwa miesiące z powodu poważnej kontuzji kolana – w trzech kolejnych sezonach (od 2002/03 do 2004/05) strzelał po 14 goli, co było rewelacyjnym wynikiem jak na bocznego pomocnika. Często dochodziło więc do zamiany ról: napastnicy kreowali grę, a skrzydłowi zmieniali się w łowców bramek.

Choć z czułością wspomina się współpracę Bergkampa z Henrym – niewątpliwie obaj byli wspaniałymi napastnikami i nadawali na tych samych falach – osobliwe ustawienie Arsenalu sprawiało, że Henry najlepiej rozumiał się na boisku z Pirèsem, z którym wymieniał błyskawiczne klepki, by uciec obrońcom na lewym skrzydle, Bergkampowi zaś najlepiej układała się gra z Ljungbergiem, który świetnie wychodził do prostopadłych podań Holendra. „Najpiękniejsza sprawa to dogranie piłki, gdy samemu jest się w dogodnej pozycji do zdobycia bramki – stwierdził Henry. – Wiesz, że jesteś wystarczająco dobry, żeby strzelić, ale podajesz. Dzielisz się z partnerem. I widzisz radość w jego oczach. Ty o tym wiesz, on o tym wie, wszyscy to wiedzą". Trudno o coś dalszego od zapatrywań van Nistelrooya – pewnego razu Scholes strzelił gola Aston Villi, dostawiając tylko nogę w polu bramkowym, a potem czuł się zmuszony, by przeprosić Holendra, który czyhał tuż za jego plecami, gotów wykorzystać okazję.

Gdy w 2016 roku Wenger świętował 20-lecie pracy w Arsenalu, Henry przeprowadził ze swym dawnym menedżerem wywiad telewizyjny, wypytując go o system gry. „Graliśmy w ustawieniu 4-4-2 z Bergkampem, który był napastnikiem, ale gdy Dennis występował razem z tobą, robiło się z tego bardziej 4-2-3-1 – powiedział Wenger. – Mieliśmy wówczas również takich piłkarzy jak Freddie Ljungberg, który wychodził na pozycję z głębi pola, więc czasem bywało tak, jakbyśmy grali dwoma lub trzema napastnikami". Odejście od ustawienia z dwoma napastnikami nie oznaczało, że osamotniony piłkarz na szpicy musi strzelać najwięcej goli, lecz że muszą je strzelać różni zawodnicy.

Ferguson coraz lepiej zdawał sobie sprawę, że Manchester ma pod tym względem braki i na początku drugiego sezonu van Nistelrooya w Anglii wypowiadał się na temat Holendra zaskakująco krytycznie. „Czasem wydaje mi się, że Ruud jest trochę zbyt samolubny – oświadczył publicznie Szkot. – Oczywiście nie zdobyłby w zeszłym sezonie 36 bramek, gdyby nie był odrobinę samolubny, ale zdarza się, że mógłby zrobić lepszy użytek z piłki, o czym mu zresztą mówiłem. Ruud uważa, że jeśli nie strzela, nie wnosi nic do gry. O tym również z nim rozmawiałem. Kiedy nie strzela, schodzi zły z boiska i jest przygnębiony. Ruud wciąż jest jeszcze młody i jeśli będzie w stanie to zmienić, stanie się naprawdę wielkim piłkarzem".

W tamtym sezonie van Nistelrooy sięgnął zarówno po tytuł mistrzowski, jak i koronę króla strzelców, grając w pojedynkę z przodu przed Scholesem, który wykorzystał swoje ustawienie bliżej pola karnego przeciwnika i zaliczył najlepszy sezon w karierze, jeśli chodzi o liczbę goli, mimo że van Nistelrooy widział w nim „asystenta", umożliwiającego mu skupienie się na trafianiu do siatki. Występy Holendra w sezonie 2002/03 nie budziły zastrzeżeń, choć ciągle martwił się swym brakiem wszechstronności. „Gdy spoglądam na [byłego napastnika reprezentacji Niemiec] Gerda Müllera, widzę wyłącznie łowcę bramek. Choć strzelał tyle goli, nie lubię jego gry – powiedział van Nistelrooy pod koniec 2003 roku. – Zawsze starałem się być zawodnikiem bardziej kompletnym. Mam ambicję, żeby łączyć najlepsze cechy dziewiątki i dziesiątki jako napastnik, który jest zarazem piłkarzem zespołowym i kreatorem gry".

Ale poza numerem na koszulce niewiele było w grze van Nistelrooya z boiskowej dziesiątki. Przez pięć lat w Anglii Holender notował średnio niecałe trzy asysty na sezon, a Henry zaliczał ich ponad dziesięć. Coraz bardziej wyglądało na to, że Czerwone Diabły z van Nistelrooyem na szpicy są zbyt przewidywalne, co stało w zupełnej sprzeczności z powodami, dla których Ferguson przeszedł na ustawienie 4-5-1. Szkot przyznał później, że „z początku sądził, że wachlarz umiejętności

Ruuda jest szerszy, niż się okazało". Van Nistelrooy przypominał raczej klasycznego łowcę bramek z lat 90. w typie Robbiego Fowlera czy Andy'ego Cole'a, lecz w nowym tysiącleciu menedżerowie wymagali od napastników większej wszechstronności.

Warto jednak pamiętać, że choć spuścizna Henry'ego niewątpliwie przetrwała próbę czasu, wielu ekspertów uważało wówczas, że to van Nistelrooy jest lepszym atakującym. Wartość środkowych napastników oceniano bowiem nadal w tradycyjnych kategoriach i często dowodzono, że lepsza gra Holendra w powietrzu to dowód, że jest groźniejszy pod bramką rywala. Alan Smith, były napastnik Arsenalu, który został dziennikarzem „The Telegraph", pisał, że „jeśli chodzi o ogólne umiejętności, Holender jest chyba odrobinę lepszy", co z perspektywy czasu – w świecie, w którym tak ceni się umiejętność dogrywania piłki – może wydawać się szaleństwem. Ale za olbrzymią wadę Francuza uchodziło to, że nie strzelał goli głową, a jeszcze bardziej szokowało, że regularnie wykonywał rzuty rożne, zamiast czekać na dośrodkowania w polu karnym, a także pozwalał partnerom strzelać rzuty karne, zwłaszcza gdy był faulowany.

Van Nistelrooy przywykł do tego, że jest jedynym napastnikiem w United, i frustrowało go, że Ferguson sprowadza napastników, którzy podważają jego pozycję. W 2003 roku menedżer Czerwonych Diabłów sprzedał Davida Beckhama, bocznego pomocnika, który zapewniał Holendrowi takie dośrodkowania, jakich ten potrzebował, i zastąpił go Cristiano Ronaldo, indywidualistą irytującym van Nistelrooya tym, że nie chciał wrzucać piłki w pole karne. Rok później do klubu trafił Rooney i Manchester zaczął wyglądać lepiej bez Holendra. Sezon 2004/05 zaczął się dla byłego piłkarza PSV przeciętnie – zdobył tylko jedną bramkę z gry w dziewięciu spotkaniach i dorzucił do tego trzy trafienia z karnych. Potem, gdy kontuzja wykluczyła go na dłużej (od końca listopada do połowy lutego), podopieczni Fergusona zanotowali najlepszy okres w całym sezonie, zdobywając 32 punkty z 36 możliwych i notując imponujące zwycięstwa na Anfield oraz Highbury. Ich gra kręciła się teraz wokół Rooneya i Ronaldo.

Konflikty z tymi dwoma zawodnikami zadecydowały o końcu van Nistelrooya w United. Nigdy nie układała mu się zbyt dobrze współpraca z Rooneyem, który po odejściu Holendra wypowiadał się o nim wyraźnie krytycznie. „Sądzę, że wie, że nasz styl gry nie jest dla niego odpowiedni – oznajmił Rooney. – To niesamowity łowca bramek, ale piłkarze, których sprowadził menedżer, jak Ronaldo, Louis [Saha] i ja, są bardziej nastawieni na szybką grę z kontry. Gramy na pełnych obrotach, a Ruud lubi zwalniać grę. [...] Miałem poczucie, że jest nieszczęśliwy od chwili, w której podpisałem kontrakt z United. [...] Dogaduję się z Ruudem, ale nie sądzę, żeby on i Ronnie byli świetnymi kumplami. Na boisku treningowym zdarzyło się jedno spięcie czy dwa. Ruud strasznie się zdenerwował, gdy Ronnie nie podał mu tak szybko, jakby tego chciał". Ten zarzut pojawiał się regularnie – van Nistelrooy otwarcie narzekał, że nie może grać z Ronaldo, bo skrzydłowy za długo przetrzymuje piłkę i nie dośrodkowuje. Po prawdzie była to wówczas skarga jak najbardziej uzasadniona.

Ale zrobiła się z tego poważna awantura. Van Nistelrooy ciągle skarżył się na Ronaldo asystentowi Fergusona, Carlosowi Queirozowi. Portugalczyk puszczał jego narzekania mimo uszu po części dlatego, że chronił młodego rodaka. To frustrowało Holendra jeszcze bardziej i skończyło się godnym ubolewania incydentem na boisku treningowym po tym, jak van Nistelrooy faulował Ronaldo. Gdy skrzydłowy próbował w swoim stylu wyolbrzymić zajście, van Nistelrooy krzyknął do niego: „I co teraz zrobisz? Poskarżysz się tacie?". Sarkastycznie odnosił się do Queiroza, ale prawdziwy ojciec Ronaldo zmarł niewiele wcześniej po długiej walce z chorobą alkoholową. Portugalczyk, co zrozumiałe, wybuchnął gniewem.

To wydarzenie okazało się niefortunne dla van Nistelrooya, który ciągle miał problemy z relacjami z pozostałymi napastnikami zarówno na boisku, jak i poza nim. Holender odbył rozmowę z Fergusonem i oświadczył, że chce w 2005 roku odejść z klubu, dodając, że nie zamierza czekać, aż Ronaldo i Rooney rozwiną się w piłkarzy zdolnych wygrać Ligę Mistrzów, co wprawiło Szkota w osłupienie. Menedżer United zasugerował, że van Nistelrooy powinien wziąć na siebie rolę ich przewodnika.

Sprawy przybrały jeszcze gorszy obrót w kolejnym sezonie. Manchester znów prezentował się lepiej bez Holendra w składzie i gdy ten zdał sobie sprawę, że w wygranym łatwo 4:0 finale Pucharu Ligi 2006 z Wigan nie wejdzie z ławki, wyzwał Fergusona słowem, które w różnych publikacjach prasowych pojawiało się, o dziwo, zarówno jako „****", jak i „*****". Przed ostatnim meczem sezonu 2005/06 (przeciwko Charltonowi) van Nistelrooy kopnął na treningu Ronaldo, co skłoniło Rio Ferdinanda do zrewanżowania się Holendrowi, który w odpowiedzi zamachnął się na niego, lecz minimalnie chybił. Takie zajścia nie należą do rzadkości na treningach, ale to okazało się kroplą, która przepełniła czarę goryczy. Kiedy van Nistelrooy stawił się na mecz z Charltonem, Ferguson bez ogródek kazał mu wracać do domu, a po sezonie napastnik trafił do Realu Madryt.

Możliwe, że Holender próbował wymusić transfer do Hiszpanii – domagał się w kontrakcie klauzuli dotyczącej przenosin do Realu – ale takie zakończenie zupełnie nie przystawało jednemu z najlepszych strzelców w historii Premier League. W Madrycie van Nistelrooy z powodzeniem wznowił współpracę ze starym znajomym Beckhamem, choć godne uwagi, że gdy w 2009 roku w jego ślady poszedł Ronaldo, to – nawet jeśli obaj piłkarze się pogodzili – Holender zagrał w Realu już tylko jeden mecz. Van Nistelrooy chwalił później entuzjastycznie niewiarygodne postępy Ronaldo i zadzwonił do Fergusona, by przeprosić za swoje zachowanie w ostatnim sezonie w United.

Menedżer Manchesteru postąpił jednak słusznie, sprzedając Holendra. Po odejściu van Nistelrooya w 2006 roku Czerwone Diabły znów stały się najmocniejszą drużyną Premier League, zdobywając trzy mistrzostwa z rzędu i sięgając po triumf w Lidze Mistrzów. Rooneyowi przypadła w spadku koszulka z numerem 10, a Ronaldo wskoczył na najwyższy poziom i został czołowym łowcą bramek w klubie. Najbardziej wymowne było to, że Ferguson nie szukał nawet następcy van Nistelrooya – przez dwa lata nie sprowadził żadnego piłkarza na środek ataku, odebrał bowiem najważniejszą lekcję na temat napastników: samo strzelanie goli przestało już wystarczać.

11
NIEZWYCIĘŻENI I (JESZCZE) NIEPRZEKONANI

Kiedy się zaczyna, to każdy chce być środkowym napastnikiem, ale część z nas musi ostatecznie bronić.

Martin Keown

Niezwyciężony Arsenal, który dokonał historycznego wyczynu, nie przegrywając ani jednego spotkania w całym sezonie 2003/04, to najsłynniejsza drużyna za czasów Premier League. Ale te rozgrywki były w istocie ostatnim posunięciem w grze w trzy karty.

Dwa lata wcześniej Arsenal zdobył tytuł w podobnie imponującym stylu, ustanawiając przy okazji dwa nadzwyczajne rekordy. Po pierwsze, była to zapowiedź zespołu Niezwyciężonych, ponieważ piłkarze Wengera zostali pierwszą drużyną od ponad 100 lat, która przez cały sezon nie uległa na wyjeździe. W tamtym momencie Kanonierzy wydawali się bardziej przerażający na boiskach rywali; ich własny stadion Highbury miał najmniejsze boisko w lidze, więc na wyjeździe, gdy w dodatku rywale czuli się w obowiązku, by atakować, łatwiej było o wolną przestrzeń, którą Arsenal wykorzystywał podczas kontrataków. Po drugie – i jeszcze bardziej imponujące – Kanonierzy zostali pierwszym zespołem w historii najwyższej klasy rozgrywkowej, który strzelił gola w każdym ligowym spotkaniu; rekord ten został niesłusznie przyćmiony – czemu trudno się zresztą dziwić – przez sezon bez porażki. Ale to właśnie ta statystyka była bardziej charakterystyczna dla Arsenalu, ponieważ uwypuklała stałe zagrożenie, jakie Kanonierzy stwarzali pod bramką rywala.

Przed kolejnym sezonem (2002/03) Arsène Wenger w obecności dziennikarzy zapowiedział coś niesamowitego: „W lidze nikt nas nie wyprzedzi. I nie zaskoczy mnie, jeśli przez cały sezon nie poniesiemy ani jednej porażki". Buta Wengera spotkała się z mieszaniną sceptycyzmu i zdumienia. Ale Francuz na tym nie poprzestał. „Nadal mam nadzieję, że uda nam się nie przegrać w tym sezonie" – powtórzył po laniu, jakie jego podopieczni sprawili Leeds United na początku września 2002 roku. Był to bardzo szczególny cel, którego nie osiągnął nikt od czasów Preston North End w sezonie 1888/89. Wenger musiał przełknąć gorzką pigułkę, gdy w następnym miesiącu Wayne Rooney debiutanckim trafieniem w Premier League po strzale z 25 metrów od poprzeczki zakończył serię 30 spotkań Arsenalu bez porażki. „Przecież on ma ponoć 16 lat" – westchnął po meczu Wenger, przytłoczony tym, że jego marzenie o sezonie bez przegranej legło w gruzach.

Ten psychologiczny cios wyraźnie odbił się na Kanonierach, którzy przegrali cztery mecze z rzędu, co było ich najgorszą passą od 1983 roku. W kwietniu, gdy Manchester United stał się faworytem do tytułu, zapowiedź Wengera powszechnie wykpiwano. „Jestem pewien, że chcieliby cofnąć czas o sześć miesięcy – powiedział Alex Ferguson. – To może się na nich zemścić". Ostatecznie Arsenal dowlókł się do końca rozgrywek na drugim miejscu, za drużyną Fergusona, a losy Kanonierów przypieczętowała szokująca porażka 2:3 na własnym boisku z Leeds, co zarazem zapewniło gościom ligowy byt i odebrało Arsenalowi cień szansy na mistrzostwo. Doświadczony środkowy obrońca Martin Keown obwinił o porażkę Wengera, mówiąc, że przedsezonowe prognozy menedżera zwiększyły presję ciążącą na piłkarzach.

Trudno w to uwierzyć, ale owo niepowodzenie w meczu z Leeds okazało się ostatnią ligową porażką Arsenalu przed kolejną oszałamiającą serią spotkań bez przegranej, która tym razem trwała 49 spotkań, obejmując cały sezon 2003/04. Pozornie groteskowa prognoza Wengera się spełniła – tyle że po prostu rok później, niż przewidział.

Ekipy Arsenalu, które w sezonach 2001/02 i 2003/04 sięgnęły po tytuł, były bardzo podobne pod względem personalnym. W pierwszej jedenastce Wengera doszło tylko do dwóch zmian: u boku Patricka Vieiry występował w pomocy Gilberto Silva (Ray Parlour i Edu zostali zdegradowani do roli zmienników), a na środku obrony Kolo Touré zastąpił Martina Keowna. Co więcej, drużyna z sezonu 2003/04 przypominała pod względem taktycznym pierwszy mistrzowski Arsenal Wengera z sezonu 1997/98: wciąż grała w systemie 4-4-2 z dwoma defensywnymi pomocnikami i cofniętym napastnikiem, w ustawieniu, które ostatecznie będzie się uważać za 4-2-3-1. W pomocy występował nadal Vieira, Dennis Bergkamp wciąż był dziesiątką. Grający na szpicy Thierry Henry był doskonalszą wersją Iana Wrighta bądź Nicolasa Anelki, Robert Pirès odgrywał rolę bramkostrzelnego skrzydłowego w stylu Marca Overmarsa, a Freddie Ljungberg zajął miejsce Parloura jako pracowity, nacierający bez ustanku prawy pomocnik. Gilberto był odpowiednikiem Emmanuela Petita – obaj byli solidnymi defensywnymi pomocnikami z tytułem mistrza świata na koncie, którzy pozwalali Vieirze na szarże. Niezwyciężeni nie byli więc drużyną rewolucyjną w pomocy i ataku, lecz raczej stanowili dalszy ciąg Wengerowskiej rewolucji.

W obronie zmieniło się jednak wszystko. W sezonie 1997/98 francuski menedżer pozostał przy czwórce obrońców George'a Grahama: Lee Dixonie, Keownie lub Stevie Bouldzie, Tonym Adamsie i Nigelu Winterburnie. Byli to porządni obrońcy w starym stylu: dobrze grający wślizgiem, ściśle kryjący, a przy tym słynący ze zgrania, zwłaszcza jeśli chodzi o zakładanie pułapek ofsajdowych. Potrafili także, czego dowiódł legendarny gol, który zapewnił wówczas Arsenalowi tytuł, grać do przodu – Bould przerzucił piłkę nad linią obrony rywali do Adamsa, który pomknął naprzód ze środka obrony, by trafić do siatki słabszą nogą. W pierwszym mistrzowskim sezonie Wenger zachęcał defensorów do ataku. Linię obrony Niezwyciężonych tworzyli jednak urodzeni gracze ofensywni, których Francuz przekonał do gry w defensywie.

Jak to ujął swego czasu Jamie Carragher, wszystkich bocznych obrońców można podzielić na dwa rodzaje: nieudanych środkowych obrońców i nieudanych skrzydłowych. Ci drudzy są jednak stosunkowo nowym zjawiskiem, a wzrost znaczenia ofensywnych bocznych obrońców należy do najważniejszych zmian taktycznych na początku XXI wieku. W tamtym czasie – przy dominującej formacji 4-4-2 – to często właśnie boczni obrońcy mieli przed sobą najwięcej miejsca, gdy boczni pomocnicy rywala cofali się, by wspomóc kolegów w środku pola. Dzięki temu boczni defensorzy mogli ruszyć do przodu, stając się podstawową bronią zespołu w ataku.

Ashley Cole był tego doskonałym przykładem. W juniorach Arsenalu uchodził za obiecującego napastnika, by jako nastolatek przenieść się do obrony i zostać po latach najlepszym lewym obrońcą na świecie. Ale jego pierwsze dwa sezony w dorosłej piłce charakteryzowały częste błędy w ustawieniu. Wenger uwielbiał go jednak za przyspieszenie, wytrzymałość i technikę, słusznie sądząc, że Cole ma odpowiednie podejście, by poprawić grę w defensywie. „Tak naprawdę nie chcę być obrońcą; nigdy nie lubiłem obrońców ani bronienia – przyznał Cole po mistrzostwach Europy w 2004 roku, turnieju, w którym potwierdził, że należy do czołowych lewych obrońców świata. – Zawsze lubiłem strzelać gole i atakować, a kiedy kazano mi przejść na lewą obronę w drużynie juniorów Arsenalu, po prostu musiałem się z tym pogodzić. Dziś wiem, że nie zrobiłbym kariery jako napastnik, i nie jestem zawiedziony tym, że zostałem obrońcą, ale z początku chyba byłem. Zawsze pragnąłem blasku sławy, który towarzyszy grze z przodu i strzelaniu goli dla drużyny".

Lauren, prawy defensor Arsenalu, również nie był urodzonym obrońcą i początkowo przyjął zmianę pozycji sceptycznie. „Gdy przyszedłem do klubu, grałem jako prawoskrzydłowy. Wenger sądził, że nadaję się do gry na prawej obronie, ale z początku nie miałem takiego przekonania. Stopniowo się przyzwyczajałem, ale na początku było dość trudno. [...] Arsène dodawał człowiekowi pewności siebie, która pozwalała ci uwierzyć, że możesz grać na nowej pozycji". Najbardziej niezwykłe okazało się jednak to, że Wenger włączył do podstawowej linii obrony trzeciego gracza, który nie był z natury obrońcą. Środkowy obrońca Kolo Touré trafił do Arsenalu jako energiczny, nieco niezgrabny, wszechstronny zawodnik, który był dobrym zmiennikiem w pomocy, ale gdy dostawał szanse na boku obrony, nie czuł się tam pewnie (wyleciał z boiska przed przerwą w bezbramkowym remisie w Lidze Mistrzów z PSV pod koniec 2002 roku). Touré nigdy nie występował na środku obrony aż do okresu przygotowawczego przed sezonem 2003/04, gdy Wenger wystawił go obok Sola Campbella w wygranym 1:0 towarzyskim meczu z Beşiktaşem w Austrii. Menedżer rywali Mircea Lucescu chwalił siłę duetu środkowych obrońców, przekonując Wengera, że Iworyjczyk może grać tam na stałe.

Nawet Campbell, bez wątpienia najsolidniejszy z czterech defensorów Arsenalu, w okresie kształtującym go jako piłkarza grywał wyżej. Jako nastolatek w Szkole Mistrzostwa Sportowego FA w Lilleshall często występował na prawej stronie pomocy, a gdy przebijał się do składu w Tottenhamie, uchodził za potencjalnego środkowego napastnika. Ostatecznie został obrońcą, ale przyznawał, że musiał przezwyciężyć początkowe problemy z grą głową, co wydaje się niesamowite, zważywszy, jak dominował w powietrzu, gdy dokonał kontrowersyjnej zmiany barw w północnym Londynie w 2001 roku. Cała czwórka obrońców Arsenalu rozwijała się z naciskiem na grę ofensywną.

„Ze wszystkich piłkarzy zrobiłem zawodników bardziej technicznych – mówił później o swojej defensywie Wenger. – Najpierw zacząłem od poprawy gry tych, których miałem do dyspozycji. Gdy trzeba ich było później zastąpić, szukałem piłkarzy, którzy wniosą więcej do ofensywy, będą w stanie budować akcje od obrony jak Kolo Touré, Lauren, Ashley Cole". Wenger zrobił to samo w Monaco, gdzie cofnął młodego Liliana Thurama z prawego skrzydła na prawą obronę (później uważano Thurama za najlepszego zawodnika w Europie na tej pozycji). Może było w tym coś z osobistej misji – sam Wenger grał w pomocy, a pod koniec skromnej kariery piłkarskiej przeniósł się do obrony. Ale Francuz nie był specjalistą od defensywy w typie Grahama i dużą rolę w szkoleniu młodszych kolegów odegrali gracze doświadczeni; Cole rozwijał się świetnie dzięki wskazówkom Tony'ego Adamsa, Touré poprawił grę dlatego, że pod swoje skrzydła wziął go Martin Keown, a wzorem do naśladowania dla Laurena został Lee Dixon. Była to kluczowa różnica między pełną ofensywnych piłkarzy obroną Wengera w Arsenalu a defensywą Kevina Keegana w Newcastle – tę pierwszą faktycznie nauczono bronić.

„Zawsze mówi się o obronie, którą dostałem w spadku, gdy tu przyszedłem. Owszem, była to wyjątkowo dobra defensywa – powiedział Wenger w 2013 roku. – Ale zapomina się często o obronie, która nie przegrała meczu. Nigdy się o niej nie mówi, niewiarygodne, że się jej nie docenia. Lauren, Kolo Touré, Sol Campbell i Ashley Cole byli absolutnie wyjątkowi. Ani razu nie ulegli, a jednak się o nich nie mówi. [...] Kolo i Sol byli bardzo szybcy i niewiarygodnie silni. Gdy napastnik pojawiał się za ich plecami, wiedziało się, że wrócą i go dogonią. Nie byli bardzo wyrachowani, ale polegali na sile. Na bokach mieliśmy dwóch kolejnych grających piłką zawodników. Lauren był pomocnikiem, a Cole zrobił fantastyczną karierę".

Pomysł, by oprzeć grę w defensywie na szybkości i „doganianiu" napastników zamiast aktywnie neutralizować zagrożenie z ich strony, wprawiłby we wściekłość starą linię obrony Arsenalu, ale z drugiej strony tamta czwórka na pewno chciałaby dysponować odpowiednią szybkością, by dotrzymać kroku Michaelowi Owenowi, który swym sprintem zapewnił Liverpoolowi zwycięstwo nad Arsenalem w finale Pucharu Anglii. Jak przyznał Wenger, coraz szybsi napastnicy wymagali coraz szybszych obrońców do krycia. Inni defensorzy z importu na przełomie tysiącleci – jak Francuzi Mikaël Silvestre z Manchesteru

United i William Gallas z Chelsea – nie robili wrażenia w powietrzu (mieli odpowiednio 183 i 181 cm), ale byli zdumiewająco szybcy. Nawiasem mówiąc, obu ściągnął później Wenger.

Tymczasem ich rodak Laurent Blanc miał problemy na Old Trafford, ponieważ strasznie brakowało mu szybkości. Grający na środku obrony mistrz świata, który zaczynał karierę jako ofensywny pomocnik i w jednym sezonie strzelił 18 goli dla Montpellier, był bardzo inteligentnym i utalentowanym technikiem, ale gdy w wieku 35 lat trafił do United, raz po raz wychodził na jaw jego brak prędkości, przez co okazał się fatalnym następcą Jaapa Stama. Na początku sezonu 2001/02 United przeszło mały kryzys, lądując tuż przed Bożym Narodzeniem w środku tabeli, a pierwsze litery nazw pięciu klubów, które pokonały Czerwone Diabły, układały się w trafną diagnozę ich problemu: **B**olton, **L**iverpool, **A**rsenal, **N**ewcastle, **C**helsea. Następnego lata Ferguson rozwiązał sprawę w radykalny sposób: pobił brytyjski rekord transferowy, sprowadzając z Leeds Rio Ferdinanda.

Ferdinand uchodził za potencjalnego piłkarza klasy światowej od czasów występów w akademii West Hamu, gdzie grał w pomocy u boku Franka Lamparda. Przyszli reprezentanci Anglii doprowadzili West Ham do finału młodzieżowego Pucharu Anglii, gdzie londyńczycy ulegli Liverpoolowi z Michaelem Owenem i Jamiem Carragherem w składzie (mimo to Ferdinand został graczem meczu). Tamtego lata wyselekcjonowaną grupę obiecujących młodych piłkarzy zaproszono na treningi z angielską kadrą przed Euro 96. Trener Terry Venables zaimponował zdolnością przewidywania, stwierdził bowiem, że najbardziej świetlana przyszłość czeka Ferdinanda i Lamparda. Były duet pomocników West Hamu miał ostatecznie rozegrać łącznie 247 spotkań w reprezentacji Anglii i zdobyć dziewięć mistrzostw kraju; obaj piłkarze odbierali także jako kapitanowie trofeum za zwycięstwo w Lidze Mistrzów.

Ferdinand znany był ze śmiałych dryblingów i skłonności do ryzyka, gdy znajdował się przy piłce – zakochał się w futbolu, oglądając

Diego Maradonę na mundialu w 1986 roku. Po raz pierwszy zagrał w obronie, gdy kolega z West Hamu nie przyszedł na mecz. Zrobił wielkie wrażenie w tej roli i trenerzy stopniowo przekonali go, że powinien występować na tej pozycji. „Wydaje mi się, że bronienie przyszło mi naturalnie, ale z pewnością nie sprawiało mi przyjemności – powiedział później. – Po meczach miałem dziwne uczucie niespełnienia, nawet jeśli wygraliśmy. Myślałem sobie: »No tak, ale przecież niczego nie zrobiłem«. [...] Co prawda ściganie się z napastnikiem i wygrywanie z nim pojedynków dzięki szybkości dawało mi frajdę, ale niespecjalnie interesowała mnie sztuka obrony. Prawdę mówiąc, nawet w reprezentacji nie czerpałem radości z bronienia". Podobnie jak w przypadku innych graczy w tamtym czasie, Ferdinanda przekonano do zmiany pozycji raczej z powodu szybkości i umiejętności operowania piłką niż dlatego, że posiadał tradycyjne cechy obrońcy.

Cofnięcie z pomocy do defensywy było stałym motywem wśród wschodzących gwiazd angielskiej środkowej obrony. Ledley King, który zadebiutował w Tottenhamie w 1999 roku i został później klubowym kapitanem, stylem gry przypominał Ferdinanda. „Nigdy nie sprawiało mi przyjemności nazywanie siebie obrońcą – mówił, wspominając czasy, gdy był nastolatkiem. – Nie znosiłem unieruchomienia z tyłu; czułem, że mam o wiele więcej do zaoferowania. Uważałem, że mógłbym bardziej wpływać na grę, występując w środku pola. [...] Nie analizowałem gry obrońców ani się im nie przyglądałem, uwielbiałem piłkarzy ofensywnych, obdarzonych polotem". King grał w tej samej drużynie juniorskiej ze wschodniego Londynu – Senrab FC – co John Terry. Jak można się spodziewać, środkowy obrońca Chelsea to kolejny zawodnik, który zaczynał, występując bardziej z przodu. „W tamtym czasie grał w pomocy i był dość niski, ale sadził długie susy i był świetny w powietrzu – stwierdził King. – Dyrygował jako generał środka pola". Terry nie uchodził za tak dobrego technicznie gracza jak King czy Ferdinand i brakowało mu ich szybkości, przez co wolał grać w bardziej cofniętej linii obrony, lecz zawsze ignorowano, jak dobrze potrafił podać.

Ferdinand był szczególnie szybki, potrafił przebiec 100 metrów w 12 sekund, dzięki czemu idealnie wpasowywał się w nowe pokolenie „doganiających" rywali obrońców. Zawsze zwracano na niego uwagę jako na szczególny przypadek, wiecznie opisywano go jako piłkarza „mającego skłonność do chwil nieuwagi", co poniekąd stanowi problem dla środkowego obrońcy. Był on przy tym pierwszym angielskim stoperem, którego słabą stronę stanowiła gra w obronie, co później przestało być całkiem niespotykanym problemem – podobnym zawodnikiem jest na przykład John Stones, uważający Ferdinanda za swój wzór. Sam obrońca Czerwonych Diabłów uchodził z kolei powszechnie za grającego piłką środkowego obrońcę, choć w istocie był raczej holującym piłkę libero, który uwielbiał zapuszczać się do przodu. „Kiedy człowiek pojawia się w pomocy, rywale wyglądają, jakby chcieli powiedzieć: »A ten skąd się tu wziął?«. Jeśli wszyscy pozostali gracze są kryci, zwykle nie ma nikogo, kto pokryłby ciebie" – wyjawił. Ale Ferdinand nie wyróżniał się szczególnie umiejętnością rozegrania; chodziło raczej o jego spokój przy piłce niż wejścia z głębi pola.

Ferdinand zawsze z dumą mówił o swoich korzeniach, ale jak na chłopaka z komunałek w Peckham miał niezwykłe zainteresowania, a swój elegancki styl gry przypisywał branym cztery razy w tygodniu lekcjom baletu, dzięki którym poprawił „giętkość, poruszanie się, koordynację i równowagę". Uwielbiał też teatr i w wieku 13 lat wystąpił w szkolnym przedstawieniu *Bugsy Malone*, w którym zagrał Fizzy'ego, człowieka zamiatającego podłogę w melinie. Jak się okazało, była to w pewnym sensie zapowiedź jego boiskowej roli: został stoperem, czyli wymiataczem*.

Od połowy do końca lat 90. w Anglii rozpaczliwie pragnięto odkryć rodzimego środkowego obrońcę, który mógłby pochwalić się przebiegłością, inteligencją i umiejętnością gry piłką, by system 3-5-2 – uważany wówczas za naturalną alternatywę dla ustawienia

* *Sweeper* to w języku angielskim zarówno zamiatacz (np. ulic), jak i stoper/libero, czyli – jak mówiono dawniej – wymiatacz.

4-4-2 – funkcjonował jak należy, a dodatkowy obrońca mógł ruszyć naprzód z linii defensywy. Mistrzowskie występy Matthiasa Sammera jako libero reprezentacji Niemiec (został piłkarzem turnieju na angielskiej ziemi podczas mistrzostw Europy w 1996 roku) podkreślały wartość tego rodzaju zawodników. W początkach kariery myślano o Ferdinandzie niemal wyłącznie w kontekście ustawienia 3-5-2, zważywszy na wątpliwości co do tego, czy jest odpowiednio twardy i posiada naturalne umiejętności obrońcy, by grać jako kryjący środkowy defensor w formacji 4-4-2.

Selekcjoner reprezentacji Anglii Glenn Hoddle wielokrotnie puszczał w obieg pomysł, by wykorzystać Jamiego Redknappa jako stopera, choć pomocnik Liverpoolu nigdy nie grał na tej pozycji. Jak widzieliśmy, Hoddle próbował czegoś podobnego w Chelsea, wystawiając tam przez chwilę Ruuda Gullita, i raz po raz mówił o swej determinacji, „by grać z prawdziwym libero, kimś, kto może ruszyć z piłką jak Sammer w reprezentacji Niemiec", dlatego też pojawienie się Ferdinanda było bardzo ekscytujące. „Potrafi podać prawą nogą na lewą flankę na 50 metrów, ale nie jestem pewien, czy umiałby zagrać lewą nogą na prawą stronę" – stwierdził Hoddle. Selekcjoner reprezentacji Anglii w mniejszym stopniu brał pod uwagę grę defensywną Ferdinanda, instynktownie myśląc o jego umiejętności operowania piłką.

Mniej więcej w tym samym czasie Terry Venables, poprzednik Hoddle'a, określił Ferdinanda i Sola Campbella mianem całkowicie nowoczesnych środkowych obrońców. „Oglądam Rio i Sola i widzę nowy typ angielskiego obrońcy – powiedział. – Obaj są dobrym przykładem, jak zmienia się na lepsze nasze podejście do wprowadzania do składów młodych obrońców. Zbyt długo nie udawało nam się wytrenować piłkarzy, którzy od młodego wieku wyprowadzaliby piłkę z defensywy. [...] Zarówno Rio, jak i Sol byli swego czasu napastnikami, a to naprawdę pomaga". Ale Keegan, następca Hoddle'a, niespodziewanie nie okazał się fanem Ferdinanda i pominął go w kadrze na Euro 2000, mówiąc wychowankowi West Hamu, że zapewne grałby więcej w drużynie narodowej, gdyby był Francuzem, Brazylijczykiem albo Holendrem. Motywem przewodnim kariery Ferdinanda okazała się jego całkowita „nieangielskość", co jest o tyle osobliwe, że na poziomie klubowym grał wyłącznie u brytyjskich menedżerów.

Kilka miesięcy po mistrzostwach Europy Ferdinand przeniósł się do Leeds za niewiarygodne 18 milionów funtów, zostając zarówno najdroższym obrońcą na świecie, jak i najdroższym zawodnikiem na Wyspach (status ten był zwykle zarezerwowany dla pomocników lub napastników). Podczas prezentacji w nowym klubie nawet menedżer Leeds wydawał się oszołomiony kwotą odstępnego; spodziewał się, że zapłaci 12–15 milionów. Co dziwne, wyjawił, że jego żona uważa sumę transferu za „nieprzyzwoitą" – niezwykłe wyznanie z ust menedżera witającego najdroższy nabytek w historii klubu. Był to szczególnie odważny ruch ze strony Leeds, zważywszy, że w tamtym czasie Unia Europejska groziła uznaniem całego systemu transferowego za sprzeczny z prawem, uważając, że ogranicza on swobodę handlu, co byłoby nawet bardziej rewolucyjne od prawa Bosmana. Istniała realna możliwość, że dotychczasowy system zostanie zniesiony, piłkarze będą mogli zmieniać kluby bez odstępnego i z dnia na dzień przestaną mieć wartość rynkową. Leeds było jednak skłonne podjąć finansowe ryzyko, co dobrze podsumowywało ówczesne podejście klubu.

W tamtym czasie Leeds stało się poważnym kandydatem do tytułu. Poprzedni sezon zakończyło na trzecim miejscu, a w pierwszym sezonie z Ferdinandem w składzie dotarło do półfinału Ligi Mistrzów. Klub zbierał żniwa doskonałego systemu szkolenia młodzieży (częściowo dzięki pracy u podstaw Howarda Wilkinsona na początku lat 90.), który dostarczył takich piłkarzy, jak Harry Kewell, Jonathan Woodgate, Ian Harte, Alan Smith i Paul Robinson. O'Leary w nieco irytujący sposób nazywał piłkarzy „swoimi dziećmi", choć jeśli jakaś drużyna zasługiwała na taki przydomek, było to niewątpliwie jego Leeds.

W sezonie 1999/2000 średnia wieku pierwszej jedenastki wynosiła 24 lata i 162 dni – był to najmłodszy zespół w dziejach Premier League.

Na początku lat 60. Don Revie dokonał słynnej zmiany domowych strojów Leeds z żółto-niebieskich na jednolicie białe, by naśladować Real Madryt, w pierwszych latach XXI wieku zaś wydawało się, że klub próbuje naśladować politykę Galácticos, choć na mniejszą skalę. Rozkwit Leeds wynikał w dużej mierze ze zbytecznych wydatków i życia ponad stan, co ostatecznie doprowadziło klub do ruiny finansowej. W pewnym momencie O'Leary mógł wybierać z przodu pomiędzy Markiem Viduką, Robbiem Fowlerem, Robbiem Keane'em, Michaelem Bridgesem, Alanem Smithem i Harrym Kewellem. Ale podczas gdy Real gromadził graczy ofensywnych i ignorował problemy w obronie, wzlot i upadek Leeds wyznaczały kupno i sprzedaż środkowych obrońców.

Sprowadzenie Ferdinanda nie było, ściśle rzecz biorąc, konieczne, ale klub bronił się przed ryzykiem utraty na dłuższy czas swej gwiazdy ze środka obrony, Jonathana Woodgate (kolejnego pomocnika w czasach juniorskich). Woodgate i jego kolega z drużyny Lee Bowyer byli sądzeni za wściekłą napaść na studenta podczas nocnej bójki ulicznej w centrum Leeds. Obydwu piłkarzy oskarżano o celowe spowodowanie poważnych obrażeń ciała i wywołanie bójki; Bowyer został oczyszczony z obu zarzutów, ale Woodgate'a uznano za winnego tego drugiego. W sprawę zamieszany był także drugi środkowy obrońca Michael Duberry, stwierdzono jednak, że nie dopuścił się utrudniania czynności policyjnych. W tym czasie Bowyer grał najlepiej w karierze, ale Woodgate poważnie spuścił z tonu przez tę sprawę, co skłoniło Leeds do kupna kolejnego środkowego obrońcy.

Ferdinand został zbyt późno zarejestrowany, by zagrać w meczu u siebie z Arsenalem, i po tym, jak zaprezentowano go kibicom przy Elland Road, oglądał wspaniały występ Woodgate'a i kapitana Lucasa Radebe w imponującym zwycięstwie 1:0. Nowy nabytek Leeds zadebiutował na wyjeździe z Leicester i zgodnie z przekonaniem, że Ferdinand oznacza konieczność gry trójką z tyłu, O'Leary porzucił 4-4-2 i po raz pierwszy zdecydował się na 3-5-2, wciskając Ferdinanda między Woodgate'a i Radebe. Był to spektakularny niewypał; Leeds w ciągu pierwszych 30 minut straciło trzy gole po strzałach głową, jeszcze przed przerwą Woodgate zszedł z boiska i drużyna wróciła do 4-4-2, a potem Radebe dostał czerwoną kartkę. Leeds przegrało 1:3. W następnym meczu – wyjazdowym spotkaniu z Lazio w Lidze Mistrzów – Ferdinand nie mógł zagrać. Woodgate i Radebe wypadli razem znakomicie w kolejnej wygranej 1:0. Gdzie w takim razie pasował Ferdinand?

O'Leary niespecjalnie mógł posadzić na ławce najdroższego piłkarza w historii klubu, Ferdinand został więc podstawowym środkowym obrońcą zespołu, a u jego boku grali Radebe, Woodgate bądź Dominic Matteo. Ferdinand ogromnie poprawił ustawianie się na boisku pod kierunkiem O'Leary'ego, który za czasów kariery zawodniczej był wybitnym środkowym obrońcą, a potem pełnił funkcję asystenta George'a Grahama, najlepszego specjalisty od gry defensywnej na Wyspach. O'Leary zmusił podopiecznego do ciężkiej pracy nad grą głową; poprawę koncentracji Ferdinand przypisuje natomiast psychologowi sportu Keithowi Powerowi, który zachęcał piłkarza, by wyobrażał sobie przed meczem swoje zadania w obronie. Ferdinand stał się obrońcą kompletnym, a gdy Sven-Göran Eriksson, nowy selekcjoner reprezentacji Anglii, wyraźnie zabronił mu zapuszczania się z piłką do przodu, po jego „ofensywnej" przeszłości nie pozostał właściwie ślad, co było widać na mistrzostwach świata w 2002 roku, na których Ferdinand grał wspaniale. To wtedy Manchester United rzucił na stół 30 milionów funtów, bijąc rekord transferowy w Wielkiej Brytanii i ustanawiając rekord transferowy na świecie, jeśli chodzi o kwotę odstępnego za obrońcę (na chwilę status ten przypadł Lilianowi Thuramowi z Juventusu).

Odejście Ferdinanda było początkiem końca Leeds, choć nie był on jedynym piłkarzem, na którym klub zarobił. Matteo, następca wychowanka West Hamu na pozycji libero, stwierdził: „Odejście Rio było ważne nie dlatego, że nie mieliśmy w składzie nikogo, kto mógłby go zastąpić, ale dlatego, że stanowiło sygnał dla innych czołowych piłkarzy w zespole, że Leeds ma szczyt za sobą". Leeds stało się klubem, który sprzedaje. W trakcie długich negocjacji O'Leary pokłócił się z prezesem Leeds Peterem Ridsdale'em o nieuchronne odejście Ferdinanda i został zwolniony, a zastąpił go Terry Venables.

Ridsdale twierdził, że sprzedaż Ferdinanda nie jest wielkim ciosem dla klubu i że był on po prostu tymczasowym zastępcą Woodgate'a, którego Leeds uważało za lepszego obrońcę. Woodgate był teraz wielką nadzieją klubu, ale został w jego szeregach tylko sześć miesięcy, następnie bowiem sprzedano go do Newcastle, co stanowiło kolejną próbę pokrycia strat finansowych. Był ostatnim piłkarzem, którego Leeds chciało sprzedać; Ridsdale kontaktował się nawet z Liverpoolem w podyktowanej desperacją próbie pozbycia się zamiast niego Kewella, uznawanego wówczas za najlepszego gracza drużyny. The Reds musieli jednak zaczekać do lata, więc Woodgate odszedł.

Venables, którego zapewniano, że Woodgate nie zostanie sprzedany, zagroził odejściem, ale nim to nastąpiło, dał się przekonać do pozostania w klubie jeszcze przez kilka miesięcy. Na konferencji prasowej, na której potwierdzono transfer Woodgate'a, siedzący obok Ridsdale'a Venables wyglądał na wściekłego. Prezes Leeds rzucił wówczas słynne słowa: „Czy powinniśmy byli wcześniej tyle wydawać? Zapewne nie. Ale żyliśmy jak we śnie". Tamta chwila – tuż po sprzedaży najbardziej cenionego gracza Leeds, środkowego obrońcy – wydawała się klubowym nekrologiem. Leeds utrzymało się w Premier League jeszcze tylko sezon i do tej pory nie wróciło do najwyższej klasy rozgrywkowej. Podtekst tego upadku był jednak taki, że środkowi obrońcy stali się cenionym towarem.

W Manchesterze United Ferdinand rozwinął się i został jednym z najlepszych piłkarzy w Europie. Nie padały już sugestie, że aby rozkwitnąć, musi grać w ustawieniu 3-5-2, choć zawsze najlepiej wypadał u boku stoperów w starym stylu: Campbella i Johna Terry'ego w reprezentacji, a zwłaszcza Nemanji Vidicia w United, z którym stworzył najwybitniejszy duet środkowych obrońców w erze Premier League. Ferdinand szczególnie wyróżniał się spokojem, z jakim odzyskiwał piłkę; nigdy nie uciekał się do desperackich wślizgów i rzadko wdawał się w kłótnie z sędziami. Pod koniec kariery imponował zwłaszcza czystością gry – zdarzyła mu się raz seria 28 meczów z rzędu bez faulu (o kartkach nie wspominając). Gdy Jimmy'ego Floyda Hasselbainka spytano o najtrudniejszych rywali w Premier League, wymienił Martina Keowna i Ferdinanda, ale podczas gdy po starciach z pierwszym był cały w siniakach, drugiego „niemal się nie zauważało".

Godne uwagi, jeśli chodzi o ostatnie lata kariery Ferdinanda, było jednak to, że źle sobie radził z utratą szybkości, co wydaje się zaskakującym problemem w przypadku tak inteligentnego zawodnika. W wygranych 4:3 derbach z City we wrześniu 2009 roku obrońca United pozwolił, by goście wrócili do gry po jego prostym błędzie, gdy niepotrzebnie próbował zagrać górą w środku pola i podał prosto do Craiga Bellamy'ego, który z łatwością śmignął obok niego i strzelił gola. Gwoli sprawiedliwości – niemal żaden inny środkowy obrońca w Premier League nie byłby w stanie dotrzymać Walijczykowi kroku, ale widok nieradzącego sobie Ferdinanda wydawał się niezwykły. „Od kiedy do nas trafił, gra niebywale równo, ciągle na najwyższym poziomie – powiedział w 2011 roku sir Alex Ferguson. – Nadal jest jednym z najlepszych piłkarzy w kraju, jeśli chodzi o operowanie piłką, wciąż umie grać wślizgiem i głową, dalej jest wielką osobowością. Ale jedna rzecz się zmieniła: stracił ten metr przewagi nad rywalami w sprincie, który miał kilka lat temu, i musi nieco zmienić swój styl. Ma prawie 33 lata, a gdy jest się po trzydziestce, trzeba grać inaczej. Wszyscy stawaliśmy przed tym rozstrzygającym momentem, gdy człowiek nagle zdaje sobie sprawę, że nie jest już w stanie robić tego wszystkiego, co umiał dawniej, i musi zmienić swój styl. Sam tego doświadczyłem, gdy straciłem szybkość, inni piłkarze w tym klubie musieli się dostosować i Rio będzie musiał zrobić to samo".

Ferguson był sfrustrowany tym, że w przegranym 1:3 finale Ligi Mistrzów z Barceloną w tamtym sezonie Ferdinand i Vidić upierali się, żeby się cofnąć i chronić strefę boiska za swoimi plecami, zamiast wyjść do przodu i wyżej naciskać na Lionela Messiego. Drużyny Pepa Guardioli nie dało się powstrzymać w żaden oczywisty sposób, ale Ferguson utwierdził się w przekonaniu, że brak szybkości jest poważnym problemem w jego linii obrony. Kilka miesięcy później Ferdinand wypadł niepokojąco źle w czasie wyjazdowej porażki 0:3 z Newcastle, zostając często kawał za resztą obrońców, aby ukryć swój brak szybkości. Nie radził sobie w ogóle z szybkimi piłkarzami ofensywnymi i zaliczył jeszcze tylko jeden występ w reprezentacji Anglii; było to zresztą nieco niesprawiedliwe, ponieważ wychowanek West Hamu wydawał się rozmyślnie pomijany przy powołaniach po tym, jak John Terry został oskarżony (a potem ukarany grzywną i wykluczony z gry przez FA, choć ostatecznie sąd oczyścił go z zarzutów) o rasistowskie wyzwiska pod adresem młodszego brata Rio, Antona. Ferdinand wrócił jednak do formy i w sezonie 2012/13 grał znakomicie, choć zwykle występował u boku młodszych i szybszych niż Vidić partnerów – Jonny'ego Evansa lub Chrisa Smallinga.

Na tym etapie kariery jego umiejętność gry piłką nie była szczególnie godna uwagi. „Od dekady słyszę, jak to Rio Ferdinand elegancko podaje, rozpoczynając ataki z linii obrony – utyskiwał pewnego razu Jamie Carragher. – Musiał podawać na 50 metrów, gdy miałem 17 lat, bo od tamtego czasu nie widziałem na to zbyt wielu dowodów". Uwypukla to jednak ogromną zmianę stylu gry środkowych obrońców za czasów jego kariery. W tym okresie to właśnie Ferdinand najbardziej wpłynął w Anglii na postrzeganie roli defensora. Obecnie najdroższymi obrońcami świata są John Stones i David Luiz, stoperzy, których początkowo uważano za słabych w defensywie. Ferdinand sprawił, że libero z najwyższej półki musi być wszechstronnym graczem, z którego można zrobić obrońcę.

Po odejściu z Manchesteru w 2014 roku Ferdinand rozważał zakończenie kariery, ale dał się przekonać do rozegrania ostatniego sezonu w QPR, gdzie trenował jako dziesięciolatek. QPR prowadził Harry Redknapp, pierwszy menedżer Ferdinanda w West Hamie, który ściągnął do klubu Hoddle'a, pierwszego selekcjonera Ferdinanda w reprezentacji Anglii, jako trenera pierwszej drużyny. Aby dopełnić wrażenia, że kariera Ferdinanda zatoczyła pełne koło, QPR zaczęło sezon od gry ustawieniem 3-5-2, by wkomponować go do składu na pozycji stopera. QPR ostatecznie spadło z ligi, choć Ferdinand odegrał w tym niewielki udział, mając głowę – co zrozumiałe – zajętą czymś innym: pod koniec sezonu zmarła jego żona Rebecca. W następnym miesiącu obrońca potwierdził, że kończy karierę – z powodu osobistej straty obyło się bez fanfar, a jego kariera nigdy nie zyskała uznania, na jakie zasługiwała.

Nie należy jednak zapominać, że Ferdinand zmienił sposób, w jaki postrzegano w Anglii środkowych obrońców: przestali być mało efektownymi zawodnikami do konkretnych zadań, którzy po prostu robią wślizgi i grają głową – mogli być również szybcy i inteligentni, dobrze czuć się z piłką przy nodze i kosztować najwięcej w kraju. Ferdinand stał się najważniejszym angielskim graczem za czasów ukształtowanej przez przybyszy z zagranicy Premier League.

12
ROLA MAKÉLÉLÉ

Niczego nie wynalazłem. [...] Po prostu jestem bardziej kompletnym piłkarzem.

Claude Makélélé

Na przełomie wieków przez siedem lat dominowały w Premier League dwa kluby: Arsenal i Manchester United. To jak na razie najdłuższa rywalizacja o prymat w rozgrywkach – walka o tytuł była zwykle wyścigiem dwóch koni, ale liga nie stała się całkowitym duopolem, a sama rywalizacja stanowiła idealną mieszankę: wrogości towarzyszyła szczypta zabarwionego niechęcią szacunku.

W 2003 roku wszystko zmieniło się wraz z przejęciem Chelsea przez Romana Abramowicza. Za sprawą jego bogactwa i serii transferów Chelsea, po kilku sezonach w czołówce tabeli, niemal z dnia na dzień stała się poważnym kandydatem do tytułu. Od tamtego momentu Arsenal i Manchester United nigdy nie zakończyły sezonu jako dwie najlepsze drużyny Premier League, a przejście od czerwonej do niebieskiej dominacji najlepiej odzwierciedlają najbardziej cenieni w tamtym okresie defensywni pomocnicy.

Zmagania Arsenalu z Manchesterem uosabiały starcia Patricka Vieiry i Roya Keane'a, dwóch agresywnych, walecznych kapitanów. Za czasów Premier League nie było ważniejszej rywalizacji osobistej; starcia obu piłkarzy były wręcz legendarne i często decydowały o wyniku meczów na szczycie. Obaj gracze uwielbiali te pojedynki. „Stałem się dzięki nim lepszym piłkarzem" – stwierdził Keane, Vieira zaś określił Irlandczyka mianem „ulubionego przeciwnika". Później jednakże pojawił się w lidze defensywny pomocnik nowego typu – najbardziej wychwalanym graczem tego rodzaju w Premier League stał się Claude Makélélé, sprowadzony do Chelsea z Realu Madryt. Symbolizowało to zmianę warty.

Do najsłynniejszego starcia między Vieirą a Keane'em nie doszło nawet na boisku, lecz w tunelu na Highbury na krótko przed wygranym przez Manchester United 4:2 meczem w lutym 2005 roku. Wyszło z tego wspaniałe widowisko telewizyjne – i w zasadzie tylko telewizyjne, bo działo się z dala od niczego nieświadomych widzów na trybunach. Chwilę wcześniej Vieira wszczął sprzeczkę z Garym Neville'em, który powiedział o sprawie Keane'owi. Kapitan United wydawał się wściekły, że Francuz zaczepił Neville'a, a nie jego, i ruszył wąskim tunelem na Highbury, by stawić mu czoło, narzekając groteskowo, że Vieira nie jest „miłym gościem", za jakiego wszyscy go mają. Obelgi, którymi obrzucali się obaj piłkarze, bywały śmiesznie dziecinne. Keane rozzłościł przykładowo Vieirę pytaniem, dlaczego nawija o tym, że Senegal jest jego ojczyzną, skoro wybrał grę dla Francji, na co ten wspomniał, że Irlandczyk wyleciał z kadry przed mistrzostwami świata w 2002 roku. „To były wygłupy dorosłych ludzi" – przyznał Keane.

Na tym etapie ich rywalizacja żyła już własnym życiem. Media przedstawiały starcia Arsenalu z Manchesterem United wyłącznie jako pojedynki Vieiry i Keane'a – do tego stopnia, że wielu ludzi przypisywało tamtą wygraną Czerwonych Diabłów głównie temu, że Irlandczyk zastraszył Francuza w tunelu. To osobliwa interpretacja wydarzeń, zważywszy, że Vieira otworzył wynik, Arsenal zaś dominował w pierwszej połowie, prowadząc do przerwy 2:1. Jeśli „zastraszenie" rzeczywiście odegrało jakąś rolę, to zadziałało dopiero po godzinie gry. Prawda jest oczywiście mniej dramatyczna: Manchester po prostu przewyższał Arsenal technicznie i taktycznie.

Vieira i Keane mieli najlepsze lata za sobą, a wspomniany mecz na Highbury okazał się ich ostatnim starciem w Premier League: Arsenal sprzedał Vieirę latem, a kilka miesięcy później United pozbyło się Keane'a. Powody ich piłkarskiego schyłku były podobne: choć obu uważano za defensywnych pomocników, to u szczytu kariery pełnili w istocie funkcję kogoś pomiędzy defensywnym pomocnikiem a zawodnikiem grającym od jednego pola karnego do drugiego i woleli występować u boku ostrożniejszych partnerów, którzy dawali im możliwość włączania się do ataków. Vieira najlepszą piłkę grał w duecie z Emmanuelem Petitem (w latach 1997–2000), a potem z Gilberto Silvą (2002–2005), w okresie przejściowym natomiast lepiej spisywał się, gdy występował razem z odgrywającym użytkową rolę, ograniczonym technicznie Gilles'em Grimandim niż z prącymi do przodu Edu bądź Rayem Parlourem. Podobnie było z Keane'em, który wymienił Paula Ince'a jako swego ulubionego partnera w pomocy w Manchesterze, a po jego odejściu wypadał najlepiej – jak choćby w wygranym 3:2 starciu z Juventusem na wyjeździe – gdy sir Alex Ferguson wystawiał w pomocy defensywnie nastawionego Nicky'ego Butta zamiast bardziej kreatywnego Paula Scholesa.

Obaj piłkarze mieli za sobą także szczyt formy fizycznej, ale żaden z nich nie był w stanie zmienić pozycji i wcielić się w rolę klasycznego defensywnego pomocnika. W 2005 roku Arsène Wenger postanowił sprzedać Vieirę do Juventusu, gdy w składzie Kanonierów pojawił się nowy kreatywny pomocnik, który potrzebował swobody w ataku. „Wystawiałem Cesca Fàbregasa w systemie 4-4-2 z Patrickiem Vieirą i dostrzegłem, że nie funkcjonuje to dobrze – powiedział Wenger. – Musiałem wtedy podjąć decyzję i pozwolić odejść Patrickowi, ponieważ sprawdzał się duet Gilberto z Vieirą i Gilberto z Fàbregasem, ale nie mogłem wystawiać Fàbregasa i Vieiry". Hiszpan był przyszłością Arsenalu i potrzebował pomocnika, który będzie go asekurował, a Vieira po prostu kimś takim nie był.

Sytuacja w United wyglądała podobnie. Ferguson uważa, że rozstał się z Keane'em, bo poprosił Irlandczyka, by ten odgrywał bardziej ograniczoną rolę na boisku. „Wychodząc z przekonania, że część jego silnych stron odebrały mu kontuzje i wiek, próbowaliśmy wprowadzić korekty. [...] Zmieniliśmy rolę Keane'a, zniechęcając go do biegania po całym boisku i zapuszczania się do przodu – stwierdził Szkot. – Miał się trzymać przez cały mecz tej samej strefy boiska w środku pola. Stamtąd mógł kontrolować przebieg gry. Sądzę, że w głębi serca to wiedział, ale po prostu nie mógł zmusić się do porzucenia swej starej roli talizmanu". Keane utrzymuje, że gdy przestano już wymagać od niego tyle biegania, „ulżyło" mu, ale uwaga Fergusona o różnicy między tym, co Irlandczyk naprawdę myślał, a tym, jak w rzeczywistości grał, ma sens.

Rola najbardziej cofniętego pomocnika uległa zmianie, zwłaszcza że menedżerowie coraz częściej grali trójką w pomocy, próbując zdominować tę strefę boiska i zostawiając z przodu tylko jednego zawodnika. Oznaczało to inne obowiązki – menedżerowie potrzebowali gracza, który nigdy nie rusza się sprzed defensywy. „Nigdy nie mógłbym zostać klasycznym cofniętym pomocnikiem jak Claude Makélélé – gość ani drgnął" – pisał w autobiografii Keane, Vieira zaś mówił, że Gilberto, jego kolega z drużyny, był „defensywnym pomocnikiem jak Makélélé, co umożliwiało mi częstsze wypady do przodu". Ani Vieira, ani Keane nie byli tak defensywnie nastawieni jak Makélélé.

W istocie zwyczajne określenie „defensywny pomocnik" nie oddaje sprawiedliwości roli odgrywanej przez Makélélé; Francuza nazywano „trzymającym pozycję pomocnikiem", „cofniętym pomocnikiem", „asekurującym pomocnikiem" – wszystkie te określenia sugerowały, że jego praca polegała na ustawieniu i zabezpieczaniu, a nie jedynie na odbiorze piłki. W końcu zaczęto mówić po prostu o „roli Makélélé" – pozycji samej w sobie, co było niezwykle rzadkim zaszczytem. Zaskakującym aspektem funkcji Makélélé – trzymającego pozycję pomocnika u podstawy trójkąta lub diamentu – było jednak to, że Francuz zaczął ją pełnić na późnym etapie kariery. Nie była to w żadnym razie jego naturalna pozycja: Makélélé w gruncie rzeczy cofnął się głębiej i poświęcił na rzecz drużyny u schyłku przygody z piłką. Dokładnie tego nie byli w stanie zrobić Vieira i Keane.

Makélélé zaczynał w Nantes, z którym w 1995 roku wygrał Ligue 1. Początkowo był skrzydłowym i wyróżniał się regularnym objeżdżaniem rywali, a później stał się pracowitym pomocnikiem operującym po prawej stronie diamentu, w czym przypominał nieco przyszłego pomocnika Chelsea Ramiresa, który swą grę również opierał raczej na niespożytych siłach niż na dyscyplinie pozycyjnej. Choć nie zdobywał wielu bramek, odnotowując dziewięć trafień w 169 meczach, często były to gole po wspaniałych uderzeniach z trudnych pozycji. Ale na prawej obronie Nantes grał przyszły skrzydłowy mistrzowskiej Francji Christian Karembeu, który regularnie ruszał do przodu, więc Makélélé cofał się i zabezpieczał jego pozycję.

Po sezonie spędzonym w Marsylii, gdzie pełnił podobną funkcję, Makélélé przeniósł się w 1998 roku do Celty Vigo. Tu grał w środku pola u boku zdyscyplinowanego mistrza świata Mazinho. Dzięki temu, że Brazylijczyk dobrze się ustawiał, Makélélé mógł częściej zapuszczać się do przodu, ale Mazinho nauczył Francuza sztuki utrzymywania pozycji w pomocy. „To Mazinho położył podwaliny pod tę nową rolę – wspominał Makélélé. – Spędziłem z Mazinho godziny na treningach, wyjaśniał mi, jak należy ustawiać się na boisku, kiedy grać na jeden kontakt albo dwa". Brazylijczyk był jednak u schyłku kariery i w drugim sezonie w Hiszpanii Makélélé występował głównie u boku Alberta Celadesa. Celta zagrała w tym czasie kilka niewiarygodnych meczów w Pucharze UEFA, odnotowując zdumiewające zwycięstwo 7:0 nad Benficą i gromiąc Juventus 4:0, co robi szczególne wrażenie, jeśli weźmiemy pod uwagę, że w obu wypadkach przegranymi byli menedżerowie, którzy wygrywali wcześniej Ligę Mistrzów: Jupp Heynckes i Marcello Lippi. Makélélé w obu starciach strzelał gole, z Juventusem trafił już w 27. sekundzie – bez wątpienia nie był wówczas jeszcze klasycznym trzymającym pozycję pomocnikiem.

W 2000 roku Real Madryt niespodziewanie sprzedał do Milanu Fernando Redondo, wybitnego defensywnego pomocnika tamtej epoki, i zastąpił go duetem z Celty – Makélélé i Celadesem – a także defensywnym pomocnikiem Deportivo Flávio Conceição. W ciągu trzech lat spędzonych w Realu Makélélé stanie się najważniejszym graczem klubu; będzie grał w głębi pola za sprowadzonymi za ciężkie pieniądze Galácticos: Zinédine'em Zidane'em, Luísem Figo, Ronaldo i Raúlem. Menedżer Realu Vicente del Bosque powiedział Francuzowi, że dysponuje odpowiednim zestawem umiejętności, by być zarazem „pierwszym obrońcą i pierwszym ofensywnym pomocnikiem", co zgrabnie podsumowuje jego podwójną rolę.

Wbrew powszechnemu przekonaniu Makélélé nie był pozostawiony samemu sobie. Stworzono fałszywy obraz Realu atakującego siódemką graczy, z Makélélé zabezpieczającym w pojedynkę środkowych obrońców. W rzeczywistości nie odpowiadało to prawdzie nawet w najmniejszym stopniu. W 76 z 95 ligowych występów w barwach Realu Francuz występował obok drugiego zdyscyplinowanego defensywnego pomocnika: Ivána Helguery (36 razy), Conceição (19), Estebana Cambiasso (12), Celadesa (7) lub Fernando Hierro (2). Tylko 17-krotnie Makélélé był jedynym defensywnym pomocnikiem, a nawet wtedy zdarzało się to głównie w meczach na własnym boisku i ze słabszymi rywalami, gdy wystawienie u jego boku bardziej kreatywnego pomocnika, takiego jak Guti czy Steve McManaman, było naturalnym rozwiązaniem.

Znaczące, że Makélélé wymienił później Helguerę – pomocnika nastawionego tak defensywnie, że czasem występował na środku obrony – jako ulubionego kolegę z zespołu. „Wiedział, dokąd się przemieszczę, a ja wiedziałem, kiedy pójdzie do przodu, żeby spróbować strzelić – stwierdził Francuz. – Nie musieliśmy nawet ze sobą rozmawiać, wystarczyło jedno spojrzenie, żebyśmy wiedzieli, co zamierza zrobić ten drugi". Makélélé cenił sobie grę u boku podobnie nastawionego partnera, ale z czasem coraz częściej grał przed obrońcami w pojedynkę. Bywało, że występował razem z Santiago Solarim, którego naturalną pozycją była lewa pomoc i który schodził na skrzydło, żeby ubezpieczać ruszającego do przodu Roberto Carlosa, zostawiając osamotnionego Makélélé w środku. Ale Makélélé nie stał się jeszcze definicją swej własnej, odmiennej roli.

Jego transfer do Chelsea w 2003 roku był zarazem momentem, gdy obsesja Realu na punkcie gwiazd wymknęła się spod kontroli. Makélélé narzekał, że zarabia zdecydowanie mniej od słynniejszych kolegów, ale prezes Realu Madryt Florentino Pérez nie był nadmiernie zainteresowany zatrzymaniem go w klubie, a po odejściu Francuza powiedział prasie pamiętne słowa: „Nie będziemy tęsknić za Makélélé. Dysponuje przeciętną techniką, brak mu szybkości i umiejętności, by minąć rywala, a 90 procent podań zagrywa do tyłu albo na boki. Głową też nie gra nadzwyczajnie i rzadko podaje dalej niż na trzy metry". Pérez w swej nieświadomości opisywał raczej rolę Makélélé niż jego piłkarskie umiejętności – ci, którzy pamiętali go z czasów gry w Nantes, znali wszechstronność Francuza. Koledzy z zespołu byli skonsternowani jego odejściem i sprowadzeniem Davida Beckhama. „Po co nakładać kolejną warstwę złotej farby na bentleya – pytał Zidane – gdy traci się silnik?"

W ostatnim sezonie Makélélé w Hiszpanii Real wygrał ligę, ale bez niego zsunął się na czwarte miejsce w tabeli. Problem polegał w równym stopniu na sprzedaży Francuza, co na tym, że Królewscy przeszli zasadniczo od gry dwoma trzymającymi pozycję pomocnikami w sezonie 2002/03 (Makélélé z Flavio Conceição lub Cambiasso) do gry bez jakiegokolwiek defensywnego pomocnika w sezonie 2003/04 – w środku występowali bowiem zwykle Beckham i kreatywny Guti. Nie byłoby to wielkim problemem, gdyby w Realu zdano sobie sprawę z klasy Cambiasso, ciekawe jest natomiast, że madrycki klub próbował później ściągnąć zarówno Vieirę (w 2004 roku), jak i Keane'a (rok później). Real niewątpliwie chciał walecznego, energicznego pomocnika w tym stylu i – co dziwaczne – skończyło się na kupnie Thomasa Gravesena z Arsenalu. Było to osobliwe z dwóch powodów: po pierwsze Gravesen plasował się wyraźnie poniżej standardów Realu, a po drugie nie był też defensywnym pomocnikiem, lecz przywykł do gry jako bardziej wysunięty zawodnik. „To zupełnie co innego niż w Evertonie – przyznał Gravesen po przyjściu do Madrytu, gdy ustawiono go jako najbardziej cofniętego pomocnika. – Na pozycji, na której tu gram, występował Lee Carsley". Wyglądało na to, że Real pomylił łysych środkowych pomocników Evertonu.

Strata Realu okazała się zyskiem dla Chelsea, ale warto powtórzyć, że w tamtym momencie Makélélé miał już 30 lat i 11 pełnych sezonów piłki na najwyższym poziomie, często w roli energicznego pomocnika, zmuszonego do nieustannego biegania. Francuz był jednak obecnie gotów do odgrywania ściślej określonej defensywnej roli w pomocy, co wypadło szczególnie dobrze, zważywszy na skład Chelsea. W pierwszym letnim okienku transferowym Abramowicz zdążył już kupić ofensywnych pomocników Damiena Duffa, Joego Cole'a i Juana Sebastiána Veróna, a także napastników Adriana Mutu i Hernána Crespo. Do klubu trafili też bardziej użytkowi defensywni piłkarze, tacy jak Glen Johnson, Geremi i Wayne Bridge, ale brakowało prawdziwego defensywnego pomocnika. Całą sytuację zgrabnie podsumował Brian Clough: „Bardzo chciałbym wiedzieć, kto odwali całą robotę za tych wszystkich olśniewających, przepłaconych internacjonałów, którzy uwielbiają pruć naprzód, ale nie potrafią rzucić się na obiad, o przeciwniku nie wspominając – stwierdził. – Verón, Cole i Duff nie ubabrzą sobie rąk czarną robotą".

Słowa te padły oczywiście przed przyjściem Makélélé, który w gruncie rzeczy z dnia na dzień rozwiązał problem. „Mam wspaniały zegarek, a Claude to moja bateryjka" – powiedział nowy menedżer Chelsea Claudio Ranieri, by później określić Francuza mianem „jednego z najlepszych, jeśli nie najlepszego rozgrywającego na świecie". Włoch nigdy nie uważał go za gracza wyłącznie defensywnego.

Makélélé debiutował w Premier League w wyjazdowym zwycięstwie 5:0 z Wolverhampton, grając u boku Franka Lamparda w systemie 4-4-2 z Jesperem Grønkjærem i Damienem Duffem na skrzydłach. Jego defensywne ustawienie w tej formacji było tak oczywiste, że po minimalnej wygranej z Middlesbrough (2:1), z tym samym kwartetem w pomocy, jedna z gazet przedstawiła taktykę The Blues jako 4-1-1-2-2, z pozwalającym ruszać Lampardowi naprzód Makélélé przed linią obrony. Ale to sprawiało, że Lampard przegrywał walkę w środku pola, a poza tym Makélélé nie nadawał się do gry w czteroosobowej pomocy ustawionej w linii. Francuz czuł się bardziej komfortowo, gdy Ranieri grał diamentem, co pozwalało mu pozostać przed linią obrony, ale dawało także prawdziwego partnera w pomocy Lampardowi. Gdy w styczniu 2004 roku do klubu przybył Scott Parker z Charltonu, często grał na prawej stronie teoretycznie czteroosobowej pomocy, tyle że nowy nabytek ustawiany był bliżej środka, by stworzyć w pomocy trio z Makélélé i Lampardem, zostawiając odsłonięte prawe skrzydło. To niesymetryczne ustawienie sprawdzało się lepiej, Makélélé mógł bowiem grać cofnięty.

Kiedy latem José Mourinho zastąpił Ranieriego, Portugalczyk zadzwonił do przebywającego na wakacjach Makélélé, by w ten sposób podkreślić, jak ważny jest dla jego drużyny. Mourinho wykorzystywał dwa systemy, które opracował w Porto: ustawienie z diamentem w pomocy i 4-3-3 – oba wymagały trzymającego pozycję pomocnika pokroju Makélélé. Pomocnicy rywali nie radzili sobie z ustawieniem Francuza – nie mogli na niego naciskać, nie zostawiając bez opieki bardziej wysuniętego partnera Makélélé – i to właśnie ustawienie, a nie indywidualna klasa, okazało się decydujące.

W 144 meczach w Premier League Makélélé strzelił tylko dwa gole (w tym jednego z dobitki po własnym rzucie karnym) i zaliczył cztery asysty. Bez wątpienia jednak odgrywał kluczową rolę w atakach Chelsea. Choć w Realu Madryt pełnił stricte defensywną funkcję – polegała na zabezpieczaniu pomocników idących do przodu i chronieniu defensywy – w Chelsea, drużynie, która szybko wracała do obrony i zwierała szyki, nie było to tak oczywiste. W Londynie Makélélé był kluczowy jako zawodnik operujący piłką, co jest dziwne, ponieważ rozdzielał futbolówkę ostrożnie, nie rzucając się w oczy – nie wchodził w niespodziewane dryblingi na połowie rywala, rzadko przerzucał piłkę na skrzydło albo zaskakiwał podaniem otwierającym drogę do bramki. Po prostu utrzymywał się przy piłce i uporawszy się z rywalami, zagrywał na bok. Ale jak podkreślił Mourinho, miało to zasadnicze znaczenie.

„Słuchajcie, jeśli mam trójkąt w pomocy – Claude'a Makélélé tuż za dwoma innymi zawodnikami – zawsze będę miał przewagę, grając przeciwko zwykłemu 4–4–2, w którym środkowi pomocnicy są obok siebie. To dlatego, że zawsze będę miał dodatkowego człowieka. Wszystko zaczyna się od ustawionego między liniami Makélélé. Jeśli nikt go nie atakuje, widzi całe boisko i ma czas. Jeśli jest naciskany, to znaczy, że jeden z dwóch pozostałych środkowych pomocników ma miejsce. Jeśli i oni są naciskani i skrzydłowi rywala schodzą do środka, by pomóc w pressingu, to znaczy, że nasi skrzydłowi albo boczni obrońcy mają teraz miejsce na flankach. Zwykłym 4-4-2 nie da się niczemu zapobiec" – powiedział Mourinho. Było to dokładnie tak proste i dotyczyło raczej roli Makélélé niż samego Francuza.

Makélélé utrzymuje jednak, że dzięki swym umiejętnościom technicznym i występom na pozycji ofensywnego pomocnika był innego rodzaju cofniętym pomocnikiem. „Jako były skrzydłowy wiem, jak dodać pewności siebie graczom ofensywnym" – oświadczył. Uważał przy tym, że największa różnica między nim a wcześniejszymi defensywnymi pomocnikami polegała po prostu na tym, że lepiej operował piłką. „Mówiono o »roli Makélélé«, by opisać nowoczesnego, odzyskującego piłkę pomocnika. Ale prawdę mówiąc, niczego nie wynalazłem. Być może jestem lepszy technicznie i taktycznie od dawnych defensywnych pomocników z lat 80. i 90. jak Luis Fernández, Franck Sauzée czy Didier Deschamps, ale nie robię niczego radykalnie innego niż oni, po prostu jestem bardziej kompletnym piłkarzem – twierdził uparcie. – Sądzę raczej, że to piłka się zmieniła i żeby być czołowym graczem na jakiejkolwiek pozycji, trzeba dziś wiedzieć, jak utrzymać się przy futbolówce, dokładnie podawać i mieć swój wkład w każdej fazie akcji. Nie wystarczy już dobrze grać w powietrzu albo wślizgiem, żeby wyrobić sobie pozycję jako pomocnik. Trzeba być wszechstronnym piłkarzem".

To fascynująca analiza, ponieważ twierdzono zwykle, że Makélélé był dokładnym przeciwieństwem gracza uniwersalnego. Przykładowo legendarny trener Milanu Arrigo Sacchi, wielki mistrz uniwersalności, wyraźnie podkreślił, że Makélélé nie jest zawodnikiem wszechstronnym. „U mnie rozgrywającym był każdy, kto znajdował się przy piłce – powiedział. – Ale gdy ma się Makélélé, nie można tak grać. On nie ma wyobraźni, by to robić, choć oczywiście jest świetny w odbiorze. Piłka oznacza dziś specjalizację". Sacchi nie doceniał roli Francuza. Mimo że Makélélé nie rzucał piłek na skrzydła z chirurgiczną precyzją Andrei Pirlo czy Xabiego Alonso, poruszał się między linią obrony i ataku rywala, znajdował miejsce, by pociągać za sznurki, i skutecznie i szybko zagrywał piłki do zawodników ofensywnych.

Ponieważ Makélélé w gruncie rzeczy operował między liniami przeciwnika, przypominał swojego rodaka Érica Cantonę, który na nowo zdefiniował styl gry środkowego napastnika (choć oczywiście obaj Francuzi różnili się poziomem artyzmu), i rywale musieli radzić sobie z nim w podobny sposób, co z piłkarzem United. Wedle powszechnie panującej opinii naturalny porządek rzeczy był prosty: defensywny pomocnik krył ofensywnego pomocnika rywali. Ale Makélélé wywarł taki wpływ na grę, że doszło do dosłownej zamiany ról i menedżerowie rywali uświadomili sobie, że ich ofensywny pomocnik musi pilnować defensywnego pomocnika Chelsea. Najlepszym tego przykładem był mecz z marca 2006 roku, gdy menedżer Fulham Chris Coleman poprowadził podopiecznych do zwycięstwa 1:0 w derbach, ustawiając na szczycie pomocy rozgrywającego Steeda Malbranque'a, by ten powstrzymał Makélélé. „Za każdym razem, gdy graliśmy z Chelsea i oglądaliśmy jej grę, wszystko szło przez Makélélé i to on rozpoczynał ataki – powiedział Coleman. – Malbranque uwielbia grać na tej pozycji. Powiedzieliśmy mu, żeby robił, co chce, gdy jest przy piłce, ale gdy tylko przy niej nie będzie, ma kryć Makélélé. Chcieliśmy, żeby Petr Čech wykopywał futbolówkę, a nie podawał, i bardzo dobrze to wyszło".

Gracze Fulham wyszli szybko na prowadzenie za sprawą Luísa Boa Morte i ich dominacja była tak całkowita, że Mourinho z powodów czysto taktycznych przeprowadził dwie zmiany ledwie po 25 minutach – była to najwcześniejsza w historii Premier League podwójna zmiana. Portugalczyk poświęcił skrzydłowych Joego Cole'a i Shauna Wrighta-Phillipsa na rzecz Damiena Duffa i Didiera Drogby, by Chelsea dostosowała się do systemu gry Fulham. „José rozpoczął w ustawieniu 4-3-3 i szybko je zmienił – ciągnął Coleman. – Dał Crespo trochę wsparcia w postaci Drogby, wprowadził Duffa i wyrównał siły w pomocy, co stanowiło dla mnie komplement. Mecz układał się dla nas dobrze, więc nie musieliśmy nic zmieniać". W drugiej połowie Chelsea przeszła na 3-5-2, aby spróbować odrobić straty. Innymi słowy, niemal wyłącznie dlatego, że Fulham z powodzeniem powstrzymało Makélélé, konieczne były dwie radykalne zmiany w systemie gry. Pomeczowe dyskusje skupiały się na brzydkich scenach, do jakich doszło przy Craven Cottage (kibice obu drużyn bili się ze sobą na boisku po ostatnim gwizdku sędziego), ale pierwsze od 1979 roku zwycięstwo Fulham nad lokalnym rywalem miało wielkie znaczenie. Ponieważ wygrana gospodarzy wynikała w dużej mierze z tego, że ofensywny zawodnik odgrywał tak ściśle defensywną rolę, uwypukliła fakt, że piłkarze muszą być coraz wszechstronniejsi.

Tak jak w przypadku Cantony, którego występy zapoczątkowały falę naśladowców, pozostałe drużyny z czołówki Premier League zaczęły szukać swojego Makélélé. Godne jednak uwagi, że gdy zdały sobie sprawę z tego, jak długo Francuz jest przy piłce, zwróciły uwagę na z natury bardziej ofensywnie nastawionych pomocników. Ciekawym zjawiskiem połowy pierwszej dekady XXI wieku było to, że cała tak zwana „wielka czwórka" sprowadzała obiecujących ofensywnych pomocników, by zrobić z nich defensywnych pomocników.

Świetnym tego przykładem było kupno Lucasa Leivy przez Liverpool. Brazylijczyk został ściągnięty z Grêmio w 2007 roku i uchodził za porywającego, wszechstronnego gracza z nosem do bramek. Lucas został najmłodszym zdobywcą Bola de Ouro, wyróżnienia dla najlepszego zawodnika ligi brazylijskiej, i poprowadził Brazylię w tamtym roku do triumfu w mistrzostwach Ameryki Południowej do lat 20, zdobywając cztery bramki w dziewięciu meczach. „Może grać jako pomocnik trzymający pozycję, ale może także biegać od pola karnego do pola karnego – powiedział po jego przyjściu menedżer The Reds Rafael Benítez. – Nie mogę się doczekać jego przyszłych trafień dla Liverpoolu". Jeden gol w ponad 200 meczach w Premier League wyraźnie pokazuje, że Lucas występował wyłącznie w defensywnej roli.

W Ameryce Południowej gra się w wolniejszym tempie i dało się odczuć, że Lucasowi brak niezbędnej szybkości, by rozkwitnąć w Premier League na pozycji ofensywnego pomocnika. „Decyzja, bym grał bardziej defensywnie, miała mi pomóc poczuć się bardziej komfortowo – wyjaśniał. – Odpowiada to moim cechom i charakterystyce samej Premier League. Oczywiście fajniej jest grać bliżej pierwszej linii, ale sądzę, że mam więcej do zaoferowania drużynie w roli defensywnej". Lucasa jednak ostro krytykowano za brak ambicji przy piłce i choć po tym, jak niestrudzenie pracował, by znaleźć wolną przestrzeń na przyjęcie futbolówki, widać było, że miał za sobą występy w bardziej ofensywnej roli, przemiana w defensywnego pomocnika pozbawiła go kreatywności.

Bardzo podobne doświadczenia z duetem środkowych pomocników, który w 2005 roku dał Brazylii mistrzostwo Ameryki Północnej do lat 17 i w tym samym roku doprowadził ją do finału mistrzostw świata do lat 17, miały Arsenal i Manchester United. Londyńczycy kupili kapitana tej drużyny, Denílsona, którego w chwili dołączenia do zespołu Arsène Wenger uważał za piłkarza „pomiędzy Gilberto a Tomášem Rosickým". Ale po tym, jak Denílson został wprowadzony do drużyny w roli wszechstronnego gracza środka pola, francuski menedżer wystawiał go ostatecznie wyłącznie jako defensywnego pomocnika, który irytował kibiców brakiem ambicji w rozegraniu, a ponadto był krytykowany za brak umiejętności defensywnych.

Tymczasem Manchester United sięgnął później po jego partnera z pomocy, Andersona – pewnego siebie, silnego rozgrywającego, który imponował porywającymi rajdami z linii pomocy. W raporcie FIFA z tamtych mistrzostw świata do lat 17 opisano go jako „rozgrywającego ze, zdawałoby się, niewyczerpanym zapasem sztuczek", a Zespół Analiz Technicznych światowej federacji określił go mianem „wybitnej indywidualności, piłkarza szybkiego, który może przejąć kontrolę nad meczem, umie współpracować z kolegami z drużyny i jest bardzo skuteczny podczas kontrataków". Ale Anderson stał się kolejnym piłkarzem ustawianym w Anglii bliżej własnej bramki. „Odgrywał rolę, której żaden trener w jego ojczyźnie nie wziąłby pod uwagę nawet przez nanosekundę – pisał wówczas korespondent piłkarski BBC z Ameryki Południowej Tim Vickery. – Czy w nowej roli Anderson nie będzie zmuszony, by poświęcić nieco za wiele z tego, w czym z natury jest dobry?"

Najoczywistszym przykładem był jednak następca Makélélé w Chelsea, John Obi Mikel. I znów to dobrze znana historia. Za czasów juniorskich Mikel był wspaniale utalentowanym ofensywnym pomocnikiem. W 2005 roku poprowadził Nigerię do finału mistrzostw świata do lat 20, w którym jego drużyna przegrała z Argentyną, a Mikel został wybrany drugim w kolejności graczem turnieju za młodym Argentyńczykiem Lionelem Messim. O jego usługi walczyły zażarcie Manchester United i Chelsea. Mikel podpisał kontrakt z drugim z tych zespołów, pierwszy twierdził jednak, że przeprowadził już transfer. Ostatecznie

Czerwone Diabły otrzymały 12 milionów funtów od The Blues, mimo że Nigeryjczyk nigdy oficjalnie nie był ich piłkarzem.

Mikel niemal z miejsca został obwołany nowym Makélélé. Pełnił jego funkcję, gdy Francuz odpoczywał, a w końcu zastąpił go na stałe, gdy w 2008 roku Makélélé wrócił do Francji. Ale jak w pozostałych przypadkach, zrobiono z Nigeryjczyka chaotycznego, agresywnego defensywnego pomocnika, który ciągle miał kłopoty z sędziami z powodu nieudanych wślizgów i był krytykowany przez kibiców za podania w poprzek boiska. Tymczasem jego osiągnięcia strzeleckie okazały się równie złe, co w przypadku Lucasa – zdobył jedną bramkę w 249 meczach Premier League. „Mikel stracił kreatywność, dzięki której zaistniał na światowej arenie – narzekał Samson Siasia, który prowadził go w reprezentacji do lat 20, a później w dorosłej kadrze. – Chelsea zniszczyła piłkarza, jakim dawniej był". Sam Mikel również to przyznał. „Od kiedy trafiłem do Chelsea, zawsze powtarzam, że jestem graczem drużynowym – powiedział, gdy zbliżał się do końca dziesięcioletniej przygody w klubie. – Zadałem sobie wiele trudu, żeby ograniczyć swój styl gry na rzecz zespołu".

Menedżerowie z Premier League zdawali sobie sprawę z możliwości, jakie daje wystawianie kreatywnego gracza w roli Makélélé, ale koncentrując się na poprawie umiejętności defensywnych takich zawodników, w gruncie rzeczy robili z potencjalnie porywających graczy środka pola zwykłych walczaków.

Wiele lat później Les Ferdinand – wówczas trener w Tottenhamie – ostro krytykował wpływ Makélélé na angielską piłkę. „Kiedy William Gallas tu grał, mówiłem mu, że najgorsza rzecz, jaka się tej lidze przytrafiła, to Claude Makélélé – oświadczył w 2014 roku. – Gdy [Makélélé] się tutaj pojawił, nie był trzymającym pozycję pomocnikiem. Był piłkarzem na tyle inteligentnym, by powiedzieć: »Frank, strzelasz więcej ode mniej, więc wejdę tu za ciebie i przypilnuję pozycji. Ty idź do przodu«. Potem wszyscy stwierdzili: »No tak, też musimy mieć pomocnika trzymającego pozycję« i wypuściliśmy całą masę piłkarzy, którzy nie chcą przekroczyć środka pola, nie chcą podać za linię środkową i z przyjemnością tkwią przed czwórką obrońców".

Powszechnie krytykowano Ferdinanda za takie komentarze, ale w jego ocenie spuścizny po Makélélé jest ziarno prawdy. Sam Francuz był doskonale wydajnym piłkarzem i nie w nim tkwił problem. Ale jego ogromny wpływ na angielską piłkę wynikał głównie z funkcji pełnionej w ustawieniu 4-3-3, co wiązało się – jak zauważył Mourinho – z rozdzielaniem prostych piłek w systemie, który wziął górę nad 4-4-2. Gdy inne zespoły zareagowały i odeszły od 4-4-2 na rzecz 4-3-3 i 4-2-3-1, klony Makélélé odgrywały tę samą rolę w systemie, którym n i e można było przechytrzyć rywala, utrzymując jedynie piłkę w głębi pola, lecz nie oferując przy tym przedostania się za linie przeciwnika. Najważniejszy defensywny pomocnik Premier League wpłynął, co nie zaskakuje, jedynie na postawę defensywną drużyn – działo się to w momencie, gdy w całej lidze grano ostrożniej niż kiedykolwiek.

CZĘŚĆ V

STRATEGIA REAKTYWNA

13
IBERYJSKIE WPŁYWY I

Jeśli masz ferrari, a ja dysponuję jakimś samochodzikiem, to aby cię pokonać, muszę przebić ci oponę albo dosypać cukru do paliwa.

José Mourinho

Z perspektywy czasu łatwo rozpoznać ważne chwile i historyczne punkty zwrotne, ale nawet wtedy, w 2004 roku, wydawało się, że w piłce nożnej mamy do czynienia z przełomem.

W pierwszych czterech latach XXI wieku dominował futbol na tak. Euro 2000 było świętem kreatywnej, technicznej gry, a mistrzostwa świata w 2002 roku padły łupem przerażającego brazylijskiego ofensywnego tria: Ronaldo, Ronaldinho i Rivaldo. Arsenal stał się głównym rywalem Manchesteru United, grając do przodu, Real Madryt wygrywał Ligę Mistrzów w 2000 i 2002 roku za sprawą Galácticos, Serie A zaś – tradycyjnie uważana za najbardziej defensywnie nastawioną ligę w Europie – podupadła. Ofensywna piłka wiodła prym.

Potem nadszedł rok 2004 i wstrząsy zarówno na arenie klubowej, jak i międzynarodowej. Najpierw we wspaniałym sezonie Ligi Mistrzów, którą zdominowali świetnie przygotowani autsajderzy, sensacyjne zwycięstwo odniosło Porto pod wodzą José Mourinho, pokonując w finale Monaco 3:0. Trzydzieści dziewięć dni później podobnie nieprawdopodobna historia wydarzyła się podczas Euro 2004, gdy Grecja zszokowała Europę, sięgając po mistrzostwo, mimo że kursy na jej zwycięstwo wynosiły 80-1. Choć triumfy Porto i Grecji robiły wrażenie, niezaprzeczalnie wzięły się z gry obronnej. Porto wyróżniało się ustawieniem w defensywie i niebywale skutecznym stosowaniem pułapki ofsajdowej. Mourinho celowo dokonał tej obronnej przemiany – w lidze portugalskiej, w której zwyciężył, jego podopieczni zarówno strzelili, jak i stracili najmniej goli od dziewięciu sezonów, ponieważ menedżer miał świadomość, że sukces w europejskich pucharach wymaga ostrożniejszego podejścia. Tymczasem ustawiona reaktywnie Grecja kryła jeden na jednego – taktyka rzadko spotykana na najwyższym poziomie we współczesnej piłce nożnej – polegając w ofensywie głównie na stałych fragmentach gry. W fazie pucharowej Grecy wygrali po 1:0 z obrońcami tytułu, Francją, najlepszymi w ofensywie Czechami i gospodarzami, Portugalią, za każdym razem po golu głową. Nagle wydawało się, że Porto i Grecja wskazały drogę do sukcesu, zwłaszcza dla słabeuszy – grę defensywną.

Puchar UEFA również okazał się istotny. Zwyciężyła w nim Valencia, która wygrała także w La Liga. Była to kolejna drużyna skupiona raczej na organizacji defensywy niż na sile ognia w ataku. Jej trener, Rafael Benítez, słynął z doskonałej umiejętności organizacji drużyny i choć jego zespół z sezonu 2003/04 grał najzupełniej atrakcyjną piłkę, sam Benítez był znany z futbolu defensywnego – w sezonie 2001/02 jego podopieczni sięgnęli po tytuł, zdobywając ledwie 51 bramek w 38 spotkaniach, zdumiewająco niewiele jak na mistrzów. W każdym z trzech sezonów pod wodzą Beníteza Valencia straciła najmniej goli w lidze hiszpańskiej.

Kiedy tamtego lata w Chelsea i Liverpoolu pojawiły się wakaty na stanowiskach menedżerskich, kluby zwróciły się odpowiednio do Mourinho i Beníteza. Obaj mogli zresztą skończyć na posadzie tego drugiego; młody Mourinho był wielbicielem Liverpoolu, a jego agent kontaktował się z The Reds w marcu, gdy klub z Anfield prowadził jeszcze Gérard Houllier. Liverpool nie chciał podjąć rozmów za plecami Francuza, ale Chelsea nie miała takich zahamowań – nawet jej menedżer, Claudio Ranieri, zdawał sobie sprawę z całej sytuacji; kiedy fani

Charlton śpiewali „Latem cię zwolnią", Włoch z typowym dla niego wdziękiem odwrócił się i odpowiedział: „Nie, zwolnią mnie w maju!". Nie mylił się – po sezonie zastąpił Beníteza w Valencii i dopiero po 11 latach powrócił do Premier League.

Gdyby Liverpool zachował się śmielej i zaproponował posadę Mourinho, bardzo prawdopodobne, że Chelsea zwróciłaby się do Beníteza, który miał tam zresztą trafić wiele lat później, by sięgnąć po triumf w Lidze Europy w 2013 roku. Niezależnie jednak od tego, gdzie konkretnie Mourinho i Benítez trafili w 2004 roku, ich jednoczesny przyjazd na Wyspy był istotnym wydarzeniem – dwaj menedżerowie, którzy triumfowali dzięki defensywnemu futbolowi na arenie europejskiej, mieli właśnie przeobrazić angielską piłkę. Liga angielska stała się inteligentniejsza taktycznie, bardziej zbliżona do kontynentalnego futbolu i – niemal z miejsca – ostrożniejsza. Średnia goli na mecz spadła z 2,66 do 2,57 w sezonie 2004/05, następnie do 2,48 w sezonie 2005/06 i do 2,45 rok później, co było najgorszym wynikiem w erze Premier League. Był to także jedyny przypadek, gdy średnia goli spadała w trzech kolejnych sezonach – i były to trzy sezony, w których Mourinho i Benítez pracowali we dwóch w lidze. Trudno więc pominąć wpływ, jaki na nią wywarli.

Zatrudnienie Mourinho bardziej przyciągało wzrok. Angielska piłka poznała 41-letniego menedżera, gdy sprintem przebiegł pół boiska wzdłuż linii bocznej Old Trafford, by świętować ze swymi podopiecznymi wyrównującą bramkę Costinhi w końcówce meczu z Manchesterem United, zapewniającą Porto awans do ćwierćfinału Ligi Mistrzów. Premier League do tej pory nie widziała kogoś podobnego: był młody, przystojny, bardzo nastawiony na konfrontację, ale przy tym na swój sposób czarujący. Podczas prezentacji Portugalczyk ogłosił się „wyjątkowym" – nie Wyjątkowym, jak to się często podaje. Słowo to na lata miało zdominować nagłówki. Mourinho od samego początku zapewniał mnóstwo rozrywki na konferencjach prasowych, ale nie tak wiele na boisku.

Jego doświadczenia trenerskie wydawały się z początku nieskomplikowane – krótka przygoda z Benficą, potem pół sezonu w União Leiria i wreszcie sukces z Porto. Ale to wcześniejsza kariera okazała się najbardziej fascynująca. Mourinho zrobił papiery trenerskie i pracował dla kilku mniejszych portugalskich klubów, a potem w niecodziennych okolicznościach otrzymał wielką szansę. Były selekcjoner reprezentacji Anglii Bobby Robson został zatrudniony w Sportingu Lizbona i potrzebował tłumacza. To właśnie Wyjątkowy dostał tę posadę, a potem przeniósł się z Robsonem do Porto w 1994 roku i dwa lata później do Barcelony. Na początku Mourinho był rzeczywiście zwykłym tłumaczem, wyjaśniał polecenia Robsona zawodnikom, ale Anglik stopniowo docenił jego inteligencję piłkarską i Portugalczyk pełnił coraz poważniejszą funkcję, zostając w Barcelonie asystentem Robsona, a także jego następcy, Louisa van Gaala.

U Robsona Mourinho planował treningi, skupiając się na tym, co angielski szkoleniowiec zwykł ignorować, czyli na zadaniach defensywnych. „Gdybyśmy mieli podzielić mecz na trzy fazy, zwrócilibyśmy uwagę, że Bobby Robson koncentruje się w swej pracy przede wszystkim na ostatniej z nich, na wykończeniu i zdobywaniu bramek – wyjaśniał później Portugalczyk. – Ja starałem się cofnąć o krok, a zatem, zachowując pierwszeństwo futbolu ofensywnego, usiłowałem poprawić organizację gry, a organizacja bierze się bezpośrednio z defensywy".

Ale Mourinho zrobił największe wrażenie na Robsonie i van Gaalu, analizując grę przeciwników. „Przychodził do mnie do gabinetu i wręczał mi pierwszej klasy raport – powiedział Robson. – Naprawdę pierwszej klasy, nic lepszego w życiu nie dostałem. Był ledwie po trzydziestce, nigdy nie grał profesjonalnie, o jego karierze trenerskiej też nie warto wspominać, a przynosił mi raporty co najmniej równie dobre, jak te od profesjonalistów, którzy obserwowali dla mnie rywali na mistrzostwach świata. [...] Dobrze analizował grę w obronie i ataku obydwu drużyn w meczu, na który go wysłałem, rozrysowywał ich schematy gry, używając różnych kolorów dla obu zespołów... Wszystko było jasne jak słońce. Pamiętam, że powtarzałem mu: »Dobra robota, synu«".

Mourinho rozwinął się w Barcelonie, pracując z piłkarzami na znacznie wyższym poziomie niż w Portugalii. Choć niektóre megagwiazdy z ataku nie zwracały na niego większej uwagi, nawiązał szczególnie dobre relacje z dwoma innymi piłkarzami: Laurentem Blankiem i Pepem Guardiolą. Obaj mieli zresztą stać się później trenerami z najwyższej półki, a drugi z nich został wielkim rywalem Mourinho. Po sezonie Robsona zastąpił van Gaal. Angielski menedżer przekonał Holendra, by skorzystał z usług Mourinho. Van Gaal opowiada znajomo brzmiącą historię: „Został, początkowo na rok. Najpierw był tylko tłumaczem, ale później stał się równie cenny, jak moi pozostali asystenci: potrafił czytać grę i analizować przeciwnika tak dobrze, że po pierwszym sezonie, w którym wywalczyliśmy mistrzostwo Hiszpanii i sięgnęliśmy po Puchar Króla, cieszyłem się, że został na kolejne trzy lata". Raz jeszcze dzięki umiejętności oceny przeciwnika Mourinho przeciągnął na swoją stronę doświadczonego menedżera.

Akcent kładziony na grę przeciwnika stał się charakterystyczną cechą Mourinho jako menedżera. Nie był filozofem futbolu w stylu Arsène'a Wengera, który podkreślał znaczenie piękna piłki nożnej i konsekwentnej strategii, lecz prawdziwym taktykiem, kimś, kto co tydzień będzie stosował inne podejście, koncentrując się w dużej mierze na powstrzymaniu rywala. Przed pierwszym meczem w roli menedżera Benfiki w sezonie 2000/01 Portugalczyk poprosił o raport na temat przeciwnika, Boavisty, która sięgnęła później po tytuł. Był zbulwersowany amatorszczyzną analizy otrzymanej od pionu skautingowego. Na wykresie taktycznym znalazło się jedynie dziesięciu zawodników, skauci pominęli porywającego kolegów do walki pomocnika Boavisty Erwina Sáncheza. Mourinho nie poprosił o nowy raport, zamiast tego z własnej kieszeni zatrudnił do skautingu rywali starego kolegę z uniwersytetu.

Portugalski menedżer nadal kładł wielki nacisk na grę przeciwnika. Gdy później przygotowywał się w Porto do kluczowego spotkania ze swym dawnym klubem, Benficą, na trening stołecznego zespołu wysłał szpiega, ponieważ nie był pewien, czy Orły skorzystają z usług wysokiego środkowego napastnika Edgarasa Jankauskasa (Mourinho ściągnął go później do Porto), czy też wystawią szybszego Mantorrasa – uzależniał od tego wybór duetu środkowych obrońców. Skauci Mourinho robili więcej, niż od nich wymagano. Gdy Porto awansowało do finału Ligi Mistrzów z Monaco w 2004 roku, pion skautingu wykazał się jeszcze większą skrupulatnością. Każdy z piłkarzy Porto otrzymał DVD z analizą gry bezpośredniego rywala. Gdy zawodnicy obejrzeli nagrania, Mourinho zebrał drużynę i przeprowadził dyskusję na temat Monaco, przemieniając w praktyce analizę gry rywala w zajęcia grupowe. Nie zaskakuje więc specjalnie, że gdy kilka tygodni później przybył do Chelsea, kapitan John Terry oświadczył, iż Portugalczyk „przygotowuje się na przeciwnika gruntowniej niż ktokolwiek, kogo znam".

W czasach gdy Wenger rzadko wspominał swym zawodnikom o przeciwniku, a Alex Ferguson robił to głównie przed najważniejszymi meczami przeciwko trudnym rywalom, Mourinho postępował zupełnie inaczej. Kilka dni przed każdym meczem piłkarze Chelsea po powrocie do szatni zastawali przy swoich szafkach sześcio-, siedmiostronicowy raport. Był on całkowicie poświęcony rywalom – wyjaśniał, jak przeciwnik jest ustawiony, jak wykonuje stałe fragmenty gry, i zawierał jednoakapitowe omówienie gry każdego piłkarza. Poza tym można było tam znaleźć także szczegółowe informacje i diagramy na temat najgroźniejszych rywali – w jaki sposób nabiegali przy rzutach rożnych, jaki rodzaj podań preferują, jakich rozwiązań próbowali rozgrywający. Co wymowne, Mourinho przydzielił zadanie skautingu rywali najbardziej utalentowanemu członkowi sztabu szkoleniowego, młodemu André Villasowi-Boasowi, który wygrał później Ligę Europy z Porto, by następnie objąć posadę w Chelsea i Tottenhamie. Podobnie jak Mourinho, Villas-Boas zasłynął jakością swych raportów.

Podejście to znalazło ciąg dalszy na treningach Chelsea. Przygotowania do sezonu, podczas których u Ranieriego dominowała praca nad kondycją, teraz koncentrowały się na organizacji gry obronnej i ustawieniu drużyny, a gdy sezon się rozpoczął, szczególnie skupiano się na przeciwnikach. Już Włoch wprowadził ten zwyczaj, choć wielu graczy Chelsea uważało, że jedynie uwypuklał mocne strony rywali, co ich zniechęcało. „Po trzech latach w Realu Madryt, gdzie nigdy nie pytano nas o nic związanego z rywalami, sądziłem, że to dziwaczne" – narzekał Claude Makélélé. Mourinho chętniej sugerował piłkarzom, w jaki sposób można wykorzystać słabości przeciwnika.

Podobnie jak wiele innych klubów w tamtym okresie Chelsea coraz więcej korzystała z ProZone, by analizować swoją grę pod kątem statystycznym. Ale jak stwierdzał Terry: „Dostajemy te same informacje na temat rywala i to na nich zwykle bardziej się skupiamy". Dzień przed meczem odbywały się w Chelsea zebrania całej drużyny, podczas których Mourinho analizował fragmenty wideo z grą rywala, a ostatni trening był ściśle dostosowany do weekendowego zadania. „Podczas tej ostatniej sesji treningowej wierzysz, że grasz przeciwko rywalowi – mówił Terry. – Przez cały czas masz go z tyłu głowy. Przygotowywałeś się do tego przez cały tydzień: czytałeś raport, który sporządził menedżer, słuchałeś, co ma do powiedzenia na zebraniu drużyny, i w piątek po południu czujesz się gotów". Choć obserwacja przeciwnika nie była niczym nowym, uważano, że taki poziom skupienia na rywalu to domena słabeuszy. Ale Chelsea nie była chłopcem do bicia – w pierwszym sezonie Mourinho sięgnęła po tytuł z 95 punktami, najlepszym wynikiem w historii Premier League.

Drużyna była usposobiona defensywnie. Grała głęboko cofnięta, Terry'emu partnerował znakomity Ricardo Carvalho, który świetnie współpracował z prawym obrońcą Paulo Ferreirą. Obaj Portugalczycy śladem Mourinho przyszli na Stamford Bridge z FC Porto. Na lewej obronie menedżer Chelsea regularnie dokonywał zmian, ale najczęściej w podstawowym składzie występował William Gallas, prawonożny środkowy obrońca, grający – jak można się spodziewać – bardziej defensywnie od naturalnego lewego obrońcy. Makélélé biegał oczywiście przed obrońcami. Pomocnicy mieli wyraźne polecenie wracania za rywalami, a praca w defensywie rozpoczynała się od środkowego napastnika. Jednym z ulubionych zajęć treningowych Mourinho było wprawdzie ćwiczenie utrzymywania się przy piłce, ale zawsze z piątką zawodników za jej linią.

Żadna inna drużyna w Premier League nie zanotowała nigdy tak niewiarygodnych statystyk w obronie. Piętnaście goli straconych w całym sezonie ligowym to nadzwyczajne osiągnięcie, a 25 czystych kont w 38 spotkaniach brzmi nawet lepiej. Od połowy grudnia do początku marca Chelsea nie straciła ani jednej bramki w Premier League. Čech pozostawał niepokonany przez 1025 minut i całych dziesięć spotkań, dopóki Leon McKenzie, który potem rzucił piłkę, by zostać zawodowym bokserem, nie strzelił gola dla Norwich. Główka McKenziego była prawdopodobnie pierwszym w sezonie golem z gry, którego straty Chelsea mogła uniknąć. Pięć z ośmiu wcześniej straconych przez The Blues bramek wpadło po strzałach z dystansu, których nie dało się obronić (Jamesa Beattiego z Southampton, Zoltána Gery z West Bromwich, Papy Bouby Diopa z Fulham i dwie Thierry'ego Henry'ego, w tym szybko wykonany rzut wolny), był także rzut karny Nicolasa Anelki w pierwszej i jedynej przegranej londyńczyków w sezonie (na wyjeździe z Manchesterem City), a Bolton – jak to zwykle bywało – strzelił dwa gole po rzutach wolnych skierowanych na głowę Kevina Daviesa: jednego angielski napastnik strzelił sam, a przy drugim trafieniu przedłużył dośrodkowanie do Rahdiego Jaïdiego. Bez wątpienia utrata bramek ze stałych fragmentów musiała irytować Mourinho, ale jeśli chodzi o otwartą grę, londyńczyków udało się na dobre przełamać dopiero w marcu. Wynikało to w dużej mierze z niesamowitego przywiązywania wagi do szczegółów, jeśli chodzi o powstrzymanie rywala.

Najważniejsza w tamtym sezonie – i ogólnie w podejściu Mourinho – była jednak gra skrzydłowych. To nieco zaskakujące, bo w kilku pierwszych kolejkach ligowych Portugalczyk w ogóle z nich nie korzystał, grając w pomocy diamentem. W debiucie w Premier League wygrał na własnym boisku z Manchesterem United 1:0. Spotkanie to było zwiastunem, jak będą wyglądały mecze Chelsea w całym sezonie: oddanie piłki przeciwnikowi, gol po kontrataku, czyste konto. Ustawienie z diamentem było zdecydowanie defensywne: po bokach Makélélé biegali dwaj pracusie, Geremi i Aleksiej Smiertin, a wyżej grał Frank Lampard. W późniejszym czasie techniczną jakość wniósł do zespołu świetnie podający Portugalczyk Tiago, Mourinho wykorzystywał też czasami Joego Cole'a, ale z diamentem w pomocy londyńczycy nie budzili przesadnego zachwytu. Porównania z rywalami do tytułu, Arsenalem, który nadal kontynuował serię meczów bez porażki z sezonu Niezwyciężonych, nie wypadały dla Chelsea korzystnie. Do momentu przegranej z Manchesterem City w dziewięciu meczach drużyny Mourinho padło tylko dziesięć goli, w tym osiem dla podopiecznych Wyjątkowego. W tym samym czasie Arsenal zdobył 29 bramek.

Ale istotna okazała się następna kolejka, podczas której wydarzyły się dwie ważne rzeczy. Po pierwsze, passa meczów bez porażki Arsenalu dobiegła końca na Old Trafford za sprawą goli strzelonych przez dwóch starych wrogów: Ruuda van Nistelrooya, który sezon wcześniej był najbliżej zakończenia niesamowitej serii drużyny Wengera, lecz spudłował rzut karny, i Wayne'a Rooneya, którego debiutancki gol w Premier League zakończył poprzednią serię meczów bez porażki Arsenalu. Po drugie, Mourinho dał szansę ligowego debiutu holenderskiemu skrzydłowemu Arjenowi Robbenowi. Wielu zawodników sprowadzonych z zagranicy potrzebowało czasu, by zadomowić się na Wyspach, ale Robben był objawieniem od samego początku.

Gdy Mourinho brakowało Robbena i Damiena Duffa, dwóch gwiazdorów The Blues na skrzydłach, Portugalczyk czasem stosował ustawienie z diamentem. W tak zorganizowanej pomocy próbował grać Duffem i Cole'em, ale nie było cienia szansy, że Robben się do tego dostosuje – był klasycznym holenderskim skrzydłowym w stylu

Marca Overmarsa, mogącym grać na obu flankach, raczej w systemie 4-3-3 niż 4-4-2. Wcześniej Chelsea w dużej mierze uzależniona była od stałych fragmentów, w pewnym okresie osiem z dziesięciu bramek zdobyła po rzutach rożnych, wolnych bądź karnych. Nagle londyńczycy zaczęli stwarzać większe zagrożenie z gry. Debiut Robbena przeciwko Blackburn zbiegł się z pierwszym wysokim zwycięstwem za kadencji Mourinho (4:0) i choć Holender wszedł tylko na pół godziny z ławki, z miejsca wywarł wpływ na grę swego zespołu. Był to zgrabny symbol nowej Chelsea – po ośmiu golach w pierwszych dziewięciu spotkaniach w następnych dziewięciu londyńczycy strzelili ich 30. Robben został piłkarzem miesiąca, a jego niewiarygodne umiejętności przekonały Mourinho, by traktować ustawienie z diamentem w pomocy jako alternatywę i skupić się na 4-3-3.

Drugi ligowy występ Robbena, podczas wygranego 4:1 wyjazdowego spotkania z West Bromwich (tym razem Holender wszedł na boisko po pierwszej połowie), przeobraził Chelsea. Londyńczycy wyszli na prowadzenie tuż przed przerwą dzięki bramce Williama Gallasa po stałym fragmencie, ale Mourinho był wściekły na swoją drużynę i wprowadził Carvalho za Bridge'a oraz – co istotniejsze – Robbena za Cole'a. W drugiej połowie Chelsea rozwinęła skrzydła, a Robben wyrósł na gwiazdę. „Mecz miał dwie połowy. Pierwsza była zbyt zła, żeby mogła być prawdziwa – powiedział Mourinho. – Pierwsze 45 minut to najgorsza połówka zespołu, odkąd tutaj jestem, druga wręcz przeciwnie: była piękna. Postawa drużyny w pierwszej połowie naprawdę mnie rozczarowała. Mógłbym zmienić pięciu czy sześciu piłkarzy, ale Robben był fantastyczny. Wnosi do gry coś wyjątkowego".

Trzy dni później Robben po raz pierwszy wyszedł w pierwszej jedenastce w wyjazdowym meczu Ligi Mistrzów z CSKA Moskwa i zdobył jedyną bramkę wieczoru. Zaczęło się od długiej piłki, którą przedłużył Guðjohnsen. Robben doszedł do niej po prawej stronie, dograł do Duffa, w pełnym biegu przyjął podanie zwrotne i umieścił piłkę w siatce strzałem lewą nogą. Było to proste trafienie po długiej piłce, które pokazywało, że środkowy napastnik pełni w Chelsea funkcję odgrywającego, a zadaniem skrzydłowych jest wbieganie za plecy obrońców. Potem przyszła pora na Everton – pierwsze wyjście Robbena w podstawowym składzie w lidze i jego pierwszą ligową bramkę, ponownie w meczu wygranym 1:0. Tym razem Guðjohnsen cofnął się głęboko i nad linią obrony rzucił na prawe skrzydło do Robbena mocną piłkę na dobieg. Holender nie dograł w poprzek do Duffa, tylko sam wspaniale wykończył akcję. Guðjohnsen ponownie był łącznikiem, a Duff i Robben pomknęli naprzód. W kolejnym meczu ligowym, z Fulham, Robben strzelił niezwykłego gola, kładąc dryblingiem trzech rywali na murawie i dając Chelsea prowadzenie w zakończonym ostatecznie wynikiem 4:1 spotkaniu. Ogółem w sezonie 2004/05 Holender zdobył siedem bramek i dołożył dziewięć asyst w ledwie 14 występach w pierwszym składzie i czterech wejściach z ławki.

Grę Chelsea zaczęły charakteryzować szybkość, drybling i bezpośrednia gra Robbena i Duffa, z gościnnym udziałem Cole'a, głównie gdy Holender był kontuzjowany. Choć Premier League widziała już wielu szybkich zawodników na skrzydłach, ustawienie Robbena i Duffa w systemie 4-3-3, a nie w 4-4-2 bądź 4-4-1-1 wszystko zmieniło. Obaj byli klasycznymi skrzydłowymi. Gdy Chelsea znajdowała się przy piłce, przesuwali się wysoko, rozciągając grę na obu flankach. Tymczasem brak cofniętego napastnika oznaczał, że skrzydłowi nie angażowali się w grę kombinacyjną. Mieli dużo prostsze zadanie: dojść do podania w głębi pola i ruszyć na bramkę.

W tamtym czasie grę z kontrataku zaczęto postrzegać negatywnie. W przypadku ekip Manchesteru United i Arsenalu używano tego terminu jako komplementu, odnosząc się do umiejętności nagłego uderzenia z głębi pola. Chelsea również to potrafiła, ale robiła to w bardziej oczywisty sposób, rezygnując z posiadania piłki, by stwarzać szanse po kontrach, co nieuchronnie oznaczało długie okresy gry defensywnej. Sprawy nie polepszało także to, że kluczowi dla kontrataków Chelsea zawodnicy byli ciągle oceniani przez menedżera przede wszystkim pod kątem gry w obronie.

Ważnym pojęciem stało się teraz „przejście". Był to moment, w którym drużyna traciła piłkę lub wchodziła w jej posiadanie. Mourinho kładł większy nacisk na fazę przejścia z obrony do ataku (bądź odwrotnie) niż jakikolwiek menedżer w Premier League do tej pory, każąc piłkarzom ruszać do przodu, gdy tylko odzyskali piłkę, i cofać się, gdy ją stracili. „Mourinho przywiązywał wielką wagę do przejść – opowiadał Damien Duff, wspominając początkowy wkład Portugalczyka w angielską piłkę. – Wtedy chyba po raz pierwszy usłyszałem ten termin. Gdy tracisz piłkę, chodzi o przejście od ataku do obrony, szybki powrót, bieg bądź sprint w celu odzyskania futbolówki. Z drugiej strony, gdy wchodzisz w jej posiadanie, przechodzisz z obrony do ataku, od razu uderzasz do przodu. [...] Wtedy rywal jest najbardziej bezbronny, ponieważ nie zdążył ustawić się w obronie. I bum! Po tobie! W tamtym sezonie miażdżyliśmy przeciwników, bo opracowaliśmy tę taktykę w każdym szczególe. Mógłbym sobie przypomnieć z miejsca 30 czy 40 goli, które strzeliliśmy w cztery czy pięć sekund na zasadzie: odbierz piłkę i ruszaj".

Dla Mourinho przejście do obrony było równie ważne, co przejście do ataku. W czasach gdy boczni obrońcy stawali się ważnym elementem gry ofensywnej, Portugalczyk chciał, aby skrzydłowi ciężko pracowali w defensywie. Po zwycięstwie 1:0 nad Aston Villą w drugi dzień świąt, gdy Robben dograł do Duffa przy zwycięskim golu, Mourinho się zachwycał: „Mogą grać na lewej i prawej stronie, przy linii i schodzić do środka, strzelać i dośrodkowywać, mają po prostu wszystko i robią to fantastycznie – ale fantastyczny jest też ich wkład w grę obronną. Zdjąłem Damiena, bo wiem, że 15 minut oznacza dla niego dodatkowe trzy kilometry". Mourinho uwielbiał jego pracowitość.

Tymczasem Cole przeżywał najboleśniejszą rewolucję. Był przedwcześnie dojrzałym talentem ofensywnym, który miał problemy z wykorzystaniem umiejętności i nie znalazł swojej najlepszej pozycji na boisku. Mourinho zrobił z boiskowego sztukmistrza efektywnego bocznego pomocnika. Cole miał oczywiście koncentrować się na defensywie. Gdy Chelsea w trudnym spotkaniu na Stamford Bridge pokonała w październiku Liverpool Beníteza 1:0, Cole wszedł z ławki i wolejem zapewnił londyńczykom zwycięstwo. Dziennikarze świętowali nowy wielki angielski talent, skupiając się na jego umiejętnościach piłkarskich, ale Mourinho był niezadowolony. „Mecz skończył się dla Joego, gdy strzelił gola – narzekał. – Potrzebuję 11 graczy w defensywie, a miałem tylko dziesięciu".

Podkreślało to tylko nacisk, jaki Portugalczyk kładł na grę obronną całej drużyny, i trzeba dodać, że praca Cole'a w defensywie szybko się poprawiła. Po rutynowym 3:1 ze Scunthorpe w trzeciej rundzie Pucharu Anglii Mourinho stwierdził, że Cole „był fantastyczny. Teraz myśli nie jak indywidualista, ale jeden z 11 piłkarzy. Wie, czego potrzeba drużynie i co musi zrobić, gdy nie mamy piłki. Dużo poprawił w swojej grze, jest zupełnie innym zawodnikiem". Byli i tacy, którzy rozpaczali nad przemianą Cole'a z rozgrywającego w nastawionego defensywnie wołu roboczego, ale pomocnik zachował zdolność zaskakiwania przeciwników, a w kolejnym sezonie przypieczętował drugi tytuł Chelsea wspaniałą bramką w wygranym 3:0 spotkaniu z Manchesterem United, co oznaczało drugie mistrzostwo za pierwszej kadencji Mourinho w Chelsea podparte triumfem nad drużyną Aleksa Fergusona.

Londyńczycy dzielili się obowiązkiem zdobywania bramek. Pierwszy sezon Didiera Drogby w Anglii był rozczarowujący – znajdował się w tak nierównej formie, że nie był nawet graczem podstawowej jedenastki i tylko w połowie spotkań w Premier League wyszedł w pierwszym składzie. Nie lubił gry samemu na szpicy w ustawieniu 4-3-3, krytykowano go, że za łatwo ląduje na murawie, i ostatecznie strzelił tylko dziesięć goli. Mimo to dobrze radził sobie fizycznie, a jego starania w defensywie były godne pochwały, co oczywiście cieszyło Mourinho. Najbardziej bramkostrzelnym piłkarzem Chelsea okazał się Lampard, który rewelacyjnie spisywał się w roli lewego środkowego pomocnika i miał zdefiniować grę w pomocy w tamtym czasie. Anglik był niezwykle skuteczny, wykańczał zwykle akcje mocnymi uderzeniami ze skraju pola karnego po wycofaniach i stosownie do okoliczności zdobył obydwie bramki w zapewniającej Chelsea tytuł wygranej 2:0 z Boltonem na wyjeździe w kwietniu 2005 roku.

Choć Mourinho wykorzystywał zwykle pomocnika do konkretnych zadań jako trzeciego w środku obok Makélélé i Lamparda, pod koniec sezonu stał się odważniejszy i na prawej stronie środka pomocy zaczął wystawiać naturalnego napastnika Eiðura Guðjohnsena, który wcześniej partnerował Drogbie w ustawieniu z diamentem lub grał w pojedynkę z przodu. Umiejętność gry na tej pozycji pokazała niewiarygodną inteligencję piłkarską Islandczyka, niemniej był to zaskakująco ryzykowny system jak na Mourinho. Portugalczyk pokładał taką ufność w obronie i Makélélé, a także w tym, że pomocnicy wywiążą się z defensywnych zadań, że wiosną – w obliczu nieobecności Robbena – za plecami Drogby ustawiał Cole'a, Lamparda, Guðjohnsena i Duffa, także w starciu z broniącym tytułu Arsenalem.

Przebłyski ultraofensywnej gry były sporadyczne, gdy Chelsea goniła wynik, a zmuszony okolicznościami Mourinho szybko i całkowicie zmieniał ustawienie. W meczu Pucharu Anglii z Newcastle na wyjeździe londyńczycy przegrywali do przerwy 0:1. Mourinho dokonał potrójnej zmiany, wpuszczając na boisko Guðjohnsena, Lamparda i Duffa za Geremiego, Cole'a i Tiago. Ryzyko odniosło odwrotny do zakładanego skutek, ponieważ Wayne Bridge zszedł z boiska ze złamaną nogą i niemal całą połowę Chelsea grała w dziesiątkę. Więcej bramek nie padło. Ale ryzyko często się Mourinho opłacało. W finale Pucharu Ligi z Liverpoolem Beníteza Chelsea przegrywała 0:1, Portugalczyk wpuścił więc napastnika Guðjohnsena za pomocnika Jiřiego Jarošíka, a potem kolejnego napastnika Mateję Kežmana za lewego obrońcę Gallasa, przechodząc do czegoś na kształt 3-1-4-2. Chelsea wygrała 3:2 po dogrywce. Remisując do przerwy 1:1 z Fulham w kwietniowym meczu, Mourinho wprowadził pomocnika za obrońcę i przesunął Duffa na lewą stronę defensywy, aby Chelsea poszukała zwycięstwa. Podopieczni Portugalczyka wygrali 3:1.

Choć zmiany Mourinho w trakcie spotkań bywały radykalne, Chelsea nigdy nie brakowało spójności w grze. Piłkarze wiedzieli doskonale, jak się zachować, ponieważ Portugalczyk pracował na treningach przede wszystkim nad różnymi ustawieniami, wyjaśniając podopiecznym, co mają robić, gdy Chelsea zamyka mecz, i jaki jest plan, gdy goni wynik. Kiedy wpuszczał na boisko większą liczbę napastników, nigdy nie tłoczyli się oni obok siebie – ustawiali się w określonych miejscach i odgrywali różne role. Menedżer nie może oczywiście przewidzieć każdego scenariusza i można było zauważyć, że Mourinho często spisuje bądź rysuje polecenia na karteczkach i każe zmiennikowi przekazać je jednemu z kolegów, ponieważ zdawał sobie sprawę, że niektórzy piłkarze lepiej zapamiętują wskazówki wizualne niż ustne. Polecenia wahały się od szczegółów dotyczących ustawienia do obowiązków przy stałych fragmentach gry, choć kilka razy jeden z ważnych zawodników rozkładał karteczkę z prostą wiadomością w rodzaju: „Wygrajcie!".

Mourinho wprowadził przygotowanie taktyczne do meczu na zupełnie nowy poziom, choć jego największą spuścizną trenerską pozostaje spopularyzowanie systemu 4-3-3. Sporo drużyn zaczęło wykorzystywać własną wersję tego ustawienia, często przypominało ono zresztą raczej 4-5-1. Martin O'Neill przez chwilę wystawiał w tej taktyce na lewej stronie boiska Garetha Barry'ego, którego w żadnym razie nie można uznać za skrzydłowego, a już z pewnością nie za skrzydłowego w formacji 4-3-3. Niestety niewiele drużyn mogło się pochwalić bramkostrzelnymi skrzydłowymi w rodzaju Robbena i Duffa. „Pomijając nieliczne wyjątki, w większości wypadków ustawienie 4-5-1 w Anglii oznacza zdjęcie napastnika i wstawienie do środka trzeciego pomocnika, którego zadaniem jest odbiór piłki" – powiedział w 2006 roku były menedżer Chelsea Gianluca Vialli. I dlatego choć system 4-3-3/4-5-1 nie musi być defensywny, w Anglii w połowie pierwszej dekady XXI wieku na ogół taki był.

Co zdumiewające, osiągnięcia bijącej rekordy Chelsea w debiutanckim sezonie José Mourinho przyćmił Liverpool Rafaela Beníteza. Może i Chelsea zwyciężyła w Premier League, ale Liverpool triumfował w Lidze Mistrzów.

W pierwszym sezonie Mourinho i Beníteza na Wyspach Liverpool i Chelsea mierzyły się ze sobą pięciokrotnie. Londyńczycy dwa razy wygrali w lidze po 1:0 (obydwa spotkania po bramkach Joego Cole'a) i wzięli górę w finale Pucharu Ligi, zwyciężając po dogrywce 3:2 (po 90 minutach mecz skończył się remisem 1:1). Najważniejsze było jednak zwycięstwo Liverpoolu w półfinale Ligi Mistrzów w zgodnie z przewidywaniami zaciętym, taktycznym dwumeczu, który w ciągu 180 minut przyniósł tylko jednego gola – a być może i tej bramki nie było, ponieważ nie wiadomo, czy piłka przekroczyła linię. Taktyka Mourinho i Beníteza sprzyjała tego rodzaju morderczej walce.

Ale wystarczył ledwie jeden odcinek tego pięcioczęściowego pojedynku, żeby stało się oczywiste, że angielski futbol robi się wyraźnie ostrożniejszy. Po pierwszym zwycięstwie Chelsea z Liverpoolem w Premier League w październiku 2004 roku, gdy wielu dziennikarzy wspominało już w swoich tekstach o defensywnym charakterze ligowej piłki, Kevin McCarra z „Guardiana" zasugerował, że drętwy mecz „może zmusić do zastanowienia nad równoczesnym przybyciem do tego kraju José Mourinho i Rafaela Beníteza, nie wspominając o Jacques'u Santinim w Tottenhamie Hotspur. Czy przybyli tu, by zrealizować kontynentalny spisek, mający na celu obniżenie wartości praw telewizyjnych do Premier League na całym świecie?". McCarra bez wątpienia żartował, ale Premier League pierwszy raz dopadł kryzys wiary w siebie; była to liga stworzona dla rozrywki telewizyjnej, chełpiła się tym, że jest najbardziej ekscytująca na świecie, a teraz dostarczała skrajnie defensywne widowiska.

Nawiasem mówiąc, Santini był kolejnym importowanym menedżerem o ugruntowanej renomie. Francuz zamienił posadę selekcjonera na pracę w Spurs. Przetrwał w Londynie tylko trzy miesiące i dlatego nie miał większego wpływu na Premier League, ale bez wątpienia przyczynił się choć trochę do triumfu defensywnego sposobu myślenia. Spurs w 11 spotkaniach pod jego wodzą osiągnęli następujące wyniki: 1:1, 1:0, 1:1, 1:0, 0:0, 0:0, 0:1, 1:0, 0:1, 1:2 i 0:2. Wśród tych meczów było także wyjazdowe spotkanie z Chelsea – to jeden z najważniejszych bezbramkowych remisów w historii Premier League, zaowocował bowiem nową frazą w angielskim leksykonie piłkarskim. „Jak to mówimy w Portugalii, przyjechali autobusem i ustawili go przed bramką" – narzekał Mourinho. Fraza ta przemieniła się w „parkowanie autobusu", a ironia polega na tym, że choć to Mourinho posługiwał się nią, by krytykować rywali, był zarazem mocno kojarzony z takim podejściem do gry. Mourinho, Benítez, Santini – człowiek całe wieki czeka na autobus, a potem podjeżdżają trzy naraz.

Santiniego zastąpił jego asystent Martin Jol, który natychmiast pokierował zespołem w przegranych 2:3 i 4:5 meczach z Charltonem i Arsenalem. Pod kątem wartości rozrywkowej był to niezły kontrast – od 14 bramek w 11 meczach za Santiniego do 14 bramek w dwóch spotkaniach za Jola. Porażka 4:5 w derbach północnego Londynu – jedyny mecz w historii Premier League, w którym bramki zdobywało dziewięciu zawodników – był prawdopodobnie najbardziej porywającym meczem sezonu, choć zgodnie z oczekiwaniami pewien człowiek nie wydawał się zachwycony.

„5:4 to wynik hokejowy, nie piłkarski – wtrącił swoje Mourinho. – Gdy w treningowej gierce trzech na trzech wynik brzmi 5:4, odsyłam zawodników do szatni, ponieważ nie bronią jak należy, a zatem taki wynik w meczu 11 na 11 to hańba". Tak wyglądał nowy porządek świata za czasów Mourinho i Beníteza; meczów zakończonych wysokim wynikiem nie należało świętować, lecz je wyśmiewano.

14
IBERYJSKIE WPŁYWY II

Mamy wszystko doskonale przygotowane. Zagłębiamy się w materiały DVD, ćwiczymy stałe fragmenty gry, analizujemy przeciwników, przekazujemy naszą wiedzę piłkarzom. Każdy mecz to po prostu kulminacja procesu trwającego wiele dni i bazującego na pracy analitycznej sięgającej dekady wstecz.

Rafael Benítez

Przyjścia Rafaela Beníteza nie zapowiadano tak szumnie, jak przybycia Mourinho. Hiszpan nie był tak czarującą osobowością i do mediów podchodził z rezerwą. Ale podobnie jak Portugalczyk był trenerem skrupulatnym i za sprawą swego zmysłu taktycznego pomógł przemienić brytyjską piłkę, wnosząc przy tym znaczący wkład w wielkie postępy angielskich klubów w Lidze Mistrzów w połowie pierwszej dekady XXI wieku. W 2008 roku Premier League znalazła się na czele rankingu UEFA, zawdzięczając swój nagły wzlot w dużej mierze kontynentalnej fachowości Mourinho i Beníteza.

Zatrudnienie Beníteza wzbudziło natychmiastowy entuzjazm pośród kibiców Liverpoolu, którzy pamiętali, jak dwa lata wcześniej jego Valencia zniszczyła ich drużynę na Estadio Mestalla, dominując w takim stopniu, że końcowe 0:2 nie odzwierciedlało przebiegu spotkania. W pamięć zapadła im szczególnie akcja z udziałem duetu pomocników, Rubéna Barajy i Davida Albeldy, którą z elegancją wykończył Pablo Aimar, drobniutka argentyńska dziesiątka – był to jeden z najwspanialszych zespołowych goli w historii Ligi Mistrzów. Taka piłka – bazująca na podaniu i natychmiastowym wyjściu na pozycję – zostałaby z pewnością bardzo dobrze przyjęta na The Kop. „Nie mogę sobie przypomnieć meczu w europejskich pucharach, w którym zostalibyśmy tak bardzo zepchnięci do defensywy" – przyznał Gérard Houllier, ówczesny menedżer The Reds. Tymczasem piłkarze Liverpoolu zwrócili uwagę na wspaniałą organizację gry Valencii, będącą konsekwencją trenerskiego stylu Beníteza. Choć gdy przedstawiano go jako nowego menedżera klubu, Hiszpan mówił o chęci wygrywania „we właściwy sposób", to nie kładł szczególnego nacisku na rozrywkę ani nie cenił zbytnio piłkarzy grających z polotem. Był natomiast prawdziwym strategiem.

Od wejścia w wiek nastoletni Benítez był wielkim miłośnikiem szachów i niewątpliwie w bardzo podobny sposób postrzegał futbol. „W piłce nożnej, podobnie jak w szachach, musisz myśleć i analizować, co się wydarzy, mieć plan A, plan B, a nawet plan C – powiedział. – Musisz na chłodno ocenić dane działanie, zanim je podejmiesz, i być przygotowany, przewidując różne możliwe zachowania przeciwnika". W ten sposób można by opisać każdy sport, ale obserwacje Beníteza na temat szachów i piłki były bardziej konkretne. „Musisz kontrolować środek pola, czekać na odpowiedni moment do ataku – mówił o szachach. – Zdarzają się bardzo agresywni, bardzo ofensywnie nastawieni gracze, ale w szachach bywa to niebezpieczne, ponieważ jeśli rywal jest dobry w obronie, może grać z kontry". To doskonałe podsumowanie podejścia Beníteza za czasów Liverpoolu, a zwłaszcza meczów przeciwko Chelsea Mourinho. Gdy za przeciwnika miał zespół świetny w przechodzeniu z obrony do ataku, stawiał na ostrożność, nie chcąc iść rywalowi na rękę. Relacje byłych piłkarzy Hiszpana sugerują, że postrzegał ich raczej jako figury szachowe – funkcjonalne przedmioty, które służą pewnemu celowi – nie zaś jako ludzi posiadających określone osobowości i potrzebujących od czasu do czasu wsparcia oraz zachęty. „Nie jestem pewien, czy piłkarze interesują go jakoś specjalnie jako ludzie" – stwierdził kapitan Steven Gerrard.

Po tym, jak kontuzja kolana, odniesiona podczas występów na Uniwersjadzie w barwach reprezentacji Hiszpanii (to zresztą dobre podsumowanie akademickich korzeni Beníteza), zniweczyła szanse przyszłego menedżera Liverpoolu na karierę zawodniczą, pokonał kolejne szczeble trenerki w Realu Madryt, zostając na chwilę asystentem Vicente del Bosque, przyszłego zwycięzcy Ligi Mistrzów i selekcjonera mistrzów świata. Kiedy w 1994 roku del Bosque odszedł i zastąpił go piłkarski romantyk Jorge Valdano, Beníteza zdegradowano, oddelegowując go do prowadzenia drużyny rezerw. Hiszpan i Argentyńczyk szybko zresztą się pokłócili, zwłaszcza o młodego pomocnika Sandro. Valdano uważał bowiem, że ten filigranowy, kreatywny, typowo hiszpański rozgrywający zasługuje na rolę wolnego elektronu w zespole Beníteza – ten jednakże narzekał na brak świadomości taktycznej Sandro i często pomijał go w pierwszej jedenastce. Taki właśnie był Benítez – przedkładał taktykę nad talent.

W czasach kariery zawodniczej Hiszpan filmował własne mecze, żeby potem analizować swe występy, i miał obsesję na punkcie stworzenia piłkarskiej wideoteki. W pewnym momencie – nim mógł liczyć na zespół analityków – miał telewizor podłączony do dwóch magnetowidów: jednego używał do nagrywania całych spotkań, drugiego do rejestrowania konkretnych sytuacji. Jego wideoteka mocno się rozrastała i wkrótce wprowadził regularne przedmeczowe analizy wideo, co dla wielu piłkarzy było czymś zupełnie nowym. Kiedy w Valladolid przydarzył mu się niegroźny wypadek samochodowy, po wejściu do szatni jeden z klubowych napastników przywitał go żartem: „Cieszymy się, że wszystko w porządku. Martwiliśmy się, że magnetowid będzie za panem tęsknił". Benítez z całą pewnością czuł się swobodniej, oglądając kasety i przygotowując analizy, niż wchodząc w relacje z podopiecznymi. Do przechowywania informacji szybko zaczął wykorzystywać ZX Spectrum i Atari, a później przezwał samego siebie – trochę ponuro – „samotnikiem z laptopem", co dowodzi przynajmniej tego, że technologicznie poszedł naprzód. W jego gabinecie w ośrodku treningowym Liverpoolu nad wszystkim innym dominowała wielka ściana płyt DVD. Część z nich, w tym przykłady gry obronnej Valencii i nagrania pokazujące, jak dyrygował kolegami legendarny środkowy obrońca Milanu Franco Baresi, pożyczał Jamiemu Carragherowi.

To właśnie tamten Milan pod wodzą rewolucjonisty Arrigo Sacchiego był główną inspiracją Beníteza. Mediolańczycy mieli bowiem, jak ujął to sam Hiszpan, „jakość, dyscyplinę i intensywność". Mimo że Milan Sacchiego był nieustępliwy w atakach, zyskał sławę przede wszystkim dzięki agresywnej grze na spalonego i wspaniałej organizacji gry obronnej w systemie 4-4-2, imponując niewiarygodnie blisko siebie ustawionymi formacjami i nie zostawiając przeciwnikowi wolnego pola między liniami. „Jeśli graliśmy na przestrzeni 25 metrów między ostatnim obrońcą a środkowym napastnikiem, to zważywszy na nasze umiejętności, byliśmy nie do pokonania – mówił Sacchi. – I dlatego drużyna musiała się poruszać jako jednostka, w górę i w dół pola gry, a także z lewej do prawej".

Była to także kluczowa cecha Liverpoolu Beníteza. Hiszpan miał szczęście, że dostał drużynę po Gérardzie Houllierze, który do tego stopnia wierzył w ustawienie zawodników blisko siebie, że często wystawiał czterech naturalnych środkowych obrońców i pozbywał się klasycznych skrzydłowych, by na bokach pomocy umieścić środkowych pomocników. Ale Benítez, tak jak Sacchi, skupiał się na ustawieniu formacji blisko siebie – od obrony do ataku. Często stał nerwowo na skraju strefy technicznej, gestem przypominającym grę na akordeonie zachęcając linie obrony, pomocy i ataku, by podeszły bliżej siebie. „Rywale nienawidzili z nami grać – mówił po latach Carragher. – Były to dla nich straszne mecze, ponieważ nie dawaliśmy im ani skrawka wolnej przestrzeni, żeby mogli odetchnąć. Gdyby spytano mnie, jakie słowo słyszałem najczęściej na treningach i w trakcie meczów, byłby to bez wątpienia okrzyk Rafy: »Bliżej!«. Po pierwszym roku pracy z nim przypominaliśmy roboty, dokładnie wiedzieliśmy, czego od nas chce. Stało się tak dzięki powtórzeniom na treningach, ćwiczyliśmy bez końca, dopóki nie był zadowolony".

Benítez albo któryś z jego trenerów ustawiał jedenastkę Liverpoolu na boisku treningowym i szedł z piłką w różne strefy, każąc naciskać na siebie najbliższemu piłkarzowi, podczas gdy pozostali zawodnicy odpowiednio się przemieszczali, zawsze zachowując bliskość formacji i nie zostawiając miejsca między liniami. Była to metoda zapożyczona od Sacchiego, którego treningi Hiszpan obserwował dwukrotnie w latach 90., w czasie pracy Włocha z Milanem i reprezentacją kraju. Z pewnością hiszpańskiego menedżera szczególnie ucieszyły słowa Sacchiego, który określił Liverpool mianem „modelowego zespołu w dwóch znaczeniach: ducha współpracy i organizacji taktycznej. Benítez wie, co robi. Jego drużynie brakuje talentu piłkarskiego, ale to prawdziwy team: gra nowocześnie i blisko siebie". U szczytu formy Liverpool był wystarczająco elastyczny pod względem taktycznym, by grać głęboko cofniętą linią obrony albo bardzo agresywnie grać na spalonego – niemniej zawsze pozostawał zespołem, w którym formacje grają bardzo blisko siebie, co dotyczyło także bramkarza. Jerzy Dudek był zaskoczony, gdy Benítez z miejsca położył wielki nacisk na to, by grał blisko obrońców. „Przystosowanie zajęło mi większość sezonu" – przyznał. Menedżer The Reds szykował mu tymczasem następcę, Pepe Reinę, czującego się swobodniej w roli bramkarza-libero.

Częstotliwość treningów taktycznych w czasie pierwszego okresu przygotowawczego za kadencji Beníteza zaszokowała piłkarzy Liverpoolu, a Hiszpan był podobnie zaskoczony ograniczoną świadomością taktyczną swoich podopiecznych. Uważał, że Liverpool gra zbyt intuicyjnie, i wymagał od podwładnych bardziej metodycznego podejścia, mówiąc Stevenowi Gerrardowi, że za dużo biega. Był także zaskoczony ograniczeniami napastników, którzy odgrywali niewielką rolę w budowaniu akcji. Benítez uformował o wiele bardziej zorganizowany Liverpool.

Hiszpan w równym stopniu brał pod uwagę swoją drużynę, co zespół przeciwnika, przygotowując czasami 30-stronicowe raporty na temat rywali, a następnie skracając je do 15-, 20-minutowych analiz dla piłkarzy. Miał obsesję na punkcie utrzymania w tajemnicy planu gry i ogłaszał swoim piłkarzom wyjściową jedenastkę na krótko przed meczem. Irytowało to niektórych zawodników, ponieważ trudno było im się psychicznie do tego przygotować, ale Benítez zawzięcie bronił się przed przeciekami, które mogłyby trafić do rywali. To również bardzo Benítezowski rys – bardziej martwił się reakcją przeciwnika niż stanem psychicznym własnych graczy.

Po pierwszym meczu na Anfield, zakończonym zwycięstwem 2:1 spotkaniu z Manchesterem City, Benítez twierdził, że jest przerażony niewielką odległością między trenerskimi ławkami, i martwił się, że menedżer rywali mógłby usłyszeć jego polecenia. Dlatego postanowił wówczas wykrzykiwać polecenia w swym ojczystym języku do Josemiego, każąc Hiszpanowi tłumaczyć je kolegom z drużyny, żeby szkoleniowiec przeciwnika nie mógł ich zrozumieć. Jak na ironię, menedżerem tym był Kevin Keegan, który – o ile jego nastawienie nie zmieniło się diametralnie od czasów Newcastle – i tak nie przywiązywał żadnej wagi do taktyki rywala.

Piłkarze początkowo protestowali przeciwko wykorzystaniu przez Beníteza krycia strefowego przy stałych fragmentach gry, co oznaczało, że każdy z piłkarzy zajmował się określonym fragmentem boiska, zamiast koncentrować się na nabiegających rywalach. System ten powszechnie wykpiwano, gdy na początku Liverpool miał z nim problemy, a później użyczył swej nazwy stronie internetowej poświęconej taktyce*. Powiedzonko „strefa nigdy nie strzeliła gola" stało się klasycznym zarzutem ze strony ekspertów. Krytyka się nie kończyła, ale wkrótce stała się całkowicie jałowa; w pierwszym sezonie Beníteza Liverpool stracił 12 bramek po stałych fragmentach gry, co było czwartym najlepszym wynikiem w Premier League, a w sezonach 2005/06 i 2006/07 The

* Chodzi oczywiście o stronę Zonal Marking samego Michaela Coxa.

Reds dali sobie strzelić w ten sposób tylko po sześć goli, co jest ligowym rekordem. Piłkarze Liverpoolu początkowo byli zdecydowani powrócić do krycia jeden na jednego, ale Hiszpan obstawał przy tym, że w dłuższej perspektywie krycie strefowe się sprawdzi – i miał rację.

„Wydaje mi się, że ogółem traciliśmy mniej bramek, od kiedy Rafa wprowadził krycie strefowe – oświadczył Carragher. – Może się wydawać, że było inaczej, tylko dlatego, że jeśli tracisz gola przy kryciu strefą, nieodmiennie wini się system gry, a gdy dzieje się to przy kryciu jeden na jednego, wina spada na poszczególnych zawodników". Dziwna rzecz, że zawsze uważano krycie strefowe za „zagraniczny" pomysł – Arsenal George'a Grahama, z najlepszą obroną w lidze w latach 90., również grał w ten sposób przy stałych fragmentach. Pokazywało to jednak, że Benítez mocno wierzy w swoje zasady i nie zawaha się tylko dlatego, że piłkarze mają wątpliwości. Już sama natura krycia strefowego odzwierciedlała jego podejście do piłki nożnej, bo chodzi w nim przecież raczej o grę zespołową i organizację niż o indywidualności. Hiszpana krytykowano także za rotację składem – obarczano go nieuzasadnioną winą za koncepcję, której hołdowało wówczas większość trenerów z górnej półki.

Debiutancki sezon ligowy Beníteza był rozczarowujący. Klub spadł na piąte miejsce w tabeli i dopiero w fazie pucharowej Ligi Mistrzów Liverpool naprawdę robił wrażenie. To tutaj, w dwumeczach, w których głównym zadaniem jego zespołu było zatrzymanie lepszego rywala, hiszpański menedżer znajdował się w swoim żywiole. W rzeczywistości triumf Liverpoolu w Lidze Mistrzów niezwykle przypominał zwycięstwo Manchesteru United w 1999 roku. W całej fazie pucharowej The Reds imponowali taktyczną dojrzałością – aż do finału, gdzie zostali kompletnie zdeklasowani, nim wyruszyli w niewyobrażalną pogoń.

Faza pucharowa dla Liverpoolu zaczęła się w praktyce w ostatnim meczu grupowym, u siebie z Olympiakosem. Zdobywszy jedynie siedem punktów w poprzednich pięciu meczach, The Reds potrzebowali zwycięstwa, żeby mieć tyle samo oczek co Grecy i zyskać szansę awansu. W Atenach przegrali 0:1, a ponieważ w przypadku drużyn z jednakowym dorobkiem punktowym liczyły się ich bezpośrednie starcia, to gdyby Liverpool stracił gola na własnym boisku, musiałby odpowiedzieć trzema bramkami. Kiedy więc Rivaldo sprytnym strzałem z rzutu wolnego dał Olympiakosowi prowadzenie, podopieczni Beníteza potrzebowali cudu.

W przerwie Hiszpan postawił wszystko na jedną kartę. Zmienił ustawienie na trzyosobową defensywę, ściągając lewego obrońcę Djimiego Traoré i wpuszczając za niego francuskiego napastnika Florenta Sinamę Pongolle'a, który wyrównał ledwie dwie minuty po wejściu na murawę. W 78. minucie Milana Baroša zastąpił młody Neil Mellor – i jemu zdobycie bramki zajęło ledwie dwie minuty, co oznaczało, że Liverpool potrzebował jeszcze jednego trafienia do awansu. Bohaterem, jak można było przewidzieć, został Steven Gerrard, który doszedł do inteligentnie zgranej głową przez Mellora piłki i potężnym półwolejem zza pola karnego posłał ją w długi róg. Był to wspaniały moment dla kapitana Liverpoolu, ale kryło się za tym coś istotniejszego: rozstrzygająca zmiana systemu gry w przerwie, pozwalająca piłkarzom z Anfield strzelić w drugiej połowie trzy gole, których potrzebowali – zresztą nie po raz ostatni.

W 1/8 finału Liverpool zmierzył się z Bayerem Leverkusen. Choć na papierze wyglądało to na całkiem udane losowanie, rywal przywoływał bolesne wspomnienia. Dwa lata wcześniej, za kadencji Houlliera, The Reds pojechali do Leverkusen na drugi mecz ćwierćfinału, zwyciężywszy 1:0 na własnym boisku. Po godzinie spotkania w Niemczech było 1:1 i Liverpool znajdował się na dobrej drodze do awansu. Ale Houllier dokonał wtedy dziwnej zmiany: zdjął z boiska defensywnego pomocnika Dietmara Hamanna i wprowadził bardziej ofensywnego Vladimíra Šmicera. Gra Liverpoolu dramatycznie się posypała. Podopieczni Houlliera stracili trzy gole w ciągu pół godziny i przegrali 2:4. Odpadli z rozgrywek i tej samej nocy Houllier zwołał spotkanie w hotelu, na którym wprost oświadczył piłkarzom, że nie wolno im rozmawiać z mediami na temat zmian. Zdawał sobie sprawę, że popełnił błąd, i był to prawdopodobnie początek jego końca w klubie.

W 2005 roku Hamann był jednym z kluczowych zawodników Liverpoolu w meczach z Leverkusen. Oba spotkania The Reds wygrali po 3:1, a rywale strzelali jedynie honorowe gole. Liverpool grał wąsko, z formacjami ustawionymi blisko siebie, napastnicy naciskali, przeszkadzając Leverkusen w rozegraniu, a Hamann i Igor Biščan, który występował na boisku w obliczu absencji Xabiego Alonso, znakomicie asekurowali czwórkę obrońców. Co ciekawe, Benítez w rewanżu zrobił po godzinie gry dokładnie tę samą zmianę co Houllier: wpuścił za Niemca Šmicera. Na tym etapie dwumeczu Leverkusen potrzebowało jednak sześciu goli, awans był rozstrzygnięty i Hiszpan dał po prostu Hamannowi odpocząć.

Następny na drodze Liverpoolu był Juventus. Benítez zdecydował się na Anfield na ustawienie 4-4-2 z rozgrywającym swój najlepszy mecz w barwach The Reds młodym Francuzem Anthonym Le Tallekiem u boku Baroša w pierwszej linii. Liverpool wyszedł na prowadzenie po stałym fragmencie gry wypracowanym na treningach – Sami Hyypiä wykorzystał zgranie głową Luisa Garcíi, który chwilę później dołożył oszałamiające drugie trafienie. Liverpool znów grał wąsko, nie dając miejsca wspaniałemu rozgrywającemu Juve Pavlowi Nedvědowi i choć Fabio Cannavaro pod koniec meczu zdobył bramkę głową, gospodarze kontrolowali boiskowe wydarzenia.

Na wyjeździe w Turynie Liverpool rozegrał klasyczne benítezowskie spotkanie: The Reds nie zdołali oddać choćby jednego strzału na bramkę przeciwnika, ale uzyskali bezbramkowy remis, którego potrzebowali. Benítez robił wszystko, by utrzymać rywali w niepewności, co miało decydujące znaczenie. W odpowiedzi na wąskie ustawienie Juventusu i dwuosobową formację ataku Starej Damy po raz pierwszy ustawił swój zespół w niecodziennym systemie 3-5-1-1. Liverpool, jak można się było spodziewać, ćwiczył grę w tej formacji przez cały tydzień. Ale gdy Dudek pojawił się na konferencji prasowej organizowanej przez UEFA dzień przed meczem, na polecenie menedżera oświadczył, że piłkarze z Anfield zagrają w systemie 4-4-2, wyprowadzając w pole trenera Juventusu Fabio Capello. Zgodnie z przewidywaniami przed pierwszym gwizdkiem Liverpool ustawił się w formacji 4-4-2, Benítez polecił bowiem piłkarzom, by w ciągu pierwszych kilku minut subtelnie przeszli do 3-5-1-1, przechytrzając w ten sposób Juve. Drużyna Capello próbowała grać środkiem przez Nedvěda, Alessandro Del Piero i Zlatana Ibrahimovicia, ale trzech środkowych obrońców i trzech środkowych pomocników Liverpoolu zdominowało tę strefę boiska.

Potem przyszła pora na słynny półfinał. Chelsea Mourinho zmierzyła się z Liverpoolem Beníteza i wydawało się, że kluby Premier League w końcu rozgryzły Ligę Mistrzów, głównie dzięki dwóm menedżerom z zagranicy, którzy odnieśli sukces w europejskich pucharach rok wcześniej. Był to prawdopodobnie najbardziej taktyczny pojedynek z udziałem dwóch angielskich klubów w historii – Portugalczyk i Hiszpan koncentrowali się niemal wyłącznie na powstrzymaniu siebie nawzajem. Dwumecz reklamowano jako przedwczesny finał, ale na papierze faworyt był tylko jeden; Liverpool w tym sezonie miał zakończyć rozgrywki ligowe 37 punktów za Chelsea, co oznaczało, że The Reds było znacznie bliżej pod względem liczby punktów do ostatniego w tabeli Southampton niż do mistrzów. „Różnicę w jakości mogliśmy zrekompensować tylko w jeden sposób: skupieniem – mówił później Benítez. – Wystawiliśmy skład z dużym naciskiem na solidność. [...] Wieczór ten miał być raczej próbą sił niż pokazem piękna". Przygotowując się do meczu, Benítez w pewnym momencie pracował przez 22 godziny bez przerwy nad planem gry i analizą rywala.

Pierwszy mecz był naprawdę trudny w odbiorze i zakończył się wynikiem 0:0. Obie drużyny koncentrowały się na niedopuszczeniu do kontrataków rywala, co stanowiło rażący przykład defensywnej piłki, która rozkwitała pod obydwoma menedżerami. „To był odrobinę rozczarowujący mecz, nie rozkręcił się na dobre. Obie drużyny grały ostrożną piłkę – powiedział John Terry. – Liverpool był rozważny i my też. Wydawało się, że spotkanie się tak naprawdę nie rozpoczęło". Ale The Reds byli zachwyceni bezbramkowym remisem. „Wszystko dzięki pracy, którą wykonaliśmy w ubiegłym tygodniu – powiedział asystent Beníteza Pako Ayestarán. – Poświęciliśmy wiele czasu na analizę gry Chelsea, wykorzystując mnóstwo nagrań, o wiele więcej niż zwykle. [...] Nie było to piękne spotkanie, ale na pewno jedno z tych, do których wraca się raz po raz z powodu doskonałego plan gry i jego realizacji".

Kluczowym zdarzeniem pierwszego meczu było wykluczenie z rewanżu Xabiego Alonso, najbardziej kreatywnego pomocnika w spotkaniu, po tym jak Eiður Guðjohnsen teatralnie upadł mimo braku jakiegokolwiek kontaktu z Hiszpanem. Część gazet donosiła, że Guðjohnsen powiedział później Alonso, że celowo zanurkował, ponieważ wiedział, że kartka wykluczy rywala z drugiego meczu. W ponury sposób pasowało to do tego starcia – wspaniały skądinąd piłkarz otrzymał informację o przeciwniku i cynicznie ją wykorzystał, skupiając się na unieszkodliwieniu atutów rywala zamiast na własnej grze. Po meczu Alonso zalał się łzami w szatni na Stamford Bridge.

W rewanżu na Anfield Liverpool triumfował 1:0. Był to kolejny zacięty, pełny napięcia, taktyczny mecz rozgrywany na oczach hałaśliwej publiczności, w którym zdecydowanie wyróżniał się Hamman. „Grał olśniewająco" – powiedział Terry. Dominacja Niemca w środku pola zmusiła Chelsea do prostego, opartego na długich piłkach futbolu. Mourinho przypomniał sobie, że londyńczycy postąpili podobnie w finale Pucharu Ligi z Liverpoolem, co skończyło się samobójem Gerrarda po uderzeniu głową. Gdy Chelsea zaczęła grać lagę do przodu, na boisko wszedł świetny w powietrzu środkowy obrońca Robert Huth.

Kontrowersyjną zwycięską bramkę zdobył na początku spotkania Luis García – możliwe, że gol został uznany niesłusznie, ponieważ William Gallas wygarnął wślizgiem piłkę z – lub tuż zza – linii bramkowej. Mourinho latami narzekał na tę bramkę, ignorując jednocześnie fakt, że gdyby nie została przyznana, sędzia prawdopodobnie odgwizdałby rzut karny dla Liverpoolu i wyrzucił z boiska Petra Čecha za faul na Milanie Barošu chwilę wcześniej. To, że rozstrzygającego gola strzelił García, wydawało się na miejscu; w poukładanym, pozycyjnym meczu filigranowy Hiszpan był jedynym nieprzewidywalnym piłkarzem, który próbował oszukać przeciwników na małej przestrzeni i ambitnie próbował strzelać na bramkę. Zawsze wydawał się zawodnikiem szczególnie nie w stylu Beníteza; opuszczał swą boiskową pozycję i irytował nierówną grą, ale był zarazem pożądanym autorem nieprzewidywalnych wspaniałych zagrań w skądinąd frustrująco uporządkowanym dwumeczu. Zwycięski gol przeciwko Chelsea był jego piątym trafieniem w szóstym meczu fazy pucharowej; Hiszpan, podobnie jak Liverpool, ożywał na europejskiej arenie.

W finale z AC Milanem The Reds zaliczyli legendarny comeback. Do przerwy, miażdżeni kontrami, przegrywali 0:3, ale po zmianie systemu gry i wejściu Hammana w ciągu 15 minut odrobili straty. Przykładając proste kategorie, była to najefektywniejsza, najbardziej decydująca zmiana w historii piłki nożnej. Rzeczywistość jest jednak znacznie bardziej złożona.

Decyzja Beníteza, by nie wystawić Hamanna w pierwszej jedenastce, była ogromnie zaskakująca. Mimo że Hiszpan wykorzystywał czasem ustawienie z dwoma środkowymi pomocnikami Alonso i Gerrardem w Premier League, sukcesy Liverpoolu w Europie bazowały na wystawianiu trzymającego pozycję defensywnego pomocnika. Chorwat Biščan rozpoczynał w pierwszym składzie wszystkie sześć spotkań fazy pucharowej, trzykrotnie u boku Hamanna, by zapewnić porządną defensywną asekurację. Benítez miał poza tym obsesję na punkcie reagowania na ustawienie przeciwnika, a Milan Carlo Ancelottiego grał trójką klasycznych rozgrywających – Andreą Pirlo, Clarence'em Seedorfem i Kaką – ustawionych w diamencie uzupełnianym przez wołu roboczego, Gennaro Gattuso. Co więcej, Ancelottiemu zdarzało się zapędzać jeszcze bardziej, wystawiając w miejsce napastnika Rui Costę i zmieniając formację na 4-3-2-1. Milan mógł się poszczycić najbardziej kreatywną linią pomocy w Europie.

Choć Benítez jak zwykle zdradził piłkarzom pierwszą jedenastkę dopiero tuż przed rozpoczęciem meczu, wyjawił Gerrardowi, że zamierza zagrać systemem 4-4-2 z Harrym Kewellem tuż za plecami Baroša, zostawiając w środku Gerrarda razem z Xabim Alonso. Gdy kapitan liverpoolczyków powiedział o tym Carragherowi, środkowy obrońca nie mógł w to uwierzyć. „Nie miałem wątpliwości, że Didi to odpowiedni człowiek, by zneutralizować zagrożenie ze strony Kaki. Ani mnie, ani jemu nawet nie przyszło do głowy, że może nie wyjść w pierwszym składzie na finał. [...] Miałem poznać wyjściową jedenastkę dopiero tuż przed początkiem meczu, ale jakaś część mnie chciała wyrazić sprzeciw i powiedzieć bossowi, że popełnia błąd". Hamann był w podobnym szoku i gdy Benítez ogłosił w szatni skład i wyznaczył Gerrarda do gry na pozycji cofniętego pomocnika, Hamann początkowo nie pojął, co się dzieje. Jego pierwszą myślą było: „Nie wierzę, że Xabi nie gra od pierwszej minuty".

Benítez nie przegapił zagrożenia ze strony Kaki – jak można było przewidzieć, obejrzał dziesiątki spotkań Milanu, a przedmeczowa odprawa taktyczna koncentrowała się na Brazylijczyku. Ale Alonso i Gerrard po prostu nie mogli sobie poradzić. „Nigdy w karierze nie spotkałem nikogo tak szybkiego z piłką przy nodze – zachwycał się kapitan The Reds. – Kaká był jak błyskawica". Milan wyszedł na prowadzenie już na początku spotkania po stałym fragmencie gry i golu Paolo Maldiniego i choć Liverpool długimi okresami był przy piłce, Włosi wspaniale grali z kontry. Kaká wpadał w wolną przestrzeń, którą stwarzali wychodzący na pozycje Andrij Szewczenko i Hernán Crespo, odciągając na boki środkowych obrońców Carraghera i Hyypię. Crespo zdobył dwie następne bramki. Zwłaszcza ta druga była wspaniała – Kaká przyjął podanie i samym obrotem z piłką pięknie minął Gerrarda, a następnie idealnie zagrał z głębi pola za plecy obrońców, co pozwoliło Crespo uderzyć z pierwszej piłki zewnętrznym podbiciem prawej nogi w długi róg. 3:0 i pozamiatane. W przerwie Carragher błagał partnerów o uniknięcie pogromu.

Potem przyszła pora na zmiany. Benítez chciał przejść na grę trójką obrońców, więc natychmiast powiedział Djimiemu Traoré, żeby poszedł pod prysznic, i wezwał Hamanna, wyjaśnił mu na tablicy jego zadanie (zatrzymać Kakę), a potem kazał wyjść Niemcowi na boisko, żeby się rozgrzał. Benítez planował zrobić kolejną zmianę i wpuścić Djibrila Cissé, dopóki jeden z członków sztabu nie przypomniał mu, że w połowie pierwszej odsłony wprowadził już Šmicera za kontuzjowanego Kewella i wykorzystanie wszystkich trzech zmian po 45 minutach byłoby dużym ryzykiem. Nagle fizjoterapeuta Liverpoolu oświadczył – ku wściekłości samego zawodnika – że prawy obrońca Steve Finnan może nie wytrzymać 90 minut i powinien zostać zmieniony. To zmusiło Beníteza do przywołania spod prysznica Traoré. Gdy obrońca gorączkowo próbował odnaleźć getry, których się pozbył, Hiszpan tłumaczył piłkarzom nowe ustawienie.

Na tablicy panował teraz zupełny chaos; kilku zawodników przypomina sobie przelotnie, że w wyjściowym ustawieniu na drugą połowę znalazło się 12 piłkarzy, choć według Beníteza było ich dziesięciu, zapomniał bowiem umieścić Luisa Garcíi na nowej pozycji w środku, po tym jak zdjął go z prawej strony. Gdy gracze Liverpoolu wyszli z powrotem na boisko, czekał na nim Hamann, którego zdumiał widok Traoré – wcześniej widział, jak Francuz idzie na wpół nagi pod prysznic – zajmującego swą pozycję w obronie.

Piłkarze twierdzą, że w tym zamieszaniu Benítezowi udało się wytworzyć atmosferę spokoju i pewności siebie. Co najważniejsze, Hiszpan przestawił drużynę na formację 3-4-2-1: oczywisty wybór, by stępić siłę rażenia Milanu. Dawało to dodatkowego zawodnika z tyłu, co oznaczało, że wychodzący na pozycję Szewczenko i Crespo nie będą sprawiać tak wielu problemów, a w środku pomocy, gdzie Liverpool został zdominowany, gra będzie toczyła się czterech na czterech. Nawet na skrzydłach została przywrócona równowaga: naturalny obrońca

John Arne Riise mierzył się teraz na lewej stronie z nastawionym na atak Cafu, a Šmicer mógł grać nieco wyżej przeciwko Maldiniemu. Zważywszy, że Liverpool występował w podobnym ustawieniu na wyjeździe z Juventusem, Benítez z pewnością rozważał je przed finałem.

Nowy system skutecznie poskromił ofensywne zapędy Milanu, ale strzelić trzy gole udało się wyłącznie za sprawą Gerrarda. Z Hamannem za plecami kapitan The Reds ruszył do przodu, dając klasyczny jednoosobowy show w pomocy i napędzając Liverpool w nieprawdopodobnym pościgu. Pierwszego gola strzelił głową, przy drugim na chwilę zszedł na prawe skrzydło (co pozwoliło Šmicerowi ściąć do środka i uderzeniem z dystansu zdobyć drugą bramkę), a potem wpadł w pole karne i został sfaulowany przez Gattuso (strzał Alonso zatrzymał Dida, ale Hiszpan nie zmarnował okazji do dobitki). Przeczyło to logice; Liverpool zdobył trzy bramki w ciągu siedmiu minut przeciwko Milanowi, którego obronę – prawdopodobnie najbardziej przerażającą w dziejach Ligi Mistrzów – tworzyli Cafu, Jaap Stam, Alessandro Nesta i Maldini.

Pozostała godzina – w tym dogrywka – wypełniona była napięciem, ale nie obfitowała aż tak w wydarzenia. Kluczową zmianą było wejście szybkiego lewoskrzydłowego Serginho w miejsce Seedorfa. Z tego powodu Gerrard został przeniesiony na prawe wahadło, choć – co zrozumiałe – był wyczerpany, a Serginho stał się zawodnikiem siejącym największe zagrożenie, zarzucając pole karne dośrodkowaniami, także tym, które zmusiło Dudka do nadzwyczajnej podwójnej interwencji po strzale i dobitce Szewczenki. Polski bramkarz był także bohaterem rzutów karnych. Obronił uderzenia Pirlo i Szewczenki. Liverpool w niemalże niewyjaśniony sposób został najlepszą drużyną Europy.

Comeback w Stambule dziwnie przypominał inny triumf pod wodzą Beníteza, do którego doszło rok później w Pucharze Ligi. W finale Liverpool znów zaczął źle, przegrywając 0:2, a później 2:3 z przeciętną ekipą West Hamu, nim w doliczonym czasie gry Gerrard wyrównał po raz drugi w meczu, tym razem strzałem z ponad 30 metrów.

Liverpool zwyciężył po rzutach karnych. Jest coś niestosownego w tym, że Benítez, mistrz analizy, przygotowań i kontroli nad meczem, sięgnął po swoje dwa trofea z Liverpoolem w tak dramatycznych, nieprawdopodobnych i szalonych okolicznościach. Najlepiej podsumował to Neil Mellor, wychowanek klubu, który zdobył kilka kluczowych bramek w sezonie 2004/05: „Mimo całej taktyki Rafy, która była istotna, największe sukcesy osiągnęliśmy w zupełnym chaosie".

Przez sześć lat rządów Beníteza w Liverpoolu jego zespół zawsze był niezwykle solidny w środku, ale taktyczne wymagania Hiszpana utrudniały grę zawodnikom ustawionym na flankach; zadaniem bocznych obrońców było schodzenie do środka, co oznaczało, że The Reds brakowało siły w ataku, by złamać opór słabszych przeciwników, skrzydłowi zaś dostawali niewiele swobody i musieli mozolnie kursować tam i z powrotem przy linii bocznej. W ciągu pierwszych trzech miesięcy pracy w Liverpoolu Hiszpan dla boiskowej równowagi wystawiał jednego z graczy odgrywających sezon wcześniej rolę bocznego obrońcy (Finnana bądź Riisego) na boku pomocy. Choć z czasem częściej wpuszczał na boisko bardziej ofensywnych skrzydłowych, podkreślało to tylko, czego tak naprawdę chce.

Znamienny jest tutaj przypadek Dirka Kuyta. Z Holendra, ściągniętego w 2006 roku z Feyenoordu jako ekscytującego napastnika, który zdobył 91 bramek w czterech sezonach Eredivisie (lidze niegwarantującej wprawdzie powodzenia w Anglii), Benítez zrobił wielozadaniowego, pracowitego bocznego pomocnika, który słynął ze starannego pilnowania bocznych obrońców rywali. Benítez i Mourinho podzielali obsesję na punkcie ciężko pracujących w obronie bocznych pomocników, co było bezpośrednią reakcją na rozkwit pozycji atakującego bocznego obrońcy. Wymowne, że Hiszpan pragnął swego czasu ściągnąć na prawą pomoc Daniego Alvesa, który w Barcelonie miał zostać najlepszym prawym obrońcą świata.

Tacy piłkarze, jak Albert Riera, Jermaine Pennant i Mark González – zawodnicy bez wyjątku poniżej standardów niezbędnych do zdobywania trofeów – zostali sprowadzeni, ponieważ pasowali do Benítezowskiego wzorca bocznego pomocnika: piłkarza biegającego przy linii i trzymającego się własnej pozycji. Riera wspomina polecenia menedżera przed wygranym 1:0 meczem z Realem w Madrycie w 2009 roku – Benítez doszedł do wniosku, że jeśli prawoskrzydłowy Realu Arjen Robben zostanie wyłączony z gry, The Reds prawdopodobnie zachowają czyste konto. Zasadniczym zadaniem Riery było więc pewne trzymanie pozycji przed lewym obrońcą Liverpoolu Fábio Aurélio i odcięcie Robbena od podań prawego obrońcy Realu Sergio Ramosa. Nie wolno mu więc było w ogóle opuszczać pozycji bocznego pomocnika, co w praktyce oznaczało zakaz schodzenia do środka. W pamiętnym zwycięstwie nad klubem Beníteza z młodości sprawdziło się to idealnie. Trudno kwestionować osiągnięcia Hiszpana w europejskich pucharach, ale powściągnięcie jakiejkolwiek spontaniczności u skrzydłowych szkodziło Liverpoolowi, gdy przychodziło do starć ze słabszymi rywalami.

Ryan Babel, szybki, szeroko grający napastnik, uchodzący w chwili przyjścia do Liverpoolu w 2007 roku za „następnego Thierry'ego Henry'ego", doprowadzał Beníteza do szału, ponieważ wiecznie ścinał do środka, ale było to coś naturalnego dla prawonożnego piłkarza ustawianego na lewej stronie. Hiszpan obmyślił serię ćwiczeń jeden na jednego z Holendrem, opracowując w pewnym momencie zadanie, które polegało na tym, że Babel musiał zejść do środka albo biec wzdłuż linii zależnie od tego, którą nogą przyjął piłkę, co znaczyło w gruncie rzeczy, że odebrano Holendrowi swobodę dryblingu w odpowiedzi na ustawienie rywali.

Mogący grać z boku lub w pierwszej linii Craig Bellamy doświadczył czegoś podobnego. „Praca taktyczna Rafy stała na bardzo, bardzo wysokim poziomie. Wiele się od niego w tej materii nauczyłem. Ale nie mógł pogodzić się z myślą, że niektórzy piłkarze potrzebują odrobiny wolności i że w różny sposób wyrażają siebie na boisku – powiedział. – Pod kątem gry defensywnej Rafa był wyjątkowy. Świetnie rozpracowywał rywali i wiedział, jak zneutralizować zagrożenie i stłamsić ich zawodników ofensywnych. Do omówienia mocnych i słabych stron przeciwnika wykorzystywał wideoanalizy, niczego nie zostawiał przypadkowi, ale nie było w tym miejsca dla spontaniczności. Ani trochę. Spośród wszystkich menedżerów, z którymi pracowałem, Rafa najmniej ufał swoim piłkarzom". Co zaskakujące, mimo wszystkich tych poleceń w ofensywnych próbach Liverpoolu trudno było odnaleźć prawdziwą tożsamość zespołu. Bez piłki gra The Reds była precyzyjnie nakreślona, piłkarze byli zorganizowani i biegali blisko siebie, ale gdy drużyna miała posiadanie, niełatwo było dopatrzeć się w jej poczynaniach jakiejś konkretnej filozofii.

Najbliżej zdobycia krajowego tytułu Hiszpan znalazł się w swym piątym sezonie (2008/09), gdy Liverpool zakończył rozgrywki na drugim miejscu za Manchesterem United. Niewykluczone, że kręgosłup zespołu – Reina w bramce, Carragher i jeden z trójki Daniel Agger, Martin Škrtel i Sami Hyypiä w środku obrony, trio Javier Mascherano, Alonso i Gerrard w pomocy, Fernando Torres w ataku – był najmocniejszy w historii Premier League. Liverpool zgarnął komplet 12 punktów w meczach z mistrzami Manchesterem United i trzecią Chelsea. Do zdobycia tytułu zabrakło jednak różnorodności w ataku i choć Liverpool zdobył najwięcej bramek w lidze, zanotował pięć bezbramkowych remisów ze względnie słabymi zespołami: ze Stoke, Fulham i West Hamem na własnym boisku, a także Aston Villą oraz – ponownie – Stoke na wyjeździe.

Podzielmy tabelę z tamtego sezonu Premier League, a sytuacja stanie się jasna – przeciwko drużynom z pierwszej siódemki Liverpool był niepokonany i zdobył dziesięć punktów więcej od Manchesteru. Ale przeciwko zespołom, które zakończyły rozgrywki na ósmym miejscu i niżej, to United zdobyli 14 punktów więcej. Ostrożne, reaktywne nastawienie Beníteza idealnie sprawdzało się przeciwko silnym rywalom, ale w Premier League w równym stopniu chodzi o to, by uporać się z płotkami, z którymi Liverpool radził sobie niewystarczająco dobrze. „Zawsze świetnie graliśmy z wielkimi drużynami – powiedział po latach Steven Gerrard. – Ale wiecznie męczyliśmy się z Fulham czy West Bromwich u siebie, gdy rywale parkowali autobus i brakowało nam tej szczypty magii, by ich napocząć".

Fragmenty autobiografii Beníteza sugerują, że rzeczywiście skupiał się za bardzo na wielkich meczach – spójrzmy przykładowo na jego podejście do stałych fragmentów gry. „Jeśli z raportów wynika, że przeciwnik jest słaby na krótkim słupku przy rzutach rożnych, to może w dwóch wcześniejszych meczach należy zagrywać wszystkie kornery na długi słupek albo głęboko w pole karne. Gdziekolwiek, byle nie na krótki słupek". Niewątpliwie kryje się w tym podejściu pewna logika i łatwo rozpoznać wypracowane przed wielkimi spotkaniami schematy rozegrania stałych fragmentów gry, po których często padały bramki autorstwa zaskakujących zawodników, jak Agger w spotkaniu z Chelsea w 2007 roku czy Josi Benajun z Realem Madryt dwa lata później. Ale nacisk na zaskoczenie wielkich rywali bez wątpienia zaszkodził Liverpoolowi we wspomnianych przez Beníteza wcześniejszych meczach z mniejszymi drużynami, którym stałe fragmenty gry The Reds wydawały się zapewne przewidywalne.

Co ciekawe, po przyjściu w 2004 roku Hiszpan dostał od zarządu trzy lata na „przebudowę" zespołu. Odzwierciedlało to skalę zmiany, jakiej oczekiwano przy Anfield. Później Liverpool miał być zdolny do rywalizacji z najlepszymi. Ale trzy największe osiągnięcia Beníteza przyszły w rozgrywkach pucharowych właśnie w tych pierwszych trzech sezonach: zwycięstwo w Lidze Mistrzów w 2005 roku, zdobycie Pucharu Anglii rok później i drugi finał Ligi Mistrzów w 2007 roku, gdy Liverpool grał znacznie lepiej niż w Stambule i pechowo przegrał po dwóch golach Pippo Inzaghiego.

W ciągu tej reaktywnej ery – trzech sezonów, gdy Mourinho i Benítez pracowali razem w Premier League – Chelsea i Liverpool mierzyły się ze sobą aż 15-krotnie, pięć razy w każdym z sezonów. Dziewięć z tych spotkań kończyło się bez bramek lub wynikiem 1:0. Ponieważ oba zespoły regularnie trafiały na siebie w europejskich pucharach, obserwatorzy z zagranicy dostrzegli wyraźne przejście na uosabiany przez nie defensywny, fizyczny, mocno poukładany futbol. Wspomniany wyżej Valdano – argentyński mistrz świata, który prowadził Real Madryt, gdzie popadł w konflikt z Benítezem – został cenionym autorem felietonów w Hiszpanii i po 15. pojedynku Chelsea Mourinho z Liverpoolem Beníteza (The Reds wyszli z niego zwycięsko, choć ogólny bilans spotkań wynosił 7:5 na korzyść Portugalczyka) napisał zdumiewająco mocny, bezprecedensowy tekst.

„Umieśćcie gówno na kijku na środku tego pełnego pasji, szalonego stadionu [Anfield], a znajdą się tacy, którzy powiedzą, że to dzieło sztuki. Ale tak nie jest: to gówno na kijku – grzmiał Valdano. – Chelsea i Liverpool są najlepszym, najbardziej przesadzonym przykładem tego, w jaką stronę zmierza piłka nożna: grają bardzo intensywnie, bardzo zespołowo, bardzo taktycznie, bardzo fizycznie i bardzo bezpośrednio. A może by tak jakieś krótkie podanie? Nieeee. Albo zwód? Nieee. To może zmiana tempa? Eeeee. Gra z klepki? Piętka? Nie bądźmy śmieszni. Nic z tego. Totalna kontrola i powaga, z jaką obydwie drużyny grały w półfinale, zneutralizowały jakąkolwiek twórczą swobodę, jakiekolwiek popisy kunsztu piłkarskiego. Jeśli Didier Drogba był najlepszy na boisku, to wyłącznie dlatego, że biegał najszybciej, skakał najwyżej i najostrzej wchodził w rywali. Tak skrajna intensywność niszczy wszelki talent, zdezorientowany jest nawet piłkarz tej klasy, co Joe Cole. Jeśli futbol zmierza w tę stronę, w którą pragną go zaciągnąć Liverpool i Chelsea, lepiej przygotujmy się na pożegnanie z jakąkolwiek ekspresją sprytu i talentu, którą przez stulecie rozkoszowaliśmy się na boiskach. Mourinho i Beníteza łączą dwie rzeczy: głód sławy, której im wcześniej odmówiono (przez co pozostaje niezaspokojony), i chęć sprawowania nad wszystkim kontroli. Za obiema tymi sprawami kryje się jeden kluczowy czynnik: ani Mourinho, ani Benítez nie osiągnęli sukcesu jako piłkarze. To sprawiło, że skanalizowali całą swoją próżność w zawodzie trenera. Ci, którzy nie mieli talentu, by zrobić karierę piłkarską, nie wierzą w zawodniczy talent, nie wierzą w zdolność improwizacji mogącą zapewnić zwycięstwo. Jednym słowem, Mourinho i Benítez są dokładnie takimi szkoleniowcami, jakich sami by potrzebowali, żeby odnieść sukces na boisku".

To niezwykle dobitna tyrada, ale końcowy wniosek Valdano jest autentycznie intrygujący: wydawało się, że Portugalczyk i Hiszpan nie mają ani krztyny zaufania do talentu, spontaniczności i indywidualnej błyskotliwości. Co ciekawe, Valdano został później dyrektorem Realu Madryt, ale stracił pracę w 2011 roku po poważnej kłótni z menedżerem Królewskich... Mourinho. „To postać, która idealnie pasuje do tych pompatycznych, trywialnych czasów – utyskiwał Valdano. – Nigdy nie słyszałem, by powiedział choć jedną rzecz o futbolu, którą warto by zapamiętać, czy to publicznie, czy na niwie prywatnej". Żaden z dwóch czołowych trenerów reaktywnej ery Premier League nie zaspokajał potrzeb tego piłkarskiego romantyka.

Ale obwinianie wyłącznie Mourinho i Beníteza o to, że Premier League stała się ostrożniejsza, oznaczałoby pominięcie ich roli w największym taktycznym skoku naprzód całej ligi. Duet ten dużo wnikliwiej studiował grę rywala, kładł nacisk na system gry – do tego stopnia, że charakterystyczne dla ich drużyn było ustawienie bez piłki – i próbował zdominować środek pola za sprawą formacji 4-3-3 i 4-2-3-1, które wzięły górę nad angielskim 4-4-2. Portugalczyk i Hiszpan dowiedli znaczenia zarówno niewielkich odległości między piłkarzami, jak i szybkich przejść z obrony do ataku i odwrotnie.

Najważniejsze jednak, że czuło się, iż ich drużyny budowane są raczej „od pasa w dół" niż „od pasa w górę". Podczas gdy przynoszące sukcesy systemy gry Manchesteru United i Arsenalu z lat 90. w dużej mierze uzależnione były od konkretnych cech poszczególnych piłkarzy, Chelsea i Liverpool w połowie pierwszej dekady XXI wieku stanowiły w gruncie rzeczy odbicie wizji taktycznej swoich szkoleniowców. Po raz pierwszy filozofia gry menedżerów stała się ważniejsza od stylu gry zawodników.

15
TRIO W POMOCY

Gerrard i Lampard byli inteligentnymi piłkarzami. Jeśli jeden z nich szedł do przodu, drugi musiał zostać. Ot, cała trudność.

Sven-Göran Eriksson

Najistotniejszą zmianą taktyczną w pierwszych kilku latach XXI wieku było przejście na ustawienie z jednym napastnikiem, czemu zasadniczo początek dał w 2001 roku Alex Ferguson, zmieniając formację 4-4-2 na 4-5-1. Choć początkowo skupiano się na napastniku, zmuszonym nagle do radzenia sobie w pojedynkę z dwoma środkowymi obrońcami, strefa pomocy przeszła równie znaczącą rewolucję.

W końcu powodem tej zmiany było upchnięcie w środku pola dodatkowego zawodnika. Gdy angielskie kluby zaczęły w coraz większym stopniu zdawać sobie sprawę z tego, jak ważne jest to, by utrzymać się przy piłce w pomocy – czy też, patrząc na to z punktu widzenia drużyny czekającej na ruch przeciwnika, nie dać się w niej zdominować – menedżerowie częściej potrzebowali trzech środkowych pomocników. Warto przypomnieć, jak Alex Ferguson oceniał sytuację w tej strefie boiska w latach 90. „W Europie pomocnicy sobie podają – mówił. – Grają w trójkątach i utrzymują się przy piłce, grają na jeden kontakt w pomocy, podczas gdy u nas pomocnicy obsługują skrzydłowych, bocznych obrońców oraz napastników". W latach 90. podstawowym odruchem było pozbycie się piłki ze strefy pomocy. Na początku XXI wieku chodziło o to, żeby ją tam zatrzymać.

Angielski futbol przyswoił sobie europejski model gry za sprawą kilku różnych czynników, w tym większej liczby piłkarzy z zagranicy, surowszych przepisów dotyczących wślizgów (co przysłużyło się utalentowanym technicznie zawodnikom) i, co decydujące, radykalnej poprawy jakości boisk. Jeszcze w latach 90. zimowe mecze często rozgrywano na straszliwych grzęzawiskach, co niemal uniemożliwiało granie dobrej piłki. Teraz, gdy w całym kraju pojawiły się idealne murawy, można było zaufać boisku i grać po ziemi.

W czasach gdy środek pomocy składał się z dwóch zawodników, istniały właściwie trzy możliwe kombinacje. Można było wystawić dwóch pracujących od jednego do drugiego pola karnego piłkarzy, jak młody Roy Keane z Paulem Ince'em w Manchesterze United, albo jednego pomocnika przed linią obrony i drugiego, który zapuszczał się do ataku, jak Lee Clark i Robert Lee w Newcastle, albo dwóch defensywnych pomocników – jak Patrick Vieira i Emmanuel Petit w Arsenalu.

Trzyosobowa pomoc sprawiła, że wszystko stało się znacznie bardziej złożone. Po pierwsze, ustawienie pomocników przybrało dwie różne formy: zawsze grali w trójkącie, ale zorganizowanym na dwa zupełnie przeciwne sposoby. W systemie 4-3-3 – choćby tym spopularyzowanym przez José Mourinho – jeden pomocnik trzymał pozycję, a dwaj pozostali pełnili, ogólnie rzecz ujmując, funkcje piłkarzy biegających od pola karnego do pola karnego. W preferowanym przez Rafaela Beníteza 4-2-3-1 natomiast dwóch zawodników dzieliło się obwiązkami defensywnych pomocników, dysponując często pewną swobodą w zapuszczaniu się do przodu, a trzeci pomocnik grał na dziesiątce. Mowa tu oczywiście o samym ustawieniu, bo styl gry piłkarzy mógł się ogromnie różnić. Najgłębiej cofnięty gracz mógł być typowym pomocnikiem odbierającym piłki, takim jak Javier Mascherano, albo cofniętym rozgrywającym w typie Michaela Carricka, „drugi" pomocnik mógł być klasycznym podającym bądź energicznym wielozadaniowcem jak Michael Essien, a najbardziej ofensywny gracz środka pola mógł być porywającym, silnym piłkarzem z ciągiem na bramkę, jak Steven Gerrard, albo rozgrywającym pokroju Tomáša Rosický'ego. Stworzenie spójnej linii pomocy stało się trudniejsze, a tradycyjne role graczy środka pola uległy zasadniczej zmianie.

W tamtym czasie ludzie śledzący angielską piłkę nieczęsto uświadamiali sobie różnorodność ról pomocników, po części dlatego, że angielskie słownictwo piłkarskie pozostawia nieco do życzenia, jeśli chodzi o terminy taktyczne. Włoch może przykładowo natychmiast określić różnicę między registą, takim jak Andrea Pirlo, głęboko cofniętym rozgrywającym, a trequartistą w rodzaju Francesco Tottiego, który gra za napastnikami. W Anglii wszystko to „pomocnicy", a za pomocą określeń „ofensywny" i „defensywny" nie sposób rozróżnić ról w systemach 4-4-2, 4-3-3 bądź 4-2-3-1. Epitety te nie uwzględniają także faktu, że gdy piłka nożna stała się bardziej uniwersalna, cofnięci pomocnicy zaczęli odgrywać również rolę kreatorów gry, a wysunięci pomocnicy bywali zawodnikami defensywnymi.

Owe zmiany najlepiej wyjaśnia rozwój taktyczny trzech angielskich pomocników w tym okresie: Paula Scholesa z Manchesteru United, Franka Lamparda z Chelsea i Stevena Gerrarda z Liverpoolu. Byli to bez wątpienia jedni z najwyżej cenionych piłkarzy swojego pokolenia, a przy tym reprezentowali trzy dominujące w połowie pierwszej dekady XXI wieku drużyny. Ale co istotniejsze, wszyscy trzej uczyli się swojego rzemiosła w systemie 4-4-2, następnie zaś rozkwitli w trzyosobowej pomocy, odgrywając w swojej karierze różne role wskutek własnego rozwoju i zmiennej natury Premier League. Oczywiście grali także razem na szczeblu reprezentacyjnym, co było trudną strategiczną łamigłówką, która nigdy nie została całkowicie rozwiązana. Taktyczną nieudolność reprezentacji Anglii w tym czasie szczególnie łatwo było dostrzec w zestawieniu z coraz bardziej wyrafinowaną Premier League.

Pierwszy z nich wypłynął Scholes, którego uważa się za członka dwóch „złotych pokoleń", mimo że nieco dzieliło go zarówno od jednego, jak i od drugiego. W kontekście reprezentacyjnym często wspomina się o nim jednym tchem z Lampardem i Gerrardem, ale był niemal cztery lata starszy od tego pierwszego i sześć od drugiego. W klubie należał do „rocznika '92", ale znamienne, że podczas gdy Nicky Butt, David Beckham, Gary Neville i Ryan Giggs regularnie występowali w tamtym roku w FA Youth Cup (Młodzieżowy Puchar FA), Scholes nie miał choćby symbolicznego udziału w triumfie w tych rozgrywkach i później od pozostałych przebił się do pierwszego zespołu.

Choć Scholes był fantastycznie utalentowanym chłopcem, istniały poważne wątpliwości, czy poradzi sobie fizycznie. Jeszcze przed dołączeniem do Manchesteru United grał u boku przyszłych kolegów z drużyny Butta i Neville'a w drużynie juniorów Boundary Park, która wygrywała dosłownie wszystko. „Dla kogoś z wprawnym okiem mógł się wyróżniać z uwagi na wspaniałe umiejętności, ale jako 15-latek myślałem przede wszystkim, że jest za mały" – wspominał Neville. Mike Walsh, ówczesny trener Boundary Park, mówił, że Scholes posturą „przypomina dziecko", i starał się go chronić przed grającymi siłowo rywalami, co oznaczało między innymi wystawianie go na prawym skrzydle, mimo że „zawsze schodził do środka, ponieważ chciał grać jako napastnik".

Po przyjściu do Manchesteru United Scholes cierpiał z powodu problemów z kolanem i bronchitu. Trener juniorów Eric Harrison, odpowiedzialny za rozwój rocznika '92, przyznał, że Scholes „nie miał prawdziwej szybkości, nie miał siły", i musiał go przekonać, że nie będzie to bariera na drodze do sukcesu. Możliwości fizyczne młodego zawodnika nie przekonywały także Fergusona. Pewnego dnia powiedział do swego asystenta Jima Ryana: „Chłopak nie ma szans, to karzeł". Ale im częściej menedżer Czerwonych Diabłów go oglądał, tym bardziej doceniał jego technikę.

Kiedy Scholes przebijał się do pierwszego zespołu, był raczej cofniętym napastnikiem niż pomocnikiem. Harrison mówił, że przypomina mu Kenny'ego Dalglisha, Ferguson natomiast wyrażał obawy, że nie będzie mógł go wykorzystywać razem z Cantoną, bo są zbyt podobni.

„Kiedy Éric odejdzie, Paul naprawdę stanie się kluczowym piłkarzem – stwierdził menedżer Czerwonych Diabłów. – Grają na zbyt zbliżonych pozycjach i dlatego widzę w nim następcę Érica". Scholes debiutował w pierwszej linii w wygranym 2:0 meczu Pucharu Ligi z Port Vale w 1994 roku z numerem 10 na plecach. Zdobył obie bramki, przy pierwszej delikatnie przerzucając bramkarza, a później mocno uderzając głową przy krótkim słupku. Ale problem stanowiły nadal kwestie fizyczne. „Nie dało się uciec od tego, że Paul jest za mały na środkowego napastnika – wspominał po latach Ferguson. – Było także jasne, że brakuje mu wymaganej na tej pozycji szybkości".

Ferguson wystawiał z początku Scholesa na różnych pozycjach (częściej w pomocy niż w ataku), ale po zakończeniu kariery przez Cantonę w 1997 roku dotrzymał słowa i zrobił z młodego Anglika następcę Francuza. Scholes był klasyczną dziesiątką i w pierwszych sześciu meczach sezonu 1997/98 występował za plecami Teddy'ego Sheringhama i Andy'ego Cole'a z Buttem i Royem Keane'em w roli środkowych pomocników. We wrześniu Keane doznał jednak kontuzji kolana, która oznaczała dla niego koniec sezonu, i Manchesterowi zabrakło nagle możliwości manewru w pomocy, więc Scholes został cofnięty i zaczął grać u boku Butta, z Beckhamem i Giggsem po bokach. Od tego momentu była to jego wyjściowa pozycja – przynajmniej na poziomie klubowym.

Tamtego lata Scholes debiutował w reprezentacji w meczu z RPA, wchodząc na boisko za Sheringhama, by grać obok Iana Wrighta. W ciągu dziesięciu minut od wejścia zaliczył asystę w klasycznej akcji duetu napastników, zgrywając piłkę głową do Wrighta, który uderzył z pierwszej piłki. Ówczesny selekcjoner reprezentacji Anglii Glenn Hoddle był wręcz idealny dla tak nieangielskiego piłkarza, u którego techniczne umiejętności wyraźnie dominowały nad siłą fizyczną. Scholes odgrywał także główną rolę w będącym rozgrzewką przed mistrzostwami świata w 1998 roku Tournoi de France, ponownie wspaniale współpracując z Wrightem, zwłaszcza w wygranym 2:0 spotkaniu z Włochami, w którym asystowali sobie nawzajem przy bramkach. Scholes szybko został graczem pierwszej jedenastki, po części z powodu nagłego zmierzchu kariery Paula Gascoigne'a, i na mistrzostwach świata we Francji, ledwie rok po debiucie, odgrywał rolę dziesiątki za plecami Alana Shearera i Michaela Owena w systemie 3-4-1-2, zbudowanym w dużej mierze wokół niego. W pierwszych 16 meczach w reprezentacji strzelił siedem goli, w tym hat-tricka w zwycięskim 3:1 meczu z Polską w 1999 roku, selekcjonerskim debiucie Kevina Keegana, a następnie zdobył dwie bramki w kluczowym barażowym spotkaniu o awans do Euro 2000 ze Szkocją.

Przed dwumeczem ze Szkocją Keegan dał odpocząć Scholesowi w towarzyskim spotkaniu z Belgią. Na jego pozycji zagrał debiutant Frank Lampard i właśnie wtedy rozpoczęła się rywalizacja o miejsce ofensywnego pomocnika w reprezentacji.

Lampard był zupełnie innym piłkarzem niż Scholes. Dorastał w idealnym piłkarskim środowisku. Jego ojciec, również Frank, był legendą West Hamu, rozegrał 660 spotkań na lewej obronie Młotów i dwukrotnie wystąpił w reprezentacji Anglii. W połowie lat 90. Frank senior objął w West Hamie posadę asystenta Harry'ego Redknappa, który był zarazem jego szwagrem – co znaczyło oczywiście, że Redknapp jest wujem Lamparda juniora, a reprezentant Anglii Jamie Redknapp to jego kuzyn. We wspomnieniach Franka pojawia się także Bobby Moore wpadający na herbatę i pogawędkę o West Hamie – młodszy Lampard od dzieciństwa był zanurzony w futbolu.

Brakowało mu wprawdzie naturalnych umiejętności Scholesa, a inni wychowankowie West Hamu, tacy jak Joe Cole, Rio Ferdinand i Michael Carrick, byli lepsi technicznie, ale nadrabiał niewiarygodnym poświęceniem i zaangażowaniem. Najważniejsza okazała się dla niego praca nad siłą fizyczną. We wczesnych latach przygody z piłką często kpiono sobie z jego pucołowatości, godzinami biegał więc w kolcach sprinterskich po ogrodzie za domem, a w West Hamie zostawał po treningach i ganiał bez końca od pola karnego do pola karnego.

W pewnym momencie kolega z drużyny przyłapał go na ćwiczeniu na mokrej murawie, które polegało na krótkim biegu między dwoma pachołkami i wślizgu przy drugim z nich, a następnie powtórzeniu tego samego przy pierwszym pachołku. Robił to bez piłki ani przeciwnika, interesowała go tylko fizyczna strona tej umiejętności. W pierwszym składzie West Hamu Lampard debiutował nieoczekiwanie pod koniec 1996 roku w meczu Pucharu Ligi ze Stockport, gdy grypa zmogła Johna Moncura. Kiedy ojciec zadzwonił do niego z informacją, że zagra, Lampard jak zwykle był w parku i ćwiczył sprinty.

Syn legendy West Hamu w początkach kariery ciągle musiał stawiać czoło zarzutom kibiców, że korzysta z nepotyzmu, i do dziś żywi wobec nich autentyczną niechęć. Na spotkaniu z fanami klubu w 1996 roku, w jednym z paneli z udziałem Harry'ego Redknappa, Lamparda juniora, a także innych klubowych trenerów i piłkarzy, jeden z kibiców dał do zrozumienia, że Redknapp traktuje swego siostrzeńca w wyjątkowy sposób, a pozbył się z klubu „lepszych" pomocników, takich jak Matt Holland, który zresztą zrobił niezłą karierę w Premier League, i Scott Canham, który grał później w niższych ligach. „Frank zajdzie na sam szczyt – odparował Redknapp. – Ma wszystko, czego trzeba, żeby zostać pomocnikiem z najwyższej półki. Do wszystkiego podchodzi wzorowo, jest silny, potrafi grać, podawać i strzelać gole".

Lampard zawsze był pomocnikiem grającym od pola karnego do pola karnego, który imponował niezmordowanymi sprintami i umiejętnością znalezienia się w dogodnych sytuacjach. Już w pierwszym sezonie (1997/98), w którym był podstawowym zawodnikiem West Hamu, zdobył hat-tricka w meczu Pucharu Ligi z Walsall. Gdy selekcjoner reprezentacji Anglii do lat 21 wziął go na bok i zasugerował, że jego przyszłością jest rola trzymającego pozycję defensywnego pomocnika, był zirytowany, ale nie godził się również z myślą, że zostanie zwykłym łowcą bramek. „Nie chciałem być bramkostrzelnym pomocnikiem w typie Roberta Pirèsa czy Gusa Poyeta – stwierdzał. – Chciałem być pomocnikiem, który strzela gole, kimś, kto uczestniczy we wszystkich elementach gry, od obrony do ostatniego podania, a zarazem regularnie zdobywa bramki".

Reprezentacyjny debiut Lamparda pod koniec 1999 roku – gdy rozpoczął mecz u boku swego kuzyna Jamiego Redknappa – nastąpił prawdopodobnie nieco za wcześnie. Drugi raz pomocnik zagrał dla Anglii 18 miesięcy później, w pierwszym meczu Svena-Görana Erikssona w roli selekcjonera, po raz trzeci reprezentował kraj 2,5 roku później, a pierwszego gola w kadrze strzelił po niemal czterech latach, w sierpniu 2003 roku. Nie brał jednak udziału w Euro 2000 ani mistrzostwach świata w 2002 roku (był już wtedy graczem Chelsea). Tymczasem inny zawodnik zdążył zająć pozycję u boku Scholesa w systemie 4-4-2 Erikssona – Steven Gerrard.

Gerrard urodził się i wychował w Liverpoolu. W wieku dziewięciu lat trafił do akademii The Reds, a od 11. roku życia grał w drużynach juniorskich razem z Michaelem Owenem. Początki jego piłkarskiej kariery były jednak bez wątpienia naznaczone czymś wyjątkowym. Kuzyn Gerrarda Jon-Paul Gilhooley – starszy od Stevena o kilka lat, wielki fan Liverpoolu – był najmłodszą ofiarą tragedii na Hillsborough w 1989 roku. Chłopcy regularnie grali ze sobą w piłkę na ulicy przed domem Gerrardów w Huyton. „Ilekroć w czasach juniorskich widziałem jego rodziców, dawało mi to dodatkową motywację, by odnieść sukces" – opowiadał Steven o wpływie, jaki na jego karierę wywarła śmierć Jona-Paula.

Gerrard od młodego wieku znakomicie podawał, choć gdy miał dziesięć lat, jego karierę piłkarską niemal zakończył przedziwny wypadek. Grał w piłkę niedaleko domu i futbolówka wpadła w kępę pokrzyw. Próbując ją stamtąd wydostać, zamachnął się potężnie, kopnął w podszycie i nadział się stopą prosto na widły ogrodowe, które wbiły się w duży palec. W szpitalu poważnie rozważano jego amputację, co skłoniło ojca Gerrarda, by zadzwonić do dyrektora akademii Liverpoolu Steve'a Heighwaya, który natychmiast przyjechał do szpitala i przekonał lekarzy, żeby tego nie robili. Pozostaje dyskusyjne, czy to on wpłynął na ich decyzję, ale palec ocalał.

Gerrarda, podobnie jak Lamparda, nie przyjęto do centrum szkolenia działającego pod egidą FA i dlatego został w Liverpoolu, później zaś – jak w przypadku Scholesa – pojawiły się wątpliwości co do jego budowy fizycznej. W 1998 roku debiutował w pierwszej drużynie na prawej obronie, wchodząc z ławki, a po raz pierwszy wyszedł w podstawowej jedenastce w meczu z Tottenhamem; zagrał na prawym wahadle i miał kryć Davida Ginolę. Ale Gerrard bez wątpienia był środkowym pomocnikiem. Gdy po raz pierwszy wystąpił na tej pozycji – w spotkaniu z Celtą Vigo, w której barwach grał Claude Makélélé – został piłkarzem meczu.

Przez następne dwa lata możliwości były ograniczone i Gerrard często musiał biegać na prawej stronie, ale na początku 2000 roku został piłkarzem wyjściowego składu i występował u boku defensywnie usposobionego Didiego Hamanna. Gerrard odgrywał wówczas rolę porównywalną do Patricka Vieiry; choć wolno mu było zapuszczać się do ataku i strzelił kilka pięknych goli z dystansu, zasadniczo pełnił funkcję defensywnego pomocnika, odpowiedzialnego za przerywanie ataków rywala. W pierwszych latach gry najbardziej rzucającym się elementem jego stylu były agresywne wślizgi, co niekiedy budziło niepokój. W pewnym momencie Heighway zadzwonił do ojca Gerrarda z pytaniem, czy w domu wszystko w porządku, bo chłopak jest niezwykle agresywny na treningach, a w wieku 16 lat Stevena wysłano do psychologa sportowego, Billa Beswicka, by ten spróbował powściągnąć jego boiskowe zapędy. Gerrard dwa razy wyleciał w derbach Liverpoolu za okropne wślizgi na Kevinie Campbellu i Garym Naysmicie, raz wyrzucono go po ataku na Vieirę w meczu o Tarczę Wspólnoty (po ostatnim gwizdku Arsène Wenger kipiał ze złości), dostał także czerwoną kartkę po wślizgu na George'u Boatengu – było to tak straszne zagranie, że czuł się zmuszony do tego, żeby zadzwonić do Holendra z przeprosinami. „Fizyczność gry w Premiership odpowiada mojemu stylowi – powiedział. – Atakuj i bądź atakowany. Wstawaj i graj dalej”.

Gerrard szybko się przebił do angielskiej kadry. Umiejętności prezentowane przez Scholesa na treningach zwaliły go z nóg. „Był po prostu tak bystry, taki sprytny – wspominał. – Trafiał z każdej pozycji, po dośrodkowaniach, z woleja, z bliska, do tego miał kopyto, świetnie się ustawiał i ruszał”. Przyszły kapitan The Reds debiutował w reprezentacji w maju 2000 roku w wygranym 2:0 spotkaniu z Ukrainą; wystąpił na pozycji defensywnego pomocnika w ustawieniu 3-5-2 za Scholesem i Steve'em McManamanem. Zrobił takie wrażenie, że pojechał na Euro 2000 jako dubler Paula Ince'a i zagrał pół godziny w zwycięskim meczu nad Niemcami (1:0). Występ ten był godny uwagi z powodu firmowego wślizgu Gerrarda na koledze z drużyny klubowej, Hamannie. „Nie sądzę, żeby zasłużył na ten wślizg – powiedział Gerrard przed kolejnym meczem Anglii z Niemcami w tym samym roku. – Ale nie powinien piszczeć jak dziewczyna, prawda?”

Ince zrezygnował z gry w reprezentacji po mistrzostwach Europy w roku 2000, a ponieważ konkurencja na pozycji defensywnie zorientowanego pomocnika była ograniczona – czasem wykorzystywano tam środkowych obrońców, Garetha Southgate'a i Jamiego Carraghera – za kadencji Erikssona Gerrard stał się podstawowym zawodnikiem. W szóstym meczu – słynnej wyjazdowej wygranej 5:1 z Niemcami – zagrał wybitnie, zdobywając bramkę, która dała Anglii prowadzenie.

Wtedy jednak zaczęło się też szukanie kompromisów w środku reprezentacyjnej pomocy. „Moim zadaniem było przerywanie wszystkiego, rozbicie Niemców, zanim zdążą się rozpędzić. Wolałbym pełnić bardziej ofensywną funkcję, ale i tak było dobrze. Tłamsiliśmy ich” – stwierdził Gerrard, który w reprezentacji na ogół grał z czwórką, ale w Liverpoolu wziął ósemkę, co podkreślało różnicę odgrywanych przez niego ról. To godne uwagi także dlatego, że wspominał, iż Scholes przeciwko Niemcom „grał bardziej defensywnie niż zwykle”, po części z powodu taktycznych wymagań, ale również dlatego, że Gerrard był mniej zdyscyplinowany niż piłkarze zwykle partnerujący Scholesowi, tacy jak Ince, Nicky Butt i David Batty.

Choć więc Anglia odniosła ważne zwycięstwo – ogólnie rzecz biorąc, raczej dzięki grze z kontry w wykonaniu Michaela Owena i Emile'a Heskeya niż za sprawą zdominowania Niemców w środku pola – zmiana stylu gry zmierzała powoli ku temu, by żaden ze środkowych pomocników nie występował na swojej optymalnej pozycji. Obaj grali bardziej defensywnie, niżby chcieli. Niewiele wskazywało na to, by Eriksson miał zrezygnować z 4-4-2 na rzecz innego ustawienia – w istocie, pomimo wszelkich kontrowersji związanych z zatrudnieniem pierwszego zagranicznego menedżera, Szwed był o wiele bardziej „angielski" niż Terry Venables, Hoddle czy Keegan, w pewnej mierze dlatego, że dwaj inni Anglicy, Bob Houghton i Roy Hodgson, wprowadzili system 4-4-2 w ojczyźnie Erikssona w latach 70.

Mniej więcej w tym czasie Scholes zaczął grać w reprezentacji słabiej. Drastycznie spadła średnia zdobywanych przez niego bramek, po części zresztą z powodu zmiany boiskowej roli; do siedmiu goli w pierwszych 16 spotkaniach dorzucił ledwie drugie siedem w kolejnych 50. Nie dawał też drużynie zbyt wiele w rozegraniu; szczególnie słaby występ zaliczył w słynnym remisie 2:2 z Grecją, gdy David Beckham zapewnił Anglikom awans na mistrzostwa świata w 2002 roku strzałem z rzutu wolnego w ostatniej akcji meczu. Na samych mistrzostwach, na których z powodu kontuzji zabrakło Gerrarda, Scholes znalazł się w cieniu kolegi z klubu Nicky'ego Butta.

Gerrard i Scholes zostali podstawową parą pomocników w kwalifikacjach do Euro 2004, choć szeroko dyskutowano fakt, że Scholes nie strzelał goli. W Manchesterze Scholes został przesunięty na pozycję ofensywnego pomocnika w ustawieniu 4-4-1-1, grając za plecami Ruuda van Nistelrooya i zdobywając w sezonie 2002/03 najwięcej bramek ligowych w karierze: 14. Ale przed wyjazdem na mistrzostwa Europy w 2004 roku pomocnik Czerwonych Diabłów nie strzelił w kadrze gola od trzech lat. „Jestem w drużynie po to, żeby strzelać gole, i wiem, że jeśli nie zacznę tego robić, możliwe, że nie będę grał w pierwszym składzie – przyznał. – Oczekuje się ode mnie bramek. Jeśli ich nie ma, mój wkład w grę zespołu nie jest taki, jaki być powinien. Zresztą nie chodzi tu tylko o mnie. Kiedy ktoś ma taki świetny sezon jak Frank Lampard, zapewne zasługuje na szansę gry w pierwszej jedenastce. Gdyby menedżer wystawił go zamiast mnie, życzyłbym mu jak najlepiej, ponieważ wiem, że nie robię tego, co powinienem".

Lampard rozkwitał w Chelsea, po części dlatego, że dzięki pieniądzom Romana Abramowicza The Blues stali się poważnymi kandydatami do mistrzowskiego tytułu, a po części za sprawą Claudio Ranieriego, który zmienił jego styl gry, nakazując mu mniej biegać w ustawieniu 4-4-2. Sprowadziwszy Lamparda, Ranieri powiedział, że jego nowy nabytek w West Hamie koncentrował się w 70 procentach na ataku, a w Chelsea będzie miał tyle samo zadań defensywnych co ofensywnych. „Chciał wyważyć to, jak gram, ucząc mnie, kiedy ruszyć do przodu, jak wyczuć odpowiedni moment" – powiedział Lampard. Do tamtego momentu pomocnik z taką determinacją prezentował swoją wytrzymałość, że wyprzedzał przeciwników i pojawiał się w polu karnym, czekając na obsługę – niemal jak dodatkowy napastnik. Podczas gierek treningowych Ranieri ciągle krzyczał do niego: „Zostań!", chcąc, by Lampard przesuwał się wraz z rozwojem akcji, i opóźniając jego pojawienie się na skraju pola karnego. „Nauczyłem się, jak reagować na grę w konkretnych sytuacjach, jak wyczuć, kiedy mogę mieć najlepszą szansę na strzelenie gola" – powiedział. Stał się wówczas bardziej odpowiedzialny pod względem taktycznym.

Potem nadeszło Euro 2004, niesłusznie zapamiętane jako turniej, podczas którego wystawienie Scholesa na lewym skrzydle potraktowano jako symbol angielskiego braku zaufania do kreatywności. Rzeczywistość przedstawiała się zupełnie inaczej. Eriksson miał do dyspozycji czterech wspaniałych środkowych pomocników: Beckhama, Lamparda, Gerrarda i Scholesa. Beckham był kapitanem reprezentacji, a częstokroć wybawiał ją też z kłopotów, Lampard miał za sobą najlepszy sezon klubowy z całej czwórki, Gerrard zaś imponował wszechstronnością i nie można go było pominąć przy ustalaniu składu. Scholes natomiast, mimo niewiarygodnego talentu, po prostu nie grał w reprezentacji dobrze. Wszyscy czterej byli z natury kreatywnymi, usposobionymi ofensywnie pomocnikami i Eriksson prawdopodobnie powinien był zmieścić w pierwszym zespole bardziej defensywnego zadaniowca, by zapewnić drużynie pewną równowagę – w kadrze byli również Butt i Owen Hargreaves. Gdyby tak postąpił, naturalnym kandydatem do usunięcia z pierwszej jedenastki byłby Scholes. Decyzja, by go w niej zostawić, potencjalnie narażając na szwank ustawienie reprezentacji, świadczyła o wierze selekcjonera w talent pomocnika Manchesteru.

Co więcej, Eriksson – niechętny zesłaniu podopiecznego na skrzydło – próbował grać diamentem w pomocy z najbardziej wysuniętym do przodu Scholesem (którego później Szwed nazwał „najlepszym angielskim piłkarzem"), w praktyce budując wokół niego cały zespół. Diament miał sens. W tym ustawieniu Gary Neville i Ashley Cole mogli wychodzić do przodu, zapewniając drużynie szerokość gry i pozwalając czwórce pomocników grać w środku. Znamienne jest, że w systemie z diamentem Lampard był ustawiany przed obroną, pokazuje to bowiem, że uważano go za najbardziej zdyscyplinowanego piłkarza reprezentacji, nawet jeśli nie lubił gry w głębi pola. Tymczasem Gerrard był sfrustrowany grą na lewej stronie diamentu. Podobnie jak Lampard chciał grać wyżej, ale Eriksson powierzył tę rolę Scholesowi.

Na mistrzostwach Europy w 2004 roku Anglia próbowała ustawienia z diamentem w pomocy na treningach. Skutki były opłakane: pierwsza jedenastka przegrała z drugą 0:3. Eriksson zebrał później pomocników i spytał ich, jaki system najbardziej lubią. Scholes opowiedział się za diamentem, ale pozostali trzej pomocnicy woleli tradycyjną czteroosobową linię pomocy, więc Szwed wrócił do formacji 4-4-2. Scholes czuł się rozczarowany, ale zignorowanie większości, by zadowolić jednego pomocnika, który – jak sam przyznawał – nie grał dobrze, byłoby niedorzecznością. Ponadto było prawdopodobne, że Scholes nie wytrzyma pełnych 90 minut. Eriksson mówi, że gdy podczas tego turnieju Anglicy ćwiczyli na treningach rzuty karne, Scholes nie brał w tym udziału. Gdy Szwed spytał go o powód, pomocnik Czerwonych Diabłów odparł, że będzie dobrze, jeśli wytrzyma na boisku dłużej niż 60 minut, o 120 nie ma więc mowy.

Wystawienie Scholesa w środku grającej w linii, nastawionej na atak pomocy byłoby nierozsądne. W tamtych czasach wciąż powszechnie uważano, że asekuracja obrony musi wiązać się z ciągłą grą wślizgiem, a bez wątpienia była to słaba strona piłkarza Manchesteru. Każdy z jego czterech menedżerów (Ferguson, Hoddle, Keegan i Eriksson) zwracał uwagę na to, że gra wślizgiem to jedyny niedostatek tego poza tym pozbawionego wad pomocnika. Scholes po prostu nie był w stanie opanować sztuki odbioru piłki, źle obliczając odpowiedni dla wślizgów moment, za co szczególnie surowo karali go sędziowie w europejskich pucharach – Anglik otrzymał najwięcej kartek w historii Ligi Mistrzów. Eriksson absolutnie nie mógł ryzykować wystawienia w dwuosobowym środku pomocy słabego w odbiorze zawodnika, któremu brak wytrzymałości.

Tymczasem Gerrard nadal uchodził w pierwszej kolejności za defensywnego pomocnika (Beckham powiedział wręcz, że angielski zespół jest „o wiele lepiej zrównoważony z nim w składzie"), a Lampard stał się bardziej zdyscyplinowany pod troskliwym okiem Ranieriego w Chelsea. W tamtym momencie środek pomocy złożony z tego duetu miał największy sens, a ustawienie Scholesa na lewej pomocy nie uniemożliwiało mu schodzenia do środka, zwłaszcza z grającym na obieg Cole'em. Co więcej, pomysł, by piłkarz odpowiedzialny za kreowanie gry schodził z lewej strony do środka, był ze strony Erikssona poważnym krokiem naprzód w porównaniu z dotychczasową sytuacją, Anglicy bowiem od lat zamartwiali się „problemem lewej strony", cierpiąc na wyraźny deficyt utalentowanych lewonożnych zawodników. Godne uwagi jest także to, że trzech kolejnych mistrzów świata – Włochy, Hiszpania i Niemcy – korzystało na lewej stronie z naturalnych środkowych pomocników: Simone Perrotty, Andrésa Iniesty i Mesuta Özila. Nie ma powodu sądzić, że Scholes nie mógłby z powodzeniem grać na tej pozycji.

Ogólnie rzecz ujmując, na Euro 2004 Anglia radziła sobie dobrze, głównie za sprawą dojrzałego nad wiek i palącego się do gry (co przekładało się na postawę całej drużyny) Wayne'a Rooneya. Największym problemem reprezentacji była jego kontuzja w ćwierćfinale, a nie taktyka wybrana przez Erikssona. Po mistrzostwach Scholes zrezygnował z gry w kadrze, wielokrotnie jednak powtarzał, że nie podjął tej decyzji ze względu na pozycję, na której grał. „Wielu winiło Svena za to, że zrezygnowałem z gry w barwach reprezentacji, ale prawda jest taka, że w Manchesterze United również występowałem na skrzydle i strzelałem dużo goli" – stwierdził. W barwach Anglii Scholesowi po prostu się nie układało. Piłkarz Czerwonych Diabłów przyznaje, że powołania do kadry przestały go cieszyć, zwłaszcza z powodu dłuższej rozłąki z rodziną. Po latach krytykował jednak kolegów z reprezentacji za zbytnią samolubność. „Mieliśmy jednych z najlepszych piłkarzy świata – powiedział – ale być może niektórzy z nich pragnęli chwały dla siebie". Scholes wniósł zresztą największy wkład w taktyczny rozwój angielskiej piłki o wiele później, grając zdecydowanie głębiej, przez co – jak się zdaje – wielu jest przekonanych, że zawsze występował na tej pozycji.

Po mistrzostwach Europy w 2004 roku w linii pomocy reprezentacji Anglii doszło do radykalnych zmian. Po pierwsze, zabrakło Scholesa. Po drugie, José Mourinho przejął Chelsea i ustawił Lamparda jako lewego środkowego pomocnika w systemie 4-3-3, przydzielając mu najbardziej ofensywną rolę z całego tria pomocników. Po trzecie, do Liverpoolu przyszedł Rafael Benítez i choć z początku wystawiał Gerrarda w środku lub na prawej stronie w ustawieniu 4-4-2, stało się jasne, że optymalną pozycją jest dla niego wierzchołek pomocy w formacji 4-2-3-1, z dwoma defensywnie usposobionymi pomocnikami z tyłu. Warto podkreślić, jak znakomitymi piłkarzami byli wówczas Lampard i Gerrard – w plebiscycie „France Football" skończyli na odpowiednio drugim i trzecim miejscu, za zdobywcą Złotej Piłki Ronaldinho. Teoretycznie więc reprezentacja Anglii miała do dyspozycji dwóch najlepszych piłkarzy Europy i dwóch najlepszych pomocników świata.

Lampard był w zasadzie piłkarzem o podstawowych umiejętnościach. Zasadniczo miał trzy mocne strony: imponował przygotowaniem fizycznym, w idealnym momencie pojawiał się na skraju pola karnego i doskonale uderzał z dwudziestu kilku metrów. Ulubione powiedzenie jego ojca w młodości brzmiało: „Geniusz tkwi w prostocie" i Frank junior wspaniale tego dowodził – niewielu piłkarzy osiągnęło tak wiele za pomocą tak prostych środków. Lampard często zdobywał bramki z dystansu, strzelając najwięcej goli zza pola karnego w Premier League, ale rzadko były to prawdziwe petardy. Miał raczej nieprawdopodobny dryg do nieco niechlujnych uderzeń, które wpadały do siatki po rykoszetach albo błędach bramkarzy. Co ciekawe, sam twierdził, że nie ma w tym przypadku. „Strzelałem więcej goli po części dlatego, że zmieniłem technikę strzału – wyjaśniał. – Wcześniej uderzałem zdecydowanie czyściej, co się sprawdza, jeśli można skierować piłkę w róg bramki z dużą siłą. Piłki są dziś jednak lżejsze i jeśli się ją odpowiednio uderzy, można sprawić, że zmieni tor lotu, co bardzo utrudnia zadanie bramkarzowi. Nawet Petr Čech odbija piłkę, która leci prosto na niego, jeśli odpowiednio się ją trafi i futbolówka nagle zmieni kierunek". Te słowa dobrze podsumowują Lamparda – piłkarza raczej efektywnego niż efektownego.

Nawiasem mówiąc, często nie docenia się tego, jaką rolę w rozwoju futbolu odegrała zmiana samych piłek. Zaskakiwać może, iż Premier League dopiero pod koniec lat 90. zaczęła wymagać używania standardowych futbolówek – do tego czasu drużyny często hołdowały własnym upodobaniom. Choć dominowały piłki Mitre, Chelsea używała produktów Umbro, uważanych przez bramkarzy za nieprzewidywalne, a piłki Adidasa, którymi grał Liverpool, były szybsze w powietrzu. Przewaga własnego boiska miała więc dodatkowy wymiar.

Tymczasem historia taktycznej ewolucji Gerrarda była bardziej złożona. Choć Benítez często w wielkich meczach grał systemem 4-2-3-1 z Gerrardem za napastnikiem, dużą część sezonów 2005/06 i 2006/07 Hiszpan poświęcił, próbując przekonać media – i samego zainteresowanego – że może grać skutecznie na prawej stronie w ustawieniu 4-4-2, przytaczając na dowód jego dorobek bramkowy. Gerrard na dobre rozkwitł jednak, gdy na stałe znalazł się na szczycie pomocy w formacji 4-2-3-1, gdzie mógł zapuszczać się do przodu i regularnie stwarzał zagrożenie pod bramką rywali. Umożliwił mu to, jak sam podkreśla, Xabi Alonso. „Nie sądziłem, że mógłbym grać jako dziesiątka – przyznał Gerrard. – Ale mogłem, bo dzięki temu, że Xabi tak szybko analizuje grę, miałem dużo czasu".

Gerrard mógł jednak przejść zupełnie inną drogę taktyczną, ponieważ był niezwykle blisko odejścia z Liverpoolu do Chelsea Lamparda. Pierwsze pogłoski o zmianie klubu pojawiły się w 2004 roku, ale rok później, niedługo po tym, jak Gerrard poprowadził Liverpool do triumfu w Lidze Mistrzów, poprosił o pozwolenie na transfer, gdy The Reds odrzucili rekordową na brytyjskie warunki propozycję londyńczyków. Kapitan liverpoolczyków twierdził później uparcie, że nigdy nie chciał odejść, zrzucając winę na źle prowadzone przez klub negocjacje w sprawie przedłużenia kontraktu, ale gdyby transfer doszedł do skutku – co przez chwilę wydawało się nieuniknione – Gerrard i Lampard graliby ze sobą co tydzień w 4-3-3 Mourinho, a Eriksson czułby się zmuszony do skopiowania tego ustawienia. Z transferu nic jednak nie wyszło, Gerrard wycofał prośbę, a Chelsea zamiast niego sprowadziła Michaela Essiena.

Otwierający kwalifikacje do mistrzostw świata w 2006 roku mecz z Austrią na wyjeździe nadał ton przyszłym wydarzeniom. Nie musząc martwić się Scholesem, Eriksson zadbał o równowagę w linii pomocy, wykorzystując na lewej stronie Wayne'a Bridge'a. Beckham nadal występował na prawej pomocy, a w środku grali znów Lampard i Gerrard, którzy z początku udowodnili swój potencjał ofensywny, strzelając po golu i dając Anglii prowadzenie 2:0, a potem popełnili błędy w defensywie, pozwalając Austrii uszczknąć punkt. Najpierw Lampard faulował, a rzut wolny zamienił na bramkę Roland Kollmann, a potem Gerrard nie zdążył za akcją i rozpaczliwie próbując zablokować strzał Andreasa Ivanschitza, zdołał jedynie zmienić tor lotu piłki, która wpadła do siatki pod interweniującym Davidem Jamesem. W ten sposób rozpoczęła się debata, która zdominowała większą część nadchodzącej dekady: czy Gerrard i Lampard mogą grać razem?

Tak naprawdę pytanie brzmiało: czy mogą grać we dwóch w środku pola w systemie 4-4-2? Choć oczywistszym wyjściem z sytuacji było przejście na grę ustawieniem 4-3-3, by jak najlepiej wykorzystać ich umiejętności, Erikssona odwiódł od tego rozwiązania fakt, że trzech innych kluczowych graczy zdecydowanie lepiej pasowało do 4-4-2: wrzucający piłki z prawej strony pomocy Beckham, drugi napastnik Rooney i Michael Owen, szybki lis pola karnego, który potrzebował partnera. Eriksson nadal zmieniał ustawienie z diamentu, w którym Anglia nigdy nie wyglądała dobrze, na 4-4-2 z Gerrardem i Lampardem w środku, co sprawdzało się z płotkami w meczach eliminacyjnych, ale zupełnie nie zdawało egzaminu z poważnymi rywalami. Szwed spróbował też gry w systemie 4-3-3 na wyjeździe z Irlandią Północną, ustawiając Davida Beckhama w roli trzymającego pozycję pomocnika za plecami Gerrarda i Lamparda. Na szpicy zagrał Owen, a na skrzydłach Shaun Wright-Phillips i Rooney. Skończyło się sromotną klęską 0:1, Beckham zaś – jak ujął to Eriksson – „ciągle zagrywał długie piłki, które rzadko trafiały do celu". Ciekawe jednak, że selekcjoner sądził, iż Owen może grać z przodu, a Rooney po lewej stronie w ustawieniu 4-3-3, ale nie uważał, by Beckham nadawał się do gry na prawym skrzydle w tym systemie. Zatem to Beckham był przeszkodą w grze w formacji 4-3-3, zwłaszcza po słabszym występie w roli cofniętego pomocnika.

Przed mistrzostwami świata w 2006 roku – ostatnim turniejem Erikssona – sytuacja stała się całkiem zagmatwana. W meczu towarzyskim z Węgrami w ramach przygotowań do mistrzostw osłupiały

Gerrard dostał koszulkę z numerem 9 i polecenie, by grać tuż za plecami jedynego napastnika, Michaela Owena. Był to system 4-1-3-1-1 z Carragherem w roli defensywnego pomocnika i Beckhamem, Lampardem oraz Joem Cole'em w drugiej linii. Wydawało się, że wszystkim takie ustawienie całkiem odpowiada i Anglia wygrała 3:1, następnie jednak Eriksson wrócił do 4-4-2 z Gerrardem i Lampardem w środku, Anglicy zgodnie z przewidywaniami rozgromili Jamajkę, a Szwed postanowił trzymać się tego systemu przez całą fazę grupową. Zaskakujące było to, że Gerrard został obsadzony w bardziej defensywnej z ról, jakie przypadły środkowym pomocnikom – a zatem w jednym systemie ustawiany był zdecydowanie przed Lampardem, a w drugim nieco za nim. Trudno się dziwić, że nigdy nie zaczęli się dobrze rozumieć na boisku.

W ostatnim meczu grupowym ze Szwecją Owen doznał poważnej kontuzji kolana i przed fazą pucharową Anglia przeszła na ustawienie 4-1-4-1 z samotnym Rooneyem z przodu. Eriksson wprowadził także cofniętego pomocnika, co pozwalało Gerrardowi i Lampardowi atakować. W zwycięskim spotkaniu 1/8 finału nad Ekwadorem funkcję tę pełnił absolutnie zachwycający Michael Carrick, który kontrolował tempo gry i dogrywał piłki za linię obrony. Carrick nie zagrał jednak w ćwierćfinale z Portugalią, a jego miejsce zajął występujący wcześniej na prawej obronie Owen Hargreaves. To właśnie po tym meczu, w którym Anglia odpadła po rzutach karnych, wszyscy zdali sobie sprawę, jak ważny jest trzymający pozycję pomocnik.

Gdy Hargreaves jechał na mistrzostwa, od dłuższego czasu był obiektem nieuzasadnionej krytyki, przede wszystkim dlatego, że należał do tego rzadkiego gatunku angielskiego piłkarza, który nigdy – przynajmniej na tamtą chwilę – nie grał w Anglii. Niewielu ludzi na Wyspach oglądało Bundesligę, choć było oczywiste, że Hargreaves daje pewną jakość, już choćby z tego powodu, że czterokrotnie zdobywał tytuł mistrza Niemiec i wygrywał Ligę Mistrzów jako podstawowy zawodnik Bayernu Monachium. Ale duża część angielskiej prasy nie miała większego pojęcia o klasie Hargreavesa, i to do tego stopnia, że jeden z dziennikarzy spytał Lamparda na konferencji prasowej: „Po co nam Owen Hargreaves?". Miesiąc później powszechnie uznawano, że piłkarz Bayernu był najlepszym Anglikiem w ćwierćfinale, a następnie kibice wybrali go graczem roku w reprezentacji. Gerrard i Lampard pozostali najlepszymi angielskimi pomocnikami, ale było oczywiste, że potrzebowali kogoś do asekuracji. Jeśli dodamy do tego dwa lata sukcesów Chelsea w Premier League z Makélélé w roli głównej, to należy uznać, że pozycja defensywnego pomocnika nigdy wcześniej nie cieszyła się taką popularnością.

Było to widoczne podczas koniec końców katastrofalnych eliminacji do mistrzostw Europy w 2008 roku; reprezentację prowadził wówczas Steve McClaren, który przynajmniej rozumiał potrzebę wystawiania cofniętego pomocnika. Z trójki Hargreaves, Carrick i Barry co najmniej jeden z nich grał w 11 z 12 spotkań McClarena w roli selekcjonera. Dobrze układała się przy tym współpraca Garetha Barry'ego z Gerrardem, po części dlatego, że zaprzyjaźnili się jako najmłodsi członkowie kadry na Euro 2000. W eliminacjach do mistrzostw Europy w 2008 roku Anglia grała przede wszystkim piłkę bardzo zdyscyplinowaną, zachowując czyste konto w dziewięciu z 12 spotkań, prawdziwy problem stanowił natomiast atak, co zakończyło się dwoma bezbramkowymi remisami z Macedonią i Izraelem.

Później nadeszła niesławna porażka u siebie z Chorwacją. Nieprawdopodobna seria zdarzeń oznaczała, że Anglii wystarczy na Wembley remis z drużyną, która miała awans w kieszeni, a zatem grała o pietruszkę. W pomocy w systemie 4-3-3 grali Barry, Lampard i Gerrard, ale Anglicy zaczęli nerwowo, co najlepiej było widać po fatalnym tego dnia bramkarzu Scotcie Carsonie, który debiutował w meczu o punkty. Do przerwy gospodarze przegrywali 0:2. McClaren poświęcił Barry'ego i przeszedł na 4-4-2, jego podopieczni ruszyli do zmasowanego ataku i odrobili straty. Byli na najlepszej drodze do awansu. Później jednak, co okazało się decydujące, McClaren nie postarał się przejąć kontroli nad meczem, wpuszczając cofniętego pomocnika. Hargreaves pozostał na ławce, a Gerrard i Lampard dali się zdominować. Niesprawiedliwie byłoby sugerować, że trzymający pozycję pomocnik całkowicie rozwiązałby problem – Anglia straciła w końcu dwa gole z Barrym na boisku – ale byłby to oczywisty ruch, zważywszy, że drużyna potrzebowała dograć 25 minut bez straty gola.

Choć Anglia nie potrzebowała trzeciej bramki, najwyraźniej czuła, że lepiej sprawdza się w ataku, i dalej naciskała z łatwym do przewidzenia skutkiem. Mladen Petrić dostał piłkę niedaleko pola karnego, dokładnie tam, gdzie byłby ustawiony defensywny pomocnik – Lampard został odciągnięty na lewą stronę, a Gerrard nie zdążył dobiec do rywala – i Chorwat trafił z dystansu. Anglia odpadła i nawet Gerrard uświadomił sobie taktyczną naiwność reprezentacji. „Kiedy przegrywa się 0:2, trzeba ryzykować i w drugiej połowie zagraliśmy o wiele lepiej. Wróciliśmy do gry – powiedział. – Powinniśmy byli wtedy zwinąć interes. Kiedy wraca się do gry, trzeba dotrwać do końca i wziąć remis. Ale myśmy podjęli ryzyko i załatwili nas z kontry".

W 2008 roku Premier League po raz pierwszy została najwyżej klasyfikowaną ligą w rankingu UEFA. Ale był to także rok, w którym reprezentacja nie zdołała awansować na mistrzostwa Europy. Anglia mogła poszczycić się najlepszą ligą w Europie, ale nie znalazła się nawet w pierwszej szesnastce najlepszych reprezentacji Starego Kontynentu. Różnica polegała przede wszystkim na inteligencji taktycznej, co jeszcze dobitniej uwypuklało, jak bardzo Premier League polegała w kwestii strategii na zagranicznych wpływach.

CZĘŚĆ VI

ATAK BEZPOŚREDNI

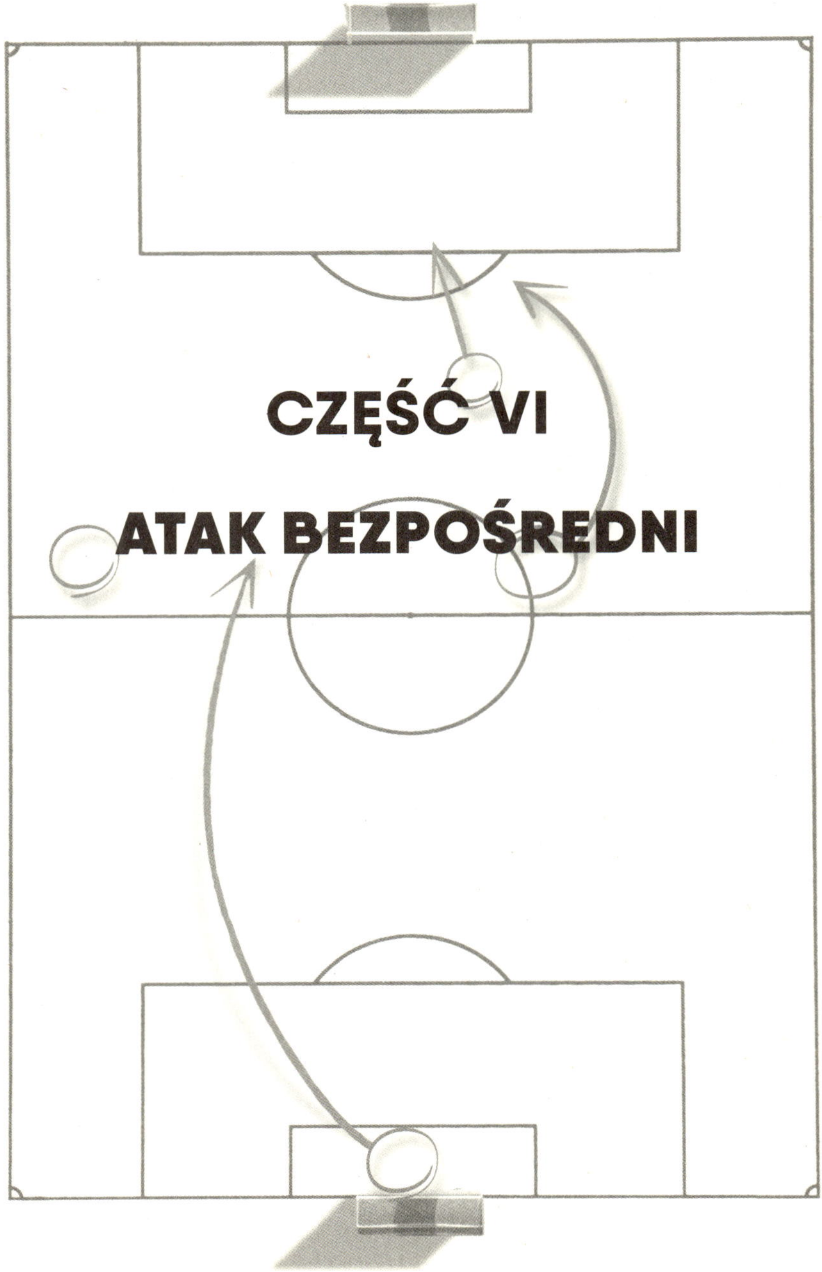

16

ROONALDO

Wszystkie przemyślane teorie taktyczne, wszystko, czego nauczyłem się o systemie gry i trzymaniu ustawienia na boisku, a także o wracaniu za rywalem, wszystko to, co wbito mi do głowy, w ciągu dwóch lat wylądowało w koszu, ponieważ mieliśmy piłkarza, który z błogosławieństwem kolegów z drużyny obmyślał własne zasady. Ronaldo pomógł zdefiniować tę grę na nowo.

Gary Neville

Pomimo kiepskich wyników reprezentacji Premier League w 2008 roku została oficjalnie najlepszą ligą w Europie według dość skomplikowanego rankingu UEFA. Nie trzeba jednak w pełni rozumieć owej metodologii, żeby uświadomić sobie wyższość angielskiej pierwszej ligi.

Przez trzy kolejne sezony – 2006/07, 2007/08 i 2008/09 – trzema z czterech półfinalistów Ligi Mistrzów były drużyny z Wysp, co oznaczało niespotykaną na tym poziomie dominację. Po prawdzie nie przerodziło się to w bezapelacyjne sukcesy i godny uwagi jest fakt, że przez cztery kolejne lata każdy z członków „wielkiej czwórki" – Arsenal w 2006, Liverpool w 2007, Chelsea w 2008 i Manchester United w 2009 roku – uległ w finale. Potrzeba było wewnątrzangielskiego finału, by klub Premier League zakosztował przez ten czas sukcesu, gdy Manchester United pokonał Chelsea po dramatycznym konkursie rzutów karnych w 2008 roku.

Manchester United był bez wątpienia najlepszą drużyną Premier League. W ciągu tych trzech lat trzykrotnie zdobywał ligowy tytuł, Alex Ferguson stworzył zaś swój najlepszy zespół. Kwartet defensywny (Gary Neville, Rio Ferdinand, Nemanja Vidić i Patrice Evra) był tak zgrany, że w sezonie 2006/07 wszyscy czterej obrońcy trafili do drużyny roku, co zdarzyło się jedyny raz w ligowej historii. Edwin van der Sar był natomiast najlepszym bramkarzem Czerwonych Diabłów od czasów Petera Schmeichela – w sezonie 2008/09 ustanowił niewiarygodny rekord, zachowując czyste konto w 14 spotkaniach z rzędu. Jakości w pomocy dodali United Michael Carrick i Owen Hargreaves, podczas gdy Paul Scholes grał coraz głębiej i stał się wybitnym cofniętym rozgrywającym.

Drużynę Fergusona charakteryzował jednak przede wszystkim polot w ataku i wszechstronność. Wymienność pozycji między Wayne'em Rooneyem, Carlosem Tévezem i Cristiano Ronaldo robiła wrażenie, a ostatni z wymienionych zaliczył bodaj najwspanialszy pod względem indywidualnym sezon w historii Premier League, zdobywając 31 bramek w 31 występach i spełniając tym samym swoje marzenie o Złotej Piłce dla najlepszego piłkarza świata. Portugalczyk symbolizował zupełnie nowy Manchester United, ponieważ Ferguson – wraz z asystentem Carlosem Queirozem – stworzyli najkompletniejszą ekipę w Europie, grając bez prawdziwego napastnika.

Od czasów Blackburn i Raya Harforda żaden asystent menedżera nie miał takiego wpływu na taktykę zdobywców tytułu jak Queiroz. Była to druga przygoda Portugalczyka z United – w sezonie 2002/03 był asystentem Fergusona, lecz odszedł, aby objąć posadę menedżera Realu Madryt. W Hiszpanii przetrwał rok, a po zwolnieniu wrócił na swoje wcześniejsze stanowisko. Już samo to, że asystent menedżera Manchesteru uchodził za dostatecznie utalentowanego, by poprowadzić Real – jeden z niewielu klubów w Europie uważanych za większe od United, który przy tym regularnie podkradał Czerwonym Diabłom gwiazdy – wiele mówił o jego renomie. W czasie swego drugiego pobytu w United (2004–2008) Queiroz pomógł Manchesterowi zrewolucjonizować grę w ofensywie.

Ferguson opisał portugalskiego trenera jako „wspaniałego, po prostu wspaniałego – wybitnego, inteligentnego, skrupulatnego – człowieka" i ulegał mu w kwestiach taktyki. Choć przejście od 4-4-2 do 4-5-1 zaczęło się od przybycia do klubu Ruuda van Nistelrooya w 2001 roku (z różnymi skutkami), wśród kibiców Czerwonych Diabłów nadal ustawienie to wzbudzało kontrowersje. Stosowany przez José Mourinho w Chelsea system gry zaowocował tym, że formację z jednym napastnikiem uważano za niezawodną oznakę defensywnego futbolu, i część fanów zaczęła obwiniać Queiroza o odejście od „tradycyjnego" stylu, skandując nawet na trybunach „cztery-cztery-dwa!" w proteście przeciwko nowemu ustawieniu. W połowie sezonu 2005/06 Queiroz nieco nierozsądnie odparował: „Ludzie proszą się o grę formacją 4-4-2, ale wypróbowaliśmy tę taktykę w meczu z Blackburn i przegraliśmy – stwierdził. – Dlatego właśnie piłka nożna jest grą, w której wyobraźnia, a często i głupota nie mają granic". Nadal był przekonany, że United musi odejść od gry ze statycznymi środkowymi napastnikami. Gdy na początku lat 90. był trenerem portugalskiego „złotego pokolenia" (zarówno na poziomie juniorów, jak i seniorów), stworzył styl, z którego zasłynęła jego ojczyzna: z solidną obroną, długim utrzymywaniem się przy piłce, wspaniałymi skrzydłowymi i kreatywnymi rozgrywającymi – a także ze środkowym napastnikiem, którego gra bazowała raczej na boiskowym ruchu niż na strzelaniu goli.

Epoka sukcesów Manchesteru zaczęła się – co warto zauważyć – od razu po odejściu Ruuda van Nistelrooya w 2006 roku. Mimo wszystkich bramek, które zdobywał, Holender po prostu nie pasował do drużyny, jakiej chcieli Ferguson i Queiroz. Van Nistelrooy, jak ustaliliśmy, był klasycznym lisem pola karnego, podczas gdy nowa drużyna United bazowała na ciągłym ruchu, bezinteresowności, utrzymywaniu niewielkich dystansów między piłkarzami i grze z kontry. Po zdobyciu mistrzostwa w sezonie 2006/07 spytano Fergusona o dwie ważne decyzje sprzed roku, czyli zgodę na odejście van Nistelrooya i Roya Keane'a. „Cóż... Roy bez wątpienia miał wielki wpływ na zespół – odparł Ferguson. – Ale nie wydaje mi się, żeby w przypadku van Nistelrooya była to ważna decyzja". Bardzo wymowne słowa. W nowym Manchesterze chodziło przede wszystkim o Ronaldo i Rooneya, choć zamiar zbudowania drużyny wokół tych dwóch piłkarzy okazał się niemal zgubny w skutkach dla Fergusona po incydencie na mistrzostwach świata w 2006 roku.

W drugiej połowie ćwierćfinału pomiędzy Anglią a Portugalią, w którym Anglicy ostatecznie ulegli po rzutach karnych, Rooney walczył o piłkę z Ricardo Carvalho. Obaj upadli na ziemię, a podnosząc się, Rooney nastąpił na Carvalho. Ronaldo natychmiast popędził do sędziego Horacio Elizondo, gestykulując wściekle w kierunku leżącego kolegi, by zwrócić uwagę na wykroczenie Rooneya, ten zaś w odpowiedzi złapał Ronaldo i go odepchnął. Elizondo pokazał Rooneyowi czerwoną kartkę i Anglia do końca meczu nie potrafiła całkiem wrócić do gry. Najgorsze miało jednak dopiero nadejść. Kamery filmowe zarejestrowały, jak po zajściu Ronaldo puszcza oko, najwyraźniej w stronę portugalskiej ławki, na materiale sprzed pierwszego gwizdka zaś widać, jak gwiazdor podchodzi do Rooneya od tyłu, coś do niego szepcze, a potem delikatnie trąca go głową. Te trzy fragmenty przyczyniły się do upowszechnienia narracji, jakoby to Ronaldo doprowadził do wyrzucenia Rooneya z boiska, pomijając jakimś sposobem fakt, że Rooney z własnej woli nastąpił na genitalia przeciwnika. Alan Shearer, który po sezonie 2005/06 zakończył karierę i wcielił się w rolę eksperta BBC, był pierwszym oburzonym. „Bardzo możliwe, że gdy Rooney wróci na treningi Manchesteru, to przyłoży Ronaldo" – powiedział. Dla United była to katastrofa – dwie klubowe gwiazdy znalazły się najwyraźniej w stanie wojny.

Koniec końców, Rooney nie czuł specjalnego żalu do kolegi. „Nie mam większych pretensji do Cristiano, ale jestem rozczarowany, że postanowił się do tego włączyć" – powiedział po meczu Rooney.

Dogodnie się złożyło, ponieważ gwiazdorzy United wpadli na siebie po spotkaniu i zgodzili się zostawić całe zajście za sobą, potem zaś Rooney napisał do Ronaldo, by jeszcze bardziej oczyścić atmosferę. „Na temat mnie i mojego kolegi z drużyny oraz przyjaciela Rooneya mówi się niewiarygodne rzeczy – powiedział Ronaldo. – Wayne życzył mi powodzenia w mistrzostwach. Nie był zły i poradził, żebym całkowicie zignorował to, co pisze angielska prasa, że chodzi tylko o zamieszanie, do czego zdążyliśmy już przywyknąć". Rooney był na tyle inteligentny, że zdawał sobie sprawę, iż wygłupy Ronaldo zadziałały na jego korzyść. „Cieszyłem się, że nie jeżdżą po mnie jak po Becksie [w 1998 roku], a nawet po Philu Neville'u po Euro 2000 – przyznał. – Tak naprawdę w ogóle po mnie nie jeździli, za to po Ronaldo sporo, i cieszę się, że tego uniknąłem".

Kiedy Ronaldo i Rooney wrócili do treningów, Ferguson zaprosił ich na pogadankę, ale obaj zgodnie oświadczyli, że nie ma takiej potrzeby – zdążyli wszystko sobie wyjaśnić. Co rozczarowujące, nie było powodu, by sięgać po rękawice bokserskie, które jeden z kolegów z drużyny przyniósł na trening. Walka byłaby zresztą ciekawa: braki we wzroście i zasięgu Rooney nadrobiłby doświadczeniem, jako nastolatek trenował bowiem na sali bokserskiej u wuja. Nic dziwnego, że Ronaldo spędził lato, pracując nad masą i mięśniami górnej części ciała. Do Manchesteru przybył jako zupełnie inna bestia.

Najważniejsze jednak, że po mistrzostwach świata Ferguson poleciał do Portugalii, by odwieść swą gwiazdę od przenosin do Realu Madryt, o których krążyły plotki, i zapewniając go, że nowe United – w epoce po van Nistelrooyu – będzie zbudowane przede wszystkim wokół niego. Choć z perspektywy czasu wydaje się to oczywistym ruchem, zważywszy na absurdalną liczbę bramek zdobywanych przez Portugalczyka i liczne Złote Piłki w jego kolekcji, warto pamiętać, że przez pewien czas uchodził on w Anglii za pośmiewisko. Mimo że w pamiętnym debiucie z Boltonem w 2003 roku grał rewelacyjnie, przez pierwsze dwa sezony przechodził momentami naprawdę trudne chwile, a z powodu skłonności do niekończących się przekładanek stał się częstym obiektem drwin. Przeciwnicy nierzadko mieli dość jego popisów i po prostu dawali mu w kość – stopniowo zresztą do tego przywykł, ponieważ podobnie działo się na treningach. „Wszyscy widzieliśmy jego ogromny potencjał – mówił Rio Ferdinand. – Kiedy tu przyszedł, w pierwszej kolejności myślał o zabawieniu widzów. My pragnęliśmy wygrywać. Wiedzieliśmy, że jeśli uzyskamy piłkarza kompletnego, będziemy mieli o wiele większe szanse na sukces. Z braku lepszego słowa: wykopaliśmy to z niego, tę zabawę dla zabawy, żeby dostać gole i asysty". Ronaldo stał się innym piłkarzem – kimś, kto przedkłada efektywność nad umiejętności. Inni ofensywni zawodnicy United – w tym Rooney – odgrywali przy nim drugoplanowe role.

Manchester nie ucierpiał z powodu spięcia między Ronaldo a Rooneyem. W pierwszym meczu ligowym sezonu 2006/07 Czerwone Diabły już po 19 minutach prowadziły 4:0 z Fulham, a ostatnią z bramek Portugalczyk zdobył ładnym wolejem po podaniu Rooneya. Ostatecznie mecz zakończył się wynikiem 5:1. „Menedżer chce, żebyśmy po odejściu Ruuda wypracowali styl, który powali wszystkich na kolana – podkreślił Rooney. – Wystawia jedenastkę, która imponuje szybkością, ze mną, Ronaldo i Louisem Sahą z przodu. Mamy kontrować na najwyższych obrotach. Menedżer sądzi, że rywale nie będą w stanie stawić nam czoła".

Dwa mecze wczesną jesienią na boiskach rywali z północno-zachodniej Anglii pokazały jakość United. Najpierw Manchester zmiażdżył 4:0 Bolton, dając cudowny pokaz futbolu. Rooney ustrzelił hat-tricka, a jedną bramkę – po bezinteresownym podaniu w poprzek boiska od Louisa Sahy – dołożył Ronaldo. W grze Czerwonych Diabłów były ruchliwość, współdziałanie i nieprzewidywalność. „Od lat nie graliśmy tak znakomicie" – zachwycał się Ferguson. W Blackburn Manchester wygrał tylko 1:0, ale ponownie zrobił ogromne wrażenie w ofensywie. Ronaldo zagrał tak wspaniale, że choć fani Rovers zaczęli mecz od wygwizdania go za występek z mistrzostw świata, na koniec pożegnali go owacją na stojąco, gdy został zmieniony w 90. minucie. Najważniejszym momentem meczu był okropny faul skrzydłowego Blackburn Sergio Petera, który ściął Ronaldo równo z trawą – dawniej Portugalczyk bez końca przewracałby się na murawie, tymczasem teraz po prostu wstał i wrócił do gry. On, Rooney, Giggs i Saha ganiali po boisku tak, że niemal nie sposób było ich upilnować. „Od kilku sezonów nie widziałem lepszego Manchesteru" – powiedział menedżer Blackburn Mark Hughes, który porównał drużynę United do tej, która z nim samym w ataku sięgnęła po mistrzostwo w sezonie 1992/93. „Ich podania, wymienność pozycji, ciągły ruch, to po prostu zniechęcające. [...] Bez van Nistelrooya ta drużyna jest bardziej dynamiczna". United plasowali się na czele tabeli w 37 z 38 kolejek Premier League, pewnie zmierzając po pierwszy od czterech lat tytuł.

Nie jest jednak tak, że Manchester został całkiem bez napastników. Odszedł van Nistelrooy, ale Saha, Ole Gunnar Solskjær i Alan Smith nadal byli w składzie. Wszyscy trzej mieli problemy z kontuzjami, ale odegrali ważne role w sezonie 2006/07, United skorzystało także na krótkim wypożyczeniu Henrika Larssona w środku rozgrywek. A zatem w większości spotkań Manchester wykorzystywał tradycyjnego napastnika – ale wszyscy czterej przedstawiciele tej pozycji mieli zarazem swój wkład w rozegranie: Saha niesamowicie poruszał się po boisku, Solskjær zawsze dobrze spajał grę pomocy z atakiem, Smith nie dawał sobie odebrać piłki, Larsson zaś był inteligentnym, wszechstronnym napastnikiem. Mimo to najlepszymi strzelcami United w tym sezonie okazali się Ronaldo i Rooney, którzy zdobyli po 23 bramki we wszystkich rozgrywkach. Manchester wykorzystywał więc tradycyjnego napastnika, tyle że nie stanowił on głównego zagrożenia dla rywali.

W tamtym sezonie najbardziej znaczącym starciem dla Czerwonych Diabłów okazał się dwumecz z Romą w Lidze Mistrzów. Drugie spotkanie – wspaniałe zwycięstwo 7:1, które Ferguson nazwał najlepszym meczem United w europejskich pucharach za jego kadencji – było godne uwagi zwłaszcza ze względu na znakomity występ Carricka jako cofniętego rozgrywającego i Smitha odgrywającego staromodną rolę tarana na szpicy. Ale, co zaskakujące, istotniejsze było pierwsze spotkanie, porażka 1:2 w Rzymie. Ferguson zawsze najwięcej czerpał ze starć w europejskich pucharach, a boss Romy Luciano Spalletti pokonał Manchester niezwykłym systemem, opisywanym często jako 4-6-0. Najbardziej wysuniętym piłkarzem włoskiej drużyny był w tym meczu legendarny kapitan Francesco Totti, zdecydowanie bardziej dziesiątka niż klasyczna dziewiątka. Totti cofał się głęboko do pomocy, tworząc z przodu miejsce dla kolegów z drużyny. Podczas gdy Ferguson pozbył się klasycznego łowcy bramek, Spalletti całkowicie zrezygnował z napastników. Szkot jak zawsze miał dostosować swoją drużynę, by dotrzymać kroku nowinkom taktycznym.

W przerwie letniej Solskjær zakończył karierę, a Smith przeniósł się do Newcastle. Problemy Sahy z kontuzjami sprawiły zaś, że w sezonie 2007/08 Francuz tylko sześć razy wyszedł w podstawowym składzie. Ferguson ściągnął tymczasem Carlosa Téveza, co było o tyle zaskakujące, że Argentyńczyka, tak jak Rooneya, uważano raczej za drugiego napastnika niż tradycyjnego łowcę bramek. Ale Szkot miał pewien plan. „Czytam te wszystkie komentarze, że to identyczni zawodnicy – powiedział. – Wcale tak nie sądzę. Można powiedzieć, że mają podobną budowę ciała, obaj są dwunożni, szybcy i potrafią ograć rywala. Ale to chyba akurat nie są niekorzystne podobieństwa. Miejmy nadzieję, że kiedy zaczną ze sobą grać, zrozumieją, jak mają to robić". Intrygujące słowa. Ferguson nie sugerował, że jeden będzie stale grał za plecami drugiego ani że któryś z nich wyląduje bliżej linii bocznej. Wyobrażał sobie raczej, że w naturalny sposób wypracują boiskowe ustawienie, stopniowo ucząc się wymienności pozycji i wspólnej gry. I tak właśnie się stało.

Z początku nie wyglądało to jednak obiecująco. W pierwszej kolejce Manchester zremisował u siebie z Reading; brak napastnika w polu karnym tak bardzo rzucał się w oczy, że Ferguson w ramach sytuacji awaryjnej wpuścił tam obrońcę Johna O'Shea. Irlandczyk znany był z wszechstronności, ale okazało się, że w ataku czuł się odrobinę niekomfortowo. Po remisie 1:1 w Portsmouth i wyjazdowej porażce z Manchesterem City 0:1 pojawiły się poważne pytania o postawę United – Czerwone Diabły zdobyły ledwie dwa punkty w trzech spotkaniach. Ale z powodu kontuzji i zawieszeń Manchester nie mógł wystawić całego ofensywnego tria, a gdy w końcu Rooney, Ronaldo i Tévez wybiegli razem w pierwszym składzie przeciwko Chelsea, United wygrało 2:0. Nawiasem mówiąc, był to pierwszy mecz po nagłym odejściu Mourinho. Jest w tym coś symbolicznego, że debiut rewolucyjnego systemu Manchesteru nastąpił od razu po odejściu z Premier League poprzedniego innowatora. Był to początek czegoś niezwykłego, a nagroda dla United miała przyjść osiem miesięcy później, po kolejnym spotkaniu z Chelsea Awrama Granta.

Nie dało się zdefiniować systemu, w jakim Manchester United grał w sezonie 2007/08. Rotacja w ofensywie – zwykle w trójkącie Ronaldo, Rooney, Tévez, ale czasem z udziałem Naniego, Park Ji-sunga bądź Ryana Giggsa – była niesamowita. Momentami podstawowe ustawienie United przypominało 4-3-3, innym razem bliżej mu było do 4-4-2, koniec końców jednak było płynne, elastyczne i oglądało się je z przyjemnością. W niektórych spotkaniach, zwłaszcza na własnym boisku ze słabszymi rywalami, piłkarze ofensywni nie mieli przypisanych pozycji, a ich obowiązkiem był po prostu pressing na dużej przestrzeni między nimi, gdy rywal znajdował się przy piłce. Rooney podwoził zwykle Téveza na treningi i choć rzadko ze sobą rozmawiali, bo Argentyńczyk niewiele mówił po angielsku, dzięki temu bliżej się zakolegowali. Obaj poświęcili swoje umiejętności, by wydobyć z Ronaldo wszystko, co najlepsze. Mimo że należeli do najbardziej utalentowanych piłkarzy w Premier League, chwalono ich za pracowitość i energię włożoną w grę.

Tak wielka płynność w ataku była wówczas w Premier League czymś niezwykle rzadkim. Zespoły ligowe nadal bazowały na zorganizowanych systemach, które zyskały popularność wraz z przyjściem do ligi Mourinho i Rafaela Beníteza w 2004 roku. Pod wodzą Granta, który niewiele zmienił, Chelsea wciąż grała w stylu mourinhopodobnym, a od piłkarzy występujących na bokach Benítez oczekiwał gry przy linii, nie dając zawodnikom ofensywnym żadnej swobody ruchu. Nawet Arsenal prezentował w tym okresie najbardziej zorganizowaną za czasów Arsène'a Wengera piłkę; w dwóch wyjazdowych meczach fazy pucharowej Ligi Mistrzów w sezonie 2007/08 Wenger wykorzystał niesłychanie defensywnych zawodników na bokach pomocy: grającego od pola karnego do pola karnego Abou Diaby'ego i naturalnego prawego obrońcę Emmanuela Eboué. Zważywszy, że dwa sezony wcześniej Wenger wystawiał tam Roberta Pirèsa i Freddiego Ljungberga, było to coś nadzwyczajnego. Oczywiście to, że Ferguson ciągle korzystał z usług Park Ji-sunga, brało się niemal wyłącznie stąd, że Koreańczyk mocno pracował w defensywie i neutralizował bocznych obrońców rywala, niemniej rotacja w ofensywie United była czymś zupełnie innym od wszystkiego, co działo się wtedy w Premier League, i wyznaczała w praktyce powrót porywającej, płynnej gry w ataku po okresie dominacji defensywnego, ostrożnego futbolu. Warto również przypomnieć wiek ofensywnych graczy United: na początku sezonu 2007/08 Rooney i Ronaldo mieli po 22 lata, a Tévez był o rok starszy. Miało się poczucie, że to autentyczny powiew świeżości.

Otrzymawszy więcej wolności, Ronaldo rozkwitł. W ciągu jednego meczu grał na prawej stronie, potem na lewej i w środku, a zadaniem Rooneya, Téveza i Parka było wypełnianie luk, gdziekolwiek to konieczne. Ronaldo był absolutnie bezwzględny, ustawiając się dokładnie tam, gdzie trzeba, by zdobyć bramkę. „Czuje krew, zawsze znajdzie słaby punkt w obronie rywali – stwierdzał kilka lat później Gary Neville. – Jeśli nie idzie mu z lewym obrońcą w pierwszym kwadransie, spróbuje z prawym. Jeśli sobie z nim nie poradzi, zajmie się lewym środkowym obrońcą. Zawsze znajdzie w obronie słabsze ogniwo, kogoś, kto nie lubi bronić jeden na jednego, zwłaszcza przeciwko silnemu i szybkiemu zawodnikowi".

Ronaldo korzystał z idealnej mieszanki: zaufania Fergusona, przygotowania taktycznego Queiroza i indywidualnych treningów z René Meulensteenem. Bardzo ceniony Holender godzinami pracował z Portugalczykiem, robiąc z niego bezwzględną maszynkę do strzelania goli, skłaniał go bowiem raczej do efektywnego kończenia akcji niż do widowiskowych zagrań. Był to całościowy proces, na który składały się diagramy, wizualizacje sytuacji strzeleckich, dzielenie końcowej tercji boiska na strefy, by pomóc piłkarzowi w podejmowaniu odpowiednich decyzji, i przypisywanie różnych kolorów do czterech rogów bramki. Meulensteen zachęcał Ronaldo, by przed bramką stał się bardziej jak Alan Shearer, Gary Lineker, Solskjær i… van Nistelrooy. Ronaldo przeszedł przemianę i został ledwie piątym piłkarzem w historii Premier League (po Shearerze, Andym Cole'u, Kevinie Phillipsie i Thierrym Henrym), który strzelił co najmniej 30 goli w sezonie. Ale podczas gdy trzej ze wspomnianej czwórki grali jako klasyczne dziewiątki, Henry zaś jako wędrowny napastnik, Ronaldo w ogóle nie był napastnikiem.

A może jednak był? W wielkich meczach, zwłaszcza w europejskich pucharach, Ferguson wykorzystywał wszechstronność United w ataku w bardziej wyrachowany sposób. Piłkarze ofensywni zachowywali większą dyscyplinę w czasie spotkania – ale niekoniecznie grali mecz po meczu na tej samej pozycji. Przykładowo w wyjazdowym zwycięstwie 2:0 nad starymi rywalami z Romy w pierwszym ćwierćfinale Ligi Mistrzów Ronaldo wystąpił na szpicy, a Park i Rooney wypełniali swoje zadania, ciężko pracując na skrzydłach w systemie 4-3-3, który długimi okresami przeobrażał się w 4-5-1. Ferguson pragnął, by Ronaldo wykorzystał swoją niewiarygodną szybkość, wychodząc zza linii obrony, ale Portugalczyk zaprezentował też tradycyjne umiejętności środkowego napastnika, dając Manchesterowi prowadzenie wspaniałym strzałem głową. Ronaldo często schodził jednak na boki i środkowi obrońcy Romy nie mieli kogo kryć; najbardziej znamienne przy wspomnianej bramce było to, że dawny gracz Sportingu rozpoczął bieg z głębi pola – gdy atak się rozwijał, bliżej bramki przeciwnika było pięciu innych piłkarzy United. Przez większość spotkania grał jako fałszywa dziewiątka, a bardziej z przodu byli Park bądź Rooney. Manchester nie miał więc napastnika, a mimo to stwarzał ogromne zagrożenie w powietrzu, a jego najbardziej wysuniętym zawodnikiem był najlepszy strzelec Premier League.

W rewanżu – pod nieobecność Ronaldo i z Rooneyem ledwie na ławce – Ferguson wybrał bardziej defensywny wariant 4-5-1: z przodu grał Tévez, który ciągle cofał się w głąb pola, a ze skrzydeł wspierali go sporadycznie Park i Giggs. „Są bardziej włoscy niż my" – narzekał po meczu sfrustrowany menedżer Romy Spalletti. Wprawdzie jego uwaga odnosiła się do tego, że Manchester był skupiony w pierwszej kolejności na obronie, ale zapewne miał świadomość, że to jego drużyna zainspirowała United do takiej gry.

W wygranym 1:0 dwumeczu z Barceloną w półfinale Ronaldo znów znalazł się na szpicy, ale tym razem Ferguson wykorzystał w roli numeru 10 Téveza, dając United dwa punkty zaczepienia w ataku w ustawieniu 4-4-1-1, zarówno u siebie, jak i na wyjeździe. Na bokach pomocy grali Park i Rooney bądź Nani. Czerwone Diabły zwyciężyły w rewanżowym spotkaniu dzięki golowi Paula Scholesa z dystansu – było to jego pierwsze trafienie od ośmiu miesięcy, co dowodzi, że grał coraz bliżej własnej bramki. Kluczem do sukcesu była jednak wspaniała organizacja gry bez piłki, będąca w dużej mierze owocem pracy taktycznej Queiroza. Portugalczyk rozłożył pewnego popołudnia maty na podłodze siłowni United, pokazując, jakie ustawienie pragnie uzyskać. Zaskoczył piłkarzy, umieszczając maty Scholesa i Carricka niemal razem. Najważniejsze, obstawał, żeby piłkarze Barcelony nie byli w stanie zagrywać między nimi penetrujących podań. Katalończycy mieli olbrzymie problemy, by stworzyć sobie jakąkolwiek okazję.

Potem nadszedł finał w Moskwie, który wydawał się szczytowym punktem Premier League – o miano najlepszej drużyny w Europie rywalizowały dwie najlepsze ekipy w Anglii. Dla obu był to historyczny mecz.

Manchester obchodził 50. rocznicę katastrofy w Monachium i 40. rocznicę pierwszego triumfu w Pucharze Europy, Chelsea pragnęła natomiast za wszelką cenę sięgnąć po największy futbolowy triumf w ojczyźnie swego właściciela Romana Abramowicza. Mecz był przy tym nieco surrealistyczny: różnica czasu między Rosją a Europą Zachodnią oznaczała, że spotkanie rozpoczęto o 22.45 czasu lokalnego, skończyło się zaś o 1.30 – do tego czasu iście biblijny potop sprawił, że pojedynek toczył się w okropnych warunkach.

Ustawienie United na ten mecz przypominało bardziej 4-4-2. Z przodu grali razem Rooney i Tévez, a Ronaldo przeszedł na lewe skrzydło, ponieważ Ferguson pragnął, by grał przeciwko Michaelowi Essienowi, pomocnikowi ustawionemu na prawej obronie, czyli nie swojej pozycji. Jak można się było spodziewać, Ronaldo wzbił się nad Essiena i wykończył dośrodkowanie Wesa Browna z prawego skrzydła, dając Manchesterowi prowadzenie. Choć United nie zdołało pokonać Chelsea w ciągu 120 minut, przez większość meczu było lepszym zespołem, zyskując przewagę dzięki dwóm istotnym decyzjom taktycznym Fergusona. Zasadność wykorzystania Ronaldo na lewej stronie potwierdziła otwierająca wynik spotkania bramka, a Rooney i Tévez cofali się w głąb pola z pozycji środkowych napastników, co pomogło Manchesterowi zdominować rywali pod względem posiadania piłki i stwarzać lepsze okazje. Frank Lampard wyrównał szczęśliwym uderzeniem tuż przed przerwą, a na początku drugiej odsłony Chelsea się pozbierała. Później jednak Ferguson zmienił ustawienie z 4-4-2 na 4-5-1, przesuwając Rooneya na prawą stronę i każąc Owenowi Hargreavesowi zająć miejsce obok Carricka i Scholesa jako trzeci defensywny pomocnik. W ten sposób United ponownie odzyskało dominację na boisku.

Ostatecznie spotkanie rozstrzygnęły rzuty karne. I podczas gdy jakąś dekadę wcześniej zwyczajowo mówiło się o „loterii", analizy i skauting przeciwników znacznie się poprawiły – do tego stopnia, że rzuty karne przestały być loterią, stając się złożoną teorią gier. Z taktycznego punktu widzenia konkurs rzutów karnych był prawdopodobnie bardziej intrygujący niż poprzednie 120 minut.

Jak ujawnili Simon Kuper i Stefan Szymański w *Futbonomii*, na strategię Chelsea w karnych wpłynęły najpewniej prace Ignacio Palaciosa-Huerty, baskijskiego ekonomisty, który rejestrował schematy wykonywania rzutów karnych przez 13 lat. Jego kolega z uczelni był przypadkiem również przyjacielem menedżera Chelsea Granta i skontaktował obu panów. Palacios-Huerta przysłał Grantowi raport na temat tego, jak Manchester wykonuje rzuty karne.

Odkryciu, że drużyna, która rozpoczyna, wygrywa w 60 procent konkursów, towarzyszyły dwa kluczowe ustalenia dotyczące United. Po pierwsze, bramkarz Edwin van der Sar spodziewał się, że wykonawcy jedenastek będą strzelać w róg przeciwległy do nogi, którą uderzają – zwykle rzucał się w prawo przy strzałach prawonożnych zawodników i w lewo przy strzałach zawodników lewonożnych. Miało więc sens strzelanie na odwrót. Po drugie, Cristiano Ronaldo zwykle przerywał rozbieg w nadziei, że bramkarz wcześnie się rzuci, a po chwili przerwy w 85 procentach wypadków uderzał w lewo. Ta informacja niemal przyniosła Chelsea sukces.

Manchester wygrał oba rzuty monetą przed rzutami karnymi. Oznaczało to, że konkurs odbywał się na wprost ich kibiców i że Rio Ferdinand – jako kapitan – miał prawo wyboru, kto rozpocznie strzelanie. Ferdinand nie był jednak pewien, co zrobić, i zwrócił się do sztabu szkoleniowego United. Podjęcie decyzji trwało chwilę i w tym momencie John Terry złapał Ferdinanda za koszulkę, a potem pociągnął go za rękę, proponując, że zacznie Chelsea. Ferdinand go zignorował i odebrawszy polecenie od sztabu, prawidłowo postanowił, że rozpoczną Czerwone Diabły. Prawdopodobieństwo było więc już po stronie United.

Bramkarz Chelsea Petr Čech, którego jedyną słabością są statystyki dotyczące obrony jedenastek, wyciągnął tylko jeden strzał – Ronaldo. Jak można było przewidzieć, Portugalczyk zatrzymał się nagle w czasie rozbiegu. Čech także zamarł. Krótkotrwały impas przerwało, zgodnie z przewidywaniami, uderzenie Ronaldo w lewy róg – czeski bramkarz rzucił się w dobrą stronę i sparował strzał.

Bardziej fascynujące było jednak to, gdzie uderzali piłkarze Chelsea. Pierwsi czterej z pięciu wykonawców – Michael Ballack, Juliano Belletti, Frank Lampard i John Terry – byli prawonożni i najwyraźniej poszli za radą Palaciosa-Huerty, uderzając w prawo zamiast w róg przeciwległy do nogi, którą strzelali. Jedynym zawodnikiem, który odstąpił od tej reguły, był jedyny piłkarz lewonożny, Ashley Cole. Van der Sar spodziewał się takiego strzału i prawie obronił jego jedenastkę, ale mokra piłka wślizgnęła się pod nim do bramki. Oznaczało to, że gracze Chelsea wykonali wszystkie pięć rzutów karnych w ten sam róg.

Jedno z uderzeń nie trafiło jednak w bramkę. Chelsea wygrałaby po zmarnowanym karnym Ronaldo, gdyby Terry zamienił piątą jedenastkę na gola. Kapitan The Blues podszedł do piłki z dużą pewnością siebie i wybrał dobry róg, ponieważ van der Sar spodziewał się, że uderzy w drugą stronę i źle się rzucił. Ale Terry poślizgnął się na nodze postawnej, przewrócił, a jego strzał odbił się od słupka. Uważano zwykle, że to pechowy moment, ale prawda była zupełnie inna – Terry miał zgubną w skutkach skłonność do poślizgiwania się.

Dwa lata przed konkursem rzutów karnych w Moskwie Frank Lampard napisał autobiografię *Totally Frank**. Lampard wspominał w niej porażkę po rzutach karnych z Portugalią na Euro 2004. Zarówno on, jak i Terry wykorzystali wówczas swoje jedenastki. Ale karny Terry'ego według Lamparda nie poszedł gładko. „Nie wydawał się specjalnie przejęty, gdy podbiegał do piłki, ale potem się poślizgnął i przez ułamek sekundy wydawało się, że straciliśmy szansę na zwycięstwo – padła jednak bramka. W Chelsea John od czasu do czasu odtwarza to kopnięcie, razem z poślizgiem – czasami piłka wpada, czasami nie".

* Tytuł książki Lamparda to gra słów oparta na podwójnym znaczeniu, należałoby go więc tłumaczyć zarazem jako *Tylko Frank* i *Zupełnie szczery*.

To kluczowy fakt. Co ciekawe, na materiałach przedstawiających rzut karny przeciwko Portugalii nie widać, że Terry się poślizgnął. Bez wątpienia to niecodzienna technika strzału – jego noga postawna jest blisko piłki, a ciało bardziej odchylone, niż doradzałby podręcznik – ale nikt, z wyjątkiem Lamparda w przytoczonym wyżej fragmencie, nie dostrzegł, że Terry delikatnie się poślizgnął. Wspomnienie pomocnika The Blues opiera się prawdopodobnie na relacji samego Terry'ego, ale tak czy owak kluczowe jest to, że kapitan Chelsea „odtwarza to kopnięcie, razem z poślizgiem". Można podejrzewać, że ten fragment nie znalazłby się w autobiografii Lamparda, gdyby opublikowano ją po finale w Moskwie; ujawnia on bowiem, że Terry nie miał pecha, tylko techniczne braki przy wykonywaniu rzutów karnych.

Pudło Terry'ego przedłużyło serię rzutów karnych. Anderson i Ryan Giggs strzelili dla Manchesteru, a dla Chelsea trafił Salomon Kalou, który zgodnie ze wskazówkami uderzył w prawo. Wszystkie sześć jedenastek Chelsea zostało więc wykonanych w ten sam róg bramki – pięć zgodnie z planem przez graczy prawonożnych i jedna przez lewonożnego Cole'a, który strzelił tam wbrew instrukcjom i ledwie wcisnął piłkę pod van der Sarem.

Potem przyszła pora na Nicolasa Anelkę, kolejnego prawonożnego zawodnika. Na tym etapie sztab Manchesteru sądził, że wydedukował metodę Chelsea – za każdym razem w prawo. Nie była to do końca prawda, ale decyzja Cole'a, by postąpić wbrew planowi, dawała takie wrażenie. Na linii środkowej kapitan Ferdinand gorączkowo gestykulował i krzyczał, żeby van der Sar rzucił się w prawo. Tymczasem wydaje się, że Holender również rozpoznał schemat i gdy Anelka czekał na gwizdek, wykonał kluczowy gest. Przed poprzednimi sześcioma strzałami unosił ręce wysoko i szeroko je rozkładał, jakby miał właśnie zacząć taniec YMCA, ale tym razem wskazał róg, w który gracze Chelsea posłali poprzednie jedenastki. Był to kierunek, który Anelka miał wybrać. Czy to sprawiło, że Francuz zmienił zdanie, podejrzewając, iż van der Sar rozszyfrował jego zamiary? Mało przekonująco uderzył w drugi róg i tam też rzucił się Holender, broniąc swój pierwszy rzut karny w całym konkursie. Manchester został najlepszą drużyną Europy.

Jak można było przewidzieć, Anelka został głównym winowajcą, ale winę należy rozdzielić. Pudło Terry'ego wynikało raczej z techniki niż pecha. Odstąpienie Cole'a od planu mogło niechcący sprawić, że United zaczęli widzieć pewien schemat, i choć nie był on całkiem prawidłowy, umożliwiło to van der Sarowi zbicie Anelki z pantałyku. Z kolei usunięcie Didiera Drogby z boiska pięć minut przed końcem dogrywki za uderzenie Vidicia oznaczało, że Chelsea musiała sobie radzić bez kluczowego wykonawcy jedenastek. Gdyby Drogba nie wyleciał, Terry nie strzelałby jednego z pierwszych pięciu jedenastek. W istocie cztery lata później Drogba wykonał piątą, dającą zwycięstwo jedenastkę, gdy Chelsea zdobyła Ligę Mistrzów po wygranej w rzutach karnych z Bayernem Monachium. Moskiewski konkurs jedenastek w jakiś sposób prezentował podsumowanie piłkarskiej taktyki: analizę, planowanie, obmyślanie strategii, piłkarzy, którzy nie do końca się tej strategii trzymają, szczyptę techniki, szczyptę szczęścia i odrobinę psychologii. Taktyka Chelsea była fascynująca i najzupełniej logiczna, a mimo to londyńczycy przegrali.

Dramatyczny triumf Manchesteru był nieco niestosowny. Tego rodzaju zwycięstwo bardziej pasowało do United z 1999 roku, które zawsze znajdowało jakiś sposób, ale niemal dekadę później Czerwone Diabły ogromnie dominowały na boisku i Ferguson musi żałować, że nie udało mu się wygrać Ligi Mistrzów, zmiatając rywala z boiska. Tamten Manchester był najbardziej elastyczną taktycznie drużyną w erze Premier League – potrafił grać futbol czysto defensywny, zdominować posiadanie piłki albo porywać kontratakami. Ten ostatni styl rzucał się przede wszystkim w oczy w wielkich meczach i zaowocował najbardziej pamiętnymi chwilami – wspaniałe bramki po kontrach zdobywali zwykle Ronaldo bądź Rooney.

Nawet po odejściu Ronaldo i Téveza w 2009 roku Manchester grał w podobny sposób. Park i Nani odgrywali ważniejsze role, a Rooney został odpowiednikiem Ronaldo w wielkich meczach – dziewiątką, czasem bardzo fałszywą, a czasem jak najprawdziwszą. Antonio Valencia i Dimityr Berbatow również momentami pełnili istotną funkcję, ale to Nani, Park i Rooney tworzyli najbardziej ekscytujące trio w ataku. I rzeczywiście, najładniejsza bramka z kontry w Premier League padła w sezonie po odejściu Ronaldo – wszyscy trzej mieli w niej udział.

Manchester zdobył wspaniałego gola po kontrataku na Emirates w półfinale Ligi Mistrzów w sezonie 2008/09, gdy Park, Rooney i Ronaldo w iście królewskim stylu dobili Arsenal. Ale bramka, która padła w następnym sezonie w ligowym zwycięstwie 3:1 na tym samym stadionie, była jeszcze piękniejsza. Zaczęło się, co zdumiewające, od dziewięciu graczy Czerwonych Diabłów (nie licząc bramkarza!) we własnym polu karnym. Tłok nie pozwolił Arsenalowi rozegrać akcji. Piłka trafiła w końcu do Parka w obrębie szesnastki, ale w sytuacji, w której wielu piłkarzy po prostu by ją wybiło, Koreańczyk uświadomił sobie możliwość przejścia do ataku, podniósł wzrok i przerzucił piłkę do Rooneya, który był najbardziej wysuniętym zawodnikiem United i grał na dziewiątce, ale w momencie podania znajdował się w połowie własnej połowy. Jego ruch stworzył przestrzeń dla innych; Nani pędził już prawą stroną, Park zaś sunął lewą. Rooney opanował piłkę, cofnął się i mocno dograł do Naniego, który doskonale opanował futbolówkę i popędził na bramkę. Nawet lepsze od tego początkowego sprintu było jednak to, że Portugalczyk zwolnił nieco, zbliżając się do bramki rywali, by zaczekać, aż Rooney go dogoni, wpadnie w pole karne i znajdzie się w pozycji strzeleckiej. Ale najciekawszą częścią akcji było zachowanie Parka, którego ostatnio widziano we własnym polu karnym. Koreańczyk przebiegł ponad 70 metrów lewą stroną, odciągając uwagę środkowego obrońcy Arsenalu Thomasa Vermaelena i tworząc miejsce, w które mógł wedrzeć się Rooney. Było to typowe dla Parka, piłkarza inteligentnego, pracowitego i bezinteresownego. Nani podał idealnie i Rooney wykończył akcję z pierwszej piłki. Była to naprawdę wspaniała bramka, która świetnie pokazywała podejście United do wielkich meczów w tamtym okresie – tyle że Ronaldo grał teraz w Madrycie. Istniało również oczywiste podobieństwo do bramek Manchesteru w zwycięskim meczu z Norwich 17 lat wcześniej, w inauguracyjnym sezonie Premier League: fałszywy napastnik, niezmordowani pomocnicy i szybka kontra. W tym sensie ta elastyczna i grająca bezpośredni futbol drużyna była jednocześnie staromodna i rewolucyjna.

17
DESZCZOWY I WIETRZNY WIECZÓR W STOKE

To męska gra.

Tony Pulis

Jeśli Liga Mistrzów w sezonie 2007/08 ukazała siłę najlepszych angielskich klubów, to rozgrywki Premier League uwypukliły w tym czasie coś zupełnie innego. Nieszczęsna ekipa Derby County spadła z ligi przed końcem marca, zaliczając tylko jedno zwycięstwo i zdobywając 11 punktów w całym sezonie, co jest najgorszym wynikiem w historii Premier League. Dominacja „wielkiej czwórki" sprawiała, że te same drużyny zapewniały sobie co roku wpływy z Ligi Mistrzów, przepaść między bogatymi a biednymi znacznie się powiększyła i wyglądało na to, że zespoły pozbawione cienia szans na utrzymanie staną się stałym elementem ligowego pejzażu.

Przed zbliżającym się sezonem w lidze pojawił się kolejny oczywisty kandydat do spadku. Stoke City Tony'ego Pulisa niespodziewanie awansowało, grając niezbyt spektakularny technicznie futbol, i powszechnie typowano, że skończy na dnie tabeli. Wielu przewidywało, że podopieczni Pulisa będą nowym Derby albo powtórzą swój poprzedni wynik w najwyższej klasie rozgrywkowej, gdy w sezonie 1984/85 uciułali ledwie trzy zwycięstwa w 42 spotkaniach i zakończyli rozgrywki oddaleni o oszałamiające 33 punkty od bezpiecznego miejsca w tabeli.

Menedżer Stoke Tony Pulis nie miał żadnych doświadczeń z pierwszoligową rywalizacją – ani jako piłkarz, ani menedżer – i wydawał się zupełnie niedopasowany do wymogów współczesnej piłki nożnej. Pulis był menedżerem starej daty, który upierał się przy tym, by chodzić w dresie i bejsbolówce. Zwykle zatrudniał silnych brytyjskich zawodników w starym stylu. W istocie jego drużyna grała taki futbol, jaki sam by docenił jako piłkarz – w przeszłości menedżerowie Pulisa rzadko łaskawie wyrażali się o jego umiejętnościach. John Rudge powiedział, że „określenie »boiskowy technik« nie do końca do niego pasowało", Harry Redknapp nazwał go „najtwardszym obrońcą", jakiego znał, ale przyznał zarazem, że Pulis „właściwie nie umiał grać, nie potrafił podać dalej niż na pięć metrów", a Bobby Gould stwierdził, że był to „najwolniejszy piłkarz, jakiego w życiu widziałem – dobry w odbiorze, bystry, o fantastycznej inteligencji piłkarskiej". Najistotniejsza jest ostatnia część tej oceny – za twardym mężczyzną krył się skrupulatny trener. Pulis zrobił licencję UEFA A* w wieku 21 lat, będąc w swoim czasie jedną z najmłodszych osób, które ukończyły kurs.

Pulis słynął z tworzenia bardzo defensywnych, nieugiętych, grających długą piłką drużyn. Awansował z Gillingham z czwartego poziomu rozgrywek, mimo że jego zespół zdobył tylko 49 bramek w 46 meczach; stało się tak w dużej mierze dzięki temu, że drużyna straciła tylko 20 bramek, prawie dwa razy mniej niż ktokolwiek z rywali. Nadało to ton jego karierze menedżerskiej. W ostatnim roku pierwszego trzyletniego okresu pracy w Stoke zaliczył „sezon binarny", jak to określili kibice. Pod koniec października Stoke zremisowało na wyjeździe z Leicester 1:1 – fani Stoke nie obejrzeli tylu bramek w meczu ligowym przez następne cztery miesiące. W kolejnych spotkaniach The Potters (Garncarze, przydomek drużyny) padły wyniki 1:0, 0:1, 0:1, 1:0, 0:0,

* Licencja UEFA A uprawnia do prowadzenia jako pierwszy trener zespołów na każdym szczeblu rozgrywkowym, z wyjątkiem zespołów uczestniczących w rozgrywkach ekstraklasy, I i II ligi, a także do prowadzenia drużyn młodzieżowych i rezerw na najwyższym szczeblu rozgrywkowym. Większe uprawnienia daje tylko licencja UEFA Pro.

0:1, 1:0, 1:0, 1:0, 0:0, 0:1, 0:1, 0:1, 0:1, 0:1, 1:0 i 1:0, nim ta niewiarygodna seria została przerwana, gdy Stoke znów zmierzyło się z Leicester i zanotowało wygraną 3:2, w którą trudno było uwierzyć. Pulisa zwolniono po zakończeniu sezonu, spędził rok w Plymouth, ale wrócił do Stoke przed sezonem 2006/07, gdy klub kupiła rodzina Coatesów, która później zainwestowała weń ogromne pieniądze. Gdy Plymouth przyjechało do Stoke w sierpniu, fani gości wesoło skandowali „Nie jesteśmy już nudni".

Powrót Pulisa wywołał takie niezadowolenie, że dwa miesiące po rozpoczęciu sezonu Richard Grisdale – były copywriter w Saatchi & Saatchi i kibic Stoke – za 200 funtów wydrukował dziesięć tysięcy „czerwonych kartek" i planował rozdać je fanom przed nadchodzącym spotkaniem, przewidując, że protest zmusi zarząd do zwolnienia menedżera. Na kartkach znalazły się bezlitosne gry słów: z jednej strony „Mamy Tony czerwonych w Puli" i „Pulis, zwijaj Tony manatek" z drugiej. Protest przesunięto jednak po wypożyczeniu z Aston Villi Lee Hendriego, co uznano za najbardziej ekscytujące zdarzenie za rządów Pulisa. Hendrie świetnie sobie poradził, a poprawa gry Stoke sprawiła, że czerwone kartki pozostały niewykorzystane u Grisdale'a na strychu. Po awansie klubu do Premier League w 2008 roku Grisdale próbował je sprzedać, by zebrać pieniądze na cele dobroczynne. „Mam dość ciągłego potykania się o nie – narzekał. – Wszystko mi jedno, co ludzie z nimi zrobią. Mogą je spalić, jeśli chcą".

Na „Pulisbol", jak zaczęto nazywać jego styl, zasadniczo składały się dwa wyraźne elementy. Bez piłki Stoke grało głęboko i wąsko, a to dzięki niezwykle długim sesjom treningowym poświęconym ustawieniu w defensywie. Pulis traktował kwartet pomocników jak drugą linię obrony, nazywając te dwie zapory „defensywną ósemką". Jednym z jego ulubionych ćwiczeń treningowych było przesuwanie się pomocy w poprzek boiska, co nie pozwalało przeciwnikowi zagrywać prostopadłych podań i spychało jego ataki na skrzydła. Jeśli rywal stamtąd dośrodkowywał, musiał mierzyć się z silnymi, zdecydowanymi w powietrzu środkowymi obrońcami Pulisa. A gdy Stoke znajdowało się przy piłce, rzucało długie zagrania do przodu; Pulis preferował wysokich środkowych napastników, którzy nie zdobywali wielu bramek, ale wygrywali walkę o górne piłki, które zgrywali do kolegów z zespołu. Czasem menedżer wypuszczał w składzie dodatkowego napastnika występującego bliżej linii bocznej, tylko po to, by dodać drużynie wzrostu. Stoke było też zawsze znakomite przy stałych fragmentach gry.

W gruncie rzeczy była to strategia drużyny z niższej ligi, opierała się bowiem na fizyczności i stałych fragmentach – najbardziej oczywista ze staroświeckich taktyk od czasów Boltonu Sama Allardyce'a. Na ironię zakrawało więc, że w pierwszej kolejce Stoke przegrało na wyjeździe z Wanderers pod wodzą Gary'ego Megsona. Do przerwy podopieczni Pulisa przegrywali 0:3, a ostatecznie skończyło się na 1:3. Dwa z trzech goli Boltonu padły po uderzeniach głową, a trzeci po zbyt mocnym dośrodkowaniu, które wpadło prosto do siatki. Wydawało się, że Stoke nie jest w stanie poradzić sobie nawet ze stylem, któremu samo hołdowało. Po tej porażce jeden z bukmacherów, co zdumiewające, od razu wypłacił wygrane osobom obstawiającym spadek beniaminka. Było to ewidentne zagranie pod publiczkę, niewielu jednak sądziło inaczej.

Ale potem, pośród spekulacji, kiedy i w jaki sposób Stoke mogłoby zebrać jakieś punkty, zawodnicy Pulisa wygrali pierwszy mecz na własnym boisku w Premier League – The Potters pokonali 3:2 Aston Villę. Grali całkiem dobrą piłkę, a napastnik Ricardo Fuller zdobył fantastyczną bramkę w stylu Bergkampa, przerzucając piłkę nad Martinem Laursenem i wykańczając akcję uderzeniem po ziemi. Zwycięski gol w doliczonym czasie gry padł jednak przy użyciu prostszych środków: Rory Delap wyrzucił piłkę z autu z lewej strony w pole bramkowe i Mamady Sidibé trafił do siatki. Stoke zaskoczyło.

Gol ten określił styl Stoke, a Delap ze swymi rewelacyjnymi długimi wyrzutami stał się najbardziej wyjątkową bronią taktyczną w lidze. Premier League wiele razy wcześniej widziała długie wyrzuty z autu – w istocie pierwszego gola w historii rozgrywek strzelił Brian Deane z Sheffield United po wyrzucie i zgraniu partnera – ale kogoś takiego jak Delap nie miała jeszcze okazji oglądać. Irlandczyk zdobył mistrzostwo szkoły średniej w rzucie oszczepem i był obdarzony wrodzoną siłą górnych partii ciała. Ale jego umiejętność długich wyrzutów stała się istotna dopiero pod koniec kariery. Kiedy w 2008 roku Stoke awansowało do Premier League, Delap miał 32 lata i ponad 200 występów w najwyższej klasie rozgrywkowej w barwach Derby, Southampton i Sunderlandu. W reprezentacji Irlandii debiutował dekadę wcześniej. Nic jednak nie wskazywało na to, że posiada tę niezwykłą, rewolucyjną umiejętność. Uchodził za utalentowanego, skutecznego i pracowitego pomocnika, który potrafi od czasu do czasu strzelić efektownego gola. Jego tradycyjne kwalifikacje piłkarskie w zupełności wystarczyły, by stał się najdroższym nabytkiem w historii Southampton (status ten utrzymał przez 11 lat). W innych klubach zdarzało mu się wyrzucać piłkę z autu, ale w Stoke regularnie kończył spotkania z większą liczbą wyrzutów niż podań na koncie – w pierwszej kolejności był kimś, kto wyrzuca piłkę zza linii bocznej, a dopiero w drugiej piłkarzem. Metoda Stoke była prosta – gramy na aferę.

Delap trafił do Stoke na wypożyczenie w październiku 2006 roku, jeszcze w Championship. Po tygodniu złamał jednak nogę w meczu z Sunderlandem, swoim macierzystym klubem. Wypadł z gry na resztę sezonu, ale Pulis nie zostawił zawodnika samemu sobie i w styczniowym okienku transferowym zatrudnił go na stałe. Zdawał sobie sprawę, że ma w swych rękach wyjątkowy talent. Umiejętność wyrzucania piłki z autu usprawiedliwiała wiarę menedżera. „W Derby kładziono nacisk na wrzucanie piłki za obrońców na wbiegającego Paulo Wanchope'a, a w innych klubach chodziło tylko o uratowanie jakichś punktów w ostatnich minutach meczu – tłumaczył Delap. – Ale gdy przyszedłem do Stoke, menedżer nie robił z tego tajemnicy i jasno dał do zrozumienia, że wie wszystko o moich wrzutach i zamierza je w pełni wykorzystać. […] Jedna rzecz to wrzucić piłkę w środek pola karnego, ale trzeba też piłkarzy, którzy są dostatecznie dobrzy i dostatecznie odważni, żeby to zadziałało. Muszą w odpowiednim momencie pojawić się w polu karnym, ale właściwie tego nie ćwiczymy. Może raz czy dwa w piątki, gdy trenujemy stałe fragmenty, ale to tyle". Pulis zebrał niezwykle wysoki zespół, dominowali w nim piłkarze powyżej 180 centymetrów wzrostu. Gdy Stoke wywalczyło rzut z autu w niebezpiecznej okolicy, w pole karne szło jednocześnie dwóch, trzech obrońców.

Delap wyrzucał piłkę na niesamowitą odległość – do 40 metrów, co oznaczało, że często był w stanie umieścić ją wręcz na wysokości bramki. Cała gra Stoke zaczęła bazować na rzutach z autu. Podopieczni Pulisa posyłali piłkę do przodu w nadziei, że rywale wybiją ją za linię boczną. Co ciekawe, wyrzuty Delapa okazały się znacznie skuteczniejsze w Premier League. Obrońcy w Championship byli przyzwyczajeni do bronienia się przed wrzutkami i stałymi fragmentami gry, pierwszoligowych defensorów dobierano natomiast coraz częściej pod kątem szybkości i umiejętności technicznych. Na początku sezonu Premier League Delap zmienił także zauważalnie styl wyrzutów. Do tej pory wyrzucał piłkę łukiem, ale Pulis poprosił, by robił to bardziej płasko. Obrońcy nie byli w stanie rozczytać nowej techniki.

W sprawnie działającej drużynie pełnej pracowitych, lecz ograniczonych technicznie zawodników Delap wyrósł na główną atrakcję, a jego wyjątkowy talent oznaczał, że często zmuszano go do osobliwych działań marketingowych. Ponieważ Stoke słynie z wyrobów garncarskich, nierzadko wiązało się to z rzucaniem piłkami w talerze i dzbany, choć gdy poproszono Delapa, by przerzucił świąteczny pudding nad piętrowym autobusem, co brzmi trochę jak wyzwanie wymyślone przez Finchy'ego z serialu *Biuro*, zaprotestował. Niewątpliwie był jednak sympatycznym człowiekiem, który zrobił wspaniałą karierę, pnąc się z czwartego poziomu rozgrywek do Premier League, by na koniec powrócić do League Two. „Chciałbym myśleć, że przez lata całkiem przyzwoicie radziłem sobie z piłką przy nodze – mówił. – Ale jeśli ludzie chcą mnie pamiętać z długich wyrzutów, w porządku. To lepiej, niż gdyby mieli nie pamiętać w ogóle".

W debiutanckim sezonie w Premier League Stoke wydawało się groźne tylko na Britannia Stadium. Ledwie sześć drużyn zgromadziło więcej punktów na własnym boisku, ale jedynie dwie – 19. i 20. w tabeli – zebrały mniej punktów na wyjeździe. W Britannii było coś szczególnie onieśmielającego, a Pulis wykorzystał kilka starych sztuczek, by zapewnić swojemu zespołowi dodatkową przewagę. Ograniczył boisko Stoke do minimalnych wymiarów zgodnych z przepisami, co odpowiadało Delapowi i utrudniało grę podaniami technicznym drużynom gości. Trawa była dostrzegalnie wyższa niż na większości stadionów. Przeszkadzało to w rozgrywaniu po ziemi, ale nie miało właściwie żadnego wpływu na grę długą piłką do przodu w wykonaniu Stoke. Przed spotkaniami z czołowymi klubami Pulisowi zdarzało się posunąć nawet dalej: dzień przed meczem przeprowadzał na Britannii trening, organizując gierkę na ograniczonym polu gry w strefie środkowej między obiema szesnastkami. Trawa w środku pola była wówczas wytarta, ale nie miało to wpływu na boczne sektory boiska i pole karne, czyli obszary, na których koncentrowała się gra długą piłką Stoke.

Atmosfera obiektu również odgrywała swoją rolę. Britannia była nowym stadionem, ale zachowała pewien staroświecki sznyt – nawet na bandach reklamowych pojawiały się nazwy miejscowych firm budowlanych i blacharskich, nie zaś banków i firm ubezpieczeniowych. W trakcie pierwszych dwóch sezonów Stoke w Premier League narożniki obiektu były otwarte, co oznaczało, że kibice mogli stać na pobliskim wzgórzu i oglądać mecz za darmo. Być może przyczyniło się to także do wietrznej pogody na stadionie. W meczu ze Spurs Danny Higginbotham strzelił gola z rzutu karnego, ale zanim to zrobił, trzykrotnie musiał poprawiać piłkę na 11. metrze, ponieważ z powodu wiatru nie chciała ustać w miejscu. I wreszcie kibice – w czasach gdy stadiony Premier League stawały się wyraźnie spokojniejsze, fani Stoke pozostali głośni. Wnieśli swój wkład w aurę spowijającą wyrzuty Delapa, naśladując gest wyrzutu z autu, ilekroć było to na miejscu, a następnie przeraźliwie rycząc, gdy Irlandczyk zaczynał rozbieg. Fani Stoke byli zbici z tropu, gdy West Bromwich Albion – drużynę, która wyprzedziła ich w wyścigu o tytuł Championship – chwalono za ładny, oparty na posiadaniu piłki futbol, chociaż WBA zmierzało z powrotem do drugiej ligi i ostatecznie skończyło na ostatnim miejscu w tabeli. Stoke wygrało w tamtym sezonie obydwa mecze z West Bromwich. Fani Garncarzy świętowali, śpiewając: „Długą piłką! Trzeba było grać długą piłką...".

Po Aston Villi na Britannię przyjechał Everton. Goście w drugiej połowie stracili dwa gole po wyrzutach Delapa, do których kilka metrów dołożył bardzo silny wiatr. Pierwsza bramka padła, gdy Tim Howard piąstkował po wyrzucie Delapa z lewej strony i piłka spadła do pomocnika Seyi Olofinjany, który ze skraju pola karnego huknął nie do obrony. Przy drugim golu piłka wyrzucona przez Delapa otarła się o głowę obrońcy Evertonu Phila Jagielki i wpadła obok Howarda. Goście wygrali 3:2, ale ich obronę poddano poważnej próbie. „On jest jak człowiek-proca – powiedział o Delapie menedżer Evertonu David Moyes. – To był dziwny mecz. Debiutowali u nas nowi piłkarze, kilku nie mówi po angielsku i niełatwo było im wytłumaczyć, jakie spotkanie ich czeka".

W następnym meczu na własnym boisku Stoke zmierzyło się z Chelsea, której menedżer Luiz Felipe Scolari wydawał się autentycznie podekscytowany perspektywą zmierzenia się z Delapem. „Myślę, że lepiej wrzuca z ręki niż nogą, to fantastyczne – powiedział. – Może nie jest to piękna piłka, ale na pewno skuteczna. [...] Przesuwają linię boczną bliżej środka boiska, ponieważ są bardzo inteligentni. Lubię tego trenera, podoba mi się to, bo to coś innego". Selekcjoner, który sięgnął po mistrzostwo świata, zachwycał się prostą grą Stoke. Tak się akurat złożyło, że Delap przegapił ten mecz z powodu kontuzji. Oczywiście miał problemy z barkiem.

Irlandczyk wrócił na spotkanie wyjazdowe z Portsmouth, gdzie jego wyrzut przyniósł drużynie kolejnego gola głową po uderzeniu Fullera i wcześniejszym przedłużeniu piłki przez Dave'a Kitsona. Potem przyszło zwycięstwo 1:0 nad Sunderlandem na własnym boisku – wyrzut

Delapa, główka Fullera. W kolejnym meczu u siebie Stoke wygrało 2:1 z Arsenalem; bramki Fullera i Olofinjany padły oczywiście po wyrzutach Delapa. Do połowy listopada ponad połowa goli Stoke padła po rzutach z autu, zresztą przez cały sezon Garncarze zdobywali bramki w swoim klasycznym stylu. Fraza „deszczowy i wietrzny wieczór w Stoke" stała się synonimem pytania, czy gracze z zagranicy są wystarczająco twardzi na Premier League, i kpiono z niej często już wtedy, gdy komentator Sky Sports Andy Gray zaczął snuć rozważania, czy dwukrotny zdobywca Złotej Piłki Lionel Messi poradziłby sobie w tych warunkach.

Same wyrzuty Delapa sprawiały dostatecznie wiele kłopotów, ale Stoke czerpało także korzyści ze skutków ubocznych. Przykładowo przy rzutach z autu nie obowiązuje zasada spalonego. Podczas gdy przed rzutami wolnymi z dalszej odległości można się bronić, ustawiając wyżej linię obrony i odsuwając rywali od bramki, przy autach to niemożliwe. Nawet gdy Delap wyrzucał piłkę, będąc 30 metrów od narożnika boiska, piłkarze Stoke mogli tłoczyć się wokół bramkarza i siać zamęt w polu karnym. Co więcej, jeśli Stoke miało rzut z autu w połowie własnej połowy, Irlandczyk mógł przenieść grę daleko za linię obrony rywala, co było wprost idealnym rozwiązaniem dla menedżera takiego jak Pulis, którego bardziej interesowała strefa, w której toczy się gra, niż posiadanie piłki. Zagrożenie ze strony Delapa oznaczało również, że w trudnych sytuacjach obrońcy rywali rozpaczliwie próbowali wybijać piłkę przed siebie zamiast na aut, co – jak można się spodziewać – kończyło się błędami i tym, że Stoke przejmowało posiadanie pod bramką przeciwnika.

Fascynujące było śledzenie taktyki rywali broniących się przed tymi wyrzutami. Niektóre drużyny starały się z całych sił nie tłoczyć wokół własnego bramkarza, łamiąc w ten sposób zasadę numer jeden gry defensywnej i pozwalając piłkarzom Stoke przesunąć się w pobliże bramki. Kilka drużyn cofało się na linię bramkową, niemal jak hokeiści na trawie przy krótkim rogu, inne zaś posyłały trzech zawodników w okolice linii środkowej, próbując zmusić Stoke do zostawienia piłkarzy w obronie. Problem polegał częściowo na tym, że po prostu nie dało się ćwiczyć bronienia przed wyrzutami Delapa na treningu. Menedżer Middlesbrough pracował nad tym przed wyjazdem do Stoke, ale był zmuszony przesunąć piłkarza wykonującego rzut z autu z linii bocznej na skraj pola karnego, by osiągnąć taki sam efekt co Irlandczyk. Nawet wówczas niespecjalnie się to sprawdziło. Fani Middlesbrough przez dużą część meczu skandowali, że kibice Stoke „są tu tylko dla rzutów z autu" i jak można był oczekiwać, Ryan Shawcross zdobył zwycięską bramkę po wyrzucie Delapa. W meczu z Wigan Delap zdołał wyrzucić piłkę z taką siłą, że poleciała prosto w górny róg bramki – gol nie został oczywiście uznany.

Choć w stylu Stoke tkwił element komediowy, zmusiło to menedżerów rywali i samych piłkarzy do namysłu nad grą i zrewidowania uświęconych tradycją wyobrażeń. Mecz Stoke z Hull, inną z drużyn, która wywalczyła właśnie awans (i miała okazję stawiać czoło wyrzutom Delapa), był niezwykły z powodu dwóch wydarzeń. Po pierwsze, gdy bramkarz Hull Boaz Myhill wyszedł z bramki i znalazł się w okolicy lewej obrony, zamiast wybić piłkę na aut, odwrócił się i wykopał ją na rzut rożny dla Stoke. Nikt nigdy wcześniej nie brał nawet pod uwagę, że rzut z autu może być groźniejszy od rożnego, ale Delap całkowicie zmienił sytuację.

Po drugie i może jeszcze dziwaczniejsze, menedżer Hull tak niepokoił się wyrzutami Delapa, że gdy Stoke wywalczyło rzut z autu w okolicy środka połowy Hull, poinstruował Deana Windassa, by truchtał wzdłuż linii i rozgrzewał się na wprost biorącego rozbieg Delapa. Godne uwagi, że Brown sądził, że to jak najbardziej uprawniona taktyka. Doświadczony napastnik Hull dostał oczywiście żółtą kartkę za utrudnianie wznowienia gry. Ale i coś takiego z pewnością zdarzyło się po raz pierwszy – ustawienie zmiennika uznano za istotne dla boiskowej akcji, bitwa taktyczna uwzględniała 12. zawodnika. W spotkaniu rewanżowym Hull próbowało innej podstępnej taktyki, przysuwając bandy reklamowe bliżej boiska, by przeszkodzić Delapowi w rozbiegu. Zmusiło go to do zatoczenia łuku w stylu skoczka wzwyż. Na Britannia Stadium nie był to oczywiście żaden problem dzięki małemu boisku.

Zaskakujące, że Premier League nie miała przepisów dotyczących takich sytuacji. Delap prowokował dalsze pytania na temat regulaminowych subtelności. Czy ilość czasu (znaczną), którą Delap poświęcał na dobiegnięcie do piłki przy linii bocznej, powinno się doliczać? Czy Delap powinien móc korzystać z ręczników, które podawali mu chłopcy do rzucania piłek na stadionie Stoke (znikający w tajemniczych okolicznościach, gdy to rywale mieli rzut z autu), by mógł wytrzeć futbolówkę? Delap nie mógł korzystać z ręczników na wyjeździe, co zmuszało go do zakładania pod koszulką cudacznego śliniaka do wycierania piłek, wywołując spekulacje na temat materiału, z którego jest uszyty. W rzeczywistości był to zwykły podkoszulek z odciętym dla wygody tyłem, Irlandczyk miał go bowiem na sobie nawet wtedy, gdy pogoda nie sprzyjała noszeniu dodatkowej warstwy ubrania.

Wydawało się nieuchronne, że to Arsenal Wengera zostanie najczęstszą ofiarą osławionych „deszczowych i wietrznych wieczorów w Stoke" – podobnie jak stał się chłopcem do bicia dla Boltonu Allardyce'a – i mecze tych dwóch drużyn stały się ważną rywalizacją w Premier League. Różnice w stylu gry między nimi sięgają zresztą znacznie dawniejszych czasów. W sezonie 1980/81 menedżer Stoke Alan Durban – rzeczowy Walijczyk podobny do Pulisa – zagrał niemal niespotykanym ustawieniem 4-5-1 podczas wyjazdowej porażki 0:2 na Highbury. Gdy jego zespół skrytykowano za to, że nie dostarcza widzom rozrywki, odparł słynnymi słowami: „Jeśli chcecie rozrywki, idźcie pooglądać bandę klaunów". Pulis wyznawał podobną filozofię. W sześciu spotkaniach wyjazdowych w lidze i pucharach Arsenal przegrał z jego Stoke trzykrotnie, dwa razy zremisował i tylko raz wygrał, a i tamto zwycięstwo przysłoniła złamana noga Aarona Ramseya. Mecze na Emirates stanowiły uderzający kontrast – Arsenal wygrał wszystkie pięć. Kanonierzy rzeczywiście bali się raczej wyjazdu do Stoke niż samego Stoke City.

Wenger skrytykował któregoś razu sposób, w jaki Stoke napiera na bramkarzy przy stałych fragmentach gry. „Nie można powiedzieć, że to jeszcze piłka nożna – narzekał. – To rugby z bramkarzami". Kibice Stoke, co wspaniale o nich świadczy, zareagowali, rycząc przez cały najbliższy mecz z Arsenalem *Swing Low, Sweet Chariot**. Cała ta historia w praktyce zatoczyła po latach koło, gdy – w nieoczekiwanym zwrocie akcji – trener reprezentacji Anglii w rugby Eddie Jones zdystansował się od menedżerskiej filozofii Pulisa. „Jeśli chcesz grać jak stare Stoke City, nic prostszego, to bezpieczne – tłumaczył. – Po prostu ciśnij piłkę w górę, goń z całych sił i niech wszyscy się o nią zabijają. [...] Rugby jest dokładnie takie samo. Za każdym razem, gdy biegniesz z piłką, ryzykujesz bardziej, niż gdy ją kopiesz. Nie chcemy być nierozważni, ale nie chcemy też grać jak stare Stoke City". Kapitan Stoke Ryan Shawcross nie pozostał dłużny, sugerując, że Jones „powinien trzymać się gadania o sporcie, za pracę w którym mu płacą, a nie zajmować się piłką nożną". Miał rację – wystarczy przypomnieć sir Clive'a Woodwarda**.

Przez pięć sezonów Pulisa w Stoke w najwyższej klasie rozgrywkowej nie wszystko sprowadzało się do wyrzutów zza linii bocznej – auty Delapa przestały zaskakiwać i rywale zaczęli sobie z nimi lepiej radzić – ale do lagi do przodu już zwykle tak (z ledwie drobnymi udoskonaleniami pod kątem jakości technicznej). Pulis zawsze uzależniał dobór napastnika bardziej od wzrostu niż od skuteczności i miał problemy z wprowadzeniem do składu błyskotliwych zawodników. Sprowadził do klubu tureckiego napastnika Tuncaya Şanlıego, gdy ten wspaniale wypadł w meczu ze Stoke w barwach Middlesbrough, ale rzadko korzystał z jego usług. Do niezwykłego wydarzenia doszło w meczu wyjazdowym z Hull, gdy Tuncay wszedł w 81. minucie w miejsce pudłującego

---

* Nieoficjalny hymn reprezentacji Anglii w rugby.

** Woodward poprowadził reprezentację Anglii w rugby do Pucharu Świata w 2003 roku. W 2005 roku został dyrektorem ds. wyników w Southampton FC. Po konflikcie z nim klub opuścił m.in. Harry Redknapp, sam Woodward został zaś następnie dyrektorem sportowym. Zwolniono go w sierpniu 2006 roku.

Kitsona. Pięć minut później z boiska wyleciał pomocnik Stoke Amdy Faye, co skłoniło Pulisa do rozpaczliwych poszukiwań wysokiego piłkarza na ławce, który zrekompensowałby tę stratę. Menedżer Garncarzy szybko wezwał do siebie obrońcę Andy'ego Wilkinsona i wpuścił go za Tuncaya, który wpadł jak burza prosto do tunelu po swym pięciominutowym boiskowym epizodzie. Pokazało to wyraźnie, jak ważny jest dla Pulisa wzrost, choć nie przeszkodziło to Hull zdobyć zwycięskiej bramki w doliczonym czasie gry. Stało to w sprzeczności z wielokrotnymi zapewnieniami Pulisa, towarzyszącymi krytyce jego metod, że Stoke grałoby lepszą piłkę, gdyby miał lepszych zawodników do dyspozycji. Przygoda Eiðura Guðjohnsena na Britannia Stadium okazała się zresztą równie frustrująca.

Pulis przedstawiał Stoke jako chłopców do bicia – pewnego razu powiedział wręcz, że jego skład jest „raczej ze schroniska dla psów niż z międzynarodowej wystawy"* – i podkreślał bogactwo większych klubów. Po minimalnej przegranej 0:1 ze starymi wrogami z Arsenalu w 2013 roku wprost wspomniał o różnicy w sile nabywczej. „Wystarczy spojrzeć na środki, jakimi dysponuje Arsenal, na to, ile wydają, jakich mają piłkarzy. [...] Wydali... to było 12 milionów funtów? Na lewego obrońcę [Nacho Monreala]? Pod wieloma względami nie gramy w tej samej lidze". Na pierwszy rzut oka – patrząc na skład Stoke – nikt nie mógłby zakwestionować tego twierdzenia. Ale, co zdumiewające, przez ostatnie pięć lat Stoke miało trzecie najwyższe „wydatki netto" w Premier League za łatwym do odgadnięcia duetem, czyli Manchesterem City i Chelsea. Pulis kupował po prostu szablonowych piłkarzy, grających najbardziej podstawowy futbol, cały sznur odgrywających napastników, którzy pogłębiali jego obsesję na punkcie gry lagą, i sporadycznie utalentowanych technicznie zawodników, z których rzadko korzystał. Jego styl miał oczywiste ograniczenia i rok później menedżer został zwolniony. Należy jednak docenić to, że kończył rozgrywki na

* W języku angielskim „chłopiec do bicia" to *underdog*. Terminem tym określano psa, który przegrał w walce, dlatego Pulis ucieka się do kynologicznej metaforyki.

12., 11., 13., 14. i 13. miejscu (a także dotarł do finału Pucharu Anglii, w którym The Potters ulegli 0:1 Manchesterowi City), zważywszy, że początkowo spisywano Stoke na straty.

Jego podejście do pracy polegało raczej na powrocie do korzeni niż rozwoju, ale niewielu menedżerów zmusiło swoich rywali do tak głębokiego przemyślenia na nowo podstawowych zasad. Prosta ocena gry Stoke przez Scolariego – „podoba mi się to, bo to coś innego" – właściwie jest trafna. Jeśli chodzi o strategię, kluczowa jest heterogeniczność, i Pulis w większym stopniu niż ktokolwiek inny sprawił, że w Premier League zagościła niezrównana różnorodność taktyczna. Frazy o „deszczowym i wietrznym wieczorze" zapewne nieco nadużywano, choć Pulis powiedział pewnego razu, że nie włączył do pierwszej jedenastki reprezentanta Hondurasu Wilsona Palaciosa, ponieważ „za bardzo wiało". Nikt nie był do końca pewien, czy żartował.

18
ODWRÓCENI SKRZYDŁOWI

Bale umie dośrodkowywać, świetnie operuje lewą nogą na pełnej szybkości, potrafi strzelać, dryblować, grać głową – ma wszystko.

Harry Redknapp

Do roku 2010 dominacja „wielkiej czwórki" stała się przytłaczająca. Może i Premier League była najlepszą ligą Europy według rankingu UEFA, ale należała też do najmniej zaciętych.

W ciągu czterech sezonów od 2005/06 do 2008/09 w pierwszej czwórce kończyły te same drużyny: Manchester United, Chelsea, Liverpool i Arsenal. Wydawało się, że osiągnęły wieczny monopol na miejsca w Lidze Mistrzów. W istocie można cofnąć się jeszcze o rok, bo choć w sezonie 2004/05 Everton skończył na czwartym miejscu – a zatem przed rywalami z Liverpoolu – to nie zdołał zakwalifikować się do Ligi Mistrzów. Tymczasem The Reds zostali najlepszą drużyną Europy i – po późnej interwencji UEFA, której reguły nie zakładały, że obrońcy trofeum mają automatycznie zapewnione miejsce w rozgrywkach, jeśli w kraju znaleźli się poza miejscem premiowanym awansem – dopuszczono ich ponownie do udziału w Lidze Mistrzów. A zatem te same cztery drużyny uzyskiwały dochody z najbardziej prestiżowych europejskich rozgrywek od sezonu 2003/04 do 2009/10, wzmacniając składy i tym samym utrzymując przewagę nad resztą stawki. Premier League reklamowała się w dokładnie przeciwny sposób – jako liga, w której każdy może wygrać z każdym.

Ten kwadropol był czymś niespotykanym w najlepszych ligach. Cztery kluby nigdy nie zmonopolizowały pierwszych miejsc w tabeli przez cztery kolejne sezony ani w Anglii, ani we Francji, ani w Niemczech, ani w Holandii, ani we Włoszech, ani w Hiszpanii, choć zdarzało się to w mniej cenionych ligach, takich jak portugalska, szkocka i turecka. Nie można było sobie wyobrazić, że ktokolwiek ten stan rzeczy przełamie, jak dał do zrozumienia Kevin Keegan w 2008 roku w trakcie krótkiego powrotu do Newcastle, co wydawało się jak najbardziej naturalnym dopełnieniem jego poprzedniej pracy: organizowania „piłkarskiego cyrku" w Szkocji. „Tej lidze grozi, że stanie się jedną z najnudniejszych, choć przy tym najwspanialszych lig na świecie – narzekał. – Pierwsza czwórka w następnym sezonie będzie taka sama jak w tym. Zastanawiałem się, co mogę zrobić, żeby się do niej zbliżyć, i prawda jest taka, że absolutnie nic. Fanom Newcastle mogę powiedzieć tylko tyle, że będziemy walczyli o piąte miejsce i będziemy starali się wygrać tę »drugą ligę«, która rozgrywa się w ramach Premier League". Te trudne do zaakceptowania słowa na temat podziału w lidze niepokoiły, zwłaszcza gdy padały z ust menedżera, który za poprzedniej kadencji wydźwignął Newcastle z dna drugiej ligi na drugie miejsce Premier League.

Początek maja 2010 roku przyniósł jednak w angielskiej piłce zmianę, która odpowiadała krajowym nastrojom. Piątego maja 2010 roku zwycięstwo Tottenhamu 1:0 z Manchesterem City na wyjeździe zapewniło Spurs awans do eliminacji Ligi Mistrzów, kładąc w praktyce kres erze „wielkiej czwórki". Dzień później odbyły się wybory, w których żadna partia nie uzyskała samodzielnej większości, co doprowadziło do utworzenia pierwszego rządu koalicyjnego w Wielkiej Brytanii od czasów drugiej wojny światowej. Był to nowy wspaniały świat – rodziły się możliwości i wszystko stało się nagle bardziej skomplikowane.

Zmierzch „wielkiej czwórki" wiązał się przede wszystkim z nagłym kryzysem Liverpoolu. The Reds gwałtownie spadli z pozycji wicemistrza w sezonie 2008/09 na siódme miejsce w sezonie 2009/10, co zaowocowało zwolnieniem Rafaela Beníteza. Walka o ostatnie miejsce w Lidze Mistrzów rozegrała się więc między Tottenhamem i Manchesterem City. Pierwotnie mecz w Manchesterze miał się odbyć na początku marca, ale przesunięto go z powodu gry Spurs w Pucharze Anglii, tak że okazał się przedostatnim spotkaniem w sezonie, co w praktyce oznaczało baraż o czwarte miejsce. Oczywistym kandydatem do zajęcia pozycji Liverpoolu było City, które otrzymało znaczący zastrzyk finansowy od wicepremiera Zjednoczonych Emiratów Arabskich, niezwykle bogatego szejka Mansoura, i miało w dłuższej perspektywie walczyć o tytuł. Mogła więc powstać po prostu nowa „wielka czwórka". Ale Harry Redknapp i Tottenham widzieli sprawy nieco inaczej.

Redknapp został zatrudniony we wczesnej fazie sezonu 2008/09, zastępując Juande Ramosa. Hiszpan był menedżerem z górnej półki, dwa razy z rzędu sięgał po Puchar UEFA z Sevillą i zwyciężył ze Spurs w Pucharze Ligi w 2008 roku, ale kolejny sezon zaczął fatalnie, zdobywając ledwie dwa punkty w ośmiu meczach, o czym jego następca ciągle wszystkim przypominał. Redknapp wydawał się zaskakującym wyborem, ale niedawno sięgnął po Puchar Anglii z Portsmouth i jego styl gry oparty na powrocie do podstaw okazał się skuteczny. Wyciągnąwszy Tottenham ze strefy spadkowej do górnej połówki tabeli, w swym pierwszym pełnym sezonie w klubie przemienił Spurs w drużynę walczącą o pierwszą czwórkę.

Sezon 2009/10 obfitował dla Tottenhamu w doniosłe wydarzenia. Po czterech kolejkach Koguty były na szczycie tabeli, a w październiku jako druga drużyna w historii Premier League zdobyły dziewięć bramek w meczu, gromiąc 9:1 Wigan. Słabo weszły jednak w nowy rok i po porażce 0:1 w Wolverhampton spadły w lutym na siódme miejsce. Potem wygrały dziewięć z kolejnych 11 meczów, kończąc rozstrzygającym 1:0 w Manchesterze z City. Nigdy wcześniej Tottenham nie zakończył sezonu tak wysoko w tabeli Premier League, a duża w tym zasługa robiącego zawrotną karierę lewoskrzydłowego Garetha Bale'a.

Wkład Walijczyka w sukces Spurs był zupełnie niespodziewany, ponieważ wcześniej z niego drwiono. Uważano go za bardzo utalentowanego nastolatka w Southampton, gdzie dzielił pokój z Walcottem, nim w 2007 roku trafił do Tottenhamu. Ale z powodu problemów z urazami i pecha w pierwszych 24 spotkaniach w barwach Kogutów Bale ani razu nie cieszył się ze zwycięstwa, co było najdłuższą taką debiutancką passą w historii ligi. Nie można było zakwestionować jego technicznych i fizycznych walorów, ale uważano go często za kogoś, kto przynosi niefart. Wygranej zakosztował w końcu 26 września 2009 roku. Nawet wówczas pojawił się jedynie na pięć ostatnich minut. Tottenham zwyciężył 5:0, a Redknapp wpuścił go, by obalić teorię o klątwie. Kolejne cztery miesiące potrwało, nim Bale wyszedł w podstawowym składzie wygranego spotkania w Premier League.

Walijczyk grał z numerem 3, ponieważ początkowo był lewym obrońcą, zgodnie z tendencją, by z młodych, dynamicznych dośrodkowujących zawodników robić grających na obieg bocznych defensorów. Ale na lewej obronie w Spurs zachwycał Benoît Assou-Ekotto, a Niko Kranjčar – faworyt Redknappa – zapewniał kreatywność na lewej pomocy. W pierwszych 20 meczach sezonu 2009/10 Bale ani razu nie zaczął w pierwszej jedenastce i tylko pięć razy wchodził z ławki, w tym trzykrotnie po 85. minucie. Redknapp, zdecydowany zapewnić Walijczykowi minuty na boisku, poważnie rozważał wypożyczenie go w styczniu. Ale trzy minuty przed końcem wygranego 2:0 meczu z West Hamem – ostatniego spotkania Kogutów w 2009 roku – Assou-Ekotto naciągnął sobie pachwinę, co wykluczyło go z gry na dwa miesiące. Bale zaczął następny mecz od początku i do końca rozgrywek nie przegapił już ani minuty gry. Był to modelowy przykład przełomowego sezonu.

Pierwsze osiem spotkań Bale zaczynał na lewej obronie, gdzie szczególnie dobrze wypadł w wygranej 2:0 nad Fulham; także w meczu z Wigan (3:0) zapuścił się do przodu, zaliczając asystę przy otwierającej wynik bramce Jermaina Defoe. Kiedy Assou-Ekotto wrócił do składu, Bale przesunął się do przodu i został podstawowym lewym pomocnikiem Tottenhamu. Na bliższej bramce rywala pozycji okazał się fantastyczny i zgarnął nagrody dla piłkarza meczu w wygranych po 2:1 na przestrzeni czterech kwietniowych dni spotkaniach z Arsenalem i Chelsea, po których sięgnął po laur zawodnika miesiąca. Niemal z dnia na dzień z przynoszącego pecha gracza stał się najniebezpieczniejszym skrzydłowym Premier League.

W tamtym czasie 4-4-2 uchodziło na najwyższym poziomie niemal za relikt, wszystkie zespoły z „wielkiej czwórki" grały w ważnych spotkaniach w ustawieniach 4-2-3-1 albo 4-3-3. Ale zwycięstwa Tottenhamu nad Arsenalem i Chelsea pokazały, że to system, który jak najbardziej działa, gdy odpowiednio się go używa – Spurs nie walczyli o dominację w posiadaniu piłki, a zamiast tego kontrowali. W obronie zaś Koguty były imponująco elastyczne: z Arsenalem Tottenham grał głęboko cofnięty, a piłkarze trzymali się blisko siebie, by uniemożliwić rywalowi prostopadłe podania, z Chelsea natomiast Spurs ustawieni byli wyżej, by odciągnąć od bramki Didiera Drogbę. Przewagę liczebną przeciwnika w pomocy nadrabiali dzięki napastnikom Jermainowi Defoe i Romanowi Pawluczence, którzy cofali się, naciskając na defensywnego pomocnika rywali. W grze do przodu było to klasyczne 4-4-2: szybka gra, przeniesienia akcji na skrzydło, dośrodkowanie.

Widać to było szczególnie w wygranej z Arsenalem, który postanowił potwierdzić stereotyp drużyny „próbującej wejść z piłką do bramki". Występujący na bokach pomocy Kanonierów Samir Nasri i Tomáš Rosický nie byli w stanie zagrać piłki między obrońcami. Zapierający dech w piersiach gol Danny'ego Rose'a z woleja, który otworzył wynik meczu, oznaczał, że Arsenal musi zaatakować. Bale stwarzał ciągłe zagrożenie przy grze z kontry i dołożył rozstrzygającą drugą bramkę. W meczu z Chelsea wypadł jeszcze lepiej – koledzy z drużyny bez przerwy odnajdywali go zagraniami na dobieg, w stronę Walijczyka zmierzały też wykopy od bramki, co pozwoliło wykorzystać jego siłę w powietrzu. Po golu Defoe z rzutu karnego Bale zaskoczył prawego obrońcę Paulo Ferreirę, ścinając do środka, a następnie uderzeniem prawą nogą dając Spurs prowadzenie 2:0. Ferreira miał koszmarne popołudnie i w przerwie zmienił go Branislav Ivanović. Bale nadal jednak stwarzał zagrożenie i za faul na Walijczyku wyleciał później z boiska John Terry.

Kilka tygodni później pamiętne zwycięstwo nad Manchesterem City zapewniło Kogutom czwarte miejsce. Zasadniczo była to bitwa dwóch systemów 4-4-2. Roberto Mancini wystawił Carlosa Téveza za plecami Emmanuela Adebayora, Redknapp zaś wykorzystał klasyczny duet napastników, złożony z niskiego Defoe i wysokiego Petera Croucha. Ale podczas gdy skrzydłowi Manciniego – prawonożny Craig Bellamy na lewej stronie i lewonożny Adam Johnson na prawej – schodzili do środka, Tottenham rozciągnął grę za sprawą przyklejonych do linii bocznej Bale'a i Aarona Lennona. „To jeden z tych meczów, które definiują mnie jako menedżera z uwagi na styl gry – wspominał Redknapp. – Uznałem za nieważne, że gramy na wyjeździe. To był finał pucharu, jeden jedyny mecz i zamierzaliśmy dać z siebie wszystko".

Bale i Lennon grali znakomicie – lepiej niż skrzydłowi City radzili sobie z neutralizacją bocznych obrońców rywala i stwarzali większe zagrożenie, będąc przy piłce. Assou-Ekotto i Bale siali spustoszenie na lewej flance, a ich kombinacje dwa razy powinny były dać Spurs prowadzenie; najpierw Walijczyk wypuścił obiegającego go Kameruńczyka, który posłał świetną piłkę wzdłuż bramki, ale Defoe i Crouch nie dali rady jej sięgnąć, a potem Bale dośrodkował z podobnej pozycji i Crouch główkował prosto w bramkarza. Ostatecznie to właśnie ten ostatni strzelił głową zwycięskiego gola po dośrodkowaniu prowizorycznego prawego obrońcy Younèsa Kaboula, które odbiło się od jednego z piłkarzy City. Ale kluczową różnicę robili skrzydłowi. Zarówno Adebayor, jak i Crouch należeli do napastników żyjących z dośrodkowań, ale tylko duet Spurs był w stanie obsłużyć nimi partnera. „Mieć Bale'a na lewej i Lennona na prawej to dla napastnika spełnienie marzeń – powiedział Crouch. – Musisz tylko znaleźć się w polu karnym. Wiesz, że w dziewięciu na dziesięć przypadków wrzucą ci tak, jak trzeba". Przypominało to słowa Lesa Ferdinanda o Davidzie Ginoli i Keithie Gillespiem – Tottenham był nowym Newcastle z sezonu 1995/96, zabawiał publiczność.

Sezon 2009/10 okazał się szczególnie udany dla londyńskich klubów. Chelsea, Arsenal i Tottenham skończyły rozgrywki w pierwszej czwórce, największe wrażenie zrobiło jednak Fulham, które wbrew oczekiwaniom awansowało do finału Ligi Europy. Tam drużyna Roya Hodgsona uległa wprawdzie 1:2 Atlético Madryt po dogrywce, ale nie należy lekceważyć tego, co osiągnęła w drodze do finału, pokonując obrońców pucharu Szachtar Donieck, włoskich gigantów Juventus Turyn i mistrzów Niemiec z Wolfsburga.

Kiedy Hodgson objął posadę w klubie w grudniu 2007 roku, Fulham było w strefie spadkowej, zdążyło odnieść bowiem ledwie dwa zwycięstwa w sezonie. Odmiana losu londyńskiego klubu zajęła mu dłuższą chwilę – w pewnym momencie, gdy przegrywali z City w Manchesterze 0:2, byli już obiema nogami w drugiej lidze, ale fantastyczny comeback w końcówce dał im wygraną 3:2, a utrzymanie zapewnili sobie zwycięstwem 1:0 nad Portsmouth w ostatniej kolejce. Sezon 2008/09 okazał się wielkim sukcesem – siódme miejsce w tabeli było najlepszym wynikiem w historii klubu i oznaczało awans do Ligi Europy.

Hodgson, podobnie jak Redknapp, hołdował 4-4-2, choć poza tym obaj różnili się niemal pod każdym względem. Redknapp nigdy nie prowadził drużyny poza południową Anglią, Hodgson natomiast pracował w Szwecji, Finlandii, Norwegii, Danii, Włoszech, Szwajcarii i Zjednoczonych Emiratach Arabskich. Redknapp zlecał przeprowadzanie treningów asystentom, Hodgson był zaś klasycznym trenerem w dresach. Redknapp często lekceważył znaczenie taktyki, dla Hodgsona ustawienie i poruszanie się formacji było wszystkim. Godne uwagi, że gdy dwa lata później Football Association zamierzała obsadzić wolne stanowisko selekcjonera reprezentacji Anglii, wybierała w praktyce między nimi dwoma, dając pierwszeństwo Hodgsonowi.

Hodgson był pilnym, inteligentnym człowiekiem, który kładł nacisk na organizację gry, a jego sukces w Fulham wiele zawdzięczał ciągłym ćwiczeniom ustawienia na boisku treningowym. Gdy spytano go, jak przygotowuje zawodników do meczu, odparł prosto: „To kwestia codziennej pracy na treningach, a nie 15-minutowej przemowy przed meczem w stylu Churchilla. [...] Pogadanka przedmeczowa powinna być niczym innym niż przypomnieniem najważniejszych rzeczy, nad którymi pracowało się przez cały tydzień". Reżim treningowy Hodgsona miał określony schemat – poniedziałki poświęcano na odnowę biologiczną, wtorki na grę obronną, środy były wolne, w czwartki ćwiczono atak, a piątkowe treningi koncentrowały się na rywalu. Ćwiczono jedenastu na jedenastu, jedenastu na ośmiu lub jedenastu na sześciu, zawsze skupiając się na ustawieniu i przemieszczaniu. Sesje treningowe były – zgadzała się co do tego większość piłkarzy – niebywale nudne: chodziło o powtórzenia i postępowanie zgodnie z poleceniami. Zabawne, że Hodgson okazał się później tak nielubianym następcą Rafaela Beníteza w Liverpoolu, ponieważ w ich poczynaniach było wiele podobieństw.

„Codzienne treningi koncentrują się na ustawieniu drużyny w najbliższym meczu – tłumaczył pomocnik Simon Davies. – Każdy dzień dotyczy ustawienia i to potem widać. Śmiejemy się z tego od czasu do czasu, ale kiedy przyszedł, broniliśmy się przed spadkiem, a teraz gramy w Lidze Europy, więc nie ma co narzekać. Nie chcę ujawniać żadnych tajemnic, ale Hodgson bierze jedenastkę, którą zamierza wystawić, i ćwiczy z nią wszystko, co chce. Bez żadnych wykresów. Wszystko robimy na boisku z piłką, nic poza tym".

Hodgson nie cenił piłkarzy, którzy mieli problemy z grą w określonym systemie – z przyjemnością pozbył się indywidualisty Jimmy'ego Bullarda – ale bardziej zadaniowi gracze rozpływali się w pochwałach. „Bardzo wiele zawdzięczam Royowi Hodgsonowi, ponieważ ogromnie mi pomógł – powiedział defensywny pomocnik Dickson Etuhu. – Wyszkolił mnie prawie od nowa i dzięki niemu lepiej rozumiem futbol".

Największe wrażenie w systemie Fulham robiło jednak to, że Hodgson wpasował czterech kreatywnych zawodników w skądinąd bardzo poukładaną drużynę. Etuhu pełnił funkcję trzymającego pozycję pomocnika, Bobby Zamora był tradycyjnym odgrywającym napastnikiem, tuż za jego plecami występował Zoltán Gera, w rolę cofniętego rozgrywającego wcielił się Danny Murphy, a Davies i Damien Duff grali na skrzydłach. Ale największą różnicą między Spurs Redknappa a Fulham Hodgsona był sposób wykorzystania skrzydłowych. Podczas gdy Bale i Lennon grali na swoich naturalnych pozycjach przyklejeni do linii bocznej, Hodgson stawiał na odwróconych skrzydłowych. Davies zaczynał na lewej i schodził do środka, by zrobić użytek z preferowanej prawej nogi, Duff grał zaś na prawej i ścinał na lewą nogę (choć Irlandczyk stał się właściwie wszechstronnym, dwunożnym skrzydłowym, gdy przeniesiono go na prawe skrzydło).

„Chyba za późno się przeniosłem na drugą stronę. Żałuję, że nie zacząłem, gdy miałem 15 lat: prawa noga, prawa, prawa… Teraz wolę kopać prawą niż lewą" – powiedział Duff. To zaskakujące oświadczenie, choć trenowanie słabszej nogi wiąże się czasem z tym, że człowiek „oducza się" korzystać z lepszej – godne uwagi jest to, że skrzydłowy Blackburn Morten Gamst Pedersen i Gaël Clichy z Arsenalu, a potem Manchesteru City jako nastolatkowie byli zawodnikami prawonożnymi, ale ojcowie zachęcali ich, by na treningach korzystali tylko ze słabszej nogi, i obaj piłkarze stali się graczami lewonożnymi. „Kiedy stuknęła mi trzydziestka, mogłem grać na prawej flance i ścinać do środka, ale z przyjemnością ruszałem też skrzydłem i dośrodkowywałem, czego nie umiałbym zrobić 10 lat wcześniej, gdy byłem w Chelsea i Blackburn – ciągnął Duff. – Nie patrzyłem wstecz. Stałem się prawoskrzydłowym, co po 15 czy 20 latach na lewym skrzydle jest niesamowite". Był to oczywiście kolejny dowód na to, że piłkarze ofensywni stają się niezwykle wszechstronni.

Odwróceni skrzydłowi stawali się coraz bardziej powszechni i zarówno w półfinale z Hamburgiem, jak i w finale z Atlético Fulham mierzyło się z rywalami, którzy także wystawiali na flankach piłkarzy schodzących do środka. Rywalizacja między tradycyjnymi i odwróconymi skrzydłowymi często była fascynująca, jak ukazał to wspomniany wyżej mecz Manchesteru City ze Spurs. Ale spotkania pomiędzy dwiema drużynami grającymi w ustawieniu 4-4-2 (albo 4-4-1-1) ze wszystkimi czterema skrzydłowymi ścinającymi do środka były na ogół frustrujące; w środku robiło się tłoczno, a jeśli boczni obrońcy niewiele grali piłką, na skrzydłach nie działo się nic ciekawego. Szczególnie słaby był zakończony bezbramkowym remisem mecz Fulham w Hamburgu.

Niemniej Fulham było najzupełniej zadowolone, zaganiając groźnych skrzydłowych w zatłoczony środek pola, a w finale prawonożny lewoskrzydłowy Simão Sabrosa i lewonożny prawoskrzydłowy José Antonio Reyes okazali się dwoma pierwszymi zawodnikami, których zmienił przyszły menedżer Watfordu Quique Sánchez Flores. Atlético zapewniło sobie zwycięstwo 2:1 dwie minuty przed końcem dogrywki, a przy obu golach Diego Forlána dla hiszpańskiej drużyny asystował Sergio Agüero, co daje wyobrażenie o jakości drużyny, z którą musiało się mierzyć Fulham. Bramkę na 1:1 dla zespołu Hodgsona zdobył Davies, ale fatalny wpływ na grę londyńczyków miały oczywiste braki w przygotowaniu fizycznym Zamory, przez co nie mógł spełniać jak należy funkcji odgrywającego napastnika. Zmiennik Zamory Clint Dempsey nie czuł się tak dobrze w walce o górne piłki i plan gry ofensywnej Fulham po prostu nie wypalił.

Warto zauważyć, że w finale Ligi Mistrzów w 2010 roku, podobnie jak w finale Ligi Europy, wystąpiły dwie drużyny grające z odwróconymi skrzydłowymi. Inter Mediolan José Mourinho z prawonożnym Samuelem Eto'o na lewej stronie i lewonożnym Goranem Pandewem na prawej (obaj byli zresztą raczej przystosowanymi do nowej roli napastnikami niż właściwymi skrzydłowymi) pokonał 2:0 Bayern Monachium, na którego prawej flance grał lewonożny Arjen Robben, prawonożny Franck Ribéry występował zaś po drugiej stronie. Oczywiście wielu skrzydłowych wystawiano wcześniej na „niewłaściwym" skrzydle, ale działo się to na ogół, gdy menedżer miał do dyspozycji dwie gwiazdy mające tę samą lepszą nogę, co oznaczało, że jedna z nich nieuchronnie występowała na nieswojej pozycji. Słynnym przykładem jest gra na lewym skrzydle Toma Finneya w reprezentacji Anglii w latach 50., ponieważ na prawej stronie występował Stanley Matthews, z kolei dwóch lewonożnych skrzydłowych, Duffa i Robbena, miała Chelsea za czasów Mourinho. Wykorzystanie obu skrzydłowych na nieswoich flankach było jednak celową zagrywką i istotnym wkładem w taktykę, wyznaczało bowiem zmierzch tradycyjnego skrzydłowego.

Stało się tak z dwóch powodów. Po pierwsze, stanowiło to w gruncie rzeczy odpowiedź na rosnącą rolę ofensywnych bocznych obrońców. Tradycyjne zadanie skrzydłowego polegało na rozciąganiu gry i dośrodkowywaniu, ale ponieważ obowiązki te w coraz większej mierze spełniali boczni obrońcy, skrzydłowi musieli dać drużynie coś innego. Poza tym ofensywni boczni obrońcy potrzebowali przestrzeni, w którą mogliby wbiec, a skrzydłowy schodzący do środka i ściągający za sobą bocznego obrońcę rywala okazał się dla tego celu użyteczny.

Po drugie, czołowe drużyny grały obecnie kunsztowną piłkę opartą na podaniach. Przy mniejszym wykorzystaniu tradycyjnych odgrywających (a większym środkowych napastników czekających na prostopadłe piłki) ubywało powodów, by wykorzystywać skrzydłowych, którzy z automatu będą grać przy linii. Odwróceni skrzydłowi dawali więcej; mogli zejść do środka i robić tłok w strefie środkowej, mogli zagrywać prostopadłe podania lepszą stopą i – co najoczywistsze – mogli strzelać. To okazało się szczególnie istotne. Ponieważ od napastników oczekiwano czegoś więcej niż jedynie goli, trzeba było podzielić się tym obowiązkiem i na skrzydłowych spoczęła duża odpowiedzialność za zdobywanie bramek. Debata sprowadzała się zasadniczo do kwestii „dośrodkowania kontra prostopadłe podania i strzały", a we współczesnej piłce to drugie uchodziło za ważniejsze. Finał Ligi Mistrzów między Interem a Bayernem pokazał, że czołowe kluby, ogólnie rzecz biorąc, odeszły już od wykorzystania tradycyjnych skrzydłowych. Prawonożny Cristiano Ronaldo i lewonożny Lionel Messi stali się najbardziej cenionymi piłkarzami na świecie właśnie dzięki ścinaniu do środka na lepszą nogę, nim ostatecznie Argentyńczyk przeniósł się z flanki na środek.

Większość czołowych drużyn Premier League bazowała już na dośrodkowaniach i dlatego skrzydłowi – tradycyjni bądź odwróceni – nie zawsze byli wykorzystywani. Arsenal wystawiał na flankach naturalne dziesiątki, takie jak Nasri, Rosický i Andriej Arszawin, które schodziły do środka, by kreować grę, a Chelsea mogła się pochwalić silnymi łowcami bramek jak Florent Malouda i Nicolas Anelka. Manchester United stanowił drobny wyjątek: Antonio Valencia, skrzydłowy w starym stylu, regularnie wrzucał piłki Wayne'owi Rooneyowi, ale godne uwagi było to, że sir Alex Ferguson nie zabrał go na wyjazd do Monachium w ćwierćfinale Ligi Mistrzów w marcu 2010 roku, tłumacząc, że wybrał Naniego i Park Ji-sunga, ponieważ mogli grać na obu skrzydłach i zmienić pozycje w trakcie spotkania, przez co menedżer miał większe pole manewru, jeśli chodzi o taktykę. Był to kolejny ciężki cios dla tradycyjnego, jednowymiarowego skrzydłowego.

Drużyny z drugiego szeregu w Premier League nadal jednak opierały swoją grę w dużej mierze na skrzydłach. Podobnie jak Tottenham i Fulham, Everton i Aston Villa – regularnie walczące o miejsca w Lidze Europy – kreowały grę głównie za sprawą zawodników występujących po bokach.

Przykładowo David Moyes z Evertonu miał do dyspozycji najlepszy duet na lewej stronie – Stevena Pienaara z RPA, który schodził do środka, by pozwolić Leightonowi Bainesowi, prawdopodobnie najgroźniej dośrodkowującemu piłkarzowi w całej lidze, iść do przodu na obieg. Obaj rozumieli się telepatycznie, a Baines w dodatku świetnie współpracował z australijskim pomocnikiem Timem Cahillem, który miał wprawdzie ograniczenia pod względem taktycznym, lecz należał do najbardziej skutecznych lisów pola karnego w Premier League i choć liczył niecałe 180 centymetrów, był fantastyczny w powietrzu. Zależność Evertonu od gry skrzydłami i dośrodkowań odzwierciedlał zresztą fakt, że Moyes wystawiał w środku Cahilla i Marouane'a Fellainiego, dwóch niezwykłych pomocników, których mocną stroną nie było rozgrywanie, lecz umiejętność dojścia do wrzutek.

Treningi u Moyesa często polegały na kreowaniu przewagi na bokach, tworzeniu sytuacji dwóch na jednego bądź trzech na dwóch, by przewyższyć liczebnie rywala. Menedżer Evertonu szczególnie lubił ćwiczenie na małym boisku, które polegało na atakowaniu do trzech małych bramek rozmieszczonych wzdłuż boiska. Skłaniało to piłkarzy do ataku jedną flanką, a jeśli przeciwnicy blokowali dostęp do bramki, przenosiło się nagle grę na drugą stronę. Tak wyglądał plan gry Evertonu: przerzuty na drugą stronę i wykorzystanie skrzydeł.

Tymczasem Aston Villę prowadził Martin O'Neill, który zarówno w Leicester, jak i w Celticu osiągał sukcesy dzięki grze bazującej na dośrodkowaniach, często w ustawieniu 3-5-2. W Birmingham korzystał z formacji 4-4-2 lub 4-5-1, zwykle z dwoma dobrymi wrzucającymi skrzydłowymi, Stewartem Downingiem i Ashleyem Youngiem. Choć początkowo obaj występowali na swoich naturalnych pozycjach, bardziej niebezpieczni stali się jako odwróceni skrzydłowi. Prawonożny Young na lewej stronie stał się graczem z najwyższej półki; miał osobliwą skłonność, by ściąć do środka na prawą nogę, balansem ciała oszukać obrońcę, sygnalizując, że zamierza zejść na lewą stronę, a następnie raz jeszcze ściąć do środka na prawą nogę. Tymczasem Downing rozkwitł, gdy na prawą flankę przeniósł go następca O'Neilla Gérard Houllier, który już w Liverpoolu słynął z niechęci do tradycyjnych skrzydłowych. W 2011 roku Young i Downing zasłużyli sobie na duże transfery do – odpowiednio – Manchesteru United i Liverpoolu, ale okazało się, że w wielkich klubach ich umiejętność dośrodkowywania jest mniej ceniona.

Moda na odwróconych skrzydłowych oznaczała, że w sezonie 2010/11 rzadko zdarzało się zobaczyć w tym obszarze szybkiego, groźnego lewonożnego piłkarza w stylu Bale'a. „Wierzę, że należy wystawiać najlepszych piłkarzy na pozycji, na której czują się najbardziej komfortowo, a Bale jest szybkim jak błyskawica lewonożnym graczem, więc przez cały sezon wykorzystywałem go na lewej stronie – wspominał Redknapp. – Panowała wówczas moda na wystawianie na lewej pomocy prawonożnych zawodników, takich jak Ashley Young, aby mogli schodzić do środka i uderzać na bramkę, ale widziałem, że Gareth musi nabrać pewności siebie, a najlepiej czuł się na swojej naturalnej pozycji".

W drugiej połowie sezonu 2009/10 Bale stał się gwiazdą Premier League, a potem – w pierwszej połowie rozgrywek 2010/11 – został także gwiazdą Ligi Mistrzów dzięki dwóm oszałamiającym występom na lewym skrzydle przeciwko obrońcom trofeum, Interowi. Pierwszemu z nich towarzyszyły szczególne okoliczności, ponieważ na San Siro Spurs przegrywali do połowy 0:4 i grali w dziesiątkę. W drugiej odsłonie Bale przystąpił do jednoosobowej kontrofensywy, zdobywając dwie wspaniałe bramki po rajdach i dokładając później trzecią, by dowieść, że skrzydłowi nadal mogą stanowić zagrożenie dla bramki rywala, gdy grają na naturalnych pozycjach. Wszystkie trzy gole padły po strzałach lewą nogą w długi róg i za każdym razem Bale pokazywał jedynie partnerom, by brali piłkę i szybko wznawiali grę. Walijczyk sterroryzował Maicona, uchodzącego wówczas za najlepszego prawego obrońcę świata, który później utrzymywał, że złapał jednodniowego wirusa, co sprawiło, że nie był w stanie poradzić sobie z szybkością Bale'a. W każdym razie przepraszał, ilekroć faulował Walijczyka.

Wirus musiał jednak przemienić się w dwutygodniówkę, ponieważ gdy obie drużyny spotkały się ponownie na White Hart Lane, Bale znów zniszczył Brazylijczyka. Redknapp chętnie nakreślił przed meczem swoją strategię. „Ich skrzydłowi tak naprawdę nie bronią – powiedział na konferencji prasowej. – Inter atakuje trzema napastnikami przy pomocy Wesleya Sneijdera i wystawia dwóch defensywnych pomocników. Kluczem będzie stłamszenie ich na skrzydłach. Bale musi znowu wziąć górę nad Maiconem". I tak właśnie się stało, Walijczyk rozegrał bowiem mecz, który przyćmił hat-tricka sprzed dwóch tygodni. Taktyka nowego menedżera Interu Rafaela Beníteza wydawała się nieco naiwna, ponieważ Maiconowi nie pomagali ani prawoskrzydłowy Jonathan Biabiany, ani prawy defensywny pomocnik Javier Zanetti. Bale nie wpisał się na listę strzelców, ale napędzał ataki i dośrodkowywał tak, że kolegom – Crouchowi i jego zmiennikowi Pawluczence – wystarczyło tylko dostawić nogę. „Inter tak naprawdę grał bez prawego pomocnika, który dawałby jakąkolwiek asekurację – powiedział zdumiony Redknapp. – Maicon został na lodzie".

Było to dziwne przeoczenie ze strony Beníteza, zważywszy, że od meczu na San Siro Bale był mało widoczny – a to dlatego, że na krajowym podwórku rywale go podwajali. Pytanie „Jak zatrzymać Bale'a?" stało się ważnym taktycznym zagadnieniem w Premier League. Everton Moyesa wywalczył remis 1:1 na White Hart Lane, a Bale'a wyłączyli z gry dwaj prawi obrońcy: Phil Neville i ustawiony tuż przed nim Séamus Coleman. „Nie tylko Neville utrudnił mi grę, miał dwóch albo trzech piłkarzy do pomocy – zauważył Bale. – Prawoskrzydłowy przez cały czas deptał mi po piętach, więc zostałem odcięty od piłki". Redknapp polecił w końcu Walijczykowi przenieść się na drugie skrzydło i Bale po raz pierwszy zagrał na prawej stronie.

Schemat ten był powtarzany. W przegranym przez Tottenham 0:2 meczu z United w Manchesterze Ferguson poinstruował Darrena Fletchera, by ilekroć Bale dostanie piłkę na lewej stronie, biegł na pomoc Rafaelowi da Silvie. Następnie rolę Fletchera skutecznie powielił znany z ostrych wejść środkowy pomocnik Sunderlandu Lee Cattermole, który wspierał Neduma Onuohę, podczas gdy prawoskrzydłowy Boltonu Lee Chung-yong cofał się głęboko, by chronić Grétara Steinssona, choć islandzki prawy obrońca zdawał się w najmniejszym stopniu nie przejmować zagrożeniem ze strony Walijczyka. „Nigdy nie dostałem tylu wiadomości przed meczem – powiedział Steinsson. – Bale to fantastyczny piłkarz, ale rywalizacja z nim była dokładnie taka sama jak z każdym innym. W piątek był Dzień Guya Fawkesa, a ja się po prostu relaksowałem i zjadłem naprawdę dobrą kormę z kurczaka".

Spurs mieli więc problem. Od niesamowitego hat-tricka Bale'a na San Siro w czterech kolejnych spotkaniach Premier League wszyscy rywale podwajali Walijczyka i skutki były oczywiste – nie miał ani trochę przestrzeni, nie zaliczył żadnej asysty ani nie strzelił gola, a Tottenham zdobył ledwie dwa punkty. „Pomoc idzie z przodu – wyjaśnił były prawy obrońca Kogutów Stephen Carr, który obecnie pełnił funkcję kapitana Birmingham i również zneutralizował Bale'a. – Myślę, że zagrałem w porządku, ale bardzo pomogli mi gracze z przodu".

Bale dobrze jednak wypadł w wygranej 4:2 z Blackburn. Było to spotkanie godne uwagi dlatego, że Walijczyk dwa razy zamienił na gole dośrodkowania z prawej strony – za pierwszym razem strzelając głową przy krótkim słupku, za drugim zaś wykańczając niezgrabnie akcję jak typowy lis pola karnego. Nie zabrakło też klasycznego dryblingu i dośrodkowania na długi słupek do Pawluczenki, ale Bale zademonstrował na boisku inne oblicze. „W ostatnim czasie było mi trudno, bo rywale podwajali moje krycie – powiedział. – Muszę znaleźć inny sposób, by ich ograć. Udało mi się to w meczu z Blackburn i bardzo się z tego cieszę". Mimo to w sezonie 2010/11 występ ten był raczej wyjątkiem od reguły – wrzutka do Pawluczenki okazała się jedyną asystą Bale'a w rozgrywkach ligowych. Walijczyk strzelił dziewięć goli, ale choć nikt nie wyrastał ponad resztę zawodników, nagroda dla piłkarza roku przyznawana przez PFA raczej go zaskoczyła. Niemniej Bale'omania rozpętała się na dobre, w dużej mierze za sprawą dwóch meczów z Interem.

Zarówno Bale, jak i Redknapp dostrzegli jednak, że Walijczyk musi się rozwijać, by mieć stały wpływ na przebieg gry, i tym samym w sezonie 2011/12 coraz częściej – choć z różnymi skutkami – schodził z lewej strony do środka. Wcześniej grał wyłącznie na bokach i dopiero od 18 miesięcy był podstawowym graczem Tottenhamu – na tym etapie większość piłkarzy stara się poprawić swą grę na podstawowej pozycji; nie ma raczej mowy o uczeniu się zupełnie nowej roli z powodu podwojonego krycia.

Gra w środku wymagała innego zestawu umiejętności i Bale miał problemy z przyjęciem piłki w strefach boiska, w których stanowi się największe zagrożenie dla rywala, a także z odpowiednim ułożeniem ciała, by zabrać się z piłką. Gdy to się jednak udawało, efekty były czasem wręcz spektakularne. Grając jako wolny elektron, Walijczyk zdobył dwie bramki w wyjazdowej wygranej 2:0 z Norwich tuż po Bożym Narodzeniu. Drugie trafienie zaliczył po nadzwyczajnym dryblingu z własnej połowy środkiem pola. Na początku roku wydawało się, że Spurs są naprawdę gotowi powalczyć o tytuł, ale ich forma – i forma Bale'a – dramatycznie spadła. Walijczyk ostatnią bramkę w sezonie Premier League zdobył już w styczniu. Bardziej skomplikowane eksperymenty z jego ustawieniem nie wypaliły. Gdy przed meczem wyjazdowym z Evertonem Redknapp zdał sobie sprawę, że Moyes znowu wystawił na prawej stronie Colemana i Neville'a, aby powstrzymać Bale'a, przeniósł Walijczyka na prawe skrzydło. Tam jednakże wypadł on bardzo nieprzekonująco i przyjezdni fani Tottenhamu – sfrustrowani ustawieniem ulubieńca – skandowali: „Gareth Bale gra na lewej". Spurs spadli ostatecznie na czwarte miejsce, a wygrywając z Bayernem Monachium w finale Ligi Mistrzów, Chelsea odebrała im ostatnie miejsce w tych rozgrywkach – zasady kwalifikacji zostały bowiem skorygowane przez UEFA po ligowej klęsce Liverpoolu sprzed siedmiu lat. Redknapp został zaś bezpardonowo zwolniony.

Jego następca, André Villas-Boas, z miejsca podkreślił zamiar stworzenia drużyny wokół Bale'a i ostatni sezon Walijczyka w Spurs był intrygujący z taktycznego punktu widzenia. Z uwagi na ofensywne ustawienie grający teraz z numerem 11 piłkarz rozpoczął sezon na lewej stronie, mając całkowitą swobodę schodzenia do środka. Ale najskuteczniejszy okazał się w drugiej połowie rozgrywek, gdy Villas-Boas wystawiał go jako dziesiątkę w systemie 4-2-3-1. Bale ponownie dostał pełną swobodę, a piłkarze tacy jak Lewis Holtby i Gylfi Sigurðsson mieli za zadanie wypełniać po nim luki, dopilnowując, by rajdy Walijczyka nie naruszyły ustawienia Kogutów. W sezonie 2012/13 Bale strzelił 21 goli w lidze (ani jednego z rzutu karnego) – tyle samo co w poprzednich pięciu sezonach łącznie. Kiedy w środku było tłoczno, w naturalny dla siebie sposób schodził na skrzydło – rzadko jednak na swą wyjściową pozycję na lewej flance. Z prawej strony regularnie ścinał do środka, zdobywając cudowne gole przeciwko West Bromwich i Southampton. W ostatnim meczu w barwach Spurs, z Sunderlandem, całą drugą połowę spędził na prawym skrzydle, bez końca próbując schodzić do środka i strzelać. Minutę przed końcem swej kariery w Tottenhamie zdołał w końcu to zrobić: otrzymał piłkę na pozycji prawego łącznika, zastopował ją, a potem zszedł do środka, wyprowadzając w pole młodego rezerwowego Adama Mitchella (który w całej swojej karierze w Premier League rozegrał ledwie trzy minuty i okazał się kozłem ofiarnym w hicie z Bale'em w roli głównej) i uderzając w górny róg. Był to stosowny finał.

Umiejętność schodzenia przez Walijczyka do środka z prawej strony przekonała Real Madryt, by tego samego lata uczynić Bale'a najdroższym piłkarzem na świecie. Królewscy pobili własny rekord transferowy sprzed czterech lat, gdy kupili Cristiano Ronaldo. Między obydwoma piłkarzami były zresztą oczywiste podobieństwa; jeśli chodzi o boiskową pozycję, obaj zaczynali jako tradycyjni skrzydłowi, coraz częściej schodząc do środka, a w końcu stając się odwróconymi skrzydłowymi. Zadaniem megagwiazdorów na flankach było teraz raczej strzelanie goli niż dośrodkowywanie i tym samym w bardziej bezpośredni sposób zagrażali bramce.

CZĘŚĆ VII

POSIADANIE PIŁKI

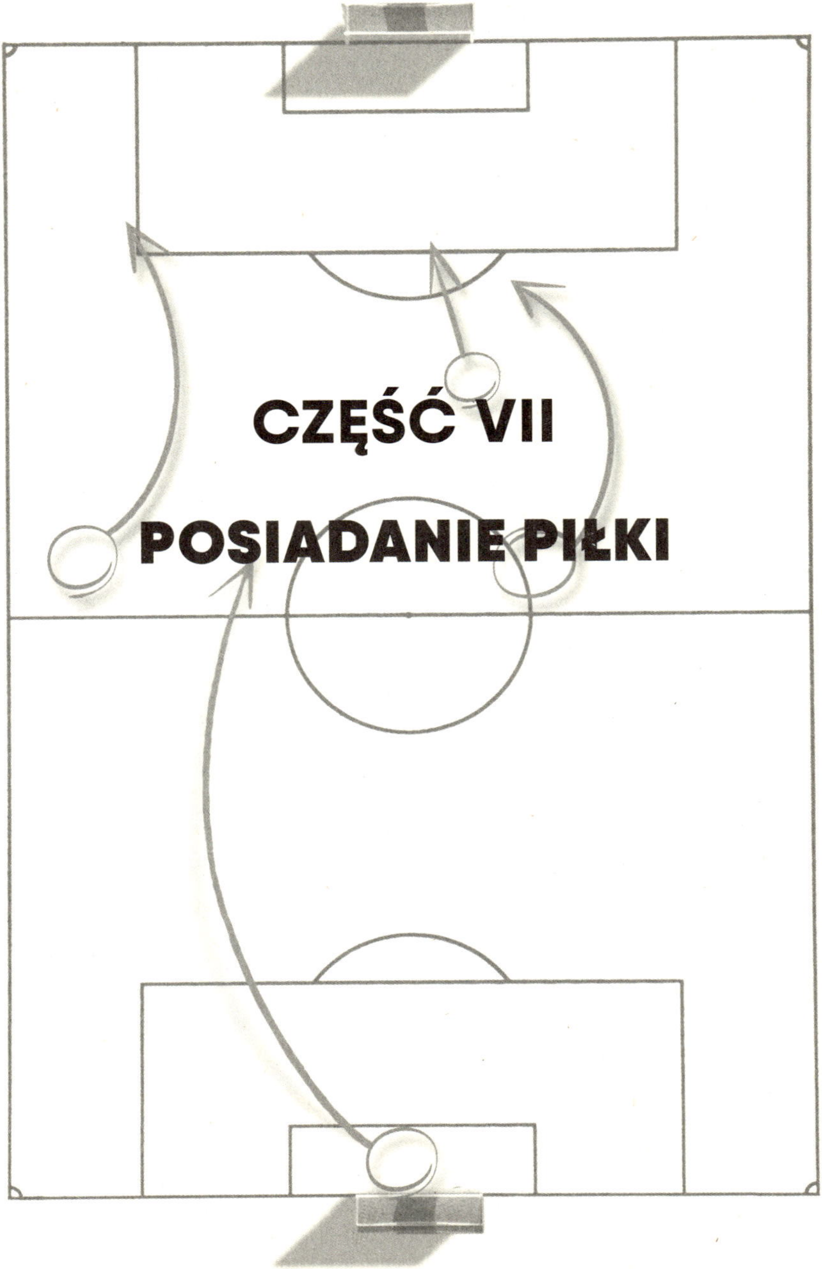

19
WŁOSKA ROBOTA

Moim celem miało być odnalezienie wyraźnej tożsamości drużyny – tak mi powiedziano.

Carlo Ancelotti

Manchester United wygrywał Premier League w pięciu z ostatnich siedmiu sezonów sir Aleksa Fergusona przed jego przejściem na emeryturę w 2013 roku. Wyjątkami były rozgrywki 2009/10 i 2011/12, gdy zwyciężały odpowiednio Chelsea i Manchester City. Między obydwoma triumfami były oczywiste podobieństwa. Obie drużyny pokonały Manchester United u siebie i na wyjeździe, obie zapewniły sobie tytuł w ostatniej kolejce, obie prowadzili Włosi, Carlo Ancelotti i Roberto Mancini. Włoscy menedżerowie zwyczajowo cenili sobie kontrolę nad meczem, tradycyjnie osiągając ją za pomocą ostrożnego, defensywnego futbolu, ale z biegiem czasu także dzięki większemu posiadaniu piłki.

Choć Serie A nie była już najlepszą ligą w Europie, włoscy menedżerowie nadal uchodzili za najprzebieglejszych taktyków – wnikliwych, elastycznych strategów, którzy postrzegali mecze piłkarskie jak partię szachów i metodycznie przesuwali figury, by zneutralizować mocne strony rywala. Do tej pory jednak Włosi wywarli niewielki wpływ na Premier League. Gianluca Vialli zdobył Puchar Anglii z Chelsea, ale ponieważ z piłkarza stał się nagle grającym menedżerem, nie miał do zaoferowania świeżej wiedzy z Serie A i polegał w dużej mierze na asystencie Grahamie Riksie. Jego następca Claudio Ranieri był bardziej włoski. Ze względu na dokonywane przezeń ciągłe zmiany taktyczne zwano go Majsterkowiczem, do tej pory prowadził jednak Napoli i Fiorentinę, a nie drużyny z najwyższej półki, i dlatego nie uważano go za menedżera światowej klasy. Ranieri miał później potwierdzić swoje umiejętności w najbardziej nieoczekiwany sposób, jaki można sobie wyobrazić, ale dopiero pojawienie się w Anglii Ancelottiego i Manciniego w 2009 roku oznaczało przybycie cenionych włoskich trenerów. Ancelotti dwukrotnie wygrywał Ligę Mistrzów jako szkoleniowiec Milanu, a Mancini trzy razy z rzędu zwyciężał z Interem w Serie A. Gdy dodamy do tego czterokrotnego zwycięzcę Serie A Fabio Capello u sterów reprezentacji Anglii, nagle okaże się, że angielski futbol doświadczył włoskiej inwazji.

Ancelotti był bardzo cenionym trenerem, a właściciel Chelsea Roman Abramowicz zatrudnił go z dwóch głównych powodów. Po pierwsze, Rosjanin rozpaczliwie pragnął sukcesu na arenie europejskiej, Ancelotti zaś osiągał w Lidze Mistrzów godne pozazdroszczenia wyniki. Po drugie i zarazem bardziej intrygujące, Abramowicz usilnie pragnął, by Chelsea uosabiała jakąś szerszą piłkarską filozofię, i zdawał sobie sprawę, że to Milan Ancelottiego uchodzi – a przynajmniej uchodził do 2008 roku, gdy Barcelona zatrudniła Pepa Guardiolę – za najbardziej klasową drużynę na Starym Kontynencie, potrafiąc zmieścić w podstawowej jedenastce czterech rozgrywających. „»Chcę znaleźć menedżera, który da mojej drużynie tożsamość – wspominał wyjaśnienia Abramowicza Ancelotti. – Gdy widzę Barcelonę albo Manchester United, dostrzegam w tych zespołach tożsamość, ale gdy oglądam Chelsea, nic takiego nie widzę«".

Nie było to zaskakujące, zważywszy, że w Chelsea przez dwa poprzednie sezony pracowało czterech menedżerów – José Mourinho, Awram Grant, Luiz Felipe Scolari i Guus Hiddink – i klub stał się rozwodnioną, indywidualistyczną wersją nastawionej na obronę drużyny pierwszego z nich. Ancelotti obiecał, że postawi na posiadanie piłki i rozpaczliwie pragnął ściągnąć z Milanu swego starego ulubieńca

Andreę Pirlo – największego artystę pośród cofniętych rozgrywających w Europie.

Ale Abramowicz źle zrozumiał Włocha. Spośród wszystkich najwybitniejszych menedżerów swojego pokolenia Ancelotti był trenerem najbardziej koncentrującym się na piłkarzach – dobierał ustawienie i styl gry, mając na uwadze najlepszych zawodników. To jak najbardziej rozsądne podejście, ale w czasach, w których koncepcje trenerskie uważa się za rzecz najwyższej wagi, trudno zdefiniować osobistą filozofię gry Włocha. Jest on bowiem przede wszystkim mistrzem w relacjach z piłkarzami, potrafi się troszczyć o gwiazdy i zadbać o ich rozwój; nawet gracze o tak wybuchowych charakterach jak Zlatan Ibrahimović i Cristiano Ronaldo uznają go za ulubionego menedżera. A zależna od rozgrywających i bazująca na posiadaniu piłki drużyna Milanu nie wzięła się tak naprawdę z wizji Ancelottiego, lecz była po prostu naturalną konsekwencją nadmiaru dziesiątek w składzie. „Starałem się bardzo wpasować ich wszystkich do drużyny i sprawić, by byli zadowoleni – przyznaje Ancelotti – i wtedy zdarzył się nam cudowny traf, ustawienie w choinkę". Ancelotti bardzo często preferował tę właśnie formację (4-3-2-1), mimo że ustawienie 4-3-1-2 przynosiło lepsze wyniki, ponieważ odpowiadało ono większej liczbie gwiazd Milanu.

W szatni Chelsea Włoch miał do dyspozycji doświadczonych liderów, w tym Petra Čecha, Johna Terry'ego, Franka Lamparda i Didiera Drogbę. Z typową dla siebie elastycznością konsultował się z nimi w sprawie schematów treningowych i w rezultacie całkowicie zmienił swój styl prowadzenia zespołu. Do tej pory oddzielał ćwiczenia techniczne, fizyczne i taktyczne, odkrył jednak, że piłkarze Chelsea wolą treningi, które łączą te aspekty – przykładowo sesje techniczne, które były wymagające również pod względem fizycznym. Jeśli chodzi o taktykę, Ancelotti próbował wprowadzić analizy na dwa dni przed meczami, ale gracze Chelsea wyrazili swoje niezadowolenie, ponownie więc się do nich dostosował i w gruncie rzeczy poszedł w ślady Mourinho, skupiając się na tym elemencie przygotowań dzień przed meczami.

Chelsea Ancelottiego zaczęła sezon 2009/10 w porywającym stylu, wygrywając 12 z pierwszych 14 spotkań. Włoski szkoleniowiec grał diamentem w pomocy, w ataku byli Drogba i Nicolas Anelka, za ich plecami na szczycie diamentu występował Lampard, Florent Malouda pełnił funkcję lewego środkowego pomocnika obdarzonego znaczną swobodą, a Michael Essien był wykorzystywany na prawej stronie środka pomocy bądź w roli defensywnego pomocnika (w pierwszym przypadku diament uzupełniał trzymający pozycję defensywny pomocnik John Obi Mikel, a w drugim nastawiony bardziej na atak Michael Ballack). Szerokie pole gry zapewniali zespołowi boczni obrońcy Ashley Cole i José Bosingwa. Gwiazdami drużyny byli Malouda, który świetnie odnajdywał się w naturalnej roli i rozgrywał swoje najlepsze mecze w koszulce Chelsea, i Drogba, który w pierwszych 15 meczach zdobył 13 bramek. Lampard jednak nigdy nie czuł się dobrze na szczycie diamentu, Anelka zaś wydawał się zmarginalizowany. Londyńczycy doznali zaskakujących porażek z Aston Villą i Wigan, ale wykorzystanie przez Ancelottiego niezwykłego – przynajmniej z punktu widzenia Premier League – systemu wydawało się uzasadnione. W istocie tak było do spotkania na własnym boisku z Manchesterem United, które zresztą Chelsea wygrała.

Chwilę wcześniej bowiem kontuzja kolana wykluczyła Bosingwę na resztę sezonu i choć był on najmniej renomowanym członkiem pierwszej jedenastki Chelsea, odgrywał kluczową rolę, zapewniając szerokość gry na prawej stronie. Pod jego nieobecność Ancelotti wystawiał Branislava Ivanovicia, który później świetnie czuł się na prawej obronie, ale w tamtym momencie był niepewnym, przeniesionym na bok środkowym obrońcą, niewiele wnoszącym do gry w ofensywie. Taktyka Fergusona obnażyła na Stamford Bridge tę słabość; prawoskrzydłowy Antonio Valencia unieszkodliwił Ashleya Cole'a, ale grający na lewej stronie Ryan Giggs schodził do środka pola, by stać się czwartym środkowym pomocnikiem, zapewniając równowagę wobec diamentu londyńczyków. Czterej pomocnicy Chelsea ciągle cofali się bardzo głęboko, by przejąć piłkę, a następnie odkrywali, że mają ograniczone możliwości zagrania do przodu, więc z ociąganiem podawali do nieszczęsnego Ivanovicia, wywołując donośne jęki fanów na Stamford Bridge. Tymczasem United atakowali groźnie, rzucając do przodu bocznych obrońców, by stworzyć liczebną przewagę w strefie gry bocznych defensorów rywali. Drużyna Fergusona zdominowała posiadanie piłki – czego nie należy uznawać za zwycięstwo samo w sobie, choć było to znaczące, zważywszy na obietnicę Ancelottiego dotyczącą tożsamości zespołu – przeważała także w strzałach (12:8) i w rzutach rożnych (7:0). Manchester nie mógł jednak złamać rywali, a wbrew obrazowi gry po kontrowersyjnym rzucie wolnym John Terry zdobył głową jedyną bramkę spotkania. Chelsea wygrała pierwsze z rozstrzygających o tytule starć – ale uczyniła to raczej pomimo swego systemu gry niż dzięki niemu.

Podejście Fergusona nakreśliło wzorzec gry przeciwko diamentowi Ancelottiego, Chelsea miała bowiem ogromne trudności, gdy przez cały grudzień rywale obnażali jej mankamenty, wynikające ze zbyt wąskiego pola gry. Londyńczycy przegrali z Manchesterem City i stracili punkty z Evertonem, West Hamem i Birmingham, odnotowując jedynie dwa nieprzekonujące zwycięstwa po 2:1 z Portsmouth i Fulham. Tymczasem w styczniu czekało na Chelsea wyzwanie zupełnie innego kalibru, ponieważ Drogba wyjeżdżał na Puchar Narodów Afryki. „Najlepsze pomysły wynikają często z ograniczeń" – zauważył jednak Ancelotti, mówiąc o systemie gry swego przeładowanego rozgrywającymi Milanu. I bez Drogby Chelsea grała najlepszą piłkę.

W pierwszym meczu 2010 roku – i zarazem pierwszym spotkaniu bez Drogby – londyńczycy sprawili niewiarygodne manto 7:2 Sunderlandowi. Po 35 minutach prowadzili już 4:0 i sytuacja była tak komfortowa, że Ancelotti zdjął w przerwie z boiska Terry'ego i Ashleya Cole'a, a potem, jak to miał w zwyczaju, zmienił ustawienie i stworzył coś zupełnie nowego, by taktyka była odzwierciedleniem indywidualności, które miał do dyspozycji. Stworzywszy hybrydę systemów 4-3-3 i 4-3-2-1,

Włoch wystawił z przodu samego Anelkę, Maloudzie i Joemu Cole'owi natomiast polecił schodzić do środka ze skrzydeł. Anelka, preferujący raczej grę kombinacyjną niż wychodzenie zza pleców obrońców, pokazywał się partnerom i tworzył miejsce, które wykorzystywali nie tylko Malouda i Cole, lecz także Ballack i Lampard – obaj zresztą strzelili gole głową po charakterystycznych dla siebie wejściach w pole karne, jakie rzadko można było zobaczyć w ich wykonaniu w ustawieniu z diamentem i dwoma napastnikami w szesnastce. Szczególnie Lampard grał poniżej swojego zwykłego poziomu w pierwszej połowie rozgrywek: zdołał zdobyć tylko jedną bramkę z akcji. Tym razem strzelił dwa gole w jednym meczu. Chelsea grała płynnie, spójnie i bezwzględnie.

Ancelotti nie zmieniał formacji przez dwa następne spotkania, co przyniosło zwycięstwa z Birmingham i Burnley. Ale później wrócił Drogba i Włoch zdecydował się na kłopotliwy kompromis między starym a nowym systemem, z obdarzonym sporą swobodą Anelką na prawej stronie w miejsce Cole'a. Indywidualnie Drogba prezentował się wspaniale, zdobywając dziesięć bramek w ośmiu meczach, ale gra ofensywna Chelsea okazała się przewidywalna, a londyńczycy zgromadzili w tych spotkaniach tylko 13 punktów i daleko im było do formy gwarantującej tytuł mistrzowski.

Do ważnego zdarzenia doszło pod koniec marca przed meczem z Aston Villą – Drogba usiadł na ławce, co początkowo zrzucono na karb naciągniętej pachwiny. Sześć lat później Ancelotti wyjawił jednak, że stało się tak dlatego, że Drogba spóźnił się na zebranie zespołu. „Drogba przyszedł 30 minut po czasie i dlatego nie zagrał – wyjaśnił Włoch. – Nie chodziło o to, że się zdenerwowałem, ale musiał być obecny podczas tego spotkania, ponieważ przedstawiałem plan taktyczny na najbliższy mecz, tłumaczyłem go piłkarzom i nie mogłem pozwolić sobie na specjalne traktowanie któregoś z nich". Drogba zatem nie tylko sprawiał, że w grze Chelsea brakowało spójności, ale – przypadkowo albo nie – nie angażował się w plany taktyczne Ancelottiego. Co niewiarygodne, po raz drugi w 2010 roku – i po raz drugi bez Drogby – Chelsea strzeliła siedem goli. Lampard wpisał się na listę strzelców czterokrotnie, dwa trafienia dołożył Malouda, a Anelka ponownie wspaniale wypadł w roli nieuchwytnego samotnego napastnika. „Anelka nie strzelił gola, ale rozegrał fantastyczne zawody, załatwił Aston Villę swoim poruszaniem się po boisku" – zachwycał się Ancelotti. Chelsea znów wyglądała lepiej bez Drogby.

Tamto zwycięstwo 7:1 przyszło ledwie tydzień przed kluczowym wyjazdem na Old Trafford w kwietniu, który – jak można było przewidzieć – reklamowano jako mecz decydujący o tytule, Chelsea traciła bowiem tylko punkt do United. Ancelotti musiał podjąć poważną decyzję: czy pominąć najlepszego strzelca Premier League Drogbę w przekonaniu, że ofensywni pomocnicy lepiej wypadają z samym Anelką z przodu? Odpowiedź na to pytanie brzmiała „tak" i Drogba został na ławce. „Tym razem to nie była kwestia spóźnienia, tylko tego, że Anelka tak wspaniale zagrał z Aston Villą" – wspominał Ancelotti.

United zdominowało Chelsea na Stamford Bridge, ale na Old Trafford londyńczycy zaprezentowali się znakomicie. Anelka cofał się do gry kombinacyjnej, co pozwalało Maloudzie i Joemu Cole'owi wchodzić do pierwszej linii. Po rozegraniu tego duetu padła otwierająca wynik bramka – Malouda dośrodkował spod linii końcowej na piąty metr, a Cole wspaniale wykończył akcję piętką. Ferguson starał się powielić asymetryczne ustawienie, które z sukcesem wykorzystał w pierwszym meczu, ale 4-3-2-1 Chelsea wzięło górę; Malouda i Cole wyciągali z pozycji bocznych obrońców Manchesteru, a jedną z kluczowych decyzji Ancelottiego okazało się wystawienie zamiast Ivanovicia Paulo Ferreiry, naturalnego ofensywnego prawego obrońcy. Chelsea mogła teraz wykorzystać grę bliżej środka Giggsa, a Ferreira wypadł znakomicie, niemal dając londyńczykom prowadzenie 2:0 po wyjściu zza pleców obrońców. Znamienne było to, że Ferguson ostatecznie zastąpił Giggsa Park Ji-sungiem, który specjalizował się w neutralizowaniu groźnych ofensywnych bocznych obrońców.

Nie wolno jednak pominąć wkładu Drogby w to spotkanie. Gdy w drugiej połowie Manchester się zmobilizował, Ancelotti wpuścił go w miejsce zmęczonego Anelki i Iworyjczyk strzelił kluczowego drugiego gola (acz ze spalonego). Niemniej znaczące, że w najważniejszym meczu sezonu dla Chelsea Drogba był ledwie planem B, mimo że przewodził stawce najlepszych ligowych strzelców, Ancelotti odkrył bowiem bardziej spójny system gry bez niego. W istocie inni menedżerowie Chelsea często się orientowali, że budują drużynę bez Drogby. Iworyjczyk zaczął tylko połowę spotkań w sezonie 2004/05 pod wodzą Mourinho, ponieważ Eiður Guðjohnsen lepiej sprawdzał się w rozegraniu, Scolari wykorzystywał Drogbę głównie jako zmiennika, później zaś André Villas-Boas budował drużynę wokół Fernando Torresa. Napastnik z Wybrzeża Kości Słoniowej jest prawdopodobnie najwspanialszym specjalistą od wielkich meczów w historii angielskiej piłki: cztery razy trafiał w finałach Pucharu Anglii, również cztery razy w finałach Pucharu Ligi i co najważniejsze – zdobył wyrównującą bramkę dla Chelsea w samej końcówce finału Ligi Mistrzów w 2012 roku. Ale jeśli chodzi o samą Premier League, był albo rewelacyjny, albo frustrował – zdobył dwa Złote Buty dzięki 20 golom w sezonie 2006/07 i 29 właśnie w sezonie 2009/10, ale bramkowe zdobycze w pozostałych sześciu sezonach na Wyspach (10, 12, 8, 5, 11 i 5) pokazują, jak był nierówny.

Drogba odzyskał miejsce w składzie na resztę sezonu. Choć rzucało się w oczy, jak słaby jest w rozegraniu, miał wielki wkład w trzy ostatnie zwycięstwa Chelsea, w tym pogrom 7:0 ze Stoke, nerwowe 2:0 na Anfield i wreszcie bezlitosną masakrę 8:0 – drugie najwyższe zwycięstwo w historii Premier League – urządzoną Wigan przy okazji świętowania tytułu. Ten ostatni mecz był zresztą bardzo szczególny, bo przez dłuższy czas Chelsea uganiała się za cieniem, przechytrzona przez niezwykłe ustawienie Wigan 3-3-1-3, i zaczęła dominować dopiero, gdy przeciwnicy stracili jednego zawodnika.

Tydzień później londyńczycy zapewnili sobie dublet, wygrywając w finale Pucharu Anglii 1:0 z Portsmouth, które skończyło na ostatnim miejscu w Premier League. Ten mecz najdobitniej pokazał leseferyzm Ancelottiego, jeśli chodzi o podejście taktyczne; Włoch pozwolił swoim piłkarzom wziąć całkowitą odpowiedzialność za meczową strategię, a jego asystent Paul Clement podczas zebrania drużyny zapisywał sugestie zawodników na tablicy. Tak właśnie wyglądała pogadanka przedmeczowa, co doskonale ilustruje menedżerską postawę Ancelottiego.

Postscriptum do sezonu 2009/10 stanowi to, co wydarzyło się po meczu otwarcia sezonu 2010/11, gdy Ancelotti został wezwany do rezydencji Abramowicza, zgarnął burę i musiał się tłumaczyć ze słabego występu drużyny. Niezwykłe w tej historii jest to, że Chelsea pokonała właśnie 6:0 West Bromwich Albion Roberto Di Matteo.

Bez wątpienia Abramowicz zachował się zupełnie niedorzecznie. Niemniej sam występ londyńczyków nie robił szczególnego wrażenia – przykładowo w raporcie meczowym BBC możemy przeczytać, że „był to mecz daleki od doskonałości w wykonaniu Chelsea, która momentami wydawała się grać na alibi, by potem nagle przyspieszyć", co zresztą zgrabnie podsumowuje oba wysokie zwycięstwa z końcówki mistrzowskiego sezonu, zwłaszcza mecz z Wigan w ostatniej kolejce. Niezwykłe, że przeciętne występy owocowały często tak jednostronnymi wynikami. Abramowicz jednak wciąż martwił się stylem gry zespołu: Chelsea, zwłaszcza z Drogbą, była nadal w przeważającej mierze drużyną bazującą na indywidualnej sile niż współoddziaływaniu. Ancelotti nie dał jej tożsamości, której tak rozpaczliwie pragnął Abramowicz, co prawdopodobnie tłumaczy, dlaczego następnego lata został zwolniony, mimo ukończenia ligi na jak najbardziej przyzwoitym drugim miejscu.

Sześć miesięcy po przyjściu Ancelottiego do Chelsea Manchester City zatrudnił Roberto Manciniego. Obaj panowie grali razem w reprezentacji Włoch i regularnie stawali ze sobą w szranki w derbach Mediolanu; łączyły ich ciepłe i serdeczne relacje, ale byli zupełnie innymi menedżerami. Ancelotti po mistrzowsku radził sobie z podopiecznymi i był zawsze opanowany, Mancini zaś miał wybuchowy charakter, a jego pobyt w City naznaczyły kłótnie z dwiema gwiazdami z ataku, Carlosem Tévezem i Mario Balotellim.

Mancini z całego serca uwielbiał angielską piłkę. Nawet zanim zatrudniono go na krótko przed Bożym Narodzeniem 2009 roku, ciepło wypowiadał się o swej fascynacji kolebką futbolu, tłumacząc, dlaczego jako 37-latek postanowił nieoczekiwanie wrócić z piłkarskiej emerytury, by zagrać cztery mecze dla Leicester Petera Taylora w 2001 roku. Po zwolnieniu z Interu w 2008 roku zrobił sobie rok przerwy. W tym czasie uczył się angielskiego i oglądał Premier League, a przy okazji łączono go z każdą w miarę przyzwoitą posadą, która była do wzięcia – w tym, niemal nieuchronnie, z Chelsea. Ale Abramowicz postawił na Ancelottiego, dlatego też Mancini ze spełnieniem swego marzenia o poprowadzeniu angielskiej drużyny musiał czekać na zwolnienie Marka Hughesa z Manchesteru City.

W minionych latach City przeszło dwie zmiany właścicieli. Najpierw klub nabył Thaksin Shinawatra, a następnie szejk Mansour; obaj zainwestowali duże pieniądze, choć ten drugi miał większe i długofalowe ambicje. Gdy Mancini przyszedł do klubu, City było zasadniczo w połowie drogi między środkiem tabeli a statusem kandydata do tytułu. W pierwszym meczu pod wodzą Włocha – w drugi dzień świąt – z przodu grali Robinho i Carlos Tévez, ale w pomocy wybiegli Stephen Ireland i Martin Petrow. Aby zrobić z Manchesteru poważnych kandydatów do mistrzostwa, Mancini potrzebował czasu – i kolejnych nabytków.

Podczas gdy Ancelotti obiecywał dominację w posiadaniu piłki, Mancini bez wstydu skupił się na defensywie. Poza mnóstwem pracy, jaką wykonywał na treningach z czwórką obrońców, często zabezpieczał tyły aż trzema defensywnymi pomocnikami. Ściągnął Patricka Vieirę ze swojego byłego klubu, Interu, i często wystawiał obecnie już nieruchliwego Francuza u boku dwóch innych cofniętych pomocników, grającego ostro Nigela de Jonga i arcysolidnego Garetha Barry'ego. Nie zaskakuje więc, że w wielkich meczach City miało irytujący zwyczaj grania na bezbramkowy remis. W pierwszej połówce debiutanckiego sezonu Manciniego w Manchesterze jego podopieczni zremisowali 0:0 z Liverpoolem u siebie i z Arsenalem na wyjeździe, a gdy Włoch miał za sobą ledwie nieco ponad rok w City, zaliczył kolejne cztery bezbramkowe remisy: z Tottenhamem, Manchesterem United, Birmingham i Arsenalem – w ostatnim z tych spotkań, które było szczególnym pokazem antyfutbolu ze strony City, goście nie oddali na Emirates ani jednego strzału w światło bramki. Nie chodziło po prostu o to, że Manchester odnotował mnóstwo bezbramkowych remisów, a raczej o to, że Mancini często wydawał się nimi absolutnie zachwycony. W zremisowanym 0:0 meczu z Birmingham na własnym boisku wprawił kibiców w osłupienie, robiąc dziwaczną zmianę na dziesięć minut przed końcem spotkania – wpuścił Barry'ego za Téveza, defensywnego pomocnika za napastnika. Mancini wydawał się zadowolony z bezbramkowego remisu u siebie z drużyną, która ostatecznie spadła z ligi. Sprawiał wrażenie parodii włoskiego menedżera.

Sprawy przybrały lepszy obrót przed sezonem 2010/11 – sprowadzono Davida Silvę, by kreował grę, poruszając się między liniami pomocy i ataku, Balotelli zapewniał nieprzewidywalność w ofensywie, a z Barcelony ściągnięto Yayę Touré. Iworyjczyka uważano jednak wówczas za defensywnego pomocnika i wykorzystanie go jako najbardziej wysuniętego gracza środka pola uznano za kolejny przejaw defensywnego stylu Manciniego. City mogło się pochwalić najmniejszą liczbą straconych bramek (razem z Chelsea) i kontrolowało grę za sprawą utrzymywania się przy piłce. Silva schodził do środka, Tévez cofał się w głąb pola, ale niezbyt często wychodził na pozycję. Niemniej dzięki agresywnemu, fizycznemu podejściu i wysokiemu tempu gry piłkarze City odnieśli przełomowe zwycięstwo nad Manchesterem United na Wembley w półfinale Pucharu Anglii, z duetem Balotelli – Touré w ataku. Iworyjczyk zdobył zresztą jedyną bramkę, co wydawało się pasować do tej taktycznej bitwy – przechwycił zbyt lekkie podanie Carricka do Scholesa, ruszył naprzód i huknął do bramki. Siła górowała w tej akcji nad precyzją. Touré strzelił też zwycięskiego gola w finale ze Stoke City (1:0), w którym pressing Manchesteru przeszkodził Stoke w grze długą piłką – sukces przyćmiło jednak zapewnienie sobie tego samego dnia tytułu mistrzowskiego przez Manchester United. Najwięksi rywale jakimś sposobem zawsze potrafili zepchnąć City na dalszy plan.

W sezonie 2011/12 Mancini nie miał już żadnych wymówek, żeby nie atakować. W styczniu do klubu dołączył Edin Džeko i po pół roku oswajania się z tempem Premier League rozpoczął mistrzowski sezon City w świetnej formie. Do tego z Arsenalu ściągnięto Samira Nasriego, by pomógł drużynie utrzymywać się przy piłce. Najważniejsze jednak, że z Atlético Madryt przyszedł Sergio Agüero. Z Tévezem i Balotellim na ławce, coraz lepszym w ofensywie Touré i Jamesem Milnerem zapewniającym równowagę na skrzydle, City miało najbardziej imponujące możliwości ofensywne w Premier League.

System Manciniego był osobliwy. Agüero wolał grać za klasyczną dziewiątką w stylu Džeko lub Balotellego, ale ciągle wbiegał między obrońców, zamiast poruszać się między liniami. Oznaczało to, że ustawienie City często przypominało 4-4-2, ale dzięki schodzącym do środka Silvie i Nasriemu drużynie nie brakowało kreatywności. Touré grał zwykle przed Barrym, choć w wielkich meczach Mancini wzmacniał pomoc, wprowadzając de Jonga i przesuwając Iworyjczyka wyżej. Były też pewne podobieństwa do Chelsea Ancelottiego: solidna defensywa, dominacja w środku pola dzięki bocznym pomocnikom schodzącym do środka (włoscy trenerzy rzadko ufają naturalnym skrzydłowym), a towarzyszyła temu niepewność co do najlepszego zestawienia w ataku. Zaskakujące, że Mancini nie zrobił z Džeko i Agüero stałego duetu w ataku, ponieważ Bośniak i Argentyńczyk dobrze rozumieli się na boisku, a w pierwszych trzech meczach sezonu 2011/12 Džeko strzelił sześć goli, w tym cztery w wygranym 5:1 spotkaniu z Tottenhamem. Tego samego dnia Manchester United zdemolował Arsenal 8:2. Nie ulegało wątpliwości, że dwa kluby z Manchesteru będą szły łeb w łeb w walce o tytuł.

Džeko raz występował w pierwszym składzie, a raz nie. Mancini dał mnóstwo okazji Balotellemu, który grał bardzo nierówno, i Tévezowi, który zniknął na większą część sezonu. Argentyńczyk wdał się w gwałtowną kłótnię z menedżerem podczas przegranej 0:2 z Bayernem w Monachium, gdy odmówił pójścia na rozgrzewkę. Mancini podobno powiedział mu potem, żeby „wracał do Argentyny"; napastnik posłuchał tego polecenia i kilka miesięcy spędził, jak się wydaje, grając w golfa. Przez ten czas nie pojawiał się w klubie. Džeko był do dyspozycji przez cały sezon, ale tylko 16 razy wybiegł w pierwszym składzie i zaczął uchodzić za opcję rezerwową.

Ogromna wiara Manciniego w Balotellego, którego włoski trener wychowywał w Interze, była momentami usprawiedliwiona – w najoczywistszy sposób podczas historycznej wygranej 6:1 nad United, w październiku na Old Trafford, choć napastnik przygotowywał się do tego meczu w typowy dla siebie nieprofesjonalny sposób. We wczesnych godzinach porannych w sobotę musiał uciekać przed „sporym pożarem" w domu, po tym jak – z przewidywalnymi skutkami – próbował wraz z przyjaciółmi odpalić fajerwerki przez okno w łazience. Stawił się jednak na treningu jak zwykle i nazajutrz wyszedł na derby Manchesteru w pierwszym składzie. Otworzył wynik meczu precyzyjnym strzałem po dośrodkowaniu Milnera po ziemi, a następnie we wspaniałym stylu odwrócił się do kamery telewizyjnej i odsłonił koszulkę z napisem: *Why always me?* (Dlaczego zawsze ja?). Był to kolejny – po nagłówkach prasowych z poranka – autentycznie komiczny moment zapewniony przez piłkarza, który wcześniej odmawiał świętowania goli.

Szybkość Balotellego doprowadziła do tego, że tuż po przerwie z boiska wyleciał Jonny Evans, następnie zaś Włoch podwoił przewagę gości po kolejnej asyście Milnera. Jeśli chodzi o taktykę, City polegało na ruchliwych Silvie i Milnerze, którzy schodzili z jednego skrzydła na drugie, tworząc przewagę liczebną, grając z klepki, a następnie rozglądając się za partnerem, do którego można by wycofać piłkę spod linii końcowej. W drużynie, w której poza tym brakowało niezawodnych duetów, Milner i Silva zawsze nadawali na tych samych falach.

Agüero strzelił gola na 3:0, a dziesięć minut przed końcem meczu wspaniałym uderzeniem popisał się Fletcher, pobudzając United do rozpaczliwego ataku i próby zrealizowania kolejnego niezapomnianego comebacku. Starania, by odrobić straty, oznaczały jednak wystawienie się na kontry City, które dołożyło kolejne bramki za sprawą Džeko w 89. minucie i Silvy dwie minuty później, by przypieczętować wygraną golem tego pierwszego po wspaniałej asyście z woleja tego drugiego. „Nigdy w karierze nie przegrałem wyżej" – powiedział po meczu zszokowany Ferguson. Wynik 6:1 nie odzwierciedlał najwierniej przebiegu spotkania, ale City niewątpliwie było lepsze. Pod względem taktycznym Obywatele zdeklasowali United, odnotowując historyczne zwycięstwo i odskakując rywalom na pięć punktów.

Niedługo później Balotelli został ambasadorem do spraw bezpiecznego obchodzenia się z fajerwerkami przed Dniem Guya Fawkesa*. „Fajerwerki mogą być bardzo niebezpieczne, jeśli nieodpowiednio się ich używa – potwierdził Włoch. – Powinno się postępować zgodnie z zasadami bezpieczeństwa". Balotelli okazał się jedną z najbardziej przykuwających uwagę postaci w angielskiej piłce. Włoch znalazł się też w centrum zainteresowania, gdy nie umiał założyć znacznika treningowego, gdy został zmieniony po tym, jak w meczu towarzyskim, znalazłszy się sam na sam z bramkarzem, próbował zakończyć akcję piętką, i gdy aresztowano go za włamanie do damskiego więzienia we Włoszech, po którym chciał się po prostu rozejrzeć. Mimo wszystkich tych wyskoków Balotelli bywał czasem oszałamiająco skuteczny na boisku – zwłaszcza w tym słynnym 6:1.

City liderowało w tabeli przez większość sezonu, ale wydawało się, że zaprzepaściło szansę na tytuł, kiedy wiosną z pięciu spotkań wygrało tylko jedno. Wtedy jednak szokujące potknięcie zaliczyło

* Dzień Guya Fawkesa obchodzony jest 5 listopada. Nazywa się go także *Bonfire Night* (Nocą Ognisk). Świętuje się go paleniem ognisk i sztucznych ogni, a także spaleniem kukły przywódcy spisku prochowego.

United, przegrywając 0:1 z Wigan na wyjeździe, a następnie remisując 4:4 z Evertonem, mimo prowadzenia 4:2 na siedem minut przed ostatnim gwizdkiem. Na trzy spotkania przed końcem Obywatele tracili do Czerwonych Diabłów trzy punkty, ale mieli lepszą różnicę bramek, a w najbliższej kolejce podejmowali przeciwników w derbach na Etihad. W razie zwycięstwa staliby się faworytami w wyścigu o tytuł, United mogło zaś grać na remis.

I było to widać na boisku. Żadne inne spotkanie w historii Premier League nie przypominało bardziej autentycznego pojedynku o tytuł; United grało zdumiewająco reaktywny futbol. Park Ji-sung wyszedł w środku pola, by zneutralizować Touré, ale zaprezentował się słabo i ciągle tracił równowagę, a Nasri i Silva swobodnie poruszali się za plecami Carricka i Scholesa, zapewniając City przewagę w środku pola wraz z Agüero i Tévezem, który nagle powrócił, zakopawszy wojenny topór z Mancinim. Wąsko grający Ryan Giggs na lewej stronie dał miejsce prawemu obrońcy Pablo Zabalecie, by naciskać na rywali, a po rzucie rożnym Silvy z tej samej strony boiska kapitan Vincent Kompany mocnym strzałem głową zdobył zwycięskiego gola dla Obywateli. Skończyło się skromnym 1:0, ale United grało wyraźnie gorzej niż w pamiętnym 1:6.

W przedostatnim spotkaniu City wygrało 2:0 z Newcastle na wyjeździe. Zwycięstwo Manchesterowi zapewniła zaskakująca zmiana, Mancini wpuścił bowiem de Jonga za Nasriego, dając Touré swobodę w grze do przodu. Potem nadeszła najbardziej dramatyczna kolejka w dziejach Premier League. City i United miały po 86 punktów, ale Obywatele mogli się pochwalić znacznie lepszą różnicą bramek i gościli u siebie zagrożone spadkiem QPR. City osiągało przy tym najlepsze wyniki w lidze na własnym boisku, a goście z Londynu byli pod tym względem najgorsi w całej stawce. Wydawało się, że mecz nieuchronnie musi zakończyć się zwycięstwem gospodarzy.

W Sunderlandzie Wayne Rooney szybko dał prowadzenie United strzałem głową, Czerwone Diabły zrobiły więc swoje i liczyły na QPR.

City grało bardzo nerwowo i potrzebowało prawie 45 minut, by objąć prowadzenie za sprawą Zabalety. Ale niedługo po rozpoczęciu drugiej połowy Djibril Cissé dał walczącym rozpaczliwie o utrzymanie gościom bramkę wyrównującą. Szanse QPR na uchronienie się przed spadkiem poważnie jednak zmalały, gdy kapitan londyńczyków Joey Barton zarobił czerwoną kartkę po uderzeniu łokciem Téveza, a schodząc z boiska z typową dla siebie skwapliwością dołożył jeszcze kopniaka Agüero i uderzył głową Kompany'ego. Na 35 minut przed końcem QPR było skazane na zgubę – grało bez jednego zawodnika, ze świadomością, że utrata choć jednej bramki może oznaczać spadek. Ale co zdumiewające, dziesięć minut później goście zdobyli bramkę po kontrataku Shauna Wrighta-Phillipsa, którego dośrodkowanie precyzyjnym strzałem zamienił na gola Jamie Mackie. QPR prowadziło więc 2:1 i nagle City potrzebowało dwóch bramek w 25 minut.

W tym momencie gospodarze spanikowali, ale Mancini wpuścił Džeko za Barry'ego, a potem Balotellego, który niedawno wyleciał z boiska z Arsenalem (włoski menedżer obiecał wówczas, że jego rodak już nigdy nie zagra w barwach City), w miejsce Téveza. Te zmiany okazały się decydujące.

Gdy na zegarze wybiła 90. minuta, Manchester City nadal przegrywał 1:2. Manchester United wygrał 1:0 i był gotów do rozpoczęcia świętowania na boisku Sunderlandu. Ale równie istotne rzeczy działy się na Britannii, gdzie Jon Walters ze Stoke strzelił drugiego i zarazem wyrównującego gola w meczu ze swym byłym klubem, Bolton Wanderers. To bardzo niedoceniana bramka w kontekście wpływu na późniejsze wydarzenia – oznaczała ona bowiem, że Bolton, który potrzebował zwycięstwa, by się utrzymać, spada z ligi. Gdy jeden z członków sztabu szkoleniowego usłyszał, jaki wynik padł w Stoke, krzyknął do piłkarzy: „Jesteśmy bezpieczni! Utrzymaliśmy się!". Choć trudno jest mieć pewność co do tego, jak ważny okazał się ten okrzyk, na pewno wpłynął on na koncentrację graczy QPR.

Mimo to City potrzebowało wciąż dwóch goli i napierało z niesamowitą mocą. 44 strzały, które gracze Obywateli oddali przeciwko QPR, to rekord Premier League. 43. i 44. próba przyniosły w końcu bramki. Najpierw superrezerwowy Džeko trafił po dośrodkowaniu Silvy z rożnego, a potem City niemal natychmiast ponownie zaatakowało. Piłka trafiła do Balotellego, który zanotował swoją pierwszą i jedyną asystę w Premier League, gdy upadając, zdołał dograć piłkę do Agüero. Argentyńczyk wypuścił ją sobie lekko do przodu, wyregulował celownik i huknął nie do obrony, doprowadzając całe Etihad do szaleństwa. Dosłownie całe, bo kibice QPR – pewni ligowego bytu – świętowali gola ze względu na czysty obłęd całej sytuacji. City sięgnęło po tytuł, ponieważ miało lepszą o 12 goli różnicę bramek niż United – była ona poniekąd bezpośrednim skutkiem obu zwycięstw derbowych (6:1 i 1:0). Ostatnie sekundy 20. sezonu Premier League stały się natomiast z miejsca absolutnie niekwestionowanym najwspanialszym momentem w historii rozgrywek.

Mancini, podobnie jak Ancelotti, stracił jednak posadę, skończywszy kolejny sezon na drugim miejscu. Czy miał ten sam problem co menedżer Chelsea – jego drużyna nie posiadała wyrazistej tożsamości? Bardzo możliwe. W pogmatwanym oświadczeniu, potwierdzającym zwolnienie Manciniego, pisano, że Mancini nie spełnił klubowych celów, co – warto zwrócić na to uwagę – „w połączeniu z potrzebą opracowania całościowej koncepcji dotyczącej wszystkich aspektów piłkarskich w klubie oznacza, iż podjęto decyzję, by znaleźć nowego menedżera". Wynikało stąd, że City pragnie nadrzędnej filozofii, której Mancini nigdy tak naprawdę Obywatelom nie zapewnił.

W sezonie 2011/12 włoska myśl szkoleniowa odniosła jeszcze jeden sukces, niemal w tak samo dramatycznych okolicznościach, w jakich triumfował Mancini. W marcu Abramowicz postanowił zwolnić następcę Ancelottiego, André Villasa-Boasa, młodego trenera, którego podejście do futbolu bez wątpienia charakteryzowała wyrazista tożsamość – tyle że nie pasowała ona graczom Chelsea. Zastąpił go – w roli tymczasowego menedżera – dotychczasowy asystent Roberto Di Matteo, były pomocnik Chelsea, który awansował do Premier League z West Bromwich Albion, skąd został następnie zwolniony z powodu niedociągnięć w grze defensywnej zespołu. Jakimś sposobem Di Matteo zrobił z Chelsea drużynę niezwykle solidną w obronie, która w zdumiewająco nieprawdopodobnych okolicznościach triumfowała w Lidze Mistrzów.

Po odrobieniu dwubramkowej straty w rewanżowym meczu z Napoli i łatwym uporaniu się z Benficą nadszedł nadzwyczajny półfinał z siejącą postrach Barceloną Pepa Guardioli, która broniła tytułu najlepszej drużyny w Europie i była niekwestionowanym faworytem. W pierwszym meczu na Stamford Bridge Katalończycy grali momentami wspaniale, ale Chelsea popisała się tuż przed przerwą pokazową kontrą i objęła prowadzenie. Frank Lampard zagrał długą piłkę po przekątnej do energicznego Ramiresa, ten zaś dośrodkował do Didiera Drogby, który się nie pomylił. Jakimś sposobem – po części dzięki świetnemu ustawieniu w pomocy Lamparda, Johna Obiego Mikela i Raula Meirelesa – Chelsea dowiozła wynik do końca.

Mecz rewanżowy był nawet bardziej zwariowany. Barcelona objęła prowadzenie 2:0 po golach Sergio Busquetsa i Andrésa Iniesty, a kapitan Chelsea John Terry wyleciał z boiska za niepotrzebne kopnięcie kolanem Alexisa Sáncheza. Ale tuż przed przerwą Chelsea zdobyła kolejną kluczową bramkę. Lampard znów zagrał długie podanie krzyżowe do Ramiresa, który tym razem nie rozglądał się za Drogbą, lecz zamiast tego wspaniale i zupełnie nietypowo dla siebie przerzucił piłkę nad bramkarzem, dając Chelsea przewagę w dwumeczu dzięki golowi strzelonemu na wyjeździe. Londyńczyków nadal czekało jednak trudne wyzwanie. Bez Terry'ego i Gary'ego Cahilla, który zszedł z kontuzją, goście musieli skorzystać na środku z duetu Branislav Ivanović – José Bosingwa, na prawej obronie grał Ramires, a Drogba spędził większość meczu na lewej stronie. Chelsea grała niezwykle cofnięta, a jej piłkarze biegali niebywale blisko siebie, wspaniale bronili i mieli szczęście, że Lionel Messi zmarnował rzut karny. Dwumecz skończył się jakimś cudem zwycięstwem londyńczyków za sprawą gola po kontrze, którego zdobył komicznie fatalny Fernando Torres.

Jeszcze większym cudem okazała się powtórka tego występu z Bayernem Monachium w finale, który w zasadzie był meczem wyjazdowym, odbywał się bowiem na Allianz Arena. Londyńczycy znów zostali przyparci do muru i bronili się, jak mogli. Bayern miażdżył ich przez całe spotkanie i pod koniec objął prowadzenie po uderzeniu Thomasa Müllera. Ale największy specjalista od wielkich meczów, Drogba, potężnym strzałem głową dał Chelsea wyrównanie w 88. minucie. Było to pierwsze uderzenie londyńczyków w spotkaniu. Dogrywka okazała się jeszcze bardziej jednostronna i znów gwiazdor rywali zmarnował jedenastkę – tym razem strzał byłego skrzydłowego Chelsea Arjena Robbena zatrzymał Petr Čech. Mecz miały więc rozstrzygnąć rzuty karne, a Chelsea nie wspominała najlepiej poprzedniej takiej okazji. Ale tym razem Niemcy nie wygrali. Niemal niewiarygodne zwycięstwo przypieczętował ostatnią jedenastką Drogba.

Kolejna angielska drużyna, podobnie jak Manchester United w 1999 roku i Liverpool sześć lat później, odniosła sukces w Lidze Mistrzów w absolutnie szalonym stylu: Chelsea została całkowicie zdominowana (w strzałach było 35:9 dla Bayernu) i w nieprawdopodobny sposób odrobiła straty, by ostatecznie zwyciężyć. Te trzy wygrane potwierdzały stary komunał na temat angielskich drużyn: brak im jakości technicznej i taktycznej, ale pełno w nich głodu walki, determinacji i nigdy się nie poddają. Chelsea, tak jak Liverpool w 2005 roku, nie zdołała ukończyć Premier League na miejscu premiowanym udziałem w przyszłorocznej Lidze Mistrzów, choć oczywiście zapewniła sobie udział jako zdobywca trofeum.

Ale podobnie jak Ancelotti i Mancini, Di Matteo nie utrzymał posady zbyt długo. Mimo sukcesu w Lidze Mistrzów – i wcześniejszego poprowadzenia Chelsea do triumfu w Pucharze Anglii – sześć miesięcy później Włoch został zwolniony po porażce z Juventusem, po której Chelsea, już w fazie grupowej, wylądowała niemal za burtą tych rozgrywek. „Ostatnie występy i wyniki drużyny nie były dostatecznie dobre i właściciel wraz z zarządem uznał, że aby klub zmierzał w odpowiednim kierunku, konieczna jest zmiana" – brzmiało oświadczenie Chelsea. Od nowego sezonu Di Matteo ustawił drużynę bardziej ofensywnie, włączając do składu – u boku Juana Maty – nowe nabytki, takie jak Eden Hazard czy Oscar, i tworząc najlepszy technicznie skład za czasów Abramowicza. W lidze Chelsea znajdowała się tylko cztery punkty za liderującym City, które miała gościć w najbliższy weekend. Była to – a przecież konkurencja jest zacięta – najbardziej bezwzględna z dymisji Abramowicza, zważywszy na wspaniałe sukcesy, jakie w tak krótkim okresie osiągnął Di Matteo.

W 2012 roku Anglię opuścił także inny włoski menedżer: Fabio Capello. Selekcjoner reprezentacji Trzech Lwów zrezygnował z posady w lutym. Capello osiągał świetne wyniki w meczach eliminacyjnych, ale jego taktyka nie przyniosła sukcesu na mistrzostwach świata w 2010 roku. Do rezygnacji doszło w dość niezwykłych okolicznościach i uznawano ją po części za skutek uboczny oskarżenia Johna Terry'ego o rasistowskie obelgi pod adresem Antona Ferdinanda z QPR. Do czasu zakończenia sprawy tego lata Terry został pozbawiony opaski kapitańskiej. Capello nie zgadzał się z tą decyzją i w ramach protestu podał się do dymisji. „Nie mogę pozwolić, by FA ingerowała w moją pracę" – wyjaśnił. To jak najbardziej szlachetna postawa, choć decyzja angielskiego związku była bez wątpienia bardziej usprawiedliwiona niż decyzja samego Capello, który odebrał Terry'emu opaskę dwa lata wcześniej na podstawie oskarżenia o romans z partnerką byłego kolegi z zespołu, Wayne'a Bridge'a.

Niezależnie od argumentów za i przeciw w tej wyczerpującej debacie na temat opaski kapitańskiej Capello wywarł niewielki wpływ na angielską piłkę. Kadrowicze nie lubili jego surowego, zdyscyplinowanego podejścia, ale co ważniejsze, uważali jego taktykę za niepokojąco prostą. Anglia grała zwykle w płaskim, kanciastym ustawieniu 4-4-2, a Capello stale wystawiał z przodu nieruchliwego odgrywającego Emile'a Heskeya, także podczas mistrzostw świata, mimo że napastnik Aston Villi zdobył tylko trzy bramki w sezonie Premier League przed turniejem w RPA. Godne uwagi jest to, że dwaj zagraniczni szkoleniowcy reprezentacji, Eriksson i Capello, byli bardziej oddani idei grania ustawieniem 4-4-2 i tradycyjnymi angielskimi środkowymi napastnikami niż którykolwiek z angielskich selekcjonerów za czasów Premier League.

Równie trudno wskazać jakąś konkretną spuściznę po rządach Ancelottiego, Manciniego i Di Matteo – i to mimo że trzej Włosi w latach 2010–2012 zdobyli dwa tytuły mistrzowskie, Ligę Mistrzów i wszystkie trzy Puchary Anglii. Wpływ francuskich trenerów Arsène'a Wengera i Gérarda Houlliera pod koniec lat 90. był oczywisty, podobnie jak skutki pracy menedżerów z Półwyspu Iberyjskiego, José Mourinho i Rafaela Beníteza, w połowie pierwszej dekady XXI wieku. W tej sytuacji na początku drugiej dekady oczekiwano, że Włosi przeprowadzą reedukację taktyczną Anglików – ale drużyny z Wysp pragnęły pozytywnej tożsamości, a włoscy trenerzy z niej nie słynęli. Czołowe drużyny zaczęły się rozglądać za inspiracją taktyczną gdzie indziej – w Hiszpanii.

20
TIKI-TAKA

Jeśli przy piłce jesteś lepszy od przeciwnika, masz 79 procent szans na wygranie meczu.

Brendan Rodgers

Ogromna większość znaczących nowinek taktycznych przyszła do Premier League z kontynentu, ale zmiany wprowadzały trzy zupełnie różne fale zagranicznych rewolucjonistów.

W okresie kształtowania się ligi chodziło w dużej mierze o pojawienie się piłkarzy – kluczową rolę odegrali wówczas tacy zawodnicy, jak Éric Cantona, Dennis Bergkamp i Gianfranco Zola. Potem ich miejsce zajęli zagraniczni menedżerowie, a zwłaszcza Arsène Wenger, José Mourinho i Rafael Benítez, którzy zostawili po sobie trwałą spuściznę: lepsze przygotowanie fizyczne, nowe ustawienia, poświęcenie większej uwagi taktyce rywali. A jeszcze później zaczęło chodzić o zagraniczne zespoły. Gdy angielski futbol poszerzył swe horyzonty, rywalizacja w samej Premier League przestała być warunkiem koniecznym, by wywierać nań wielki wpływ.

Mniej więcej u końca pierwszej dekady XXI wieku najbardziej dominującym na świecie klubem i najbardziej dominującą reprezentacją była w gruncie rzeczy ta sama drużyna. Barcelona wygrała Ligę Mistrzów w 2009 i 2011 roku za sprawą przełomowego systemu z Leo Messim jako fałszywą dziewiątką i niezwykłego zaangażowania sił, by mieć przewagę posiadania piłki. Piłkarze Barcelony, choć bez Messiego, tworzyli również w tym czasie większość pierwszej jedenastki reprezentacji Hiszpanii, która dokonała historycznego wyczynu, wygrywając trzy kolejne wielkie turnieje międzynarodowe: Euro 2008, mistrzostwa świata w 2010 roku i Euro 2012. Ten czteroletni okres – a także cztery lata, w ciągu których Barcelonę prowadził Pep Guardiola – sprawiły, że futbol bazujący na posiadaniu piłki stał się tak popularny jak nigdy wcześniej.

Ten kierunek rozwoju okazał się niezwykle znaczący. Guardiola jako piłkarz był utalentowanym cofniętym rozgrywającym, który trzymał się pozycji i rzetelnie rozdzielał piłki na skrzydła – słowem, stanowił symbol barcelońskich ideałów. Ale jego kariera na najwyższym poziomie w zasadzie dobiegła końca, gdy miał ledwie 32 lata. Przeniósł się wówczas do Kataru, a następnie do Meksyku, ponieważ nie chciał go żaden wielki europejski klub. Guardiola, najzupełniej rozsądnie, obwiniał o to zmieniające się oczekiwania wobec środkowych pomocników. „Nie zmieniłem się… Moje umiejętności nie zanikły – twierdził w wywiadzie opublikowanym w 2004 roku na łamach »Timesa«. – Po prostu piłka jest dziś inna, gra się w o wiele szybszym tempie i dużo bardziej fizycznie. Taktyka też jest inna, trzeba być dobrym w odbiorze, umieć robić wślizgi, tak jak Patrick Vieira czy Edgar Davids. Jeśli potrafi się podawać to, cóż, jest to miły dodatek. Ale jeśli chodzi o środkowych pomocników, kładzie się nacisk na pracę w defensywie. […] Piłkarze tacy jak ja są na wymarciu".

Rzut oka na Premier League dobrze to odzwierciedlał: można tam było znaleźć niewielu cofniętych rozgrywających. Dominowali piłkarze w typie Vieiry, Claude'a Makélélé, Didiego Hamanna i Roya Keane'a, choć w 2004 roku Liverpool kupił Xabiego Alonso, cofniętego pomocnika, który odpowiadał raczej za kreację niż za destrukcję. Inne wyjątki można było znaleźć w zespołach środka tabeli: cofnięty rozgrywający Manchesteru City, Amerykanin Claudio Reyna, był bardzo niedoceniany, Tugay Kerimoğlu z Blackburn również zasługiwał na grę w większym klubie. „Jest jedyny w swoim rodzaju, kreatywny…

To piłkarz zupełnie innego typu niż defensywni pomocnicy, których zatrudnia większość klubów" – powiedział Mark Hughes, menedżer Turka. W tamtym czasie niewielu było graczy tego rodzaju. Hughes wygłosił przy okazji jeszcze inną, tym razem proroczą uwagę: „Pytają mnie: »Nie chciałbyś, żeby Tugay był o dziesięć lat młodszy?«. Moja odpowiedź brzmi: »Nie«. Bo gdyby był, grałby teraz w Barcelonie".

W okresie wspólnych sukcesów w barwach Barcelony i Hiszpanii w różnych momentach grali tacy piłkarze, jak Carles Puyol, Gerard Piqué, Jordi Alba, Cesc Fàbregas, Pedro Rodríguez i David Villa. Ale w tych triumfach największy udział miało wspaniałe trio w pomocy: Sergio Busquets, Xavi Hernández i Andrés Iniesta. Wszyscy trzej dorastali w akademii Barcelony, La Masii, gdzie – za sprawą spuścizny architektów futbolu totalnego, Rinusa Michelsa i Johana Cruyffa – tłumaczono piłkarzom, jak ważne w piłce jest jej posiadanie, a umiejętności rozgrywania kazano im się uczyć właśnie od Guardioli. W Barcelonie Busquets grał najbardziej cofnięty i asekurował linię obrony, Xavi występował po prawej stronie, reżyserując grę, a Iniesta zapuszczał się do ataku. Hiszpania nawet w jeszcze większym stopniu polegała na podających pomocnikach; środek pola i atak reprezentacji były podobne do formacji Barcelony, ale nie mogła ona liczyć na Messiego i dlatego wykorzystywano jeszcze jednego cofniętego rozgrywającego Xabiego Alonso, Iniesta zaś grał u boku Davida Villi i Pedro w pierwszej linii.

Największym dziedzictwem Barcelony i Hiszpanii nie była oszałamiająca kolekcja trofeów, lecz przekonanie reszty Europy, by grać futbol pozycyjny. Nikt inny nie mógł jednak polegać na nadrzędnej filozofii, która była pod ręką od dekad, i nikt inny nie miał w swoim składzie tria mierzących 170 centymetrów zawodników, będących zarazem, według plebiscytu „France Football", trzema najwspanialszymi piłkarzami świata: Messiego, Iniesty i Xaviego. Dwaj hiszpańscy pomocnicy byli szczególnie nieustępliwi, jeśli chodzi o piłkarskie pryncypia. Iniesta opisywał swą futbolową edukację za pomocą prostej frazy: „Przyjmij, podaj, pokaż się. Przyjmij, podaj, pokaż się". I to właśnie robił raz za razem. Xavi podkreślał natomiast coś podobnego: „Dostaję piłkę, podaję piłkę. Dostaję piłkę, podaję piłkę. Dostaję piłkę, podaję piłkę". Takie powtarzanie może być irytujące, ale doskonale odzwierciedlało ono uczucia towarzyszące oglądaniu ich niekończącej się gry podaniami.

Tę oszałamiającą koncentrację na krótkich podaniach zaczęto powszechnie nazywać „tiki-taką". Określenie to miało zawierać w sobie drwinę. Ukuł je Javier Clemente, który w latach 80. dwukrotnie sięgał po mistrzostwo kraju z Athletikiem Bilbao – drużyną tradycyjnie grającą najbardziej bezpośredni futbol w Hiszpanii – a później prowadził reprezentację. Clemente był w gruncie rzeczy hiszpańskim Tonym Pulisem, słynął z tego, że preferował prosty, fizyczny futbol. Warto zauważyć, jak podobny jest termin „tiki-taka" do lekceważącego angielskiego określenia niepotrzebnej gry krótkimi podaniami. Gdy Pulis objął posadę w West Bromwich, przyrzekł, że nie będzie naśladował poprzednich menedżerów, którzy grali „piłkę *tippy-tappy**, a postawi na futbol przynoszący zwycięstwa".

Tiki-taka, *tippy-tappy* – ten styl gry zdominował piłkę nożną. Mimo to warto zwrócić uwagę, że Vicente del Bosque, selekcjoner mistrzowskiej reprezentacji Hiszpanii, nazywał ten termin „uproszczeniem", a Guardiola podchodził do niego z wyraźną wzgardą. „Nie cierpię całego tego podawania dla podawania, tej całej tiki-taki. To straszne dziadostwo – mówił. – Nienawidzę tiki-taki. Tiki-taka oznacza niekończącą się grę piłką bez żadnych wyraźnych zamiarów i jest bezcelowa. Nie wierzcie w to, co się mówi, Barça nie gra tiki-taki!" Sytuacja przypominała muzyka, który bezskutecznie twierdzi, że jego twórczość nie wpisuje się w żaden konkretny gatunek, i określenie przylgnęło do Katalończyków na stałe. W powszechnej opinii Barcelona grała tiki-takę.

Bezspornie najlepszym piłkarzem Barcelony był Messi, ale Argentyńczyk był zarazem klasyczną megagwiazdą, napastnikiem, który potrafił raz po raz mijać przeciwników i bezlitośnie wykorzystywać okazje.

* Określenie *tippy-tappy* można by tłumaczyć jako „pieszczotliwe klepanie piłki".

Xavi natomiast robił coś zupełnie innego – zagrywał krótkie, bezpieczne piłki na boki, ale potrafił zdominować grę w wielkich meczach, dopilnowując, by jego drużyna zawsze panowała nad boiskowymi wydarzeniami. W historii piłki nożnej mnóstwo było solidnych, niezawodnych pomocników, którzy pozwalali błyszczeć utalentowanym zawodnikom ofensywnym, ale Xavi za sprawą subtelności i metodyczności powoli rozmontowywał rywala.

Jak było do przewidzenia, w Anglii jego stylu początkowo nie doceniono. Kiedy Xavi pojawił się na zdjęciu u boku Messiego, Kaki, Fernando Torresa i Cristiano Ronaldo na ceremonii wręczenia temu ostatniemu nagrody FIFA dla najlepszego piłkarza 2008 roku, „Daily Mail" opatrzył je żałosnym podpisem: „Najlepsi piłkarze na świecie (i Xavi)". Przez kilka sezonów Xavi nadawał ton w niemal każdym wielkim spotkaniu, w którym brał udział, i gazeta musiała wystosować uniżone przeprosiny. „We wcześniejszym numerze zasugerowaliśmy, że Xavi nie jest piłkarzem na najwyższym poziomie – można było przeczytać. – Dziś to Król Xavi, mistrz podań z Barcelony. [...] Składamy ci hołd za to, że udowodniłeś, iż się myliliśmy". Nagle wszyscy żyliśmy w świecie Xaviego.

Pomocnik Newcastle Yohan Cabaye, który uważał Katalończyka za najlepszego piłkarza na świecie, usłyszał kiedyś, jak Xavi mówi, że w meczu chce mieć 100 kontaktów z piłką. Cabaye przyswoił sobie to podejście i po każdym spotkaniu sprawdzał liczbę swoich podań – to oczywiście jedynie skromny przykład ogromnego wpływu Hiszpana na europejski futbol. Samą kontrolę nad piłką – nie zaś próbę zrobienia czegoś efektownego – zaczęto uważać za bardziej istotną niż kiedykolwiek, a Xavi stał się najważniejszym piłkarzem swojego pokolenia. Podobnie jak w przypadku Messiego i Iniesty, rzucało się w oczy, że jest niewysoki – i to by było na tyle, jeśli chodzi o wcześniejsze oświadczenie Guardioli, iż w piłce zaczęło chodzić wyłącznie o fizyczność. Xavi zmienił futbol. „Pomógł nam stworzyć czy też dostrzec zawodnika nowego typu, którego mogliśmy ostatecznie obserwować na każdym szczeblu drużyny narodowej – powiedział przyszły selekcjoner reprezentacji Julen Lopetegui. – Uśmiercił mit, jakoby cechy fizyczne były ważniejsze od całej reszty, i otworzył ludziom oczy na niskich, technicznych graczy, dowodząc, że z piłką można nie tylko atakować, ale i bronić".

Anglia szczęśliwie uniknęła w tym okresie Hiszpanii na wielkich turniejach, ale Barcelona regularnie pokonywała angielskie kluby w Lidze Mistrzów, wyeliminowując w 2009 roku Chelsea, a w 2010 i 2011 Arsenal. Najważniejsze były jednak zwycięstwa Katalończyków nad Manchesterem United w dwóch finałach tych rozgrywek w 2009 i 2011 roku.

Za pierwszym razem Guardiola zaskoczył Aleksa Fergusona, wykorzystując Messiego, którego wcześniej uważano za prawoskrzydłowego, w roli fałszywej dziewiątki. Barça wbrew przebiegowi gry objęła prowadzenie, ale kiedy Manchester zaczął gonić wynik i przeszedł na ustawienie 4-2-4 z Wayne'em Rooneyem, Cristiano Ronaldo, Carlosem Tévezem i Dimityrem Berbatowem w pierwszej linii, został całkowicie zdominowany w pomocy i bezapelacyjnie uległ 0:2. Dwa lata później, z Messim w utartej już roli fałszywej dziewiątki, Rooneyem, który nie krył jak należy Busquetsa i mało ruchliwym duetem Michael Carrick – Ryan Giggs w środku pomocy United, Czerwone Diabły znów przegrały walkę w środku pola. Wynik 3:1 nie do końca oddaje dominację Dumy Katalonii. Wystarczy rzut oka na najczęstsze kombinacje: w składzie Barcelony Xavi 33 razy podawał do Iniesty, podczas gdy w United najczęściej, choć ledwie dziesięciokrotnie Nemanja Vidić zagrywał na bok do partnera ze środka obrony Rio Ferdinanda. Wszyscy trzej środkowi pomocnicy Barcelony (Busquets, Xavi, Iniesta) zaliczyli po asyście, wszyscy trzej napastnicy (Messi, Pedro, Villa) zdobyli bramkę. Guardiola stworzył cudownie zrównoważoną drużynę, która nadała grze pozycyjnej nowe oblicze.

W drugiej z tych finałowych porażek Manchester próbował związać siły Barcelony zbyt daleko od własnej bramki, a Vidić i Ferdinand mieli stosunkowo wysoko trzymać linię obrony. Obaj nie byli z tego zadowoleni, a ten drugi rozwścieczył Fergusona, otwarcie kwestionując jego taktykę. Ale przed dwumeczem z Realem Madryt w 2013 roku, ostatnim pojedynkiem Fergusona w europejskich pucharach, Szkot przyznał się piłkarzom, że źle dobrał strategię przed finałami z Barceloną. Wiele mówi zresztą szczery fragment z jego autobiografii. Omawiając grę United w zwycięskim półfinale nad Barçą w 2008 roku, w którym Czerwone Diabły broniły bardzo głęboko cofnięte, Ferguson stwierdza: „Mogliśmy to powtórzyć w finałach z 2009 i 2011 roku, gdybym nie postanowił, że wygramy te mecze w naszym stylu". Ferguson pozwolił, by serce wzięło górę nad rozumem i zwyciężywszy w Lidze Mistrzów w nieco szczęśliwych okolicznościach zarówno w 1999, jak i 2008 roku, pragnął triumfować w stylu, który dokładnie odzwierciedlałby piłkarskie pryncypia United.

Wygrana Barcelony w 2011 roku okazała się godna uwagi także z tego powodu, że Paul Scholes dostał 13 minut, gdy w gruncie rzeczy było już po meczu. Po końcowym gwizdku Scholes wymienił koszulki z Iniestą, poprzechadzał się po murawie Wembley w trykocie Dumy Katalonii, a potem ogłosił koniec zawodowej kariery piłkarskiej. Posypały się wówczas niekończące się wyrazy uznania za umiejętność gry piłką, w czym prym wiedli piłkarze Barcelony, którzy właśnie pokonali Anglika na boisku. „Gdyby był Hiszpanem – powiedział Xavi – zapewne ceniono by go bardziej". Scholes został jednak uznany za gracza naprawdę światowej klasy, dopiero gdy Xavi i jego rodacy spopularyzowali futbol pozycyjny, który Anglik uosabiał swą grą w ostatnich kilku sezonach.

Scholes był piłkarzem cudownie utalentowanym, ale to, że niewiarygodnie zyskał na renomie po zawieszeniu butów na kołku, pokazuje, jak diametralnie zmieniło się postrzeganie pomocników. Przedstawiano go teraz jako pomocnika sławionego w całej Europie, lecz okrutnie niedocenianego w ojczyźnie, co zaowocowało całkowicie rewizjonistycznym opisem jego gry na lewej stronie na Euro 2004 (przedstawionym pokrótce w rozdziale 15). Mimo wszystkich pochlebnych słów płynących z ust Xaviego, Iniesty i Zinédine'a Zidane'a, wyniki głosowań plebiscytu „France Football" sugerują, że u szczytu kariery Scholes nigdy nie był uważany za piłkarza z absolutnie najwyższej półki. Choć znalazł się ostatecznie na liście 50 piłkarzy nominowanych do Złotej Piłki w 2000, 2001, 2003, 2004 i 2007 roku, nie otrzymał ani jednego głosu od choćby jednego członka jury w którejkolwiek edycji nagrody, co w całej stawce plebiscytu plasuje go za tak mało wartymi zapamiętania piłkarzami Premier League, jak Adrian Mutu, Karel Poborský i Papa Bouba Diop.

Skromny, nieśmiały pomocnik nie należał do tych, którzy przejmują się nagrodami, i z wdziękiem przyjmował brak indywidualnych wyróżnień. Kiedy po zakończeniu kariery spytano go, czy był zawiedziony, że nigdy nie zdobył Złotej Piłki, z typowym dla siebie poczucie humoru odparł: „Nie byłem nawet najlepszym piłkarzem w szatni Manchester United. A więc gdybym twierdził, że jestem najlepszy na świecie, byłoby to przegięcie". Oczywiście już samo to, że pytano Scholesa o laur „France Football", mimo że nigdy nie otrzymał ani głosu, mówi wiele na temat jego rosnącego statusu.

Choć Scholes miał kilka świetnych sezonów – zwłaszcza 1998/99, 2002/03 i 2006/07 – najlepiej prezentował się w Manchesterze około 2010 roku, gdy grał już dużo głębiej, przed samą linią obrony. W sierpniu tego roku, po kilku znakomitych spotkaniach, w których zagrał mnóstwo wspaniałych krosowych przerzutów, został piłkarzem miesiąca, co wywołało dziwaczną – sezon ledwie się rozpoczął – dyskusję, czy nie powinien zostać piłkarzem roku, uwypuklając zarazem problem, jakim nagle stało się to, że nie dostawał indywidualnych wyróżnień. Futbol pozycyjny był w modzie, a przy tym świetnie odpowiadał piłkarskiej inteligencji Scholesa, który w pierwszych kolejkach sezonu 2010/11 wywierał większy wpływ na grę niż jakikolwiek cofnięty rozgrywający w historii Premier League, może z wyjątkiem Xabiego Alonso w Liverpoolu.

Wywnioskowano stąd błędnie, że Scholes grał w ten sposób przez całą karierę. Wcześniej jednak nie mógł biegać tak blisko swojej bramki, ponieważ uważano, iż rolą występującego na tej pozycji piłkarza jest odbiór piłki, a późniejszy rozkwit ostrego pressingu nie pozwoliłby mu odciskać decydującego piętna na wydarzeniach boiskowych. Około 2010 roku zapanowały jednak idealne warunki – Scholes miał już niebywałe doświadczenie, a futbol pozycyjny przeżywał najlepszy czas. „Kojarzy się moją grę z rozpoczynaniem ataków długimi piłkami – mówił Scholes. – W ostatnich latach, gdy nie strzelałem wielu goli, było to coś na kształt mojego znaku rozpoznawczego". Warto jednak przypomnieć, że początkowo grał on tak wysoko, że fani United śpiewali: „Paul Scholes, znaczy gol". Gdy jednak piłkarz Czerwonych Diabłów stał się u schyłku kariery graczem powszechnie chwalonym, w ogóle nie zdobywał bramek – a przecież trzeba przyznać, że frazy „asystuje przy golach" (czy ściślej: „rozdziela/rozrzuca piłki na boki pomocy, pozwalając skrzydłowym ruszyć do przodu i stworzyć zagrożenie pod bramką") nie skanduje się szczególnie dobrze.

Zakończywszy karierę po finale Ligi Mistrzów, obsypany pochwałami przez światowej klasy przeciwników Scholes wytrzymał bez piłki tylko pół sezonu, by wrócić do United na kolejne 18 miesięcy. Choć decyzja o powrocie do gry w innych dyscyplinach sportu jest powszechna, trudno sobie przypomnieć innego współczesnego piłkarza ze szczytu, który zaliczyłby taki comeback. Szokujący powrót Scholesa wziął się bez wątpienia stąd, że pomocnik zdał sobie sprawę, że choć ma 37 lat, to zapotrzebowanie na jego umiejętności jest większe niż kiedykolwiek. Skoro w tym samym wieku Guardiola był już menedżerem Barcelony, a karierę na najwyższym poziomie zakończył jako 31-latek, należy zauważyć, że w ciągu dekady zaszła zupełnie niezwykła zmiana – umiejętności techniczne zaczęły górować nad cechami fizycznymi. Scholes wyróżniał się przez cały 2012 rok, by po zakończeniu sezonu 2012/13 po raz drugi zawiesić buty na kołku, ponownie jako mistrz Anglii. Zbiegło się to w czasie z przejściem na emeryturę

Fergusona – najbardziej utytułowany menedżer w historii angielskiej piłki wykorzystał przemowę z okazji zakończenia kariery, aby wyrazić szczególne uznanie dla Scholesa.

Porównajmy zresztą odejście Scholesa z tym, w jaki sposób inni piłkarze ze „złotego pokolenia" rozstali się z angielską piłką, a dostrzeżemy ogromny kontrast. David Beckham został sprzedany po tym, jak Ferguson odstawił go od składu, Stevena Gerrarda odsunięto na boczny tor, gdy mówiło się głównie o jego słynnym poślizgnięciu w meczu z Chelsea, Frank Lampard nierozważnie poszedł na kontrowersyjne wypożyczenie do Manchesteru City, Ashley Cole wylądował na ławce w Chelsea, Michael Owen ledwie łapał się do składu Stoke, Rio Ferdinand spadł z QPR z ligi, Gary Neville zakończył karierę po słabych występach w West Bromwich, uświadomiwszy sobie, że nie jest już w stanie rywalizować na najwyższym poziomie, Sol Campbell był zupełnie bez formy przez cały krótki okres pobytu w Newcastle, Owen Hargreaves spędził całe sezony na stole operacyjnym, a Joe Cole skończył w trzecioligowym Coventry City. Byli to swego czasu gracze światowej klasy, którzy zakończyli kariery w sposób zupełnie nieprzystający do ich renomy. Dzięki temu, że Scholes dwukrotnie ogłaszał rozbrat z piłką, będąc na szczycie, i to w momencie, w którym angielski futbol nauczył się doceniać graczy takich jak on, jego spuścizna nie tylko przetrwała, lecz została wręcz podkreślona. Scholes zawsze był świetnym piłkarzem, ale tylko w świecie tiki-taki i Xaviego zyskał status naprawdę wybitnego zawodnika.

Podobny, choć nieco mniej efektowny renesans przeżył u schyłku kariery Mikel Arteta. Ten hiszpański środkowy pomocnik z San Sebastián i przyjaciel z dzieciństwa Xabiego Alonso między 15. a 20. rokiem życia przeszedł piłkarską edukację w Barcelonie i był kolejnym graczem, który opierał swój styl na podaniach i ubóstwiał Guardiolę. Po przygodach w Szkocji i Francji Arteta trafił do Evertonu, gdzie uchodził za ofensywnie nastawionego pomocnika i czasem umieszczano go na prawej stronie. Po tym, jak przeniósł się do Arsenalu w 2011 roku – po ulotnieniu się Cesca Fàbregasa do Barcelony Guardioli – był ceniony jak nigdy wcześniej. Nie należał do graczy klasy światowej i nigdy nie wystąpił w reprezentacji Hiszpanii, ale nie należy lekceważyć jego wpływu na grę Arsenalu. Arteta podpisał kontrakt z Kanonierami chwilę po tym, jak osiągnęli dno za czasów Premier League, doznając w sierpniu 2011 roku zdumiewającej porażki 2:8 z Manchesterem United. W Arsenalu panował wówczas kompletny chaos i klub uznawano za zdecydowanego autsajdera w walce o miejsce w Lidze Mistrzów. Ale inteligencja piłkarska Artety, jego umiejętność podawania i przypominające Xaviego metodyczność oraz cierpliwość w grze piłką sprawiły, że zespół odzyskał solidność, zaczął robić stałe postępy i ostatecznie utrzymał pozycję w czwórce kosztem Tottenhamu. Arsenal zapobiegł pierwszemu autentycznemu kryzysowi za kadencji Arsène'a Wengera w dużej mierze dzięki inteligencji hiszpańskiego podającego pomocnika. Arteta, podobnie jak Scholes, początkowo grał u boku silniejszego defensywnego pomocnika, a dopiero później stał się najgłębiej cofniętym pomocnikiem w drużynie. Został nawet kapitanem Arsenalu, nim w 2016 roku otrzymał ofertę trenerską nie do odrzucenia – od Pepa Guardioli.

W czasach dominacji futbolu pozycyjnego nie chodziło jednak wyłącznie o to, że pomocnicy przestali pozbywać się piłki – całe drużyny utrzymywały się przy niej dłużej i o wiele cierpliwiej atakowały. Zmianę tę należy rozważać w kontekście coraz większego zaufania do analityków, którzy otaczali wręcz czcią dominację Barçy i koniec końców za bardzo skupiali się na statystykach podań. „Ważne, by nie dać się za bardzo zwieść liczbom. Statystyki to pewne narzędzie, nie powinny jednak przerodzić się w obsesję – ostrzegał Carlo Ancelotti. – W pewnym momencie chodziło wyłącznie o posiadanie piłki, wszyscy analitycy się na tym skupiali. Dlaczego? Dlatego że to coś, co byli w stanie zmierzyć. Ale jak to ujął Albert Einstein: »Nie wszystko, co można obliczyć, się liczy i nie wszystko, co się liczy, można obliczyć«. Samym posiadaniem piłki nie wygrywa się meczów".

Być może brzmi to jak truizm, ale w tamtym czasie menedżerowie powszechnie przytaczali statystyki podań i procent czasu, przez jaki ich drużyny utrzymywały się przy piłce. Roberto Di Matteo, menedżer West Bromwich Albion, zachwycał się pewnego razu tym, ile podań zanotowała w poprzednim spotkaniu Barcelona, następnie zaś oświadczył, że jego drużyna pracuje nad poprawą statystyk. Zanim nastała era futbolu pozycyjnego, takie dane uznawano za nieistotne. Kto w ogóle miał pojęcie, ile podań rejestrowała Barcelona czy jakikolwiek inny zespół? Teraz każdy menedżer Premier League dysponował taką wiedzą. Kiedy David Moyes zastąpił w Manchesterze Fergusona, skupił się szczególnie na liczbie podań, jak wspominał z pewnym rozbawieniem Rio Ferdinand. „Mówił: »Chcę, żebyśmy dzisiaj mieli 600 podań w meczu. Tydzień temu mieliśmy tylko 400«. Kogo to obchodzi? Wolałbym strzelić pięć goli z dziesięciu podań".

Choć liczby podań w występach poszczególnych drużyn są problematyczne, statystyki całej Premier League uzmysławiają znaczące przesunięcie ku stylowi opartemu na posiadaniu piłki. Od sezonu 2003/04 do 2013/14 celność podań w lidze wzrosła z 70 do 81 procent, co oznacza ogromną zmianę w ciągu dekady. To coroczny wzrost o około jeden procent, ale jeśli przyjrzymy się zagadnieniu bliżej, zobaczymy, kiedy nastąpił szczególny postęp. W ciągu trzech lat od sezonu 2003/04 do 2006/07 dokładność podań poprawiła się ogółem ledwie o jeden procent, podczas gdy tylko w ciągu dwóch lat (od sezonu 2009/10 do 2011/12) skoczyła o sześć procent.

Choć rozwój taktyczny Premier League zwykle wiąże się z czołowymi klubami, ów wzrost o sześć procent wiele zawdzięczał słabszym zespołom. W sezonie 2009/10 osiem drużyn – Stoke, Bolton, Blackburn, Sunderland, Hull, Birmingham, Wolverhampton i Burnley – miało dokładność podań poniżej 70 procent. W sezonie 2011/12 tylko jedna z nich – Stoke – nadal nie przekroczyła tej liczby, ale nawet i podopieczni Pulisa poprawili się o ponadprzeciętne siedem procent. Przesunięcie w stronę modelu hiszpańskiego dotyczyło całej ligi, a w ciągu tych dwóch sezonów, w trakcie których gwałtownie wzrosła dokładność gry, szczególnie fascynujące okazały się dwa beniaminki.

Pierwszym z nich było Blackpool Iana Hollowaya, które niespodziewanie awansowało po barażach w 2010 roku i zaczęło swój debiutancki sezon w Premier League jako murowany kandydat do spadku. „Kiedy obejrzałem mistrzostwa świata, uświadomiłem sobie, że musimy bardziej przypominać Hiszpanię – oświadczył Holloway przed pierwszą kolejką. – Próba odebrania im piłki nie jest zachęcającą perspektywą. Chcemy być bardziej jak oni. [...] Trzeba pieścić piłkę, trzeba ją kochać i nie wolno jej oddać nikomu innemu". Charyzmatyczny, lekko stuknięty Holloway pragnął, by Blackpool dominowało w posiadaniu piłki, a jego odniesienia do hiszpańskiego futbolu stały się lejtmotywem sezonu. Po robiącym wrażenie zwycięstwie 2:0 w Newcastle na początku września wrócił do zagadnienia: „Trzeba patrzeć na tiki-takę, trzeba obserwować Hiszpanię, to, jak podają, jak utrzymują się przy piłce – powiedział. – To mali kolesie, którzy biegają i podają, i są absolutnie wspaniali. Co jest z nami nie tak? Dlaczego nie moglibyśmy tego robić? Chcę, żeby mój zespół przypominał Hiszpanię!".

Holloway zawsze wykorzystywał trzech środkowych pomocników w ustawieniu 4-3-3 albo 4-2-3-1 i rozciągał grę na obu flankach. Charlie Adam, gwiazdor Blackpool, odnajdywał skrzydłowych zagrywanymi z chirurgiczną precyzją długimi krzyżowymi przerzutami. Szkocki pomocnik był osobliwym zawodnikiem; mógł się pochwalić absolutnie cudowną lewą nogą i dużym zasięgiem podań, ale brakowało mu sprawności fizycznej i miał problemy z przemieszczaniem się po boisku. Dlatego też Holloway stworzył system, który pozwolił wyeksponować mocne strony Adama, nie obnażając jego słabości. Kiedy Adam dostawał piłkę w głębi pola, jego koledzy z pomocy ruszali do przodu. Gdy znajdował się z nią w pobliżu bramki rywala, pozostali dwaj środkowi pomocnicy zapewniali równowagę w defensywie. Szkot miał wolną rękę i mógł grać, jak chciał, wiedząc, że koledzy zadziałają jako przeciwwaga.

Bezwstydne budowanie drużyny wokół jednego piłkarza wydaje się niepokojąco proste, ale w pierwszej połowie sezonu 2010/11 w przypadku Blackpool sprawdziło się wspaniale. Na przełomie roku podopieczni Hollowaya plasowali się na siódmym miejscu w tabeli, co było imponującym wynikiem jak na tak mały klub, który na przykład do obserwacji potencjalnych nabytków zatrudniał na etacie całego jednego skauta. Adam przez chwilę uchodził za jednego z najlepszych piłkarzy w lidze za sprawą długich piłek posyłanych do skrzydłowych i zagrożenia, jakie siał ze stałych fragmentów gry. W wietrzny styczniowy wieczór przy Bloomfield Road Blackpool prowadziło do przerwy 2:0 z późniejszym mistrzem, Manchesterem United. Adam rzucał wspaniałe piłki w kierunku linii bocznych boiska i robił zamieszanie ze stałych fragmentów. Czerwone Diabły wygrały ostatecznie 3:2, ale Ferguson był zaskoczony umiejętnościami Adama. „W pierwszej połowie nas tłukli i nie mogliśmy poradzić sobie z Charliem Adamem – powiedział, by następnie skomentować doniesienia, że Blackpool odrzuciło ofertę Liverpoolu. – Same jego rzuty rożne są warte dziesięć milionów funtów". Adam w końcu przeniósł się do Liverpoolu latem, reklamowany nieco zbyt optymistycznie jako spóźniony następca Xabiego Alonso.

W drugiej połowie sezonu forma Adama i Blackpool dramatycznie tąpnęła. Pogłoski o odejściu bez wątpienia wpłynęły na koncentrację Szkota, dał się także ponieść swej uprzywilejowanej roli w drużynie. Co dziwne, zaczął regularnie oddawać strzały z połowy boiska. Z pewnością dysponował odpowiednim zasięgiem, by próbować takich uderzeń w stylu Beckhama, i cztery lata później w barwach Stoke dokładnie w taki sposób pokonał bramkarza Chelsea, ale w Blackpool robił to co drugi tydzień. Jeśli chodzi o rozegranie, przeciwnicy poznali się na taktyce beniaminka i zaczęli koncentrować się na neutralizacji piłkarza, od którego drużyna była uzależniona. Po Bożym Narodzeniu ekipa Hollowaya wygrała tylko trzy spotkania. Nie sposób było zignorować jej niedostatków w defensywie – średnio traciła ponad dwa gole na mecz i ostatecznie spadła po porażce w ostatniej kolejce na Old Trafford. „To już jest koniec, nie ma już nic – stwierdził Holloway. – Tak to w piłce bywa: masz swoje pięć minut sławy, a potem znikasz". W przypadku Blackpool okazało się to szczególnie prawdziwe, ponieważ w sezonie 2016/17 zespół – z powodu fatalnego zarządzania przez właścicieli – znalazł się na czwartym poziomie rozgrywkowym.

Innym klubem z północnego zachodu, którego gra pozycyjna spotkała się entuzjazmem, był Bolton Wanderers Owena Coyle'a – w dużej mierze zresztą za sprawą wybornej zespołowej akcji w meczu z Blackpool, wykończonej przez Marka Daviesa. Coyle'owi przypisywano przede wszystkim odcięcie się od gry długą piłką hołubionej przez Sama Allardyce'a, a przez chwilę mówiło się o nim jako o potencjalnym następcy Arsène'a Wengera. Statystyki sugerowały jednak, że ta rzekoma rewolucja to złudzenie. Bolton był czwartą najgorszą drużyną w lidze pod względem czasu spędzonego przy piłce i trzecią najgorszą, jeśli chodzi o dokładność podań. Tylko dwa zespoły zagrywały mniej krótkich podań, a zarazem jedynie trzy posyłały więcej długich piłek. Drużyna nadal grała siłowy futbol – miała najwięcej wślizgów w lidze, popełniała najwięcej fauli i miała ex aequo najlepszą średnią wygranych pojedynków w powietrzu. Była to więc zasadniczo wciąż piłka w stylu Allardyce'a. Coyle nie ucieszył się, gdy przedstawiono mu te liczby – jednocześnie kwestionował ich wiarygodność i twierdził, że jego statystyki pokazują coś zupełnie innego. Ale Bolton bez dwóch zdań nie zaczął grać futbolu pozycyjnego, pochwały szybko się skończyły, a rok później klub spadł z ligi.

W sezonie 2011/12 pojawiła się jednak pewna znakomicie podająca drużyna z prawdziwie obiecującym, nastawionym na grę do przodu młodym menedżerem. Swansea City tak jak Blackpool wygrała baraże w Championship. Uniknąwszy o mały włos spadku z całej Football

League* dzięki wygranej z Hull City w ostatniej kolejce sezonu 2002/03, drużyna z Walii w imponujący sposób pokonała następnie kolejne ligowe szczeble. Dziewięć sezonów później Swansea grała w Premier League. Charakterystyczną cechą klubu przez cały ten wzlot ku szczytom zawodowej rywalizacji było przywiązanie do technicznego, opartego na posiadaniu piłki futbolu, które zaczęło się wraz z kadencją Kenny'ego Jacketta (2004–2007), zastąpionego później przez Roberto Martíneza, byłego środkowego pomocnika drużyny. Martínez stawiał tu pierwsze kroki jako menedżer. Zatrudniono go, ponieważ doskonale rozumiał styl, w jakim Swansea chciała grać. Martínez w 2009 roku odszedł do Wigan, wnosząc swój otwarty, nastawiony na atak futbol do Premier League. Tymczasem jego następca Brendan Rodgers sprawił, że nacisk Swansea na grę piłką nabrał zupełnie nowego wymiaru.

Jeśli chodzi o styl, Rodgers był najbardziej „zagranicznym" z brytyjskich menedżerów, jakich oglądała Premier League. Karierę piłkarską zakończył w wieku 20 lat z powodu wrodzonej wady kolana, ale z determinacją dążył do tego, by odcisnąć swoje piętno na wyspiarskiej piłce. „Miałem takie podejście: »W porządku, nie będę miał wpływu na tę grę jako zawodnik. Ani technicznie, ani taktycznie. Ale może uda mi się jako trenerowi?«. Moim celem było pokazanie, że brytyjscy piłkarze mogą grać w piłkę". Rodgers szczególnie podziwiał model hiszpański, na długo przed jego dominacją na arenie międzynarodowej, i spędzał na Półwyspie Iberyjskim dużo czasu, by pogłębić swoje trenerskie wykształcenie. Jego idealny weekend obejmował lot do Barcelony w sobotę wieczorem, oglądanie młodzieżowych drużyn Barçy w niedzielę, wreszcie mecz pierwszego zespołu na Camp Nou i lot powrotny. Rodgers odwiedzał boiska treningowe Valencii, Sevilli i Betisu, przyglądając się zawsze klubom, które latami kładły nacisk na posiadanie piłki, zespołowy futbol i regularnie dawały szansę wychowankom – innymi

* Football League obejmuje Championship, League One i League Two. Grają w niej zespoły zawodowe, w przeciwieństwie do National League, w której występują także (choć nie tylko) drużyny amatorskie. W 2003 roku Swansea była na krawędzi spadku do National League.

słowy, nie interesował go Real Madryt. Przez siedem lat brał lekcje hiszpańskiego, mając świadomość, że przenosiny do Hiszpanii mogłyby być odpowiednim posunięciem w przypadku jego kariery trenerskiej, uważnie przyglądał się również takim holenderskim drużynom, jak Ajax i FC Twente.

Wielki przełom nadszedł jednak dla Rodgersa, gdy José Mourinho zatrudnił go jako trenera młodzieży w 2004 roku. Choć obaj panowie hołdowali bardzo odmiennym filozofiom piłkarskim, Rodgersa zachwycała zwłaszcza możliwość współpracy z człowiekiem, który uczył się fachu od Louisa van Gaala w Barcelonie. „Barça mnie inspirowała, nigdy od tego nie ucieknę – mówi. – Przez wiele lat tam jeździłem, ucząc się modelu gry Louisa van Gaala i Johana Cruyffa". Dlatego też Rodgers okazał się idealnym menedżerem w czasach, gdy w Premier League powszechnie chwalono barceloński wzorzec – podobnie zresztą jak Holloway używał określenia „tiki-taka", by odnieść się do tego stylu gry. Nie trzeba było jednak wiedzieć o miłości Rodgersa do Hiszpanii, by dostrzec przywiązanie Swansea do futbolu pozycyjnego.

W sezonie 2010/11 przed awansem Swansea z Championship w Premier League pojawiła się silna korelacja między statystykami posiadania piłki a pozycją ligową. Pierwsze sześć drużyn – Manchester United, Chelsea, Manchester City, Arsenal, Tottenham i Liverpool – jednocześnie najdłużej utrzymywało się przy piłce. Awans Swansea zupełnie obalił tę współzależność; w debiutanckim sezonie w najwyższej klasie rozgrywkowej zespół z Walii był średnio przy piłce przez 56 procent czasu gry, co okazało się trzecim wynikiem w lidze za Arsenalem i Manchesterem City. Swansea zdominowała zresztą te dwie drużyny na Liberty Stadium, wygrywając odpowiednio 3:2 i 1:0. Drużyna Rodgersa pod względem fizycznym nie stwarzała większego zagrożenia – wygrywała najmniej pojedynków powietrznych w Premier League i popełniała najmniej fauli. Wszystko sprowadzało się do gry podaniami i Swansea w nadzwyczajny sposób odcisnęła swoje piętno na rozgrywkach. Zespół z Walii zakończył sezon na 11. miejscu, co było imponującym osiągnięciem w przypadku małego klubu, który nie mógł się pochwalić ligowym doświadczeniem i dysponował skromnymi środkami. Swansea nie miała nawet własnego boiska treningowego i korzystała z obiektów Glamorgan Health and Racquets Club.

Podobnie jak Blackpool Swansea grała w ustawieniu 4-3-3 lub 4-2-3-1, zawsze upychając trzech dobrych technicznie środkowych pomocników w środku pola, podczas gdy Nathan Dyer i Scott Sinclair trzymali się linii, raczej rozciągając grę, niż wbiegając za plecy obrońców. Gra podaniami zaczynała się od tyłu. Holender Michel Vorm był niższy niż inni bramkarze w Premier League (mierzył ledwie 182 cm), ale zatrudniono go, ponieważ czuł się swobodnie z piłką przy nodze. Większość podań zagrywał środkowy obrońca Ashley Williams, ale jednym z kluczowych podających był także – co zaskakujące – prawy obrońca Àngel Rangel. Hiszpan rozważnie i inteligentnie rozdzielał piłki, często utrzymując się przy futbolówce i dyrygując grą, zamiast stale grać na obieg. Nieuchronnie jednak wiązało się to z błędami z tyłu, czego najbardziej rażącym przykładem była porażka Swansea 0:1 z Manchesterem United w listopadzie. Zwycięska bramka Javiera Hernándeza padła właśnie po błędzie prawego obrońcy. Rangel w niebezpiecznej strefie boiska podał zbyt słabo i piłka padła łupem Ryana Giggsa. Rodgers nie skrytykował podopiecznego. „Àngel Rangel był wspaniały. To nie jego wina, że stracił piłkę, ponieważ proszę moich zawodników, by grali piłką – oświadczył. – Jeśli kogoś należy winić, to mnie. Każę piłkarzom grać piłką i podawać, a nie kopać ją do przodu". Rodgers godził się na sporadyczne błędy, uważając, że ogólna kontrola nad meczami sprawia, że ryzyko się opłaca.

Podczas gdy gra gwiazdora Blackpool Adama opierała się na rozrzucaniu na skrzydła ambitnych krzyżowych podań, kluczowym zawodnikiem Swansea był Leon Britton, najniższy i najbezpieczniej podający piłkarz w lidze. Britton podawał z największą dokładnością w całej Premier League (93,4 procent), a jeśli dokładniej przyjrzymy się statystykom, ujrzymy wyraźnie, jak bardzo angażował się w utrzymywanie płynności gry. W sezonie 2011/12 zagrał 2258 podań, ale tylko jedno z nich było udanym zagraniem między obrońcami rywala i ledwie po dziesięciu z tych podań oddano strzały. Britton zakończył sezon bez asysty, nie zdobył też bramki, co nie powinno zresztą zaskakiwać, bo oddał tylko cztery strzały w 36 meczach. Jego zadanie sprowadzało się do jednego: krótkich podań na boki.

Styl Swansea został jednak źle zrozumiany, często bowiem walijską drużynę chwalono za „futbol ofensywny". Futbol techniczny? Tak. Futbol pozycyjny? Owszem. Ale ofensywny? Z pewnością nie. Statystyki pokazywały, że Swansea nie była zainteresowana atakiem. Mimo tak imponujących osiągnięć, jeśli chodzi o utrzymywanie się przy piłce, tylko cztery drużyny w całej Premier League oddały mniej strzałów (i strzałów na bramkę), żadna zaś nie zdobyła bramki w mniejszej liczbie spotkań – ekipa Rodgersa nie zdołała strzelić gola w 15 z 38 kolejek. Podejście Swansea było natomiast lepsze jako narzędzie defensywne – tylko trzy drużyny zachowały więcej czystych kont.

„Nasz sposób bronienia polega na utrzymywaniu się przy piłce" – wyjaśniał Rodgers. Swansea przez niezwykle długie okresy operowała piłką w głębi pola. Pomocnicy i obrońcy po prostu podawali do siebie, nie szukając możliwości przedarcia się za linie obrony przeciwnika. „Mój model gry we wszystkim opiera się na organizacji – ciągnął Rodgers. – Gdy mamy piłkę, musimy znać schematy poruszania, wymienności pozycji, płynności i ustawienia drużyny. Poza tym jest też kwestia organizacji w defensywie, więc jeśli nie idzie nam dobrze, z automatu gramy w swoim wyuczonym stylu, który sprawia, że trudno nas pokonać i znów jesteśmy w stanie wrócić do gry dzięki podaniom". Pomysł, by wykorzystywać posiadanie piłki dla celów defensywnych nie był żadnym odkryciem (gra piłką, by utrzymać prowadzenie, była dobrze znaną strategią), ale ponieważ Swansea prezentowała tak zachowawczy futbol, będąc przy piłce, jej styl wyraźnie odbiegał od wszystkiego, co do tej pory widziała Premier League, i był najbliższy piłce hiszpańskiej.

Niedługo po debiutanckim sezonie drużyny Rodgersa w Premier League Hiszpania dzięki jeszcze ostrożniejszej grze pozycyjnej triumfowała na trzecim z rzędu wielkim turnieju, Euro 2012. Sprowokowało to do krytyki Arsène'a Wengera, człowieka zwykle z entuzjazmem podchodzącego do posiadania piłki. „Zdradzili swoją filozofię i stali się drużyną bardziej reaktywną – narzekał. – Początkowo chcieli mieć piłkę, żeby atakować i wygrywać. Teraz wydaje się, że to przede wszystkim sposób, by nie przegrać. Stali się bardziej zachowawczy, nie chcą pozbywać się piłki, aby nie dać rywalom szansy na strzelenie gola". Był to zarazem idealny opis podejścia do gry Swansea pod wodzą Rodgersa, który obserwował zresztą treningi Hiszpanów podczas Euro 2012, paląc się do przyswajania kolejnych pomysłów od swej ulubionej piłkarskiej nacji.

Ostrożność Swansea stawała się jednak oczywista, gdy regularnie oglądało się jej grę albo porównywało się jej statystyki ze statystykami rywali z Premier League. Ale kibice przeciwników byli raczej pod wrażeniem stylu klubu z Walii. Przykładowo po wygranej 3:0 na Craven Cottage piłkarze Rodgersa schodzili z boiska przy oklaskach fanów Fulham. Stało się to czymś tak częstym, że menedżer Swansea od czasu do czasu dawał się ponieść. „Wspaniale, że publika w Sunderlandzie mogła nas zobaczyć – promieniał po wyjeździe na Stadium of Light. – Na pewno się zastanawiali, o co tyle hałasu z tą drużyną, która nie schodzi wszystkim z ust. Teraz już wiedzą. Byliśmy świetni". Jego podopieczni przegrali właśnie 0:2.

Rodgersowi w tym samym stopniu chodziło o przebieg gry, co o wynik. Był ambitnym młodym menedżerem, który trafił do Premier League w idealnym momencie – gdy posiadanie piłki ceniono pod względem estetycznym jak nigdy wcześniej i uważano za decydujące dla wygrywania meczów. Jednym ze stadionów, na których oklaskiwano Swansea, było Anfield. „Naprawdę poruszająca sprawa, to przecież obiekt z wielką historią" – powiedział Rodgers. Kibice okazali się szczególnie przewidujący.

21

ASYSTENCI I FAŁSZYWE DZIEWIĄTKI

Wolę mówić o sobie jako o „dziewiątce i pół".

Robin van Persie

Zwiększenie nacisku na jakość podań było szczególnie widoczne w trakcie dominacji futbolu pozycyjnego, ale stanowiło zarazem długi, stopniowy proces w całej erze Premier League. Ocena tej sytuacji z poziomu murawy sugeruje, że wszystko zaczęło się na tyłach, nim z wolna objęło także atak.

Rozwój taktyczny w Premier League zaczął się od wprowadzenia zakazu łapania podanej piłki przez bramkarzy, co zmusiło ich do udziału w budowie akcji. Skutek uboczny zmiany przepisów był zaś taki, że obrońcy zaczęli operować piłką, i szybko stało się to oczywiste. Później w środkowym pomocniku zaczęto widzieć raczej piłkarza technicznego niż staromodny angielski ideał gracza, który zasuwa na boisku i nie odstawia nogi. Dlatego też nieuniknione stało się postawienie na solidnie podających piłkarzy również w ofensywie.

Ewolucję ofensywnych pomocników w trakcie hiszpańskiej dominacji uosabiało przybycie do Anglii podczas trzech kolejnych letnich okienek transferowych (w latach 2010–2012) trzech naprawdę wybitnych hiszpańskich rozgrywających: David Silva trafił do Manchesteru City, Juan Mata przeniósł się do Chelsea, a Arsenal sprowadził Santiego Cazorlę. Wszyscy trzej uczestniczyli w triumfach drużyny narodowej: Silva miał swój wkład w trzech mistrzostwach z rzędu, Cazorla nie wziął udziału w mistrzostwach świata w 2010 roku z powodu kontuzji, ale sięgnął po mistrzostwo Europy w 2008 i 2012 roku, Mata natomiast występował zarówno na mistrzostwach świata w 2010 roku, jak i na Euro 2012. Żaden z nich nie należał do najbardziej cenionych hiszpańskich pomocników i tylko Silva grał w podstawowym składzie, niemniej wszyscy byli ogromnie utalentowanymi kreatorami i elegancko grającymi technikami, którzy inteligentnie potrafili odnaleźć wolną przestrzeń i zagrywali piłki między obrońców. Była to druga rewolucja „między liniami" w Premier League.

Do pierwszej doszło oczywiście mniej więcej 15 lat wcześniej wraz z przyjściem Érica Cantony, Dennisa Bergkampa i Gianfranco Zoli. Istniały jednak między nimi dostrzegalne różnice – trzej ostatni byli cofniętymi napastnikami, których rolę marginalizowano w innych krajach i którzy w Anglii znaleźli schronienie; przy tym wszyscy byli zaskakująco mocni fizycznie. Obrońcy rzucali komentarze na temat wzrostu Cantony, niespodziewanej siły Bergkampa, niezrównanej umiejętności osłaniania piłki przez Zolę. Silva, Mata i Cazorla bardzo się od nich różnili. Niewątpliwie byli raczej pomocnikami niż napastnikami, uważali przenosiny do Premier League za naturalny krok w karierze, a z powodu niskiego wzrostu byli narażeni na fizyczne zdominowanie przez rywali.

Oczywiście sami też nie byli identyczni. Silva najskuteczniej zagrywał prostopadłe piłki, Mata świetnie spisywał się pod bramką rywali, a Cazorla wspaniale kontrolował grę z głębi pola. Ale nie brakowało między nimi wyraźnych podobieństw. Wszyscy byli produktami hiszpańskiej kultury piłkarskiej, która – mimo że Barcelona trzymała się systemu 4-3-3 – bazowała w głównej mierze na ustawieniu 4-2-3-1. Choć po części dzięki Rafaelowi Benítezowi stało się ono dobrze znane w Anglii, często było po prostu wariantem 4-4-1-1 z bocznymi pomocnikami kursującymi tradycyjnie przy linii. W Hiszpanii trójka ofensywnych zawodników operowała z większą swobodą i płynnie wymieniała się pozycjami, gdy drużyna przez dłuższy czas utrzymywała się przy piłce. Rzeczywiście, Silva i Mata grali w Valencii w modelowym wariancie hiszpańskiego 4-2-3-1 razem z Pablo Hernándezem – który potem trafił do odpowiadającej jego stylowi Swansea – operując w ciągu jednego meczu na wszystkich trzech pozycjach za środkowym napastnikiem. Funkcję tego ostatniego pełnił David Villa, a trzej ofensywni pomocnicy bronili w najbliższej strefie boiska, gdy długa wymiana piłek spaliła na panewce. Cazorla odgrywał podobną rolę w Máladze, u boku cudownego Isco, a później w Villarrealu, gdzie wraz z Canim schodził do środka, by z 4-4-2 zrobić 4-2-2-2, niemal bez przerwy grając między środkowymi pomocnikami a napastnikami.

Wszechstronność Silvy, Maty i Cazorli sprawiała, że trudno było określić ich optymalną pozycję na boisku. Instynktownie miało się poczucie, że tak utalentowani piłkarze powinni grać w środku, mimo że zwykle wystawiano ich bardziej na skrzydłach. Miało to zresztą sens, zważywszy, że rywale coraz częściej grali dwoma cofniętymi pomocnikami i uważnie pilnowali przestrzeni między liniami – rozgrywający pojawiali się więc bez zapowiedzi w strefach boiska, w których mogli siać zagrożenie, zamiast tkwić tam ciągle pod opieką rywali. „Dzięki temu mogę zejść do środka i więcej dostrzegam" – wyjaśniał swoje ustawienie na boku Mata.

Poza tym dyskusyjna jest też myśl, że trzej hiszpańscy rozgrywający winni mieć jakąś ulubioną pozycję. Ofensywni pomocnicy, których gra bazuje na dośrodkowaniach, wolą występować na swoim naturalnym obszarze, a ci, którzy koncentrują się na strzelaniu, preferują przeciwległe skrzydło, ponieważ ustawienie narzuca im najskuteczniejszy sposób wykorzystania lepszej nogi. Ale styl Silvy, Maty i Cazorli opierał się na krótkich zagraniach, inteligentnym poruszaniu się po boisku i posyłanych z zegarmistrzowską precyzją prostopadłych podaniach, nie miało więc znaczenia, na jakich pozycjach są wystawiani, ponieważ zawsze pełnili tę samą funkcję. Był to oczywiście kolejny przykład uniwersalności – upodobniali się do siebie nie tylko zawodnicy z różnych formacji, ale też piłkarze grający obok siebie wszerz boiska.

Dziś w angielskiej piłce uważa się tego pokroju rozgrywających za zjawisko najzupełniej oczywiste, ale do niedawna w Premier League było stosunkowo niewielu takich zawodników, jak trzej wspomniani Hiszpanie: ofensywnych pomocników, na których grze w minimalnym stopniu odbijałoby się to, czy grają na prawej stronie, czy na lewej, czy też w środku. Wyjątkiem był Arsenal za sprawą Alaksandra Hleba i Tomáša Rosický'ego, choć już Samir Nasri, który występował później u boku Silvy w Manchesterze City, mówił, że ustawiony na prawym skrzydle, częściej wybiega za plecy obrońców, a z lewej flanki częściej schodzi do środka. Joe Cole również mógł odgrywać każdą z tych trzech ról, choć nigdy nie wzbił się tak naprawdę na szczyt jako dziesiątka, ponieważ José Mourinho przerobił go na harującego jak wół bocznego pomocnika.

Ogólnie rzecz biorąc, Silva, Mata i Cazorla byli jednak pomocnikami nowego typu. W angielskim słowniku piłkarskim nie istniało na nich odpowiednie określenie – z pewnością nie byli to skrzydłowi ani nawet boczni pomocnicy, termin „rozgrywający" jest natomiast zbyt niekonkretny i nie opisuje ich ustawienia. Być może najlepiej ich rolę wyjaśniałoby pojęcie „asystenci". Nie byli klasycznymi pomocnikami, ale z pewnością nie grali też w ataku; nie zajmowali się przesadnie strzelaniem bądź dryblingiem i nie dośrodkowywali. Ich zadaniem było po prostu dogrywanie partnerom.

Asysta to obecnie ugruntowane pojęcie w angielskim futbolu, ale jest to w dużej mierze termin z „epoki Premier League". W 1996 roku Opta, najbardziej ceniona firma analityczna zajmująca się statystykami piłkarskimi, zatrudniła byłego menedżera Arsenalu Dona Howe'a, by wypracować precyzyjną definicję tego pojęcia, która ostatecznie brzmiała: „Ostatnie podanie lub podanie będące zarazem strzałem, które prowadzi bezpośrednio do strzelenia gola przez zawodnika będącego odbiorcą piłki". Definicja Opty jest dziś prawie powszechnie przyjmowana, a na oficjalnej stronie Premier League obok sylwetki każdego piłkarza podaje się liczbę zdobytych bramek i właśnie asyst, lecz dopiero około 2010 roku rzetelne dane dotyczące tych ostatnich stały się ogólnie dostępne. Przykładowo dla Thierry'ego Henry'ego rekordowy pod tym względem był sezon 2002/03, gdy zaliczył 20 ostatnich podań, ale w tamtym czasie prawie o tym nie wspominano. Pojawienie się utalentowanych asystentów w Premier League zbiegło się ze wzrostem znaczenia owych liczb; równocześnie asystentów zaczęto otaczać szczególnymi względami, ponieważ ich wkład w grę stał się bardziej wymierny.

Silva był pierwszym z konkwistadorów, którzy dotarli do Anglii. Choć przybył na Wyspy po sukcesie reprezentacji Hiszpanii w mistrzostwach świata w 2010 roku, sam turniej był dla niego trudny. Podopieczni Vicente del Bosque przegrali pierwszy mecz 0:1 ze Szwajcarią. Wyglądali w tym spotkaniu na jednowymiarową, bardzo wąsko ustawioną i przewidywalną drużynę. Gra dwoma rozgrywającymi na bokach nie funkcjonowała jak należy. Del Bosque potrzebował zawodnika częściej wychodzącego na pozycję i do końca turnieju wykorzystywał w tej roli jednego z trójki: Fernando Torres, Jesús Navas i Pedro Rodríguez. Tymczasem Silva, kolejny grający krótkimi podaniami piłkarz w zespole, w którym się od nich roiło, stał się kozłem ofiarnym: zszedł po godzinie pierwszego spotkania i nie pojawił się już więcej na boisku. „Mam szczęście, że jestem członkiem tej wspaniałej drużyny, ale odnoszę zarazem wrażenie, że trener mnie nie potrzebuje – narzekał rok później. – Gdy przegraliśmy na mistrzostwach ze Szwajcarią, byłem jedynym zawodnikiem, który poniósł konsekwencje". Del Bosque, selekcjoner skupiający się w równym stopniu na harmonii w drużynie, co na taktyce, wyraźnie palił się jednak do tego, by w następnych latach wkomponować Silvę w skład i piłkarz Manchesteru City odegrał ostatecznie kluczową rolę w drodze po mistrzostwo Europy w 2012 roku, otwierając wynik uderzeniem głową w finałowym zwycięstwie 4:0 z Włochami.

Silva miał zatem coś do udowodnienia, gdy trafił do Anglii. W swoim debiutanckim sezonie przed Bożym Narodzeniem niespecjalnie się wyróżniał. Zdołał strzelić tylko jednego gola (śliczny rogal po przedryblowaniu dwóch zawodników Blackpool) i zaliczył ledwie trzy asysty. Ale system gry City, w którego kadrze brakowało zawodników wbiegających za plecy rywali, nie odpowiadał skłonności Hiszpana do zagrywania prostopadłych podań. Silva wydawał się też zaskoczony fizycznością angielskiej piłki, choć już w drugiej części sezonu stawił jej czoło, zdecydowanie poprawiając grę.

Gdy City rozpoczynało zwycięski sezon 2011/12, Silva grał już na poziomie niedostępnym dla kogokolwiek innego w Anglii. Obrońcy rywali po prostu nie byli w stanie sobie poradzić z jego nieuchwytnym schodzeniem do środka, a gdy Hiszpan miał za rywala tradycyjnego angielskiego bocznego obrońcę, często wyglądało to zabawnie. W drugim meczu sezonu, w którym Obywatele wygrali 3:2 z Boltonem, Silva otworzył wynik, całkowicie ogłupiając lewego obrońcę Kłusaków Paula Robinsona, który nie miał za grosz pojęcia, jak daleko powinien zejść za Hiszpanem do środka. Robinson zbyt długo trzymał się pozycji, kryjąc Silvę, tylko gdy ten otrzymał piłkę, i prowokując go do zagrania do nadbiegającego kolegi.

Koniec końców, ustawienie Silvy okazało się tak trudne do rozszyfrowania, że menedżerowie rywali docenili Hiszpana najwyższą formą komplementu: przydzielając mu indywidualne krycie. Nie zawsze jednak odnosiło to skutek. W meczu wyjazdowym z City menedżer David Moyes poinstruował Jacka Rodwella, by nie odstępował Silvy na krok, lecz pomocnik Evertonu ledwie po 20 minutach trafił do notesu sędziego za faul na nieuchwytnym rywalu. Moyes natychmiast przekazał rolę plastra Philowi Neville'owi, który wytrzymał tylko pięć minut, nim sam dostał kartkę, co zmusiło Szkota do powrotu do wyjściowego planu. Hiszpan i tak był pierwszoplanową postacią w meczu, asystując przy zamykającym wynik spotkania golu Jamesa Milnera na 2:0. Silva został wybrany piłkarzem września, w 16 występach zdobył trzy bramki, zaliczył 12 asyst i rozegrał jedną z najlepszych połówek sezonu w historii Premier League. Jednakże z powodu serii drobnych urazów w swych ostatnich 14 spotkaniach dołożył tylko jednego gola i dwa ostatnie podania, a City rzutem na taśmę sięgnęło po tytuł.

Do Silvy zdążył wówczas dołączyć w Premier League stary partner z Valencii, Juan Mata. Podczas gdy ten pierwszy miał początkowo problemy z angielskim stylem życia, Mata błyskawicznie się do niego przyzwyczaił. Jego siostra mieszkała w Brighton i szybko nauczył się języka, oczarowując ludzi śledzących go w mediach społecznościowych typowo turystycznymi zdjęciami Londynu. „Jeśli człowiek chce być anonimowy, może się udać do Soho czy Camden. To żaden problem – wyjaśniał. – Mieszka tu dużo Hiszpanów. Jeśli pójdzie się do Piccadilly albo Oxford Circus, słychać wiele hiszpańskich głosów, ale nie jestem specjalnie rozpoznawalny. Lubię Hyde Park i Regent's Park, gdzie można robić dobre zdjęcia, a przy King's Road znalazłem bar z dobrymi tapasami".

Co ważniejsze, karierę w Chelsea rozpoczął bramką w debiucie z Norwich, a dokładnie w tym samym czasie, gdy w świetnej formie był Silva, zdołał strzelić dwa gole i zaliczyć sześć asyst w ośmiu spotkaniach. Ostatecznie Silva i Mata zakończyli sezon 2011/12 jako zawodnicy, którzy stworzyli partnerom najwięcej okazji w Premier League, zajmując ex aequo pierwsze miejsce w tabeli asystentów. Mata wydawał się symbolem nowej Chelsea dowodzonej przez André Villasa-Boasa, choć trwało to niecałe pół sezonu. Niemniej Hiszpan odnosił sukcesy za kadencji Villasa-Boasa, Roberto Di Matteo i Rafaela Beníteza, trzech bardzo różnych menedżerów, którzy hołdowali wyraźnie odmiennym systemom gry.

Villas-Boas często wystawiał go na lewej stronie, Di Matteo w wielkich meczach na prawej, a Benítez w środku. Dla niego nie miało to większego znaczenia. „Mogę grać na każdej z tych trzech pozycji" – mówił. Zaliczał asysty z zastraszającą regularnością, zwłaszcza w ważnych chwilach. Wykreował sytuację, po której Ramires zdobył otwierającą wynik bramkę w wygranej 2:1 z Liverpoolem w finale Pucharu Anglii w 2012 roku, a następnie asystował przy kluczowej główce Didiera Drogby w finale Ligi Mistrzów z Bayernem. W kolejnym sezonie zaliczył ostatnie podanie przy golach Fernando Torresa i Branislava Ivanovicia w wygranym 2:1 finale Ligi Europy z Benficą. W obu pełnych sezonach w Chelsea wybierano go klubowym graczem roku, ale po powrocie José Mourinho na Stamford Bridge poszedł w odstawkę i został sprzedany do Manchesteru United.

Tymczasem Arsenal w 2012 roku kupił Cazorlę z Málagi. Choć później miał zyskać renomę, grając głębiej, początkowo wystawiano go – jak Silvę i Matę – jako asystenta schodzącego do środka spod linii bocznej w ustawieniu 4-2-3-1 albo jako dziesiątkę. Cazorla opisał swoją rolę jako „grę między liniami, między obrońcami a pomocnikami, zajmowanie takiej pozycji na boisku, z której można zaszkodzić obronie rywala, operując odrobinę za napastnikiem i zapewniając asysty". Wiecznie pogodny Cazorla był piłkarzem o krępej budowie i brakowało mu prędkości na dłuższym dystansie, lecz przy tym był niewiarygodnie szybki, gdy przychodziło do unikania ataków rywali na małej przestrzeni. Wspaniale wypadł już w swoim trzecim meczu w Premier League, w którym panujący na boisku Arsenal wygrał 2:0 z Liverpoolem na Anfield. Hiszpan zaliczył asystę przy otwierającej wynik bramce Lukasa Podolskiego, a potem sam dołożył drugą. Jego debiutancki sezon w Anglii wypadł znakomicie, a w maju piłkarz dokonał niezwykle rzadkiego wyczynu, asystując przy czterech golach w jednym spotkaniu (Arsenal sprawił Wigan lanie 4:1). Tylko jeden piłkarz zaliczył w tym sezonie więcej asyst od Cazorli – Mata. Tymczasem gdyby wykluczyć specjalistę od stałych fragmentów z Evertonu Leightona Bainesa, to właśnie trójka Silva, Mata i Cazorla stworzyła partnerom najwięcej okazji w sezonie 2012/13.

W ciągu kilku następnych sezonów angielska piłka mogła się cieszyć z przybycia kilku kolejnych równie utalentowanych asystentów. Przykładowo najwięcej goli w sezonie 2015/16 padło po zagraniach Mesuta Özila, Christiana Eriksena, Dimitriego Payeta i Dušana Tadicia, graczy ulepionych z tej samej gliny co trio Hiszpanów. Nastąpiło wyraźne przesunięcie w stronę świetnych technicznie kreatorów gry, a niezwykle imponujące występy Silvy, Maty i Cazorli spowodowały zmianę wymagań wobec ofensywnych pomocników, rola asystenta zyskała bowiem znaczną popularność.

Bardziej istotna niż to, że rola ofensywnego pomocnika zaczęła w większej mierze polegać na utrzymywaniu się przy piłce, była podobna zmiana w grze środkowych napastników. Posługiwanie się terminem „fałszywa dziewiątka" – na określenie niekonwencjonalnie grającego środkowego napastnika, który jest wystawiany jako najbardziej wysunięty zawodnik drużyny, lecz cofa się głęboko do pomocy – jeszcze w 2008 roku zbijało kibiców z tropu. Kilka lat później było to już powszechnie stosowane rozwiązanie.

Popularność fałszywej dziewiątki to kolejna spuścizna po Barcelonie. Lionel Messi został najlepszym piłkarzem swojego pokolenia (a niewykluczone, że wszech czasów) w dużej mierze dzięki przestawieniu go na środek barcelońskiego tria napastników. Jego naturalną pozycją była raczej dziesiątka niż dziewiątka i czasami grał niezwykle głęboko, by zapewnić Barcelonie dominację w pomocy, bijąc jednocześnie rekordy strzeleckie.

Ale w Anglii terminu „fałszywa dziewiątka" często używano w niewłaściwy sposób. Choć niewątpliwie określa się nim piłkarza, który nie jest klasycznym napastnikiem, dotyczy raczej boiskowej roli niż konkretnego zawodnika. Przykładowo plaga kontuzji zmusiła w pewnym momencie Liverpool do wystawienia w ataku na mecz wyjazdowy z West Hamem Jonjo Shelveya. Shelvey nie cofał się jednak w głąb pola i nie był łącznikiem między pomocą a atakiem; grał po prostu z konieczności jako środkowy napastnik, nie pełnił funkcji fałszywej dziewiątki. Tymczasem podczas zwycięskiego Euro 2012 Vicente del Bosque miał problem ze znalezieniem odpowiedniego środkowego napastnika. Co zaskakujące, w pierwszym meczu wystawił tam Cesca Fàbregasa, który w naturalny dla siebie sposób cofał się do drugiej linii, co oznaczało, że Hiszpania grała z fałszywą dziewiątką. Ale później – po dłuższym czasie na ławce rezerwowych – Fàbregas wrócił do pierwszej jedenastki w wygranym 4:0 finale z Włochami. Pozornie pełnił tę samą funkcję, ale zamiast wracać do pomocy, siedział na plecach ostatniego obrońcy, pokazując się do gry. W pierwszym meczu był fałszywą dziewiątką, a w tym drugim po prostu zastępował napastnika.

Fałszywa dziewiątka w ścisłym znaczeniu tego terminu nie zdobyła w Anglii szczególnej popularności. Niemniej sama koncepcja bezsprzecznie zmieniła oczekiwania menedżerów wobec środkowych napastników. W Premier League przeważało staromodne wyobrażenie o napastniku pełniącym funkcję klasycznej wysokiej i silnej dziewiątki, czekającej w polu karnym na dośrodkowania. Fałszywa dziewiątka była w gruncie rzeczy jej antytezą.

Syntezą tych dwóch modelów gry był typ środkowego napastnika, który dominował w latach 2011–2016. Królowie strzelców Premier League – Carlos Tévez, Robin van Persie, Luis Suárez i Sergio Agüero – zdobywali mnóstwo bramek jako najbardziej wysunięci napastnicy w swoich klubach, mimo że przychodzili do Anglii bez wyjątku jako zawodnicy pełniący funkcję drugich napastników, którzy występują za plecami kolegi z drużyny. To, że stali się pierwszorzędnymi dziewiątkami, a nie dziesiątkami, dowodziło zmiany wymagań wobec środkowych napastników. Oczywiście nie po raz pierwszy drużyny Premier League grały bez tradycyjnych napastników – Thierry Henry w Arsenalu i Cristiano Ronaldo w Manchesterze United funkcjonowali na podobnych zasadach, ale ich ustawienie wiązało się przede wszystkim z szukaniem wolnej przestrzeni, w którą mogliby wejść. Obecnie chodziło o współpracę przy rozegraniu.

Jeśli Wayne Rooney nie był typową fałszywą dziewiątką, to na pewno był wątpliwą dziewiątką. Rekordzista Manchesteru United pod względem liczby zdobytych bramek prawdopodobnie nigdy nie odkrył swojej optymalnej pozycji. Za czasów Ronaldo przeniesiono go na skrzydło, w kolejnych sezonach grał na przemian jako dziewiątka i dziesiątka, a potem wystawiano go w pomocy. Jednakże w sezonie 2009/10 Rooney po raz pierwszy osiągnął naprawdę rewelacyjną formę strzelecką i często wystawiany był w pojedynkę z przodu w ustawieniu 4-3-3. Choć poprawił w tym czasie umiejętności typowe dla klasycznego środkowego napastnika, zdobywając wiele bramek głową, grywał czasem o wiele głębiej, bez partnera wychodzącego zza jego pleców.

Gol z kontry, którego w 2010 roku strzelił w wygranym 3:1 meczu z Arsenalem, był klasycznym trafieniem fałszywej dziewiątki; cofnął się, by wyciągnąć za sobą środkowych obrońców rywala, i dostał podanie od Park Ji-sunga na środku własnej połowy. Zagrawszy do Naniego, który przebiegł z piłką 50 metrów, znalazł miejsce dzięki odciągającemu uwagę rywali Parkowi, wpadł w pole karne i wykorzystał podanie zwrotne od Portugalczyka. Z taktycznego punktu widzenia był to jeden z najwspanialszych goli w erze Premier League, doskonały przykład tego, czego zaczęto oczekiwać od środkowych napastników: współpracy w rozegraniu i strzeleckich umiejętności.

Choć Nicolasa Anelkę – ku jego wielkiemu oburzeniu – uważano zawsze za dziewiątkę, Francuz zaliczył najważniejszy w historii Premier League występ jako fałszywa dziewiątka w wyżej wspomnianym zwycięstwie Chelsea nad Manchesterem United 2:1 w 2010 roku; z powodu Didiera Drogby rzadko jednak odgrywał tę rolę. Dlatego też najważniejszą fałszywą dziewiątką w angielskiej piłce był Tévez. Jak wcześniej wspomniałem, jego przyjście do Czerwonych Diabłów wywołało spekulacje, czy będzie mógł grać razem z Wayne'em Rooneyem, ponieważ obu uważano za piłkarzy tego samego typu: dziesiątki. W grającej czasami bez napastników drużynie Manchesteru United, która triumfowała w Lidze Mistrzów, pełnili drugoplanowe funkcje, lecz kontrowersyjny transfer Argentyńczyka do Manchesteru City sprawił, że wreszcie został liderem.

Początkowo Tévez grał za plecami Emmanuela Adebayora, klasycznego środkowego napastnika, ale w trakcie sezonu 2010/11 – tego samego, w którym Messi dowiódł wartości fałszywej dziewiątki, prowadząc Barcelonę do potrójnej korony – Tévez długimi okresami operował w City jako osamotniony napastnik i ciągle schodził głęboko do pomocy, współpracując przy rozegraniu. Oczywiście zasadniczo jego grę można było porównać z rolą Messiego i w Argentynie toczyły się liczne dyskusje na temat tego, czy obaj mogą wspólnie występować w drużynie narodowej. Choć Tévez nie dorównywał rodakowi, w dużej mierze powielał w tamtym sezonie jego funkcję w City, inteligentnie uczestnicząc w rozegraniu, a przy tym zostając najlepszym strzelcem Premier League, ex aequo z byłym kolegą z drużyny Dimityrem Berbatowem z Manchesteru United.

Doświadczenia Berbatowa także były znaczące. Po odejściu Ronaldo i Téveza w 2009 roku Bułgar na ogół występował jako najbardziej wysunięty napastnik, tuż przed Rooneyem – później jednak zdarzało mu się odgrywać rolę zawodnika nieco cofniętego, z Rooneyem mierzącym się z obrońcami rywala na szpicy. Obaj piłkarze czuli się komfortowo w obydwu rolach, co dobrze uwypuklało nową funkcję środkowego napastnika najwyższej klasy, który stał się kimś pomiędzy dziewiątką a dziesiątką. Jeśli chodzi o Berbatowa w sezonie 2010/11, najbardziej fascynujące nie było jednak to, że skończył jako najlepszy strzelec w lidze ex aequo z Tévezem, lecz to, że korona króla strzelców nie zapewniła mu nawet miejsca w 18-osobowym składzie na finał Ligi Mistrzów, w którym Rooney grał za plecami Javiera Hernándeza, a na ławce usiadł Michael Owen. W brutalny sposób przypominało to o tym, że samo zdobywanie bramek nie wystarczy.

Po tym, jak Tévez i Berbatow podzielili się koroną w sezonie 2010/11, najlepszym strzelcem Premier League przez dwa kolejne sezony był Holender Robin van Persie, który wspaniale prezentował się w sezonie 2011/12 i zdołał zaciągnąć borykający się z problemami Arsenal do pierwszej czwórki, a następnie przeniósł się do Manchesteru United i dał Czerwonym Diabłom tytuł. Gdy w 2004 roku van Persie przenosił się do Anglii, podobnie jak Tévez uchodził za dziesiątkę; przypadkowo zresztą również grał tuż za Adebayorem. Transfer togijskiego napastnika do Manchesteru City w 2009 roku spowodował, że Arsène Wenger w typowy dla siebie sposób dostosował do określonej roli piłkarza, którego miał już w składzie, zamiast sprowadzać bezpośredniego następcę, i to Holender przewodził teraz pierwszej linii. Na początku sezonu 2009/10 van Persie prezentował się rewelacyjnie, zapewniając drużynie idealną równowagę między kreatywnością a wykończeniem – w 12 meczach zaliczył siedem asyst i strzelił siedem goli. Poważna kontuzja więzadła w kostce wykluczyła go jednak z gry na pięć miesięcy.

Podczas nieobecności van Persiego Wenger wystawiał przeważnie na szpicy Andrieja Arszawina. Rosjanin był piłkarzem trudnym do rozgryzienia: jako naturalnie utalentowanego rozgrywającego wystawiano go w Arsenalu na lewej stronie ataku, gdzie zdarzały mu się przebłyski geniuszu, ostatecznie jednak się pogubił i wyraźnie stracił pewność siebie. Był niezwykle kreatywny i świetny technicznie, niewiele jednak dawał drużynie pod względem pracowitości i siły fizycznej, nigdy też nie imponował skutecznością. W tamtym czasie był najfałszywszą z fałszywych dziewiątek, ale jego słabe występy niespecjalnie przyczyniały się do popularności tej boiskowej roli. Arsenalowi strasznie brakowało van Persiego.

Po długiej przerwie z powodu kontuzji Holender przeobraził się z utalentowanego, ale podatnego na urazy drugiego napastnika, który strzela widowiskowe gole, w bezlitosnego środkowego napastnika, wspaniałego łowcę bramek. Wystawiany na ogół samotnie z przodu w systemie 4-3-3, van Persie był inteligentnym, elokwentnym piłkarzem, który uświadamiał sobie, jak zmieniła się jego rola. „Nie uważam tak naprawdę, że gram jako klasyczny środkowy napastnik – tłumaczył. – W Holandii określamy pozycje numerami: numer 9 to środkowy napastnik, a numer 10 to ten, który gra tuż za jego plecami. Wolę mówić o sobie jako »dziewiątce i pół«. Lubię czasem się cofać i włączać do gry. Gdy to możliwe, nadal jestem trochę typem piłkarza grającego za plecami na napastnika. [...] Menedżer powiedział mi: »Nie skupiaj się na zdobywaniu bramek, bo one będą padały, i graj tak jak zawsze. Nie próbuj zmieniać swojego stylu i nie myśl o sobie wyłącznie jako o napastniku. Jesteś kimś więcej«”. To zgrabne podsumowanie; pomimo operowania z przodu van Persie miał nie rezygnować z kreatywności w grze. Holender zaliczył wiele asyst przy golach Theo Walcotta, który z kolei równoważył jego powroty w głąb pola, wbiegając często na gazie za obrońców.

W Manchesterze United van Persie stworzył bramkostrzelny duet z Rooneyem, który odgrywał rolę cofniętego napastnika w ustawieniu 4-4-1-1. Holender coraz bardziej przeistaczał się w klasyczną dziewiątkę, choć powrócił do znajomego tematu, opisując siebie i Rooneya jako „dwie dziewiątki i pół". Obaj gwiazdorzy świetnie ze sobą współpracowali. Czerwone Diabły przypieczętowały ostatni tytuł Fergusona zwycięstwem 3:0 nad Aston Villą, w którym van Persie popisał się hat-trickiem, zdobywając jedną z bramek klasycznym dla siebie wolejem po długiej piłce Rooneya. Tamta ekipa United bywała momentami chaotyczna, zwłaszcza w pomocy, ale zarówno Rooney, jak i van Persie grali wyśmienicie.

Po tym, jak dwa razy Złoty But dla króla strzelców – najpewniej w obu wypadkach lewy – zdobył van Persie, w sezonie 2013/14 laur ten przypadł Luisowi Suárezowi z Liverpoolu. Później przeanalizujemy ten sezon uważniej, na razie jednak zauważmy, że Urugwajczyk wspiął się na niebywały poziom, zdobywając 31 bramek w 33 spotkaniach przy najwyższej w historii Premier League średniej goli na mecz: 0,94. Znów widzimy tu znajomy schemat: gdy w styczniu 2011 roku Suárez przybył do Anglii, nie uważano go za środkowego napastnika, ponieważ w Ajaksie występował na prawej stronie. Opinię tę uwypukla to, że gdy The Reds sprzedali do Chelsea pudłującego Fernando Torresa za niewiarygodne 50 milionów funtów, uparli się, by natychmiast przeznaczyć 70 procent tej kwoty na niesprawdzonego środkowego napastnika Newcastle Andy'ego Carrolla, ponieważ uważano, że klub rozpaczliwie potrzebuje tradycyjnej dziewiątki. Uwadze włodarzy Liverpoolu uszło, że dwie godziny wcześniej sprowadzili idealnego następcę Torresa.

W istocie na początku przygody Suáreza z Liverpoolem w oczy rzucała się stosunkowo mała liczba goli na jego koncie, mimo że Urugwajczyk potrafił zdominować mecz i siać wśród rywali spustoszenie swą szybkością, ruchem bez piłki i rajdami między obrońcami. Przez pierwszy rok gry zdobył tylko dziewięć bramek, po części dlatego, że często zmieniano mu pozycję i nierzadko był zmuszony do biegania za plecami Carrolla. Ale gdy zaczął regularnie występować jako środkowy napastnik, stał się najlepszym strzelcem w Premier League, nie przestając przy tym zaliczać asyst.

Dwóch następnych królów strzelców, Sergio Agüero i Harry'ego Kane'a, uważa się na ogół za typowych łowców bramek. Niemniej wcale tak od samego początku nie było. Przez pierwsze trzy sezony w Anglii Agüero grał na swojej ulubionej pozycji u boku bardziej tradycyjnego środkowego napastnika. „Przez większość kariery grałem za napastnikiem, ale na tyle blisko, by stworzyć z nim duet – podkreślił. – Sądzę, że na tej pozycji gram najlepiej". Ostatecznie jednak Argentyńczyk został przesunięty na szpicę i zanotował dwa najlepsze strzelecko sezony w karierze.

Tymczasem Kane potrzebował dłuższej chwili, by przekonać obserwatorów o swojej prawdziwej piłkarskiej jakości. Gracz Tottenhamu był nieco niezgrabnym, fajtłapowatym piłkarzem, który pojawiał się w odpowiednim miejscu w odpowiednim czasie. Ale jego styl bazował na czymś więcej niż tylko na zdobywaniu bramek i gdy zaciął mu się celownik, uwypukliło to, jak duży wkład wnosi w rozegranie akcji. Kane, podobnie jak Agüero, wziął koszulkę z numerem 10, a nie 9. Warto przy tym zauważyć, że porównywano go do dwóch byłych napastników reprezentacji Anglii, Alana Shearera i Teddy'ego Sheringhama, którzy diametralnie różnili się stylem gry (dlatego zresztą tworzyli tak udany duet). Kane miał natomiast umiejętności strzeleckie Shearera i współpracował w rozegraniu jak Sheringham. Był, jak by to ujął van Persie, klasyczną dziewiątką i pół. „W dzieciństwie grałem na rozmaitych pozycjach, co pozwoliło mi nauczyć się różnych elementów rzemiosła piłkarskiego – wyjaśniał gracz Spurs. – Gra w pojedynkę z przodu oznacza, że trzeba być dobrym nie tylko w wykorzystywaniu okazji. Wiem, że podczas meczu dostanę piłkę, stojąc tyłem do bramki, i że drużyna potrzebuje, żebym ją rozegrał i włączył innych do gry".

Ostatecznie z tą niekonwencjonalną rolą napastnika pogodzono się później, gdy Jürgen Klopp objął posadę w Liverpoolu. Plan gry niemieckiego menedżera bazował w dużej mierze na utrzymanym w wysokim tempie gegenpressingu, który wymagał od jego środkowego napastnika energii i dynamiki, a także umiejętności szybkiej gry i płynnej wymiany pozycji z wchodzącymi pomocnikami. Klopp pozbył się Christiana Benteke, który wygrywał pojedynki powietrzne i strzelał gole, ale nie robił wiele ponadto. Szkoleniowiec często nie znajdował też miejsca w pierwszej jedenastce dla tradycyjnych napastników, takich jak Daniel Sturridge i Divock Origi, a jako najbardziej wysuniętego zawodnika wystawiał Roberto Firmino, kolejną zaadaptowaną na potrzeby ataku dziesiątkę. Kilka lat wcześniej grę bez klasycznego napastnika uznano by za szaleństwo, decyzja Kloppa spotkała się jednak z minimalnym oporem. Co więcej, zgadzano się powszechnie, że to Firmino najlepiej pasuje do jego systemu gry.

„Istnieje szerokie spektrum rodzajów napastników – tłumaczył Klopp. – Roberto jest bardzo ofensywnym piłkarzem, więc jest napastnikiem. Wszyscy mnie pytali: »O co chodzi z tym Firmino? Potrzebujemy klasycznego napastnika!«. Roberto to napastnik. Wielu napastników mierzy 160 centymetrów. Bo kim jest Lionel Messi? Firmino potrafi grać i strzelać gole, jest elastyczny i w tej chwili osiągnął świetną formę. Gdy pojawia się w polu karnym, zawsze coś się dzieje". Było to relatywnie rzadkie potwierdzenie wpływu, jaki wywarł na futbol Messi – niewielu menedżerów zdobywało się na tego rodzaju porównania.

Dlaczego więc wszyscy ci piłkarze potrzebowali czasu, by stać się prawdziwymi napastnikami? Sami zainteresowani odpowiadają zwykle, że „ich styl gry to coś więcej" niż tylko zdobywanie bramek – zwłaszcza van Persie i Kane chętnie wspominają o swojej roli w budowaniu akcji. Ale oczywiście piłka nożna stała się bardziej uniwersalna – każdy zawodnik realizuje teraz więcej zadań, niż wskazywałaby na to jego boiskowa funkcja, a w epoce futbolu pozycyjnego chodziło w równej mierze o konstruowanie akcji, co o ich wykańczanie.

CZĘŚĆ VIII

FUTBOL POSTPOZYCYJNY

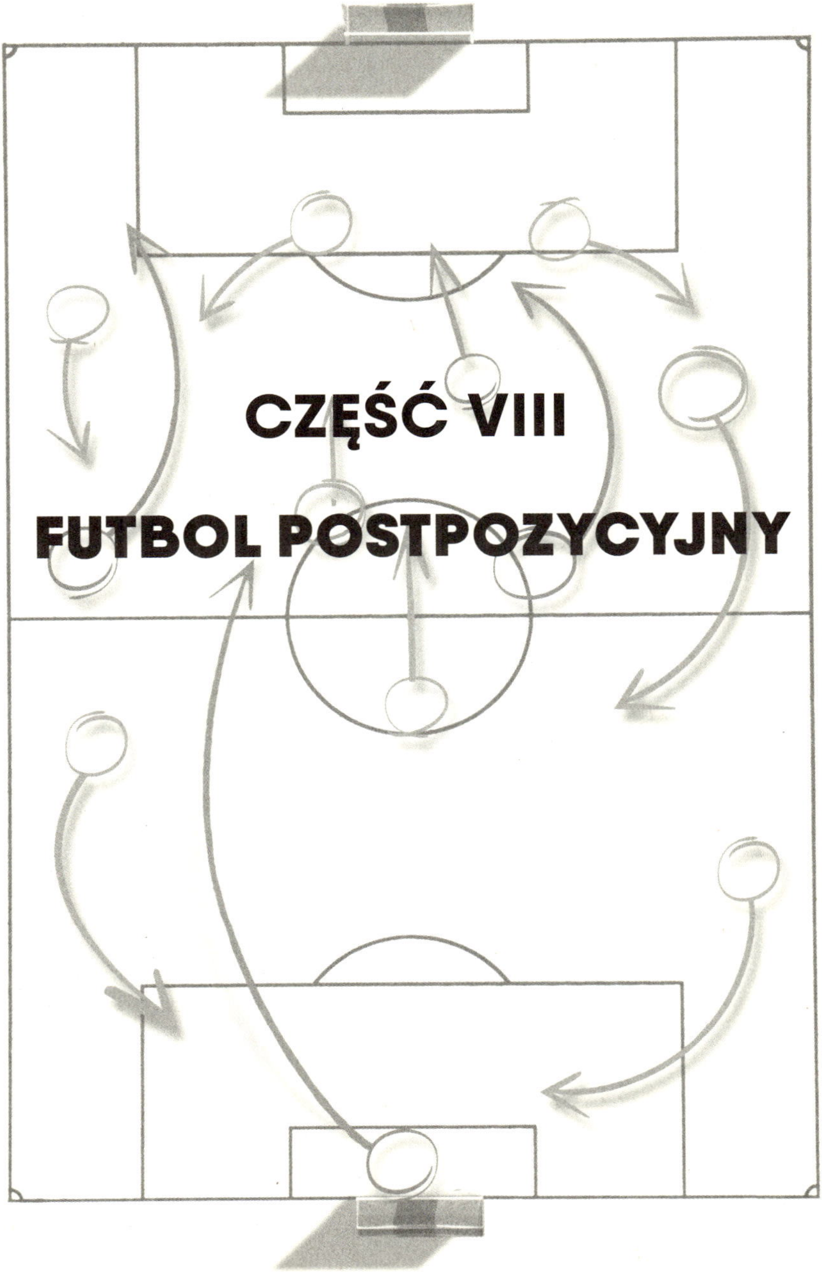

22 RADYKALNA ZMIANA RODGERSA

Jeśli spojrzeć na współczesną piłkę pod kątem statystyk, to przywiązuję wielką wagę do posiadania piłki. Ale z Evertonem byliśmy w stanie dominować bez niej.

Brendan Rodgers

Dwukrotnie za czasów Premier League wicemistrzowie okazali się o wiele bardziej fascynujący od mistrzów.

W pierwszym przypadku Newcastle nie było w stanie sięgnąć po tytuł w sezonie 1995/96 w dużej mierze z powodu swej naiwności taktycznej – dramatyczne niepowodzenie Liverpoolu w sezonie 2013/14 było pod wieloma względami podobne. Oba kluby łączyło to, że wywodziły się z miast o bogatych piłkarskich tradycjach na północy kraju, oba rozpaczliwie pragnęły pierwszego od dekad mistrzostwa. Gra obu drużyn polegała na nieustępliwych atakach i indywidualnościach, przy czym oba zespoły często zapominały, jak ważna jest defensywa. Dodajmy do tego młodego menedżera, nieprzewidywalnego napastnika z Ameryki Południowej i legendarny dreszczowiec na Anfield w końcówce sezonu, a stanie się jasne, że zawodnicy Liverpoolu byli nowymi Zabawiaczami.

Po tym, jak zdymisjonowano Roya Hodgsona, a następnie Kenny'ego Dalglisha, menedżerem Liverpoolu został Brendan Rodgers. Niezwykły widok, gdy jego Swansea oklaskiwano na Anfield, utkwił w głowach stosunkowo nowym właścicielom klubu z Fenway Sports

Group, którzy przeobrazili Boston Red Sox za pomocą nowatorskiego podejścia do statystyk, określanego często terminem *moneyball*.

FSG było świeżym, ambitnym konsorcjum właścicielskim pragnącym nowoczesnego menedżera, a Rodgers – ze swoją miłością do przewagi procentowej w posiadaniu piłki – wydawał się naturalnym wyborem zarówno z punktu widzenia zapatrzonych w liczby właścicieli z FSG, jak i samego Liverpoolu, w którym dawniej kładziono nacisk na atrakcyjną piłkę. Rodgers z dumą mówił, że wierzy w grę podaniami, i chciał osiągnąć podobne statystyki posiadania piłki co w Swansea. „Gdy ma się piłkę przez 65 czy 70 procent czasu, oznacza to futbolową śmierć rywala – wyjaśniał kilka tygodni po objęciu posady. – Nie jesteśmy jeszcze na tym etapie, ale go osiągniemy. To śmierć za sprawą piłki". Tak bez ogródek przedstawiał się cel Rodgersa: całkowita dominacja w posiadaniu.

W pierwszym okienku transferowym brakowało zakupów, które odmieniłyby oblicze drużyny, ale zamiary menedżera były oczywiste: sprzedano Andy'ego Carrolla, klasycznego napastnika czekającego na dośrodkowania w polu karnym, i Charliego Adama, pomocnika, który posyłał długie piłki do przodu. Sprowadzono natomiast Joego Allena, jednego z niezawodnych pomocników Swansea Rodgersa, którego ten określał na wyrost mianem „walijskiego Xaviego", i Fabio Boriniego, którego nowy menedżer Liverpoolu trenował w drużynie juniorów Chelsea i który grał w Romie u następcy Pepa Guardioli, Luisa Enrique. Obaj rozumieli bazujące na posiadaniu piłki podejście do gry.

Rodgers zaczął kadencję w Liverpoolu od występu w sześcioczęściowym serialu dokumentalnym pod tytułem *Being: Liverpool* (Będąc: Liverpoolem), który pokazywał bohaterów w zwykłych sytuacjach życiowych – jeśli dziwna interpunkcja w tytule miała oznaczać, że inne kluby zgodzą się na podobne produkcje, sama treść cyklu raczej ich nie przekonała. Kręcony w trakcie pierwszych przygotowań do sezonu Rodgersa serial uzależniony był w dużej mierze od monologów menedżera, nie rozgrywano bowiem w tym czasie żadnych meczów o stawkę i brakowało poważniejszych wątków fabularnych. Program niebezpiecznie przypominał serial *Biuro*, a „Brendan" niepokojąco kojarzył się z głównym bohaterem Brentem i miał skłonność do mówienia rzeczy w stylu: „Zawsze twierdziłem, że przez wiele dni można żyć bez wody, ale bez nadziei nie da się żyć nawet przez chwilę". Menedżer Liverpoolu stał się przedmiotem żartów, wykpiwano jego powiedzonka, a także – niesłusznie – wybieg, do jakiego uciekł się pewnego razu, gdy pokazał zawodnikom trzy zaklejone koperty, mające jakoby zawierać nazwiska piłkarzy, którzy według Rodgersa nie dadzą z siebie wszystkiego. Uważano, że to głupota, ale tak naprawdę było to posunięcie zaczerpnięte wprost od Aleksa Fergusona, który zastosował ten sam wybieg w Manchesterze United przed mistrzowskim sezonem 1993/94.

Debiutancki sezon Rodgersa nie spełnił oczekiwań. Liverpool nie zdołał zwyciężyć w pierwszych pięciu spotkaniach, choć z czasem grał coraz lepiej, na co wpłynęło także przyjście Daniela Sturridge'a i Coutinho w zimowym okienku transferowym. The Reds skończyli jednak na siódmym miejscu, tylko o oczko wyżej niż sezon wcześniej, i to bez osiągnięć pucharowych, które rekompensowałyby ligowy zawód – Dalglish natomiast w jedynym pełnym sezonie podczas drugiej kadencji w klubie zdobył Puchar Ligi i dotarł do finału Pucharu Anglii. W końcówce pierwszego sezonu pierwszoplanową postacią zespołu został jednak Luis Suárez.

Choć urugwajski napastnik – którego za czasów Swansea Rodgers pozdrowił po hiszpańsku słowami: „Jesteś fantastycznym piłkarzem, gratulacje" – zdobył niezwykłą popularność w Liverpoolu, miał niefortunną skłonność do pakowania się w tarapaty. Złej sławy przysporzył mu zwłaszcza incydent z udziałem lewego obrońcy Manchesteru United, Patrice'a Evry. Angielska federacja uznała Suáreza winnym użycia „obraźliwych słów, w tym odnoszących się do koloru skóry Evry" i wlepiła mu ośmiomeczowe zawieszenie. Dalglish bronił Suáreza do upadłego, co wiązało się między innymi z tym, że przed następnym meczem piłkarze Liverpoolu rozgrzewali się w koszulkach wyrażających wsparcie dla Urugwajczyka. Ta nieprzemyślana kampania na rzecz napastnika została powszechnie wyśmiana i jak sugerowali niektórzy, mogła przyczynić się do dymisji menedżera The Reds. Rzecz jasna, pierwszy mecz Suáreza po odbyciu kary wypadł na Old Trafford. Urugwajczyk zaczął od tego, że odmówił podania ręki Evrze, a skończył zdobyciem bramki. Cały Suárez – zarazem bezwstydny i znakomity.

Tymczasem pod koniec pierwszego sezonu Rodgersa gwiazdor Liverpoolu zarobił jeszcze dłuższą karę (dziesięć spotkań), gdy w trakcie zwykłego pojedynku o piłkę z Branislavem Ivanoviciem z Chelsea ugryzł serbskiego obrońcę w rękę. Premier League przywykła do tego, że napastnicy z zagranicy wprowadzają nowe zwyczaje do angielskiej piłki, ale to było coś zupełnie niespodziewanego, nowatorski wkład w katalog brutalnych zachowań. Najdziwaczniejsze jednak, że nie był to ani pierwszy, ani ostatni raz, gdy ukarano Suáreza za gryzienie – Urugwajczyk robił to także w barwach Ajaksu Amsterdam i reprezentacji. W sprawę zaangażował się nawet premier David Cameron, który stwierdził, że Suárez „daje absolutnie fatalny przykład".

Latem 2013 roku, w połowie zawieszenia, napastnik uznał, że ma dość gry na Wyspach. Rok wcześniej był zainteresowany przenosinami do Juventusu i zawarł z Liverpoolem dżentelmeńską umowę, że jeśli The Reds nie zakwalifikują się do Ligi Mistrzów, będzie mógł odejść. Pojawiły się jednak dwa problemy: klub wycofał się z umowy i niewiele zespołów z zagranicy wyraziło poważne zainteresowanie Urugwajczykiem. Sprowadzić napastnika pragnął jednak Arsenal. Gdy jego przedstawiciele dowiedzieli się, że w kontrakcie Suáreza znajduje się klauzula odejścia, którą można aktywować ofertą większą niż 40 milionów funtów, potraktowali to dosłownie i bezczelnie zaproponowali o funta więcej.

Wydarzenia przybrały dziwny obrót. Liverpool najwyraźniej zmyślał w kwestii klauzuli odstępnego, twierdząc, że oferta Arsenalu obligowała klub jedynie do poinformowania Urugwajczyka o zainteresowaniu ze strony londyńczyków. Taka klauzula byłaby właściwie pozbawiona sensu i jak przyznał później właściciel The Reds John Henry, był to zupełny wymysł. „Przekonaliśmy się, że w Anglii i w ogóle w świecie piłki nożnej kontrakty nie znaczą zbyt wiele – powiedział dumnie podczas konferencji poświęconej analityce sportowej MIT Sloan Sports. – Nie ma znaczenia, jak długo obowiązuje kontrakt piłkarza, może on postanowić, że odchodzi. Za 50 milionów funtów sprzedaliśmy Fernando Torresa, zawodnika, którego nie chcieliśmy sprzedawać. Byliśmy do tego zmuszeni. Ponieważ najwyraźniej kontrakty do niczego nie zobowiązują, stoimy na stanowisku, że po prostu nie będziemy sprzedawać".

Suárez żywił teraz urazę do Liverpoolu z dwóch zupełnie odmiennych powodów, o czym opowiedział w wybuchowym wywiadzie dla „Guardiana". Po pierwsze, w grę wchodziła dżentelmeńska umowa: „Przed rokiem mogłem przenieść się do wielkiego europejskiego klubu, ale zostałem pod warunkiem, że jeśli nie zdołamy zakwalifikować się do Ligi Mistrzów, będę mógł odejść po sezonie – powiedział. – Dałem z siebie absolutnie wszystko, ale to nie wystarczyło, żebyśmy zajęli miejsce w czwórce. Teraz chcę tylko, by Liverpool dotrzymał naszej umowy". Po drugie, pojawiła się oferta Arsenalu: „Mam słowo klubu i mamy umowę na piśmie. Z przyjemnością oddamy sprawę do rozstrzygnięcia władzom Premier League, ale nie chcę, żeby do tego doszło". W rezultacie Suárezowi zakazano treningów z pierwszą drużyną i powiedziano mu, że nie wróci do niej, dopóki nie przeprosi.

Niezwykłe, że Suárez w ogóle uchował się w Liverpoolu, nie wspominając już o tym, że zaliczył jeden z najbardziej imponujących sezonów w historii Premier League. Kluczową rolę w jego pozostaniu w klubie w sezonie 2013/14 odegrała interwencja Stevena Gerrarda, który od dawna był kapitanem Liverpoolu, ale od zakończenia kariery przez Jamiego Carraghera, bardziej naturalnego lidera boiskowego, jego znaczenie jeszcze wzrosło. Gerrard odegrał tamtego lata zaskakująco istotną rolę w działaniach Liverpoolu na rynku transferowym. Pomiędzy jedną a drugą wiadomością wysyłaną do Williana z Szachtara Donieck, którego próbował namówić do przenosin na Anfield

(Brazylijczyk ostatecznie odrzucił oferty Liverpoolu i Tottenhamu, trafiając do Chelsea z powodu Ligi Mistrzów), Gerrard przekonał Suáreza, że walka z klubem o „skok w bok" do Arsenalu nie jest warta świeczki i że powinien skupić się na rozegraniu kolejnego świetnego sezonu, by zapewnić sobie transfer do Realu Madryt albo Barcelony.

Argument trafił do Suáreza, który przecież przede wszystkim pragnął opuścić Premier League, a nie wiązać się długim kontraktem z innym angielskim klubem. Gerrard spotkał się z Urugwajczykiem na poranną pogawędkę w Melwood, kompleksie treningowym Liverpoolu, postępując w gruncie rzeczy wbrew poleceniom, ponieważ Suárez miał tam zakaz wstępu, dopóki zawodnicy pierwszej drużyny nie rozjechali się w porze obiadowej do domów, następnie zaś umówił spotkanie Suáreza z Rodgersem. Napastnik nie poszedłby na nie bez Gerrarda. Załagodzono sprawę. Suárez nie chciał iść do Arsenalu i został w Liverpoolu. Oczywiście pozostawała jeszcze kwestia jego nieobecności w pierwszych pięciu meczach sezonu. Niemniej klub odniósł wielkie zwycięstwo: na przekór wszelkiemu prawdopodobieństwu zdołał zatrzymać swą gwiazdę. Szczególnie Gerrard zasługiwał na uznanie za to, że Liverpool pod wodzą Suáreza podjął walkę o mistrzostwo w sezonie 2013/14, w którym obaj odegrali zresztą kluczowe role.

Poza tym, że Gerrard odgrywał rolę nieoficjalnego negocjatora Liverpoolu, w sierpniu miał swój benefis. Dawno zdążył już rozegrać dziesiąty sezon w barwach klubu, który uprawnia zawodnika do takiego zaszczytu, i decyzja, by zorganizować go w 2013 roku, wydawała się zapowiedzią, że kariera kapitana The Reds zbliża się do końca. Gerrard nadal nie zdobył mistrzowskiego tytułu i jak się zdaje, porzucił wszelką nadzieję (najwyraźniej nie słuchał przytoczonego wcześniej powiedzonka Rodgersa). „To będzie cud, jeśli spełnię swoje marzenie i zdobędę mistrzostwo z Liverpoolem – pisał w opublikowanej rok wcześniej biografii. – Mówię tak z powodu wieku, miejsc, na których kończyliśmy ligę w ostatnich kilku sezonach i sytuacji naszych rywali".

Przed sezonem 2013/14 bukmacherzy oceniali szanse Liverpoolu na tytuł jako 33:1 (czyli The Reds byli piątym w kolejności kandydatem do mistrzostwa), co oznaczało, że drużyna z Anfield uchodzi za autsajdera w walce o miejsce w Lidze Mistrzów. Ale Manchester United, Manchester City i Chelsea przeżywały okres destabilizacji z powodu zmian na stanowisku menedżera. Zatrudnienie Davida Moyesa i Manuela Pellegriniego – i drugie przyjście José Mourinho – oznaczało, że nie sposób było przewidzieć, jak cała trójka będzie grała w nowym sezonie. Tymczasem Arsenal nie zdołał przeprowadzić żadnego wielkiego transferu, dopóki do klubu nie dołączył już po starcie rozgrywek Mesut Özil. Liverpool miał więc szansę wziąć ligę szturmem.

The Reds zaczęli sezon w imponującym stylu. Pod nieobecność Suáreza w systemie 4-2-3-1 sam z przodu grał Daniel Sturridge, który zdobył zwycięskie bramki w pierwszych trzech meczach sezonu przeciwko Stoke, Aston Villi i Manchesterowi United, zakończonych wygranymi po 1:0. Wyniki nie do końca odpowiadały jednak zdecydowanemu nastawieniu na atak liverpoolczyków i do końca sezonu podopieczni Rodgersa nie wygrali już w takim stosunku.

W czwartej kolejce Liverpool zanotował remis 2:2 w Swansea, następnie przegrał 0:1 z Southampton na wyjeździe, a potem udał się do Sunderlandu. W normalnych okolicznościach nie byłby to szczególnie istotny mecz, ale wyznaczał on powrót Suáreza po dziesięciomeczowym zawieszeniu. Nieoczekiwanie Rodgers całkowicie zrezygnował z dotychczasowego systemu gry, przechodząc na ustawienie 3-4-1-2 po prostu po to, by Suárez i Sturridge mogli grać na swoich ulubionych pozycjach w ataku. Menedżer nie uciekł się jednak przy tym do zwykłego 4-4-2, które nie dawałoby drużynie trzyosobowego środka pomocy. Inni gracze byli w pewnym sensie niewłaściwymi ludźmi na niewłaściwym miejscu: Victor Moses nie był dziesiątką, a Jordan Henderson nie grywał wcześniej na prawym wahadle. Ale w następnych czterech meczach Liverpool zdobył 12 bramek za sprawą ledwie trzech strzelców: Suárez trafił do siatki sześciokrotnie, Sturridge czterokrotnie (po golu w każdym ze spotkań), a Gerrard wykorzystał dwa rzuty karne. Liverpool, w dużej mierze tak jak drużyna United, mistrzów sprzed roku, opierał grę w całości na napastnikach, których – robiąc ukłon w stronę duetu Blackburn Alan Shearer – Chris Sutton z sezonu 1994/95 – przezwano SAS.

Jednakże tak jak i tamten SAS, Sturridge i Suárez nie byli ze sobą szczególnie blisko, zresztą z podobnego powodu: obaj chcieli być głównymi aktorami. Ich pierwsza rozmowa na boisku treningowym Liverpoolu wyglądała tak, że Sturridge podszedł do Suáreza i z miejsca powiedział: „Razem możemy dokonać tu czegoś wielkiego". Można by pomyśleć, że niewiele wskazuje w tej sytuacji na jakieś napięcie, wymowne jest jednak to, jak Urugwajczyk zareagował w myślach na te słowa: „Nie jest normalne, żeby nowy piłkarz był tak śmiały jak Daniel tamtego dnia, i przez chwilę się zastanawiałem: »Po co ten gość mi to mówi?«". Suárez obstaje jednak przy tym, że świetnie się dogadywali.

Interpretacja Gerrarda jest bardziej pouczająca. „SAS nie był duetem na wzór Johna Toshacka i Kevina Keegana – stwierdził kapitan The Reds. – Zamiast tego Suárez i Sturridge działali jak dwie utalentowane jednostki. Brendan często mówił, że są niczym dwaj soliści, którzy raczej rywalizują, niż grają jako zgodny duet. Nigdy za wiele ze sobą nie rozmawiali na treningach. [...] Nigdy nie doszło do złośliwości, ale wyczuwało się między nimi napięcie. Zdarzyło się pewnie kilka meczów, w których Luis był trochę za surowy dla Daniela". Nie wpłynęło to jednak na ich osiągnięcia strzeleckie. Suárez zdobył 31 bramek, a Sturridge – 21. Po raz pierwszy w jednym klubie występowało dwóch najlepszych strzelców ligowych. Ale nie był to duet w ścisłym tego słowa znaczeniu.

Mimo to wystawianie ich w pierwszej linii oznaczało, że Liverpool może atakować dwóch na dwóch, gdy odzyska piłkę. Na uwagę zasługuje to, jak często The Reds zagrywali długie piłki między obrońców w przegranym 0:2 meczu z Arsenalem na początku listopada, próbując wykorzystać wolną przestrzeń pozostawianą przez ofensywnych bocznych obrońców Kanonierów. Laurent Koscielny był jednak znakomity i ciągle odbierał piłkę obu napastnikom rywala. Gdy zaś Suárezowi udało się wyjątkowo uwolnić spod opieki Francuza, oddał strzał z trudnej pozycji, zamiast podawać do niekrytego Sturridge'a, który z oburzeniem podniósł potem ręce. W przerwie Rodgers przeszedł na ustawienie 4-2-3-1, na stałe porzucając system z trzema obrońcami.

Spowodowana kontuzją nieobecność Sturridge'a w grudniu oznaczała, że główna rola bezspornie przypadła Urugwajczykowi, który zaliczył serię błyskotliwych spotkań, w tym cztery kolejne mecze okraszone dziesięcioma golami i trzema asystami. Wydawało się, że Suárez uważa każdego gracza na boisku za przyrząd mający pomóc mu w zdobyciu bramki – regularnie odbijał piłkę od przeciwników, by kontynuować drybling, i grał z klepki częściej, niż brakowało mu tej piątej. Momentami był po prostu nie do zatrzymania, jak w meczu z Norwich, w którym zdobył cztery bramki wyłącznie po zupełnie niesamowitych uderzeniach.

Stało się jasne, że pod względem indywidualnym Suárez rozgrywa jedne z najlepszych rozgrywek w historii Premier League, wznosząc się na poziom Dennisa Bergkampa z sezonu 1997/98, Thierry'ego Henry'ego z sezonu 2003/04 i Cristiano Ronaldo z sezonu 2007/08. Tylko dwie rzeczy kładły się cieniem na jego występach: przegapienie pierwszych pięciu meczów z powodu zawieszenia, gdy Liverpool stracił pięć punktów z przeciętnymi rywalami, i brak goli w sześciu spotkaniach z pozostałymi zespołami z pierwszej czwórki, w których The Reds ponieśli cztery z wszystkich pięciu porażek w sezonie. Strzelanie przeciwko mocniejszym drużynom jest z natury trudniejsze, a warto też przypomnieć, że w sezonie 2008/09 Liverpool przegrał walkę o mistrzostwo, ponieważ nie potrafił dostatecznie regularnie obijać ligowych płotek, co nie stanowiło żadnego problemu z bezwzględnym Suárezem w składzie. Mimo to średnia 1,1 gola na mecz przeciwko pozostałej piętnastce drużyn Premier League wyraźnie kontrastuje ze średnią 0,0 bramki na spotkanie przeciwko pierwszej czwórce.

Najbardziej znacząca taktyczna zmiana u progu zimy dotyczyła jednak Gerrarda, który był ogromnie niezadowolony ze swoich występów w roli ofensywnie usposobionego pomocnika. Kapitan Liverpoolu zrobił coś niezwykłego: poprosił Rodgersa, by obejrzał ostatnie mecze i ocenił ogólnie jego grę, chciał także, by pion analityczny przygotował analizę statystyczną jego niedawnych występów. Był to całkiem bezprecedensowy krok ze strony piłkarza o tak ugruntowanej pozycji, nie wspominając już o tym, że wykonał go zawodnik, który nie grał szczególnie źle. Rodgers tego samego dnia zarwał noc, by przyjrzeć się nagraniom, i następnego popołudnia wspólnie omówili sytuację.

Statystyki dotyczące wydajności fizycznej Gerrarda były satysfakcjonujące, menedżer Liverpoolu dostrzegł jednak problem w tym, jak kapitan The Reds odbiera piłkę po podaniach partnerów. „Gołym okiem było widać, że nie poruszam odpowiednio głową – wspominał Gerrard. – Ten ruch jest tak ważny, ponieważ gra w linii pomocy w Premier League wymaga tego, by mieć oczy dookoła głowy. Dziś to o wiele istotniejsze niż w czasach, gdy zaczynałem, ponieważ w pomocy jest teraz bardzo tłoczno i gdy jest się przy piłce, ma się o wiele mniej czasu". Menedżer Liverpoolu zasugerował, by Gerrard pełnił funkcję bardziej cofniętego pomocnika, dzięki czemu miałby więcej miejsca. Takie rozwiązanie zainspirował przykład wspaniałego włoskiego cofniętego rozgrywającego Andrei Pirlo, który był pierwszoplanową postacią meczu z Anglią na Euro 2012.

Gerrard doznał jednak niebawem kontuzji ścięgna podkolanowego i przez miesiąc i tak nie mógł grać. W roli kapitana zastąpił go niespodziewanie Suárez – ledwie cztery miesiące po tym, jak zakazano mu treningów z drużyną. Bez Gerrarda Liverpool rozgromił na wyjeździe Tottenham 5:0 (Rodgers opisał ten mecz jako „punkt zwrotny" w rozwoju jego drużyny), ale między Bożym Narodzeniem a Nowym Rokiem uległ w wyjazdowych spotkaniach z Chelsea i Manchesterem City po 1:2, mając zresztą nieco pecha, że dwa najtrudniejsze mecze – wyjazdowe starcia z bezpośrednimi rywalami do tytułu – wypadły obok siebie w najbardziej napiętym okresie sezonu.

W pierwszym meczu po Nowym Roku Liverpool grał na wyjeździe ze Stoke i od razu zobaczyliśmy znaczącą taktyczną nowinkę – Gerrard występował w roli Pirlo, co było niezwykle zaskakującym posunięciem. Najpoważniejszą słabością Gerrarda był brak dyscypliny, jeśli chodzi o trzymanie pozycji, dlatego też kapitan The Reds nigdy wcześniej nie grał jako jedyny cofnięty pomocnik. Lucas Leiva, przyzwyczajony do gry w roli defensywnego pomocnika, pełnił teraz u boku Hendersona funkcję pomocnika biegającego od pola karnego do pola karnego – niespożyte siły obu kolegów z drużyny stwarzały przestrzeń Gerrardowi, który mógł zagrywać długie krzyżowe piłki. Mecz skończył się wynikiem 5:3 i stanowił zapowiedź reszty sezonu: z Gerrardem cofniętym głębiej Liverpool grał rewelacyjnie do przodu, ale ryzykownie w obronie.

Najlepszy występ Liverpoolu przyszedł w lutym; fantastyczne zwycięstwo na własnym boisku z Arsenalem 5:1 było o tyle nadzwyczajne, że Kanonierzy liderowali w Premier League. Drużyny Rodgersa nie dało się powstrzymać, Martin Škrtel strzelił dwa pierwsze gole po stałych fragmentach gry, a następnie Liverpool dał popis mistrzowskiej gry z kontrataku przeciwko ekipie wiecznie nieradzącej sobie z takim stylem. Najpierw gol Sterlinga, szybkiego młodego skrzydłowego, który idealnie nadawał się do takiej piłki, a potem trafienie Sturridge'a dały The Reds prowadzenie 4:0 po ledwie 20 minutach. Sterling dołożył ostatnią bramkę w drugiej połowie, Suárez natomiast rozegrał ogółem wspaniałe spotkanie i trafił w poprzeczkę z ponad 30 metrów, ale jakimś sposobem zakończył mecz bez gola. Arsenal zdobył bramkę honorową, gdy Gerrard sfaulował Aleksa Oxlade'a-Chamberlaina i Mikel Arteta wykorzystał rzut karny. Epizod ten – obnażający braki w umiejętnościach defensywnych kapitana The Reds – okazał się jedyną rysą na skądinąd fantastycznym występie, który przypominał zresztą poprzedni mecz Liverpoolu na własnym boisku, równie imponującą kanonadę z Evertonem (4:0). W tym ostatnim spotkaniu Gerrard został pozostawiony samemu sobie przed linią obrony i zbyt łatwo dawał się odciągnąć skrzydłowym Evertonu, którzy schodzili do środka, co pozostawiało miejsce Rossowi Barkleyowi, dziesiątce Evertonu. Niemniej z Gerrardem inicjującym ataki z głębi pola Liverpool strzelał mnóstwo goli. Pomimo tych dwóch miażdżących zwycięstw klub z Anfield był jednak autsajderem w walce o tytuł – nadal zajmował czwarte miejsce.

Liverpool grał obecnie zupełnie inaczej, niż początkowo wyobrażał sobie Rodgers. Nic nie wyszło z długiego utrzymywania się przy piłce, a The Reds robili największe wrażenie, gdy grali skrajnie bezpośrednią, bazującą na szybkości Suáreza, Sturridge'a i Sterlinga – SASAS? – piłkę z kontry, szybko przełamując szyki rywala. Było to najbardziej widoczne w meczu z Arsenalem i łączyło się z agresywnym pressingiem w pomocy, co zaowocowało dwukrotnym odebraniem piłki Mesutowi Özilowi, którego zaskoczyło tempo walki w pomocy, i bezpośrednio doprowadziło do goli po kontratakach. Taki styl idealnie odpowiadał biegającemu od jednego do drugiego pola karnego Hendersonowi, który gwarantował drużynie zarówno energiczny pressing, jak i błyskawiczne rajdy do przodu.

Pod względem posiadania piłki Liverpool był piąty w lidze i kontrolował mecze ze słabszymi przeciwnikami. Ale w pozostałych ośmiu spotkaniach z resztą drużyn z pierwszej piątki (Manchesterem City, Chelsea, Arsenalem i Evertonem) tylko raz utrzymywał się przy piłce dłużej niż rywale. Co istotniejsze, cztery z tych ośmiu meczów The Reds przegrali.

W spotkaniu z Arsenalem i większości meczów w tamtym czasie Rodgers grał systemem 4-3-3, co oznaczało, że na skrzydle występował Sturridge bądź Suárez. Od menedżera Liverpoolu wymagało to nie lada ekwilibrystyki. Z jednej strony Rodgers wyznaczał pozycje Suárezowi i Sturridge'owi ze względów taktycznych, zwykle wystawiając szybkiego Anglika na najwolniejszego obrońcę rywali. Z drugiej jednak chodziło o radzenie sobie z humorami piłkarzy. „Mogę zagrać dla ciebie dwa albo trzy mecze na skrzydle, ale przy czwartym będę zirytowany – przyznawał Suárez. – Brendan szukał odpowiedniej formuły, by ustawiać mnie i Daniela tak, żebyśmy obaj dobrze się czuli. Czasem decyzje podejmuje się w równym stopniu po to, by zadowolić piłkarzy, co aby ustawić drużynę w konkretny sposób". W tym sensie Liverpool przypominał Chelsea Carlo Ancelottiego: nacisk kładziono w takim samym stopniu na usatysfakcjonowanie najważniejszych piłkarzy, co na stworzenie spójnej pierwszej jedenastki. Gdy Suárez i Sturridge grali na skrzydle, nie oczekiwano od nich, że będą podążać w ślad za bocznym obrońcą rywala – mieli zostać na swojej pozycji i dawać możliwość bezpośredniego dogrania im piłki, aby Liverpool po jej przejęciu mógł natychmiast rzucić się do ataku.

Tymczasem po tym, jak Barcelona – zarówno w lidze hiszpańskiej, jak i w Lidze Mistrzów – została pokonana przez nastawione na kontrataki Atlético Madryt, a szybko operujący piłką Real Madryt rozbił 5:0 bazujący na jej posiadaniu Bayern Monachium Pepa Guardioli, popularność tiki-taki zmalała. Nic nie symbolizowało tej nagłej zmiany tak wyraźnie, jak wyrzeczenie się przez Rodgersa futbolu pozycyjnego na rzecz bardziej bezpośredniego stylu. Statystyki posiadania piłki zaczęto teraz uważać za mniej istotne, a w sezonie 2013/14 Liverpool przewodził stawce na dwóch zupełnie innych polach: gracze The Reds wykonali najwięcej wślizgów i zdobyli najwięcej bramek po kontratakach. Oznaczało to całkowite przeciwieństwo stylu, który Rodgers zamierzał stworzyć. Był to futbol postpozycyjny.

Rodgers zaczął także zdecydowanie bardziej zwracać uwagę na strategię przeciwnika – i wnikliwiej podchodzić do kwestii taktycznych. Znaczącą przewagą Liverpoolu było to, że nie występował w europejskich pucharach i rozegrał tylko pięć meczów w rodzimych rozgrywkach pucharowych. Rodgers wykorzystał tę swobodę, dopasowując treningi w tygodniu do najbliższego rywala. Piłkarze nie lubią koncentrować się na przeciwniku zbyt wcześnie, ale menedżer Liverpoolu od wtorku wprowadzał ćwiczenia, które przygotowywały jego podopiecznych do weekendowego zadania. Rodgers nie wyjaśniał dokładnie, dlaczego coś trenują, ale poświęcał na przykład kilka dni na ćwiczenie gry długimi piłkami i wbieganie pomócników za linię ataku. Dopiero w czwartek i piątek szczegółowo wszystko omawiał – we wspomnianym przypadku Liverpool miał wykorzystać to, że pomocnicy rywala nie kryją jak należy, a obrona gra zbyt wysoko.

To inteligentne podejście nie byłoby możliwe, gdyby The Reds musieli łączyć rozgrywki ligowe z występami w środku tygodnia. Liverpool wykorzystał dodatkowy czas na boisku treningowym do ciężkiej pracy nad stałym fragmentami i warto zauważyć, że piłkarze Rodgersa często w ten sposób otwierali wynik meczu, co zmuszało rywali do ataku, dając z kolei The Reds okazję do gry z kontry. Dzięki znakomitym dośrodkowaniom Gerrarda Liverpool zdobył oszałamiające 26 bramek ze stałych fragmentów – najwięcej w Premier League i dwa razy więcej, niż wynosiła ligowa średnia.

Przełomowe lanie sprawione Arsenalowi (5:1) dało początek serii 11 zwycięstw, dzięki której Liverpool awansował z czwartego miejsca na pierwsze. Połączenie wnikliwości taktycznej Rodgersa z rozgrywaniem z głębi pola przez Gerrarda, agresywnym pressingiem w pomocy, dynamiką w ataku i duetem najlepszych strzelców w lidze na dobitkę dawało pozornie niepowstrzymaną siłę. The Reds zabawiali publiczność jeszcze lepiej niż sami Zabawiacze Keegana z sezonu 1995/96 – podczas gdy tamto Newcastle strzelało i traciło zaskakująco mało goli, ta seria The Reds obejmowała wygrane 4:3, 6:3 i dwukrotnie 3:2. W dziewięciu z tych 11 spotkań podopieczni Rodgersa zdobyli trzy lub więcej bramek. Miażdżyli rywali za sprawą nieustępliwych ataków.

Przedostatnim spotkaniem w tej serii było zwycięstwo 3:2 nad Manchesterem City na początku kwietnia, które wydawało się rozstrzygać walkę o tytuł. Był to prawdopodobnie najwspanialszy mecz w historii Premier League, co oznaczało, że Liverpool odebrał Newcastle kolejne zaszczytne wyróżnienie, ponieważ do tamtej chwili za najlepszy pojedynek ligowy uważano słynną porażkę podwładnych Keegana w meczu z The Reds (3:4). To 3:2 było jednak równie porywające. Spotkanie cechowała niewiarygodna intensywność i od początku do końca coś się działo, a do tego samo zakończenie było niezwykle dramatyczne.

Przed spotkaniem na Anfield obchodzono rocznicę tragedii na Hillsborough. Zawsze jest to uroczyste wydarzenie, ale w 2014 roku było ono szczególnie poruszające. Dwudziesta piąta rocznica katastrofy przypadła bowiem niecałe dwa tygodnie po rozpoczęciu dochodzenia w sprawie jej przyczyn – po latach prowadzenia kampanii na rzecz wszczęcia śledztwa przez rodziny ofiar – które zakończyło się ustaleniem, że 96 osób zostało zabitych. Wszystkie mecze tego weekendu zaczynały się o 15:06, czyli w porze, gdy przerwano półfinał Pucharu Anglii w 1989 roku. I choć piłka nożna nieuchronnie schodzi w takiej sytuacji na dalszy plan, nie sposób było zignorować faktu, że Liverpool mierzy w tytuł mistrzowski. Uroczystość żałobną poświęconą pamięci ofiar tragedii na Hillsborough kibice Liverpoolu zakończyli odśpiewaniem *You'll Never Walk Alone*, wkrótce jednak zaintonowali najpopularniejszą piosenkę tego sezonu: „A teraz uwierzycie nam – wygramy ligę!". Fani bez wątpienia wierzyli w tytuł, regularnie przemieniając przyjazd drużynowego autokaru w barwny, hałaśliwy pochód.

Sam mecz był nadzwyczajny. Rodgers wystawił diament w pomocy z najbardziej wysuniętym Sterlingiem. Młody zawodnik miał wykorzystać miejsce, które zrobią mu wbiegający między obrońców Suárez i Sturridge, co sprawdziło się doskonale, gdy już w szóstej minucie otworzył wynik spotkania. Škrtel podwyższył na 2:0 po kolejnym uderzeniu głową ze stałego fragmentu gry, a Yaya Touré zszedł z kontuzją. Duet SAS był jednak zaskakująco spokojny – boczni obrońcy City nie zapuszczali się do przodu w obawie, że zostawią mu wolną przestrzeń. Obaj napastnicy Liverpoolu grali na prawą stronę, próbując wykorzystać brak szybkości lewego środkowego obrońcy Martína Demichelisa, zwykle bez powodzenia. W rzeczywistości to grający po prawej stronie środka obrony Kompany, któremu brakowało ogrania, był słabym ogniwem City. Belg nie zdążył za Sterlingiem przy pierwszym golu, a przy drugim zgubił krycie Škrtela.

W przerwie Manuel Pellegrini postanowił jednak wpuścić Jamesa Milnera, który wsparł ofensywę z prawej strony, David Silva zaś kompletnie zdominował mecz, w pojedynkę dzieląc i rządząc na murawie. Bezpośrednim rywalem Hiszpana był Gerrard, który po prostu nie potrafił się do niego zbliżyć i nie otrzymał większej pomocy ze strony kolegów z drugiej linii. Nie wydawało się to zbyt zaskakujące – gra w głębi pola była dla kapitana The Reds nowością, Henderson biegał od pola karnego do pola karnego, Coutinho był klasyczną dziesiątką, a Sterling skrzydłowym. Trudno się dziwić, że tak bardzo nastawiony na atak kwartet pomocników nie poradził sobie z cudownymi zejściami Silvy i inteligentnymi podaniami między linie. Braki Gerrarda w defensywie od tygodni budziły niepokój – teraz stały się w końcu poważnym problemem.

Manchester nie tylko zaczął kontrolować mecz dzięki Silvie, Hiszpan miał także udział przy obu golach City. Pierwszego strzelił po wycofaniu Milnera, a potem sam zagrał do tyłu spod linii, tak że piłka odbiła się od Glena Johnsona i wpadła do bramki. Było 2:2 i City szukało kolejnego gola. Silva prawie zapewnił Obywatelom zwycięstwo, ale jego 170 centymetrów wzrostu nie wystarczyło mu, żeby dopaść do dośrodkowania Agüero po ziemi. To Liverpool całkowicie wbrew obrazowi gry zdobył zwycięską bramkę. Kapitan City Kompany zwieńczył okropne popołudnie, wybijając prostą piłkę pod nogi Coutinho, który wspaniale uderzył w dolny róg. 3:2. Rewelacyjny mecz, fantastyczne zwycięstwo. Liverpool znalazł się na dobrej drodze do mistrzostwa.

Tuż po ostatnim gwizdku Gerrard się rozpłakał. Następnie otoczyli go koledzy z drużyny i odbyła się zaimprowizowana narada. Owładnięty emocjami Gerrard zebrał się w sobie, by dać partnerom sygnał do walki: „Hej! Nie ma miejsca na potknięcie! Uwaga! Żadnego, kurwa, potknięcia. Uwaga, słuchajcie: to już za nami, na Norwich wychodzimy dokładnie tak samo! – wrzeszczał, waląc pięścią w rękę. – Jedziemy jeszcze raz!"

Wyjazd do Norwich zanadto nie różnił się od spotkania z City. Liverpool zaczął z wysokiego C i dzięki bramkom Sterlinga oraz Suáreza objął po dziesięciu minutach prowadzenie 2:0, by w ostatnim kwadransie nerwowo bronić wyniku 3:2. Bez kontuzjowanego Sturridge'a i zawieszonego Hendersona (wyleciał z boiska pod koniec wygranego meczu z City) Rodgers zdecydował się na niezwykłe ustawienie. Chciał pozostać przy diamencie, ale zdawał sobie sprawę, że menedżer Norwich Neil Adams planuje grać tym samym systemem. Rodgers przypomniał sobie taktykę, którą ponad dekadę wcześniej zastosował przeciwko jego juniorskiej drużynie Chelsea pewien trener z Ameryki Południowej, i umieścił Coutinho w środku diamentu złożonego z Gerrarda, Lucasa, Allena i Sterlinga, dzięki czemu w pomocy miał pięciu zawodników na czterech rywali i zdominował środek pola niespotykanym ustawieniem 4-1-3-1-1.

Potem nadszedł jednak pamiętny mecz z Chelsea na własnym boisku. Na trzy spotkania przed końcem rozgrywek Liverpool miał pięć punktów przewagi nad drużyną Mourinho, która w gruncie rzeczy odpuściła walkę o tytuł i koncentrowała się na rozgrywanym trzy dni później półfinale Ligi Mistrzów z Atlético Madryt. Manchester City tracił z kolei do Liverpoolu sześć oczek, ale miał zaległy mecz i – co kluczowe – lepszą różnicę bramek. The Reds odpowiadałby remis: zachowaliby przewagę nad Chelsea, a kwestia tytułu pozostałaby w ich rękach. Do pierwszego mistrzostwa w Premier League potrzebowaliby jedynie dwóch zwycięstw w meczach z Crystal Palace i Newcastle.

Co zadziwiające, Mourinho dał odpocząć większości pierwszej jedenastki: John Terry, Gary Cahill, David Luiz, Ramires, Willian, Eden Hazard i Fernando Torres nie wyszli w pierwszym składzie, ponieważ w środku tygodnia grali z Atlético. Tylko Mark Schwarzer, César Azpilicueta, Branislav Ivanović i Ashley Cole rozpoczęli obydwa spotkania od pierwszej minuty. W gruncie rzeczy aby popsuć zabawę Liverpoolowi, Mourinho wysłał drugi garnitur, w tym czeskiego środkowego obrońcę Tomáša Kalasa, który w całym sezonie nie zagrał w lidze ani minuty. „Jestem piłkarzem treningowym – żartował dwa tygodnie wcześniej w czeskiej telewizji. – Stawiają mnie na boisku, jak potrzeba pachołka". Nagle Kalas znalazł się w pierwszej jedenastce na jedno z najważniejszych spotkań ligowych.

Chelsea bezwstydnie czekała w tym meczu na to, co zrobi rywal. Rodgers narzekał później, że londyńczycy „zaparkowali dwa autobusy" przed bramką – Mourinho kolejny raz padł ofiarą frazy, którą wprowadził do angielskiego futbolu – co uniemożliwiło Liverpoolowi dogrywanie piłki do napastników wbiegających za plecy obrońców. Z drugiej strony nie powinno to stanowić problemu. The Reds wystarczał remis, ale po prostu nie była to drużyna umiejąca grać o jeden punkt – zawsze nastawiona ofensywnie, rzucała się na przeciwników od pierwszej minuty, grając na najwyższych obrotach. Gerrard się tym niepokoił. „Martwiłem się naszym planem gry przeciwko Chelsea – przyznał w autobiografii. – Nigdy nie mogłem powiedzieć tego publicznie, ale poważnie niepokoiłem się naszym przeświadczeniem, że możemy rozgromić Chelsea. Wyczuwałem nadmierną pewność siebie w pogadance przedmeczowej Brendana. Myśleliśmy, że możemy wyjść i siąść na Chelsea dokładnie tak, jak zrobiliśmy to w meczach z Manchesterem City i Norwich. To była woda na młyn Mourinho. Wtedy się tego obawiałem, a teraz już wiem, że słusznie".

Henderson nadal był zawieszony, a Sturridge wracał po kontuzji i usiadł jedynie na ławce. Rodgers ustawił więc drużynę w systemie 4-3-3/4-3-2-1 ze Sterlingiem i Coutinho schodzącymi ze skrzydeł w zatłoczony środek. Liverpool był ustawiony zbyt wąsko, ponieważ boczni obrońcy Johnson i młody Jon Flanagan grali wyraźnie ostrożniej niż zwykle, co można interpretować jako oznakę, że Rodgers wiedział, iż Liverpool powinien zagrać bardziej defensywnie. W rezultacie jednak The Reds nie potrafili rozciągnąć formacji Chelsea.

Pod koniec bezbarwnej pierwszej połowy doszło do kluczowego zdarzenia z udziałem Gerrarda, który niemal nie wystąpił w tym spotkaniu (przez cały tydzień nie trenował z powodu okropnego bólu pleców i zagrał tylko dzięki tabletkom przeciwbólowym i serii najmocniejszych dozwolonych zastrzyków). Środkowi obrońcy Liverpoolu ustawili się szeroko, więc Gerrard cofnął się, by na chwilę wcielić się w ostatniego defensora. Poślizgnął się, gdy przyjmował proste podanie z boku od lewego środkowego obrońcy Mamadou Sakho.

Ale to nie wszystko. To, co się wydarzyło, było w istocie bardziej złożone – poślizg był drugim błędem Gerrarda. Pierwszy przydarzył mu się ułamek sekundy wcześniej, gdy na chwilę spuścił wzrok z futbolówki i pozwolił jej przelecieć pod stopą. Zanim otrzymał piłkę, kapitan Liverpoolu dwa razy rzucał okiem, żeby sprawdzić, jakimi możliwościami podania dysponuje i jak ustawiony jest napastnik Chelsea Demba Ba. Załatwiło go to, że pozwolił sobie na trzecie zerknięcie. „Byłem bardziej skoncentrowany na Dembie niż na piłce" – przyznał. To doprowadziło do złego przyjęcia, a rozpaczliwa próba odzyskania kontroli nad sytuacją skończyła się paniką i utratą równowagi. Tymczasem Ba pognał do przodu i strzelił gola.

Ten doprawiony okrutną ironią moment przeszedł do historii z dwóch powodów. Pierwszy był prozaiczny: pozornie rozstrzygający o tytule mecz z City Gerrard zakończył, wrzeszcząc: „Nie ma miejsca na potknięcie" i to właśnie potknięcie okazało się zgubne. W scenariuszu filmowym wydawałoby się to niedorzecznie sztuczne, ale wydarzyło się w jednym z najistotniejszych meczów ligowych. Po drugie i ważniejsze: Gerrard grał głębiej, ponieważ odkrył, że widzi niewystarczająco dużo, żeby grać bardziej z przodu. Teraz ten brak zakończył się najbardziej kosztownym błędem w przyjęciu w historii Premier League.

Rodgers napomknął o błędzie w przerwie meczu, przypominając podopiecznym, że Gerrard niezliczoną ilość razy ratował Liverpool i że teraz piłkarze muszą mu się zrewanżować. Ale Liverpool przywykł do wykorzystywania wolnej przestrzeni i wyglądało na to, że nie wie, co robić, żeby przedrzeć się przez głęboko cofniętą defensywę. Drugą połowę spotkania pamięta się głównie ze względu na rozpaczliwe próby Gerrarda, by odpokutować za własny błąd. Sam kapitan The Reds wyrażał się zresztą o nich później w typowy dla siebie samokrytyczny sposób: „Zapuszczałem się za bardzo do przodu, próbując uderzeń z pozycji, z których nie da się trafić". Rzeczywiście, Gerrard oddał po przerwie osiem strzałów, na ogół z dużej odległości. Ale Liverpool nie miał zbyt wielu obiecujących możliwości w ataku. Sturridge i Suárez nie byli w stanie opanować piłki w pobliżu bramki rywala. Ten drugi zresztą uwypuklił naiwność taktyczną Liverpoolu, pytając jednego z obrońców Chelsea, dlaczego londyńczycy grają tak defensywnie. Sterling nie miał miejsca na dryblingi, wymiany podań po prostu się Liverpoolowi nie udawały, a dośrodkowania były wodą na młyn dla rywali. Strzelanie z dystansu było jak najbardziej uzasadnioną taktyką przeciwko tak cofniętej drużynie, choć Gerrard, zamiast „świecić przykładem", stopniowo stał się wcieleniem starej krytycznej uwagi, że „próbuje wszystko robić w pojedynkę".

W doliczonym czasie gry Chelsea dołożyła drugiego gola po kontrataku, który rozpoczął się od fatalnie wykonanego przez rezerwowego Iago Aspasa rzutu rożnego. Fernando Torres, były ulubieniec Anfield, ruszył naprzód, a następnie wyłożył Willianowi piłkę na pustą bramkę. Willian, piłkarz, którego Gerrard zachęcał poprzedniego lata do przenosin do Liverpoolu, przypieczętował najbardziej druzgocącą porażkę The Reds. „Gratuluję Chelsea zwycięstwa – powiedział Rodgers po meczu. – Przyjechali tu pewnie po remis, to my byliśmy drużyną, która chciała wygrać to spotkanie". Menedżer Liverpoolu ogromnie się jednak mylił – gdyby Chelsea przyjechała po remis, Liverpool powinien go wziąć.

Tego samego dnia Manchester City wygrał na wyjeździe z Crystal Palace 2:0, a tydzień później pokonał Everton 3:2. To oznaczało, że na dwie kolejki przed końcem drużyny City i Liverpoolu zgromadziły po 80 punktów. Obywatele mieli jednak lepszą o dziewięć goli różnicę bramek.

Ostatni wyjazdowy mecz sezonu Liverpool rozgrywał w poniedziałek wieczorem z Crystal Palace. Gerrard przyznaje, że po błędzie w spotkaniu z Chelsea czuł się przygnębiony i wybrał się na kilka dni do Monako, co o tyle znaczące, że był już kiedyś w tym miejscu i zapamiętał, że jest tam zupełnie pusto. Ale w meczu z Palace nie wyglądał na piłkarza pogrążonego w smutku. Asystował z rzutu rożnego przy otwierającym wynik golu Allena, a potem typowym krzyżowym podaniem wypracował drugiego gola Sturridge'owi ze swej nowej pozycji w głębi pola. W 55. minucie Suárez trafił na 3:0 po klasycznej klepce ze Sterlingiem. „Gromiliśmy ich. Naprawdę myślałem, że wygramy 6:0" – powiedział po meczu Gerrard. Co wymowne, Suárez ruszył od razu po piłkę, by szybko położyć ją na środku boiska. Liverpool wierzył, że w ciągu dwóch spotkań jest w stanie odrobić dziewięciobramkową stratę do rywali. „Dogonienie Manchesteru City wydawało nam się jakimś sposobem możliwe – wspominał potem Suárez. – W głowach mieliśmy tylko jedno: gole, gole, gole... Myśleliśmy, że naprawdę możemy to zrobić".

Nie jest to tak niedorzeczne, jak się wydaje. Liverpool wygrał 11 z 12 poprzednich spotkań, strzelając sześć goli Cardiff, pięć Arsenalowi i cztery Tottenhamowi oraz Swansea. W ostatniej kolejce piłkarze Rodgersa grali z Newcastle Alana Pardew, które w drugiej połowie sezonu wpadło w straszny dołek, przegrywając 11 z 14 ostatnich spotkań i w dziesięciu z nich nie zdobywając nawet jednej bramki. Podopieczni Pardew zostali w tym czasie zdeklasowani przez Tottenham, Southampton i Manchester United (po 0:4), a także przez Sunderland, Chelsea, Everton i Arsenal (po 0:3). Byli kompletnie do niczego. Zwycięstwo taką różnicą bramek, jakiej potrzebował Liverpool (prawdopodobnie dwucyfrowe), nigdy się w Premier League nie zdarzyło. Ale z drugiej strony żaden klub nie miał nigdy motywacji, by strzelić dziesięć goli. Zwykle przy wyniku 4:0 czy 5:0 drużyna przestaje grać i oszczędza energię. Tym razem jednak warunki dla najwyższego zwycięstwa w historii Premier League były idealne: niepowstrzymany atak z dwójką najlepszych ligowych strzelców potrzebował tylu goli, ile tylko da się strzelić w ciągu 90 minut drużynie, która zupełnie złożyła broń. Skoro Liverpool potrafił w 20 minut strzelić cztery gole liderom z Arsenalu, to ile mógłby zdobyć w ciągu 90 minut przeciwko będącej w prawdziwej rozsypce drużynie Newcastle? The Reds wyraźnie wierzyli, że są w stanie wygrać wysoko, co gwarantowałoby fascynujące widowisko.

Ale nigdy się już nie przekonamy, czy tak by było. W desperackiej pogoni za kolejnymi bramkami Liverpool zapomniał o obronie i w ostatnich dziesięciu minutach stracił trzy gole, odnotowując katastrofalny remis 3:3. Po meczu Suárez, mimo najlepszych starań Gerrarda, nie dawał się pocieszyć: szlochał z koszulką założoną na głowę i twarzą ukrytą przed kamerami, gdy niezwykle długo szedł do położonego niedogodnie, bo w rogu boiska tunelu na Selhurst Park. Szanse Liverpoolu przepadły. Manchester City wygrał dwa pozostałe mecze i drugi raz zdobył mistrzostwo Premier League.

Choć strzelanina w ostatniej kolejce byłaby czymś wspaniałym, Liverpool powinien zdawać sobie sprawę, że podstawowym celem jest zwycięstwo z Crystal Palace. Manchester znalazłby się wtedy pod dużą presją i choć Obywatelom pozostały niespecjalnie trudne mecze (z Aston Villą i West Hamem u siebie), piłkarze City dorobili się reputacji partaczy. Dwa lata wcześniej niemal przegrali w ostatniej kolejce łatwy mecz z QPR, a przed rokiem ulegli w finale Pucharu Anglii spadkowiczowi z Wigan. Liverpool uwolnił ich od kłopotów.

Naiwność The Reds nie dotyczyła konkretnej taktyki, ale szerzej rozumianych celów. Podopieczni Rodgersa nie musieli pokonać Chelsea, ale rozpaczliwie próbowali to zrobić. Nie musieli strzelić więcej goli Crystal Palace, ale rozpaczliwie próbowali to zrobić. Liverpool stał się tak nieustępliwą, nastawioną całkowicie na atak drużyną, że nie potrafił wrócić do stylu, który Rodgers początkowo pragnął osiągnąć – do futbolu pozycyjnego dającego raczej kontrolę nad meczem niż bramki. Ostatecznie kosztowało go to tytuł.

23
ROZKWIT PRESSINGU

Nasz styl polega na odbiorze piłki tak szybko, jak to możliwe – przesuwamy linie do przodu i gramy wysoko. Może się wydawać, że więcej biegamy, ale tak naprawdę biegamy w bardziej poukładany sposób.

Mauricio Pochettino

Przez kilka lat futbol pozycyjny panował niepodzielnie – prawie każda drużyna starała się długo utrzymywać przy piłce, rywal zaś się cofał, czekając na okazję, by grać w ten sam sposób. Ostatecznie jednak taki styl gry doczekał się odpowiedzi – był nią rozkwit pressingu. Zamiast cofać się i podziwiać ładną grę podaniami przeciwnika, rywale zaczęli coraz bardziej naciskać i próbować ją przerywać.

Pressing nie był w taktyce niczym nowym. Odgrywał ważną rolę w futbolu totalnym Ajaksu i reprezentacji Holandii w latach 70., a szczególną popularność zyskał dzięki znakomitej drużynie Milanu Arrigo Sacchiego pod koniec lat 80. W Anglii pressing także miał swoją historię. Choć byłego selekcjonera reprezentacji Grahama Taylora ściśle kojarzono z grą długą piłką, jego Watford odnosił sukcesy właśnie dzięki niezwykle skutecznemu pressingowi. „Nasz styl opierał się na pressingu w każdej strefie, w której znajdowała się piłka – opowiadał Taylor. – Naciskaliśmy, nawet jeśli prawy obrońca rywala był przy piłce głęboko na własnej połowie. Graliśmy na niezwykle wysokich obrotach i dlatego musieliśmy być w znakomitej formie fizycznej".

Metody Taylora niesłusznie wykpiwano. W chwili jego śmierci w styczniu 2017 roku futbol oparty na pressingu dominował w Premier League jak nigdy wcześniej. Obecnie jednak pressing miał bardziej intensywny i zespołowy charakter, jak zauważył były menedżer Arsenalu George Graham, który na przełomie lat 80. i 90 zasłynął wysoko ustawioną linią obrony. „Wiele drużyn traktuje pressing jako nowoczesny styl gry – stwierdził. – Proszę uwierzyć, stosowaliśmy go lata temu, choć nie całą drużyną w takim stopniu, jak robi się to obecnie".

Pressing rzeczywiście nadawał się w naturalny sposób do Premier League. W kulturze piłkarskiej mającej obsesję na punkcie ciężkiej pracy, wysiłku i wślizgów doskakiwanie do przeciwników wybijało się na pierwszy plan nawet w rozgrywkach amatorskich (o Premier League nie wspominając). Ponadto niższe temperatury sprawiały, że w Anglii łatwiej było ciągle biegać niż w krajach o klimacie śródziemnomorskim.

W dwóch pierwszych dekadach Premier League rzadko jednak mówiło się o pressingu. Często chwalono drużyny za pracowitość, a energicznych napastników za utrudnianie gry obrońcom, ale trudno sobie przypomnieć ekipy, które w latach 1992–2012 doczekałyby się słów uznania właśnie za zespołowy nacisk na rywala. W ciągu kolejnych pięciu lat pressing stał się jednakże najżywiej dyskutowaną koncepcją taktyczną.

Do spopularyzowania jej na nowo przyczyniła się – jak w przypadku wielu innych innowacji taktycznych – Barcelona Pepa Guardioli, szczególnie w drodze po triumf w Lidze Mistrzów w sezonie 2010/11. Różnica między dwoma finałowymi zwycięstwami Katalończyków nad Manchesterem United była niezwykła: w 2009 roku napastnicy Barçy cofali się do linii środkowej, dwa lata później bezustannie doskakiwali do przeciwników, uniemożliwiając United rozegranie piłki. „Gramy na połowie rywala tyle, ile się da – wyjaśniał Guardiola. – Jesteśmy fatalni bez piłki, więc chcę, żebyśmy ją odzyskali tak szybko, jak to możliwe".

Nagłe przyswojenie sobie pressingu przez angielskie kluby można wiązać z jedną, ściśle określoną połową meczu, który odbył się w kwietniu 2010 roku. Barcelona Guardioli przybyła wówczas na Emirates, by zmierzyć się w pierwszym spotkaniu ćwierćfinału Ligi Mistrzów z Arsenalem Arsène'a Wengera. W przedmeczowych omówieniach skupiano się na starciu dwóch drużyn bazujących na posiadaniu piłki, ale podczas gdy Arsenalowi chodziło po prostu o utrzymywanie się przy futbolówce, Barcelona w równym stopniu zajmowała się jej odbiorem. Pierwsza połowa była w wykonaniu Katalończyków fantastycznym, przerażającym pokazem pressingu. Zajadłość i intensywność w grze Barcelony zupełnie oszołomiła Arsenal. Prawy obrońca Dani Alves grał tak wysoko, że w pewnym momencie niemal przyszpilił lewego obrońcę Arsenalu Gaëla Clichy'ego do chorągiewki w narożniku boiska. Londyńczycy nie potrafili znaleźć żadnego rozwiązania – czuli się niepewnie, wychodząc spod pressingu podaniami, nie byli też przyzwyczajeni do radzenia sobie z nim za pomocą długich przerzutów. Bez przerwy pakowali się w tarapaty, Barcelona zaś odzyskiwała piłkę pod ich bramką i po 45 minutach mogło być 5:0. Tylko dzięki mistrzowskiemu występowi Manuela Almunii między słupkami do przerwy utrzymywał się bezbramkowy remis.

W przerwie Wenger ewidentnie zachęcał podopiecznych do skopiowania stylu Barcelony, ale bez powodzenia. Pressing opiera się raczej na organizacji niż na samym wysiłku, a gracze Arsenalu próbowali naciskać obrońców Barcelony pojedynczo lub dwójkami, nie zaś zespołowo. Katalończycy łatwo radzili sobie z tym zakładanym bez przekonania pressingiem, a ponieważ defensywa londyńczyków ustawiona była teraz wyżej, dwie długie piłki za plecy obrońców do Zlatana Ibrahimovicia wystarczyły do strzelenia dwóch niemal identycznych goli.

Arsenal doszedł jednak do siebie. Barcelona była wyczerpana pressingiem z początku spotkania, a wprowadzenie szybkiego Theo Walcotta pozwoliło drużynie Wengera wykorzystać przestrzeń za obrońcami rywala. Walcott strzelił gola kontaktowego, a pięć minut przed końcem spotkania kapitan Arsenalu i wychowanek Barcelony Cesc Fàbregas wywalczył rzut karny. Po faulu Carlesa Puyola, który dał londyńczykom jedenastkę, Fàbregas złamał prawą kość strzałkową i nie zagrał już do końca sezonu, ale za sprawą adrenaliny dał radę przetrwać na boisku i wykorzystał karnego, w gruncie rzeczy strzelając gola złamaną nogą. Spotkanie skończyło się remisem 2:2, ale dominację Barcelony lepiej podsumowuje niewiarygodna statystyka strzałów w światło bramki: 14:2. „W ubiegłym sezonie zdobyliśmy wiele trofeów, ale nie zagraliśmy ani jednego takiego wyjazdowego meczu w Lidze Mistrzów jak tutaj – zachwycał się menedżer Katalończyków. – Zabraliśmy piłkę i nie daliśmy im ani przez chwilę pograć. To było najlepsze 45 minut, od kiedy zostałem trenerem. [...] Daliśmy dobry przykład tego, jak należy grać w piłkę". Wymowne, że Guardiola skupił się na tym, że „ani przez chwilę nie dali pograć" Arsenalowi.

Menedżerem, którego szczególnie zainspirował pressing Guardioli, był André Villas-Boas. Przygoda Portugalczyka z piłką rozpoczęła się we wspaniale poetycki sposób: jako 16-letni fan Porto był sfrustrowany tym, że menedżer Bobby Robson odsunął od składu jego ulubionego piłkarza, Domingosa Paciêncię. Tak się złożyło, że Villas-Boas mieszkał w tym samym budynku co Robson, wsunął więc do jego skrzynki list, w którym przedstawił w zarysie zastrzeżenia do taktyki Porto. Robson, z charakterystyczną dla niego serdecznością, zaprosił chłopaka na herbatę, a potem rzucił mu wyzwanie, by przygotował analizę następnego meczu Porto i zilustrował swoje racje. Villas-Boas, podobnie jak Mourinho, zaimponował inteligencją piłkarską i Anglik zaprosił chłopaka na staż. Kiedy w 2002 roku menedżerem Porto został Mourinho, Villas-Boas nadal pracował w klubie. Najpierw analizował grę rywali dla starszego rodaka, a potem przeniósł się wraz z nim do Chelsea, gdzie zasłynął z analiz, które stały się cechą charakterystyczną pierwszego pobytu Mourinho na Stamford Bridge. W 2009 roku Villas-Boas został samodzielnym menedżerem w portugalskim klubie Académica Coimbra, rok później zaś objął posadę w FC Porto. W pierwszym sezonie w tym klubie nie przegrał w lidze meczu i poprowadził podopiecznych do triumfu w Lidze Europy. W finale Smoki wygrały 1:0 z Bragą prowadzoną – nieuchronnie – przez Domingosa Paciência, człowieka, który przypadkiem sprawił, że Villas-Boas został trenerem.

Od razu po zwycięstwie w Lidze Europy Villas-Boas złożył hołd Robsonowi i Mourinho, a także – co zaskakujące – Guardioli, którego nigdy nie spotkał. „Zawsze mnie inspiruje, ponieważ dzięki jego metodologii Barcelona gra fantastyczny futbol – tłumaczył Portugalczyk. – Jest dla mnie na co dzień wzorem jakości i piłkarskiej filozofii". Być może właśnie to przyciągnęło uwagę Romana Abramowicza, który niedawno zwolnił Carlo Ancelottiego i nadal marzył o tym, by Chelsea zyskała wyraźną, pozytywną tożsamość. Villas-Boas został menedżerem londyńczyków w wieku zaledwie 34 lat. Był to śmiały wybór. Portugalczyk nie okazał się szczególnie lubiany na Wyspach. Często mówiono, że jest „menedżerem z laptopem" i że bardziej interesują go statystyki niż ludzie.

Villas-Boas z miejsca próbował przeszczepić styl Porto do Chelsea – z rozczarowującymi efektami. Kluczowymi elementami owego stylu były ustawienie 4-3-3 i agresywnie grająca defensywa. W Chelsea piłkarze byli przyzwyczajeni do tego pierwszego, z drugim jednak mieli poważne problemy. Gdy analizowano system Villasa-Boasa, poważnie dyskutowano o obronie drużyny, ponieważ jej gra radykalnie różniła się od sposobu, w jaki londyńczycy grali od czasu zatrudnienia Mourinho w 2004 roku. I rzeczywiście choć Villasa-Boasa nazywano, jak można było przewidzieć, „nowym Mourinho", żaden inny menedżer Chelsea od czasów Wyjątkowego nie wprowadził tak odmiennego stylu gry.

Odważnie wychodząca defensywa tworzyła część „wysokiego bloku" Villasa-Boasa. Wcześniej rzadko używano w Anglii tego określenia, za którym kryło się to, że wszyscy gracze z pola ruszają do przodu, by naciskać na rywali z dala od własnej bramki. Była to istotna zmiana – Villas-Boas okazał się pierwszym menedżerem w Premier League od czasów George'a Grahama, którego taktykę charakteryzowało to, co robią jego podopieczni bez piłki, a nie przy piłce. Choć podejście Mourinho było zdecydowanie bardziej defensywne, nazywano je grą z kontry, co wprawdzie w domyśle odwołuje się do długich okresów bez piłki, lecz dosłownie odnosi się do nastawienia na atak. Obecnie eksperci skupiali się na grze Chelsea, gdy to rywal był przy piłce, choć Villas-Boas często podkreślał, że jego drużyna gra „prostopadłymi" podaniami, szybko przenosząc akcję do przodu.

Choć Chelsea długimi okresami zmuszała rywali do gry na niewielkiej przestrzeni, często przełamywano jej wysoko ustawioną linię obrony. Można było to wybaczyć w starciu z szybkimi zawodnikami, ale godne uwagi jest to, że londyńczycy mieli problemy nawet z piłkarzem Norwich Grantem Holtem, nieco pulchnym środkowym napastnikiem w starym stylu, który rozgrywał debiutancki sezon w Premier League, spędziwszy całą karierę na niższych szczeblach rozgrywkowych. Zdarzały się mecze, w których w grze Chelsea brakowało spójności między formacjami, jak choćby przegrana 1:3 na Old Trafford, gdy defensywa ustawiona była wysoko, ale linia pomocy nie stosowała należytego pressingu, co prowokowało United do zagrywania długich piłek na wbiegających za plecy obrońców zawodników. Najbardziej jaskrawą ilustracją tego problemu była porażka 3:5 z Arsenalem na własnym boisku. Bohaterem spotkania został zdobywca hat-tricka Robin van Persie, a dzięki szybkości skrzydłowych Theo Walcotta i Gervinho Kanonierzy raz po raz wykorzystywali wolną przestrzeń za linią obrony Chelsea. Przy drugim golu van Persiego John Obi Mikel zmusił niedokładnym podaniem Johna Terry'ego do odwrócenia się i pognania w kierunku piłki. Holender bez trudu przegonił kapitana Chelsea, który bezradnie runął na murawę, gdy van Persie mijał Petra Čecha. Był to charakterystyczny obrazek dla wysokiego bloku Villasa-Boasa.

Portugalczyk stopniowo zdawał sobie sprawę, że ten styl nie pasuje do Chelsea i w grudniu zagrał bardzo cofniętym blokiem w decydującej, ostatniej kolejce grupowych rozgrywek Ligi Mistrzów z Valencią, ponieważ obawiał się, że porażka będzie go kosztować posadę. Londyńczycy pozwolili Hiszpanom całkowicie zdominować środek pola, utrzymując się przy piłce tylko przez 31 procent czasu, ale zwyciężyli

3:0. Była to Chelsea jak za dawnych lat. Po tamtym spotkaniu pojawiły się nieuniknione pytania o zasadność gry wysokim blokiem, a po minimalnym zwycięstwie 2:1 nad Manchesterem City spytano Villasa-Boasa, jak miała grać jego obrona. „Na początku meczu staraliśmy się znaleźć najlepsze ustawienie dla bloku defensywnego – wyjaśnił. – Wyszliśmy na to spotkanie średnim blokiem. Piłkarzy za bardzo ciągnęło, żeby naciskać na budujących akcje krótkimi podaniami rywali, i w pierwszych dziesięciu minutach mieliśmy spore problemy. Sądzę, że to skorygowaliśmy: zawodnicy czuli, że muszą się dostosować, więc cofnęli się nieco głębiej, poczuli się bardziej komfortowo, a potem zyskali pewność siebie".

Brzmiało to podejrzanie, jakby piłkarze zlekceważyli jego taktykę i grali głębiej, niż planował. Ale ogólnie rzecz biorąc, Villas-Boas wrócił do wysokiego bloku, mając prawdopodobnie z tyłu głowy oczekiwania Abramowicza, by drużyna zyskała pozytywną tożsamość. Konsekwencje bywały niezwykłe. Przykładowo w przegranym 1:3 meczu drugiej rundy Ligi Mistrzów z Napoli Włosi ciągle stwarzali dobre okazje, grając na szybkiego lewoskrzydłowego Ezequiela Lavezziego, który wykorzystywał wolne hektary za plecami prawego obrońcy Chelsea Branislava Ivanovicia.

Ostatecznie Portugalczyk przetrwał w Chelsea tylko osiem miesięcy. Jeszcze w tym samym sezonie jego asystent Roberto Di Matteo poprowadził londyńczyków do triumfu w Lidze Mistrzów, grając głęboko cofniętą linią obrony na wzór drużyny Mourinho.

Niecałe pięć miesięcy po tej dymisji Villas-Boas wrócił do Premier League, by zastąpić w Tottenhamie Harry'ego Redknappa, który – cóż za zbieg okoliczności – doprowadził Spurs do czwartego miejsca, co wystarczyłoby do gry w Lidze Mistrzów, gdyby nie nieprawdopodobny triumf Di Matteo. To, że Portugalczyk będzie kładł nacisk na grę pressingiem, z miejsca stało się oczywiste. W pierwszej kolejce sezonu 2012/13 – w przegranym 1:2 meczu z Newcastle – Villas-Boas kazał podopiecznym naciskać na wszystkich rywali z wyjątkiem duetu środkowych obrońców, przez co Steven Taylor i James Perch zakończyli spotkanie z odpowiednio 100-procentową i 98-procentową dokładnością podań, podczas gdy średnia reszty drużyny Newcastle wynosiła zaledwie 77 procent. Sugerowało to, że Villas-Boas raczej skorygował grę wysokim blokiem, niż ją zarzucił.

Przeważnie jednak Tottenham grał bardzo wysoko w obronie. Warto zwrócić uwagę na niezwykle wysoką pozycję wyjściową bramkarza Hugo Llorisa, który traktował rolę bramkarza-libero bardzo dosłownie i regularnie wybiegał poza pole karne, by widowiskowo wybijać piłkę głową. Od czasu do czasu Spurs, napędzani przez niesamowitego Garetha Bale'a, grali pod wodzą Villasa-Boasa fantastycznie. We wrześniu 2012 roku odnotowali pierwsze w historii zwycięstwo na Old Trafford (3:2). Na początku meczu bardziej mobilny duet Spurs, Moussa Dembélé i Clint Dempsey, stłamsił pressingiem Paula Scholesa i Michaela Carricka, choć ostatecznie Tottenham cofnął się bardzo głęboko i przez całe spotkanie tylko przez 26 procent czasu utrzymywał się przy piłce.

Za często jednak Koguty zbyt intensywnie naciskały na rywali, nie przejmując kontroli nad meczem. Po porażce 2:4 z byłym klubem prowadzonym znów przez Mourinho Villas-Boas przyznał: „Spotkanie charakteryzowało się szaleńczym tempem. Obie drużyny straciły wiele piłek. [...] Intensywność stanowiła problem, chcieliśmy uspokoić grę". Ale w zwycięstwie 2:1 nad Arsenalem – był to osobliwy mecz, w którym obie drużyny grały agresywnym pressingiem z wysoko ustawioną linią obrony, przez co gra toczyła się na bardzo małym fragmencie boiska, obejmującym po 20 metrów po obu stronach linii środkowej – Spurs wyglądali na drużynę, której formacje trzymają się bliżej siebie i która lepiej gra prostopadłymi podaniami. Zwycięstwo przyniosły Kogutom gole szeroko ustawionych Bale'a i Aarona Lennona, którzy wbiegali za plecy obrońców.

Główną przyczyną nagłego kryzysu Tottenhamu w kolejnym sezonie było odejście Bale'a, ale swoje znaczenie miała także gra wysoko ustawioną linią obrony. W przegranym 0:1 meczu z Arsenalem obronę

Spurs co rusz niepokoił rajdami Theo Walcott, ale problemy sprawił jej także wyraźnie wolniejszy Oliver Giroud, w zremisowanym 1:1 spotkaniu z Chelsea natomiast będący kompletnie bez formy Fernando Torres rozegrał pierwszy dobry mecz od miesięcy (choć pod koniec wyleciał z boiska za starcie z Janem Vertonghenem), dlatego że miał mnóstwo miejsca.

Ale gdy system gry Villasa-Boasa zawodził, to spektakularnie. W wyjazdowym spotkaniu z Manchesterem City w szeregach Spurs panował absolutny chaos. Jesús Navas wykorzystał wysoką linię obrony i w 15. sekundzie otworzył wynik meczu. Sergio Agüero przy swojej szybkości robił, co chciał, z nieruchliwym duetem środkowych obrońców złożonym z Michaela Dawsona i Younèsa Kaboula, a gdy w przerwie przy stanie 0:3 Villas-Boas postanowił zmienić ustawienie z 4-2-3-1 na 4-4-2, by walczyć o przegraną sprawę, tylko pogorszył sytuację, pozwolił bowiem przejąć City całkowitą kontrolę w środku pola. Skończyło się na 0:6.

Niespełna miesiąc później Tottenham zebrał podobne cięgi, tym razem na własnym boisku z Liverpoolem. Z pomocnikiem Étienne'em Capoue, grającym z konieczności obok Dawsona na środku obrony, Spurs znów bronili niezwykle wysoko, ale nie naciskali za bardzo na przeciwników, gdy ci byli przy piłce. Jak łatwo przewidzieć, Luis Suárez ciągle wyskakiwał zza pleców obrońców, a Liverpool wygrał 5:0. Było to istne szaleństwo ze strony Villasa-Boasa: raz po raz robił to samo i oczekiwał innych efektów. Dzień później został zwolniony. Obie dymisje – w Chelsea i Tottenhamie – wynikały w dużej mierze z jego obsesji na punkcie wysoko ustawionej linii obrony jako nieodłącznego elementu gry pressingiem.

W tamtym momencie Villas-Boas nie był już jednak głównym propagatorem pressingu w Premier League. Pałeczkę przejął Mauricio Pochettino, który w styczniu 2013 roku został menedżerem Southampton. Było to dość kontrowersyjne posunięcie. Po trudnym starcie pierwszego od ośmiu lat sezonu w elicie podopieczni Nigela Adkinsa osiągnęli kilka imponujących rezultatów i wybicie drużyny z rytmu w samym środku sezonu wydawało się dziwne. Pochettino pracował wcześniej jedynie w Espanyolu. Wprawdzie jego drużyna grywała porywająco, zwłaszcza gdy próbowała intensywnego pressingu w derbach z FC Barceloną, Argentyńczyk został jednak zwolniony, gdy Espanyol znalazł się na dnie tabeli.

Mimo to Pochettino był bardzo obiecującym młodym menedżerem, a samo sedno jego trenerskiego stylu stanowiła gra pressingiem. Głównym źródłem inspiracji był dla niego jeden z autorytetów Guardioli, Marcelo Bielsa, choć Pochettino łączyło z rodakiem więcej. Bielsa trenował go pod koniec lat 80. w drużynie juniorów Newell's Old Boys, a gdy został menedżerem, z miejsca dał Pochettino szansę w pierwszej drużynie i ten już jako 19-latek został mistrzem Argentyny. Drużyny Bielsy słynęły z wysokiego tempa gry i energicznego pressingu, który odcisnął swoje piętno na jego młodym podopiecznym. Ścieżki obydwu rodaków przecięły się potem w drużynie narodowej i – na krótko – w Espanyolu.

Gdy Pochettino przybył do Anglii, Bielsa prowadził Athletic Bilbao, z którym odniósł imponujące zwycięstwo w dwumeczu Ligi Europy nad Manchesterem United (5:3). Intensywny pressing Athleticu i błyskawiczna gra z klepki całkowicie oszołomiły drużynę Aleksa Fergusona. Przed spotkaniem z United Bielsa przedstawił w skrócie swoją filozofię. „Nasza gra polega na tym, by odzyskać piłkę tak szybko, jak to możliwe, tak wysoko, jak się da, przez co rozumiem, że wszyscy piłkarze, począwszy od napastników, biorą udział w odbiorze. Gdy już ją odzyskamy, próbujemy znaleźć sposób, by przedrzeć się pod bramkę tak szybko, jak to możliwe, grając z grubsza wertykalnie". Gdy to się udawało, drużyna Bielsy wypadała porywająco, a Pochettino próbował powielić ten styl w Southampton. Przypadkowym zbiegiem okoliczności to dzięki angielskiemu klubowi, a konkretnie dzięki marynarzom kursującym między obydwoma portami, Athletic Bilbao pod koniec

XIX wieku zaczął występować w słynnych koszulkach w czerwono-białe pasy.

Wizja gry Pochettino od samego początku była oczywista. W jego pierwszym meczu na ławce przeciwko Evertonowi pressing inicjowali napastnicy Southampton, pomocnicy naciskali na rywali w środku pola, a obrona grała wysoko. W pierwszej połowie Southampton miał większe posiadanie piłki i stwarzał stuprocentowe okazje, ale nie potrafił przełożyć dominacji na gole. W drugiej odsłonie podopieczni Pochettino opadli z sił i mecz zakończył się bezbramkowym remisem, ale Argentyńczyk ogólnie był zachwycony. „To bardzo dobry mecz, bo wykonaliśmy świetną robotę – powiedział. – Skupialiśmy się na wysokim pressingu, który jest jednym z naszych głównych celów, i położyliśmy podwaliny pod to, co chcemy grać".

Styl Pochettino okazał się szczególnie skuteczny przeciwko silnym przeciwnikom, Southampton potrafił bowiem uniemożliwić im rozgrywanie od linii obrony. Znaczące, że Argentyńczyk pierwsze trzy zwycięstwa w Premier League odniósł nad Manchesterem City, Liverpoolem i Chelsea, ale w tym czasie nie zdołał pokonać Wigan, Norwich i Queens Park Rangers.

Grę Southampton w jedynym pełnym sezonie Pochettino na St Mary's Stadium (2013/14) najlepiej podsumowuje kontrast między dwiema statystykami. Po pierwsze, podopieczni argentyńskiego menedżera najdłużej w całej Premier League utrzymywali się przy piłce. Po drugie, znaleźli się dopiero na dziewiątym miejscu pod względem dokładności podań. To nadzwyczajny brak równowagi, ponieważ ogólnie rzecz biorąc, posiadanie piłki polega według powszechnego przekonania na utrzymywaniu się przy niej. Jak zatem udało się Southampton dominować w tym aspekcie gry tak regularnie, skoro piłkarze Pochettino mieli tak przeciętną dokładność podań? To proste – ilość czasu spędzonego przy piłce zależy także od tego, jak szybko się ją odzyskuje. Southampton nieustępliwie naciskał na rywali od pierwszej linii, którą wspierał duet silnych pomocników: Morgan Schneiderlin i Victor

Wanyama. Po odzyskaniu piłki Święci próbowali grać ambitnymi, prostopadłymi podaniami, które często nie docierały do celu. Ale gdy tylko stracili piłkę, po prostu naciskali na przeciwników od nowa. Premier League nie widziała do tej pory tak nastawionej na pressing drużyny.

Schneiderlin doskonale podsumował styl Argentyńczyka: „Gdy zakładam pressing, zawsze koncentruję się na tym, by dać rywalowi jak najgorszą możliwość rozegrania, a Pochettino oczekuje od nas, że nie zostawimy przeciwnikowi kilku opcji do wyboru. Oznacza to ogromny zespołowy wysiłek, ale po sześciu czy siedmiu miesiącach pracy zgodnie z jego koncepcją jesteśmy w stanie zadręczyć rywali i zupełnie wytrącić ich z rytmu. Nie mogliśmy robić tego od razu, bo wymaga to ogromnej pracy na treningach. Pochettino chce odzyskać piłkę tak wysoko, jak się da, więc pressing rozpoczyna napastnik, a my musimy iść mu w sukurs".

Styl Pochettino dobrze sprawdził się w Southampton. Ogromne sukcesy Świętych w wychowywaniu w klubowej akademii inteligentnych zawodników oznaczały, że Argentyńczyk mógł liczyć na młody, pełen energii zespół gotów uczyć się nowych rzeczy. Okazało się to pożyteczne także dla drużyny narodowej, do której trafili Adam Lallana, Rickie Lambert, Jay Rodriguez, Nathaniel Clyne i Luke Shaw. Niedługo po ogłoszeniu powołań na jedno ze spotkań reprezentacji, w listopadzie 2013 roku, kibice Southampton całą pierwszą połowę wygranego 4:1 meczu z Hull skandowali „Naprzód, Anglio!" i „To jak oglądać Anglię!", by uczcić wkład Świętych w kadrę Roya Hodgsona.

Pochettino przeobraził Southampton w prawdziwą drużynę z górnej połówki tabeli, która momentami grała porywający futbol, nigdy jednak nie krył, że uważa Świętych za trampolinę do większego klubu. To być może tłumaczy, dlaczego posunął w Southampton swój styl pressingu do skrajności – z jego perspektywy chodziło o przyciągnięcie zainteresowania innych klubów. Sezon 2013/14 drużyna z St Mary's Stadium zakończyła na bardzo przyzwoitym ósmym miejscu, ale to raczej styl gry, a nie wyniki, zachęcił Tottenham do zatrudnienia latem argentyńskiego szkoleniowca.

W gruncie rzeczy była to próba kontynuacji filozofii Villasa-Boasa – obaj menedżerowie mieli bowiem obsesję na punkcie pressingu i wysoko ustawionej linii obrony. Między odejściem Portugalczyka a przyjściem Argentyńczyka Spurs prowadził Tim Sherwood, kapitan drużyny Blackburn, która w sezonie 1994/95 sięgnęła po mistrzostwo. Sherwood wrócił do podstaw – mogło się wydawać, że ignorował wszystkie nowinki taktyczne, które pojawiły się od momentu założenia Premier League. Anglik ustawiał drużynę w systemie 4-4-2, mawiał, że „piłkarze nazywają siebie dziesiątkami, bo nie potrafią strzelać goli", i twierdził, że nie rozumie, po co są defensywni pomocnicy. Co zaskakujące, miał przy tym najwyższą średnią zwycięstw ze wszystkich menedżerów Tottenhamu za czasów Premier League, o czym ciągle przypominał mediom. Ale choć okazał się użytecznym rozwiązaniem na krótką metę, brakowało mu wizji, by wprowadzić klub w nową epokę.

Tottenham Pochettino nie stosował tak agresywnego pressingu jak jego Southampton, lecz nadal skupiał się na parciu naprzód i szybkim doskakiwaniu do rywali. Piłkarze Spurs grali przy tym inteligentniej, stosując pressing w poprzek boiska, co oznaczało, że boczni pomocnicy przemieszczali się do środka, gdy rywale mieli piłkę na przeciwnej flance, i przypierali ich do linii bocznej. W pierwszym sezonie w Tottenhamie Argentyńczyk osiągał mieszane wyniki; czasem jego podopieczni wspaniale radzili sobie w pressingu, zmuszając rywali do błędów i ruszając z szybkim atakiem, czego przykładem była pierwsza bramka we wrześniowych derbach północnego Londynu. Christian Eriksen ruszył ku niepewnemu Mathieu Flaminiemu, który był przy piłce głęboko na własnej połowie; Duńczyk odebrał mu futbolówkę, dograł do Erika Lameli, ten wyłożył ją Nacerowi Chadliemu, który ładnie wykończył akcję. Dokładnie tego chciał Pochettino – agresywnego pressingu wysoko na połowie rywala i szybkiego, bezpośredniego ataku. Zdarzało się jednak, że pressing Spurs wystawiał na niebezpieczeństwo obronę, młodemu duetowi pomocników Ryan Mason – Nabil Bentaleb brakowało bowiem niezbędnej dyscypliny taktycznej.

W sezonie 2015/16 sprawy przybrały znacznie lepszy obrót, przez chwilę Tottenham miał nawet poważne szanse na tytuł. Jak zauważył Schneiderlin w Southampton, potrzeba czasu na boisku treningowym, by udoskonalić grę pressingiem, a Koguty lepiej opanowały styl Pochettino. Dużo znaczyła także poprawa jakości na poziomie indywidualnym: atletyczny i dobrze wyszkolony technicznie środkowy pomocnik Dembélé odzyskał miejsce w pierwszym składzie, silny obrońca Eric Dier został z powodzeniem przeniesiony do środka pomocy, kluczowym nabytkiem okazał się dysponujący niespożytymi siłami Dele Alli, a znakomity środkowy obrońca Toby Alderweireld dołączył do Spurs po świetnym sezonie w Southampton, które pod wodzą następcy Pochettino, Ronalda Koemana, nadal skutecznie grało pressingiem. Alderweireld utworzył budzący szacunek duet środkowych obrońców z rodakiem Janem Vertonghenem – obaj zresztą byli wychowankami szkółki Ajaksu Amsterdam, która kładzie wielki nacisk na pressing. „Sporo uwagi na treningach poświęcamy taktyce – stwierdził Alderweireld. – Gramy piłkę opartą na pressingu, każdy pracuje na partnerów, od napastnika po bramkarza. Jesteśmy drużyną głodną sukcesów, bez prawdziwych gwiazdorów. Nigdy w życiu nie pracowałem tak ciężko, jak pod wodzą Pochettino".

W drugim sezonie drużyna była też wyraźnie lepiej przygotowana fizycznie, po części dzięki niezwykle intensywnym treningom Pochettino. „Jeśli mam być szczery, to podczas przygotowań do sezonu nie było czegoś takiego jak dobre momenty – wyznał napastnik Harry Kane, wielki beneficjent reżimu treningowego Argentyńczyka. – Mieliśmy podwójne sesje... Były chwile, gdy się zarzynaliśmy". Nadzwyczajne postępy zrobili dwaj ofensywni boczni obrońcy Spurs, Kyle Walker i Danny Rose; ich ciągłe rajdy nadały kształt ustawieniu Kogutów. Piłkarze Tottenhamu regularnie przebiegali więcej kilometrów niż pozostałe drużyny Premier League i czasami niesamowicie dominowali na boisku, odnotowując wygraną 4:1 nad Manchesterem City i 3:0 nad Manchesterem United. Sugerowano czasem, że londyńczycy za bardzo polegają na pressingu, ale taki styl gry okazał się skuteczny zarówno w ataku, jak i w defensywie. W drugim sezonie Pochettino w klubie Spurs oddawali najwięcej strzałów w światło bramki w całej lidze (6,6 na mecz, sporo więcej niż następny w tej klasyfikacji Arsenal, który zaliczał 5,6 uderzenia na mecz), a przy tym stracili najmniej goli.

Jeśli chodzi o pressing, najbardziej godnym uwagi meczem Tottenhamu w sezonie 2015/16 było bezbramkowe starcie na własnym boisku z Liverpoolem w połowie października. W samym spotkaniu działo się niewiele, było ono jednak o tyle istotne, że The Reds grali po raz pierwszy pod wodzą Jürgena Kloppa.

Klopp wyrobił sobie pozycję jako szkoleniowiec z najwyższej półki w Borussii Dortmund, z którą zdobył dwa mistrzostwa Niemiec z rzędu w 2011 i 2012 roku, a w kolejnym sezonie dotarł do finału Ligi Mistrzów, w którym uległ na Wembley Bayernowi Monachium (Niemcy całkowicie zawładnęli wówczas angielskim stadionem narodowym). Tymczasem Borussia zyskała na Wyspach wielką popularność, przyciągając w pewnym momencie nawet ponad tysiąc angielskich fanów na swoje mecze. Westfalenstadion oferował kibicom hałaśliwy doping, tanie bilety, miejsca stojące i picie na trybunach – wszystko, co – jak się zdaje – w Premier League przepadło. Dortmund grał przy tym radosny, szybki futbol, błyskawicznie przechodząc z obrony do ataku. Przede wszystkim jednak styl gry Kloppa opierał się na pressingu.

Czy dokładniej na g e g e n p r e s s i n g u – to niemieckie słowo można tłumaczyć jako „przeciwpressing" bądź „kontrpressing". Różnił się on od rodzaju pressingu preferowanego przez Villasa-Boasa i Pochettino, który polegał na ciągłym nękaniu rywala na jego własnej połowie. Borussia Kloppa grała czasem w ten sposób, ale jej pressing opierał się raczej na odpowiednim wyczuciu czasu niż na ustawieniu, gegenpressing wymaga bowiem rzucenia się na rywala od razu po stracie piłki.

Kontrpressing był próbą zdefiniowania na nowo ogólnie przyjętego prostego, cyklicznego, czteroczęściowego schematu blokowego, którego używa się w podręcznikach trenerskich do objaśnienia „faz gry". Tradycyjnie uważa się, że drużyna jest albo nie jest przy piłce. Między tymi fazami są fazy przejściowe – koncepcję tę spopularyzował Mourinho podczas pierwszego pobytu w Chelsea. Schemat jest więc prosty: gra przy piłce, przejście do obrony, gra bez piłki, przejście do ataku. I od nowa. Zawsze jest się w jednej z tych czterech faz. Ale gegenpressing Kloppa to zmienił – udany kontrpressing zastąpił „przejście do obrony", pozwalając drużynie natychmiast wrócić do fazy „gry przy piłce".

Okazało się to niezwykle skuteczne w Bundeslidze, w której gra bazuje w dużej mierze na przejściach. Borussia Kloppa często zakładała kontpressing i odzyskiwała piłkę, gdy rywal przechodził do ataku, a jego boczni obrońcy parli naprzód, co ułatwiało przedarcie się przez defensywę i stwarzanie okazji strzeleckich. „Pomyślcie sobie o podaniach, które są konieczne, żeby dziesiątka znalazła się na pozycji, z której może dograć swoje genialne podanie – tłumaczył Klopp. – Gegenpressing pozwala odebrać piłkę bliżej bramki i sprawia, że do stworzenia naprawdę dobrej okazji potrzeba ledwie jednego podania. Nie ma możliwości, żeby jakikolwiek rozgrywający na świecie był tak dobry jak gegenpressing".

Dortmundzkie metody Kloppa – podobnie jak barcelońskie Guardioli – okazały się tak skuteczne, że jego styl gry został częściowo spopularyzowany w Premier League, jeszcze zanim sam trener do niej trafił. Ale po 18 rozczarowujących miesiącach, które nadeszły dla Liverpoolu po minimalnym niepowodzeniu w sezonie 2013/14, zatrudnienie Kloppa w miejsce Brendana Rodgersa pobudziło The Reds do życia. „Wierzę w pełen emocji, bardzo szybki, bardzo intensywny styl gry – powiedział na pierwszej konferencji prasowej niemiecki menedżer. – Moja drużyna musi grać na pełnych obrotach i w każdym meczu dawać z siebie wszystko. Taktycznie, oczywiście, ale z wielkim serduchem".

Efekty rzucały się w oczy od pierwszego spotkania, wspomnianego meczu z Tottenhamem, mimo że Klopp zdążył przeprowadzić ledwie kilka treningów z pełnym składem. Liverpool grał w ustawieniu 4-3-2-1, dominując w środku pola i zakładając kontrpressing od razu po utracie piłki – czyli często, zważywszy na agresywny pressing samego Tottenhamu. Dzięki temu mecz toczył się w niezwykle szybkim tempie, lecz był przy tym chaotyczny – oba zespoły starały się przeszkadzać rywalowi w grze i uniemożliwić mu rozgrywanie, dlatego remis nie zaskakiwał. Pracowitość piłkarzy Liverpoolu, którzy jako pierwsi biegali więcej od zawodników Pochettino, ucieszyła Kloppa, ale Niemiec stwierdził, że „problemy zaczynały się, gdy mieliśmy piłkę. Nie byliśmy dostatecznie dobrzy, nie wykorzystywaliśmy naszych umiejętności, graliśmy zbyt nerwowo, nie potrafiliśmy znaleźć odpowiednich rozwiązań". Przypominało to narzekania Villasa-Boasa. Choć gra piłką Liverpoolu zdecydowanie się poprawiła, mecze obydwu stawiających na pressing drużyn nadal bywały chaotyczne. Klopp chwalił później często swoją drużynę, gdy grała w szaleńczym tempie bez piłki, ale operowała nią ze spokojem.

W tamtym momencie podobnie wyglądała gra Manchesteru United pod wodzą Louisa van Gaala. Czerwone Diabły nie naciskały na rywali tak intensywnie jak Liverpool czy Tottenham i początkowo grały zaskakująco prostym pressingiem, który polegał na tym, że pomocnicy kryli jeden na jednego pomocników rywala, co – jak można było przewidzieć – powodowało problemy z ustawieniem. Ostatecznie w pomocy piłkarze United grali blisko siebie i się uzupełniali, ale van Gaal nie doczekał się dostatecznego uznania za organizację gry Manchesteru za jego kadencji – żadna drużyna w Premier League nie straciła tak niewielu bramek w ciągu tych dwóch lat. Czerwone Diabły natomiast zbyt spokojnie operowały piłką, co nie satysfakcjonowało fanów przywykłych do bardziej zdecydowanej gry.

To jednak Pochettino i Klopp przeprowadzili w Anglii pressingową rewolucję. Pierwszy z nich chętnie wskazał różnice w ich podejściu do gry. „Sądzę, że to inny rodzaj pressingu – wyjaśniał Argentyńczyk. – Jeśli przeanalizuje się grę Borussii, to widać, że nie jest podobna do tego, co robiliśmy w Southampton, ponieważ nasz pressing odbywał się wysoko na połowie rywala i obejmował bramkarza, a Dortmund grał średnim blokiem. Trudno jest porównywać te dwa style, mój i Kloppa". Ale Liverpool Kloppa z czasem coraz bardziej łączył gegenpressing z tradycyjnym, wysokim pressingiem. Lanie, które The Reds sprawili Manchesterowi City na Etihad (4:1) ledwie po miesiącu prowadzenia drużyny przez Niemca, pokazywało, jakie możliwości daje ten wysokoenergetyczny system gry. Gegenpressing i tradycyjny pressing w połączeniu z płynną współpracą Roberto Firmino, Coutinho i Adama Lallany zaowocowały prawdziwie przekonującą wygraną. W pierwszym sezonie Kloppa na Anfield Liverpool dotarł do finału w Pucharze Ligi i Lidze Europy, ale w obu meczach poniósł porażkę.

Klopp na ogół pomijał klasycznych napastników i jako najbardziej wysuniętego gracza pierwszej linii wystawiał Firmino, ofensywnego pomocnika. Choć współgrało to z coraz większym naciskiem, jaki kładziono na współudział napastników w budowaniu akcji, głównym powodem takiego posunięcia był fakt, że energiczny Brazylijczyk wspaniale radził sobie z inicjowaniem pressingu drużyny. W systemie Kloppa zadanie Firmino polegało na „podzieleniu" boiska na pół i zmuszeniu przeciwnika do zagrania piłki do jednego z bocznych obrońców, a następnie do odcięcia bocznemu obrońcy możliwości podania do najbliższego środkowego obrońcy, w tym czasie zaś partnerzy Brazylijczyka ruszali naprzód, by utrudnić dogranie do innych zawodników. Podobnie jak Southampton Pochettino Liverpool lepiej wypadał przeciwko mocnym klubom, ponieważ aby plan gry Kloppa mógł zostać wcielony w życie, potrzebny był przeciwnik budujący akcje od obrony. Z tej perspektywy był to powrót Liverpoolu do problemów z czasów Rafaela Beníteza, gdy The Reds konsekwentnie wygrywali mecze z rywalami z najwyższej półki, lecz mieli problemy ze słabszymi zespołami.

Skupieni na pressingu menedżerowie wywarli znaczny wpływ na Premier League – po kilku latach spokojnej, przemyślanej gry opartej na posiadaniu piłki drużyny walczyły teraz jak zażarte, rozszalałe jednostki mające obsesję na punkcie rozbijania akcji rywala i przebiegniętych kilometrów. Żaden zespół na Wyspach nie łączył jednak znakomitej gry piłką z najwyższej klasy pressingiem, przez co nikt nie zbliżył się do poziomu Barcelony Guardioli. Najczęściej pressing uważano za oczywistość, ale przykładowo próby uniemożliwiania bramkarzom krótkiego wznowienia gry od bramki to stosunkowo nowy wynalazek. Oczywiście dekadę wcześniej golkiperzy po prostu wykopywali piłkę, więc pressing nie miałby sensu – pokazuje to w miniaturze, że rozkwit tej metody stanowił bezpośrednią odpowiedź na futbol pozycyjny.

„Piłka jest teraz bardzo intensywna, często zakłada się szybki pressing – stwierdził Leon Britton ze Swansea, który był typowym przykładem piłkarza epoki gry pozycyjnej, lecz okazał się mniej ceniony w czasach pressingu. – Nowe pokolenie menedżerów obmyśla treningi, które odzwierciedlają ten styl. Szybciej się podaje, szybciej odzyskuje piłkę. Teraz to gra 11 zawodników".

Podsumowuje to rozwój gry obronnej w lidze angielskiej. Większości najbardziej utalentowanych piłkarzy ofensywnych Premier League – od Érica Cantony po Cristiano Ronaldo – służyło uwolnienie od obowiązków defensywnych. Rozkwit pressingu sprawił jednak, że piłkarze odgrywający rolę wolnych elektronów odeszli do lamusa.

24
LEICESTER

Myślę, że w czasach, gdy pieniądze znaczą wszystko, dajemy ludziom nadzieję.

Claudio Ranieri

Zadziwiający triumf Leicester City w sezonie 2015/16 jest naprawdę bezprecedensowy. Nie było w historii sportu równie nieprawdopodobnego osiągnięcia; nic nie jest nawet bliskie mistrzostwu, za które przed sezonem płacono w stosunku 5000:1, co było zresztą ważnym elementem dyskusji, gdy drużyna Claudio Ranieriego zbliżała się do zapewnienia sobie tytułu. Wszystkie 23 zespoły, które wcześniej zdobyły mistrzostwo, znajdowały się w pierwszej piątce w lidze pod względem płac. Tymczasem Leicester plasował się w ostatniej piątce.

Mimo że Lisy powszechnie uważano za kandydatów do spadku, drużyna włoskiego menedżera obiecująco rozpoczęła rozgrywki, utrzymując kontakt z czołówką dłużej, niż ktokolwiek się spodziewał – a potem, gdy tradycyjni faworyci wciąż zawodzili, a inni kandydaci do mistrzostwa stopniowo tracili szanse, po prostu dalej robiła swoje. Był to naprawdę cudowny triumf autsajderów, z gatunku tych, które po prostu nie wydają się możliwe, zważywszy na ogromne nierówności finansowe w Premier League – budżet płacowy Leicester był równy mniej więcej jednej czwartej wydatków Chelsea. Piłkarze innych drużyn, ich menedżerowie i kibice w całym kraju wspólnie dopingowali zespół Ranieriego, starając się siłą woli sprawić, by jako pierwszy minął linię mety. W warunkach Premier League było to coś niezwykłego, co zapewne już się nie powtórzy.

Ranieri i Leicester City mieli jednak z kogo czerpać przykład. Jak pokazała obsesja na punkcie Barcelony Pepa Guardioli i Borussii Jürgena Kloppa, coraz większy wpływ na angielską piłkę zaczęły wywierać odnoszące sukcesy drużyny z kontynentu. Tymczasem wzorem prawdziwego triumfu autsajdera stało się nieprawdopodobne zwycięstwo Atlético Madryt w La Liga w sezonie 2013/14. Do czasu mistrzostwa Leicester City uważano je za największą niespodziankę we współczesnym futbolu. Ekipa Diego Simeone zakończyła trwający dekadę duopol Barcelony i Realu Madryt, zapewniając sobie tytuł na Camp Nou, oklaskiwana zresztą przez miejscowych kibiców, którzy nie mogli ich nie podziwiać. W przypadku Leicester było nieco inaczej (prawdopodobieństwo triumfu Atlético oceniano raczej na 100:1, a nie 5000:1), ale w lidze hiszpańskiej podobnie jak w Anglii dominowała do tej pory jeszcze bardziej nietykalna i ekskluzywna elita. Atlético rozbiło ten szklany sufit, wskazało drogę innym i zademonstrowało, jak pokrzyżować szyki tradycyjnym grubym rybom.

Atlético Simeone osiągnęło wyniki ponad stan, łącząc znakomitą organizację gry z przerażającą intensywnością i szybkimi jak błyskawica przejściami z obrony do ataku i ataku do obrony. Na przedmeczowych grafikach przedstawiano madrytczyków jako drużynę grającą w prostym, anachronicznym ustawieniu 4-4-2, w rzeczywistości jednak system gry Atlético był bardziej wyrafinowany. Dwaj napastnicy, Diego Costa i David Villa, wracali bardzo głęboko, gdy drużyna nie była przy piłce, wcielając się niemalże w role dodatkowych pomocników. Umożliwiało to kwartetowi graczy ze środka pola spokojne cofnięcie się i uważną asekurację defensywy – dzięki temu szeregi drużyny Simeone były bardzo zwarte i trudno było się przez nie przedrzeć. Atlético zmuszało rywala do grania na skrzydła, a potem zakładało intensywny pressing, odbierając piłkę i bezlitośnie kontrując. Najbardziej charakterystyczną cechą madryckiej ekipy był jednak kompletny brak zainteresowania posiadaniem piłki – w sezonie zakończonym zdobyciem mistrzowskiego tytułu Atlético utrzymywało się przy niej średnio mniej niż 50 procent czasu, co w Hiszpanii – kraju, który zdominował świat piłki nożnej za sprawą tiki-taki – wywołało prawdziwy szok. Pod kątem statystyk stołeczny zespół przewodził, jeśli chodzi o liczbę wślizgów, czyli coś, co pomocnik reprezentacji Hiszpanii Xabi Alonso z pogardą określił mianem „ostateczności, a nie czegoś, do czego warto dążyć". Powszechny nacisk, jaki kładziono w La Liga na posiadanie piłki, był jednak wodą na młyn dla Atlético, preferującego zupełnie odmienny styl gry bazujący na kontratakach.

Gdy wiosną 2016 roku Leicester stał się faworytem do mistrzostwa, podobieństwo z Atlético rzucało się w oczy: zwarte 4-4-2, głęboko ustawiona defensywa, świetni w odbiorze środkowi pomocnicy, wspaniała gra z kontrataku i doskonałe wykorzystanie stałych fragmentów gry. Lisy zajmowały trzecie miejsce od końca w lidze, jeśli chodzi o utrzymywanie się przy piłce; tylko West Bromwich i Sunderland – prowadzone odpowiednio przez Tony'ego Pulisa i Sama Allardyce'a, cieszących się sławą największych apologetów gry na lagę w Premier League – były pod tym względem gorsze. Ale podobnie jak Atlético w sezonie 2013/14, Leicester zanotował najwięcej wślizgów i najwięcej przechwytów w całych rozgrywkach. Fascynująca w tej historii jak z bajki jest stopniowa ewolucja Leicester w tego rodzaju drużynę.

Sezon wcześniej (2014/15) Lisy zagrały w Premier League po raz pierwszy od ponad dekady. Początkowo wydawało się, że to powrót tylko na chwilę, Leicester bowiem spędził w strefie spadkowej ponad połowę rozgrywek, a na ostatnim miejscu znajdował się przez 17 kolejek z rzędu. Kluczowa okazała się nagła poprawa gry pod koniec sezonu, która wynikała po części z tego, że menedżer Nigel Pearson przeszedł na grę trójką obrońców. Drużyna Pearsona wygrała tylko cztery z pierwszych 29 spotkań, ale potem zwyciężyła w siedmiu z ostatnich dziewięciu kolejek. Serię zwycięstw przerwały jedynie porażka z przyszłym mistrzem Chelsea i bezbramkowy remis z Sunderlandem, gdy piłkarze Leicester wiedzieli już, że punkt wystarczy im do utrzymania.

Ta nieprawdopodobna wielka ucieczka nie uratowała jednak Pearsona przed zaskakującym zwolnieniem w przerwie letniej. Według sondy w lokalnej gazecie 70 procent kibiców nie zgadzało się z decyzją właściciela. Zdarzało się, że Pearson zachowywał się całkowicie nieprofesjonalnie na konferencjach prasowych i w kontaktach z kibicami, a jego syn – zawodnik rezerw – został wyrzucony z klubu po tym, jak wypłynęło nagranie z wycieczki do Tajlandii po zakończeniu rozgrywek, w którym posunął się do rasistowskich bluzgów – to ostatnie było szczególnie żenujące, zważywszy, że klub należał do tajskiego miliardera Vichaia Srivaddhanaprabhy. Leicester wprawił następnie w zdumienie piłkarski światek, zatrudniając Ranieriego. Włoch ledwo co poniósł spektakularną klęskę jako selekcjoner reprezentacji Grecji, zaliczając między innymi zawstydzającą porażkę z Wyspami Owczymi. W Leicester przetrwał jedynie 20 miesięcy i został zwolniony, gdy klub znajdował się tuż nad strefą spadkową. W tym czasie odniósł jednak najbardziej sensacyjny triumf w historii angielskiej piłki nożnej.

„Byli solidni, bardzo waleczni – powiedział Ranieri na swojej pierwszej konferencji prasowej w roli menedżera Leicester o drużynie z sezonu 2014/15 – ale sądzę, że przyda im się trochę więcej taktyki". W czasie pobytu w Chelsea Ranieriego przezwano Majsterkowiczem ze względu na skłonność do rotacji składem, zmian ustawienia i zaskakujących wyborów personalnych. Ale kiedy Włoch przybył do Leicester, wyraźnie nie palił się do tego, by wyważać otwarte drzwi. W Londynie Ranieri przekonał się, że piłkarze nie znoszą niektórych jego współpracowników, dlatego w Leicester nie zrezygnował z usług bardzo cenionych i lubianych asystentów Pearsona, Steve'a Walsha i Craiga Shakespeare'a.

Podczas obozu przygotowawczego w Austrii nowy menedżer raczej przyglądał się treningom, niż w nie ingerował. „Na pewno nie chciałbym za wiele zmieniać. Będę robił to bardzo powoli, żeby wszyscy mnie zrozumieli" – oświadczył podopiecznym. Godne uwagi, że zaczynał wszystkie mecze towarzyskie, korzystając z ustawienia Pearsona, choć na ogół przechodził później na czteroosobową defensywę. „Zaczynałem od trójki z tyłu, a w przerwie przechodziłem na czwórkę – tłumaczył. – Sprawa była bardzo prosta: czwórką graliśmy lepiej". Dlatego też w pierwszym meczu ligowym sezonu (z Sunderlandem) zdecydował się na ustawienie z czterema obrońcami, ale w wyjściowej jedenastce wystawił tylko jednego nowego piłkarza, energicznego japońskiego napastnika Shinjiego Okazakiego. Inni sprowadzeni zawodnicy – jak rozbijający ataki pomocnik N'Golo Kanté i lewy obrońca Christian Fuchs – musieli zachować cierpliwość. Choć ostatecznie Ranieri niemal co kolejkę wystawiał tę samą jedenastkę, tylko siedmiu jej członków rozpoczęło sezon w podstawowym składzie.

Z początku Leicester nie przypominał solidnej, nastawionej na obronę ekipy, która miała później seryjnie odnosić minimalne zwycięstwa w zaciętych bojach. W gruncie rzeczy Lisy przeszły odwrotną drogę do Liverpoolu z sezonu 2013/14, który rozpoczął od wygranych po 1:0, a potem brał udział w niezliczonych festiwalach bramkowych – Lisy zainaugurowały rozgrywki thrillerami, w których akcja toczyła się raz pod jedną, raz pod drugą bramką, a później nauczyły się wygrywać, panując nad przebiegiem gry, by ostatecznie zyskać renomę drużyny doskonale grającej z kontrataku. W pierwszych kolejkach taka gra była niemożliwa, ponieważ bazuje ona na czekaniu na ataki rywala. Ale Leicester często tracił gole jako pierwszy i musiał dominować na boisku, szukając wyrównania. W czterech z sześciu pierwszych spotkań Lisy traciły bramkę na 0:1, co oznaczało, że rywal cofał się, nie pozostawiając im miejsca do ataków. Drużyna Ranieriego okazała się jednak świetna w odrabianiu strat i – co odrobinę zaskakujące – była najdłużej niepokonana w lidze. Po pięciu kolejkach zajmowała drugie miejsce.

Ale Ranieri nie był zadowolony. Zdawał sobie sprawę, że znacząca poprawa gry defensywnej jest konieczna po prostu po to, by Leicester utrzymało się w Premier League. Przed szóstym spotkaniem ligowym, wyjazdowym meczem ze Stoke, oświadczył, że przekupił piłkarzy, by uświadomić im, jak ważne jest utrudnianie rywalom gry. „Jeśli nie stracimy gola, stawiam wszystkim pizzę! – oświadczył. – Chciałbym im ją kupić, ale moi piłkarze chyba nie mają na to ochoty. Może po prostu nie przepadają za pizzą?" Problem dotyczył jednak w większej mierze taktyki Leicester niż kulinarnych upodobań piłkarzy; Lisy grały bardzo otwartą piłkę, a rywale co rusz przedostawali się przez ich obronę, posyłając prostopadłe piłki między środkowym a bocznym obrońcą. W Stoke nie udało im się zachować czystego konta – co więcej, kiepskie podanie do tyłu Wesa Morgana, które zakończyło się golem Jona Waltersa, było najgorszym błędem Leicester w defensywie w całych rozgrywkach – i gospodarze prowadzili do przerwy 2:0. Ale gdy w przerwie Ranieri przemeblował drużynę, wpadł na kwartet pomocników, który zapewnił Lisom tytuł mistrzowski. Decydujące było ustawienie po raz pierwszy N'Golo Kanté w środku pomocy; wojowniczy Francuz okazał się jednym z trzech kluczowych zawodników Leicester w tym sezonie.

Sprowadzony latem z Caen piłkarz nie był właściwie głównym celem transferowym pionu rekrutacyjnego Leicester. Klubowi specjaliści pragnęli w pierwszej kolejności ściągnąć Jordana Veretouta i byli rozczarowani, gdy francuski rozgrywający postanowił przejść do Aston Villi, co – zważywszy, że drużyna z Birmingham skończyła sezon na ostatnim miejscu w tabeli – okazało się niewyobrażalnie złą decyzją. Kanté był innym typem piłkarza. Zrobił wrażenie na analitykach Leicester statystykami odbioru piłki – robił więcej skutecznych wślizgów niż ktokolwiek inny w Ligue 1. Początkowo Kanté i inny nowy gracz, Gökhan İnler (zresztą bardziej ekscytujący nabytek, który mógł się pochwalić doświadczeniem w Lidze Mistrzów i był kapitanem reprezentacji Szwajcarii), nie pojawiali się w pierwszym składzie, w którym wychodził duet z zeszłego sezonu: Danny Drinkwater i Andy King. Kiedy İnler dostawał szanse, bardzo rozczarowywał, nie radząc sobie z tempem spotkań w Premier League, Kanté natomiast grał na większych obrotach niż cała reszta, ganiając po boisku i ciągle odbierając piłkę rywalom. Francuz był wręcz tak energiczny, że Ranieri początkowo nie kwapił się, by wystawiać go jako defensywnego pomocnika, uznając, że potrzebuje gracza, który daje mu większą dyscyplinę pozycyjną. Wskutek tego Kanté otrzymywał z początku szanse albo na lewej stronie, albo na pozycji Okazakiego między pomocą a Vardym, ponieważ był jedynym piłkarzem w drużynie, który potrafił dorównać Japończykowi pracowitością.

Choć Francuz odgrywał na boisku stosunkowo ofensywną rolę, okazało się, że nie sposób nie zwrócić uwagi na jego statystyki w odbiorze piłki. Występując za Vardym w meczu przeciwko Bournemouth, wygrał dziesięć starć o piłkę, o sześć więcej niż ktokolwiek inny na boisku, a operując na lewej pomocy w spotkaniu ze Stoke, zaliczył najwięcej przechwytów. Stało się oczywiste, że Kanté jest wybitnym specjalistą od odbioru piłki, i Ranieri stopniowo zdał sobie sprawę, że Francuz powinien być ryglem w pomocy Leicester. W przerwie meczu ze Stoke Włoch zdjął nieefektywnego İnlera i wprowadził Marca Albrightona, który mimo trzech asyst w pierwszych pięciu meczach usiadł na ławce. Kanté przeniósł się do środka, by zająć swą ulubioną pozycję, a gra Lisów uległa radykalnej poprawie – Francuz oferował odbiór w środku pola, a Albrighton zagrożenie dośrodkowaniami ze skrzydła. Leicester zaliczył kolejny comeback w drugiej połowie, remisując 2:2, a Kanté na stałe zajął miejsce w środku pomocy. Francuz przywodził na myśl rodaka, byłego defensywnego pomocnika Chelsea Claude'a Makélélé; w mistrzowskim sezonie miał na koncie zarówno najwięcej wślizgów, jak i odbiorów w całej Premier League.

„Gramy trójką w pomocy – żartował asystent Steve Walsh. – Danny Drinkwater występuje w środku, a po bokach gra Kanté". Dowcip był adekwatny do sytuacji, choć warto zauważyć, że prawdziwym trzecim środkowym pomocnikiem Lisów był w istocie Okazaki, który cofał się bardzo głęboko i szybko wyłączał z gry defensywnego pomocnika rywali. Z natury Japończyk był napastnikiem, ale jego pięć goli i brak asyst dowodzi, że w polu karnym rywala nie stwarzał większego zagrożenia. Bardziej użyteczny okazał się natomiast jako zawodnik, który rozpoczyna pressing.

Ustawienie Kanté w środku było jedynie pierwszym krokiem w ewolucji Leicester i nie przyniosło natychmiastowych owoców. Mistrzowski kwartet pomocników – Mahrez, Drinkwater, Kanté i Albrighton – po raz pierwszy wyszedł razem w podstawowym składzie w następny weekend, ale seria meczów bez porażki dobiegła dla Lisów końca. Arsenal rozgromił Leicester 5:2, a szybcy atakujący Alexis Sánchez (Chilijczyk ustrzelił hat-tricka) i Theo Walcott bez trudu znajdowali miejsce między zawodnikami Ranieriego. Na tym etapie sezonu Leicester grał porywający, ultraofensywny futbol: wspólnie z West Hamem miał najwięcej strzelonych goli w Premier League, ale jedynie Sunderland stracił ich więcej. Lisy spadły na ósmą pozycję, dryfując niewątpliwie w stronę bardziej odpowiedniego dla nich miejsca, a Ranieri nadal nie postawił piłkarzom pizzy. Jego środkowym obrońcom, Morganowi i Robertowi Huthowi, brakowało szybkości, ale ponieważ koledzy z drużyny regularnie pruli naprzód, musieli oni zabezpieczać ogromny obszar boiska. Powrót do ustawienia z trzema obrońcami z poprzedniego sezonu wydawał się oczywistym posunięciem taktycznym, ale Ranieri upierał się przy czteroosobowym bloku i koncentrował się na ograniczeniu miejsca rywalom. Przed następnym spotkaniem (z Norwich) podjął istotną decyzję.

W pierwszych kolejkach na lewej obronie występował u Włocha Jeffrey Schlupp, pełniący w systemie Pearsona funkcję wahadłowego. Dzięki częstym rajdom reprezentant Ghany został graczem roku według piłkarzy Leicester. Ale jego ofensywne nastawienie nie sprawdzało się na nowej pozycji. Ranieri zdawał sobie sprawę, że wypady Schluppa narażają na niebezpieczeństwo środkowych obrońców. Zamiast niego wystawił więc Fuchsa, któremu wprawdzie brakowało dynamiki wahadłowego, ale za to mierzył 185 centymetrów, był solidnym graczem i schodził do środka, by wspomagać Morgana i Hutha. Występujący na drugiej stronie defensywy Ritchie De Laet popełniał zbyt wiele błędów w obronie, więc zastąpił go bardziej zachowawczy Danny Simpson. Boczni defensorzy otrzymali bardzo konkretne wytyczne: mogli grać na obieg, tylko gdy Leicester przegrywał.

Przemiana była radykalna. Lisy się cofnęły, zawęziły pole gry i oddawały rywalom przestrzeń raczej na skraju obrony, a nie między czwórką defensorów. Duetowi silnych środkowych obrońców Morgan – Huth większą przyjemność sprawiało trzymanie się własnego pola karnego i wybijanie dośrodkowań niż wysokie ustawienie i ściganie szybszych rywali. „Jeff i Ritchie ruszają do przodu z szybkością błyskawicy – wyjaśniał bramkarz Kasper Schmeichel. – Ale ich wypady zostawiały mnóstwo, mnóstwo miejsca z tyłu… i musieliśmy coś zmienić. Teraz mamy tam czterech o b r o ń c ó w".

Twierdzenie, że włoscy menedżerowie uwielbiają defensywną piłkę, to komunał, ale Ranieri ciągle akcentował swoją „włoską taktykę" i umyślnie cofnął się jeszcze o krok, by skupić się na zachowaniu czystego konta. Menedżer wykonał zdumiewający ruch: odstawił od składu Mahreza, prawoskrzydłowego, który w pierwszych siedmiu meczach strzelił pięć goli i zaliczył trzy asysty, a ostatecznie został piłkarzem roku PFA. Ranieri był tak zdeterminowany, by poprawić ustawienie Leicester w obronie, że Algierczyk przez dwa mecze nie wychodził w pierwszej jedenastce. Nie złapał kontuzji, nie odpoczywał, nie został zastąpiony z powodu rotacji – nie występował w pierwszym składzie po prostu z powodów taktycznych. Schlupp biegał na lewej pomocy, a Albrighton na prawej. Leicester nadal nie grało na zero z tyłu, ale w meczach z Norwich i Southampton wyglądało w obronie lepiej.

W końcu w dziesiątej kolejce, w spotkaniu z Crystal Palace, Lisy zanotowały pierwsze czyste konto. Ranieri znów postawił na Mahreza, ale nie na pozycji, która wymagałaby od Algierczyka dużo pracy w defensywie, lecz bliżej Vardy'ego – kombinacja ofensywnego duetu przyniosła jedynego gola w całym meczu. „Bardziej przypominało to spotkanie we Włoszech niż w Anglii" – z szerokim uśmiechem stwierdził

Ranieri. Ów włoski mecz świętowano oczywiście pizzą, ale menedżer Lisów wcale nie postawił graczom obiadu, lecz zabrał cały skład do Peter Pizzeria w centrum Leicester, gdzie piłkarze przygotowali własne pizze. Okazało się to świetnym wizerunkowo posunięciem i zbliżyło do siebie zawodników.

Ale pomijając dobrą zabawę, był to naprawdę ważny moment. Od tamtej pory Leicester zachował czyste konto w równo połowie pozostałych spotkań, w tym w niesamowitej serii 12 z 17 meczów, za sprawą której z nieoczekiwanych kandydatów do tytułu Lisy stały się faworytami tego wyścigu. Jeśli chodzi o defensywę, podopieczni Ranieriego byli dobrze zorganizowani w otwartej grze i dość agresywni przy stałych fragmentach. Huth przyznał zresztą, że często przekraczał granicę tego, co uważa się za zgodne z przepisami. W następnym sezonie, gdy polecono arbitrom odważniej karać za ciągnięcie za koszulki podczas rzutów rożnych, Leicester miał problemy, a prawy obrońca Simpson stwierdził, że zmiana w sposobie sędziowania bardzo zaszkodziła drużynie.

Gra głębiej cofniętym, bardziej zwartym blokiem defensywnym pasowała także Vardy'emu, drugiemu z kluczowych piłkarzy Leicester i pierwszemu zawodnikowi w historii Premier League, który strzelił gole w 11 kolejnych ligowych spotkaniach, co było osiągnięciem wręcz niewyobrażalnym, zważywszy, że przez cały poprzedni sezon trafił do siatki tylko pięciokrotnie. Vardy zdominował prasowe nagłówki, kiedy wydawało się, że forma Leicester to raczej chwilowy powiew świeżości niż zwiastun walki o mistrzostwo. Gdy wszyscy koncentrowali się na jego bezprecedensowej passie strzeleckiej, Lisy awansowały na pozycję lidera, wygrywając 3:0 w Newcastle; miały zresztą utrzymać tę pozycję przez 20 z 23 następnych kolejek.

Droga Vardy'ego na szczyt była doprawdy niezwykła. Sheffield Wednesday pozbyło się go, gdy był nastolatkiem, i całkiem zrezygnował wówczas z gry w piłkę na siedem miesięcy, by później dokonać czegoś rzadko spotykanego w zawodowym futbolu: zaczął od występów w Stocksbridge Park Steels na ósmym poziomie rozgrywkowym, gdzie zarabiał 30 funtów tygodniowo. Z powodu wyroku za napaść przez sześć miesięcy grał z elektroniczną opaską na kostce i był zmuszony do przestrzegania aresztu domowego od 18.00 każdego wieczora, co oznaczało zmianę w połowie drugiej części meczu podczas spotkań wyjazdowych i szybki powrót samochodem do domu. Potem Vardy trafił za 15 tysięcy funtów do występującego na siódmym poziomie rozgrywkowym Halifax Town, pracował jednak przy tym na pełny etat w fabryce produkującej szyny z włókna węglowego. Dwudziestoma dziewięcioma golami w 41 meczach zapracował na transfer do grającego na piątym poziomie rozgrywkowym Fleetwood Town. Spędził tam tylko sezon – 34 gole w 42 meczach przyciągnęły uwagę Lisów, które wyłożyły za niego milion funtów, rekordową sumę za piłkarza niegrającego w jednej z czterech zawodowych lig.

Początkowo Vardy wydawał się zbyt nieociosany na Premier League, ale wyraźna poprawa przyjęcia i wykończenia sprawiły, że z energicznego wołu roboczego przeobraził się w najgroźniejszego napastnika w lidze. Vardy przez większość kariery występował na skrzydle i jego gra opierała się na wykorzystywaniu przestrzeni między środkowymi a bocznymi obrońcami – przyjmował piłkę w biegu i elegancko wykańczał akcje. Gdy świetna forma strzelecka napastnika Leicester stała się oczywista, zmianie uległy także jego obowiązki; na początku sezonu Vardy cofał się razem z Okazakim, pilnując, aby trudno było się przedrzeć przez zwarte szeregi Lisów. Choć Ranieri trzymał się z grubsza tego samego systemu, pozwolił Vardy'emu zostawać wyraźnie wyżej niż Japończykowi, tak by ostatni obrońca rywala czuł jego oddech na karku, co umożliwiało Leicester zagrywanie do rozpędzonego łowcy bramek od razu po odzyskaniu piłki. Lisy grały więc raczej w ustawieniu 4-4-1-1 niż 4-4-2. Niezapomniany półwolej Vardy'ego w wygranym 2:0 meczu z Liverpoolem na własnym boisku stanowił świetny przykład tego, jak obsługiwali go partnerzy – Mahrez przejął bezpańską piłkę głęboko na własnej połowie, opanował ją, a potem natychmiast zagrał na dobieg do wychodzącego napastnika, który bez namysłu wpakował ją do siatki. Trudno o bardziej bezpośredni atak – była to akcja złożona z jednego podania. „Tak się bawi Jamie Vardy" stało się ulubioną przyśpiewką kibiców Leicester.

Vardy szczególnie dobrze rozumiał się z Drinkwaterem, którego krzyżowe podania sprawdzały się idealnie w połączeniu z przyspieszeniem napastnika. „Zagrywasz piłkę, która dojdzie albo nie, ale on jest tak szybki i wygłodniały, że prawdopodobieństwo się zmienia – zachwycał się Drinkwater. – Sprawia, że złe podanie wygląda na wspaniałe". Bramkarz Schmeichel powiedział coś zbliżonego: „Taki gracz w drużynie to spełnienie marzeń. Kopiesz do przodu albo po prostu wybijasz piłkę, a on coś z tego robi, sprawia, że zagrania okazują się dobre, ponieważ idzie do końca za każdym z nich i nigdy się nie poddaje". Długie wyrzuty Schmeichela okazały się kluczowe dla kontrataków Leicester – przypominało to sposób, w jaki jego ojciec zrewolucjonizował wyprowadzanie piłki w pierwszych latach Premier League. Fakt, że golkiper Lisów miał najmniejszy procent celnych podań w całej lidze, uwypuklał, że Leicester nie był zainteresowany posiadaniem piłki, ale umiejętność wprowadzania futbolówki do gry przez Duńczyka miała zasadnicze znaczenie, stworzył on bowiem kolegom więcej szans niż jakikolwiek inny bramkarz w Premier League.

Pozycja autsajdera była także kluczowa dla stylu gry Leicester. Wielkie kluby nie mogą polegać wyłącznie na kontratakach, zwłaszcza na własnym boisku, ponieważ ich rywale zwykle bronią się głęboko. Ale Lisom pozwalano tak grać, ponieważ przeciwnicy ich nie doceniali i zamiast dostosować się do Leicester, trzymali się swojego stylu. Znakomitym przykładem było zwycięstwo podopiecznych Ranieriego 3:0 nad Swansea, której boczni obrońcy ciągle parli naprzód, zostawiając przestrzeń Vardy'emu i Mahrezowi, dzięki czemu Algierczyk skompletował hat-tricka idealnego (strzelił gole prawą i lewą nogą oraz głową).

Mahrez, trzeci z kluczowych piłkarzy Leicester, na tym etapie sezonu okazał się niezwykle ważny. Choć świetnie radził sobie w grze z kontry, jego styl nie bazował na prostym wykorzystaniu wolnej przestrzeni jak w przypadku Vardy'ego; Algierczyk umiał oszukać i minąć rywala, co stało się kluczowe, gdy przeciwnicy grali przeciwko Leicester ostrożniej i próbowali zabezpieczać tyły. Mahrez, drybler, asystent i łowca bramek w jednym, był najlepszym pod względem piłkarskim graczem Lisów, a jego fantastyczny wkład w wyniki drużyny usprawiedliwiał fakt, że grał nieco wyżej niż Albrighton na drugim skrzydle. Algierczyk, podobnie jak Cristiano Ronaldo i Luis Suárez, miał wielki udział w konstruowaniu kontrataków, co tłumaczyło, dlaczego nie wraca za bocznym obrońcą rywala. Koledzy po fachu zasłużenie wybrali go graczem roku.

Nawet gdy rywale zaczęli mieć się na baczności przed kontratakami Leicester, Lisy potrafiły znaleźć na nich sposób. Krótko przed Bożym Narodzeniem Vardy i Mahrez wpisali się na listę strzelców w głośnej wygranej 2:1 nad broniącą tytułu Chelsea, która miała straszne problemy w dolnej połówce tabeli. José Mourinho był wściekły, narzekał, że „zdradzono jego pracę", ponieważ przed meczem podkreślał zagrożenie ze strony wspomnianego duetu. Ale żaden z goli nie padł po kontrze. Pierwszego strzelił Vardy po centrze Mahreza, a przy drugim Algierczyk przechytrzył Césara Azpilicuetę, prawdopodobnie najlepszego bocznego obrońcę w Premier League.

Nawiasem mówiąc, ów mecz zakończył drugą przygodę Mourinho z Chelsea – była to symboliczna chwila, ponieważ portugalski menedżer zastąpił Ranieriego w Londynie w 2004 roku, a w następnych latach często go atakował. W pewnym momencie powiedział, że Ranieri „posiada mentalność kogoś, kto nie ma potrzeby wygrywania. [...] Ma prawie 70 lat, zdobył Superpuchar i jeszcze jedno mało istotne trofeum i jest już za stary, by zmienić swoje nastawienie". Ale owo nastawienie okazało się idealne, gdy trzeba było tonować oczekiwania i radzić sobie z presją. Włoch ciągle twierdził, że celem Leicester jest uniknięcie spadku, potem zaś awans do europejskich pucharów, a wreszcie do Ligi

Mistrzów. Stopniowo jednak stało się oczywiste, że Lisy naprawdę walczą o mistrzostwo.

Leicester, tak jak Liverpool przed dwoma laty, miał tę przewagę, że nie grał w europejskich pucharach i dzięki temu mógł znacznie lepiej niż rywale do tytułu przygotować się do weekendowych meczów. Oznaczało to nie tylko korzyści taktyczne, lecz dawało drużynie również przewagę fizyczną, jak to wyjaśnił Ranieri: „W Anglii gra się na bardzo wysokiej intensywności, a to wykańcza. Piłkarze potrzebują więcej czasu, by dojść do siebie. Gramy w sobotę, niedzielę wszyscy mają wolną. W poniedziałek wracamy do lekkich treningów, tak jak robi się to we Włoszech. We wtorek trenujemy na pełnych obrotach, w środę wyłącznie odpoczywamy. W czwartek znów ostro trenujemy, w piątek przygotowujemy się do meczu, a w sobotę gramy". Drużyna grająca mecz w środę nie miałaby tych dwóch ciężkich sesji treningowych. Lisy biegały więcej, lepiej i szybciej niż pozostałe drużyny Premier League.

Pod koniec roku Leicester trzy razy z rzędu nie zdołał zdobyć bramki, co zdawało się zapowiadać koniec złudzeń o mistrzostwie, ale te trzy mecze okazały się jedynymi spotkaniami w całych rozgrywkach, w których Lisy nie strzeliły gola. Rywale zaczęli jednak dostosowywać się do ich stylu i choć w drugiej połowie sezonu Vardy strzelił wspaniałe gole z kontry przeciwko Liverpoolowi, Sunderlandowi i West Hamowi, piłkarze Lisów rzadziej mieli okazje, by dogrywać mu piłki za plecy obrońców. Na pewnym etapie sezonu w 16 meczach tylko czterokrotnie wpisywał się na listę strzelców, w tym raz z karnego; zwichrowany celownik Vardy'ego zmusił Leicester do urozmaicenia gry i szukania bramek innymi środkami. Nawiasem mówiąc, rzuty karne okazały się dla klubu niezłym źródłem goli – podopieczni Ranieriego wywalczyli ich 13, najwięcej ze wszystkich drużyn Premier League w jednych rozgrywkach od sezonu 2001/02. Obrońcy często zostawali sam na sam z szybkimi Vardym lub Mahrezem i kończyło się to faulami.

Brak goli Vardy'ego oznaczał, że ważniejsza stała się gra na zero z tyłu, Lisy musiały bowiem dopilnować, by starczyło im jedno trafienie (a nie dwa czy trzy). W decydującej fazie sezonu piłkarze Ranieriego zanotowali sześć zwycięstw po 1:0, w tym pięć w sześciu spotkaniach. „Te mecze po 1:0 są naprawdę istotne, bo pokazują, że piłkarze tworzą kolektyw. Nie wypuszczą tego z rąk" – powiedział w jednym z nielicznych wywiadów po przejściu na emeryturę będący pod wrażeniem sir Alex Ferguson. Znaczące, że żadnej z tych sześciu zwycięskich bramek nie zdobył Vardy, żadna nie padła też po kontrataku. Z taktycznego punktu widzenia była to najbardziej imponująca część niewiarygodnego marszu Leicester po mistrzostwo; choć Lisy doprowadziły grę z kontry do perfekcji, zdawały sobie sprawę, że niebezpiecznie jest polegać na takim stylu gry i stały się znacznie bardziej kompletną drużyną. Osiągnęły to na trzy zasadnicze sposoby.

Pierwszym elementem metamorfozy Leicester w drużynę wszechstronną w ataku było skuteczne wykonywanie stałych fragmentów gry. Jak pokazał Liverpool, gdy dwa lata wcześniej niemal sięgnął po tytuł, zdobywanie w ten sposób bramek w pierwszej fazie meczu szczególnie pomaga drużynom grającym z kontrataku, które mają problemy z przedarciem się przez cofniętą defensywę, zmusza to bowiem nastawionych na obronę rywali do pójścia do przodu i walki o wyrównanie, dzięki czemu pojawia się miejsce do wykorzystania. Duet środkowych obrońców Huth i Morgan, który w pierwszej połowie sezonu nie zdobył bramki, po Bożym Narodzeniu zaliczył pięć ważnych trafień; Huth strzelił zwycięskiego gola w decydującym styczniowym spotkaniu z Tottenhamem, który okazał się głównym rywalem Leicester do tytułu, a potem dorzucił dwa kolejne gole, w tym otwierające wynik meczu z Manchesterem City trafienie w lutym. Tymczasem Morgan dał Lisom zwycięstwo w meczu z Southampton i wyrównał w zremisowanym 1:1 spotkaniu na Old Trafford w kwietniu, gdy – po raz pierwszy w całym sezonie – drużyna wyglądała bardzo nerwowo.

Po drugie, nieocenione okazało się majsterkowanie Ranieriego przy taktyce. Choć po Bożym Narodzeniu Włoch miał już stałą pierwszą jedenastkę, niezwykle skutecznie korzystał z ławki rezerwowych. Idealnym planem B przeciwko bardziej cofniętej linii obrony stał się rezerwowy napastnik Leonardo Ulloa, oferujący drużynie więcej centymetrów niż Vardy i Okazaki i świetnie grający głową. W rozgrywanym w lutym meczu na własnym boisku przeciwko Norwich na dziesięć minut przed końcem włoski menedżer zdał sobie sprawę, że wszystko zmierza do remisu. Podjął wówczas odważną decyzję, wpuszczając dodatkowego napastnika w miejsce prawego obrońcy Daniela Amarteya, występującego zamiast zawieszonego za kartki Simpsona. Jak można było się spodziewać, Ulloa w 89. minucie wyskoczył jak diabeł z pudełka i zdobył niezwykle ważną zwycięską bramkę. Gdy później Vardy został zawieszony na dwa mecze, Ulloa zachował zimną krew i w doliczonym czasie gry wykorzystał karnego w zremisowanym 2:2 meczu z West Hamem, a następnie strzelił dwa gole ze Swansea. Jeśli chodzi o czas spędzony na boisku, wkład Argentyńczyka był minimalny, ale bardzo znaczący pod kątem zdobytych punktów. Czwarty gol w miażdżącym zwycięstwie nad Swansea (4:0) był wymowny, miało w nim bowiem udział trzech zmienników: King, Albrighton i styczniowy nabytek Demarai Gray. Było już po meczu, ale pokazywało to doskonale, w jaki sposób Ranieri – mimo rzadkich zmian w pierwszej jedenastce – angażuje w grę cały skład.

Trzeci element ewolucji Leicester okazał się najbardziej istotny i poświęcono mu zaskakująco mało uwagi: zamiast polegać na kontratakach, drużyna włoskiego menedżera przejmowała teraz częściej inicjatywę, szczególnie w pierwszej fazie meczu. Nie chodziło o utrzymywanie się przy piłce, ale o jej odzyskiwanie daleko od własnej bramki za sprawą agresywnego pressingu. Było to szczególnie widoczne w wygranej 3:0 nad Stoke w styczniu, a kluczowe okazało się w zwycięstwie 3:1 nad Manchesterem City na Etihad w kolejnym miesiącu.

Od razu po rozpoczęciu gry Drinkwater posłał długą piłkę w strefę, w której znajdował się prawy obrońca City. Futbolówka poleciała prosto na aut, a gracze Lisów przesunęli się wyżej, by zamknąć przeciwników. Możliwe, że Drinkwater po prostu podał za mocno, ale wydawało się, że piłkarze Ranieriego celowo oddają piłkę rywalom, co podkreślało, że Lisów nie interesuje jej posiadanie. Oznaczało to jednak zarazem, że Leicester mógł zakładać wysoki pressing i Kanté z miejsca wygrał piłkę w starciu z Yayą Touré. Mecz nie trwał jeszcze minuty, a Lisy już zdążyły zademonstrować swoją jakość w odbiorze.

Po odzyskaniu piłki goście od razu przerzucali grę na prawą stronę do Mahreza. Na tym etapie sezonu wszyscy wiedzieli, że Algierczyk schodzi do środka na lewą nogę, więc aby temu zapobiec, menedżer City Manuel Pellegrini wystawił na lewej pomocy grającego bliżej środka Fabiana Delpha. Delph i lewy obrońca Aleksandar Kolarov mieli bez wątpienia spychać Mahreza do linii bocznej, ale ku ich zdumieniu Algierczyk nie miał absolutnie nic przeciwko temu – ruszył w stronę linii, zaskakując Kolarova, który popełnił niepotrzebny faul. Rzut wolny Mahreza na bramkę zamienił Huth.

Obraz gry w tych pierwszych dwóch minutach pokazywał rozwój Leicester. Podopieczni Ranieriego zdawali sobie sprawę, że City spróbuje uniemożliwić im kontrataki, zmienili więc plan gry i naciskali na przeciwników wysoko na ich połowie. Mahrez wiedział, że będzie miał problemy ze znalezieniem miejsca, jeśli zejdzie do środka, więc grał przy linii. To właśnie robią wielcy mistrzowie: gdy przeciwnik jest w stanie zneutralizować ich silne strony, urozmaicają grę, osiągając doskonałość nie tylko w tym, co lubią, lecz także w innych aspektach. Oczywiście główną zaletą wyjścia na prowadzenie było to, że Leicester ostatecznie i tak mogło grać z kontry, czego wspaniałym przykładem okazał się gol Mahreza na 2:0. Algierczyk po raz kolejny zaskoczył obrońcę rywali, tym razem Martína Demichelisa, schodząc na prawą nogę, a potem tą właśnie słabszą nogą pokonał Joego Harta.

Huth trafił po raz drugi i podwyższył na 3:0, i choć Sergio Agüero zdołał odpowiedzieć golem, gdy Manchester City doszedł do siebie, Lisy zwyciężyły 3:1 i schodziły z boiska żegnane przez kibiców gospodarzy gromkimi oklaskami. Był to ważny dzień – Leicester odskoczyło rywalom na pięć punktów, stało się faworytem bukmacherów, Ranieri zaś – jak później przyznał – po raz pierwszy naprawdę uwierzył, że jego drużyna może sięgnąć po tytuł. Nawet bramkarz City Hart uświadamiał sobie, co się dzieje. Po meczu powiedział swojemu byłemu koledze z zespołu Schmeichelowi: „No, dajecie. Jak macie wygrać, to teraz. Zróbcie to". Później przyszła porażka 1:2 z Arsenalem po golu w końcówce – kilku piłkarzy Leicester twierdziło jednak, że zdjęcia świętujących po meczu w szatni Kanonierów stały się dla nich źródłem niespodziewanej motywacji. Od tamtego momentu Lisy były nie do zatrzymania.

Seria zwycięstw po 1:0 pod koniec sezonu robiła ogromne wrażenie, ale zdarzało się – co było nieuniknione – że Leicester miał nieco szczęścia. Piłkarze Ranieriego niezwykle głęboko cofnęli się w marcowym meczu z Crystal Palace, a gdy Mahrez dał im prowadzenie, grali fatalnie, pozwolili się całkowicie zdominować, a Damien Delaney, środkowy obrońca Palace, uderzył w poprzeczkę w doliczonym czasie gry. Ale właśnie takie chwile przekonywały fanów Leicester, że stanie się to, co nie do pomyślenia. Dwadzieścia minut po końcowym gwizdku na Selhurst Park sektor gości nadal pozostawał pełny – kibice Lisów zostali, by śpiewać: „A teraz uwierzycie nam – wygramy ligę". Był to niezły widok; część fanów Palace oklaskiwała ich, idąc do wyjścia, inni przystawali i po prostu patrzyli, jak przyjezdni raz po raz wyśpiewują tę samą przyśpiewkę, a konsternacja na twarzach kibiców gospodarzy zdawała się mówić: to naprawdę się dzieje. Leicester rzeczywiście zmierzało po tytuł mistrzowski.

W Premier League zdarzali się wcześniej „ulubieńcy bezstronnych kibiców", ale żadna z takich drużyn nie przypomina Leicester. Gary Lineker, najsłynniejszy były gracz Lisów, bezwstydnie im kibicował, gdy co weekend prowadził *Match of the Day* – i nikt się nie skarżył. Menedżerowie rywali gorąco ich dopingowali. „Gdyby Leicester zdołał tego dokonać, byłoby to coś absolutnie fantastycznego dla wszystkich ludzi piłki – powiedział menedżer West Bromwich Tony Pulis. – Od teraz do końca sezonu kibicuję Leicester City". Wtórowali mu menedżer Southampton Ronald Koeman („Zasługują na mistrzostwo i mam nadzieję, że je zdobędą") oraz prowadzący Swansea Francesco Guidolin. Co dziwne, Leicester nie walczył nawet o triumf z drużynami, które uznawano przed sezonem za faworytów. Broniąca tytułu Chelsea spędziła większość sezonu w dolnej połówce tabeli, gra Manchesteru City posypała się, gdy w lutym Pellegrini oświadczył, że odchodzi, a Manchester United był tak przeciętny, że nawet zdobycie Pucharu Anglii nie uratowało Louisa van Gaala przed utratą posady. Ostatecznie Leicester zmagał się z Arsenalem, który nie wygrał ligi od 12 sezonów, i Tottenhamem, który nie zdobył mistrzostwa od ponad pół wieku. Mimo to Lisy były zdecydowanymi faworytami bezstronnych kibiców.

Dotyczyło to także piłkarzy rywali. Na dwie kolejki przed końcem sezonu Leicester było bliskie zapewnienia sobie tytułu. Lisy potrzebowały zwycięstwa z Evertonem lub Chelsea, ale jeśli Tottenham potknąłby się na Stamford Bridge, drużyna Ranieriego mogłaby świętować. Spurs szybko objęli prowadzenie 2:0 w meczu derbowym, ale potem gra Chelsea zaskoczyła. Przed spotkaniem gracze The Blues jednogłośnie wyrażali wsparcie dla Leicester. „Szczerze mówiąc, nie chcę, żeby Spurs zdobyli tytuł – przyznał pomocnik Cesc Fàbregas. – Byłoby wspaniale, gdyby to Leicester wygrało Premier League. Należy im się to za wszystko, czego w tym sezonie dokonali". Skrzydłowy Eden Hazard, który został piłkarzem roku według PFA w mistrzowskim dla Chelsea sezonie 2014/15, lecz przez większość rozgrywek 2015/16 był bez formy i wydawał się kompletnie niezainteresowany grą, wyraził się podobnie: „Fani, klub, piłkarze – my wszyscy nie chcemy, żeby Tottenham wygrał Premier League. Liczymy na Leicester, ponieważ zasługują na mistrzostwo".

Po przerwie Chelsea zmobilizowała się, zdobyła bramkę kontaktową, a potem Hazard przedarł się przez obronę Spurs, wymienił podanie z klepki i cudownie uderzył w okienko. 2:2. Leicester zdobył tytuł mistrzowski. Piłkarze Chelsea świętowali, Lisy też – Jamie Vardy dosłownie się bawił – podobnie zresztą jak prawie cały kraj. Piłkarze Ranieriego zapewnili sobie triumf w Premier League na dwie kolejki przed końcem i ostatecznie zwyciężyli z dziesięcioma punktami przewagi nad drugim Arsenalem.

Świętowanie było niezapomniane. Lisy odebrały trofeum po wygranej 3:1 nad Evertonem. Wielu miłosiernych kibiców gości oddało swoje bilety zdesperowanym fanom gospodarzy, a ponad tysiąc Włochów przyleciało do Leicester po prostu, by tu być i świętować triumf Ranieriego, nie mieli bowiem nadziei na kupno biletów. Przed wręczeniem trofeum na King Power Stadium Andrea Bocelli w koszulce Leicester zaśpiewał z Ranierim u boku *Nessun dorma*.

Choć było to zupełnie surrealistyczne, wydawało się na miejscu. Ogromny wzrost popularności piłki nożnej w Anglii zaczął się przed utworzeniem Premier League wraz z dojściem reprezentacji do półfinału mistrzostw świata 1990 roku we Włoszech. „Dla futbolu był to w tym kraju moment brzemienny w skutki – wspominał Lineker, gwiazdor tamtego mundialu. – Bardzo różni ludzie ze wszystkich klas społecznych zainteresowali się piłką i sądzę, że wywarło to znaczny wpływ na rozwój futbolu". Ścieżką dźwiękową turnieju było w BBC *Nessun dorma* w wykonaniu Luciano Pavarottiego; utwór ten zajął wyjątkowe miejsce w sercach angielskich kibiców, z miejsca przywołując tamte mistrzostwa – i nic innego.

Wykorzystanie *Nessun dorma* w innym kontekście piłkarskim było nie do pomyślenia. Ale z drugiej strony triumf Leicester w Premier League również.

25

DRUGIE PIŁKI I TRÓJKI Z TYŁU

Menedżer prędzej czy później musi się sprawdzić w Premier League.
Pep Guardiola

Gdy Premier League świętowała 25. sezon, niewątpliwie gościła największe talenty europejskiego futbolu.

Tyle że nie piłkarskie. Tylko dwóch zawodników Premier League znalazło się w pierwszej dziesiątce plebiscytu o Złotą Piłkę – i był to duet z Leicester: Jamie Vardy i Riyad Mahrez. Obaj gracze Lisów przeżywali jednak bardzo rozczarowujący pomistrzowski sezon, Leicester zaś broniło się przed spadkiem. Garść głosów otrzymali także trzej inni piłkarze z ligi angielskiej: nowe nabytki Manchesteru United, Zlatana Ibrahimovicia i Paula Pogbę, wyróżniono jednak za grę w innych krajach, a jeden głos dostał Dimitri Payet z West Hamu, który był bliski powrotu do Francji. Według plebiscytu sześciu najlepszych piłkarzy świata grało w Hiszpanii, z czego trzej – Cristiano Ronaldo, Luis Suárez i Gareth Bale – trafili do La Liga, gdy w gruncie rzeczy przerośli klasą Premier League.

Ale jeśli chodzi o menedżerów, Premier League miała do zaoferowania to, co w Europie najlepsze. Arsène Wenger i Mauricio Pochettino nadal prowadzili odpowiednio Arsenal i Tottenham, Jürgen Klopp zaczynał pierwszy pełny sezon jako menedżer Liverpoolu, José Mourinho doszedł do siebie po niepowodzeniu w Chelsea i został zatrudniony w Manchesterze United, a Ronald Koeman uciekł z Southampton do

Evertonu. Najbardziej ekscytujące było jednak pojawienie się w Manchesterze City Pepa Guardioli, trenera, który wywarł ogromny wpływ na taktykę w Premier League, zanim nawet pojawił się w Anglii, Chelsea natomiast zaproponowała posadę Antonio Conte, który przeobraził Juventus Turyn, a następnie wywarł wielkie wrażenie jako selekcjoner reprezentacji Włoch.

Siedmiu faworytów Premier League prowadzili zatem menedżerowie z siedmiu różnych krajów: Francji, Hiszpanii, Portugalii, Holandii, Niemiec, Włoch i Argentyny. Łącznie zdobyli oni 26 tytułów mistrzowskich w dużych europejskich ligach i tylko dobrze zapowiadający się Pochettino nie miał w tym swojego wkładu. Oczywiście ten gwiazdozbiór nie uwzględniał nawet menedżera aktualnych mistrzów, Claudio Ranieriego.

Obsada menedżerska Premier League wyglądała więc najlepiej w historii – Anglia nigdy nie widziała takiej skali talentu i różnorodności. Po kilku sezonach, w trakcie których drużyny z Wysp miały problemy z organizacją gry, stylem i taktyką – co odzwierciedlały ich mizerne występy w Lidze Mistrzów – nagle to tutaj należało szukać trenerów na najwyższym poziomie. Co zadziwiające, nawet na drugim poziomie rozgrywek można był znaleźć dwóch menedżerów z triumfem w Lidze Mistrzów na koncie: Rafael Benítez prowadził Newcastle, a Roberto Di Matteo Aston Villę. Zdobycie najważniejszego klubowego trofeum nie gwarantowało pracy na szczycie.

Ligową perłą w koronie był Guardiola. Hiszpan po objęciu posady w Barcelonie w 2009 roku trzykrotnie w ciągu czterech sezonów triumfował w La Liga, potem zrobił sobie roczną przerwę, by następnie przenieść się do Bayernu Monachium, z którym trzy razy z rzędu wygrywał Bundesligę. Zatrudnienie Guardioli wydawało się gwarancją sukcesu, a przy tym oferowało o wiele więcej niż wyniki, zwłaszcza wyraźną piłkarską tożsamość, która stała się bodaj najbardziej cenioną w Premier League wartością. Manchester United i Chelsea również chciały zatrudnić Guardiolę; Katalończyk byłby ponadto z całą pewnością doskonałym następcą Wengera w Arsenalu. Ale to Manchester City wygrał wyścig o sprowadzenie najbardziej cenionego menedżera jego pokolenia, po części dlatego, że zatrudnił wcześniej na stanowisku dyrektora sportowego Txikiego Begiristáina, przyjaciela Guardioli i jego byłego kolegę z drużyny. „Txiki odegrał w moim życiu ogromnie ważną rolę – powiedział po przyjściu do Manchesteru Guardiola. – Gdy byłem zupełnie nikim, powierzył mi prowadzenie Barcelony, niesamowitego klubu ze wspaniałymi piłkarzami. Powiedziałem mu kiedyś, że pójdę do Anglii i jeśli będzie związany z jakimś klubem, to do niego dołączę. To, że jest tu Txiki, było dla mnie niezwykle istotne".

Guardiola obwieścił swoje przyjście w śmiały sposób, oświadczając natychmiast, że zamierza sprzedać Joego Harta, od wielu lat pierwszego bramkarza Manchesteru City i reprezentacji Anglii. W ostatnich dwóch sezonach Hart miał kilka gorszych momentów i popełnił decydujący błąd w szokującej porażce 1:2 z Islandią na Euro 2016, Guardiolę jednak bardziej martwiło jego kiepskie wyprowadzanie piłki. „Podczas pierwszej rozmowy powiedział, że ma co do mnie zastrzeżenia – tłumaczył Hart. – Uścisnąłem mu rękę i stwierdziłem, że choć nie to chciałem usłyszeć, stawia sprawę profesjonalnie i szczerze". Bramkarz nie miał za bardzo gdzie się udać na Wyspach i nieoczekiwanie poszedł na wypożyczenie do Torino, wielkiego, starego klubu, który jednak skończył rozgrywki Seria A ledwie na 12. miejscu. Dla jednego z niewielu niezastąpionych piłkarzy kadry narodowej była to dramatyczna degradacja.

Następcą Harta został Claudio Bravo, który spędził dwa niezłe sezony w Barcelonie, ale nie uchodził tak naprawdę za golkipera światowej klasy. Najbardziej znany był z umiejętności gry na pozycji bramkarza-libero, czym imponował, grając za wysoko ustawioną linią obrony w reprezentacji Chile, Barcelona zaś sięgnęła po niego przede wszystkim dlatego, że świetnie wyprowadzał piłkę, co sprawiało także, że był idealnym bramkarzem dla City Guardioli. Warto jednak zwrócić uwagę, że Bravo stał się ex aequo najniższym bramkarzem w Premier League (185 centymetrów wzrostu) – co wskazywało wymownie na to, że kataloński menedżer zamierza przedkładać technikę nad cechy fizyczne.

Bravo zadebiutował na najtrudniejszej scenie, jaką można sobie wyobrazić: w derbach Manchesteru na Old Trafford. Występ Chilijczyka był idealnym podsumowaniem jego nowatorskiego stylu bronienia. Gdy City konstruowało akcje, Bravo ustawiał się wyraźnie przed polem karnym, niemal na pozycji trzeciego środkowego obrońcy, imponował przy tym spokojem przy piłce, inicjując akcję, po której Kevin De Bruyne otworzył wynik. Popełnił jednak również poważny błąd, który uwypuklił jego braki fizyczne – wyszedł do wysokiego dośrodkowania Wayne'a Rooneya, lecz upuścił piłkę pod nogi Ibrahimovicia, który w typowy dla siebie akrobatyczny sposób umieścił ją w siatce.

Później Bravo lekkomyślnie wybiegł z linii, by zagrodzić drogę do bramki Jesse Lingardowi, który łatwo wyminął Chilijczyka podaniem do Ibrahimovicia. Szwed miał teoretycznie pustą bramkę, ale stracił równowagę i zdołał jedynie oddać słaby strzał, dzięki czemu piłkę bez trudu wybił John Stones. Potem Bravo przyjął podanie od Stonesa i spróbował przedryblować Andera Herrerę, ale piłka mu odskoczyła i wślizgiem dwiema nogami wszedł w Rooneya; wyglądało to naprawdę okropnie i skończyłoby się rzutem karnym, gdyby Bravo był graczem z pola. Potem Rooney zrewanżował się Chilijczykowi niepotrzebnym spóźnionym atakiem, gdy ten zagrał na bok do Kolarova.

Występ Bravo sprawiał wrażenie parodii gry bramkarza-libero: kilka imponujących momentów przy piłce kontrastowało ze skłonnością Chilijczyka do popełniania błędów z piłką przy nodze i brakami w tradycyjnych umiejętnościach bramkarskich. Ale City wygrało 2:1 i Guardiola był zachwycony swym golkiperem. „To był jeden z najlepszych występów, jakie widziałem – powiedział niespodziewanie boss City. – Lubię, gdy bramkarze grają w piłkę, a on po golu nadal tak grał. Wiele to dla mnie znaczy".

Dla Guardioli gra piłką zaczynała się od bramkarza. Minęły oczywiście 24 lata od wprowadzenia zakazu łapania przez bramkarzy piłki podanej przez partnerów z zespołu, co odmieniło futbol, a mimo to wciąż zwiększano nacisk na operowanie piłką przez golkiperów, Katalończyk zaś jak zwykle był w awangardzie. Ale choć Bravo pewnie grał nogami, często wydawał się zupełnie nieudolnym bramkarzem. W styczniu wpuścił sześć goli po sześciu kolejnych strzałach w światło bramki. Po prostu nie bronił wystarczająco często, żeby uważano go za golkipera klasy światowej, choć wyglądało na to, że Guardiola nie uważa tego za wielki problem.

W pierwszych kolejkach system gry City był zupełnie nadzwyczajny. Poza tym, że Guardiola wystawiał bramkarza, który najwyraźniej nie potrafił bronić, sprowadził także Stonesa, obrońcę niewątpliwie znakomitego z piłką przy nodze, ale często popełniającego błędy. Jeszcze bardziej niezwykłe wydawało się to, że Kolarov, który był tak ofensywnie nastawionym lewym obrońcą, że obstawał przy noszeniu koszulki z numerem 11, często występował na środku defensywy. Gra tria Bravo, Stones i Kolarov bazowała całkowicie na ich umiejętności rozgrywania piłki, nie zaś na tradycyjnych wartościach defensywnych, przez co City często nie radziło sobie z dośrodkowaniami.

Guardiola kazał ponadto bocznym obrońcom poruszać się w skrajnie niecodzienny sposób, gdy City znajdowało się przy piłce. Zamiast grać na obieg, jak to się przyjęło, Katalończyk chciał, by schodzili do środka i wcielali się w role dodatkowych środkowych pomocników, co było szczególnie widać w zwycięstwie 2:1 nad Sunderlandem w pierwszej kolejce, gdy Bacary Sagna i Gaël Clichy przesuwali się do środka, by wraz z Fernandinho tworzyć trio w pomocy. Guardiola często robił coś podobnego w Bayernie, gdzie mógł liczyć na Davida Alabę i Philippa Lahma, którzy byli naturalnymi bocznymi obrońcami, ale mieli również doświadczenie w grze na środku drugiej linii. W Anglii pomysł, by boczny obrońca wcielał się w środkowego pomocnika, był czymś niesłychanym, przez co Sagna i Clichy, którzy nigdy nie występowali w drugiej linii, musieli sobie radzić w zupełnie nieznanej im roli.

To z kolei pozwalało dwóm wysuniętym środkowym pomocnikom City, Kevinowi De Bruyne i Davidowi Silvie, ruszyć naprzód. Okazało się to kluczowe, ponieważ obaj byli ofensywnie nastawionymi graczami, którzy czuli się najlepiej, gdy mogli wędrować między liniami w systemie 4-2-3-1, a nie gdy wciskano ich w ramy ustawienia 4-3-3. Byli dziesiątkami, nie zaś ósemkami. Dzięki ścinającym do środka bocznym obrońcom De Bruyne i Silva mogli swobodnie iść do przodu, by zająć swe naturalne pozycje, często wymieniając ze sobą podania w szybkim ataku.

Tymczasem skrzydłowi Manchesteru – zwykle dwóch z trójki: Raheem Sterling, Nolito i Leroy Sané – grali niezwykle szeroko. Zamiast wbiegać za plecy obrońców, by pełnić funkcję dodatkowych napastników, czego wymagał Guardiola od swych skrzydłowych w Barcelonie, trzymali się linii bocznej, skupieni na rozciąganiu pola gry i tworzeniu miejsca między obrońcami rywala. Dzięki schodzącym do środka bocznym obrońcom skrzydłowi City mieli także mnóstwo miejsca, gdy cofali się głębiej, co pozwalało im nabrać szybkości przed minięciem bocznych defensorów przeciwnika. Często można było odnieść wrażenie, że Manchester atakuje piątką zawodników ustawionych między czterema obrońcami rywala, mając z tyłu solidną podstawę w postaci dwóch obrońców i trzech pomocników (lub na odwrót, w zależności od ustawienia niezwykle uniwersalnego Fernandinho). Nie odbiegało to bardzo od starej piramidy używanej powszechnie 100 lat wcześniej.

Takie podejście miało przede wszystkim na celu ochronę przed kontratakami rywali. Sukces Leicester w minionym sezonie polegał w dużej mierze na wykorzystaniu wolnego miejsca między środkowymi a bocznymi obrońcami rywali przy jednoczesnym zwarciu szeregów we własnej defensywie. Menedżerowie wydawali się teraz szczególnie skupieni na spożytkowaniu tej wolnej przestrzeni.

Ale zdecydowany na futbol pozycyjny Guardiola nie mógł ustawić swojej drużyny tak jak Ranieri. Zamiast tego stworzył system, który pozwalał zachować podstawowe cechy tradycyjnego 4-3-3: przy piłce City nadal rozciągało grę (boczni obrońcy nie grali na obieg, ale skrzydłowi trzymali się linii), środkowego napastnika wspierali atakujący pomocnicy (wchodzący z głębi boiska, nie zaś schodzący ze skrzydeł), a w środku pola było trzech zawodników (boczni obrońcy schodzili, by zająć miejsce środkowych pomocników). Podczas przejścia do defensywy boczni obrońcy mieli mniej do przebiegnięcia, by wrócić na swoją pozycję. Niemniej ta kluczowa rola była bardzo trudna do opanowania – przede wszystkim ze względu na jej niezwykłość. Ponadto czterej boczni obrońcy City byli już po trzydziestce, a trudno nauczyć nowych zachowań piłkarzy u schyłku kariery.

I rzeczywiście, boczni obrońcy nie potrafili dobrze zrozumieć swojej nowej funkcji na boisku, co w połączeniu z ich relatywnym brakiem jakości przy piłce oznaczało, że Guardiola dość szybko zrezygnował z tego systemu i postawił na grę ustawieniem 4-1-4-1 w bardziej konwencjonalnym stylu. Manchesterowi zdarzały się przebłyski znakomitej gry, ale momentami Obywatele bywali zupełnie nieprzekonujący, jak choćby w zremisowanych 1:1 meczach z Evertonem, Southampton i Middlesbrough na własnym boisku. Najgorsze przyszło jednak w grudniu, gdy ulegli 2:4 Leicester City (przegrywali już 0:4), i w styczniu, gdy dostali łomot 0:4 od Evertonu. W obu spotkaniach podopieczni Guardioli wydawali się po prostu za słabi na kluczowych pozycjach w obronie: Stones popełniał poważne błędy, a Bravo nie potrafił przyjść kolegom z drużyny na ratunek. Wydawało się, że ci, którzy wyrażali przekonanie, że czysto techniczny futbol katalońskiego menedżera okaże się niedostosowany do wymogów Premier League, mieli rację, co w gruncie rzeczy potwierdzał De Bruyne.

„Najbardziej zaskoczyło Pepa to, że nadal dużo drużyn gra długą piłką – powiedział Belg. – Czasem sądzi, że rywale będą próbowali grać w piłkę, ponieważ robią to z innymi przeciwnikami, ale przeciwko nam zmieniają styl gry. Myślę, że czasami go to irytuje. Wkłada mnóstwo czasu i energii w analizę, w to, gdzie może być miejsce na boisku, ale potem mówi nam, że rywal pewnie będzie grał długimi podaniami".

Ale było to łatwe do przewidzenia, skoro Guardiola tak bardzo skupił się na technice i boiskowej dominacji, że z tyłu wystawiał Stonesa i Kolarova, choć żaden z nich nie miał do zaoferowania tradycyjnych cech obrońcy, a w bramce postawił na Bravo, golkipera zajętego bardziej wyprowadzaniem piłki niż odpieraniem ataków rywala. Katalończyk niewątpliwie był nowatorskim menedżerem, a momentami rewolucjonistą, ale jego postępowy styl zachęcał rywali do gry lagą do przodu.

Godne uwagi było również to, że Guardiola podkreślał, iż został zmuszony do tego, by się dostosować i radzić sobie z wygrywaniem „drugich piłek" – to pojęcie rodem z rozgrywek amatorskich oznaczało zgarnięcie bezpańskiej futbolówki po pierwszym starciu o piłkę.

„Musimy wyrugować część błędów, ale najważniejsze w angielskim futbolu jest wygrywanie drugich piłek. Bez tego nie da się przetrwać – tłumaczył w grudniu Katalończyk. – Druga bramka w Leicester padła po rzucie z autu, z drugiej piłki. Futbol jest tutaj bardziej nieprzewidywalny, ponieważ futbolówka częściej znajduje się w powietrzu niż na murawie. Żeby zrozumieć angielski futbol, wystarczyło mi obejrzenie jednego spotkania, zwycięstwa Swansea 5:4 nad Crystal Palace. Dziewięć goli, osiem po stałych fragmentach. Tak wygląda angielska piłka i muszę się do niej dostosować. [...] Wszyscy napastnicy, jak ci z Watfordu, są dobrzy w tego rodzaju grze. Wygrywają pojedynki. W tym momencie ich napastnicy są lepsi od naszych obrońców". Guardiola, menedżer bardziej zainteresowany futbolem pozycyjnym niż ktokolwiek inny, mówił o tym, jak ważne jest, by jego defensorzy wygrywali pojedynki powietrzne i wszyscy zabrali się porządnie do roboty.

„Często piłka jest więcej w powietrzu niż na trawie i muszę się do tego dostosować" – powiedział menedżer City w innym, udzielonym Thierry'emu Henry'emu wywiadzie przed zwycięskim spotkaniem z Arsenalem (2:1). Przed meczem Guardiola zarządził trenowanie walki o „drugie piłki" przez dwie godziny każdego dnia. „Byłem w Monachium i rozmawiałem z Xabim Alonso. Powiedział: »Musisz się dostosować. Druga piłka, chodzi o drugie piłki!«. Ale naprawdę trzeba się dostosować do walki o drugą, trzecią i czwartą piłkę. Nigdy wcześniej się na tym nie skupiałem, bo w Barcelonie i Hiszpanii piłkarze koncentrują się z grubsza na kulturze gry. [...] Tutaj dotyczy to wszystkich drużyn, może z wyjątkiem Chelsea, bo drużyna Antonio gra naprawdę dobrze i jest porządnie zbudowana, ale pozostałe zespoły są wyższe, silniejsze, grają bardziej fizycznie. Trzeba się do tego zaadaptować i na tym bazować".

Była w tym pewna przesada – kilka innych drużyn również konstruowało akcje od obrony – ale warto zauważyć, że Guardiola chwalił styl gry Chelsea prowadzonej przez Antonio Conte.

Choć media początkowo skupiały się na Guardioli, to Conte okazał się najbardziej inspirującym menedżerem w Premier League w sezonie 2016/17. Mimo że Włoch trzy razy z rzędu sięgał po scudetto z Juventusem, a reprezentacja rodzimego kraju pod jego wodzą wywarła wielkie wrażenie na Euro 2016, zwłaszcza w wygranym 2:0 meczu 1/8 finału z Hiszpanami, w którym wyraźnie dominowała, zatrudnienie Conte w Londynie wydawało się czymś drugorzędnym w obliczu obsesji na punkcie odświeżenia w Manchesterze rywalizacji między Guardiolą a Mourinho z czasów El Clásico. Starcie to miało jednak względnie powściągliwe oblicze, towarzyszyło mu niewiele spięć w mediach i zaskakująco mało „gierek psychologicznych". Po części można to łączyć z tym, czego dokonał Conte – Włoch unikał bowiem małostkowych kłótni, zabrał się do roboty i wyprowadził Chelsea na pozycję lidera Premier League ze zdecydowaną przewagą.

Conte zaczął od gry ustawieniem 4-3-3/4-1-4-1, które przywoływało na myśl starą Chelsea Mourinho, łącznie ze sprowadzonym z mistrzowskiego Leicester N'Golo Kanté obsadzonym w roli

Claude'a Makélélé przed linią obrony. Conte jasno przedstawił swoje zamiary w okresie przygotowawczym, wyjaśniając, że w jego systemie nie ma miejsca dla Cesca Fàbregasa, jednego z najlepszych asystentów w Premier League, któremu jednakże brakowało inteligencji taktycznej, przez co często odgrywał „anarchiczną" rolę, narażając na szwank ustawienie drużyny. Fàbregas wypadł ze składu, cofniętym pomocnikiem został Kanté, postawny Nemanja Matić występował z lewej strony, a kreatywny, lecz zdyscyplinowany Oscar z prawej.

W wygranym meczu z West Hamem w pierwszej kolejce godne uwagi było to, że boczni obrońcy Branislav Ivanović i César Azpilicueta niezwykle agresywnie parli do przodu, gdy The Blues atakowali. Dla Chelsea, która przez ostatnich 15 lat zwykle opierała się przed grą ofensywnymi bocznymi obrońcami, była to niezwykła taktyka. W istocie już samo to, że obaj piłkarze występowali na tych pozycjach w pierwszym składzie, wynikało z czysto defensywnych przyczyn: prawy obrońca Ivanović był przystosowanym do gry na boku stoperem, który z natury schodził do środka i uniemożliwiał zagrania w uliczkę, a występujący na lewej stronie Azpilicueta był prawym obrońcą, co oznaczało, że przede wszystkim chronił przestrzeń między sobą a środkowym defensorem i rzadko grał na obieg. Conte jako pierwszy polecił im atakować równocześnie.

W pomocy Matić i Oscar rzadko szli do przodu, przemieszczając się zwykle nieco bliżej linii bocznej, by zabezpieczać strefę boiska, za którą zazwyczaj odpowiedzialni byli boczni obrońcy, Kanté zaś cofał się czasami pomiędzy dwóch stoperów. Na początku sezonu system Conte przypominał więc dziwnie ustawienie Guardioli przy piłce: piątka z przodu wspierana przez dwóch zawodników pełniących niecodzienną funkcję na bokach pomocy, defensywny pomocnik kursujący między obroną a drugą linią i dwaj szeroko ustawieni środkowi obrońcy. Conte i Guardiola próbowali stworzyć ten sam system – 2-3-5/3-2-5 – na dwa zupełnie różne sposoby.

Chelsea rozpoczęła jednak sezon 2016/17 powoli, od mało przekonujących zwycięstw z West Hamem, Watfordem i Burnley, remisu w Swansea i dwóch porażek w pierwszych poważnych sprawdzianach z Liverpoolem i Arsenalem, w których została całkowicie pobita. W spotkaniu z Liverpoolem londyńczycy grali bez piłki bardzo głęboko – kolejna klasyczna taktyka Chelsea – a tydzień później na Emirates Stadium Conte próbował wykorzystać bardziej wysuniętą linię obrony, ale Alexis Sánchez i Mesut Özil całkowicie zniszczyli jego środkowych obrońców i N'Golo Kanté szybkimi kontratakami i już do przerwy The Blues przegrywali 0:3.

Dziesięć minut po rozpoczęciu drugiej połowy, gdy mecz był już przegrany, Conte postanowił poeksperymentować. Zmienił Fàbregasa, który po dobrym meczu w środku tygodnia w Pucharze Ligi po raz pierwszy pojawił się w wyjściowym składzie, i wpuścił debiutanta Marcosa Alonso, zaskakujący nabytek, zważywszy, że Hiszpan nie wyróżniał się wcześniej na lewej obronie w ekipach Boltonu i Sunderlandu. Alonso grał jednak także na pozycji lewego wahadłowego we Fiorentinie i właśnie po to został sprowadzony do Chelsea. Zmiana ta oznaczała przejście z systemu 4-3-3 na 3-4-3.

Trudno było rozstrzygnąć, czy Chelsea grała po tej zmianie lepiej, Arsenal jej bowiem odjechał i interesowało go tylko dogranie meczu do końca, ale okazała się ona dla The Blues najważniejszym momentem w sezonie. Od tamtej chwili Chelsea zanotowała naprawdę niewiarygodną serię wyników, grając w ustawieniu 3-4-3 z najbardziej niezmienną pierwszą jedenastką w Premier League. Mogło się wręcz wydawać, że najlepszą receptą na zdobycie tytułu mistrzowskiego jest trzybramkowa porażka z Arsenalem na początku sezonu: Claudio Ranieriego do zmiany systemu skłoniła przegrana Leicester 2:5 z 26 września 2015 roku; do tego samego zmusiła Conte klęska, którą 24 września 2016 roku ponieśli jego podopieczni.

Zwrot Conte ku trzyosobowej defensywie nie był całkiem zaskakujący, ponieważ wcześniej wykorzystywał ten system w Juventusie i reprezentacji Włoch. Choć menedżer Chelsea rozpoczął przygodę ze Starą Damą od ustawienia 4-4-2 – i to z tak ofensywnie nastawionymi skrzydłowymi, że Włosi często uważali, że Juve gra taktyką 4-2-4 – dysponował trzema światowej klasy środkowymi obrońcami, Giorgio Chiellinim, Leonardo Bonuccim i Andreą Barzaglim, więc zmienił formację na 3-5-2; gdy po trzech latach w Turynie objął posadę selekcjonera, oparł drużynę na tym samym trio obrońców i grał tym samym systemem.

Warto wziąć także pod uwagę, że Conte obrał w Serie A taktykę z trzema obrońcami, widząc, jak autsajderzy z Udinese i Napoli zajmują miejsca premiowane grą w Lidze Mistrzów dzięki znakomitym trójkom środkowych defensorów. Menedżerowie, którzy doprowadzili te kluby do sukcesów – Francesco Guidolin i Walter Mazzarri – w 2016 roku również zostali zatrudnieni w klubach Premier League: Guidolin w Swansea, a Mazzarri w Watfordzie. Guidolin rzadko grał trójką z tyłu, ale Mazzarri zazwyczaj tak.

„Zaczęliśmy sezon w innym systemie, ale dostrzegłem, że w pewnych okolicznościach brakuje nam odpowiedniej równowagi – stwierdził Conte. – Z tego powodu przeszliśmy na nowe ustawienie, 3-4-3. Myślę, że dobrze pasuje do naszego składu, ponieważ napastnicy są dostosowani do takiej taktyki. Uważałem, że poprawi to naszą grę tak w ataku, jak i obronie. [...] Zawsze wiedziałem, że ten skład może grać w systemie 3-4-3. Zawsze miałem w głowie taką ewentualność; znałem charakterystykę zawodników i dlatego gdy rozmawiałem z klubem i planowaliśmy obecny sezon, system ten stanowił alternatywę".

Chelsea wygrała 13 następnych spotkań w ustawieniu 3-4-3 – pierwsze sześć bez straty gola – i niemal zdołała pobić rekord 14 zwycięstw z rzędu w Premier League, ustanowiony przez Arsenal w 2002 roku. Londyńczycy byli doskonale wyćwiczeni w grze nowym systemem dzięki niezwykle długim sesjom treningowym poświęconym ustawieniu. W istocie Conte miał tę samą przewagę co Brendan Rodgers w Liverpoolu w sezonie 2013/14 i Claudio Ranieri w Leicester dwa lata później (a także sam Conte w debiutanckim sezonie 2011/12 u steru Juventusu) – nie musiał rywalizować w europejskich pucharach, co oznaczało więcej czasu na boisku treningowym. „Jeśli chodzi o defensywę, na zajęciach pracujemy jak jeden organizm – powiedział prawy wahadłowy Victor Moses. – Codziennie na treningu trener pilnuje, żebyśmy byli pewni z tyłu".

Nowy system dużo bardziej odpowiadał piłkarzom Conte. Kluczowe okazały się zmiany personalne. David Luiz, niespodziewanie sprowadzony do klubu z powrotem z Paris Saint-Germain, bez zarzutu odgrywał rolę wolnego elektronu w środku defensywy, przeobrażając się z pośmiewiska w jednego z najlepszych obrońców w lidze i lidera obrony The Blues. „Środkowy obrońca musi grać bardziej taktycznie, więcej się zastanawiać, umieć znaleźć odpowiednią pozycję i dyrygować ustawieniem defensywy na boisku" – tłumaczył Conte. Brazylijczyk robił to świetnie i idealnie pasował do trzyosobowego bloku.

Na prawej stronie podstawowym zawodnikiem Chelsea został w końcu Moses, który trzy poprzednie sezony spędził na wypożyczeniach. Reprezentant Nigerii świetnie wpasował się w rolę wahadłowego, więc Azpilicueta cofnął się głębiej, stając się jednym z trzech środkowych obrońców. Warto zauważyć, że głównymi ofiarami zmiany ustawienia padli dwaj najmniej ruchliwi obrońcy, John Terry i Branislav Ivanović, opierało się ono bowiem w dużej mierze na szybkości. Conte pozbył się także Oscara, który odszedł do Chin, a Fàbregas miał jeszcze mniejsze szanse przebicia się do dwuosobowego środka pomocy. Kanté coraz częściej imponował niespożytymi siłami, ale podobnie jak Matić rzadko ruszał do ataku.

Zabawne w tej zmianie systemu gry było to, że gdy Chelsea znajdowała się przy piłce, nie różnił się on specjalnie od poprzedniego ustawienia. Z przodu nadal operowała piątka graczy – Alonso i Moses oskrzydlali ataki Edena Hazarda, Diego Costy i Pedro Rodrígueza – tymczasem między środkiem pola złożonym z dwóch niezawodnych pomocników a parą środkowych obrońców występował David Luiz.

Ale to ustawienie przychodziło Chelsea w bardziej naturalny sposób, londyńczycy byli też mniej narażeni na kontry i mieli bardziej mobilnych graczy w defensywie. Hazard, kluczowy piłkarz w atakach Chelsea, został niemal całkiem zwolniony z obowiązków defensywnych, a dzięki temu, że z boku miał grającego na obieg Alonso, mógł schodzić do środka na swoją ulubioną pozycję. Tymczasem Pedro grał nieco wyżej i częściej wychodził za plecy obrońców, tak jak to robił za czasów gry w Barcelonie, siejąc spustoszenie w szeregach rywali. W porównaniu z poprzednim systemem jedynie rola Costy nie uległa zmianie.

Conte odnalazł także właściwą równowagę na pozycjach „pośrednich", z czym angielskie zespoły miały problemy, gdy przechodziły z ustawienia czwórką obrońców na blok trzyosobowy. Czy skrajni środkowi obrońcy powinni być naturalnymi stoperami, czy też bocznymi defensorami? Wystawiając Cahilla i Azpilicuetę, włoski menedżer miał w obronie graczy obu typów. Czy wahadłowi powinni być naturalnymi bocznymi obrońcami, czy też skrzydłowymi? I znów – Alonso i Moses sprawiali, że Conte dysponował tam piłkarzami obu rodzajów. Z tej perspektywy system Chelsea wydawał się nieco pozbawiony równowagi, jeśli chodzi o styl, ale struktura drużyny była bez zarzutu.

Przeciwnicy nie radzili sobie z tą taktyką, zwłaszcza gdy Chelsea operowała piątką z przodu. Warto zwrócić uwagę, jak często jeden z wahadłowych The Blues był zupełnie niekryty na długim słupku, gdy boczny obrońca rywala został ściągnięty do środka – stale powstawała sytuacja czterech na pięciu, a Alonso i Moses mieli nadspodziewanie duży udział w łupie bramkowym drużyny.

Aby bronić się przed sytuacją pięciu na czterech, wielu menedżerów zaczęło dopasowywać system gry do Chelsea. Pierwszy spróbował tego na początku listopada boss Evertonu Ronald Koeman, choć odniosło to odwrotny skutek do zamierzonego, ponieważ skrzydłowi Chelsea wykorzystali podczas kontrataków przestrzeń za plecami wahadłowych Evertonu. Koeman jeszcze przed przerwą był zmuszony do powrotu do ustawienia z czwórką obrońców, a ostatecznie Chelsea wygrała 5:0.

Najbardziej pamiętny triumf londyńczyków w sezonie nastąpił w kluczowym meczu wyjazdowym z Manchesterem City, który zakończył się wynikiem 3:1. Była to być może najbardziej złożona pod względem taktycznym batalia w historii Premier League. Guardiola ustawił drużynę w dziwacznym systemie 3-2-4-1, by zdominować środek pola i wywrzeć presję na wahadłowych Chelsea, zostawił jednak trójkę obrońców na łasce tria ofensywnego przyjezdnych.

Prawdę mówiąc, Chelsea mogła łatwo przegrać to spotkanie. Gary Cahill niezdarnie skierował dośrodkowanie Jesúsa Navasa z prawego skrzydła do własnej bramki, a potem wspaniały Kevin De Bruyne, były gracz londyńczyków, powinien był podwyższyć wynik na 2:0, lecz jakimś sposobem trafił w poprzeczkę, choć miał przed sobą pustą bramkę. W odpowiedzi Chelsea przypuściła jednak szturm i strzeliła trzy gole, wykorzystując to, że City broniło się zbyt małą liczbą zawodników. Costa opanował długą piłkę, przepchał Nicolása Otamendiego i trafił do siatki, a chwilę później obrócił się z Argentyńczykiem na plecach i dograł do pędzącego Williana, który strzelił drugiego gola. W ostatniej minucie Hazard śmignął obok Aleksandara Kolarova i spokojnie wykończył akcję. W każdej z tych sytuacji wystarczyło, że ledwie jeden ofensywny piłkarz Chelsea pokonał bezpośredniego rywala, by znaleźć się sam na sam z bramkarzem – właśnie dlatego próba dostosowania się do trójki obrońców The Blues była obarczona tak wielkim ryzykiem.

Mimo to City powinno było wygrać to spotkanie. Ale pierwszą drużyną, która poradziła sobie z 3-4-3 Chelsea – w istocie pierwszą, która uniknęła porażki – został w styczniu Tottenham Mauricio Pochettino. Spurs także grali w ustawieniu 3-4-3 i świetnie obnażyli słabość trzyosobowej defensywy The Blues, zdobywając dwie identyczne bramki. Christian Eriksen wykorzystał brak mobilności Cahilla, znajdując wolną przestrzeń tuż obok niego (wcześniej Cahill otrzymał żółtą kartkę za faul na Duńczyku i nie kwapił się z opuszczaniem swej pozycji), i dwa razy dośrodkował na dalszy słupek, gdzie Dele Alli wyzyskał przewagę wzrostu nad Azpilicuetą, strzelając dwa gole głową.

Najlepszym sposobem na powstrzymanie 3-4-3 Chelsea wydawało się właśnie 3-4-3 i im więcej drużyn przechodziło na ten system, tym większa liczba przeciwników czuła się zmuszona do odpowiedzi. W weekend 14–15 stycznia aż osiem drużyn grało trójką w obronie. Chelsea, Tottenham, Hull, West Ham i Everton odniosły zwycięstwa, Watford i Middlesbrough zremisowały ze sobą i tylko Leicester uległo drużynie Conte.

Zważywszy, że pięć lat wcześniej tylko jedna drużyna w Premier League – Wigan Roberto Martíneza – grała regularnie trzyosobowym blokiem defensywnym, była to prawdziwa rewolucja. Przez ten czas z trzema obrońcami eksperymentowali między innymi Brendan Rodgers, Louis van Gaal i Mauricio Pochettino, ale żaden z nich nie osiągnął takich efektów jak Conte. Oczywiście w połowie lat 90. panowała przelotna moda na ustawienie 3-5-2, ale od czasu Evertonu Harry'ego Cattericka z sezonu 1952/53 żadna drużyna z trójką z tyłu nie zwyciężyła w najwyższej klasie rozgrywkowej w Anglii. Conte położył zatem kres ponad półwiecznej dominacji czteroosobowej obrony.

„Myślę, że coś się w Anglii zmienia, ponieważ trenerzy z wielu różnych krajów przynoszą tu ze sobą rozmaite nowe pomysły, nowe metody i nowe koncepcje gry w piłkę nożną" – stwierdził Conte. Tak było jednak przez całe ćwierćwiecze. Od czasów Cantony do pojawienia się Conte ewolucja Premier League zależała niemal całkiem od zagranicznych wpływów.

EPILOG

Dwudziestemu piątemu sezonowi Premier League towarzyszyły najważniejsze od wielu dekad wydarzenia polityczne w Wielkiej Brytanii.

W czerwcu 2016 roku wyborcy zagłosowali za wyjściem z Unii Europejskiej. Było to coś więcej niż drugoplanowe wydarzenie i zagroziło angielskiemu futbolowi poważnymi konsekwencjami. Wprowadzenie prawa Bosmana, wedle którego ograniczenia w piłce nożnej naruszały prawo unijne, wywołało pod koniec lat 90. eksplozję liczby graczy z zagranicy na brytyjskich boiskach. Wymusiło to natychmiastową i znaczącą metamorfozę. Ale gdy Wielka Brytania znajdzie się poza Unią Europejską, możliwe będzie ponowne wprowadzenie ograniczeń liczby cudzoziemców.

Ledwie trzy miesiące później kwestię tę poruszył poseł Partii Pracy Andy Burnham: „Czy brexit oznacza, że angielski futbol odejdzie od dyrektyw europejskich dotyczących swobodnej zmiany pracodawcy w sporcie? Czy możemy przyjrzeć się kwestii wprowadzenia określonej liczby rodzimych piłkarzy w klubach, tak by Premier League nie była sceną dla największych talentów na świecie, lecz byśmy w istocie dopilnowali, aby więcej angielskich i wychowanych w kraju zawodników przebiło się do naszej ligi? Sądzę, że warto się nad tym zastanowić. [...] Pytanie brzmi: czy można mieć jedno i drugie, czy można mieć najlepszą ligę na świecie i święcącą triumfy drużynę narodową?".

W pytaniu Burnhama implicite zawarte było przekonanie, że obecność tak wielu piłkarzy z importu poprawiła jakość Premier League. Określenie „scena dla największych talentów na świecie" zostało użyte pejoratywnie, ale brzmiało dokładnie tak jak fraza, która mogłaby się znaleźć w przedsezonowej reklamówce Sky łącznie z motywem przewodnim „powrotu do szkoły".

Spośród różnych postaci, które pojawiły się w tej historii taktycznej ewolucji Premier League, jest bodaj tylko dwóch autentycznych brytyjskich rewolucjonistów: Rio Ferdinand i Brendan Rodgers. Ferdinand zmienił styl gry środkowego obrońcy, a Rodgers walczył w Swansea o dominację futbolu pozycyjnego. Mimo to Ferdinand usłyszał od Kevina Keegana, że łatwiej byłoby mu o grę w kadrze, „gdyby był Francuzem, Brazylijczykiem lub Holendrem", Rodgers zaś stale podkreślał swe uwielbienie dla hiszpańskiej i holenderskiej piłki. Ewolucja Premier League bazowała niemal wyłącznie na obcych wpływach.

Inne istotne wydarzenie lata 2016 roku miało charakter czysto piłkarski – były nim mistrzostwa Europy. Odbywający się we Francji turniej powszechnie uznano za rozczarowujący – niewiele było ciekawych meczów, jeszcze mniej godnych zapamiętania momentów. Szczególnie kłopotliwy okazał się brak taktycznej różnorodności. Warto zauważyć, że dwie drużyny, które osiągnęły lepsze od zakładanych wyniki, jako jedyne grały w niecodziennym ustawieniu – portugalscy mistrzowie wykorzystywali diament w pomocy i nie mieli w składzie klasycznego środkowego napastnika, a półfinaliści z Walii występowali w formacji 3-4-2-1. Poza tym wyglądało to rozczarowująco jednorodnie. W poturniejowej ankiecie dwie trzecie czytelników magazynu „When Saturday Comes", którzy wzięli w niej udział, uznało, że „większość spotkań była monotonna". Wystawia to fatalne świadectwo turniejowi międzynarodowemu, który w zamierzeniu ma być hucznym, wielokulturowym świętem kontrastujących ze sobą stylów piłkarskich. Chodzi o hiszpańską technikę, włoską dyscyplinę, niemiecką skuteczność, braki taktyczne Anglii… Cóż, tym razem wszyscy grali z grubsza tak samo.

Ale sezon 2016/17 był najbardziej zróżnicowany pod względem stylu gry od czasów założenia Premier League. Na pewnym jego etapie pierwszych dziewięć zespołów było dowodzonych przez menedżerów z dziewięciu różnych krajów: Włoch, Argentyny, Hiszpanii, Francji,

Niemiec, Portugalii, Holandii, Walii i Chorwacji. Ci szkoleniowcy byli w różnym stopniu przedstawicielami tradycyjnych dla swoich ojczyzn stylów gry. Premier League okazała się więc tak zróżnicowana, jak w zamyśle mają być mistrzostwa Europy, a może nawet bardziej. Nieobecna na tej liście była oczywiście Anglia.

Premier League zachowuje jednak wyraźną angielską tożsamość. Nacisk, jaki kładzie się w niej na „drugie piłki", zaszokował Pepa Guardiolę. To stricte angielskie zjawisko, dlaczego więc utrzymało się, mimo że w lidze jest tak niewielu piłkarzy i menedżerów z Wysp? Dla wielu zawodników nie jest to naturalny styl gry, a trenerzy do niego nie zachęcają.

To raczej kwestia otoczenia niż piłkarskiego personelu. Zbliżamy się do meczu numer 10 000 w Premier League i wszystkie z tych spotkań rozegrano w Anglii bądź Walii. To istotne, ponieważ na piłkę wpływają pewne decydujące brytyjskie cechy. Najbardziej oczywistą z nich jest klimat – wyraźnie chłodniejszy niż w większości pozostałych europejskich lig z najwyższej półki, co pozwala na szybszą grę. I choć jakość boisk zdecydowanie się poprawiła w ostatnich dwóch dekadach, pogoda w Anglii i Walii sprawia, że są one bardziej grząskie niż gdzie indziej, co sprzyja grze górą.

W Anglii sędziowie są bardziej pobłażliwi niż w całej reszcie Europy – do tego stopnia, że arbiter, który we Włoszech zezwala na ostrą grę, jest dosłownie określany mianem „bardzo angielskiego". To oznacza oczywiście, że trudniej jest na Wyspach czarować piłkarzom grającym z polotem, a przeciętnie wyszkoleni obrońcy mogą zastraszyć rywali czystą siłą fizyczną.

Najważniejsi są jednak kibice, nadal uosabiający angielską tożsamość futbolową, świętujący rzeczy, których na kontynencie się nie dostrzega. Nigdzie nie wiwatuje się z powodu wywalczenia rzutu rożnego tak jak na Wyspach, ponieważ to okazja, by wrzucić piłkę w pole karne. Bardzo ostry wślizg witany jest rykiem, a gdy drużyna przenosi grę z jednego skrzydła na drugie, rozlega się aplauz. Nigdy nie zdarza się to przy prostopadłym podaniu, mimo że dziś takimi zagraniami stwarza się większe zagrożenie. Nadal sporo jest „tradycyjnych" angielskich stadionów, które według piłkarzy z zagranicy przytłaczają szczególnie gorącą atmosferą.

Wiele z tych czynników może stracić na znaczeniu, ponieważ w pewnym momencie swego drugiego ćwierćwiecza mecze angielskiej piłki z pewnością zaczną być rozgrywane za granicą. Od 1992 roku Premier League przeszła drogę od ligi walczącej z innymi sportami o brytyjską widownię, przez rywalizację z innymi ligami piłkarskimi o futbolową widownię na świecie, a wreszcie do zmagań z innymi dyscyplinami sportu o globalną widownię sportową. Dwiema głównymi ligami w świecie sportu są dziś Premier League i NFL – obie przeżywają w ostatnim czasie nagły wzrost popularności po „złej" stronie Atlantyku.

Choć szereg spotkań NFL rozgrywano już w Londynie, głównie na Wembley, Premier League nie odważyła się jeszcze na organizację meczów za granicą. Ale w barach sportowych Nowego Jorku i innych wielkich miast pełno jest fanów oglądających „EPL". W Stanach Zjednoczonych i na całym świecie istnieje ogromny rynek, który Premier League może eksploatować. Pomysł „39. kolejki" – dodatkowego meczu, który każda z drużyn rozgrywałaby za granicą – całkowicie podkopuje prostą koncepcją dwumeczu z każdym rywalem. Nieuchronne wydaje się jednak, że każdy z klubów będzie organizował jeden mecz „u siebie" za granicą, a z czasem liczba takich spotkań może znacznie wzrosnąć. Rozgrywanie pojedynków za granicą oznaczałoby sprzeniewierzenie się wielu „angielskim" składnikom Premier League. Klimat byłby bez wątpienia zróżnicowany. Inne byłyby stadiony, kibice prawdopodobnie siedzieliby dalej od murawy. Na mecze przychodziłyby zapewne tłumy, lecz trudno byłoby spodziewać się tak spójnego i głośnego dopingu jak podczas spotkań na własnym boisku.

Ale będzie to po prostu następny krok w drodze do umiędzynarodowienia, które stanowi cechę charakterystyczną Premier League, a roli tych rozgrywek w promocji samej Wielkiej Brytanii nie wolno lekceważyć. Ankieta przeprowadzona w 2015 roku przez Populus w siedmiu krajach i jednym regionie (konkretnie w Nigerii, Katarze, Indiach, Chinach, Tajlandii, Indonezji, Stanach Zjednoczonych i Hongkongu) pokazała, że Premier League jest najpopularniejszą brytyjską „marką"; liga angielska wyprzedziła między innymi BBC, brytyjskie uczelnie, monarchię i muzykę. „Osiemdziesiąt cztery procent ankietowanych ze wszystkich tych rynków twierdzi, że Premier League budzi w nich bardziej pozytywne nastawienie do Zjednoczonego Królestwa – głosił raport Populusa. – Co więcej, nie trzeba lubić Wielkiej Brytanii, by lubić Premier League: wysokie notowania Premier League nie są uzależnione od ogólnych poglądów na temat Anglii jako kraju. [...] Nasze badania pokazują, że spośród wielu środków reklamowych, które Zjednoczone Królestwo stosuje, by zakomunikować światu na swój temat to, co chce (że jest nowoczesne, ekscytujące, otwarte, inkluzywne i odnosi sukcesy), Premier League działa najlepiej".

To istotne w świetle propozycji Burnhama (prowadzącego kampanię na rzecz pozostania Wielkiej Brytanii w Unii Europejskiej), wedle której należy ponownie rozważyć wprowadzenie limitu obcokrajowców w Anglii. Weźmy pod uwagę, że kraj stanie się bardziej odizolowany i że Premier League jest w praktyce jego najlepszą wizytówką. Taka decyzja byłaby niezwykle brzemienna w skutkach i wywołałaby konsekwencje, które wykraczają daleko poza piłkę nożną.

Niewiele jest obecnie w Premier League angielskości – jej rozgrywki po prostu toczą się w Anglii. Przypomina ona w dużej mierze główne ulice angielskich miast, przy których znajdują się restauracje oferujące kuchnie z całego świata, co wiąże się z tym, że nijaka angielska strawa stała się raczej domeną tradycyjnych pubów. Degradacja spotkała także staromodny angielski futbol, który spadł do niższych lig.

Najwyższa klasa rozgrywkowa na Wyspach sprowadza składniki z wielu krajów i serwuje najbardziej różnorodną, ekscytującą i nieprzewidywalną piłkarską ucztę na świecie. Premier League to oczywiście prawdziwy kocioł.

BIBLIOGRAFIA

Adams Tony, Ridley Ian, *Uzależniony*, przeł. Anna Wajs-Magierska, Sine Qua Non, Kraków 2016.

Alciato Alessandro, Ancelotti Carlo, *Carlo Ancelotti. Nienasycony zwycięzca*, przeł. Bartosz Sałbut, Sine Qua Non, Kraków 2015.

Alexander Duncan, *OptaJoe's Football Yearbook*, Century, London 2016.

Allardyce Sam, *Big Sam*, Headline, London 2015.

Allen Richard, *Roy Hodgson*, Richard Allen, Farnham 2014.

Ancelotti Carlo, *Dyskretne przywództwo*, przeł. Michał Jóźwiak, Insignis, Kraków 2016.

Anderson Chris, Sally David, *Futbol i statystyki*, przeł. Iwona Michałowska-Gabrych, Bukowy Las, Wrocław 2014.

Astaire Simon, *Sol Campbell*, SpellBinding Media, London 2015.

Atkinson Ron, *Big Ron*, André Deutsch, London 1998.

Auclair Philippe, *Cantona. Buntownik, który został królem*, przeł. Marcin Grzywacz, Anakonda, Warszawa 2013.

Auclair Philippe, *Thierry Henry. Samotność na szczycie*, przeł. Bartłomiej Cieślak, Anakonda, 2014.

Balagué Guillem, *A Season on the Brink*, Orion, London 2005.

Balagué Guillem, *Cristiano Ronaldo. Biografia*, przeł. Bartosz Sałbut, Sine Qua Non, Kraków 2016.

Ball Alan, *Playing Extra Time*, Sidgwick & Jackson, London 2004.

Barclay Patrick, *Mourinho. Anatomia zwycięzcy*, przeł. Anna Zdziemborska, Rebis, Poznań 2005.

Batty David, *The Autobiography*, Headline, London 2001.

Beasley Rob, *José Mourinho*, Michael O'Mara Books, London 2016.

Beckham David, *David Beckham o sobie*, Wiedza i Życie, Warszawa 2004.
Bellamy Craig, *GoodFella*, Trinity Mirror Sport Media, London 2014.
Benítez Rafael, *Champions League Dreams*, Headline, London 2012.
Bergkamp David, *Moja historia. Autobiografia*, przeł. Piotr Borman, Marcin Jedynak, Magdalena Kochanowska, Olé, Warszawa 2014.
Bevan David, *The Unbelievables*, deCoubertin, Liverpool 2016.
Bose Mihir, *Game Changer*, Marshall Cavendish, Singapore 2012.
Brassell Andy, *All or Nothing*, Trafford Publishing, Oxford 2006.
Brennan Stuart, *Roberto Mancini*, Carlton, London 2012.
Caioli Luca, *Roberto Mancini*, Corinthian, London 2012.
Caioli Luca, *Ronaldo. Obsesja doskonałości*, przeł. Barbara Bardadyn, Sine Qua Non, Kraków 2012.
Calvin Mike, *Living on the Volcano*, Century, London 2015.
Cantona Éric, *My Story*, Headline, London 1994.
Carragher Jamie, *Carra*, Transworld, London 2008.
Carson Mike, *The Manager*, Bloomsbury, London 2013.
Clark Frank, *Kicking with Both Feet*, Headline, London 1999.
Cole Andy, *The Autobiography*, André Deutsch, London 1999.
Cole Ashley, *My Defence*, Headline, London 2006.
Coomber Richard, *Lucas*, Great Northern Books, Ilkley 2010.
Curbishley Alan, *Game Changers*, HarperSport, London 2016.
Dalglish Kenny, *My Autobiography*, Hodder & Stoughton, London 1996.
Derbyshire Oliver, *John Terry*, John Blake, London 2016.
Drogba Didier, *Commitment*, Hachette, London 2015.
Dudek Jerzy, *A Big Pole in Your Goal*, Trinity Mirror Sport Media, London 2016.
Eriksson Sven-Göran, *Sven*, Headline, London 2013.
Evans Tony, *I Don't Know What It Is But I Love It*, Penguin, London 2014.
Ferdinand Les, *Sir Les*, Headline, London 1997.

Ferdinand Rio, *Rio*, Headline, London 2007.
Ferdinand Rio, *#2Sides*, Blink, Dorking 2014.
Ferguson Alex, *6 Years at United*, Mainstream, Edinburgh 1992.
Ferguson Alex, *A Year in the Life*, Virgin Publishing, London 1995.
Ferguson Alex, *A Will to Win*, André Deutsch Ltd, London 1997.
Ferguson Alex, *My Autobiography*, Hodder & Stoughton, London 1999.
Ferguson Alex, *The Unique Treble*, Hodder & Stoughton, London 2000.
Ferguson Alex, *Autobiografia*, przeł. Krzysztof Skonieczny, Wydawnictwo Literackie, Kraków 2014.
Ferguson Alex, Moritz Michael, *Alex Ferguson. Być liderem*, przeł. Krzysztof Cieślik, Sine Qua Non, Kraków 2016.
Flanagan, Chris, *Who Put the Ball in the Munich Net?*, Vertical Editions, Skipton 2014.
Flynn Alex, *Arsenal*, Vision, Kingston upon Thames 2008.
Foster Stephen, *And She Laughed No More*, Short Books, London 2009.
Fowler Robbie, *Fowler*, Macmillan, London 2005.
Gerrard Steven, *My Autobiography*, Bantam Press, London 2006.
Gerrard Steven, *My Liverpool Story*, Headline, London 2012.
Gerrard Steven, McRae Donald, *Steven Gerrard. Serce pozostawione na Anfield. Autobiografia legendy Liverpoolu*, przeł. Radosław Chmiel, Bartosz Sałbut, Sine Qua Non, Kraków 2015.
Giggs Ryan, *Giggs. Moje życie. Moja historia*, przeł. Michał Pol, Sine Qua Non, Kraków 2011.
Giggs Ryan, *Giggs*, Penguin, London 2011.
Ginola David, *Le Magnifique*, CollinsWillow, London 2000.
Glanville Brian, *England Managers*, Headline, London 2008.
Goldblatt David, *The Game of Our Lives*, Penguin, London 2014.
Gray Eddie, *Marching on Together*, Hodder & Stoughton, London 2001.

Gullit Ruud, *Jak oglądać piłkę nożną*, przeł. Krzysztof Cieślik, Grzegorz Krzymianowski, Sine Qua Non, Kraków 2017.
Haas Robert, *Eat to Win*, Penguin, London 1991.
Hamann Dietmar, *Didi Man*, Headline, London 2012.
Hardy Martin, *Touching Distance*, deCoubertin, London 2015.
Harris Harry, *Ruud Gullit*, Orion, London 1997.
Harris Harry, *The Immortals*, G2, London 2016.
Harris Harry, *King Conte*, G2, London 2017.
Harris Nick, *The Foreign Revolution*, Aurum, London 2006.
Harrison Eric, *The View from the Dugout*, Parrs Wood Press, Manchester 2001.
Hasselbaink Jimmy Floyd, *Jimmy*, HarperSport, London 2005.
Higginbotham Danny, *Rise of the Underdog*, Sport Media, Croydon 2015.
Hoddle Glenn, *My 1998 World Cup Story*, André Deutsch, London 1998.
Hodges Michael, *Kevin Keegan*, Boxtree, London 1997.
Honigstein Raphael, *Englischer Fussball*, Yellow Jersey, London 2008.
Hornby Nick, *Futbolowa gorączka*, przeł. Małgorzata Hesko-Kołodzińska, Zysk i S-ka, Poznań 2003.
Hughes Simon, *Men in White Suits*, Transworld, London 2015.
Hughes Simon, *Ring of Fire*, Transworld, London 2016.
Hyypiä Sami, *From Voikkaa to the Premiership*, Mainstream, London 2003.
Joannou Paul, *Shirt of Legends*, Mainstream, Edinburgh 2004.
Keane Roy, *The Autobiography*, Penguin, London 2002.
Keane Roy, Doyle Roddy, *Druga połowa*, przeł. Anna Wajs-Magierska, Buchmann, Warszawa 2015.
Keegan Kevin, *My Autobiography*, Little, Brown, London 1998.
King Ledley, *King*, Quercus, London 2013.
Kuper Simon, *Football Against the Enemy*, Orion, London 1994.
Kuper Simon, *The Football Men*, Simon & Schuster, London 2012.

Lampard Frank, *Totally Frank*, HarperSport, London 2006.
Lawrence Amy, *Niezwyciężeni. Arsenal w sezonie, który przeszedł do historii futbolu*, przeł. Krzysztof Cieślik, Sine Qua Non, Kraków 2017.
Le Saux Graeme, *Left Field*, HarperSport, London 2007.
Lee David, *Triffic*, Proverbial, Stoke-on-Trent 2014.
Lloret Paco, *Rafa Benítez*, Engloba Edición, Valencia 2004.
Lourenço Luis, *José Mourinho*, Dewi Lewis Media, Stockport 2004.
Lovejoy Tim, *Goals, Glory and Greed*, Mainstream, Edinburgh 2011.
Lyttleton Ben, *Twelve Yards*, Bantam Press, London 2014.
McClair Brian, *Odd Man Out*, Manchester United Books, London 1998.
MacLeay Ian, *Cole Play*, John Blake, London 2006.
MacLeay Ian, *Carlos Tevez*, John Blake, London 2010.
Makélélé Claude, *Tout Simplement*, Editions Prolongations, Paris 2009.
Marcotti Gabriele, *Capello*, Bantam, London 2010.
Marcotti Gabriele, *Hail, Claudio!*, Yellow Jersey Press, London 2016.
Marshall Ian, *Class of 92*, Simon & Schuster, London 2012.
Matteo Dominic, *In My Defence*, Great Northern Books, Ilkley 2011.
Merson Paul, *Jak nie być profesjonalnym piłkarzem*, przeł. Piotr Kuś, Rebis, Poznań 2012.
Michels Rinus, *Teambuilding*, Uitgeverij Eisma, Leeuwarden 2001.
Miller Joel, *Damien Duff*, John Blake, London 2008.
Mitten Andy, *Glory Glory!*, Vision, Kingston upon Thames 2009.
Muffling Steve, *Exile in the Promised Land*, AuthorHouse, Milton Keynes 2009.
Neveling Elmar, *Jürgen Klopp. Czarodziej z Dortmundu*, przeł. Wawrzyniec Sawicki, Vesper, Czerwonak 2012.
Neville Gary, *Red*, Corgi, London 2012.
Northcroft Jonathan, *Fearless*, Headline, London 2016.
O'Leary David, *Leeds United on Trial*, Time Warner, London 2002.
Owen Michael, *Off the Record*, CollinsWillow, London 2004.
Pallister Gary, *Pally*, Know the Score, Studley 2008.

Parlour Ray, *The Romford Pelé*, Century, London 2016.
Pearce Stuart, *Psycho*, Headline, London 2000.
Perarnau Martí, *Herr Guardiola. Projekt Bayern Monachium*, przeł. Barbara Bardadyn, Rebis, Poznań 2014.
Pirès Robert, *Footballeur*, Yellow Jersey Press, London 2004.
Platt David, *Achieving the Goal*, Richard Cohen, London 1995.
Ranieri Claudio, *Proud Man Walking*, CollinsWillow, London 2004.
Redknapp Harry, *Harry Redknapp. Autobiografia. Zawsze pod kontrolą*, przeł. Tomasz Ćwiąkała, Rebis, Poznań 2014.
Redknapp Harry, *A Man Walks on to a Pitch*, Ebury, London 2015.
Reedie Euan, *Alan Shearer*, John Blake, London 2007.
Reina Pepe, *Pepe*, Trinity Mirror Sport Media, Liverpool 2011.
Ridley Ian, *Kevin Keegan*, Simon & Schuster, London 2008.
Ridley Ian, *There's a Golden Sky*, Bloomsbury, London 2011.
Ridsdale Peter, *United We Fall*, Macmillan, London 2007.
Rivoire Xavier, *Arsène Wenger*, Aurum, London 2007.
Robson Bryan, *Robbo*, Hodder & Stoughton, London 2006.
Ronay Barney, *The Manager*, Sphere, London 2009.
Rooney Wayne, *Wayne Rooney. Moja dekada w Premier League*, przeł. Michał Pol, Sine Qua Non, Kraków 2014.
Saha Louis, *Thinking Inside the Box*, Vision, Kingston upon Thames 2012.
Schmeichel Peter, *Schmeichel*, Virgin Books, London 1999.
Scholes Paul, *My Story*, Simon & Schuster, London 2012.
Seaman David, *Safe Hands*, Orion, London 2000.
Sharpe Lee, *My Idea of Fun*, Orion, London 2005.
Shearer Alan, *My Story So Far*, Hodder & Stoughton, London 1998.
Shindler Colin, *Fathers, Sons and Football*, Headline, London 2002.
Sleight Andrew, *Robbie Keane*, John Blake, London 2008.
Southall Neville, *Everton Blues*, B&W Publishing, Edinburgh 1997.
Spurling Jon, *Top Guns*, Aureus, Cardiff 2001.
Spurling Jon, *Rebels for the Cause*, Mainstream, Edinburgh 2003.

Stam Jaap, *Head to Head*, CollinsWillow, London 2002.
Stubbs David, *1996 & The End of History*, Repeater, London 2016.
Suárez Luis, Peter Jenson, Sid Lowe, *Luis Suárez. Przekraczając granice. Autobiografia*, przeł. Michał Pol, Sine Qua Non, Kraków 2015.
Sumpter David, *Piłkomatyka*, przeł. Bartłomiej Kucharzyk, Łukasz Lamża, Copernicus Center Press, Kraków 2018.
Sutton Chris, *Paradise and Beyond*, Black & White, Edinburgh 2012.
Tanner Rob, *5000–1*, Icon, London 2016.
Taylor Daniel, *This Is the One*, Aurum, London 2008.
Terry John, *My Winning Season*, HarperSport, London 2005.
Tidey Will, *Sir Alex Ferguson. 25 lat w Manchester United*, przeł. Jerzy Sadek, Vesper, Czerwonak 2012.
Torres Diego, *The Special One*, HarperSport, London 2014.
Vardy Jamie, *From Nowhere*, Ebury, London 2016.
Venables Terry, *Born to Manage*, Simon & Schuster, London 2014.
Vialli Gianluca, *The Italian Job*, Transworld, London 2006.
Vieira Patrick, *Vieira*, Orion, London 2005.
Walcott Theo, *Growing Up Fast*, Transworld, London 2011.
White Jim, *Premier League*, Head of Zeus, London 2013.
Wilkinson Howard, *Managing to Succeed*, Mainstream, Edinburgh 1992.
Wilson Jonathan, *Odwrócona piramida. Historia taktyki piłkarskiej*, przeł. Bartosz Lewandowski, Polityka, Warszawa 2012.
Wilson Jonathan, *The Anatomy of England*, Orion, London 2010.
Wilson Jonathan, *Nobody Ever Says Thank You*, Orion, London 2012.
Wilson Jonathan, *The Anatomy of Liverpool*, Orion, London 2013.
Wilson Jonathan, *Bramkarz, czyli outsider*, przeł. Katarzyna i Seweryn Dmowscy, Bukowy Las, Wrocław 2014.
Winter Henry, *Fifty Years of Hurt*, Transworld, London 2016.
Worrall Frank, *Bale*, John Blake, London 2016.
Yorke Dwight, *Born to Score*, Macmillan, London 2010.

Źródła gazetowe
„Daily Mail"
„Daily Mirror"
„Evening Chronicle"
„Evening Gazette"
„Evening Standard"
„FourFourTwo"
„Guardian"
„Independent"
„Liverpool Echo"
„Observer"
„Telegraph"
„The Times"
„When Saturday Comes"

Programy telewizyjne
Premier League 100 Club
Premier League Legends
Premier League Years
Time of Our Lives

Strony internetowe
arseweb.com
bbc.co.uk
englandfootballonline.com
espn.co.uk
football-lineups.com
fourfourtwo.com
premierleague.com
skysports.com
statto.com
thesetpieces.com
toffeeweb.com
whoscored.com
youtube.com
zonalmarking.net

PODZIĘKOWANIA

Pragnę ogromnie podziękować mojemu agentowi Chrisowi Wellbeloveʼowi, który w 2012 roku zaproponował mi napisanie książki. Cztery lata później uznałem, że pora się do tego zabrać. Bardzo doceniam jego cierpliwość, nie wspominając o nieocenionym wkładzie. Wdzięczny jestem także mojemu redaktorowi Jackowi Foggowi za wstępne zainteresowanie, niezwykle pomocne wskazówki w trakcie pisania i za to, że mnie rozpieścił, publikując książkę o połowę dłuższą, niż planowano. Nasze najważniejsze spotkanie odbyło się w pubie w piątkowy wieczór, co dobrze podsumowuje, jak przyjemna to była praca.

Dziękuję również Orlando Mowbrayowi za entuzjazm od samego początku. Mark Bolland dokonał kluczowych poprawek na etapie redakcji, a Simeon Greenaway zaprojektował fantastyczną okładkę. Dziękuję wszystkim pracownikom HarperCollins za niezwykle istotny, choć mniej widoczny wkład.

Pragnę podziękować także Carlo Ancelottiemu, który poświęcił czas, by wyjaśnić mi system gry Chelsea. Jestem dłużnikiem Duncana Alexandra, który regularnie przekopywał archiwum Opta, by spełniać moje rozmaite prośby o dane statystyczne. Podziękowania należą się też Jackowi Langowi za wsparcie w tłumaczeniach – *merci*. W różny sposób pomogli mi Nick Ames, Neil Baker, Rupert Cane, Jamie Cutteridge, Andy Exley, Duncan Hamilton, Mark Holmes, Taimour Lay, Ben Lyttleton, James Maw, Alex Mocchi, Matt Phillips i Owen Whoever, którym także jestem wdzięczny. Konstrukcję książki zainspirował cykl BBC *Seven Ages of Rock*; inspiracją dla wszystkiego innego była Claire Boucher.

Dziękuję Amy Rose-McMullen za poszukiwanie materiałów na temat prawa Bosmana i służenie radą, co w końcu usprawiedliwiło dziesięć lat, które poświęciła studiom prawniczym, i z miejsca zaprzeczyło zapowiedzi, że nie tknie tej książki. Chciałbym również podziękować Tomowi Rossowi za jego opinie, zwłaszcza w trakcie trzytygodniowej wyprawy po Kolumbii, gdy zapewne miał już dość moich poglądów na temat futbolu. Dziękuję setkom autorów, z których czerpałem, i tym, którzy nagrywali na kasety wideo transmisje meczów w latach 90., a potem wrzucili materiały do internetu. Pozdrawiam przyjaciół, którzy chcieli, żebym o nich wspomniał w tej części podziękowań; nie będę wprawiał was w zażenowanie.

Dziękuję Philippe'owi Auclairowi i Jonathanowi Wilsonowi za zaproszenie na drinka w 2010 roku, a także Seanowi Ingle'owi, Jamesowi Martinowi, Gary'emu Parkinsonowi i Oliemu Przybylskiemu za zatrudnienie, pomimo mojego całkowitego braku dziennikarskiego doświadczenia i kwalifikacji. Po siedmiu latach pracuję dla „Guardiana", ESPN, „FourFourTwo" i Betfair, więc dziękuję także ich kolegom i następcom.

Wszystko zaczęło się od osób, które odwiedzały moją stronę internetową, Zonal Marking, chciałbym więc niezmiernie podziękować tym, którzy zaglądali na nią w ostatnich siedmiu latach, zwłaszcza w jej początkach. Niezwykle cenię Wasze wsparcie i nadal miło mnie zaskakuje, że tak wielu ludzi zainteresowanych jest tego rodzaju pisaniem o piłce. Z głębi serca – tej strefy spadkowej – dziękuję Stephanie, która oglądała mecze, przezornie stawiając warunek, że rozrysuję pierwsze jedenastki we właściwym ustawieniu i wyjaśnię jej, co się dzieje, później zaś była jedyną osobą, która uważała, że założenie Zonal Marking to dobry pomysł. Nie zapomniałem, jak zatrudnili Cię, żebyś siedziała w wystawie księgarni i czytała – zrobiłabyś to samo z tą książką?

Przede wszystkim jednak niezmierne podziękowania należą się moim rodzicom, którzy z początku ani trochę nie interesowali się piłką nożną, a mimo to spędzili niezliczone chłodne weekendowe poranki przy linii bocznej boisk w południowo-zachodnim Londynie, znosili, że robię z ogródka błotniste pole bramkowe, i planowali wakacje tak, by zbiegały się z meczami w Serie A. To, że mama nazwała ostatnio moją starą sypialnię „pokojem, w którym tata ogląda piłkę", dowodzi, że wypełniłem swoje zadanie.

Na koniec chciałem dodać, że jeśli przeczytaliście tę książkę z przyjemnością, może Wam przypaść do gustu ośmioczęściowy podcast *The Mixer*, który jest dostępny na iTunes, SoundCloud i w innych miejscach.

Spis treści